瑞金

2022

年鉴

RUIJIN YEARBOOK

《瑞金年鉴》编纂委员会
瑞金市史志研究室
编

方志出版社
Publishing House of Local Records

图书在版编目（CIP）数据

瑞金年鉴. 2022 / 《瑞金年鉴》编纂委员会，瑞金市史志研究室编. —北京：方志出版社，2022.12

ISBN 978-7-5144-5486-8

Ⅰ. ①瑞… Ⅱ. ①瑞… ②瑞 Ⅲ. ①瑞金—2022—年鉴 Ⅳ. ①Z525.64

中国版本图书馆 CIP 数据核字（2023）第 100323 号

责任编辑：李静
责任校对：刘玉霞
责任印制：梅中英
出 版 者：方志出版社
地　　址：北京市朝阳区潘家园东里 9 号（国家方志馆 4 层）
邮　　编：100021
网　　址：http://www.zgfzcb.cn
发　　行：方志出版社图书营销中心（010-67110500）
印　　刷：赣州新博印刷有限公司
开　　本：889 毫米×1194 毫米 1/16
印　　张：18　　插页：2.25 印张
字　　数：845 千字
版　　次：2022 年 12 月第 1 版
印　　次：2022 年 12 月第 1 次印刷
定　　价：220.00元

《瑞金年鉴》编纂委员会

《瑞金年鉴》编辑部

编辑说明

一、《瑞金年鉴（2022）》坚持以马克思列宁主义、毛泽东思想、邓小平理论、“三个代表”重要思想、科学发展观、习近平新时代中国特色社会主义思想为指导，坚持辩证唯物主义和历史唯物主义的立场、观点和方法。以党的二十大精神为指针，深入贯彻落实国务院《地方志工作条例》和《江西省实施〈地方志工作条例〉办法》，注重发挥“存史、资政、育人”功能，全面、客观地记述瑞金自然、政治、经济、文化、社会和生态等方面的基本情况，自觉践行“为党立言、为国存史、为民修志”的时代使命。

二、《瑞金年鉴（2022）》在记述时间上，原则上从2021年1月1日至12月31日，部分内容适当上溯或下延。

在篇目设置上，采用分类编辑法，按类目、分目、条目三个层次设置，条目为写实单元，以现代语体文记叙体记述。共设置类目34个，并设置专题彩页4个，彰显红都瑞金“这一年、这一城、这一鉴”的地域特色和时代特征。

三、《瑞金年鉴（2022）》初稿由市委各部门、市直（驻市）各单位、各乡镇及市属国有企业提供。正高级专业技术职称资格人员名单由瑞金市人力资源和社会保障局提供；人物荣誉由各供稿单位提供，未提供资料或依据者缺载。所列数据，除统计部门正式公布的外，均由各有关部门和行业提供，并经供稿单位审核。因统计口径不同等原因，有些部门和行业个别数据与统计部门数据不尽一致时，以统计部门数据为准。所有图片由市融媒体中心提供，随文图片说明凡2021年拍摄且有具体日期的均不标注年份。书中记述有关土地面积时部分仍使用亩作为计量单位。

本年鉴内容层次设置是为了方便分类编纂和读者阅读，机关和企事业单位的排序和层次，并不代表其地位和规模。

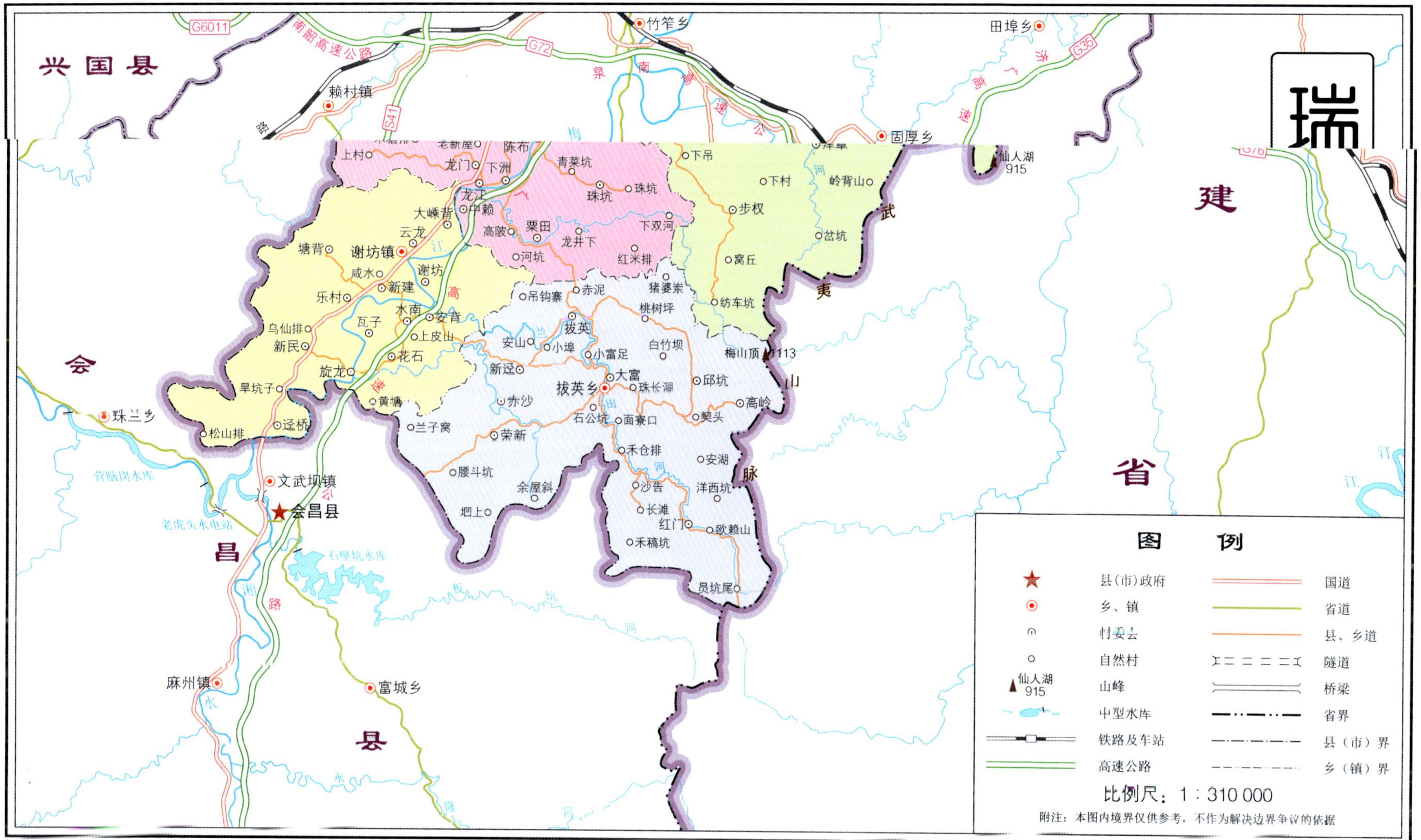

审图号：赣S（2023）023号

江西省国土空间调查规划研究院编制

要从瑞金开始追根溯源，深刻认识红色政权来之不易、新中国来之不易、中国特色社会主义来之不易。

——习近平

瑞金荣耀

- ★ 红色故都
- ★ 人民共和国摇篮
- ★ 国家历史文化名城
- ★ 中央红军长征出发地
- ★ 人民代表大会制度发祥地
- ★ 中国全面小康百佳示范县（市）
- ★ 中国绿色名县
- ★ 中国十佳脱贫攻坚与精准扶贫示范县（市）
- ★ 2020 年度中国全面小康百佳示范县市
- ★ 中国最美县域
- ★ 省级森林城市
- ★ 省级卫生城市
- ★ 全国文明城市提名城市
- ★ 江西省文明城市
- ★ 江西省双拥模范城
- ★ 江西省高质量发展综合绩效考评先进县（市）

中华苏维埃第一次全国代表大会会址（2020 年）

人民共和国摇篮

中华苏维埃第二次全国代表大会会址（2021 年）

中華蘇維埃共和國
臨時中央政府

叶坪红军广场（2012 年）（市融媒体中心供图）

红军烈士纪念亭（2012 年）（市融媒体中心供图）

公略亭（2012 年）（市融媒体中心供

博生堡（2012 年） （市融媒体中心供图）

长征第一山——云石山（2012 年） （市融媒体中心供图）

瑞金中央革命根据地纪念馆（2020 年） （市融媒体中心供图）

学生在沙洲坝毛泽东旧居参观（2021 年）（市融媒体中心供图）

2021 年，在庆祝中国共产党成立 100 周年暨中华苏维埃共和国成立 90 周年之际，江西瑞金潮涌红色寻根热，累计接待党员、干部、学生、群众逾 1800 万人次，获评全国红色旅游融合发展优秀县市。

小学生在中央革命根据地纪念馆参观（2021 年）

（市融媒体中心供图）

青年党员在中央革命军事委员会旧址举行党日活动（2021 年）

（市融媒体中心供图）

福建省宁化第六中学在瑞金开展红色研学活动（2021 年）　　（市融媒体中心供图）

学生在红井景区开展体验教学（2021 年）　　（市融媒体中心供图）

庆祝中国共产党成立 100 周年

庆祝建党 100 周年“红都儿女心向党”主题群众活动（2021 年）

1931.11.7
中央革命根据地

2021 年 11 月 8 日，江西省赣州市领导在瑞金中央革命根据地历史博物馆参观“人民共和国从这里走来——中华苏维埃共和国史”陈列展览（市融媒体中心供图）

11 月 8 日，“人民共和国从这里走来——中华苏维埃共和国史”基本陈列开展（市融媒体中心供图）

6月5日，由中国政策科学研究会、江西省社会科学院主办的首届‘瑞金论坛”在瑞金举办 （市融媒体中心供图）

10月25日，全市党史学习教育“我为群众办实事”实践活动推进会在瑞金召开 （市融媒体中心供图）

11 月 8 日，“苏区精神永放光芒”情景故事讲演震撼上演　　（市融媒体中心供图）

11 月 6 日，大型原创音乐剧《闪闪的红星》在全国巡演　　（市融媒体中心供图）

11 月 27 日，“水利是农业的命脉”暨中央苏区水利史学习研讨会在瑞金举行　（市融媒体中心供图）

11 月 7 日，梅江引调水及供水工程项目开工仪式　（市融媒体中心供图）

2021 中国最美县域

红都瑞金新貌（2021 年）

苏区精神永放光芒

瑞金城区夜景（2021 年） （市融媒体中心供图）

沙洲坝红井步行街（2021 年） （市融媒体中心供图）

瑞金火车站全景（2021 年）　（市融媒体中心供图）

瑞金特色景观（2021 年）　（市融媒体中心供图）

瑞金湿地公园（2021 年）　（市融媒体中心供图）

双清柳渡名胜（2021 年）（市融媒体中心供图）

金瑞湾城市公园（2021 年）（市融媒体中心供图）

赣江源国家级自然保护区一角（2021 年） （市融媒体中心供图）

笔架凌霄名胜（2021 年） （市融媒体中心供图）

瑞金·苏区振兴发展十周年

瑞金市文化艺术中心（2021年）

金都阳光

华屋村“十七棵松”被誉为“信念树”，成为党员干部红色培训教学点（2021 年） （市融媒体中心供图）

华屋农村土坯房改造新旧对比图 （市融媒体中心供图）

2012 年 6 月 28 日，《国务院关于支持赣南等原中央苏区振兴发展的若干意见》正式出台实施；同年 12 月，国务院将瑞金市列入全国特困片区——罗霄山片区扶持，开启瑞金振兴发展的新征程。

苏区振兴十周年，红都今朝更好看。非凡十年，是瑞金经济社会发展最快、城乡面貌变化最大、群众获得感幸福感最强的时期。

中国国家地理标志产品赣南脐橙原产地（瑞金）（2019 年） （市融媒体中心供图）

叶坪镇九丰现代农业观光园（2021 年） （市融媒体中心供图）

武夷源富硒茶叶基地(2021 年)（市融媒体中心供图）

壬田镇富硒白莲生产基地(2021 年)
（市融媒体中心供图）

叶坪镇山岐村富硒蔬菜产业园(2021 年)　（市融媒体中心供图）

日东乡富硒水稻基地（2021 年）　（市融媒体中心供图）

江西省专精特新中小企业——好莱客服装织造有限公司（2021 年）　　（市融媒体中心供图）

2021 年,瑞金市得邦照明有限公司获赣州市市长质量奖提名奖（2021 年）　　（市融媒体中心供图）

明崴电子科技有限公司全自动贴片生产车间（2021 年）　　（市融媒体中心供图）

全方电子科技有限公司电子产品生产车间（2021 年）　　（市融媒体中心供图）

江西省专精特新中小企业——江西金拉铜箔有限公司（2021 年）　　（市融媒体中心供图）

江西瑞金金宇电线电缆有限公司生产车间（2021 年）　　（市融媒体中心供图）

中国水泥十大品牌·瑞金万年青水泥（2021 年）　　（市融媒体中心供图）

瑞金“非遗过大年·文化进万家”活动（2021 年）　（市融媒体中心供图）

市民在小区广场表演“健身操”（2021 年）　（市融媒体中心供图）

2021 年 9 月，瑞金农民丰收节活动剪影
（市融媒体中心供图）

幸福花海景区一角（2020 年）
（市融媒体中心供图）

瑞金市教育园区——幸福小学（2021 年）　　（市融媒体中心供图）

瑞金沙洲坝梦想家园公租房（2021 年）　　（市融媒体中心供图）

黄柏乡龙湖敬老院（2021 年）　　　　（市融媒体中心供图）

瑞金机场是赣南革命老区的第二个民用机场，项目列入原中央苏区振兴发展重大项目，项目于 2020 年 6 月底开工，总投资 16.6 亿元，工程按照年旅客吞吐量 55 万人次、货邮吞吐量 2000 吨设计，兼顾通用航空发展，将惠及周边 680 多万革命老区群众。

在建的瑞金机场（2021 年）　　（市融媒体中心供图）

瑞金国家级经济技术开发区（2021年） （市融媒体中心供图）

瑞金国际陆港（2021年） （市融媒体中心供图）

“四好农村路”（2020 年）（市融媒体中心供图）

复兴号动车组列车疾驰在红都大地（2021 年）（市融媒体中心供图）

目 录

特 载

专 记

大事记

市情概览

中国共产党瑞金市委员会

瑞金市人民代表大会常务委员会

瑞金市人民政府

中国人民政治协商会议瑞金市委员会

中国共产党瑞金市纪律检查委员会　瑞金市监察委员会

群众团体

法 治

军　事

经济管理

农业·水利

乡村振兴

工　业

商贸服务业与经贸合作

旅游业

共和国摇篮旅游区

金融业

交通·邮政·通信

城市建设与管理

生态环境

教　育

科学技术

文　化

卫生健康

体　育

社会生活

应急管理

乡　镇

人物·荣誉

附　　录

索　　引

特 载

砥砺奋进新征程 乘势实现新跨越 为加快建设现代化次中心城市不懈奋斗

——在中国共产党瑞金市第七次代表大会上的报告

（2021年8月29日）

中共瑞金市委书记 吴建平

各位代表、同志们：

现在，我代表中国共产党瑞金市第六届委员会向大会作报告。

中国共产党瑞金市第七次代表大会，是在“两个一百年”奋斗目标历史交汇的重要节点，在中国共产党成立100周年的辉煌时刻，在全面开启“十四五”崭新征程的关键时期召开的一次重要会议。大会的主题是：高举中国特色社会主义伟大旗帜，深入学习贯彻习近平新时代中国特色社会主义思想，动员全市各级党组织和广大党员干部群众，砥砺奋进新征程，乘势实现新跨越，为加快建设现代化次中心城市不懈奋斗。

一、过去五年的工作回顾

过去五年，我们经历艰辛和挑战，收获稳定和发展。市第六次党代会以来，市委团结带领全市上下，深入学习贯彻习近平新时代中国特色社会主义思想，认真贯彻落实党中央、省委和赣州市委的决策部署，统筹振兴发展、脱贫攻坚、疫情防控，众志成城、开拓奋进，顺利完成“十三五”规划目标和市第六次党代会确定的各项任务，为实现“十四五”良好开局奠定好基础、积蓄新势能。

——经济发展稳步前行。主要经济指标增速高于全国、全省和赣州市平均水平，连续六年被评为全省高质量发展（科学发展）综合考评先进县市。经济总量接近180亿元，财政收入突破25亿元，旅游收入、贷款余额、出口总额、规上工业营业收入、社会消费品零售总额实现翻番。工业总量跃居赣州第六，经开区在全国排名前进17位，我市荣获2016—2018年度江西工业崛起年度贡献奖。旅游人次突破千万，成功创建全省全域旅游示范区，连续四年获评中国县域旅游竞争力百强县市。现代农业加快发展，成为赣南脐橙、油茶、白莲、蔬菜主产区，获批国家有机产品认证示范创建区、国家油茶种植标准化示范区。

——脱贫攻坚全面胜利。82347名农村贫困人口全部脱贫，3592名城镇贫困群众全部脱贫解困，49个贫困村全部退出，在赣南革命老区率先实现脱贫摘帽，绝对贫困问题得到历史性解决。廖奶奶咸鸭蛋入选全球减贫最佳案例，叶坪镇被授予全国脱贫攻坚楷模、全国先进基层党组织荣誉称号。精准扶贫工作考核连续六年荣获全省先进，我市被评为2018年度中国十佳脱贫攻坚与精准扶贫示范县市，入选2020年度中国全面小康百佳示范县市。

——城乡面貌深刻变化。城市建成区面积列赣州各县市第一，全市常住人口城镇化率达49.9%。开通瑞金至南昌、北京等城市高铁，瑞金机场、瑞兴于快速交通走廊（瑞金段）顺利开工，瑞梅铁路即将开工建设。新、改建变电站4个，管输天然气通气投运。城区环卫保洁服务、城乡供水实现一体化。“七改三网”①基础设施和配套“8+4”②综合公共服务设施全面改善，农村水泥路、动力电、广播电视、互联网实现村村通。全面完成环保督察反馈问题整改，严格落实河长制、湖长制、林长制。城乡垃圾和圩镇、行政村污水处理实现全覆盖，“无废城市”建设试点成效明显，城镇集中式饮用水水源地水质全面达标，空气质量稳居全省前列，获批省级森林城市、省级卫生城市。

——改革开放不断深入。深入推进中小城市综合改革、农民工等人员返乡创业等一批国家级试点事项，统筹实施机构改革、农业农村、财税金融、国有企业、医疗卫生、社会治理等各领域改革。相对集中行政许可权改革持续深化，“互联网+政务服务”全面推行，涉企依申请政务服务事项网上可办率达97.5%。深入对接“一带一路”、长三角一体化、粤港澳大湾区和海西经济区等国家战略，瑞金国际陆港投入运营，在赣州东部率先实现铁海联运。招商引资成果丰硕，超50亿元项目实现历史性突破，对外开放水平明显提升。

——民生福祉持续改善。提前三年实现城乡居民人均可支配收入比2010年翻一番。每年财政投入民生占比均超过85%，各项民生实事有效落实。实施21所城乡学校建设，大力推进体教融合、家校共育、心理健康教育，中学教学质量综合评价稳居赣州前列。大力开展全民健身运动，获评2017—2020年全国群众体育先进单位。建立紧密型医联（共）体，构建市乡村三级医疗卫生服务网络。覆盖城乡的社会保障体系更加完善，公共服务、社会福利水平明显提升。深入开展扫黑除恶专项斗争、政法队伍教育整顿，安全生产形势总体平稳，社会保持和谐稳定。荣获全省双拥模范城“八连冠”，2018—2020年连续三年被评为全省信访“三无县（市、区）”。积极应对“7·14”特大洪涝灾害，有效防控登革热、新冠肺炎疫情，有力保障广大群众的身体健康和生命安全。

——党的建设全面加强。贯彻新时代党的建设总要求，认真开展“两学一做”学习教育、“不忘初心、牢记使命”主题教育和党史学习教育，党员干部理想信念更加坚定。扎实推进基层党建“三化”建设，村集体经济经营性收入全部突破10万元。牢牢掌握意识形态工作领导权，党的基层阵地资源整合、新时代文明实践站点建设实现全覆盖，宣传思想文化阵地不断巩固壮大。高质量完成巡察全覆盖，党内监督利剑作用充分彰显。严明政治纪律和政治规矩，狠抓各级巡视巡察反馈意见整改落实。深入推进党风廉政建设和反腐败斗争，不敢腐、不能腐、不想腐的笼子越扎越牢。积极做好人大、政协、统战、群团和国防后备力量建设等工作，各方面的积极性得到充分调动和发挥。

各位代表、同志们！五年的奋斗充满艰辛，五年的成绩来之不易。这是习近平新时代中国特色社会主义思想定向领航的结果，是省委、省政府和赣州市委、市政府正确领导的结果，是在历届市委打下的工作基础之上接续奋斗的结果，是全市广大党员干部群众奋力拼搏的结果。在此，我代表中共瑞金市第六届委员会，向所有关心、支持、参与瑞金建设发展的同志们、朋友们，表示衷心的感谢和崇高的敬意！五年的发展实践，饱含着奋斗的艰辛和成功的喜悦，蕴含着深刻的启示和宝贵的经验。我们深刻体会到，推进瑞金经济社会高质量发展，必须坚持政治引领，始终在思想上政治上行动上同以习近平同志为核心的党中央保持高度一致，牢记嘱托、感恩奋进，坚定不移听党话、感党恩、跟党走；必须坚持发展为要，牢牢扭住经济建设这个中心，以项目看发展、论英雄，持之以恒抓招商、建项目、育产业，做到发展不停步、不松劲；必须坚持解放思想，与时俱进，勇于创新，大力破除体制机制障碍，大胆突破条条框框束缚，营造更具活力的发展环境；必须坚持人民至上，把增进人民福祉作为一切工作的出发点和落脚点，更好满足人民群众对美好生活的向往；必须坚持党的领导，深入推进党的建设伟大工程，树立团结协作、干事创业的工作导向，营造风清气正、昂扬向上的良好政治生态。这些经验是我们宝贵的精神财富和力量源泉，必须倍加珍惜、长期坚持、不断完善！在充分肯定成绩的同时也必须看到，全市经济社会发展还存在不少困难和问题，主要是：对照高质量发展要求，发展不足、体量不大、质效不高、总体滞后的状况没有根本改变；对照“四最”营商环境标准，发展环境还不够优化，制约发展的体制机制障碍依然较多；对照群众美好生活期盼，基础设施、公共服务、民生保障、社会治理等方面仍有不少短板；对照全面从严治党要求，少数党员干部思想僵化、担当意识不强、进取精神不足、作风不实、推动落实不力，等等。对此，我们务必高度重视，采取有力有效措施，在今后的工作中切实加以解决。

二、今后五年工作的指导思想和目标任务

站在“两个一百年”奋斗目标的历史交汇点上，科学谋划瑞金未来五年发展，必须顺应时代发展大势，融入全国全省大局，立足瑞金自身定位，把握新方位、扛起新使命、打开新局面。放眼世界，全球疫情使得世界百年未有之大变局加速演进，外部环境更加复杂多变，不稳定性不确定性明显增加，世界经济复苏势头不平衡，中美关系博弈长期化趋势不会改变，对我国发展带来的挑战仍然巨大。纵观国内，我国已转向高质量发展阶段，经济长期向好的基本面没有改变，国内经济稳定恢复态势不断巩固和拓展，特别是中央把发展的立足点更多放到国内，加快构建新发展格局，建立完整内需体系，推动生产要素纵深布局，促进产业在国内有序转移，必将为我们带来新一轮政策机遇、市场机遇、开放机遇和区域合作机遇。审视自身，我们正处在爬坡过坎、转型升级的关键阶段，经过多年的发展和积累，我市的比较优势不断增强，特别是叠加享受《国务院关于新时代支持革命老区振兴发展的意见》等政策支持，瑞金机场、瑞梅铁路等战略通道将相继开通，区位优势、政策优势、资源优势、生态优势等必将更加凸显。随着发展思路日趋完善，广大干部思想观念、工作作风发生新变化，汇聚推动发展的强大正能量。综合判断，瑞金已经站在一个全新的起点上，发展机遇更好、基础更实、动力更强，我们要胸怀“两个大局”，以更大格局、更宽视野、更高站位来谋划发展，积极主动地因势而谋、顺势而为、乘

势而上，推动瑞金加速赶超、奋进崛起，努力实现现代化次中心城市建设新跨越。

今后五年，全市工作的指导思想是：高举中国特色社会主义伟大旗帜，坚持以习近平新时代中国特色社会主义思想为指导，深入学习贯彻中共中央总书记习近平视察江西和赣州重要讲话精神，聚焦“作示范、勇争先”[③]目标定位和“五个推进”[④]重要要求，统筹推进“五位一体”总体布局，协调推进“四个全面”战略布局，坚持党的全面领导，坚持以人民为中心，坚持新发展理念，坚持深化改革开放，坚持稳中求进工作总基调，以推动高质量发展为主题，以深化供给侧结构性改革为主线，以改革创新为根本动力，以满足人民日益增长的美好生活需要为根本目的，统筹发展和安全，纵深推进全面从严治党，聚焦“三大战略”[⑤]“六大主攻方向”[⑥]，努力打造区域性创新创业中心、红色文旅中心、交通物流中心、体教康养中心“四个中心”，加快建设现代化次中心城市。

今后五年，全市经济社会发展的总体目标是：

——县域经济更具领跑实力。主要经济指标增速高于全省、赣州市平均水平，生产总值突破260亿元，在赣州排位进一步前移。发展态势和成效领跑周边县市，经济实力和竞争力大幅提升，实现从区位中心向经济中心的关键转变。

——产业体系更有特色规模。工业倍增升级取得重大突破，经开区提档升级，2023年实现工业总量三年翻番。农业基础更加巩固，打造全省现代农业示范区。旅游发展再开新局，成为全国一流红色旅游目的地。产业基础高级化、产业链现代化水平明显提高，创新创业活力更加彰显。

——功能格局更显中心地位。城乡发展协调性明显增强，城乡发展内涵、品质和功能全面提升，基本形成次中心城市的发展规模和发展格局。力争各方面工作走在赣州前列，对赣南东部和赣闽边际区域的吸纳力、辐射力、带动力明显增强，区域龙头地位更加凸显。

——人民生活更为幸福美好。脱贫成果巩固拓展，乡村振兴全面推进，城乡居民收入水平稳步提升。各项社会事业全面进步，社会保障体系更加完善，加快实现公共服务均等化、便捷化、智慧化，分阶段促进共同富裕。努力创建全国文明城市，生态环境更加优美，文明程度显著提升。治理体系和治理能力现代化建设迈出坚实步伐，社会更加和谐稳定。

——党的建设更加坚强有力。全面从严治党持续深化，党的建设和基层基础建设实现新提升，党的政治、思想、组织、作风、纪律和制度建设水平明显提高，基层党组织的战斗堡垒作用充分发挥，干事创业合力充分凝聚，为经济社会发展提供坚强保障。

三、把“四个中心”作为重要支撑，加快向现代化次中心城市迈进

建设赣州次中心城市，是瑞金的城市定位，经过历届市委班子的接续奋斗，已经在全市深入人心、形成共识，并且得到省、赣州市的高度认可、倾力支持。市委结合当前发展现状、面临形势和主要优势，经过系统的谋划和充分的研究论证，提出聚焦“三大战略”“六大主攻方向”，努力打造“四个中心”，加快建设现代化次中心城市的发展思路。这既是融入国家区域战略的动力承载，贯彻上级决策部署的具体实践，也是发挥瑞金发展优势的集中体现，实现城市目标定位的有效载体。我们要把打造“四个中心”作为战略任务，统筹抓好政治、经济、文化、社会、生态文明等各项工作，加速提升城市的综合竞争力、辐射力和集聚力，科学统筹、精准发力，奋力开创新时代瑞金高质量发展新局面。

（一）打造创新创业中心。创新创业是引领发展的第一动能，建设现代化次中心城市，必须要有硬实力。要充分发挥瑞金的政治区位优势，坚持向改革开放要动力，深入实施创新驱动发展战略，进一步推动工业倍增升级、乡村振兴发展，成为吸附周边、辐射区域的创新创业集聚区。

——主攻工业，做强创新创业平台。唱响工业强市主旋律，坚持大项目支撑、大企业引领、园区化承载、集群化推进，全面提升产业链供应链稳定性和现代化水平，力争2025年规上工业营业收入突破500亿元。构建特色产业体系。依托现有产业基础，大力发展以铜基材料为上游，线束线缆、光电照明、电子器件、数控装备为下游的电气电子及材料首位产业，努力建设赣闽粤重要电线电缆产业基地，力争2025年产业规模达到400亿元。发挥农产品、旅游资源优势，加快发展以功能性食品、药食同源食品、药品、保健品和医疗器械为主的食品医药首位产业，努力建设江西绿色食品工业的重要创新区、全国旅游消费商品的主要加工输出地，力争2025年产业规模达到60亿元。深度融入赣州纺织服装产业带建设，突出培育特色织造、特殊材料、特种服装、特级辅料“四特”产品体系，努力建设特色服装产业集群，力争2025年产业规模达到35亿元。加快萤石、白云岩、高岭土、花岗岩等非金属矿资源深度加工、高附加值开发，努力建设非金属新材料精深加工基地，力争2025年产业规模达到40亿元。大力培育发展港口经济、节能环保、北斗应用、智能制造、数字经济等新兴产业，构建“2+2+N”[⑦]产业体系，推动工业经济高质量跨越式发展。加快园区平台建设。全力推进经开区基础设施建设，力争每年新增开发面积133.33公顷以上，三年内新建标准厂房200万平方米以上，大幅提升项目承载能力。加强经开区规划设计开发，高标准规划建设红都科创城、循环经济产业园和红创产业制造区，加强产业研发机构、技术中心、检测平台建设，打造高水平现代化产业平台。统筹产业和城市空间布局，加快完善开发区生活配套设施，逐步实现产城融合、一体发展。推进经开区建设、管理、运营市场化改革，坚持“亩产论英雄”导向，深化节地增效，推进“标准地+承诺制”，有效盘活低效利用和闲置土地。全力推动招大引强。始终把招商引资作为全市抓经济、抓发展的头等大事，大力实施全民招商、全员招商，用好考核指挥棒，让大抓招商在瑞金蔚然成风。抢抓国家支持赣南承接产业转移示范区建设机遇，

高质量建设专业招商队伍，创新社会招商方式，大力推进产业链招商、以商招商、资本招商。深入实施“三请三回”[⑧]“瑞商回归”行动，力争每年引进投资超50亿元项目1个、超20亿元项目3个、超亿元项目30个。优化安商服务队伍和项目落地机制，实行“拿地即落地、落地即开工、开工不停工、停工必追责”，推动项目建设提速提效。

——乡村振兴，打牢创新创业基础。坚持把农业农村作为创新创业的基础支撑，充分激发乡村活力，促进农业高质高效、乡村宜居宜业、农民富裕富足。巩固脱贫攻坚成果。严格落实“四个不摘”[⑨]和5年过渡期要求，保持主要帮扶政策总体稳定。健全防止返贫监测帮扶机制，确保“两不愁三保障”问题动态清零，坚决防止规模性返贫。完善产业发展利益联结机制，支持和鼓励脱贫劳动力就业创业，促进脱贫人口和低收入人口持续增收。强化易地搬迁后续扶持，完善安置区配套设施和公共服务，保障搬迁群众享有同等的基本公共服务。加强扶贫项目资产管理和监督，确保持续发挥效益。加快现代农业发展。加快建设瑞金中心粮库，加强高标准农田建设和管理，坚决防止耕地“非农化”“非粮化”，全力抓好粮食生产。优化农业产业布局，重点打造脐橙、蔬菜、烟叶、油茶、毛竹、生猪等主导产业，进一步培育肉牛、蛋鸡、鳗鱼、白莲、瓜果类等特色产业。持续抓好柑橘黄龙病、松材线虫病等疫病防控，保障农业生产安全。扶持一批农业龙头企业，推广绿色农产品品牌认证，加快创建江西省农产品区域公用品牌。加强与江西农业大学、江西省农科院、赣南科学院等科研院所对接合作，加大农业人才培育力度，普及推广农业科技，推动现代农业高质高效发展。推动乡村一、二、三产业融合发展，大力推进生猪、蔬菜全产业链项目建设，培育壮大体验农业、休闲农业等业态，打造一批乡村振兴产业融合示范区。实施乡村建设行动。扎实推进乡镇建设三年行动计划，全面提升圩镇建设水平，高标准建设美丽乡镇。创新发展乡镇经济，充分赋予乡镇事权，建立市统筹、乡镇落实工作机制，制定差异化政策、实行差异化考核，因地制宜推动乡镇经济加快发展。加快推进农田水利等设施建设，强化农村建房管控，持续抓好农村人居环境整治提升，高水平建设一批新时代“五美”乡村[⑩]。深入推进农村厕所革命，全面完成农村户用厕所无害化改造。大力实施乡村教育质量、健康乡村、农村养老等乡村公共服务提升计划，提升农村公共服务供给质量。提升乡村治理能力。发展壮大村集体经济，创新村民参与村庄公共事务方式，健全自治、德治、法治相结合的乡村治理体系。加强基层阵地建设和管理，深化移风易俗行动，广泛开展村民说事、民情恳谈等活动，让农民得到更好的组织引领、社会服务、民主参与，以良好的乡村治理效能推动乡村全面振兴、全面发展。

——改革开放，释放创新创业动能。坚持实事求是、解放思想，通过全面深化改革开放，突破传统路径的依赖、打破条条框框的限制，为创新创业蓬勃发展营造良好氛围。把优化环境作为重中之重。向先进发达地区看齐，围绕“大湾区能做的，我们也要能做到”目标，统筹推进各领域改革，扎实推进优化营商环境专项行动，让机制更活、效率更高、服务更好。持续深化“放管服”[⑪]改革，不断完善“互联网+政务服务”，实现更多高频服务事项“一次办”、“秒批秒办”、自助办。总结推广“全产业一链办”经验，最大限度减环节、压时限、降成本。全面推行企业评单位、政务服务“好差评”制度，打造全省政务服务满意度一等县（市）。认真落实政企圆桌会议制度，强化惠企政策落实，切实帮助企业解决用地、用工、融资等瓶颈制约。从市领导抓起、从各级干部做起，确保亲清新型政商关系落到实处、说到做到，让企业在瑞金放心投资、安心发展。把开放合作作为关键一招。积极融入全省“一圈两轴三区”[⑫]发展格局，加快全面“融湾”步伐，打造对接融入粤港澳大湾区“桥头堡”。用活用好《国务院关于新时代支持革命老区振兴发展的意见》《中共中央、国务院关于新时代推动中部地区高质量发展的意见》，争取和实施更多试点示范事项。加强区域分工合作，争取与发达地区建立对口合作关系，推动产业发展、社会事业、干部人才交流等方面合作取得更大实效。把科技创新摆在核心位置。强化科技创新金融支持，探索与社会资本合作设立创新发展引导资金，鼓励金融机构、社会资本参与企业科技创新。围绕产业发展设立科研攻关项目，开展科研课题“揭榜挂帅”。强化企业创新主体地位，加快完善产学研长效合作机制，大力实施优质企业梯次培育行动，支持现有企业扩能技改。加强与中科院赣州创新研究院对接合作，争取建设铜加工和线缆产业科研成果转化中心。做大做强电线电缆产品质量监督检验中心、综合检验检测中心，提高产业研发能力和安全检验检测能力。力争到2025年，培育省级以上科技创新平台12个，新增高新技术企业50家，高新技术产业增加值占比达到40%。把人才引进作为系统工程。进一步放宽人才引进限制，建立市场化薪酬制度，探索用股权、期权、收益分配权吸引人才，积极引进现代农业、工业、旅游、金融、教育医疗、城市规划建设等领域高层次人才。完善顾问聘任制等柔性人才引进模式，建设一批博士工作站、乡土人才服务站，推进人才住房、人才公园、人才疗养基地建设。完善人才服务保障体系、党委联系服务专家制度，加快人才政策落实效率，实现事业留人、感情留人、环境留人。

创新创业是推动发展、扩大就业的有力支撑，更是提升区域竞争力的重要推手。只要我们开拓创新、扬优成势，就一定能开创经济发展新高度，形成与现代化次中心城市相匹配的发展实力。

（二）打造红色文旅中心。顺应旅游高质量发展趋势，跳出就红色谈红色的传统思维，深入推进文化与旅游融合、城市与产业共建。突出“夏天避暑、冬天御寒、全程亲水”发展方向，塑造复合型旅游新业态，打响“瑞金游就是全域红色旅游、瑞金游就是全民红色旅游”品牌，建设全国红色旅游一线城市和全国一流红色旅游目的地。

——做强红培研学品牌。做大做强红色研学教育培训产业，加快瑞金干部学院二期建设，提升瑞金市委党校（瑞金社会主义学院）办学水平，支持社会力量培育一批红色培训、红色研学龙头机构。推进红色文化遗产保护利用，主动加强与国家部委对接，打造红色文化保护传承示范基地。深挖红色文化内涵，开发系列精品课程，加强红培师资培育，提升红培智能化管理水平，打造全国党员教育培训示范基地、人民代表大会制度教育基地、中小学研学教育基地。发挥国家安全生产应急救护（瑞金）体验中心教育教学作用，争创全国应急管理干部队伍培训基地。推动赣州市人民警察学校项目建设，打造全省乃至全国有影响力的警察培训基地。完成瑞金中央革命根据地纪念馆基本陈列改展工程，实施武阳革命旧址、大柏地战斗旧址、叶坪洋溪革命旧址等保护利用。建设红色旅游指数评价体系，在全国率先发布红色旅游指数，树立瑞金在红色旅游领域的话语权。

——拓展新型旅游业态。加快中央红军长征决策和出发重点展示园、中央红军长征出发历史步道瑞金段建设，打造长征主题旅游片区。加快红色故都、红色影视基地建设，打造红色培训、影视文化、旅游度假城郊旅游片区。加快推进日东太阳山景区项目建设，打造以红色文化为主题、生态休闲为依托的复合型旅游度假目的地。建设高山避暑、温泉养生特色酒店，实施武阳温泉养生度假区、武阳粟田白竹寨瀑布景区、九堡铜钵山避暑旅游区、九堡密溪古村、泽覃城市“后花园”等旅游综合项目，推动罗汉岩景区与陈石湖国家级水利风景区一体开发，打造山水休闲、温泉养生旅游业态。开发农业观光、农事体验、绿色康养等业态，全力打造乡村旅游升级版。把红色文化融入各类景区、各种业态，打造形成“旧址参观、红培研学、朝圣寻根、文化互动、高山避暑、温泉养生、水上娱乐”的全新旅游体验。

——推动文旅深度融合。开发《红游记》文创产品，打造融入山水元素的红色实景演艺项目。发挥红色故都瑞金论坛优势，举办系列国家级节庆、论坛等重大活动，办好各类旅游文化节、艺术节、民俗文化节等节庆活动。积极推动旅游与工业、农业、康养、教育、文化、互联网等其他领域深度融合，支持创意文化、儿童娱乐、动漫、演艺等产业发展，研创更多的旅游新产品、新业态、新模式，不断提升瑞金文化旅游感染力、吸引力。

——塑造旅游城市形象。树立城市有机更新理念，用足“绣花”功夫，把城市作为一个大景区来建设，完善旅游要素、提升功能品质，塑造与全国红色旅游一线城市相匹配的城市形象。重塑城市风貌特色。规范城市建筑风格，推广“灰白”城市主色调，以苏维埃国徽红星为基本图形，精心设计城市标志。拓展街头绿地，建设瑞金公园、乌仙山公园、龙珠寺公园、东华山公园，提升城市园林绿化品质。创排高水准音乐剧《闪闪的红星》，打造城市文化IP，逐步形成“蓝天、绿地、碧水、白墙、黑瓦、闪闪的红星耀中华”城市风貌。加快老城区、老旧小区改造步伐，推进廖屋坪、粜米街等历史文化街区建设，实现客家古风、红色文化、现代设计有效融合。切实做好城市品牌形象的宣传推广，努力把形象标志转化为城市文化元素，充分展示富有特色的城市形象，打响“红色故都、旅游名城”城市品牌。彰显城市个性魅力。高标准编制《瑞金市国土空间规划（2021—2035年）》，完善各类专项规划，进一步优化空间格局、功能布局。以“一江三湾”为引领，依托城市水系和骨干路网拓展延伸，构建“一带三核、两轴八区”⑬城市空间结构。实施饮用水水源地取水口置换工程，形成“三水源双通道”⑭。加快推进梅江引调水及供水工程，激活城市全域水系，重建‘绵江八景’，恢复象湖的本来面貌，形成“山在水中、水在城中、城在湖中、湖在山中”城市景象。提升城市功能品质。以创建全国文明城市、国家卫生城市和国家全域旅游示范区为抓手，完善城市供水、强弱电、煤改气、污水处理、垃圾分类、公厕等市政设施，加快5G基站、充电桩等新型基础设施建设。统筹推进地下综合管廊、人防工程、防洪工程，建设海绵城市、韧性城市，全面增强城市抵御冲击和应急保障能力。深入推进城乡环境综合整治，努力解决“脏乱差堵”等突出问题。深化“网格化”管理，推动资源、管理、服务向社区下沉，精准高效满足群众需求。加快建设瑞金“城市大脑”⑮，运用现代数字技术推进城市治理“一网统管”，推动城市治理体系和治理能力现代化。

——加强生态文明建设。良好的生态环境是一个城市宜居宜业宜游的重要指标，是一个城市亮丽的名片，要始终坚持像保护眼睛一样保护生态环境。牢牢守住生态红线，严格执行河长制、湖长制、林长制，加强重点生态功能区和饮用水源地保护，系统推进生态环境保护修复。认真抓好中央和省、赣州市环保督察反馈问题整改，实施新一轮生态环保基础设施建设三年行动，提升“无废城市”建设成效，持续打好蓝天、碧水、净土保卫战。加大矿山恢复治理力度，统筹推进山水林田湖草生态修复工程，稳步推进河道综合治理，持续抓好低质低效林改造。开展碳达峰路径研究，出台碳达峰行动计划和减污降碳刚性举措，积极推进碳交易，充分发挥林业优势，争取林业碳汇减排项目进入全国市场，多渠道实现生态产品价值转化。积极倡导绿色低碳生活，提高公众环保意识，不断提升人民群众生态环境获得感，为打造美丽中国“江西样板”作出瑞金贡献。

加快文化旅游产业发展是为城市聚人气，为产业拓空间，为发展赋动能的重要抓手。只要我们坚定信心、咬定目标，就一定能引爆瑞金旅游，形成与现代化次中心城市相匹配的人气活力。

（三）打造交通物流中心。充分发挥区位交通优势，进一步打通“大动脉”，畅通“微循环”，着力提升交通枢纽功能、能源集散功能、市场流通功能、金融服务功能，促进各类要素向瑞金集聚，推动瑞金加快成为区域性、现代化枢纽型城市。

——建设综合交通枢纽。大力推进综合交通运输体系建设，增强基础设施供给，打造民航、铁路、公路三位一体、多方联动的综合交通设施网络。推进机场建设。建成运营瑞金机场，推进机场连接线等配套体系建设，构建链接赣闽粤地区、珠三角地区、长三角地区发展的快速通道。建立飞行服务站、维修基地等低空飞行服务保障体系，开发与运营通航旅游飞行、通勤短途运输、通航工农作业及城市服务等项目。推进铁路建设。开工建设瑞梅铁路，积极争取开通瑞金至赣深高铁班列，景鹰瑞铁路列入国家铁路“十四五”规划或中长期规划，杭州至深圳高铁、渝长厦铁路经过瑞金并开工建设。积极对接昌汕高铁、赣福高铁、长珠高铁等规划项目，形成紧密围绕瑞金的高速铁路网。推进公路建设。规划建设瑞金绕城快速路，形成“一纵一横一环”[16]的快速公路网布局。完善城区路网，实施综合客运枢纽站、公交指挥中心等公共交通基础设施项目，加快建成瑞兴于快速交通走廊（瑞金段），叶坪、红井和云石山景区连接线路。全面推进“四好农村路”建设，规划建设日东太阳山、武阳白竹寨、九堡铜钵山、泽覃南华水库等旅游公路。深化农村公路管理养护体制改革，提升农村公路路况水平，真正让“四好农村路”变为“农村致富路”。

——做强现代商贸物流。规划建设瑞金机场临空经济区，积极发展低空产业，建设大型物流无人机研发生产基地，争取设立瑞金航空口岸。加快经开区物流港建设，深化瑞金国际陆港平台功能，争取设立跨境电商监管中心，推行“一站式”通关、多式联运服务，争取同步享受赣州国际港“三同”政策。积极引进品牌物流企业，推广“互联网+第四方物流”应用。加快市乡村三级配送网络、综合物流信息平台建设，拓宽城乡商贸流通渠道。强化农产品交易中心功能，规划建设赣闽边际区域性农产品冷链物流配送中心、果蔬产品冷链物流基地。支持实体商贸企业转型发展、多业态经营，推动“商品+服务”创新发展。

——构建能源集散体系。深入推进智能电网、闽电入赣瑞金站建设，规划建设4座110千伏变电站、2座35千伏变电站，提升电网输配能力。大力发展生物质能、太阳能、风能等可再生能源，探索整县推进屋顶分布式光伏建设，加快实施垃圾发电厂二期项目。加强瑞金高温气冷堆核电场址、1000千伏特高压线路规划廊道保护，紧跟上级政策开展实质性工作。积极推进储能项目规划建设，提高能源调节保障能力。切实加大节能减排力度，探索实施碳捕获项目。依托管线和铁路优势，谋划推进中石化管道油库、瑞金气库项目，建设赣南东部油气供应集散基地。

——培育壮大现代金融。把握赣州市普惠金融改革试验区建设机遇，加快发展绿色金融、产业金融。积极引进国内外知名银行、保险、证券等金融机构入驻瑞金，推动现有金融机构向乡镇延伸。做大做强现有地方法人金融机构，推动融资担保、小额贷款、商业保理和典当等业态规范发展。构建政银企常态化交流合作机制，深入实施企业上市“映山红行动”，积极争取更多信贷投放、险资入瑞、债券发行，引导金融活水精准流向实体经济。统筹做好重大金融风险防范化解工作，牢牢守住不发生系统性金融风险的底线。

经济要发展，交通必先行。只要我们拿出逢山开路，遇水架桥的闯劲，就一定能实现人畅其行、货畅其流的发展愿景，形成与现代化次中心城市相匹配的强大动力。

（四）打造体教康养中心。坚持以人民为中心的发展思想，全面推进体育、教育、医疗、卫生、就业、社会保障等民生事业发展，构建具备区域服务能力的城市功能体系，不断满足人民对美好生活的向往和追求，为促进共同富裕创造良好条件。

——大力发展体育事业。深入推进校园体育，加快学校运动场馆建设，实施以团体运动为主的“1+1+1”（足球+篮球+其他体育项目）校园体育运动，让每名学生校内每天体育活动时间不少于1小时、每名学生都能熟练掌握1项以上体育技能、每名教师都参与指导或管理1项以上的体育技能项目。深入开展全民健身活动，让市民群众每人爱上1项运动、每天运动1小时、积极打造1个以上体育赛事品牌。筹划建设篮球训练中心、国家级青少年足球训练基地。大力推进全民健身中心、体育公园、社会足球场和体育设施建设，完善城市健身步道、自行车道、社区文体广场，打造“15分钟健身圈”，推动全民健身成为生活常态。

——办好人民满意教育。推动义务教育优质均衡发展，加快推进21所城乡学校建设，加强城乡普惠性和公办幼儿园建设，积极推进义务教育薄弱环节改善和能力提升项目，全面消除“大校额、大班额”。鼓励普通高中教育特色多样发展，进一步提升高中教育教学质量。加快职业教育创新发展，实施瑞金中专改扩建，推进瑞金远恒佳职业学院落地建设，力争2023年建成办学。贯彻落实教育信息化2.0行动计划，完善中小学信息化终端，打造一批智慧校园、数字校园。落实教师待遇政策保障，加大教师招聘和引进力度。全面落实“双减”政策，深入推进体教融合、家校共育、劳动教育、美育教育、心理健康教育，促进学生德智体美劳全面发展。推动“一校一品”“一校一特”建设，形成全国有影响的体教融合、家校共育、红色基因传承工作特色，打造可复制、可借鉴、可推广的瑞金教育样板。

——打响医疗服务品牌。常态化抓好疫情防控，加快补齐公共卫生、疾病预防、人才队伍等方面短板，构建平战结合、科学有效、功能完善的公共卫生和重大疫情防控体系。实施健康瑞金行动，深化医疗卫生体制改革，完成市属医院新址搬迁，整合资源组建总医院、医疗集团，推进县域紧密型医联（共）体建设。积极争取全国、全省知名三甲医院托管总医院，提升医院专业技能和管理水平。完善区域性信息平台，筑牢市乡村三级医疗网底，全面提升乡村医疗服务水平。建设卫生健康信息化中心、医学影像中心、医学检验中心、消毒供应中心、药品器械耗材采购管理中心，探索组建公共卫生临床医疗中心、妇女儿童医疗中心，加快中医药特色发展，推动优化资源共享，形成覆盖周边200万人口的医疗服务能力。

——培育特色康养产业。大力提升养老服务水平，夯实公办养老院兜底功能，规划建设综合性康养中心，支持发展社区嵌入式养老，加快发展普惠型养老服务，健全居家社区机构相协调、医养康养相结合的养老服务体系。把握健康中国建设战略机遇，围绕生态养生、高山避暑、温泉休闲、红培朝圣、中医康复、健康养老、体教旅融合，打造康养产业功能区。规划建设特色农产品基地、乡村颐养等功能区，构建以健康食材、康体旅游、健康文化、健康管理为一体的康养产业体系，努力建设成为海西经济区、粤港澳大湾区的康养休闲后花园。

——全面推进各类社会事业。全面落实就业优先政策，抓好高校毕业生、退役军人、农民工、相对贫困人口等重点群体就业。落实应保尽保政策要求，完善社会保障、社会救助体系，切实保障妇女、儿童、青少年、残疾人等重点人群发展权利和机会，坚决兜住民生底线。深入实施全面参保计划，持续深化制度改革，健全社保基金风险防控机制。深入推进“尊崇工作法”，让退役军人获得感、幸福感、荣誉感充分显现。积极应对人口老龄化，依法完善实施三孩生育政策配套措施。充分发挥政府调控作用，遏制房价过快上涨，让群众实现安居梦。加快推进文化强市建设，推动文化产业高质量发展，深化精神文明创建活动，满足人民美好精神文化生活新期待。加强和创新社会治理，深入贯彻总体国家安全观，积极妥善防范化解各类风险，统筹做好信访维稳、安全生产、食品药品安全、应急体系建设等工作。稳固推进市域现代化社会治理，常态化开展扫黑除恶斗争，健全社会矛盾综合治理机制，建设立体化、信息化社会治安防控体系，加大涉毒、涉赌、涉诈打击力度，保障人民群众生命财产安全。深入开展法治宣传教育，扎实推进“八五”普法，建设更高水平的平安瑞金、法治瑞金，确保人民安居乐业、社会安定有序。

人民对美好生活的向往，就是我们的奋斗目标。我们要始终带着感情和责任抓工作、干事业，用干部的“辛苦指数”换取群众的“幸福指数”，形成与现代化次中心城市相匹配的民生保障能力，让全市人民实实在在享受更多发展成果！

四、把党的建设放在首要位置，为建设现代化次中心城市提供坚强的政治保障

坚持党的全面领导是必须遵循的重大政治原则。我们要全面贯彻新时代党的建设总要求，坚持全面从严治党不松劲，全面提升党的建设质量，为建设现代化次中心城市提供坚强保证。

（一）强化思想政治建设。坚持把党的政治建设摆在首位，学深悟透习近平新时代中国特色社会主义思想，持续推进党史学习教育，大力弘扬苏区精神、长征精神和伟大建党精神，传承红色基因，树牢“四个意识”、坚定“四个自信”、做到“两个维护”，不断提高政治判断力、政治领悟力、政治执行力，对中央、省和赣州市重大决策执行坚决、部署迅速、落实有效。严守党的政治纪律和政治规矩，严格执行新形势下党内政治生活若干准则，全面落实干部政治表现负面清单制度，坚决做到“五个必须”[17]，坚决反对“七个有之”[18]。全面落实党委（党组）意识形态工作责任制，牢牢掌握意识形态工作领导权，坚守好意识形态主阵地，弘扬主旋律、传播正能量，为瑞金经济社会高质量发展鼓劲造势。

（二）夯实基层战斗堡垒。持续开展基层党建“三化”建设提质增效和质量过硬行动，纵深推进“百红”工程，大力整顿软弱涣散党组织，深化城市基层党建改革，统筹抓好机关、国企、学校、医院、非公经济组织和社会组织等各领域党的建设，推动基层党组织全面进步、全面过硬。开展“乡村振兴模范党组织”创建活动，进一步发展壮大村级集体经济。抓实基层党组织队伍建设，实施“领头羊”工程，强化党员发展、教育、管理、监督工作，加强党内激励关怀，促进党内团结、组织壮大、事业兴盛。

（三）打造过硬干部队伍。坚定践行新时期好干部标准，坚持“两个重视、三个重用”[19]，着力在打造“四个中心”一线“识马育马赛马选马”。弘扬担当实干精神，树立重实干、重实绩的选人用人导向，坚决兑现“原创奖、蜗牛奖、曝光奖、退步奖”，做到“以实干立身、凭实绩说话”，真正把政治上靠得住、工作上敢担当、作风上过得硬的干部选出来、用起来。以加强思想政治教育、更新知识结构、提升综合能力、转变工作作风为重点，切实加强干部教育培训。以战略的眼光推动年轻干部成长，建立一般干部常态化交流使用机制，实施市管干部三年轮训计划、年轻干部三年培养计划，努力让瑞金的干部在全赣州、全省甚至全国都有竞争力。坚持严管和厚爱结合、约束和激励并重，完善干部绩效考核评价机制，健全干部关爱机制和容错纠错机制，大力营造敢想敢说敢干氛围，旗帜鲜明为敢于担当、踏实做事、不谋私利的干部撑腰鼓劲。

（四）推进正风肃纪反腐。持之以恒落实中央八项规定及其实施细则精神，健全改进作风长效机制，大力整治“怕、慢、假、庸、散”作风顽疾，精准施治不担当、不作为、乱作为、假作为等形式主义官僚主义问题，着力解决群众身边的腐败和不正之风，持续为基层松绑减负。加强政治监督力度，深入开展政治谈话，充分发挥巡察的震慑、遏制和治本作用，推进政治巡察任期内全覆盖。坚定不移深化反腐败斗争，综合运用监督执纪“四种形态”，加强党性党风党纪教育，弘扬廉政文化，强化反腐震慑效应，深化“以案促改”工作，一体推进不敢腐、不能腐、不想腐，持续建设风清气正的良好政治生态。

（五）凝聚发展强大合力。加强市委和市委常委会自身建设，充分发挥总揽全局、协调各方的领导核心作用，凝聚各方力量，进一步巩固和发展团结干事的良好局面。全力支持人大发挥制度优势，加强依法监督。全力支持政协发挥专门协商机构作用，更好地参政议政。认真贯彻落实党的统战工作方针政策，全面加强统一战线建设，积极构建大统战工作格局，筑牢共同思想基础。加强对工会、共青团、妇联、文联、社联、科协、侨联、工商联等群团组织的领导，支持依法依章程开展工作，更好成为党联系广大人民群众的桥梁和纽带。关心关爱老党员、老干部。扎实做好党管武装、国防后备力量建设和双拥工作，巩固和发展军政军民团结，推动军民融合深度发展。

各位代表、同志们！蓝图催人奋进，征程任重道远。功崇惟志，业广惟勤；业在人创，事在人为。让我们更加紧密团结在以习近平同志为核心的党中央周围，在省委、赣州市委的坚强领导下，团结带领全市人民，凝聚社会各界力量，真抓实干、矢志前行，为加快建设现代化次中心城市而努力奋斗。

注　释

①“七改三网”：“七改”指改路、改水、改厕、改房、改塘、改沟、改环境；“三网”指电力、广电、电信网络。

②“8+4”：“8”是指公共服务平台、卫生室、便民超市、“农家书屋”、文体活动场所、垃圾处理设施、污水处理设施、公厕；“4”是指小学、幼儿园、金融服务网点、公交站。

③“作示范、勇争先”：在加快革命老区高质量发展上作示范、在推动中部地区崛起上勇争先。

④“五个推进”：推进经济高质量发展、推进改革开放走深走实、推进农业农村现代化、推进社会治理创新、推进红色基因传承。

⑤“三大战略”：纵深推进新时代赣南苏区振兴发展、对接融入粤港澳大湾区桥头堡和省域副中心城市建设。

⑥“六大主攻方向”：科技创新、工业倍增升级、乡村振兴、新型城镇化、现代服务业、基础设施建设。

⑦“2+2+N”产业体系：2个首位产业（电子电气及材料、食品医药产业）和2个主导产业（纺织服装产业、绿色建材产业），“N”指的是港口经济、节能环保、北斗应用、智能制造、数字经济等新兴产业。

⑧“三请三回”：请乡友回家乡、请校友回母校、请战友回驻地。

⑨“四个不摘”：摘帽不摘责任、摘帽不摘政策、摘帽不摘帮扶、摘帽不摘监管。

⑩“五美”乡村：产业兴旺之美、文明淳朴之美、共建共享之美、自然生态之美、和谐有序之美。

⑪“放管服”：简政放权、放管结合、优化服务。

⑫“一圈两轴三区”：江西省提出的“一圈引领、两轴驱动、三区协同”新的发展格局。“一圈”即做大做强“大南昌都市圈”；“两轴”即“京九”“沪昆”一纵一横两大高铁通道发展带；“三区”即赣南等原苏区振兴发展区、赣东北扩大开放合作发展区、赣西转型升级发展区同发展。

⑬“一带三核、两轴八区”：“一带”即绵江河城旅融合发展带；“三核”是指围绕金瑞湾、摇篮湾、红都湾三大生态公园形成的城市核心；“两轴”是指沿长征大道、红都大道东西方向发展轴和沿迎宾大道南北方向城市发展轴；“八区”是指中心城区、经开区、瑞兴于试验区瑞金产业集中区、瑞金机场空港口岸经济区、沙洲坝红色故都建政文化园、云石山长征主题文化公园、叶坪红色故都文化园和绿草湖红色研学小镇。

⑭“三水源双通道”：“三水源”指日东水库、南华水库、龙山水库（备用水源）；“双通道”指现有的供水管网为一个通道，然后龙山水库备用水源点再建设一条供水管网至陈石湖水厂为另一个通道。

⑮“城市大脑”：指利用人工智能、大数据、物联网等先进技术，为城市交通治理、环境保护、城市精细化管理、区域经济管理等构建一个后台系统，打通不同平台，推动城市数字化管理。

⑯“一纵一横一环”：“一纵”指的是济广高速，“一横”指的是厦蓉高速，“一环”指的是瑞金绕城高速公路。

⑰“五个必须”：必须维护党中央权威，在任何时候任何情况下都要在思想上政治上行动上同党中央保持高度一致；必须维护党的团结，坚持五湖四海，团结一切忠实于党的同志；必须遵循组织程序，重大问题该请示的请示，该汇报的汇报，不允许超越权限办事；必须服从组织决定，决不允许搞非组织活动，不得违背组织决定；必须管好亲属和身边工作人员，不得默许他们利用特殊身份谋取非法利益。

⑱“七个有之”：搞任人唯亲、排斥异己的有之；搞团团伙伙、拉帮结派的有之；搞匿名诬告、制造谣言的有之；搞收买人心、拉动选票的有之；搞封官许愿、弹冠相庆的有之；搞自行其是、阳奉阴违的有之；搞尾大不掉、妄议中央的也有之。

⑲“两个重视、三个重用”：重视基层经历、工作实践，重用想干事、敢干事、会干事的干部。

政 府 工 作 报 告

——在瑞金市第七届人民代表大会第二次会议上

（2022 年 2 月 11 日）

瑞金市人民政府市长　刘春林

各位代表：

现在，我代表市人民政府向大会报告工作，请予审议，并请市政协委员和列席会议同志提出意见。

一、2021 年工作回顾

2021 年是党和国家历史上具有里程碑意义的一年，也是瑞金发展史上尤为重要的一年。在省委省政府、赣州市委市政府和市委坚强领导下，全市上下深入贯彻中共中央总书记习近平视察江西和赣州重要讲话精神，统筹疫情防控和经济社会发展，扎实做好"六稳""六保"工作，创新实干、砥砺奋进，较好完成市六届人大六次会议确定的目标任务，"十四五"实现良好开局。

这一年，我们咬定目标加油干，经济运行更稳健。生产总值突破 195 亿元、增长 8.2%，固定资产投资增长 11.4%，社会消费品零售总额突破百亿元、增长 11.6%，外贸出口 45.5 亿元、增长 37.8%，预计城乡居民人均可支配收入分别增长 8.8%和 10.8%。一般公共预算收入增长 8.9%、跃居赣州第 3，实际利用外资增长 8.5%、稳居赣州第一方阵。瑞金获评赣州市高质量发展先进县（市、区）。

这一年，我们担当作为奋力干，发展势能更强劲。围绕"八大行动"[①]"四个中心"[②]，实施重点项目 138 个、竣工 35 个，完成年度投资 98.4 亿元；引进重点产业项目 41 个，签约资金 490.9 亿元。瑞金机场全速建设，瑞梅铁路正式获批，西气东输天然气向瑞金开阀供气，梅江引调水项目开工建设。这些强功能、利长远的重大项目顺利实施，为加快现代化次中心城市建设打下好基础、积蓄强动能。

这一年，我们齐心协力争先干，瑞金形象更彰显。叶坪镇被党中央、国务院授予"全国脱贫攻坚楷模"荣誉称号，得到中共中央总书记习近平亲自颁奖。纪念中央革命根据地创建暨中华苏维埃共和国成立 90 周年座谈会在北京隆重举行，"人民共和国从这里走来——中华苏维埃共和国史"陈列展顺利开展。国家安全生产救护（瑞金）体验中心、全国职工爱国主义教育基地、全国妇女爱国主义教育基地在我市挂牌揭牌，"瑞金号"红色城市天启卫星发射升空，大型原创音乐剧《闪闪的红星》在北京、南昌、赣州成功巡演，瑞金的知名度影响力显著提升。

回顾过去一年，主要做以下工作：

（一）抓转型促升级，产业结构不断优化。工业倍增升级扎实推进。新增工业建设用地 48.67 公顷、建成标准厂房 38.4 万平方米。新增规上工业企业 32 家，总量首次突破 100 家。规上工业实现营收 274.4 亿元，增长 29.5%。济民可信、昊宇重工一期等重点产业项目建成投产，金纳铜业、恒吉铜材入选省制造业百强企业，振兴铜业等 3 家企业入选省制造业领航企业培育名单。瑞金经开区获评国家级绿色园区、江西省模范劳动关系和谐园区，综合发展水平考核评价全国排名前移 13 位。旅游市场回暖升温。全年旅游接待人次、总收入分别增长 57.9%和 71.2%，我市被评为"2021 中国最美县域"，连续四年获评中国县域旅游综合竞争力百强县市，叶坪华屋入选全国乡村旅游重点村。金融机构期末存贷款余额分别增长 3.2%、11.9%，存贷比首次突破 100%。现代农业提质增效。建成高标准农田 2533.33 公顷，粮食种植达 3.39 万公顷，全面完成粮食生产任务。生猪复产增养恢复势头良好，出栏生猪 49 万头。新建蔬菜大棚 471.33 公顷、设施蔬菜基地 21 个，新增粤港澳大湾区"菜篮子"生产基地 2 个。脐橙、油茶、白莲等特色产业持续发展，新增富硒产业示范基地 11 个。三大集团百万头生猪全产业链、德保膳食全产业链项目加快推进，建成 6 万立方米果蔬冷链物流园，我市被列入国家农产品产地冷藏保鲜整县推进试点。

（二）抓统筹提品质，城乡面貌日益改善。科学编制《瑞金市国土空间规划（2021—2035 年）》，城市建成区面积达 36.6 平方千米，常住人口城镇化率突破 50%。新改建国省道 72.5 千米、"四好农村路"112.2 千米。金都大道东延四期、中山南路等道路建成通车，瑞明路、象湖路等"断头路"全面打通。完成棚户区改造 270 户，建成棚改安置房 6814 套。改造老旧小区 26 个，新增停车位 2762 个。金瑞湾城市公园基本建成，文化艺术中心正式启用，城市功能和品质明显提升。成功入选第七届全国文明城市提名城市，解放路社区入选省高品质智慧社区建设试点。全面开展"两示范一提升"[⑤]三年行动和村庄整治秋冬战役，统筹推进"厕所革命"和乡镇建设五年行动，建设美丽宜居示范带 2 条、全域美丽乡镇 2 个，重点整治新农村建设示范点 204 个，新（改）建农村户厕620余户，农村人居环境持续改善。

（三）抓改革促开放，发展活力充分释放。对标大湾区，开展“优化提升营商环境”专项行动，帮助企业解决难点堵点痛点问题62个，减税降费近9亿元，营商环境综合评价在全省排位大幅前移。深化“放管服”④改革，建成“区块链+24小时政务服务客厅”，政务服务从8小时向“白+黑”“全天候”转变，169项高频事项实现“跨省通办”，非即办事项审批时限压减30%。国资国企、财政金融、农业农村、社会事业等重点领域改革取得新成效。建成省级博士后创新实践基地1家，新增市级技术创新中心3家、博士工作站6个、专家工作站1个，获评省级科技企业孵化器2个。认定高新技术企业8家、科技型中小企业55家，全社会研发投入占GDP比重达2.2%。瑞金国际陆港投入运营，在赣州率先开通“跨境电商B2B出口⑤+铁海联运⑥”班列，成功创建省级电子商务示范基地，获评全省外贸进出口先进县（市、区）。

（四）抓保护治污染，生态优势持续巩固。全力打好污染防治攻坚战，坚决整改中央和省环保督察反馈问题，瑞金万年青水泥公司获评国家绿色工厂。启动实施新一轮生态环保基础设施建设三年行动计划，新建农村污水处理管网17.5千米，城市生活污水日处理能力达4.5万吨，垃圾焚烧日处理能力达350吨。加快生态功能区建设，治理水土流失面积20.6平方千米，完成低质低效林改造2200公顷、森林抚育8066.67公顷，建设森林“四化”示范基地3个，新增省级森林乡村4个。深入开展“无废城市”建设试点，畜禽粪污资源化利用模式入选全国《“无废城市”建设试点典型案例》。空气质量优良天数比例达99.5%，地表水环境和饮用水源水质100%达标，土壤环境质量保持稳定，蓝天、碧水、净土保卫战取得明显成效。

（五）抓民生办实事，人民生活更加幸福。投入民生资金53.1亿元，占一般公共预算支出83%，上级和本级民生实事基本完成。新增城镇就业4896人，转移农村劳动力7784人，城镇登记失业率控制在4.5%，荣获2021年全国清理整顿人力资源市场秩序专项行动取得突出成绩单位。探索实行监测帮扶“41123”工作法⑦，639户监测对象消除返贫致贫风险，脱贫攻坚成果得到巩固拓展。深入推进21所城乡学校建设项目，宝钢希望小学完成扩建，金穗幼儿园、幸福幼儿园投入使用，新增学位1890个。“双减”⑧政策有效落地，全面推进体教融合、家校共育、心理健康教育，赣州市“双减”暨体教融合现场推进会在瑞金召开。教育教学质量稳居赣州前列，瑞金中专获赣州市技能大赛“九连冠”。瑞金获评全国群众体育先进单位，“红都瑞金”主题即开型体育彩票全国公开发行。抓实常态化疫情防控，有序推进疫苗接种，牢牢守住“零疫情”成果。组建瑞金市总医院，争取南昌大学第一附属医院技术支持。妇保院、人民医院整体迁建有力推进，市结防所、云石山卫生院完成搬迁。九堡、武阳等8所区域性中心养老院投入使用，新增养老床位940张，农村互助养老服务设施覆盖84%的行政村。城乡居民基本医疗保险参保覆盖率稳定在95%以上，获评全省医疗保障综合改革先行示范县（市、区）。全面推行“尊崇工作法”，建成退役军人服务站246个，象湖站获评“全国百强站”。扎实开展“八五”普法，常态化推进扫黑除恶斗争，坚决打击电信网络诈骗和毒品犯罪，积极化解信访积案，持续巩固安全生产良好态势，公众安全感稳居全省、赣州前列。

同时，国防动员、国防教育、统计调查、民族宗教、外事侨务、妇女儿童、市场监管、自然资源、粮食流通、应急管理、消防救援、红十字会、残联、科协、气象、供销、物价、人防、史志、审计等工作取得新成效。

一年来，我们坚持以政治建设为统领，扎实开展党史学习教育，大力弘扬伟大建党精神，传承红色基因，汲取智慧和力量。深入推进“我为群众办实事”实践活动，55项市级重点民生项目全部兑现，688件群众身边“微实事”有效解决。持续深化“五型”政府建设，落实“马上就办”工作机制，续聘增聘30名“五型”政府建设监督员，干部作风持续改进，行政效能不断提升。加强法治政府建设，自觉接受市人大、市政协监督，办理人大代表建议和政协提案242件，办复率、满意和基本满意率均为100%。切实履行全面从严治党责任，严格执行中央八项规定及其实施细则精神，大力压减一般性支出，严格控制“三公”经费支出，政府系统党风廉政建设向纵深发展。

各位代表！成绩来之不易，成就令人振奋。这是习近平新时代中国特色社会主义思想科学指引的结果，是省委省政府、赣州市委市政府和市委坚强领导的结果，是市人大、市政协和社会各界监督支持，全市上下奋力拼搏、艰辛付出的结果。在此，我谨代表市人民政府，向全市干部群众，向各位人大代表、政协委员，向驻瑞部队、武警官兵，向为瑞金发展倾注心血的老领导、老同志，向所有关心支持瑞金发展的各界人士和朋友，致以崇高的敬意和衷心的感谢！总结成绩的同时，我们也清醒地认识到，我市欠发达、后发展的基本市情尚未根本改变。经济总量较小、产业结构不优、创新能力偏弱的问题依然存在，国家级经开区平台的潜力还未充分激发；政治优势、区位优势、生态优势释放不够充分，发展质效有待进一步提升；财政收支矛盾突出，基础设施、公共服务、生态环保等领域仍有不少短板弱项；少数干部本领不强、作风不实、担当不够、动力不足的现象还比较突出；营商环境还不够优化，政府效能还需进一步提升，等等。对这些问题，我们将高度重视，采取有力措施，切实加以解决。

二、2022年工作安排

今年是党的二十大召开之年，也是全面贯彻省、赣州市、瑞金市党代会精神的关键之年，做好今年政府工作意义重大。今年政府工作的总体要求是：以习近平新时代中国特色社会主义思想为指导，全面贯彻落实中共十九大和十九届历次全会精神，持续深入贯彻中共中央总书记习近平视察江西和赣州重要讲话精神，弘扬伟大建党精神和苏区精神、长征精神，按照省、赣州市、瑞金市党代会部署要求，坚持稳字当头、稳中求进，完整准确全面贯彻新发展理念，加快构建新发展格局，坚持以供给侧结构性改革为主线，统筹疫情防控和经济社会发展，统筹发展和安全，继续做好“六稳”“六保”工作，聚焦“三大战略、八大行动”，努力打造“四个中心”，加快建设现代化次中心城市，以优异成绩迎接党的二十大胜利召开。

主要预期目标是：GDP 增长 8.2%以上，规上工业增加值增长 9%以上，一般公共预算收入增长 5.5%以上，固定资产投资增长 10%以上，社会消费品零售总额增长 11%以上，实际利用外资增长 7%左右，外贸出口总额实现量稳质升，城镇、农村居民人均可支配收入分别增长 8%、10%左右，居民消费价格总水平涨幅控制在 3%左右，城镇调查失业率控制在 5.5%以内，节能减排完成上级下达任务。

市第七次党代会提出，要聚焦“三大战略、八大行动”，努力打造“四个中心”，加快建设现代化次中心城市，这是今后五年乃至更长时期全市发展的宏伟蓝图和全市人民的行动纲领。我们要“一张蓝图绘到底”，紧紧抓住项目建设这个主抓手，集中精力攻重点、紧盯项目抓进度，推动项目提速建设、快见成效。围绕“四个中心”目标，今年初步谋划实施重点项目 168 个，总投资 670 亿元，年度计划投资 175 亿元。

主要抓好以下六个方面工作：

（一）聚力工业倍增升级。坚定不移壮集群、筑平台、抓创新，力争规上工业营收突破 340 亿元，净增规上工业企业 15 家以上，做强建设创新创业中心的工业支撑。

壮大产业集群。全面提升产业链供应链现代化水平，加速构建“2+2+N”产业体系[⑨]，打造“链长制”升级版。电子电气及材料产业重点推动金一电缆电解铜、安讯实业表面处理中心、瑞金电气产业园项目开工，金拉铜箔年产 8 万吨铜箔铜带、振兴铜业年产 5 万吨铜带铜管项目全面达产，加快打通全产业链条。食品医药产业重点加快济民可信医药食品产业园、正大食品全产业链等龙头项目建设，培育“链主企业”，带动上下游关联企业，加快形成区域性绿色食品药品产业聚集区。纺织服装产业重点培育“四特”产品体系，建设特色织造产业集群，力争集群规模突破 35 亿元。新型建材产业重点推进白云岩、花岗岩、高岭土等非金属矿资源高附加值开发，加快建设石材精深加工及循环经济产业园、钙镁氧化物产业园，力争集群规模突破 40 亿元。大力推进数字经济“一号发展工程”，积极培育港口经济、智能制造等新兴产业。持之以恒招大引强，力争引进世界 500 强企业项目 1 个、“5020”项目 2 个、亿元以上项目 30 个，新开工项目 30 个，争创全省利用外资先进县（市、区）。

筑牢发展平台。加快瑞兴于“3+2”经济振兴试验区建设。强化经开区扩面开发，力争新增开发面积 133.33 公顷以上，建设主干路网 5 千米。加快创新科技园标准厂房、红都科创园核心区一期等项目建设，力争年内新建标准厂房 92 万平方米、建成 80 万平方米。积极推进红创产业城、RPET[⑩]新材料产业园建设。深入开展“亩产效益”综合评价，扎实推进企业闲置低效土地清理专项行动，推动亩均投资强度、营业收入实现新突破。加快“数字园区”“绿色园区”建设，提升园区服务智能化、发展低碳化水平。深化经开区体制机制改革，全面推行“管委会+平台公司+产业基金”运营管理模式，提升经开区专业化管理水平、市场化运作能力。严格落实纾困惠企政策，完善政企圆桌会议制度，面对面、实打实为企业排忧解难，当好企业发展的坚强后盾。

强化创新赋能。着力提升区域创新能力，大力引进“中字头”创新平台和高端科研机构，争创省级创新型城市。设立经开区企业质量提升奖、科技创新奖，健全政府引导、企业主体、金融支持的科技创新投入体系。对接中科院赣江创新研究院等科研院所，推动建立铜基材料共性技术研发联合体、铜铝加工和线缆产业科研成果转化中心。鼓励企业与高校、科研院所共建研发平台，建设光电技术研究院等一批省级、赣州市级重点实验室。新建创新研发平台 2 家，培育高新技术企业 5 家、省级“专精特新”企业[⑪]8 家、专业化“小巨人”企业[⑫]1 家，力争单项冠军、独角兽、瞪羚企业实现零的突破。推动科技创新“飞地”模式，深化与大湾区“双招双引”合作，采用“周末工程师”“双聘制”等柔性模式引进紧缺人才，积极申报省“双千计划”、赣州“苏区之光”人才计划。落实中长期青年发展规划，建设青年发展型城市，营造尊重人才的良好氛围，确保人才引得进、用得好、留得住。

（二）加快推进乡村振兴。统筹推进“五个振兴”[⑬]，促进农业高质高效、农村宜居宜业、农民富裕富足，让乡村成为创新创业的广阔舞台。

巩固拓展脱贫成果。坚决抓好国家后评估和省级考核反馈问题整改。严格落实五年过渡期“四个不摘”要求，健全防止返贫动态监测和帮扶机制，强化“三类人员”[⑭]监测帮扶，做到“应纳尽纳”“应帮尽帮”，牢牢守住不发生规模性返贫的底线。巩固提升“两不愁三保障”和农村安全饮水保障水平，扎实开展控辍保学工作，落实落细医疗救助资助参保政策，实现农村危房动态清零。持续加大产业扶持力度，财政衔接推进乡村振兴补助资金投入产业比例不低于 50%。全面推进易地扶贫搬迁后续扶持工作，拓宽就业增收渠道，让脱贫群众生活一年更比一年好。

提升农业质量效益。坚决落实田长制，遏制耕地“非农化”，防止“非粮化”，完成高标准农田建设 3000 公顷，确保粮食种植面积只增不减，粮食产量稳定在 19.2 万吨以上，生猪出栏稳定在 50 万头以上。强化脐橙品质品牌打造，严把果园开发准入关，抓实柑橘黄龙病防控，稳定脐橙种植面积 1.38 万公顷。推动蔬菜产业提质增效，培育壮大职业菜农队伍，加快百晟现代农业、德保膳食全产业链基地建设，种植面积稳定在 3066.67 公顷以上。发展壮大特色农业，完成白莲种植 2666.67 公顷、烟叶种植 800 公顷，新植、改造油茶 933.33 公顷。深入推进农产品产地冷藏保鲜整县试点工作，提高农产品附加值。深化农村土地、集体产权等重点领域改革，全面推进“三改合一”⑮，持续壮大村级集体经济，让农业更强、农民更富。

实施乡村建设行动。扎实推进美丽乡镇建设五年行动，完成叶坪示范镇创建，打造40个美丽乡村建设示范点。新改建圩镇农贸市场8个、停车场9个、休闲广场或小游园10个，安装农村路灯1000盏，完成“四好农村公路”建设215.7千米，全面提升乡村基础设施水平。实施农村人居环境整治提升五年行动，严格落实“七个坚决”⑯要求，健全村庄环境长效管护机制，推动城乡“环卫一体化”治理全覆盖，创建一批美丽村庄、美丽庭院。深化农村“厕所革命”，完成农村改厕800户。健全农村宅基地管理机制，提升村庄“四建三治一管护”⑰水平，加强农村建房和建筑风貌管控。推广“一组三会”⑱治理模式，建立“清单制”“积分制”，打造一批乡村治理示范点。加强农村基本公共服务建设，深入推进乡风文明建设，持续开展绿色文明殡葬改革，大力推动移风易俗，让农村更美、乡风更淳。

（三）促进文旅融合发展。点亮红色最靓底色，立足红、绿、古优势，突出“夏天避暑、冬天御寒、全程亲水”发展方向，推动红色文旅中心建设取得更大突破、更好成效。

做大红培研学产业。编制《红色教育培训“十四五”规划》，优化红培产业结构，成立红培行业协会。建成瑞金干部学院，用好国家安全生产应急救护（瑞金）体验中心，推动赣州人民警察学校建设，全面提升红培研学承载力。加强红色文化保护传承，做好武阳革命旧址等红色文化遗产保护利用，推进中央红军长征决策和出发重点展示园、长征步道、大柏地战斗遗址、红井革命旧址提升改造等项目建设，打造一批新晋红色旅游打卡地。大力探索“红培基地+红色优课”模式，开发系列精品课程，培育红培师资、红色导游，讲好瑞金故事。积极融入粤港澳大湾区旅游合作联盟，深化与北京、遵义、延安、龙岩、井冈山等城市合作，把握赣深高铁开通、瑞金机场加快建设等有利契机，加速引客增流，提升瑞金红培研学影响力。

完善旅游要素配套。大力发展沉浸式、体验式旅游，加快日东太阳山景区、九堡铜钵山、九堡密溪古村、泽覃城市“后花园”、武阳粟田白竹寨瀑布、罗汉岩景区与陈石湖国家级水利风景区一体开发等项目建设。补齐补强各类要素。推出红军焖鸭、牛肉汤、黄元米果等地方美食，培育红色菜肴文化品牌。加快推进瑞金宾馆扩建，鼓励社会资本建设主题酒店、精品民宿、乡村客栈。挖掘以红色资源、客家风情为主题的旅游线路，形成覆盖全域，适应各类人群和市场需求的旅游产品体系。推进旅游集散中心建设，优化城区至景区旅游公交线路。做好工旅、文旅结合文章，以红色人物、红色建筑、旅游景点、客家文化为主题元素，推出“红创包装”“红创食养”“红创玩具”系列产品。开发农业观光、农事体验项目，加速城市休闲和乡村旅游有机融合，形成全域化旅游效应。

打造城市旅游IP。以中华苏维埃共和国国徽红星为蓝本，设计推广红色城市LOGO。实行城市设计和风貌管控，推广“灰白”主色调风格，控制50米以上高层建筑。推进红都古城等项目建设，加快形成“蓝天、绿地、碧水、白墙、灰瓦、闪闪的红星耀中华”城市风貌。开发公共艺术作品，利用设计、动漫、短视频等方式，推广城市历史文化。抓好音乐剧《闪闪的红星》全国巡演和驻场演出，持续开发周边产品，实现旅游产业多元化融合发展，将瑞金“红五星”打造成全国知名的城市旅游IP。

（四）提升城市发展能级。围绕打造交通物流中心，高质量编制国土空间规划，实施一批重大项目，推动城市能级和品质同步提升，增强次中心城市集聚力、辐射力和竞争力。

强化基础支撑。建成瑞金机场主体工程，推动腾盾无人机项目开工，谋划设立临空经济区。开工建设瑞梅铁路，推动景鹰瑞铁路前期工作。加快推进S451瑞金泉水迳至瑞林段、S543瑞林至葛练段等国省道新（改、扩）建工程，力争S451瑞金九堡至云石山段改建工程竣工通车。加速梅江引调水工程、陈石水库取水口迁改、陈石湖水厂二期改扩建等项目建设，促进全域水系综合开发利用。推动瑞金燃气电站、抽水蓄能电站等项目前期工作，实施10千伏及以下农网改造升级工程，完成省天然气管网工程瑞金分输站建设，构建现代能源体系。

提升功能品质。全力创建全国文明城市、国家卫生城市。启动城市更新，完成棚户区改造450户、老旧小区改造700户。开工建设综合客运枢纽站、公交指挥中心，改造提升京里街等道路，实施瑞金八中、滨江小学等学校周边道路工程，建成金二路停车场，启动城区道路智慧停车，适时引进共享二轮电动车，缓解“出行难”“停车难”问题。开工建设瑞金公园，提升改造绵江河东岸滨江公园，建设画龙岗、八一北路北延等一批小游园，缓解“休闲难”问题。完成绵塘农贸市场改建，启动沙子岗、桔林等农贸市场建设，改善“买菜难”问题。继续推进城区公厕建设，解决“如厕难”问题。坚持房住不炒，有力保障刚需，兼顾合理改善性需求，促进房地产业健康发展。完善文化艺术中心功能，推动瑞金非物质文化遗产馆建设和免费开放，优化公共文化供给。持续开展城市体检评估，构建城市环境综合整治常态化机制，全面治理占道经营、违章搭建等乱象，提升城市精细化管理水平。

促进商贸消费。实施新一轮商贸消费升级三年行动，推进硕丰中心商贸综合体、特色街区建设，创建商贸消费品牌，积极培育夜间经济、首店经济、会展经济等新经济模式，促进消费全面提升。加大市场化招商，引进大型物流仓储企业，不断完善瑞金国际陆港功能。大力发展多式联运，开通瑞金至深圳、广州等沿海港口铁海联运班列，建设跨境电商监管中心、公用型保税仓库，搭建进境商品自营展示交易平台、数字经济产业园平台、电商物流仓储配送平台。完善“互联网+第四方物流”供销集配体系，实现快递服务基本覆盖行政村，推动城乡配送提速升级。推动普惠金融改革试验区提档升级，引导信贷资金更多投向本地实体经济，为经济高质量发展注入更多源头活水。

（五）不断增进民生福祉。结合打造体教康养中心，统筹体育教育、健康养老、就业社保等民生事业发展，着力解决群众“急难愁盼”问题，让民生保障更加贴心暖心。

推进体育教育融合发展。完成瑞金八中、红都小学、机关保育院等13所城乡学校项目建设，新增城区学位8970个。优化全市中小学校布局，继续做好义务教育薄弱环节与能力提升项目建设，鼓励社会力量支持学校运动场地建设。做好瑞金中专二期、瑞金高等职业学院前期工作。深化落实“双减”工作，全面推进体教融合、家校共育、心理健康教育，促进学生德智体美劳全面发展。深入开展全民健身运动，大力推进全民健身中心、体育公园、社会足球场等体育设施建设，积极发展“一县一品”体育事业，加快形成校园体育、社会体育双“1+1+1”[19]效果，让全市人民重视教育、爱上体育。

大力发展健康养老事业。持续开展爱国卫生运动，坚持“外防输入、内防反弹”总策略，毫不放松抓好常态化疫情防控，做好疫苗接种工作，坚决筑牢全民免疫屏障。完成妇保院整体搬迁，加快推进人民医院急诊楼、体检楼、传染科大楼建设。深化医药卫生体制改革，推动市总医院与南昌大学第一附属医院实现同质化医疗服务，让群众在家门口就能享受省级专家服务。大力促进中医药传承创新发展。实施城区嵌入式养老院项目，完成冈面等5所区域性养老院建设，帮助159户特困老年人完成居家适老化改造、316户残疾人家庭完成无障碍设施改造，推进农村互助养老服务设施常态化运营，实现老有所依、老有所养。

牢牢兜住社会保障底线。全面落实减负稳岗政策，推进人力资源市场建设，统筹做好重点群体就业工作，新增城镇就业3100人以上、转移农村劳动力5200人。健全根治欠薪长效机制，坚决保障从业人员合法权益。大力推进全民参保计划，持续扩大参保覆盖面和社会保障卡应用范围。完善社会救助体系，逐步提高城乡困难群众保障标准。深化“我为群众办实事”实践活动，继续办好群众身边“微实事”。积极应对人口老龄化，全面落实三孩生育政策，全力保障妇女、儿童、青少年、残疾人等重点人群发展权利。扎实推进城镇困难群众解困脱困工作，确保共同富裕路上一个都不能少。

（六）着力优化发展环境。以更大力度推进改革攻坚，巩固生态优势，维护和谐稳定，为打造“四个中心”营造良好环境，提供坚强保障。

持续激发改革活力。扎实推进营商环境优化升级“一号改革工程”，打造全省政务服务满意度一等县（市）。持续深化“放管服”改革，落实“市县同权”改革，贯彻“三集中三到位”[20]要求，强化“赣服通”“赣政通”平台运用，推行远程视频踏勘新模式，提高“一网通办”“全市通办、同标准办理”“不见面开标”服务水平。完善事中事后监管体系建设，建立包容审慎监管模式，提升监管智能化水平。加快信用体系建设，推进“信易+”项目落地，推动信用信息互联互通。加快国有企业市场化转型，实现市国控建设投资有限公司主体信用评级达AA级。落实价格体制改革部署，及时调整农业水价、供水供气价格和新能源上网电价。扎实开展财税管理、普惠金融等改革，健全政府性债务风险预警和控制机制。持续开展降成本专项行动，深化惠企政策集中兑现改革，落实落细减税降费政策。建立营商环境监督机制，落实企业“安静生产期”[21]，开展“小鬼难缠”“中梗阻”问题专项治理，做到“无事不扰、有求必应”，让企业家专心创业、放心投资、安心经营。

牢牢守住生态底线。全面落实河长制、湖长制、林长制，持续抓好环保督察及“回头看”反馈问题整改，实施新的“八大标志性战役30个专项行动”，打好蓝天、碧水、净土攻坚战。突出“四尘、三烟、三气”[22]防治，确保空气优良率保持在全省前列。加强重点企业排污监管，加快实施古城河、绵江河生态修复工程和第二批微污染水体治理项目，确保断面水质优良率达100%。推进国家水土保持重点工程，加强水土流失综合治理。强化土壤污染源头管控，推进污染土壤治理修复。持续开展“无废城市”建设，加快推进厨余垃圾处理、大型垃圾收集转运站、污水处理厂扩容一期等项目建设。严格落实碳达峰碳中和、能耗“双控”[23]要求，坚决遏制“两高”[24]项目盲目上马，鼓励“两高”企业技改升级。开展用能权、排污权、用水权、碳排放权等环境权益交易试点，拓宽生态产品价值实现路径。

坚决维护和谐稳定。深入开展全民国防教育，全面提升国防动员能力，加快推进退役军人示范区建设，争创全国“双拥模范城”。全面开展“八五”普法，加快促进公共法律服务规范化标准化。加快社会治安防控体系建设，完成全市215所学校“四个一”建设[25]，实现“雪亮工程”“智慧安防小区”项目图像数据接入。持续推进安全生产专项整治三年行动，深入开展重点行业领域风险识别和隐患治理，强化应急队伍建设和物资储备，坚决防范重特大事故发生。积极防范和化解金融、房地产等领域重大风险，守住不发生系统性风险底线。常态化开展扫黑除恶，深入实施反电诈、禁毒等专项打击整治行动，深入推进信访积案化解和信访问题源头处理，全面提高城乡社区网格化治理水平，建设更高水平平安瑞金。

各位代表，实干成就梦想，奋斗铸就辉煌。我们将始终坚持党对政府工作的全面领导，持续巩固党史学习教育成果，深入推进“五型”政府建设，全面提升政府系统执行力、战斗力、创造力。加强政治建设。坚持以习近平新时代中国特色社会主义思想为指导，胸怀“两个大局”、牢记“国之大者”，深刻领会“两个确立”的决定性意义，增强“四个意识”、坚定“四个自信”、做到“两个维护”，不断提高政治判断力、政治领悟力、政治执行力，确保党委有部署、政府见行动、落实有成效。坚持依法行政。认真学习贯彻习近平法治思想，全面推进法治政府建设，严格落实政府议事规则，坚持民主集中制，完善“三重一大”事项集体决策机制，自觉接受人大法律监督、政协民主监督、纪委监委监督、审计监督和社会舆论监督，深入推行政务公开，真正做到权力在阳光下运行。强化担当作为。牢固树立“敬业受人尊重、专业产生权威、成效获得认可”理念，把抓落实作为政府工作的生命线，以实干看作风、凭实绩论英雄，勤勉尽责强落实、攻坚破难勇担当，说就干、干就干好，坚决顶起该顶的那片天。坚守廉洁底线。深入贯彻全面从严治党要求，认真履行党风廉政建设和意识形态工作主体责任，锲而不舍落实中央八项规定及其实施细则精神。强化过紧日子思想，严控“三公”经费支出，把钱花在刀刃上，用于推动发展、造福群众。力戒形式主义、官僚主义，持续整治群众身边腐败问题和不正之风，让秉公用权、干净干事蔚然成风。

各位代表，踔厉奋发正当时，笃行不怠向未来！让我们更加紧密地团结在以习近平同志为核心的党中央周围，在省委省政府、赣州市委市政府和市委的坚强领导下，凝聚全市人民的智慧和力量，赓续前行、奋楫争先，努力打造“四个中心”，加快建设现代化次中心城市，以优异成绩迎接党的二十大胜利召开！

《政府工作报告》注释

①“八大行动”：赣州市第六次党代会提出的“工业倍增升级、科技创新赋能、深化改革开放、乡村全面振兴、城市能级提升、美丽赣州建设、提高民生品质、党建质量过硬”八大行动。

②“四个中心”：创新创业中心、红色文旅中心、交通物流中心、体教康养中心。

③“两示范一提升”：现代农业产业发展示范行动、美丽村庄建设示范行动、人居环境整治提升行动。

④“放管服”：简政放权、放管结合、优化服务的简称。

⑤跨境电商 B2B 出口：境内企业通过跨境物流将货物运送至境外企业或海外仓，并通过跨境电商平台完成交易的贸易形式，企业根据海关要求传输相关电子数据。

⑥铁海联运：进出口货物由铁路运到沿海海港直接由船舶运出，或是货物由船舶运输到达沿海海港之后由铁路运出，只需“一次申报、一次查验、一次放行”就可完成整个运输过程的一种运输方式。

⑦“41123”工作法：即将脱贫户和监测户分为“脱贫稳定户、脱贫不稳定户、边缘易致贫户、突发严重困难户”四类，建立一张“监测帮扶卡”、一个“监测帮扶档案袋”，制作巩固拓展脱贫攻坚成果、乡村振兴发展两个“工作清单”，推行“三问三议”工作机制。

⑧“双减”：有效减轻义务教育阶段学生过重作业负担和校外培训负担。

⑨“2+2+N”产业体系：2 个首位产业（电子电气及材料产业、食品医药产业）和 2 个主导产业（纺织服装产业、新型建材产业），“N”指的是港口经济、节能环保、北斗应用、智能制造、数字经济等新兴产业。

⑩RPET：化学名称为聚对苯二甲酸乙二醇酯，是一种新型的环保再生面料，由废弃的可乐瓶、塑料瓶回收再利用制成，多应用于服装、家纺、鞋材等产业。

⑪“专精特新”企业：指具有“专业化、精细化、特色化、新颖化”特征的中小企业。

⑫“小巨人”企业：指业绩良好，发展潜力和培育价值处于成长初期的专精特新小企业。

⑬“五个振兴”：产业振兴、人才振兴、文化振兴、生态振兴、组织振兴。

⑭“三类人员”：脱贫不稳定户、边缘易致贫户、突发严重困难户。

⑮“三改合一”：以乡镇或村为单位，积极统筹农村集体产权制度改革发展壮大村集体经济、农村土地改革与管理、发展新型农业经营主体和多种形式适度规模经营等三项农业农村改革要素在一个平台中实施。

⑯“七个坚决”：坚决实行一户一宅、坚决拆除危旧空心房、坚决不允许超高超大、坚决不允许乱堆乱放、坚决不允许家禽散养、坚决不允许杆线乱立乱拉、坚决不允许小广告乱挂乱贴。

⑰“四建三治一管护”：“四建”即村内道路、户厕、供水、公共照明等设施建设，“三治”即排水沟渠、河塘、搭靠三房（违章房、危旧房、废弃空心房）等环境整治，“一管护”即村庄环境长效管护。

⑱“一组三会”：即党小组和户主会、理事会、监事会。

⑲双“1+1+1”：社会体育“1+1+1”（让市民群众每人都爱上 1 项运动、每天运动 1 小时、积极打造 1 个以上体育赛事品牌）和校园体育“1+1+1”（每名学生都能熟练掌握 1 项以上体育技能、每天校内体育活动时间不少于 1 小时、每名教师参与指导或管理 1 项以上体育技能项目）。

⑳“三集中三到位”：即指行政审批职能向一个科室集中、承担审批职能的科室向行政服务中心集中、行政审批事项向电子政务平台集中；事项进驻大厅到位、审批授权窗口到位、电子监察到位。

㉑“安静生产期”：每月 1 日至 25 日，除涉及国家安全、公共安全、安全生产、生态环境以及投诉举报、案件查处、上级交办等情形，各级行政执法部门原则上不入园对企业开展行政执法检查。

㉒“四尘、三烟、三气”：建筑工地扬尘、道路扬尘、运输扬尘、堆场扬尘；餐饮油烟、烧烤油烟、垃圾焚烧浓烟；机动车尾气、工业废气、燃煤锅炉烟气。

㉓能耗“双控”：实行能源消费强度和总量双控。

㉔“两高”：高污染、高耗能。

㉕学校“四个一”建设：即建设一个安检门、安装一键报警器、安装一组存储柜、设置一间会客室。

专　　记

回顾百年历程　唱响百年颂歌

——庆祝中国共产党成立100周年暨纪念中华苏维埃共和国成立90周年

2021年11月2日，纪念中央革命根据地创建暨中华苏维埃共和国成立90周年座谈会在北京举行。中共中央政治局常委、中央书记处书记王沪宁出席会议并讲话。他表示，纪念中央革命根据地创建暨中华苏维埃共和国成立90周年，回顾党团结带领中国人民为实现新民主主义革命任务顽强奋斗的光辉历程，缅怀革命先辈和英烈的不朽业绩，就是要坚持以习近平新时代中国特色社会主义思想为指导，以史为鉴、开创未来，走好实现第二个百年奋斗目标新的赶考之路，把中华民族伟大复兴的历史伟业推向前进。陈希主持会议，孙春兰、黄坤明、万鄂湘、刘奇葆和苗华出席会议。座谈会上，中央党史和文献研究院院长曲青山、军事科学院院长杨学军、江西省委书记易炼红先后发言，中央党政军群有关部门负责人，江西、福建、广东省有关负责人及老红军亲属代表等参加会议。

2021年是中国共产党成立100周年，是中华苏维埃共和国诞生90周年，是中共中央总书记习近平提出伟大苏区精神10周年。4月21日，瑞金市委办、政府办联合下发《瑞金市庆祝中国共产党成立100周年暨纪念苏维埃共和国成立90周年活动方案》，为纪念百年、致敬百年、献礼百年、颂歌百年，瑞金市趋前谋划、精心筹备，推出一系列宣传思想文化活动，用心用情讲好党的故事、苏维埃故事、根据地故事，传承红色基因、赓续红色血脉、弘扬苏区精神，营造“感恩奋进、永跟党走”的浓厚氛围，为推进全市经济社会高质量跨越式发展提供坚强政治保证。

庆祝百年　6月28日上午，瑞金市“庆祝中国共产党成立100周年暨‘七一’表彰大会”召开。市委书记、经开区党工委书记吴建平出席并讲话，市政协主席陈晓斌，市领导罗沪京、杨北林、刘晓龙、陈大林、罗俊腾、宋平荣、谢正文等副处级以上领导出席，市领导郭德帅主持会议。会上，郭德帅宣读表彰决定；吴建平等市领导向老党员代表颁发“光荣在党50年”纪念章，为受表彰的“优秀共产党员”“优秀党务工作者”“先进基层党组织”颁奖。会议召开前，与会市领导和各乡镇党委书记、城市社区党工委书记还前往叶坪红军广场，

6月28日，瑞金市庆祝中国共产党成立100周年暨“七一”表彰大会召开
（市融媒体中心供图）

向红军烈士纪念塔敬献花篮，并重温入党誓词。

6月28日下午，全国“两优一先”表彰大会在北京人民大会堂隆重举行，瑞金市叶坪镇党委荣获“全国先进基层党组织”称号，叶坪镇原党委副书记、原乡长朱胜江前往领奖并出席庆祝中国共产党成立100周年系列活动。朱胜江受邀参加观看庆祝中国共产党成立100周年文艺演出《伟大的征程》，出席全国“七一勋章”颁授仪式，参观“不忘初心、牢记使命”历史展览馆，在北京天安门城楼与党和国家领导一同出席庆祝大会。

2021年7月1日，庆祝中国共产党成立100周年大会在北京天安门隆重举行。瑞金市各乡镇各部门组织广大干部群众通过电视、电台、网站、新闻App等收听收看大会盛况。

纪录百年 2021年瑞金市配合拍摄电视剧《迈上小康的共和国摇篮》、纪录片《从瑞金出发》《红色摇篮》等40余部。《瑞金非遗放光华》歌曲在“学习强国”学习平台推送，2021年10月至11月，音乐剧《闪闪的红星》成功在北京首演、赣州和瑞金进行巡演，制作完成动画片《红游记》第二季，推出纪念中华苏维埃共和国成立90周年主题宣传片——《瑞墨》。

2021年10月至11月，举办纪念中央革命根据地创建暨中华苏维埃共和国成立90周年情景故事讲演大赛；中央革命根据地纪念馆《人民共和国从这里走来——中华苏维埃共和国史》基本陈列顺利竣工并正式开展，省委副书记、赣州市委书记吴忠琼参加开展仪式并宣布开展。

11月10日，瑞金市史志研究室为“学习强国”学习平台“纪念中央革命根据地创建暨中华苏维埃共和国成立90周年”提供专项答题。

献礼百年 2021年4—6月，瑞金市委以基层党建“三化”建设为主抓手，以红色名村建设为重点，创建“百红”工程（创建100个红色名村、红色驿站、红培示范基地，遴选100件红色文物、100个红色故事、100件红色文艺作品、100堂优秀红色党课，培养100名优秀红色宣讲员、红色小导游），推动党的建设与红色基因传承深度融合，打造全国知名的红色基因传承创新示范区，向建党100周年献礼。

开展“我为群众办实事”实践活动。组织全市副科级以上党员领导干部开展“我为群众办实事”大走访、大调研活动，解决历史遗留问题、信访问题82件，安排财政资金1000余万元解决覆盖246个村居的群众身边“微实事”688个。

致敬百年 2021年6月5—6日，致敬中国共产党成立100周年暨纪念中华苏维埃共和国成立90周年，首届“瑞金论坛”在瑞金举办。

7月19日，瑞金市举行“瑞金号”红色城市天启卫星冠名仪式。国家文旅部、北京国电高科科技有限公司以卫星冠名这一独特形式，致敬革命圣地，庆祝中国共产党成立100周年和纪念中华苏维埃共和国成立90周年。当天8时19分，长征二号丙火箭在西昌卫星发射中心成功发射，将以共和国摇篮、苏区时期党中央驻地、中华苏维埃共和国临时中央政府诞生地、中央红军二万五千里长征出发地——江西省瑞金市命名的卫星送入预定轨道。

颂歌百年 4月，举办庆祝中国共产党成立100周年暨瑞金市2021年度“万年青杯”第38届谷雨诗歌朗诵会。6月24日下午，由瑞金市委、市政府主办，市委宣传部、文广新旅局承办的“唱支山歌给党听”——瑞金市庆祝中国共产党成立100周年群众歌咏活动在市职工活动中心举行。大型声乐套曲《长征组歌》之《过雪山草地》拉开歌咏活动序幕，接着《红井水》《最美的歌唱给妈妈》《那一片红土地》《美丽家园》等十余首耳熟能详的红色歌曲先后呈现，充分抒发红都儿女红心向党、永跟党走的真挚情怀。活动最后，全场演职人员及观众起立合唱《唱支山歌给党听》。

6月26日，瑞金市庆祝中国共产党成立100周年“红都儿女心向党”主题群众升国旗、展党旗、唱红歌活动在博物馆广场举行，以特殊的红色情怀和艺术快闪的形式，展现红都儿女永远跟党走、同步奔小康、共唱幸福歌的精神风貌。由1600多名机关干部代表、教师学生代表、模范代表等组成的红都儿女代表整齐列队，组成“红都瑞金”“100”字样和党徽图标，歌曲《向往》拉开活动序幕，17名国旗护卫队员迈着铿锵有力的步伐走向升旗台，伴着雄壮的国歌，现场全体行注目礼，五星红旗冉冉升起；同时，一面鲜红的党旗随之在队伍中间展开，全场齐声同唱《没有共产党就没有新中国》，随后异口同声高喊：“‘瑞金—北京，红都—首都’‘红都儿女心向党’。”活动最后在《唱支山歌给党听》音乐声中圆满结束。

11月，《瑞金非遗放光华》歌曲在“学习强国”学习平台推送。

2021年11月7日，以“不忘初心，歌唱祖国”为主题的纪念创建中央革命根据地暨中华苏维埃共和国成立90周年交响之夜音乐，在瑞金体育中心举行。

系列庆祝或纪念活动，回顾党的光辉历程，歌颂党的丰功伟绩，弘扬伟大的苏区精神、长征精神，充分展示瑞金的巨大变化，讴歌赣南苏区振兴发展的生动实践和显著成就，唱响共产党好的昂扬旋律，进一步激励和引导全市广大干部群众紧密团结在以习近平同志为核心的党中央周围，感党恩、听党话、跟党走，在全面建设社会主义现代化新征程上争取更大光荣、做出更大贡献。

致敬共产党！

致敬根据地！

致敬苏维埃！

聚力苏区振兴　成就非凡十年

——瑞金市实施中央苏区振兴发展战略十周年综述

血染的红土，血染的丰碑。苏区时期，仅有24万人口的瑞金，就有11万人参军参战，5万多人为革命捐躯，其中，1.08万人牺牲在红军长征途中，有名有姓的烈士17166名，涌现出“八子参军”“十七棵松”“一生守望”等伟大壮举。为支持苏区建设和支援红军北上抗日战略转移，从民国21年至民国23年（1932—1934年），瑞金人民一共认购战争公债78万元，为红军征粮25万担，其中，41.5万元公债和捐集的粮食全部无私奉献给苏维埃政府……由于战争创伤、资源禀赋、交通条件、产业结构等因素，瑞金经济发展曾远落后于全国和全省平均水平。

红都瑞金特殊的地位、特殊的贡献、特殊的困难，得到国家特殊的支持。中共中央总书记习近平心心念念革命老区，深情牵挂老区人民。这为新时代推动老区振兴发展、推进经济高质量发展指明前进方向、提供根本遵循。

2012年6月28日，《国务院关于支持赣南等原中央苏区振兴发展的若干意见》正式出台实施；同年12月，国务院将瑞金市列入全国特困片区——罗霄山片区扶持，开启瑞金振兴发展的新征程。

装点此关山，今朝更好看。十年感恩奋进，十年沧桑蝶变。人民领袖的深情牵挂、党和国家的大爱关怀、对口支援的持续发力、上下一心的实干担当……让圣地瑞金进入经济社会发展最快、城乡面貌变化最大、群众获得感幸福感最强的时期，用心用情书写一首协同推进苏区振兴发展的恢宏诗篇。

经济质量持续向好　全市国民生产总值由2011年的76.8亿元增长到2021年的195亿元，增长153.91%，年均递增9.77%；一般公共预算收入由2011年的5.8亿元增长到2021年的15.8亿元，增长172.41%，年均递增10.54%；固定资产投资由2011年的26.6亿元增长到2021年的78.31亿元，增长194.4%，年均递增11.4%；实际利用外资由2011年的4996万美元增长到2021年的10243万美元，增长105.02%，年均递增7.44%。三次产业结构由2011年的16∶34.5∶49.5调整为2021年的15.7∶36∶48.3，2014—2021年连续八年被评为全省高质量发展（科学发展）综合考评先进县（市）。城镇居民人均可支配收入由2011年的13022元提高到2021年的34792元，增长167.18%，年均递增11.54%；农村居民人均可支配收入由4576元提高到13655元，增长198.4%，年均递增12.92%。

脱贫攻坚取得全面胜利　瑞金市委、市政府把抓实脱贫攻坚作为推进振兴发展的出发点和落脚点，聚焦“两不愁三保障”，坚持“输血”与“造血”并重，整合资源要素，持续精准发力，2018年以零漏评、零错退，群众认可度99.38%的优异成绩顺利实现脱贫摘帽，成为赣南革命老区首个实现脱贫摘帽的县市，在脱贫攻坚奔小康的道路上，打造出脱贫攻坚的“瑞金样板”。2015年至2021年，累计投入脱贫攻坚资金49.54亿元，其中，“七改三网”建设资金12.42亿元，改造农村危旧土坯房6514户、改水2.3万户、改电3.52万户、改厕2.28万户，完成122.6千米国省道和1364.3千米农村公路改造；构建稳妥可持续脱贫退出机制，全市82347名建档立卡贫困人口、49个贫困村全部脱贫摘帽；精准管理“五个一”、健康扶贫“四道保障线”、安居扶贫盘活农村闲置资产建设保障房等经验做法，得到省委、省政府主要领导的充分肯定，并在全省作经验推广；被评为2018年度中国十佳脱贫攻坚与精准扶贫示范县市，入选2020年度中国全面小康百佳示范县市，精准扶贫工作考核连续六年荣获全省先进，叶坪镇荣获全国脱贫攻坚楷模，廖奶奶咸鸭蛋入选全球减贫最佳案例。

农业产业提质增效　十年前的瑞金，农业生产管理方式传统落后、产品市场竞争力不强。经过10年的风雨历程、砥砺深耕，瑞金农业发生翻天覆地的变化，农业产业化、规模化水平不断提高，成功创建国家有机产品认证示范创建区、全国农业产业化示范基地、国内最大的烤鳗出口基地、江西省生猪调出大县和肉牛生产重点县（市）、全省现代农业示范区，被评为全国农村集体“三资”管理示范县（市）、全省现代农业发展先进单位、全省现代农业工作先进县（市）、全省农业产业化先进县（市）、全省经济作物重点县（市）、全省农产品质量安全工作先进县（市）。2021年，全市粮食种植面积达到3.47万公顷，粮食产量可达18.88万吨；蔬菜面积由2011年的1.02万公顷增长到2021年的1.26万公顷，相比增长23.53%，年产量达到51.62万吨以上；脐橙种植面积由0.88万公顷增长到1.35万公顷，增长51.51%，年产量达到13.8万吨以上；白莲种植面积由273公顷增长到2733公顷，相比增长900%，年产量达到1.2万吨以上；烟叶种植面积达到880公顷，烟叶产值达5227.7万元，创烟叶税1037.7万元。同时，农业基础设施建设不断完善，叶坪田坞九丰现代农业示范园被评为江西省现代农业示范园，建成百亩规模以上的富硒农业产业基地30个，获批富硒产品认证4个，“一区多园”发展格局逐步形成。建成6万平方米果蔬冷链物流园，列入国家农产品产地冷藏保鲜整县推进试点。大力培育新型农业经营主体，全市农民专业合作社由157家增至637家，增长305.73%，拥有国家级龙头企业1家，省级龙头企业7家，赣州市级龙头企业12家，成立江西省首家合作社联社。打造农业特色品牌，“瑞金的金山上”山茶油通过“国家生态原产地保护产品”评定，以“廖奶奶咸鸭蛋”为代表的瑞金咸鸭蛋获批国家地理标志保护产品。

主攻工业成效显著 大力实施工业强市战略，推动工业转型升级，工业经济生机勃发，步入良性发展轨道，荣获2016—2018年度江西工业崛起年度贡献奖。2021年新增规模以上企业32家，总量首次突破100家，实现工业总产值272.7亿元，是2011年（51.4亿元）的5.31倍，年均增长18.16%；实现规模以上工业增加值61.8亿元，是2011年（12亿元）的5.15倍，年均增长17.81%；规模以上工业实现主营业务收入274.4亿元，是2011年（48.9亿元）的5.61倍，年均增长18.82%；实现利税总额40.4亿元，是2011年（3.98亿元）的10.15倍，年均增长26.08%。经过十年发展，瑞金规模以上工业行业分布区域集中，构架逐渐明晰，结构不断优化，食品药品、新型建材、纺织服装、电子电气等支柱产业逐渐形成。2011年，全市亿元以上产值企业仅有9家，2020年达到27家，其中，产值超10亿元以上6家，20亿元以上3家，骨干企业、优强企业为瑞金经济发展起到重要的支撑作用。2013年，瑞金经济开发区获国务院批准升级为国家级经济技术开发区，经过近十年的发展，园区面积从5平方千米增加至15.64平方千米，基础设施不断完善，功能逐渐提升，园区集聚效应和平台作用更加突出，获评国家级绿色园区、江西省模范劳动关系和谐园区。创建全国“农产品加工示范基地”“鳗鱼、螺旋藻加工出口示范基地”、江西省“十百千亿”工程重点工业园区、省级电线电缆产业基地和省级民营科技园。2020年，园内入驻企业238家，在建企业22家，全年实现营业收入279.92亿元，实现工业增加值64.28亿元，实现利税总额40.32亿元，营业收入、工业增加值、利税总额分别是2011年（48.2亿元、12.3亿元、1.79亿元）的5.81、5.23和22.53倍，经开区逐步成为瑞金经济增长的亮点、就业者的基地和创业者的舞台。

现代服务业蓬勃发展 发展十年来，瑞金市坚持以推动服务业高质量发展为导向，加快构建现代服务业产业体系，全市服务业规模持续扩大、水平不断提高，文旅融合硕果累累，呈现出蓬勃发展的良好态势。2021年在疫情影响下，瑞金市旅游收入达到94.1亿元，接待游客1814.1万人次，较2011年（8.4亿元、251.8万人次）分别增长1020.24%、620.45%，新增国家AAAAA级旅游景区1个、AAAA级旅游景区2个，成功承办或举办纪念红军长征出发80周年大型文艺系列活动、中央电视台心连心慰问演出、2019红色旅游博览会暨中国红色旅游推广联盟年会、2020全省旅游产业发展大会等重大文旅活动，成功摘取国家历史文化名城、国家级风景名胜区等重要旅游品牌，2018—2021年连续四年获评中国县域旅游竞争力百强县市，被列入国家全域旅游示范区创建单位，瑞金旅游尤其是红色旅游的美誉度和知名度得到极大提升，被评为“2021中国最美县域”。现代物流快速发展。全市物流企业达89家，较2011年（60家）增加29家，赣闽商贸物流园被认定为省级现代服务业集聚区。电子商务健康发展。打造电子商务全产业链综合服务园，建成跨境电商产业园，已认定为赣州市首批跨境电子商务产业示范园区（B类），入驻跨境电商企业24家，实现跨境电商成交额6049万美元。瑞金国际陆港投入运营，在赣州率先开通“跨境电商B2B出口+铁海联运”班列，实现赣州市跨境电商“9710”模式零的突破。获评全省外贸进出口先进县（市、区）。被列为全国电子商务进农村综合示范县、全国农村“邮政e邮”工程试点县（市），市电商孵化园获评“国家级众创空间”、返乡创业试点地区电商合作示范县、江西省创业孵化示范基地等荣誉称号，打造“廖奶奶咸鸭蛋”“好客山里郎蜂蜜”“武夷源茶叶”“华嬷嬷”等一批知名电商品牌。

城乡面貌焕然一新 十年间，瑞金市高标准规划、高质量建设、高速度推进，着力加快城镇化建设步伐，公共基础设施日臻完善，城市功能与品质不断提升，城乡面貌焕然一新。至2021年，瑞金城市建成区面积达36.6平方千米，列赣州各县市第一，城镇人口30.64万人，常住人口城镇化率突破50%，城市建成区面积、城镇人口、常住人口城镇化率分别较2011年增长73.45%、129.85%、118.89%。深入开展城市功能与品质提升行动。十年间，完成老旧小区改造49个，新建18个城市小游园，新增城区停车位12684个，实现城市建成区存量违建清零目标。结合“两城同创”工作，实施25个城区环境整治项目，整治39条背街小巷，新改建城区公厕31座，荣获“江西省卫生城市”称号，并连续三届获得全国文明城市提名。全域推进农村人居环境整治，农村生活垃圾有效处理率达100%，新建乡村公厕117座，农民群众对农村人居环境整治的满意率达90%以上。探索推广“小V”菜园创建，盘活闲置土地36万平方米，相关经验做法得到省、赣州市领导批示肯定，顺利通过农村人居环境整治三年行动省级验收。立体交通加快构建，瑞金机场、瑞兴于快速交通走廊（瑞金段）顺利开工建设，开通瑞金至南昌、北京的高铁，全市公路总里程达3329千米。

教育质量稳步提升 2011年以来，全市新改扩建9所城（乡）学校，新建幼儿园36所，校园面积达328万平方米，较2011年增加52万平方米，中小学幼儿园学位较2011年增加26080个（其中，幼儿园学位较2011年新增10170个）。此外，投入22.41亿元推进21所城乡学校项目建设，建成后预计新增校舍建筑面积56.75万平方米，新增学位26600个。实现义务教育阶段适龄儿童入学率达100%，义务教育大班额全部消除，无证幼儿园全面取缔，荣获全国义务教育基本均衡县、全省平安校园建设优秀县（市、区）称号，市教体局连续十年获评赣州县（市、区）中学教学质量综合评价先进单位。瑞金中专在赣州市中职学校技能大赛中获“八连冠”，被教育部评为“全国教育系统先进集体”。

深化医药卫生体制改革 启动密集型医共体建设，创新采取以资源换资金、以时间换空间的方式，把三个医院整合打包，争取15亿元资金，整合资源成立瑞金市总医院，与南昌大学第一附属医院签订紧密型技术支持协议，以“两院一科制”的模式提供全面技术支持，全力打响瑞金的医疗品牌。每千人拥有病床数由2011年的1.46张增加至5.39张，每千人执业医师数增长至2.05人，医改各项指标综合排名多年稳居赣州前列，被列为全省12个市域综合医改试点县市之一和全国紧密型县域医疗卫生共同体建设试点县，瑞金市妇幼保健院被国家卫健委列为妇幼保健机构体制机制创新试点医院。

社会保障能力全面增强 至2021年，城乡居民养老保险和医疗保险基本实现全覆盖，参保率分别达到100%和96.89%，低保、特困供养户补助、高龄老人长寿补贴、孤儿养育金均逐年稳步提高，获评全省医疗保障综合改革先行示范县（市、区）。建成8所区域性中心光荣敬老院、128个城乡居家和社区养老服务站点，启动建设城乡智慧养老服务平台。全面落实优抚优待政策，累计发放烈士子女、60周岁以上老兵、带病回乡老兵、伤残军人等优抚对象优抚资金3.02亿元，荣获省级双拥模范城“八连冠”。深入开展扫黑除恶专项斗争、政法队伍教育整顿，扎实推进平安法治瑞金建设，社会保持和谐稳定。2018—2020年连续三年被评为全省信访“三无”县（市、区），被列为全国法治宣传教育先进县（市）。

生态文明建设成效显著 十年来，瑞金市大力开展环境治理，推进生态文明建设，全面完成环保督察反馈问题整改，着力解决影响人民群众健康的突出环境问题，生态环境质量持续改善，被列为全国“无废城市”建设试点、全省第二批生态文明先行示范县（市），成功创建绵江国家湿地公园（试点）和省级森林城市。2011年以来，空气质量稳居全省前列，城镇集中式饮用水水源地水质连续多年100%达标，累计完成低质低效林改造2.41万公顷、人工造林2.09万公顷，森林覆盖率达75.74%，实现全市所有圩镇、行政村污水处理全覆盖，拥有国家级生态乡镇、生态村各1个，省级生态乡镇9个、生态村17个，赣州市级生态村45个。采取BOT特许经营模式引进生活垃圾焚烧发电项目，日平均焚烧垃圾量约为330吨，年上网发电量约0.38亿度。扎实推进“无废城市”试点建设。融合无废元素，打造一批“无废红色旅游小镇”，试点一批“无废酒店”“无废景区”。改造废旧矿区建成全省首个大型红色实景演艺国家AAAA级旅游景区——浴血瑞京，并结合工业、农业引进一批处理工业固体废物、有机肥加工等的项目，形成可复制、可推广的“无废城市”建设瑞金经验，相关做法得到国家生态环境部的高度肯定。

对口支援成效明显 2013年开始，财政部、银保监会、新华社等国家部委对口支援瑞金。对口支援部委各级领导亲临瑞金调研60余次，单位每年专门制订对口支援瑞金市工作方案，从政策、资金、项目、人才等方面为瑞金量身定制一系列“输血”与“造血”相结合的扶持政策。财政部累计安排瑞金均衡性转移支付补助资金40.24亿元；油茶产业发展专项资金2.3亿元和农业综合开发补助资金0.42亿元；中央专项彩票公益金3.3亿元；革命老区转移支付资金2.9亿元；农村环境综合治理专项资金4.86亿元。协调资金十多亿元，支持瑞金交通运输、养老服务、环境保护、城市发展等基础设施建设。依托国家会计学院等培训资源和优势，累计帮助瑞金市培训800余名干部，有力提升瑞金干部的经济管理水平。新华社在信息、宣传、品牌等方面给予瑞金支援，播发300多篇报道，总点击量超3亿次；协助客佳红酿造、绿野轩茶油、京都啤酒等食品企业推广品牌；协调资金500余万元支持瑞金基础设施建设；举办融媒体中心业务知识培训班，累计培训新闻从业者200余人。银保监会协调农业银行、九江银行、江西银行、赣州银行与瑞金市合作，设立发展基金80亿元。协调建设银行与瑞金市签订金融战略合作协议，2016—2020年为瑞金市提供信贷资金50亿元。协调农业发展银行与瑞金市签订116亿元的农业政策性金融支持脱贫攻坚与经济社会发展战略合作协议。协调江西银行、招商银行、九江银行、北京银行等8家金融机构入驻瑞金，中国银行瑞金支行转为省重点支行，农村信用社成功改制为农商行。

历史长河不息，时代考卷常新。苏区振兴发展，十年只是序章。展望未来，“赶考”仍在继续。用奋斗致敬奋斗的历史，用自信创造自信的未来，就一定能够在新的赶考之路上取得新的更大胜利。

传承红色根脉　守护精神家园

——瑞金市革命文物保护利用传承专记

瑞金是闻名中外的红色故都、共和国摇篮、中央红军长征出发地，在百年党史上具有重要而独特的政治地位。境内革命文物资源分布广、数量多、种类全、品位高、价值大，至今仍珍存着120多处，其中，全国重点文物保护单位37处，省级文物保护单位22处，馆藏文物11118件，其中，一级文物148件，被誉为是一个原生态的没有围墙的“革命博物馆”“红色基因库”和“党史大课堂”。

近年来，瑞金市深入贯彻中共中央总书记习近平关于“要把红色资源利用好、把红色传统发扬好、把红色基因传承好”“要切实把革命文物保护好、管理好、运用好”等重要指示批示精神，全面贯彻“保护为主、抢救第一、合理利用、加强管理”的文物工作方针，深入践行“创新、协调、绿色、开放、共享”的新发展理念，坚持在保护中开发、在创新中传承、在改革中提升、在融合中发展，切实把革命文物保护利用传承融入城镇建设、旅游发展、乡村振兴、文明创建、产业开发等领域，奋力建设全国红色文化传承创新示范区，瑞金被评为第一批全国爱国主义教育示范基地，首批全国中小学生研学实践教育基地，全国青少年教育基地和全国“我最向往的党史纪念地”等，2021年入选全国“建党百年红色旅游百条精品线路”。

一、坚持在保护中开发，构建革命文物保护传承体系

实施全域化保护，推进“多规合一”。将革命文物保护规划与国民经济和社会发展规划、城乡规划、土地利用规划、生态环境保护规划等多个规划深入融合，着力解决现有各类规划自成体系、内容冲突、缺乏衔接等问题，推进实现“一本规划、一张蓝图、一体实施”，凝聚全市“一盘棋”“全域化”的革命文物保护合力。

实施法治化保护，推进“多方联动”。出台实施《瑞金革命文物保护管理规定》《关于加强革命文物保护意见》等法规性文件，在城乡建设中探索建立革命文物保护前置制度，项目上马必须先行征询文物保护部门意见，推动文物稽查执法与城乡综合执法队伍联合、信息联通、工作联动、文物联护。

实施社会化保护，推进“多力共建”。倡导开展“追根溯源”活动，已有54个中央和国家部委局在瑞金找到“前身”，修复与之相对应的革命旧址，举办旧址原状陈列和辅助陈列，建立本系统的革命传统和爱国主义教育基地。倡导开展“认护文物”活动，已有1.5万名中小学生、100多所全国高校、1.2万名市民、67个单位登记“认护”革命旧址文物。倡导开展“旧址代管”活动，采取适当补贴等方式，鼓励社会群众或社会团体，对非国有革命旧址进行日常保洁、巡察和监管，已吸纳发展30多位旧址代管员，代管边远非国有革命旧址60多处。

实施系统化保护，推进“多措并举”。建立革命旧址保护现代化安防监控系统，对37处国保、22处省保等革命旧居旧址，实现一张网、全天候、零盲区监控。建立馆藏文物保护数字化系统，完善革命文物资源目录和专题数据库，编制可移动文物预防性保护方案，形成文物保护管理、协调、监测、分析、处理、预案等一系列风险预控机制。建立革命文物保护利用项目库，坚持程序化立项、标准化实施、档案化管理，确保高质量实施完成革命文物“苏区振兴项目”和“长征国家公园项目”。

二、坚持在创新中传承，打造革命文化传承发展平台

让文物说话，打造陈展新平台。突出“原”字活陈列。在江西省率先推出实施旧址原状陈列活化提升工程，根据每一个革命旧址机构职能等特点，征集丰富苏区生

还原历史场景：中央人民委员会第八次常务会　（市融媒体中心供图）

冲出重围 VR 体验项目 （市融媒体中心供图）

活物品，并通过引入仿真人、电子油灯等现代技术，大力还原苏区工作场景和生活场景，切实增强红色历史的真实感和融入感。突出“新”字活展览。融入声、光、电、媒等现代技术，完善 40 多个部委旧址的陈列展览，推出《刘少奇在中央苏区》《陈云在中央苏区》《中共中央宣传部在瑞金》等 20 多个辅助陈展，切实提升旧址展览的吸引力和感染力。突出“特”字活景观。以“星星之火，可以燎原”为主题，建设“一苏大会”展览馆、“提灯晚会”雕塑群、红军码头等红色新景观；以“勤政爱民中华苏维埃中央政府”为主题，建设群众路线文化广场和老一辈无产阶级革命家关心群众生活小故事雕塑群，切实增强红色景区的亲和力和渗透力。

让历史说话，打造宣讲新亮点。坚持“有物有据有感悟”“见人见事见精神”，大力挖掘、整理、规范、提升苏区历史故事、苏区人物故事、苏区作风故事等三类 100 多个红色故事。同时，创新讲述形式，走进旧址“情景讲”，在特殊革命旧址现场讲述《大柏地战斗》《烈字碑》《红井情深》等特殊红色故事，增强真实感和融入感；创排节目“形象讲”，推出《红姑》《八子参军》等红色节目，增强吸引力和渗透力；丰富形式“生动讲”，精心设计制作 PPT、微视频等，增强画面感和新鲜感；融合媒体“在线讲”，在智慧党建、网站、微信公众号等推出红色故事微视频，增强红色传播的时代感，扩大红色宣讲的覆盖面。

让文化说话，打造表达新形式。推进“情景”表达。因地制宜在景区推出《选举》《打草鞋》等一批情景再现项目，策划推出“缅怀”、学唱“送郎调”等现场情景互动节目，“重温”红色经典，“再现”苏区岁月，切实增强红色文化旅游的互动性和参与性。推进“文艺”表达。组织编印《红色故都瑞金》《伟大预演——中央机关在瑞金》《从瑞金走出的开国元勋》《苏区知识一百问》《红都精神代代传》等红色书籍，精心创排推出《红姑》《八子参军》《杜鹃花开》等一批红色节目，制作推出《画说中华苏维埃共和国》少儿连环画、大型动画片《红游记》等，切实增强红色文化的吸引力和渗透力。推进“数字”表达。开发推出“红色+数字”体验活动。积极应用现代化高科技手段，引入 AR 导览系统、“穿越苏维埃”540° 沉浸式裸眼 3D 体验馆、“VR 畅游瑞金”超级滑板、智能讲解员、“一苏大”代表登记处交互体验项目、《保卫瑞金》桌面互动游戏、“冲出重围”VR 双人过关游戏等，进一步增强红色文化体验，激发红色文化魅力。

三、坚持在改革中提升，集聚革命文物工作发展合力

改革提升管理效能。2021 年初，瑞金市委专门组建成立市红色资源保护发展中心，由市委组织部代管，统筹协调推进红色资源保护利用、红色文化传承发展、红色研学培训发展等工作，进一步提升红色资源保护利用传承的规划性、整体性和系统性，大力提升革命文物工作的统筹规划力、协调指导力、管控发展力和督促落实力。

改革提升开放服务。深入开展“微笑服务、精致管理”质量提升活动，牢固树立“游客第一、服务至上”的服务理念，全面推进管理服务国际化、标准化、精细化、人性化，把语言美、行为美、仪表美、心灵美贯穿于管理服务始终，大力提升革命博物馆免费开放服务品

在旧址内开展社教活动 （市融媒体中心供图）

质，擦亮共和国摇篮景区“金名片”。

改革提升运营模式。推进文物资源所有权与经营权两分离，在进一步明晰文物资源的管辖权、所有权的同时，专门组建成立市旅游开发投资公司，采取公司化、市场化、专业化的经营管理模式，统一对全市文物资源进行包装策划、开发经营，切实提高文物资源和旅游发展经营市场化运作水平。

改革提升政策支持。改革加强革命文物工作机构力量，强化革命文物保护、利用、管理、研究人才队伍建设，探索完善革命文物保护财政保障机制和旅游产业发展专项引导资金制度等，进一步强化革命文物保护利用的政策支持和法规导向力。

3月26日，新华社在瑞金红军烈士纪念塔前开展“红色追寻”大型网络直播活动（市融媒体中心供图）

四、坚持在融合中发展，激发革命文物助推振兴动能

推进“革命文物+经典景区”，激发革命文物的旅游带动力。把革命文物集中连片大保护与建设红色旅游大景区结合起来，依托“一苏大”革命旧址群、“红井”革命旧址群、“二苏大”会议旧址群等革命旧址文物，整合打造“共和国摇篮”经典景区（总面积303.33亩），成功创建国家AAAAA级旅游景区。自2021年3月以来，瑞金迎来党史学习潮和红色培训潮，“共和国摇篮景区”客流量连攀新高，每天接待游客逾3万人次，成为全国理想信念教育高地和全国党史学习教育大课堂。

推进“革命文物+美丽新村”，激发革命文物的项目支撑力。以革命文物保护利用传承项目为支撑，大力建设美丽新村、红色名村，推动党的建设、乡村振兴和红色基因传承深度融合。截至年底，瑞金市已创建“共和之根”叶坪村、“饮水思源”沙洲坝村、“荣誉之战”大柏地村、“春耕模范”武阳村、“八子参军”洁源村、“十七勇士”华屋村、“长征第一村”丰垅村、“长征第一站”麻地村等24个红色名村。红色名村成为瑞金基层党建样板地、红色精神传承地、红色教育示范地、红色旅游名胜地。

推进“革命文物+主题小镇”，激发革命文物的区域发展力。近年来，瑞金市以红井旧址、中革军委旧址、中央政治局旧址、二苏大旧址等革命旧址群为依托，以初心和思源为主题，以沙洲坝镇为示范点，按照景区标准全域建设红色思源小镇，大大提高沙洲坝镇的区域发展力、辐射力和影响力。如今，走进这个闻名遐迩的红色小镇，宛如进入一个没有围墙的红色大课堂：新建的饮水思源广场、苏维埃广场、红井步行街、苏区特色民宿、红色文创小街等公共项目，与红井、二苏大、中革军委等红色旧址相通相连，恢宏的《浴血瑞京》实景演艺、美丽的幸福花海景区、红火的红源记忆培训基地、淳朴的乡村旅游农庄等相融相宜，“吃、住、行、游、娱、购、学”等每个要素每个细节，都浸润着薪火相传的红色基因和历久弥新的红色记忆，正成为红都之旅新的兴奋点和引爆点。

推进“革命文物+文创开发”，激发革命文物的产业创新力。依托独特而丰富的文物资源，大力开发红色培训产业、红色文创产业等红色富民产业。瑞金干部学院、瑞金市委党校、红源记忆等红色教育培训基地，吸引井冈山干部学院等全国100多个部门单位（院校）在瑞金建立现场教学点。依托红色旧址或红色村庄设置4条现场教学精品线路，使瑞金加速成为全国青少年学习革命传统、陶冶道德情操的重要基地，全国党员干部进行革命传统和革命精神教育、加强理想信念和党性锻炼的重要基地，全国人民旅游观光、培育爱国情感和民族精神的重要基地。同时，坚持“红色引领，绿古配套”，推动红色旅游与生态游、休闲游、健康游、民俗游、乡村游等深度融合发展，引资建设“红色故都”项目、“重走长征路”产业园、红色文化创意产业园、红色休闲度假村、红色文化艺术村、红色动漫影视基地等一批重大文化旅游项目，着力开发旅游新业态、新集群、新亮点。

大事记

1月

4日　瑞金市长征小学（城西小学）项目开工建设，项目地点位于象湖镇金星村，总用地面积34737.52平方米，其中，建筑占地面积9583.88平方米，建设期限为2021年1月至12月。

5日　江西省委常委、副省长、赣州市委书记吴忠琼到瑞金调研，瞻仰革命旧址，缅怀先烈伟绩，接受革命传统教育。

8日　赣南医学院第一附属医院——瑞金市人民医院博士工作站战略合作协议签订暨博士工作站成立揭牌仪式在市人民医院举行。

12日　江西省委常委、省纪委书记、省监委代理主任马森述到瑞金走访慰问部分优抚对象、困难群体和企业等。

15日　瑞金市被省爱国卫生运动委员会命名为江西省卫生城市（县城），拔英乡、大柏地乡、壬田镇被命名为江西省卫生乡镇。

22日　中国共产党瑞金市第六届委员会第九次全体（扩大）会议召开。市委常委会主持会议。全会传达学习中共十九届五中全会、省委十四届十二次全会和中央、省委经济工作会议以及赣州市委五届十次全会精神，听取和讨论2020年市委常委会工作报告、市委履行全面从严治党主体责任抓党建工作情况的报告，审议通过《中共瑞金市委关于制定全市国民经济和社会发展第十四个五年规划和二〇三五年远景目标的建议》。

同日　北京银行赣州瑞金支行正式开业。

27日　2020年度赣州新媒体传播力发布会举行，赣州市互联网信息办公室、赣南日报社联合发布《2020年赣州政务新媒体发展年报》，表彰2020年度赣州优秀政务新媒体。“瑞金发布”获赣州市十佳政务微信（县区），“红都瑞金”荣获赣州市十佳政务抖音（县区），“瑞金发布”获赣州市十佳政务微博。

是月　国家卫健委、全国老龄办联合发布《关于表彰2020年全国“敬老文明号”和全国“敬老爱老助老模范人物”的决定》，瑞金市祥和苑老年公寓院长朱生发获全国“敬老爱老助老模范人物”称号。

是月　江西省市场监管局发布江西省地方标准公告，由瑞金市主导起草的《地理标志产品瑞金咸鸭蛋》地方标准将于2021年7月1日起正式实施。

是月　瑞金市首家村村通客运班线在壬田镇正式开通运营。

2月

1日　赣菜“十大名菜”“十大名小吃”发布会在南昌召开，正式公布江西赣菜“十大名菜”“十大名小吃”名单，瑞金牛肉汤被评为赣菜“十大名小吃”之一。

2日　瑞金市陆路口岸作业区投入运营暨铁路集装箱运输开通仪式在铁路集装箱货场举行。

25日　全国脱贫攻坚总结表彰大会在北京人民大会堂隆重举行。叶坪镇获“全国脱贫攻坚楷模”称号，拔英乡党委书记刘小林、壬田镇凤岗村村民廖秀英获“全国脱贫攻坚先进个人”称号。

3月

9—10日　政协瑞金市第六届委员会第六次会议召开。市政协副主席钟天雨主持开幕大会，市委书记吴建平出席并讲话，市政协主席陈尧斌代表政协瑞金市第六届委员会常务委员会向大会报告工作。受政协瑞金市第六届委员会常务委员会委托，市政协副主席陈家祥向大会报告提案工作情况。

9—11日　瑞金市第六届人民代表大会第六次会议召开。代理市长蓝贤林代表瑞金市人民政府向大会报告工作。大会宣布瑞金市六届人大六次会议第三次全体会议选举结果：蓝贤林当选为市人民政府市长。大会表决通过关于政府工作报告的决议、关于瑞金市国民经济和社会发展第十四个五年规划和二〇三五年远景目标纲要的决议、关于瑞金市2020年国民经济和社会发展计划执行情况与2021年计划的决议、关于瑞金市2020年市本级财政预算执行情况和2021年市本级财政预算的决议、关于生态文明试验区建设情况报告的决议、关于瑞金市人大常委会工作报告的决议、关于瑞金市人民法院工作报告的决议、关于瑞金市人民检察院工作报告的决议。

11日　江西省政府党组成员任珠峰一行到瑞金调研工业经济发展情况。

20日　瑞金市校园足球试点校项目启动仪式在思源实验学校运动场举行。福建师范大学、赣南师范大学与市教科体局签订“大学生足球实习基地”协议并授牌。

24日　国家安全生产应急救援中心技术装备部主任姚勇到瑞金调研国家安全生产应急救护（瑞金）体验中心项目建设工作并主持召开座谈会。

25日　全国政协原副主席、中国宋庆龄基金会主席王家瑞到瑞金调研。

26日　重庆市政协副主席宋爱荣率考察组到瑞金就“传承红色文化，推动文旅融合发展”专题开展学习考察。

同日　新华社大型系列网络直播“红色追寻”第四站在瑞金直播，追寻中国共产党在中央苏区的重要历史，再现苏区干部好作风和军民鱼水深情。

30日　瑞金市管道运输天然气通气仪式在黄柏乡瑞金分输站举行。

同日　瑞金举行招商引资项目集中签约仪式。

31日　国家开发银行党委书记、董事长赵欢到瑞金开展支持革命老区振兴发展调研。

同日　瑞金红色旅游联盟西南区（成都）首趟专列欢迎仪式在中央革命根据地历史博物馆广场举行，瑞金红色旅游联盟西南区（成都）首趟专列团700余人参加。

同日　江西省电线电缆制造行业协会行业发展年会暨瑞金市招商引资推介会举行。160多位电线电缆制造行业的领导、专家、企业家出席，共谋行业高质量发展大计。

同日　新华社副总编辑、党组成员周宗敏一行在瑞金考察调研。

是月　瑞金市泽覃乡安治畲族村被司法部、民政部命名为第八批“全国民主法治示范村（社区）”。

是月　中央宣传部、中央文明办等部门和单位共同组织开展2020年度全国学雷锋志愿服务“四个100”先进典型宣传推选活动，瑞金市红色文化“五进”志愿服务项目入选最佳志愿服务项目，瑞金市河背街社区入选最美志愿服务社区。

4月

6日　江西省各地区联通处级以上人员到瑞金开展江西联通2021年“党的十九届五中全会精神暨党史学习教育”专题活动，并在叶坪红军无线电总队旧址举行中国联通集团公司红色文化教育基地揭牌仪式。

7日　澎湃新闻“建党百年初心之路”全国巡展在瑞金进行。巡展再现党的浴血之路、建国之路、改革之路、复兴之路，对百年党史和党的百年成就进行全景式展示。

8日　江西省委副书记叶建春到瑞金叶坪革命旧址群、黄柏乡坳背岗脐橙基地等地调研。

10日　中国人民对外友好协会会长林松添一行到瑞金考察交流。

11日　2021年“鱼峰歌圩”全国山歌邀请赛暨少数民族“非遗”文化艺术展演在广西柳州市举行。刘果林、杨小平、郭俊英等3名瑞金歌手应邀参赛，献唱《牛牯调》《榔梆歌》等瑞金民歌，两首作品获二等奖。

12日　由发展中国论坛、中国网、首都农产品安全产业技术研究院主办，北京汽车制造厂、北京赣州企业商会等联合主办的“中央红军长征从这里出发”主题活动之走进“共和国摇篮”瑞金在云石山乡梅坑村正式启动。

同日　瑞金市重度残疾人日间照料中心正式挂牌并投入使用。

13日　全国政协常委、文化文史和学习委员会副主任王儒林到瑞金市开展“推动出版业高质量发展，扩大优质文化产品供给”调研。

14日　由新华社民族品牌工程办公室、九牧集团联合发起，中华慈善总会公益支持，新华社新闻信息中心江西中心支持协办的“全民守卫·健康中国”公益行动瑞金站捐赠仪式在江西省瑞金市举行。

19日　医学大数据平台医信天下发布2020《百强县市百强妇幼医院排行榜》，瑞金市妇幼保健院荣登榜单。

23日　江西省委常委、宣传部部长施小琳率队到瑞金市调研文化强省建设推进大会选点及中央党校旧址修缮工作。

27日　老挝、尼泊尔、蒙古国、越南等周边国家驻华使团一行到瑞金参观考察。

29—30日　第九届全国乳腺癌中青年专家论坛在瑞金举行。

是月　人民日报社举办2021全国城市传播热度排名发布会，瑞金市作为省内三个县级市之一，入围县级市传播热度100强榜单，位列第58位。

是月　瑞金市首家社区历史文化陈列馆在河背街社区建成启用。

5月

6日　瑞金市首个新冠疫苗方舱接种点——体育馆方舱接种点正式启用。

7日　中国研究型医院学会“百名医学专家精准健康服务行”暨危重医学专委会“基层巡讲和健康服务行”在瑞金市正式启动。

11—12日　中国残联副理事长程凯到瑞金市就残疾人教育、就业等工作进行实地调研。

12日　“共享芬芳·共铸美好”中国残疾人艺术团走进江西公益巡演在瑞金首演。

同日　全国卫生健康社会宣传与文化建设工作会在瑞金市召开。

同日　中央文明办、国家卫生健康委在瑞金市举行全国道德模范与身边好人“中国好医生、中国好护士”现场交流活动，集中发布1—3月“中国好医生、中国好护士”月度人物。

13日　全国政协副主席刘奇葆率领全国政协党外委员视察团到瑞金开展以“学习百年党史，增进‘四个认同’”为主题的专题视察活动。

同日　“永远跟党走、为民办

实事——人社服务标兵万里行”宣讲会在瑞金市举行。

同日　首期外事红色教育课堂在瑞金开班。北京、天津、上海等17个省市区和南昌、上饶、抚州等省内设区市外事系统干部80余人参加学习。

20日　中国移动红色文化教育基地揭牌仪式在叶坪红军无线电总队旧址举行。

同日　最高人民检察院党组书记、检察长张军率最高检调研组到瑞金开展“回头看”，就贯彻落实习近平法治思想、结合党史学习教育和政法队伍教育整顿传承好红色基因进行调研督导。

21—23日　中国记协组织中央媒体在瑞金开展“学党史悟思想·红土地上践初心”学习调研活动。

23日　第二届“中国飞天梦——科普中国万里行”活动在瑞金思源实验学校举行。

24日　由证券时报社主办，中国汽车报、北京金台党品牌策划有限公司承办的“献礼建党百年长征路上的资本故事”大型主题采访活动发车仪式在瑞金举行。

26日　全国政法队伍教育整顿中央第八督导组组长蒋卓庆率队到瑞金调研督导政法队伍教育整顿开展情况，指导进一步做好教育整顿各项工作。

26—27日　最高人民检察院党组成员、政治部主任、机关党委书记潘毅琴来到瑞金，就检察机关党史学习教育开展情况进行现场调研，并召开座谈会。

27日　中国联通匠心网络红色万里行瑞金站启动仪式在中华苏维埃纪念园红五星广场举行。

30日　国家教育行政学院在瑞金开展“寻脉而行守立德树人初心”党史学习教育现场教学和教育系统干部教育寻根活动。

31日　文化和旅游部联合中央宣传部、中央党史和文献研究院、国家发展改革委联合推出“建党百年红色旅游百条精品线路”。“红色摇篮·革命赣南”精品线路入选，叶坪旧址群、沙洲坝旧址群、中革军委旧址等景点纳入线路，连通于都、兴国、宁都等兄弟县区。

是月　“小米高飞”全国青少年轮滑巡回赛暨首届“共和国摇篮杯”中小学生轮滑公开锦标赛在瑞金市文化艺术中心广场举行。瑞金市选手摘得2金8银。

是月　2021瑞金市首届红色体育舞蹈锦标赛暨全国体育舞蹈邀请赛落下帷幕。此次邀请赛分成人标准舞组、业余成人标准舞单项、成人拉丁舞组、成人拉丁舞单人单项组、少年标准舞自选动作组、少年拉丁舞自选动作组等22个项目，涉及舞种有标准舞、华尔兹、探戈、维也纳华尔兹、拉丁舞、恰恰、桑巴等12种，来自全省23支队伍约400人参赛。

6月

3日　由工信部主办的“无线电点亮革命征程”全国短波通联庆祝活动在全国启动，全国18个通联点通过红色电波“重走”革命征程，瑞金市被列为其中一个通联点。

4日　江西省政法队伍教育整顿第七驻点指导组到瑞金市开展“三个规定”宣讲活动。

5日　第十一届全国政协副主席、中国人口福利基金会会长李金华在瑞金市调研。

5—6日　首届瑞金论坛学习中国共产党的历史学术研讨会在瑞金市举行。论坛由中国政策科学研究会和江西省社会科学院主办。

6日　瑞金论坛永久会址奠基仪式在叶坪镇红色故都项目举行。

7日　科技部党组成员、科技日报社社长李平一行到瑞金开展“党建百年”主题党史学习教育调研。

10日　由中国科协青少年科技中心、中国青少年科技辅导员协会、江西省科协共同举办的“沿着奋斗百年路·激发科学好奇心”科技教育乡村行首发式在瑞金举行。

11日　中国人民银行党委书记、中国银保监会主席郭树清一行到瑞金调研金融支持赣南等原中央苏区振兴发展工作。

同日　瑞金市乡村振兴局挂牌成立。

16日　江西省安委会办公室与赣州市政府在瑞金联合举办2021年江西省安全宣传咨询日活动。仪式上，江西省政府、国家安全生产应急救护中心、江西省应急管理厅、赣州市政府和瑞金市委、市政府有关领导共同为国家安全生产应急救护（瑞金）体验中心揭牌，同时启动全省“安全生产万里行”新闻采访活动。

同日　中储粮第四届公众开放

2021年6月16日，创建全国文明城市、卫生城市动员会召开

（市融媒体中心供图）

日“追寻红色足迹、探秘大国粮仓”红色路线系列直播第 9 站在瑞金直属库成功举办。本次活动以“筑牢粮食安全压舱石”为主题，采取线上直播方式，向社会各界全面展现党领导下的中央储备垂直管理体系改革发展成就。

18—19 日　全国人大常委会委员、民盟中央副主席、中国科协副主席、中国工程院副院长邓秀新到瑞金开展党史学习教育，并调研脐橙产业发展。

22 日　“红色百年路科普万里行——全国科普大篷车庆祝建党 100 周年联合行动”启动仪式在瑞金举行。该行动由中国科协科普部、中国科技馆、省科协联合主办，赣州市科协、市政府承办。

24—25 日　由全国妇联宣传部、中央网信办网络社会工作局主办，江西省妇联、江西省委网信办承办的“一路芬芳·红色江西”全媒体基层妇联行活动走进瑞金。

26 日　瑞金市南昌大学博士工作站暨江西农业大学专家工作站成立揭牌仪式举行。南昌大学第一附属医院神经外科和瑞金市人民医院、南昌大学第二附属医院骨科和瑞金市中医院、南昌大学第二附属医院妇产科和瑞金市妇保院、南昌大学国际食品创新研究院与瑞金客佳红酿造股份有限公司、南昌大学化学学院与江西佳惠宝实业有限公司分别签订博士专家工作站战略合作协议书。

28 日　由瑞金中央革命根据地纪念馆、上海市历史博物馆（上海革命历史博物馆）、广东革命历史博物馆、武汉中共中央机关旧址纪念馆、延安革命纪念馆、西柏坡纪念馆、香山革命纪念馆等 7 家中共中央驻地纪念馆联合主办的《灯塔照耀中国——中共中央驻地联展（1921—1949）》首展开展仪式在瑞金举行。

30 日　瑞金市科技馆正式开馆。

7 月

7 日　2021 年江西省青少年跆拳道锦标赛（九江站）结束，瑞金市运动员朱筱雅荣获女子乙组 31-35 公斤级冠军，曾平川荣获男子丙组 40 公斤级第三名，谢雯睿荣获女子丙组 38 公斤级第五名。

10 日　经江西省委、省政府批准同意，省委宣传部新命名瑞金朱开铨故居等 22 家基地为第六批江西省爱国主义教育基地。

12 日　“全国妇女爱国主义教育基地”揭牌仪式在瑞金市叶坪中华苏维埃共和国妇女生活改善委员会旧址举行。

14—15 日　新建瑞梅铁路可行性研究报告评估会议在瑞金举行，国家铁路局、中铁第一勘察设计院，中铁第四勘察设计院、国家铁路集团南昌局和广州局、广东省和江西省有关部门、沿线地市和区县代表等 150 余人参加会议。

19 日　嘉兴、延安、瑞金三座红色城市相关代表齐聚瑞金，举行“瑞金号”红色城市天启卫星冠名仪式。仪式上，瑞金市与北京国电高科科技有限公司签订卫星冠名协议。

20 日　黄柏乡脐橙协会人民调解委员会、市家居建材装饰协会人民调解委员会正式揭牌成立，这是瑞金市首次成立的行业协会人民调解委员会。

同日　装载着 40 标准箱机械设备、照明灯具等机电产品的海铁客户定制专列在瑞金国际陆港成功发出，通过铁路经厦门港运往海上丝绸之路马尼拉、槟城等重要港口城市，这是从瑞金发出的第一列外贸客户定制海铁专列，标志着“瑞金—厦门”外贸海铁联运正式开通。

21 日　江西省爱国主义教育基地朱开铨故居在叶坪镇合龙村揭牌。

26 日　由国家发改委、科技部、工信部、交通运输部、文化和旅游部、农业农村部、国家乡村振兴局、中国国际工程咨询有限公司组成的联合调研组到瑞金市就建设革命老区高质量发展示范区进行调研。

31 日　由江西省妇联主办，赣州及瑞金市妇联、传统文化学会承办的“颂党恩、传家风”红色家风故事接力宣讲举行。活动现场共有 2020 年最美家庭代表和社会各界人士、群众家庭代表 120 余人参加，现场播放 10 个最美家庭的先进事迹。

是月　国家文物局网站公布“弘扬中华优秀传统文化、培育社会主义核心价值观”主题展览征集结果，瑞金中央革命根据地纪念馆基本陈列展览《人民共和国从这里走来——中华苏维埃共和国史》成为江西省唯一一项主题展览列入全国重点推介项目。

8 月

4 日　南开大学在瑞金中央革命根据地纪念馆召开“十载苏区情百年辉煌路”苏区实践十周年暨红色记忆宣讲团成立五周年纪念座谈会。南开大学、赣南师范大学经济管理学院、瑞金中央革命根据地纪念馆等代表出席，南开大学红色记忆宣讲团、赣南师范大学党史学习实践团成员们参加座谈会。

11 日　新华社对口支援座谈会召开，进一步深化央地对口支援工作。

29—30 日　中国共产党瑞金市第七次代表大会在市职工活动中心隆重召开。瑞金市委书记吴建平代表中共瑞金市第六届委员会作题为《砥砺奋进新征程乘势实现新跨越为加快建设现代化次中心城市不懈奋斗》的报告。印发《中国共产党瑞金市纪律检查委员会向中国共产党瑞金市第七次代表大会的工作报告》《关于全市党费收缴、使用和管理情况的报告》。选举产生新一届中共瑞金市委员会、中共瑞金市纪律检查委员会，并通过《关于中共瑞金市第六届委员会报告的决议》和《中共瑞金市第六届纪律检查委员会工作报告的决议》。

30 日　全国统计干部党性教育基地在瑞金干部学院揭牌。

9 月

7 日　国家医疗保障局党组成员、副局长施子海一行到瑞金市调研中华苏维埃共和国医疗保障制度寻根溯源工作和历史陈列馆建设工作并召开座谈会。

9—10日　江西省委常委、赣州市委书记吴忠琼到瑞金市调研巩固拓展脱贫攻坚成果、推进乡村振兴等工作。

10日　江西省政府副省长胡强一行到瑞金市调研乡村振兴、现代农业发展工作，重点了解市粮食生产、现代农业产业园建设等方面情况。

10—12日　新华社《习近平讲述的故事》栏目组到瑞金拍摄《这里是“共和国摇篮”》专题片，再现老一辈革命家创建中央苏区的伟大历程，回顾中华苏维埃共和国成立的历史。

15日　新华社副社长、党组成员刘思扬一行到瑞金市，调研中华苏维埃共和国成立90周年、红中社成立90周年和新华社对口支援瑞金工作。

22日　政协瑞金市第七届委员会第一次会议在市职工活动中心开幕。

23日　瑞金市第七届人民代表大会第一次会议在市职工活动中心开幕。大会共七项议程：听取市政府工作报告；听取市人大常委会工作报告；听取市人民法院工作报告；听取市人民检察院工作报告；表决选举办法草案；表决关于设立瑞金市人民代表大会财经、法制、社建、教科文卫、城建环资等5个专门委员会的决定草案；表决关于市七届人大一次会议通过市人大专委会人选办法草案。

是月　文旅部会同国家发改委公布第三批199个全国乡村旅游重点村名单，以17棵信念松闻名的瑞金叶坪镇华屋入选。

10月

10日　中国（瑞金）第二届长征节在云石山举行，隆重纪念长征出发87周年。

12日　由中共瑞金市委、瑞金市人民政府出品的大型原创音乐剧《闪闪的红星》新闻发布会暨开票仪式在北京举行。

10月12日，大型原创音乐剧《闪闪的红星》在北京首演（市融媒体中心供图）

14日　“致敬老区健康中国乡村行”公益活动在瑞金市正式启动。

17日　中华全国供销合作总社理事会主任梁惠玲率队到瑞金市调研深化供销合作社综合改革、加强基层供销社建设、对口支援和乡村振兴等工作。

22—27日　2021年首届“瑞金市农民丰收节暨消费扶贫产品展销会”在市文化艺术中心广场举行。本次展销会由中共瑞金市委、瑞金市人民政府主办，市供销合作社联合社承办，共有17个乡镇产品经营者29家，832个平台及13家经营主体，特色小食45家参展，石城、兴国、长汀等供销联社组织3家展商一起参展。

23日　由中国社会科学院农村发展研究所、江西师范大学、江西省社会科学界联合会共同主办的第五届全国原苏区振兴高峰论坛在瑞金举行。来自中国社科院、中国浦东干部学院、中国人民大学、东北师范大学等多个研究机构、高校的专家学者共200余人参会。

28日　由中共瑞金市委、瑞金市人民政府出品的大型原创音乐剧《闪闪的红星》在北京二十一世纪剧院于当日晚首演成功。元勋后代代表、部分国家部委代表、在京乡贤代表等1200余人观看演出。

11月

2日　纪念中央革命根据地创建暨中华苏维埃共和国成立90周年座谈会在北京举行。中共中央政治局常委、中央书记处书记王沪宁出席会议并讲话。

同日　竞争力智库、中国经济导报社和北京中新城市规划设计研究院等机构在北京联合发布《中国县域旅游竞争力报告2021》。瑞金市进入2021中国县域旅游综合竞争力百强县市，位列第36位，这是瑞金市连续4年进入全国百强。

5日　全国扫黑办第十四特派督导组下沉督导座谈会在瑞金市召开。

7日　瑞金市举办“吃水不忘挖井人，永远感谢共产党”梅江引调水及供水工程项目开工仪式。

8日　“共和国从这里走来——中华苏维埃共和国史”陈列展览开展仪式在瑞金中央革命根据地历史博物馆举行。江西省博物馆、井冈山革命博物馆、八一南昌起义纪念馆、安源路矿工人运动纪念馆、赣州市博物馆等场馆和中央苏区革命历史场馆联盟各成员单位负责同志、相关专家等出席开展仪式。

15—16日　江西省委书记易炼

红到叶坪镇华屋宣讲中共十九届六中全会精神。在华屋后山烈士纪念亭前，易炼红向烈士纪念碑敬献鲜花，并重温17棵青松的故事；在村前广场上，易炼红与烈士后代、村民们拉家常、聊变化，宣讲党的十九届六中全会精神。

19日　“饮水思源不忘初心”百年水利看江西沉浸式观察采访活动在瑞金启动。

26—28日　“水利是农业的命脉”暨中央苏区水利史学习研讨会在瑞金召开。水利部副部长田学斌，江西省政府副省长罗小云，赣州市委副书记、市长许南吉出席会议并讲话。

是月　瑞金市中华全国总工会苏区中央执行局旧址被中华全国总工会命名为第一批全国职工爱国主义教育基地。

12月

3日　南昌大学附属眼科医院与瑞金市总医院眼科中心学科共建签约揭牌仪式在瑞金市人民医院举行。

5日　江西省宪法宣传周“一切为人民——传承红色法治基因”专题宣传活动启动仪式在瑞金市红井旧址群众路线广场举行。

8日　江西省委常委、统战部部长黄喜忠一行到瑞金市调研，瞻仰革命旧址，缅怀先烈伟绩，接受革命传统教育。

9日　全国旅游星级饭店评定委员会正式下发通知，授予瑞金荣誉国际酒店为五星级旅游饭店，瑞金成为赣州市第三个拥有五星级饭店的县市。

11日　“2021我爱天之蓝·健康瑞金动起来”五千米微型马拉松比赛在瑞金中央革命根据地历史博物馆广场启动，700余名来自社会各界热爱运动的人士报名参加。

13日　2021江西民营企业100强暨社会责任报告新闻发布会在南昌召开，会上发布2021江西民营企业100强、2021江西制造业民营企业100强、2021江西服务业民营企业20强榜单。瑞金市企业江西金钠铜业有限公司上榜2021江西制造业民营企业100强，位列江西制造业民营企业第61位。

16日　“红色传承，绿色发展”湘鄂赣3省22市县区跨省通办线上签约仪式举行。市行政审批局在瑞金分会场作为瑞金政务服务工作主管部门与其他3省各县市区签订合作协议。

同日　中央党校（国家行政学院）副校（院）长李毅一行到瑞金市调研。

18日　赣州市“双减”暨体教融合工作现场推进会在瑞金召开。

20日　农工党江西省委主委、省科协主席史可到瑞金市开展“助力乡村振兴科技服务走进丁陂”活动，并向丁陂乡“农工党服务乡村振兴示范点”授牌。

21日　赣州市委宣讲团学习贯彻中共十九届六中全会精神宣讲报告会在瑞金市举行。

26日　“百年丰碑——100位老红军的时代画像”毛国典画展在瑞金中央革命根据地历史博物馆举办。

29日　市社区矫正管理局揭牌暨“社区矫正中心”开放日活动在司法局举行。

是月　由《农民日报》发起评选的2021中国农民合作社500强排行榜发布，瑞金市时利和橙柚专业合作社入榜。

市情概览

自然地理

【地理位置】 瑞金市位于江西省东南边陲、武夷山南段西麓、赣江源头绵江河流域。地处北纬25°30′~26°20′，东经115°42′~116°22′。市境东西宽约65千米、南北长约90千米，面积2441.4平方千米。东、东南界福建省长汀县，南、西南邻会昌县，西、西北连于都县，北接宁都县，东北毗石城县，素为赣闽粤三省通衢之地，是中西部省市沟通东南沿海的中转要地，是海峡西岸经济区的第一腹地，对接粤港澳大湾区的“桥头堡”。

【地形】 瑞金市地处武夷山隆起一级构造单元的中部，武夷山脉南段西侧，寻乌至贵溪新华夏系构造带中段，市境东西宽约65千米、南北长约90千米。地层出露齐全，呈北东向和近东西向构造发育。东南边境武夷山主脉绵亘，西北地区紫华山、火焰嶂、天子岭环抱，形成东、北、西三面高峻，重峦叠嶂，渐向中、西南方向降低的地势，构成以象湖镇为中心的瑞金盆地，属江西四大盆地之一。总体地势周边高、中部低，山峦起伏，沟壑纵横，最高峰位于东北边陲的三县岽，海拔标高1232.9米，最低点位于西南边缘绵江出境口谢坊石角，海拔标高162米。境内以低山丘陵为主，主要地貌类型有侵蚀中低山区、侵蚀剥蚀丘陵区、溶蚀岩溶区以及河谷堆积阶地等。境内有海拔300米以上的山头138座，其中，海拔千米以上高山4座。主要分为武夷山脉主、余脉和西北部高山。赣闽分水岭武夷山，从市境东北部向南蜿蜒绵亘87.5千米。主脉从东北部的石城县洋地乡伸入本市日东乡，向南延伸至拔英乡境内，续延会昌县境。武夷山余脉遍布东北、东南、东部和南部地区，有海拔500米以上高山29座，主要有三县岽、赣源岽、仙人湖岽、梅山顶、石水牛等。西北部海拔500米以上的高山有12座，主要有铜钵山、哑基岽、老庵背岽、凤凰岽、莲花琬等。

【水文】 境内水域属贡水水系，有较大支流18条，大小河溪254条，总流程1818.7千米，河网密度每平方千米0.76千米。各类水域面积95.73平方千米，其中，河流水面61.73平方千米、水库水面12.67平方千米、山塘水面9.6平方千米、沟渠水面11.73平方千米。主要河流有绵江河、梅江河、九堡河，均属贡水水系。绵江河发源于日东乡赣源岽（旧称石寮崠），自东北流向西南，至会昌县城东与湘江汇流成为贡水，注入赣江，全河长130千米，流域面积1860平方千米，其中，市境干流长119千米，流域面积1589平方千米。梅江河为流经市境西北部的一条过境客水，市境干流长29.2千米，流域面积401平方千米。九堡河发源于大柏地乡肖岭村樟坑，流经九堡镇和云石山乡，入会昌县西江镇，市境干流长25.3千米，流域面积300平方千米。拔英乡石岭背有2条小溪，流域面积约5.1平方千米，流入福建长汀县濯田河。境内多年平均径流深889.2毫米，多年平均径流总量20.83亿立方米。历年最大径流总量37.6亿立方米（1975年），历年最小径流总量8.46亿立方米（1963年）。全市现有各类蓄水工程4020座，其中，中型水库4座、小（1）型水库20座、小（2）型水库63座、塘坝3933座；灌区14座；堤防1条；水电站84座，设计排涝面积1.6万公顷。

【气候】 瑞金市地处华中气候区与华南气候区的过渡带，属亚热带季风湿润型气候。2021年的气候特点是：全市气温偏高，年平均气温20.2℃，较历年平均偏高1.0℃。超过35℃的天数达37天，为历史第16位，国家站（黄柏乡瑞律村）日最高气温36.7℃，出现在2021年9月3日，乡镇日最高气温47.2℃出现在万日乡，时间为2021年9月11日，为异常偏高；最低气温≤10℃天数达84天，国家站（黄柏乡瑞律村）日最低气温-4.3℃，出现在2021年1月9日，乡镇日最低气温-9.0℃出现在瑞林镇，时间为2021年1月6日。降水偏少，全年降水量为1485.7毫米，较历年平均偏少166.5毫米。全年总降水日数为142天，国家站（黄柏乡瑞律村）单日最大降水为70.4毫米，乡镇单日最大降水在谢坊镇为152.8毫米，出现在2021年11月7日，最长连续降水时段为5月27日—6月4日，为9天。日照偏多，全年日照总时数1853.8小时，较历年平均偏多256.4小时。

自然资源

【土地资源】 全市辖域土地面积为2441.4平方千米，其中，耕地面积2.26万公顷，林地面积18.84万公顷。土壤划分为水田、旱地、山地3个地类，8个土类，14个亚类，29个土属，63个土种，122个变种。水田土壤是市内主要农业土壤，面积2.25万公顷，分为5个亚类，即冲积性水稻土、红壤性水稻土、紫色土性水稻土、潜育性水稻土、冷毒土；山地土壤以红壤为主，面积19.2万公顷。

【森林资源】 活立木蓄积量1225.18万立方米，活立竹3471.66万根，森林覆盖率达75.74%，林木绿化率75.42%；境内有赣江源国家级自然保护区、罗汉岩省级森林公园、绵江国家湿地公园（试点），象湖、叶坪、沙洲坝、黄柏4个省级森林乡镇，沙洲坝镇大布村、泽覃乡兰从村等18个省级森林乡村，壬田镇、武阳镇、丁陂乡、云石山乡4个赣州市级森林乡镇，壬田镇贡潭村等8个赣州市级森林村庄。

【野生植物资源】 境内野生植物有83科、341种，其中，有杉木、马尾松、樟、枫、榕、毛竹等野生用材，有油茶、油桐、山苍子、油芒、乌桕等野生油料，有金银花、菖蒲、夏枯草、威灵仙、白头翁、土茯苓、南枸杞、菊花、五加皮、海金沙、地黄、女贞子、青木香、半夏、柴胡、百合、益母草等野生药材，有山枇杷、杨梅、野柿、莳田包、娜藤包等野生果蔬，有橡子、金樱子、葛、百合、蕨、菝葜等野生淀粉，有大红萍、小红萍、水葫芦、鸭舌草、千金子等野生饲料，有杜鹃花、山茶花、蜡梅花、百合花、月季花等野生花卉。

【野生动物资源】 境内野生动物有6大类、236种。兽类中国家一级保护动物有金猫、云豹、豹、小灵猫、穿山甲、斑羚等；国家二级保护动物有水獭、水鹿、鬣羚等。禽类中国家二级保护动物有鸳鸯、黑冠鹃隼、黑鸢、苍鹰、赤腹鹰、雀鹰、松雀鹰、雕、鹊鹞、游隼、燕隼、白鹇、褐翅鸦鹃、草鸮、领角鸮、领鸺鹠、斑头鸺鹠、长耳鸮、短耳鸮、仙八色鸫等。两栖类中国家二级保护动物有虎纹蛙等。爬行类中国家二级保护动物有蟒蛇等。

【矿产资源】 已发现的矿种主要有金、银、钨、煤、铁、镁、萤石（普通）、轻稀土、水泥用灰岩、制灰用灰岩、电石用灰岩、化工用白云岩、钾长石、玻璃用脉石英、水泥配料用脉石英、高岭土、耐火黏土、水泥配料用砂岩、水泥配料用黏土、水泥配料用页岩、建筑石材、砖瓦黏土等33种矿产。查明资源储量的矿产种数20种，列入资源储量表的矿区数（砂石黏土矿区除外）23个，其中，大型水泥用灰岩矿床1个、大型萤石矿床1个、中型镁矿1个、中型制灰用灰岩1个、中型水泥配料用页岩1个、中型水泥配料用砂岩1个，其余均为小型矿床。

【水资源】 全市江河水能理论蕴藏量93.34万千瓦，可开发能量2.40万千瓦。地下水蕴藏丰富，日产量可达44.72万立方米，年产量达1.63亿立方米；划为第四系松散岩类孔隙区、红岩承压水区、碳酸盐类岩溶水区、基岩裂隙水区4个大区、7个亚区。

建置区划

【建置沿革】 瑞金因"掘地得金、金为瑞"而得名。春秋属吴，战国初属越。楚灭越后归楚。秦治后属九江郡。西汉属豫章郡。东汉建安七年（202），建置象湖镇，隶属雩都县。唐天祐元年（904），析雩都县象湖镇淘金场置瑞金监，瑞金之名起源于此。南唐保大十一年（953），瑞金监改置为瑞金县。民国元年（1912），瑞金县直属江西省，先后隶属赣南道、江西省第六行政区。民国19年（1930）6月成立县革命委员会。民国20年（1931）11月，中华苏维埃共和国临时中央政府在瑞金成立，瑞金县设为中央直属县。民国23年（1934）10月，红军长征后重归民国江西省政府管辖，隶属于第十二行政区。民国24年（1935）4月，江西省政府划全省为8个行政区，瑞金县属第八行政区。1949年8月23日瑞金解放，先后隶属宁都专区、赣南行政区、赣州专区、赣州地区。1994年5月18日，经国务院批准撤销瑞金县，设立县级瑞金市，仍隶属于赣州地区。1999年2月14日，江西省政府批准瑞金市由省直辖，赣州市代管。2014年7月，被列为江西省直管县（市）试点。

【行政区划】 2021年，瑞金市设象湖、壬田、谢坊、沙洲坝、瑞林、九堡、武阳、叶坪8个镇，日东、黄柏、大柏地、丁陂、冈面、万田、云石山、泽覃、拔英9个乡，219个村委会，21个居委会，3514个村民小组，180个居民小组。

人口、民族、宗教、方言

【人口】 截至2021年末，瑞金市总户数17.23万户，户籍总人口70.72万人，其中，乡村人口50.85万人、城镇人口19.87万人。常住人口61.39万人，其中，乡村人口30.02万人、城镇人口31.37万人。根据各乡镇统计，全市共有姓氏213个。江西第七次全国人口普查数据显示，瑞金人口排名前十位的姓氏分别为刘、钟、杨、谢、陈、朱、曾、赖、李、黄。

【民族宗教】 市内人口以汉族为主，占全市人口99%以上。境内分布畲、蒙、回、藏、苗、壮、侗、白、朝鲜、维吾尔、土、傣、彝、布依、满、土家、景颇、瑶、高山19个少数民族；少数民族中畲族人口最多，其他少数民族多因任职、谋生或婚嫁等因素入籍瑞金。境内有佛教、道教和基督教，信佛教者居多。

【方言】 瑞金方言属客家话。以象湖镇为中心的沙洲坝、叶坪、泽覃、黄柏、九堡、云石山和日东南部、壬田南部、武阳东部区域，在语音、词汇上比较统一。其余地域中，日东北部、壬田北部接近石城县方言，大柏地、冈面、瑞林东部、丁陂接近宁都县方言，瑞林西部、万田接近于都县方言，谢坊和武阳西部、拔英西部接近会昌县方言。

革命旧址

【概况】 第二次国内革命战争时期，中国共产党在中央苏区的革命实践活动，为瑞金留下127处革命旧居旧址，其中，全国重点文物保护单位有36处（37个点）、江西省文物保护单位22处、赣州市文物保护单位4处、瑞金市文物保护单位22处，一般革命旧址43处。

【国保级革命旧址】 1961年3月，国务院对外公布第一批全国重点文物保护单位，"瑞金革命旧址（1931—1934）"中33处革命旧址及革命纪念建筑物成为全国重点文物保护单位。此后，国务院、国家文化部门对全国重点文物保护单位保护项目认定具体化，2013年公布瑞金中国工农红军学校旧址、叶坪中华苏维埃共和国中央革命军事委员会旧址为全国重点文物保护单位，2019年公布叶坪马克思共产主义学校旧址为全国重点文物保护单位。截至2021年，瑞金革命旧址中有全国重点文物保护单位36处（37个点），其中，旧居旧址30处（31个点）、纪念建筑6处。

【省保级革命旧址】 2006年，江西省人民政府公布第五批文物保护单位，瑞金中国工农红军学校、中华苏维埃共和国临时中央政府春耕生产运动赠旗大会和中央革命军事委员会总参谋部（总司令部）3处革命旧址位列其中。2018年，江西省人民政府公布第六批江西省文物保护单位，新增《健康报》报社等21处瑞金革命旧址为省级文物保护单位。原属江西省文物保护单位的瑞金中国工农红军学校旧址、叶坪马克思共产主义学校旧址先后于2013年、2019年公布为第七批、第八批全国重点文物保护单位。至2021年，瑞金革命旧址中共有22处为江西省文物保护单位。

【赣州市保级革命旧址】 2020年，赣州市人民政府公布第三批市文物保护单位，中华苏维埃共和国国家政治保卫局（含少共苏区中央局）旧址、中革军委卫生材料厂旧址、东华山毛泽东同志休养处旧址和军事顾问李德办公处旧址4处作为近现代重要史迹及代表性建筑名列其中。

【瑞金市保级革命旧址】 自1990年起，瑞金市（县）政府先后于1990年、1991年、2005年、2014年和2019年共五次公布革命旧居旧址和纪念建筑物为瑞金市文物保护单位。至2021年，瑞金革命旧址中共有县级文物保护单位22处。此外，还有一般革命旧址43处。

名胜古迹

【共和国摇篮景区】 瑞金共和国摇篮景区占地面积303.33公顷，由叶坪景区、红井景区、"二苏大"景区、中华苏维埃纪念园组成，是中宣部首批公布的全国爱国主义教育示范基地，也是中国红色旅游经典景区之一、中国旅游观光、培育爱国情感和民族精神的重要基地，是赣闽边际红色旅游集散中心，于2015年7月被列为国家AAAAA级旅游景区。

叶坪景区位于距市区东3千米处，拥有全国保存较完好的革命旧址群之一，有革命旧址和纪念建筑物22处，其中，全国重点文物保护单位就有16处。中华苏维埃第一次全国代表大会在这里召开，中华苏维埃共和国临时中央政府在这里成立，毛泽东同志当选为主席。

红井景区位于沙洲坝镇境内，距市区1千米，有旧居旧址35处，其中，全国重点文物保护单位10处。红井景区有毛泽东亲自为群众开挖的家喻户晓、妇孺皆知的水井——红井，还有大片部委旧址和新建的"群众路线广场"，掩映在田园风光之中。

"二苏大"景区位于沙洲坝镇境内，距市区1.5千米，有中华苏维埃临时中央政府大礼堂。从空中俯视，宛若红军八角帽，是苏区时期的标志性建筑，中华苏维埃共和国第二次全国代表大会在此召开。景区内有中央革命博物馆、红歌山等景点。

中华苏维埃纪念园位于城区西侧，分为南园和北园，南园主要分布瑞金革命烈士纪念馆、红军烈士亭、毛泽覃雕像、滨水景观区、龙珠塔等景点。北园是一个集革命传统教育、情景体验于一体的大型红色旅游公园，主要有中央革命根据地历史博物馆、红五星广场、苏区精神28字巨型铜雕、中华苏维埃纪念鼎、四省百县林以及十三苏区景观。

【罗汉岩风景名胜区】 位于壬田镇境内，地处赣闽交界、武夷山西麓，距瑞金城区约20千米。景区总规划面积为22平方千米，平均海拔500多米，属于典型的丹霞地貌。风景资源十分具有代表性，融湖、潭、谷、岩、峰为一体，以其"峰险、岩奇、洞幽、泉清、水秀"著称，旧时有罗汉岩、狮子峰等陈石十二景，现有试剑石、蜡烛峰等景点14处，并有亭7处、寺庙2处，是一个融人文景观与自然景观、宗教圣地为一体的旅游观光胜地，是汀瑞边游击战斗遗址所在地，红色教育培训体验区。先后被列为省级森林公园、国家级水利风景区、国家级风景名胜区、国家AAAA级旅游景区、省级生态旅游示范区。

蜡烛峰 是一块巨大的独立石柱，形似蜡烛，特别是峰顶长着一

罗汉岩丹壁岩　（市融媒体中心供图）

棵枫树，就像是已经点燃的烛芯。风起的时候，树叶迎风摇曳整座石山就像一支熊熊燃烧的蜡烛，因此取名为“蜡烛峰”。峰上刻着明朝文学家邹元标绝对对联下联：蜡烛峰，峰上生枫，蜂筑巢，风吹枫叶闭蜂门。上联至今无人能匹对。

罗汉神岩　又称晒衣岩，晒衣岩地势险要，下有深潭，上有巨岩，犹如一个天然的巨型盆景，是罗汉岩中非常壮美的景观之一。右边岩壁内陈列五十尊罗汉尊者石像。为人们祈福、祈寿圣地。

弦月湖　面积 0.92 公顷，水面明净似镜，微风轻拂，细浪叠起，引人陶醉，四周山峰倒映其中，相映成趣，因其形似一弯弦月，故名。

神龟出水　从远处回望小寨和蜡烛峰，仿佛一只巨大神奇的乌龟正从水中缓缓爬上山峦，威武雄壮，栩栩如生，是整个景区的标志性景点之一。

情侣飞瀑　地处“天造奇观”大岩洞内，岩洞高 40 米、长 60 米、宽 30 米，可容纳千人。岩上有两道清泉飘洒而下，一道形似马尾，名为马尾水；一道形似农家米筛筛下的米粒，名为米筛水。远处观之，如一对情侣相伴，纵情山水之间。

一线天　罗汉岩的天险之地所在。此山高约 300 米，两山悬崖峭立，之间有一条小小的夹缝，只可一人通行。站在石缝间仰望，天空只有一线。

海云寺　在蜡烛峰主峰东侧，铺设 200 多级石阶引游人登上海云寺。此寺一年四季常常云雾缭绕，古道如盘龙，石阶似飘带，在云雾中时隐时现，人行其中，举足轻重，飘然若仙，真是“出凡尘喧嚣之外，入虚无缥缈之间”。

三叠泉　是罗汉岩的一大胜景。在春雨绵绵的季节，这道壮观的瀑布飞流直下汹涌澎湃。如遇天晴，瀑布在太阳光照射下，飞泻的水珠闪耀出五颜六色的彩虹，远远观看，仿佛仙女洒珠，十分壮观。

太平天国战斗遗址　位于景区内狭长山谷一片平缓山坳处。太平天国军当年兴建的十多间土坯房，因战争被焚，今仍存残垣断壁遗址。据有关资料记载，太平军在此躲避一年零四个月，此处建筑依山傍水，一字排开，所筑土墙采用石灰、食糖、黏土等混合而成，虽然百年风雨侵蚀，除瓦面无存外，墙体至今还很牢固。

汀瑞游击战旧址　民国 25 年（1936）西安事变后，汀瑞边的形势发生变化。汀瑞边的 3 支游击队也逐渐取得联系。民国 26 年（1937）1 月，瑞金游击支队、武阳游击支队先后抵达猪子崇，与桃古游击队会合，合编成一支百余人的汀瑞游击支队，与敌人发生多次小规模游击战斗（如罗汉岩战斗），由钟德胜任支队长、彭胜标任副支队长、胡荣佳任政委，周桂生任参谋长。新组建的汀瑞游击支队与敌人进行英勇斗争。

【赣江源国家级自然保护区】　江西赣江源国家级自然保护区位于瑞金市与石城县交界处，东南靠福建省长汀县，地处武夷山脉南端西坡，南岭山地北坡。保护区总面积 16100.85 公顷，其中，核心区 5491.8 公顷、缓冲区 3493.6 公顷、实验区 7115.45 公顷。2008 年经江西省人民政府批准，建立省级赣江源自然保护区。2013 年 6 月由省级自然保护区晋升为国家级自然保护区。分设瑞金局和石城局，

赣江源头　（市融媒体中心供图）

瑞金区总面积5342.1公顷。区内共有居民252户1688人，村民山林面积13.69平方千米、耕地面积0.76平方千米。

赣江源国家级自然保护区属自然生态类森林生态类型自然保护区。现已查明高等植物2582种，脊椎动物360种，昆虫1055种，鱼、贝、虾蟹66种，生物多样性非常丰富，堪称“天然基因宝库，动物的天堂”，其中，国家一级保护植物有：南方红豆杉、伯乐树、银杏树等；国家二级保护植物有：香樟、半枫荷、光叶榉、香果树、浙江楠等；国家一级重点保护野生动物有：白颈长尾雉、黄腹角雉、云豹、穿山甲等；国家二级重点保护野生动物有：白鹇、林雕、蛇雕、眼镜蛇、水鹿、虎纹蛙等。

赣江源自然保护区森林覆盖率达94.4%。经专家测算，每天可释放氧气约2.5万吨，可吸收二氧化碳约3.5万吨，可吸尘约12.4万吨。赣江源茂密的森林增加空气湿度，有利于当地农作物播种、生长，调节土壤水分，减轻或避免干旱、风霜和冰冻等，对调节气候、水土保持、减少自然灾害等方面具有重要生态价值。

【传统村落】 瑞金传统村落众多，已列入中国传统村落的有九堡镇密溪村、叶坪镇洋溪村；列入中国传统村落备选公示名录的有武阳镇武阳村、武阳镇黄田自然村、冈面乡上田村、瑞林镇下坝村。已列入江西省首批传统村落的有壬田镇凤岗村、叶坪镇田背村、叶坪镇谢排村、武阳镇武阳村、武阳镇黄田自然村、九堡镇坝溪村、冈面乡上田村、瑞林镇下坝村。

九堡密溪村　位于九堡镇凤凰山下，距瑞金市30千米，距九堡镇12千米，总面积7.5平方千米，2013年被列入第二批中国传统村落名录。因境内有三条小溪流过而得名，至今留存着古塔、古街、古祠堂、古牌坊等众多明清建筑，拥有市（县）级文物保护单位4处。四座古“风水塔”依东、南、西、北四个方向建在远处山顶上。现存近百幢大大小小的古民居，多为明清时期所建，规模宏大的主要有罗氏大宗祠、罗应文公祠、应宗公祠、石泉公祠、淳夫公祠、皋泽公祠、密峰太公祠等十几处，一般占地面积都在三四百平方米，以其规模大、保存好而远近闻名。大小不一的私厅、私宅众多，散布村内，多为砖木结构。

叶坪镇洋溪村　地处叶坪镇东南，背连龙山丘陵，西朝笔架山，东依绵江河。村前一马平川，方圆广阔，良田连片，山环水绕。全村面积10平方千米，共有传统风貌建筑155处、文物13处，其中，全国重点文物保护单位2处、省级文物保护单位4处。苏区时期，中华苏维埃中央革命军事委员会、马克思共产主义学校、列宁师范学校、红军无线电学校、中华苏维埃共和国教育部、中华苏维埃共和国外交部、中华苏维埃共和国工农剧社、中华苏维埃共和国造币厂等先后驻扎在这里。洋溪还有“书礼传家”之美称，自宋至清，人文蔚起，登科仕宦者达208名，其中，进士3名、举人4名、拔贡1名、贡生27名、郡邑文庠67名、郡邑庠生18名。新中国成立后，有大学生136名，中专121名，硕士9名，博士6名，在美国、英国、法国和中国香港、台湾、澳门等地学习或工作的有60余人。2014年11月25日，洋溪村被列入第三批中国传统村落名录。

【古塔古桥】 龙珠塔　俗称白塔，是瑞金重要的水口塔，也是瑞金的重要标志性建筑。位于瑞金市象湖镇金星村、瑞金城区西南方向之绵江河畔，始建于明代万历三十年（1602），由知县堵奎临捐俸倡修。清道光十八年（1838）西关杨氏捐资重修。塔为砖石结构，九级六角，壁内折上式，可沿阶梯至塔顶；塔高34米，底层外围39.6米，内径2.85米，墙厚4.38米，顶层墙厚2.73米，内径1.75米，塔基六角处用小抹角柱础；第一级有三门可入塔内，第二级在内层各级均铺有楼梁楼板，设有门、壁龛，每级外层均有门、窗洞，可资登眺。

笔架凌霄三塔　包括龙峰塔、鹏图塔、凤鸣塔。位于瑞金市城南之笔架山三峰之顶，形成三塔三顶列峙、形似笔架。建于明清两朝，是瑞金的古八景之一。龙峰塔，又名文兴塔，即巽塔，位于象湖镇南岗村东南方向2500米之山峰上，始建于明代万历四十三年（1615），为七级六面实心塔，一色双料青砖砌就，塔高约20米，底层总面积14平方米，塔两面一、二级间嵌一青石碑，其上阴刻“龙峰塔”。鹏图塔，即丙峰塔，位于象湖镇溪背村村南2500米之竹园岽山东顶，始建于清乾隆元年（1736），九级六面、

双清柳渡　（市融媒体中心供图）

空心、三合土筑成，正向（西北面）首级嵌有青石塔碑，上面阳刻楷体“鹏图塔”三字，其下辟一拱门，其余各面各级则辟1～3个洞。塔高24米，底层总面积24平方米。凤鸣塔，即丁峰塔，位于泽覃乡光辉村东南1500米之山顶，始建于乾隆元年（1736），六七级面、空心，三合土砌就，正面首级辟一拱门，第二级嵌塔碑，其字迹已难辨，其他各面各级开1～2个窗洞。塔高20米，底层总面积26平方米。

云龙桥　位于瑞金城区南面沿江路旁，横跨绵江河南北两岸，是赣南最长、最高的古代石拱桥，也是瑞金当年南北交通要道。宋代为浮桥，名“绵福”；明嘉靖十九年（1540）改作石墩木梁桥，因“桥界青云坊而跨龙池”，故更名为“云龙桥”；清康熙三十六年（1697）改成十二墩十一孔的红条石拱桥。第二次国内革命战争时期，云龙桥是红都瑞金通往福建各苏区县的枢纽通道，毛泽东、周恩来、刘少奇、朱德、邓小平等共和国开国元勋都曾多次途径此桥。经过四个多世纪的兵灾、水患，经历代修缮保存至今。此桥现长177.52米、宽5米、高9.3米，石栏高1.13米，有桥墩12个，翁门11个。1988年，瑞金市文物主管部门与部分离退休干部，发起修复坍塌多年的云龙桥的倡议，并按原貌修复，历时三载，耗资60余万元，于1991年竣工，并于桥南建坊，桥北建亭。时任国家副主席的王震亲笔题写“瑞金云龙桥”。

双清桥　双清桥即北门桥，是一座大型石拱桥，横跨瑞金母亲河绵江东西两岸。古时为通往长汀、宁化、石城的重要通道，也是县城凭栏览胜之所。双清桥原为木桥，遇暴雨即被洪水冲毁。清康熙四十九年（1710），乡绅刘芳圣、蓝弼襄等，募资建设廊桥，并更改桥名为双清桥。道光三年（1823）修成石梁桥。2010年按照清道光三年原貌修葺成廊桥，成为瑞金观光休闲的新景点。原两岸密植垂柳，浓荫蔽日，为瑞金绵江古八景之“双清柳渡”。

【古祠堂】　瑞金作为客家人的主要聚居地和客家文化的重要发祥地，宗祠、众厅数量多分布广。全市现存宗祠681个，占地面积约29.59万平方米，其中，36平方千米核心城区内现存宗祠107个，占地面积8.88万平方米。全市现存众厅2018个，占地面积约35.37万平方米，覆盖人口62.5万人。现存的宗祠、众厅绝大部分为清代建筑，距今已有300多年历史。这些古祠堂，虽历史久远，但由于普遍为清水砖墙、木梁架结构，配以马头山墙，建筑质量较高，保存较为完整，尤其是列入文物保护单位的祠堂，保护更加完好。其中，也有一部分祠堂曾遭受到严重破坏，但这些遭破坏的祠堂，在10余年间，由当地村民自筹资金，大部分在原址进行重建。重建的祠堂虽然大部分为钢筋混凝土建筑，但在外观风貌及内部格局上与传统客家祠堂相似。中央苏区时期，大部分祠堂腾让出来作为党政群机关及红军的驻地，见证了毛泽东、朱德、周恩来等老一辈革命家在瑞金生活、工作、战斗的光辉历程。在全市普查登记的120多处革命旧居旧址中，有80余处为祠堂（含厅屋组合成的民居）建筑。如叶坪村的谢氏宗祠，既是“一苏大”会址，又是苏维埃政府初创时期中央首脑机关的办公及生活场所；象湖上阳杨氏宗祠，是当时培养红军军政人才的最高学府——中国工农红军学校。

表1　**瑞金市古祠堂列入各级文物保护单位情况一览表**

乡（镇）	宗祠数（个）	建筑面积（平方米）	众厅数（个）	建筑面积（平方米）	列入文物保护单位数（个）		
					国家级	省级	县级
象湖镇	3	1449	26	12558	3	11	15
叶坪镇	15	7245	21	10143	11	19	6
黄柏乡	6	2898	0	0	0	1	5
沙洲坝镇	2	966	13	6279	12	1	2
泽覃乡	6	2898	0	0	0	0	6
其他乡镇	16	7728	27	13041	0	16	27
合计	48	23184	87	42021	26	48	61

非物质文化遗产

【概况】　瑞金建立民族和民间文化保护中心，专门负责民族和民间文化的发掘、传承和保护工作。全市共有省级非遗保护6项、赣州市级非遗保护7项、县市级非遗保护名录99项，有省级非遗传承人3人、赣州市级非遗传承人4人。

【传统竹编技艺】　早在清末民国初，古老的瑞金竹编工艺已声名远播，以“精、巧、灵、细”著称于世。当时，以出生于竹编艺人世家的郭清远为代表的老一代艺人广招学徒，传扬各处。1949年后，瑞金还创办了专门的工艺美术厂。经历代承继，瑞金竹编技艺完成质地细化、品相改革，由粗糙向精制过渡，由最初的生产生活用品，如竹篮、竹椅、竹篓、果盒、果盘等，向装饰工艺品转变，具有很高的观赏价值。

1972年，邓小平同志偕夫人

传统竹编技艺　（市融媒体中心供图）

卓琳到瑞金视察竹编生产。2008年，瑞金传统竹编工艺被纳入省级非物质文化遗产保护名录。瑞金竹编因用料上乘精细、结构古朴素雅、造型新颖美观、质地轻巧玲珑、色泽光亮照人、工艺细腻精湛、客家风情浓郁而深得人们喜爱。

【瑞金鱼丸制作技艺】　鱼圆（鱼丸）制作在瑞金历史悠久，早在唐开元三年（715），就由当时鱼贩子谢三宝首创“鱼团”（鱼圆前身）。清乾隆四十一年（1776）秋乾隆下江南时，尝食江西巡抚征调八十多名厨师中的瑞金厨师赖同庆制作的鱼圆后“龙颜大悦”，命随身太监将“鱼圆汤”列入《御膳菜谱》。瑞金鱼圆有选鱼、清鱼料、刨鱼料、搓鱼酱、配蛋清、兑水放盐、搅拌、试水、手挤料团入窝、半熟成型捞起、摊凉、煮汤、配料共十余道工序，环环相扣，步步精细讲究，味道鲜美爽口、不腥不腻，令人回味无穷。

【手工钢模雕刻技艺】　手工艺术模具雕刻钢模是瑞金市的传统手工技艺，是一门集艺术与技术于一体的技艺，充分利用瓷、水晶、塑料、铜、银等材料，与机械设备结合，设计制作适销对路产品，成千上万复制所需产品带来显著经济效益，具有很高的艺术价值和经济价值。此技艺传承于严氏后裔，现传承人严恩荣幼承家学，技艺精湛，1982年，严恩荣设计雕刻的新产品参加江西省首届包装装潢产品评奖获优秀奖。1994年严恩荣被省职称办评为“工艺美术师”。

地方特产与传统美食

【地方特产】　淮山　俗称“药薯”“淮山薯子”，素有“南参”之美称，是瑞金的传统土特产品。清初开始种植，种植区域主要分布在叶坪、泽覃、沙洲坝等乡镇。淮山是粮药兼用品，含淀粉多，营养丰富，当地喜作名菜上席，平时用它炒蛋、炖牛肉或蒸粉肉，有滋补健胃之功效，又是中成药的良好配方。

荸荠　俗称马荠，清代开始种植，迄今有200多年历史。瑞金荸荠果皮薄、汁多、味甜、无渣，可生食，也可熟食，亦可加工制作荸荠罐头，主要产于泽覃、叶坪、壬田、黄柏、沙洲坝等乡镇。

烟叶　瑞金烤烟，色泽金黄，肉体厚实，柔软富弹性，味纯浓，含油充足，尼古丁含量低，延燃力强。燃烧后烟灰白皙，闻名于世，用作卷烟原料，誉为佳品。烟叶以九堡烟品质最优。烟叶产业的稳定发展，让种烟愈来愈成为年轻人返乡创业的首选产业。

瑞金梨瓜　瓜色洁白，薄皮肉嫩，香甜可口，含葡萄糖、果糖、苹果酸、果胶物质、多种维生素、蛋白质及钙、磷、铁、胡萝卜素、核黄素、尼克酸等营养物质，且有止渴、利尿、除烦热、通三焦等功效，为国内瓜类珍品。域内已有250年种植历史，春种夏熟。应市早而长，属夏季主要果品。

【传统美食】　白斩鸡　将鸡切块装盘清蒸加热，然后蘸上盐水姜汁食用。白斩鸡的这种原始制作和食用方法经历代厨师悉心研究，逐渐形成一套独特的制作方法。用这种方法制作的白斩鸡色泽金黄，皮爽肉嫩，原汁原味，鲜美清香，成为瑞金人招待贵客和举办宴席必不可少的头牌菜。

红军焖鸭　此佳肴源自苏区时期。民国22年（1933），一位红军

白斩鸡　（市融媒体中心供图）

瑞金牛肉汤　　　　（市融媒体中心供图）

女战士在煮鸭子时发现铁锅破了，情急之下临时用一口平时用来煎药的泥锅来焖鸭子，不料歪打正着，焖好的鸭子别具风味。此后这位红军女战士便一直用此泥锅焖鸭，并在鸭肚内塞些甘草、枸杞、党参等滋补的中草药，使焖鸭既滋补营养又香嫩爽口。因这种烹饪方法是红军所创，所以人们称之为“红军焖鸭”。后经不断改进烹调方法和配方，“红军焖鸭”成为瑞金较受宾客喜爱的菜肴之一。

瑞金红鱼　是瑞金传统佳肴。选用草鱼、鳙鱼、鲢鱼为主要原料，晒至半干，添加适量的红曲、食盐、辣椒粉等作料，置于米制酒粮中浸泡半月，加姜、蒜煮熟或油炸后食用。美味可口，色泽鲜红，半年不坏。

瑞金牛肉汤　又叫“兜汤”，客家传统美食之一，是瑞金最富特色的小吃，也是江西名小吃、瑞金市非物质文化遗产项目。瑞金牛肉汤选用本地散养的小黄牛牛肉，经过精心熬制而成，口感嫩滑，不膻不燥，不老不韧，味美甘甜，清香可口，强身健骨，营养价值高。

黄元米果　以米果糯（又称大禾子）为原料，加入植物灰碱，蒸软捣烂，搓成筒状，吃时切片，随意加工，甜吃咸吃均可。置稻草灰水内浸贮，数月不坏。

半圆子　又名芋仔汤圆。当年贫穷的客家人过元宵节只能因陋就简，用芋仔煮熟捣成糊，再加薯粉挤成丸状下锅煮成“芋仔汤圆”代替汤圆。因这种汤圆用料和“元宵”不同，且没有馅料，仅外形和“元宵”相似而已，所以人们也就称其为“半圆子”。瑞金“半圆子”软韧滑爽，辅以姜、葱、辣椒调味，口感极佳，2011 年被评为“中国赣菜名小吃”，在 2016 年赣南客家美食文化节上获金奖。

瑞金米酒　色泽金黄，气味清香，口感甘醇绵厚，适量饮用，舒筋活络，振奋精神，消除疲劳。酒酿（没有掺水制作）更是幽香扑鼻、酒味浓郁，更能利血养气，暖胃御寒。瑞金米酒除饮用外，还是烹调的好作料。

经济和社会发展

【地区生产总值】　全市实现地区生产总值 195.23 亿元，比 2020 年增长 8.2%，其中，第一产业增加值 28.25 亿元，增长 7.3%；第二产业增加值 74.26 亿元，增长 10.8%；第三产业增加值 92.73 亿元，增长 6.6%。三次产业结构比由 2020 年的 15.7∶36∶48.3 调整为 14.5∶38∶47.5。人均生产总值 3.18 万元，比 2020 年增长 11.8%。全市实现一般公共财政预算收入 15.83 亿元，比 2020 年增长 8.9%；其中，税收收入 12.64 亿元，增长 0.1%；全市财政支出 63.97 亿元，比 2020 年增长 0.03%。城镇居民人均可支配收入 3.74 万元，比 2020 年增长 7.5%；农村居民人均可支配收入 1.54 万元，比 2020 年增长 12.5%。

【农业】　全市实现农、林、牧、渔业总产值 46.09 亿元，比 2020 年增长 9%。全年粮食作物播种面积 3.40 万公顷、比 2020 年增长 0.4%，产量 19 万吨、增长 2.5%；油料播种面积 4340 公顷、增长 14.7%，产量 1.15 万吨、增长 8%；蔬菜及食用菌播种面积 880 公顷、增长 5.2%，产量 24.01 万吨、

坝溪村农民驾驶收割机　　　　（市融媒体中心供图）

增长15.6%；烟叶种植面积833.33公顷、增长5.9%，产量1486吨、下降12.4%；水果产量13.15万吨、增长11.2%，其中，脐橙12.47万吨、增长13.6%。年末全市耕地面积2.26万公顷，有效灌溉面积2.81万公顷。

【工业】 全市规模以上工业企业94家，实现总产值272.8亿元，比2020年增长24.8%，增加值比2020年增长11.3%；实现主营业务收入274.4亿元，比2020年增长29.5%；利润总额22.9亿元，比2020年增长44%；实现税金17.5亿元，比2020年增长22%。主导产业铜加工业实现营业收入146亿元，占全市规模以上工业的53.5%；营业收入超10亿元的企业6家，其中，超50亿元的1家，纳税超千万元的企业10家，其中，超亿元的企业4家。战略性新兴产业增加值占规模以上工业的比重为46.68%，较2020年提高18.29个百分点；高新技术产业增加值占规模以上工业增加值36.5%，较2020年提高3个百分点；装备制造业增加值占规模以上工业增加值44.1%，较2020年提高11.3个百分点。全市有资质等级的总承包和专业承包建筑企业66家，签订合同28.28亿元，同比下降6%，其中，新签订合同19.40亿元、下降14.9%；完成建筑业总产值20.71亿元、下降8.5%。

【第三产业】 全年第三产业增加值突破92.7亿元，比2020年增长6.6%，其中，批发和零售业增加值11.7亿元，比2020年增长8.8%；住宿和餐饮业增加值6亿元，增长19.5%；金融保险业增加值1.0亿元，增长7.17%；房地产业增加值15亿元，增长0.8%。全年规模以上服务业企业营业收入7.6亿元，增长0.9%。全年交通运输、仓储及邮政业增加值9.4亿元，比2020年增长11.3%。铁路货物运输量44万吨；铁路旅客运输量94.6万人次。公路通车里程3448千米，其中，高速公路（瑞金境内）通车里程95.4千米。公路货物运输量1380万吨，比2020年增长3%。全年共接待游客1814万人次，比2020年增长50.4%；旅游总收入94.1亿元，增长60.3%。年末民用汽车保有量6.84万辆，增长10.77%。全年完成电信业务收入0.94亿元。年末固定及移动电话用户总数18.93万户，其中，移动电话用户12.55万户、固定电话用户6.38万户。固定互联网宽带接入用户6.84万户，比2020年末增加0.5万户。全年邮政行业业务总量7947万元，比2020年增长7.1%，邮政行业业务收入7929万元，增长4.4%。全年完成邮政函件业务6.45万件，包裹业务256.33万件，快递业务量310.97万件，快递业务收入967.6万元。

【固定资产投资】 全市固定资产投资比2020年增长11.4%。分产业看，一、二、三产业投资分别增长58.0%、-24.8%、38.9%，三次产业投资结构由2020年的1.0∶46.5∶52.5调整为1.4∶31.9∶66.7，得益于农业投资和基础设施投资的带动，第一、三产业投资占比分别比2020年提高0.4个百分点、14.2个百分点；分经济类型看，非国有投资保持快速增长，比2020年增长17.5%，高于国有投资增速29个百分点，民间投资增速有所回落，同比下降5.6%。民生短板领域投资大，全年基础设施投资同比增长46%，高于总投资增速34.6个百分点，对总投资的贡献率达80%。其中，瑞金机场全速建设，瑞梅铁路正式获批，西气东输天然气向瑞金开阀供气，梅江引调水项目开工建设。全市有实际项目的房地产开发商46家，完成房地产开发投资20.4亿元，增长2.3%；施工面积103.6万平方米，增长1.3%，其中，新开工面积55.6万平方米，下降15.5%；竣工面积90.5万平方米，增长31.6%。销售总面积50.7万平方米，同比增长18.4%，其中，销售住宅4531套，增长42.5%，面积56.8万平方米，增长40%，销售金额38.2亿元，增长40.5%。批准预售面积51.2万平方米，下降19.7%。住宅均价保持稳定，新建商品住房销售均价每平方米6726元，同比增长0.7%。

【重点项目】 2021年重点项目141个，其中，被列入赣州市调度项目65个，总投资368.94亿元，年度计划投资112.66亿元，开工率100%，完成年度投资142.05亿元，投资计划完成率125.09%。推动总投资17.7亿元的梅江引调水项目开工建设，投入22.4亿元推进21所城乡学校建设，预计新增各层次学位26000个以上，全面解决城区学校大班额、大校额问题；投入15亿元全面推进市属医院建设，并整合市属医院资源组建瑞金市总医院；实施一批提升城市综合承载力的重点民生工程，基本建成金瑞湾城市公园和文化艺术中心等文化休闲设施，开展老旧小区和棚户区改造三年行动，完成270户棚户区、26个老旧小区改造。打造电子商务全产业链综合服务园，注册跨境电商企业20家，完成跨境

远业环保车间 （市融媒体中心供图）

铁路集装箱货场　　（市融媒体中心供图）

电商成交额 5500 万美元，开通江西省首列“跨境电商 B2B 出口+铁海联运”班列，实现赣州市跨境电商“9710”模式零的突破。建设失智失能护理院和日东等 5 所区域性敬老院，新增床位 692 个。建成城镇社区养老服务设施 17 个，城市社区覆盖率达 100%，建成农村互助养老服务设施站（点）179 个，覆盖 80% 的建制村。瑞金机场项目进展顺利，瑞兴于快速交通走廊项目开工建设，瑞梅铁路获国家批复，实施公路升级改造，累计新建改造国省道 68 千米、“四好农村路”74 千米。

【交通运输】 全市公路通车里程 3448 千米，其中，高速公路 2 条，共 50.6 千米；国省道 4 条，共 148.67 千米；县道 11 条，共 317.5 千米。已开通公交线路 11 条，实有公共汽（电）车营运车 102 辆，实有出租汽车 90 辆。全市拥有物流企业 89 家，其中，货运企业 67 家、仓储企业 6 家，实现物流业增加值 20.5 亿元，比 2020 年增长 19.3%。全年公路客运量 1380 万人。铁路通车里程 33 千米，货物发送量 21.4 万吨，发送旅客 94.6 万人。

瑞金机场按满足 2030 年旅客吞吐量 55 万人次、货邮吞吐量 2000 吨的目标设计，于 2020 年 6 月开工建设，项目总投资 16.6 亿元，其中，机场工程投资 16.3 亿元，计划于 2022 年 12 月完成各单体建筑主体工程，2023 年 10 月完成航站区竣工验收，实现校飞、试飞、通航目标。

【社会保障】 全市新增城镇就业 4896 人，年末城镇登记失业率控制在 4.5% 以内。新增转移农村劳动力 7784 人。参加医疗保险 63.6 万人（其中，职工医保人数 3.1 万人、居民医保人数 60.5 万人），参加生育保险人数 2.17 万人，参加城镇职工基本养老保险在职职工 5.62 万人，参加基本养老保险企业职工退休人数 2.19 万人，平均养老金待遇每月 1879 元；城乡居民社会养老保险人数 30 万人；农村低保对象 2.66 万人，保障标准为每人每月 357.38 元；城市低保对象 3211 人，保障标准每人每月 491.56 元；城乡特困对象 2438 人；发放农村低保资金 949.66 万元，城市低保资金 157.84 万元，城乡特困供养资金 179.30 万元。社会福利单位 28 个，床位 3148 张。全市有经济适用房 156 套，建筑面积 1.81 万平方米；公租房 1951 套，建筑面积 11.51 万平方米；廉租房 2776 套，建筑面积 14.72 万平方米；大学生公寓 75 套，建筑面积 6344 平方米。

【文化建设】 全市有专业表演团体 1 个、文化馆 1 个、文化站 17 个、博物馆 2 个、影剧院 4 个、图书馆 1 个（藏书 12.2 万册）、“农家书屋”223 个（藏书 673.9 万册），有规模以上文化产业企业 18 家。所有乡（圩）镇全部实现有线电视同城同网，100% 行政村通广播电视光缆。有线电视安装户 7.4 万户，全市广播人口覆盖率 99.5%，电视人口覆盖率 100%。

【社会事业】 全市获得国家专利授权 600 项，其中，发明专利 25 项。2021 年有各级各类学校 456 所，其中，高级中学 2 所，完全中学 2 所，初级中学 27 所，小学 123 所，九年一贯制学校 3 所，教师进修学校、特殊教育学校各 1 所，中等职业学校 1 所，幼儿园 298 所。在校中小学生 10.26 万人，其中，高中在校生 1.67 万人、初中在校生 3.24 万人、小学在校生 5.36 万人、特教学生 158 人、中等职业学校在校生 6110 人、在园幼儿 2.41 万人。教职工 10365 人，其中，专任教师 9008 人。全市有各级各类医疗机构 597 个，其中，公立医疗卫生机构 23 个（二级甲等医院 3 所），村卫生所 249 个，民营医疗机构 20 个；有病床 3567 张，每千人病床 5.8 张；卫生技术人员 3347 人，其中，执业（助理）医师 1326 人，每千人执业（助理）医师 2.16 人；乡村医生 441 人。全市 17 个乡镇都设有 1 个文体指导站，有单项体育协会 32 个，会员 2 万余人，体育健身点 1322 个，体育场地面积 142.96 万平方米，人均体育场面积 2.33 平方米，有组织、有管理的晨练和晚练活动点近百个，新建成 20 个农民健身示范点。城镇社区均已安装健身器材，经常参加体育活动的人员占常住人口的 41.53%。

【生态文明建设】 生态环境质量持续改善，被列为全国“无废城市”建设试点、全省第二批生态文明先行示范县（市），成功创建绵江国家湿地公园（试点）和省级森林城市，荣获中国绿色名县（市）、2021 中国最美县域称号。空气质量稳居全省前列，城镇集中式饮用水水源地水质连续多年 100% 达标，近年来累计完成低质低效林改造 2.41 万公顷、人工造林 2.09 万公顷，森林覆盖率达 75.74%，实现全市所有圩镇、行政村污水处理全覆盖，拥有国家级生态乡镇、生态村各 1 个，省级生态乡镇 9 个、生态村 17 个，赣州市级生态村 45 个。

中国共产党瑞金市委员会

综　述

【概况】　2021年，中共瑞金市委在江西省委、赣州市委的坚强领导下，高举中国特色社会主义伟大旗帜，坚持以习近平新时代中国特色社会主义思想为指导，全面落实中共十九大和十九届历次全会精神，聚焦“作示范、勇争先”目标定位和“五个推进”重要要求，认真落实省第十五次党代会精神、省委“二十四字”工作思路和赣州市第六次党代会精神，大力弘扬伟大建党精神和苏区精神、长征精神，统筹疫情防控和经济社会发展，统筹发展和安全，坚持稳中求进工作总基调，立足新发展阶段，贯彻新发展理念，构建新发展格局，深入打好“项目大会战”，纵深推进全面从严治党，聚焦“三大战略、八大行动”，努力打造“四个中心”，加快建设现代化次中心城市，主要经济指标总体增速高于全国、全省平均水平，获评赣州市高质量发展先进县（市、区）。

【强化思想引领】　持续深入学习宣传贯彻习近平新时代中国特色社会主义思想，坚定捍卫“两个确立”、坚决做到“两个维护”。坚持“每月学习日”“3+X”集中学习等制度，市委理论学习中心组年内开展集体学习21次。举办专题读书班、研讨班，深入学习习近平总书记重要讲话、重要文章和重要指示批示精神，以及中共十九届五中、六中全会，省第十五次党代会，赣州市第六次党代会等精神。年内，邀请耿焱等10余位专家作专题讲座。领导干部带头上思政课，组织市委宣讲团开展集中宣讲，组建“红色基因宣讲团”开展专题宣讲，建立政策理论宣讲志愿服务人才库，开展对象化、分众化宣讲，举办各类培训班、轮训班，用好市委党校、新时代文明实践中心、“学习强国”学习平台，持续推动习近平新时代中国特色社会主义思想和中央、省、赣州及瑞金重大会议精神进农村、进企业、进机关、进校园、进社区。

【谋划“打造‘四个中心’”】　1月22日，召开市委六届九次全会，总结“十三五”时期发展经验，讨论通过《编制全市“十四五”规划的建议》。3—4月，开展“历史怎么看、今后怎么办、今年怎么干”学习讨论调研活动及“我为瑞金发展献一计”征文活动，为瑞金高质量发展集聚智慧。8月29日，召开市第七次党代会，明确今后五年全市工作的指导思想、发展目标和主要任务，确立“打造‘四个中心’、建设现代化次中心城市”的路径，即努力打造区域性创新创业中心、红色文旅中心、交通物流中心、体教康养中心，加快建设现代化次中心城市。

【落实“八大行动”】　按照赣州市第六次党代会大力实施工业倍增升级、科技创新赋能、深化改革开放、乡村全面振兴、城市能级提升、美丽赣州建设、提高民生品质、党建质量过硬“八大行动”战略部署，真抓实干、埋头苦干，加快推动瑞金高质量发展，经济社会发展取得显著进步，党的建设更加扎实有效。

工业倍增升级　年内，新增规模以上工业企业32家、总量达到103家，实现规模以上工业企业主营收入274.4亿元，比2020年增长29.5%。成功引进济民可信、昊宇重工等重大项目，铜产业被纳入省有色金属“十四五”高质量发展规划，金纳铜业、恒吉铜材等入选省制造业百强企业，瑞金电线电缆产业被列为江西省省级产业集群。加快完善园区功能配套，投资12亿元实施经开区基础设施项目23个，建成标准厂房38.4万平方米，在建标准厂房88.7万平方米，新增建设用地48.67公顷，瑞金经开区获批省级绿色园区、全省模范劳动关系和谐园区，被列入国家级绿色园区公示名单，综合发展水平考核评价全国排名前移13位。

科技创新赋能　加大科技创新投入力度，全年规模以上企业研发投入5.5亿元，比2020年增长138%，占GDP比重2.2%；设立科技创新发展专项资金，发放科技创新项目扶持奖励资金比2020年增长35%。大力促进产学研合作，与西安电子科技建立产学研合作和创新成果转化战略合作关系，与南昌大学加强对口合作关系，与中科院赣江创新研究院、江西理工大学等院校建立紧密型合作；济民可信研制的痔疮膏为国际首创，开发的孕康口服液国际领先；明崴电子生产的黑白数字显示产品居全球工控显示市场前三；金字电线突破国外技术垄断，研制“特种航空航天用电线电缆生产线”，填补国内空白；实施数字经济“一号工程”，投入资金4.89亿元，新增5G基站235个，县域创新能力进入全省前列。

深化改革开放　推出“区块链+24小时政务客厅”等系列政务服务创新举措，启动政务服务“跨省通办”。深化医疗卫生体制改革，扎实推进市域综合医改试点和紧密型医疗卫生共同体建设，整合全市医疗资源组建瑞金市总医院。基本完成深化事业单位改革试点工作，事业单位机构精简比例达72.54%。深化干部人事制度改革，优化完善绩效考核机制。统筹推进国资国企、财政金融、农业农村、文化体制等重点领域和关键环节改革，加快全面“融湾”步伐，争取中央、省和赣州市级层面协调推进一批重大事项。专门组建招商引资队伍，开展产业链招商、以商招商、专业招商，全年签约项目41个，签约资金490.9亿元。对外合作持续向好，实现外贸出口总额45.5亿元，比2020年增长37.8%，实际利用外资1.02亿美元，比2020年增长8.5%。

乡村全面振兴　脱贫攻坚取得全面胜利，推进巩固拓展脱贫攻坚成果同乡村振兴有效衔接，实行监测帮扶“41123”工作法，推行易地扶贫搬迁后续扶持“七个一”工作机制。加快发展现代农业，新建高标准农田2533.33公顷、富硒产业示范基地11个，新认定粤港澳大湾区“菜篮子”生产基地2个，富硒产品认证40个；大力建设田头冷库，建成6万立方米果蔬冷链物流园，年物流吞吐量100万吨以上，辐射带动周边6666.67公顷蔬菜产业发展。推进乡村建设，持续抓好农村人居环境整治提升，不断加强乡风文明建设，农村群众精神风貌焕然一新。

城市能级提升　科学编制《瑞金市国土空间规划（2021—2035年）》，构建“一带三核、两轴八区”城市空间结构，推广客家系“灰白”主色调建筑风格。累计投入资金70亿元，实施一批提升城市综合承载力的重点民生工程，建成金瑞湾城市公园、文化艺术中心等文化休闲设施。新建瑞明路等市政道路78千米，城市交通网日渐完善。开展老旧小区和棚户区改造三年行动，累计投入32.53亿元完成270户棚户区、26个老旧小区改造，高质量建设6814套棚改安置房。

提高民生品质　紧紧围绕群众“急难愁盼”问题，用心用情用力做好民生实事。坚持就业优先发展，城镇登记失业率控制在4.5%以内，新增城镇就业4896人，新增农村劳动力转移就业7784人。织密扎牢社会保障安全网，城乡居民养老保险、基本医疗保险等社会保障基本实现全覆盖。加快推进21所城乡学校建设，新增公立幼儿园学位720个、公办小学学位1170个。慎终如始抓好新冠肺炎疫情常态化防控，巩固“零疫情”的良好局面。不断完善养老服务体系，8所区域性中心养老院投入使用，新增养老床位940张，城市社区养老服务设施实现全覆盖，农村互助养老服务站（点）覆盖率达84%。加快推进城乡供水一体化建设，新增覆盖8个乡镇40万群众，覆盖率高达92%。统筹推进文艺事业繁荣发展，群众精神文化生活更加丰富多彩。

美丽瑞金建设　扎实做好碳达峰碳中和各项工作，高标准打造革命老区生态文明建设“瑞金样板”。认真抓好各级环保督察反馈问题整改工作，中央和省环保督察反馈问题基本整改到位。持续打好污染防治攻坚战，统筹推进蓝天、碧水、净土保卫战，空气质量稳居全省前列，成功创建省级卫生城市。持续推进和巩固拓展“无废城市”建设试点工作，深入推进长江经济带“共抓大保护”攻坚行动，加快推进乡村污水处理配套管网设施、农村黑臭水体整治、重点流域水环境治理等一批生态环保项目建设，污染处理能力稳步提升。

新时代党的建设　牢牢掌握意识形态工作领导权，大力弘扬社会新风正气。文明创建扎实推进，成功入选第七届全国文明城市提名城市。全覆盖推进新时代文明实践中心（所、站）标准化规范化建设，文明实践工作在全省新时代文明实践干部队伍培训班作典型发言。持续推进基层党建“三化”建设提质增效和质量过硬行动，深入推进抓党建促乡村振兴，示范创建“百红”工程。高标准严要求抓好党员发展工作，持续发展壮大村级集体经济。深化城市基层党建改革，统筹抓好各领域党的建设，推动基层党组织全面进步、全面过硬。全面完成市、乡、村三级换届工作，实施年轻干部三年培养计划和科级干部三年轮训计划，强化招才引才和人才平台建设，及时兑现人才奖补政策，人才的获得感和人才政策公信力得到有力提升。持之以恒落实中央八项规定及其实施细则精神，大力整治“怕慢假庸散”作风顽疾，营造风清气正的政治生态。

【党史学习教育】　深入学习贯彻中共中央总书记习近平关于开展党史国史教育的重要思想，严格按照上级部署要求，紧紧围绕“学史明理、学史增信、学史崇德、学史力行”“学党史、悟思想、办实事、开新局”目标要求，充分发挥红色资源优势，突出“深、红、实、广、效”五个方面，推动党史学习教育走深走实，助推经济社会平稳健康发展。通过党史学习教育，全市红色旧居旧址得到有效保护利用，许多陈展得到进一步提升，许多散落民间的红色故事得到挖掘整理，打造“红色名村”41个，建成城市红色驿站14个、学校驿站12个。广大党员干部思想得到净化、心灵得到洗礼、党性得到锤炼、作风得到改善、本领得到提升，明晰“努力打造‘四个中心’、加快建设现代化次中心城市”的发展思路，出台许多过硬的发展举措，推动瑞金保持“零疫情”，经济社会保持健康快速发展，主要经济指标持续向好，总体增速高于全国全省平均水平，全年实现生产总值突破195亿元，增长8.2%，固定资产投资增长11.4%，社会消费品零售总额增长11.6%。

创新学习形式，领导干部带头开展“参观一次革命旧址、上一堂苏区历史课、听一个红色经典故事、重温一遍入党誓词、再读一遍红色著作”等“五个一”党史主题学习实践活动。8月13日，新一届市“四套班子”到任第二天即到叶坪旧址群接受党史教育和革命传统教育。市委主要领导带头上党课、带头以普通党员身份参加所在党支部的专题组织生活会，营造一级带着一级学的学习之风。开展“历史怎么看、今后怎么办、今年怎么干”集中学习调研活动，编写《瑞金历史概况》《党史学习教育口袋书》，推动广大党员干部从学习党史中凝聚奋进力量。市“四套班子”领导带头开展党史宣讲，带动全市各级领导干部深入基层一线开展分众式、互动式宣讲900余场次，受众5万余人。组建由“最美人物”、红军后代、红色宣讲员等组成的市委宣讲团，开展“七一”重要讲话精神等专题宣讲85场次，受众1.5万余人次。

把全市革命旧居旧址作为党史学习教育大课堂，组织党员干部就近就便开展现场教学，打造“群众家门口”的学习教育阵地。全市682个基层党组织开展现场教学800余场次，覆盖党员干部1.5万余人次。推进《人民共和国从这里走来》基本陈列改展项目，举办《灯塔照耀中国——中共党史学习教育重在践行中央驻地（1921—1949）联展》《中国共产党治国理政的伟大开端——中华苏维埃共和国史》巡展、“庆祝中国共产党成立100周年书法展”等，打造红色文化原创音乐剧《闪闪的红星》。开展“优秀党课评比大赛”“红色宣讲员讲解比赛”“诵读红色家书”“诵读红色诗词”“替烈士看爹娘、为烈属办实事”等“百红”工程活动；在青少年中开展以“阅读一本红色经典书籍、演唱一首红色金曲、游览一次红色圣地、认护一件红色文物、争当一次红色小导游”等“五个一”为主题的“红色文化育新人”活动。

充分运用本市融媒体平台，开设专题专栏10个，推出相关报道600余篇；在中央、省、赣州市等上级党报刊登相关报道500余篇。《少年逐梦“警”相随》获赣州“学史力行·我为群众办实事”短视频大赛二等奖。《探寻党办源头传承红色基因——记瑞金时期的中共中央局秘书处》《中央党校的前身在瑞金》等一批党史研究文章在《百年潮》《秘书工作》上发表。党史研究课题《中华苏维埃共和国选举制度的推行与成效》在中华苏维埃代表大会制度史理论研讨会上获一等奖。围绕庆祝中国共产党成立100周年和纪念中华苏维埃共和国成立90周年主题，隆重举办“红都儿女心向党”升国旗、“唱支山歌给党听”歌咏比赛等系列活动，推动在北京高规格举办纪念中央革命根据地创建暨中华苏维埃共和国成立90周年座谈会，成功举办首届“瑞金论坛”、“第五届全国原中央苏区振兴发展高峰论坛”，推动全国人大、新华社、水利部等到瑞金追根溯源、理论研讨，掀起学习苏区历史、感悟苏区精神的热潮。在中央党史学习教育简报上稿4篇，位居赣州市各县（市、区）前列；在全省党史学习教育简报上稿21篇、赣州市上稿25条，党史学习教育简报上稿数在全省100个县区市和赣州20个县区市均位列第一。

组织全市副科级以上党员领导干部开展“我为群众办实事”大走访、大调研活动，通过发布通告、开发“为民服务直通车”小程序、设置意见箱等形式，收集意见建议和群众“急难愁盼”问题。年内，全市性重点民生项目55项均已办结，解决历史遗留问题、信访问题82件，办理群众身边“微实事”688个。探索解决共性问题的制度机制，开展“将心比心、终端检验”“亲身办”“陪同办”专项活动。创新推出“跨省通办”“帮办代办”等便民举措，在全省率先高标准打造“区块链+24小时政务服务客厅”，为办事群众提供医保、社保等100余项高频事项服务，打通政务服务“最后一公里”。

【社会综合治理】 坚持国家总体安全观，统筹发展和安全，全力防范化解各类重大风险挑战，加快建设更高水平的平安瑞金。稳步推进市域社会治理现代化试点，常态化开展扫黑除恶斗争，严厉打击制毒贩毒违法犯罪行为，系统整治电信网络诈骗，公众安全感稳居全省、赣州前列。深入开展政法队伍教育整顿，按时保质完成教育整顿各项任务，顺利通过省、赣州市教育整顿领导小组总结评估验收。“七五”普法顺利通过省、赣州市验收，泽覃司法所被司法部评为“全国模范所”。加强信访突出问题排查处置，加大信访积案化解力度，国家信访局交办第一批82件重复信访事项全部按时办结。扎实做好安全生产、防汛减灾、食品药品安全等工作，地方政府债务、金融和房地产等重点领域风险总体安全可控，社会大局持续保持和谐稳定。

重要会议

【中国共产党瑞金市第七次代表大会】 8月29日，中国共产党瑞金市第七次代表大会在市职工活动中心开幕。大会的主题：高举中国特色社会主义伟大旗帜，深入学习贯彻习近平新时代中国特色社会主义思想，动员全市各级党组织和广大党员干部群众，砥砺奋进新征程，乘势实现新跨越，为加快建设现代化次中心城市不懈奋斗。会议明确今后五年全市经济社会发展的总体目标：县域经济更具领跑实力；产业体系更有特色规模；功能格局更显中心地位；人民生活更为幸福美好；党的建设更加坚强有力。确立打造“四个中心”，建设现代化次中心城市路径支撑：即打造区域性创新创业中心、红色文旅中心、交通物流中心、体教康养中心。市第七次党代会代表、在职县处级领导干部、上级下派在瑞金挂职锻炼的市领导、曾担任正县（处）职以上在瑞金居住的老同志，以及市委各部门、市直、驻市各单位主要负责人和瑞金经开区正科级领导干部等480余人参加会议。

【市委常委会】 1月21日，六届市委常委会第九十次会议审议通过《关于制定全市国民经济和社会发展第十四个五年规划和二〇三五年远景目标的建议》。

1月31日，六届市委常委会第九十一次会议审议通过《瑞金市工业三年倍增升级行动计划（2021—2023年）》。

2月9日，六届市委常委会第九十二次会议审议通过《瑞金市深化事业单位改革试点工作方案》。

3月5日，六届市委常委会第九十四次会议审议通过《瑞金市国民经济和社会发展第十四个五年规划纲要》《瑞金市乡镇建设三年行动实施方案（2021—2023年）》。

7月10日，六届市委常委会第一百零四次会议审议通过《关于新时代支持瑞金振兴发展加快建设赣州次中心城市的若干意见》。

8月22日，六届市委常委会第一百零九次会议审议通过《中国共产党瑞金市第七次代表大会报告（草案）》。

11月4日，七届市委常委会第六次会议审议通过《瑞金市美丽乡村建设三年行动计划（2021—2023）》。

11月14日，七届市委常委会第七次会议审议通过《瑞金市“十四五”军民融合产业发展规划》。

重大决策

【全市国民经济和社会发展第十四个五年规划和二〇三五年远景目标】 1月22日，市委六届九次全体会议通过《中共瑞金市委关于制定全市国民经济和社会发展第十四个五年规划和二〇三五年远景目标的建议》。制定二〇三五年远景目标：2035年，全市经济总量和城乡居民收入迈上新的大台阶；基本实现新型工业化、信息化、城镇化、农业现代化，加快建设工业强市、农业强市、旅游强市、数字瑞金，建成具有瑞金特色的现代产业体系。县域治理体系和治理能力现代化基本实现，法治瑞金基本建成，平安瑞金建设达到更高水平，社会充满活力又和谐有序，形成具有瑞金特色的社会治理模式。基本建成交通强市，形成涵盖公路、铁路、航空的立体交通枢纽。社会事业全面进步，文化强市、教育强市、健康瑞金、文明瑞金建设取得更大成效，市民素质和社会文明程度达到新高度。生态优势持续巩固，绿色生产生活方式广泛形成，绿色生态品牌知名度进一步提升，基本建成生态强市。人均生产总值超过赣州平均水平，中等收入群体显著扩大，基本公共服务实现均等化，城乡区域发展差距和居民生活水平差距显著缩小。

明确“十四五”时期全市经济社会发展的总体要求：高举习近平新时代中国特色社会主义思想伟大旗帜，深入贯彻中共十九大和十九届二中、三中、四中、五中全会精神，全面贯彻党的基本理论、基本路线、基本方略，坚决贯彻落实中共中央总书记习近平视察江西和赣州重要讲话精神，聚焦“作示范、勇争先”目标定位和“五个推进”重要要求，统筹推进“五位一体”总体布局，协调推进“四个全面”战略布局，坚持党的全面领导，坚持以人民为中心，坚持新发展理念，坚持深化改革开放，坚持系统观念，坚持稳中求进工作总基调，以推动高质量发展为主题，以深化供给侧结构性改革为主线，以改革创新为根本动力，以满足人民日益增长的美好生活需要为根本目的，统筹发展和安全，聚焦科技创新、工业倍增升级、乡村振兴、新型城镇化、现代服务业、基础设施建设“六大主攻方向”，加快建设具有瑞金特色的现代产业体系，纵深推进全国红色旅游一线城市、赣闽边际区域性中心城市和赣南东部高质量发展示范区建设，积极适应以国内大循环为主体、国内国际双循环相互促进的新发展格局，推进县域治理体系和治理能力现代化，实现经济行稳致远、社会安定和谐，确保全面建设社会主义现代化开好局、起好步，勇当建设革命老区高质量发展示范区的先锋模范。确定“十四五”时期全市经济社会发展主要目标：经济综合实力实现新跨越；发展质量效益实现新突破；改革开放创新迈出新步伐；城乡融合发展实现新进展；生态文明建设取得新成效；社会文明程度得到新提高；民生福祉改善达到新水平；社会治理效能跃上新台阶。

【巩固拓展脱贫攻坚成果同乡村振兴有效衔接】 5月22日，中共瑞金市委、瑞金市人民政府印发《关于实现巩固拓展脱贫攻坚成果同乡村振兴有效衔接的实施意见》（以下简称《实施意见》）。《实施意见》明确下一步目标任务：到2025年，脱贫攻坚成果巩固拓展，乡村振兴全面推进，高质量发展后劲明显增强，基础设施和公共服务水平明显提升，乡村产业质量明显提高，美丽宜居乡村建设扎实推进，乡风文明建设成效显著，农村人居环境持续改善，农村基层组织建设不断加强，农村低收入人口帮扶长效机制逐步完善，脱贫人口收入增速高于全市平均水平。到2035年，经济社会高质量、跨越式发展取得长足进步，乡村振兴取得重大进展，农村低收入人口生活水平显著提高，城乡融合发展体制机制基本建成，在促进全市人民共同富裕上取得更为明显的实质性进展。

《实施意见》确定的主要措施：完善主要帮扶政策落实制度；完善防止返贫监测帮扶机制；完善医疗保障机制；完善分层分类救助机制；完善资产监管机制；完善内生动力激发机制；持续发展壮大乡村特色产业；持续促进脱贫劳力稳岗就业；持续巩固易地搬迁脱贫成果；持续做好消费帮扶工作；持续改善乡村基础设施条件；持续提升乡村公共服务水平。

【出台“识马育马赛马选马”若干措施】 7月15日，中共瑞金市委印发《瑞金市在“六大主攻方向”一线“识马育马赛马选马”若干措施》（以下简称《若干措施》）的通知。《若干措施》确定的目标任务：为深入贯彻习近平新时代中国特色社会主义思想，落实新时代党的组织路线，围绕全市经济社会发展定位，聚焦科技创新、工业倍增升级、乡村振兴、新型城镇化、现代服务业、基础设施建设“六大主攻方向”，系统性加强干部思想淬炼、政治历练、实践锻炼、专业训练，大力发现培养使用优秀干部，努力在攻坚一线形成万马奔腾干事业的良好局面，为瑞金打造“四个中心”、建设现代化次中心城市提供坚强组织保证。《若干措施》明确的主要措施：多渠道识马，增加优秀干部储备，建立优秀干部信息库，突出实绩导向，强化源头管理。多措施育马，强化干部素质培养，突出政治历练，组织外出轮训，举办年轻干部读书班。多平台赛马，推动干部“墩苗”磨砺，企业一线跟班，项目一线攻坚，基层一线锻炼，岗位一线建功。多视角选马，树立正确用人导向，完善知事识人工作体系，大力选拔任用优秀干部，坚持从严管理监督。

【出台贯彻落实《国务院关于新时代支持革命老区振兴发展的意见》的实施意见】 5月24日，中共瑞金市委、瑞金市人民政府印发《关于贯彻落实〈国务院关于新时代支持革命老区振兴发展的意见〉的实施意见》（以下简称《实施意见》），明确贯彻落实《国务院关于新时代支持革命老区振兴发展的意见》的总体要求：以习近平新时代中国特色社会主义思想为指导，全面贯彻中共十九大和十九届二中、三中、四中、五中全会精神，坚决贯彻中共中央总书记习近平视察江西和赣州重要讲话精神，坚持和加强党的全面领导，坚持以人民为中心，立足新发展阶段、贯彻新发展理念、构建新发展格局、推动高质量发展，紧紧围绕在革命老区高质量发展上作示范，巩固拓展脱贫攻坚成果，激发内生动力，发挥比较优势，努力走出一条新时代振兴发展新路，使全市人民加快过上更加富裕幸福的生活。《实施意见》确定的主要目标：到2025年，革命老区高质量发展示范区取得重大进展，脱贫攻坚成果全面巩固拓展，乡村振兴和新型城镇化建设走在前列，基础设施和基本公共服务进一步完善，经济增长质量和效益显著提高，生态环境质量保持全国领先，对内对外开放合作水平显著提高，红色文化影响力明显增强，居民收入增长幅度高于全国平均水平，人均主要经济指标接近全国平均水平；到2035年，与全国同步基本实现社会主义现代化，全面融入赣南革命老区高质量发展示范区，现代化经济体系基本形成，居民收入水平显著提升，基本公共服务实现均等化，人均主要经济指标达到或超过全国平均水平，人民生活更加美好，形成红色文化繁荣、生态环境优美、基础设施完善、产业发展兴旺、居民生活幸福、社会和谐稳定的发展格局。《实施意见》明确的具体任务：巩固拓展脱贫攻坚成果，推进城乡区域协调发展；促进实体经济发展，增强振兴发展活力；补齐公共服务短板，增进老区人民福祉；健全政策体系和长效机制。

【出台《瑞金市推进江西内陆开放型经济试验区建设行动方案》】 11月10日，中共瑞金市委、瑞金市人民政府印发《瑞金市推进江西内陆开放型经济试验区建设行动方案》（以下简称《行动方案》）。《行动方案》明确的总体要求是：坚持以习近平新时代中国特色社会主义思想为指导，深入贯彻落实中共中央总书记习近平视察江西和赣州重要讲话精神，聚焦“作示范、勇争先”目标定位和“五个推进”重要要求，坚持以深化供给侧结构性改革为主线，主动融入共建“一带一路”倡议，深度参与粤港澳大湾区建设、长三角一体化发展、海西经济区建设，解放思想，对标一流，准确把握瑞金独特交通区位、历史文化、自然资源等优势，围绕打造江西内陆开放型经济试验区重要节点城市，建设革命老区与沿海发达地区合作孵化地，加快建设现代化次中心城市，争当建设革命老区高质量发展示范区先锋模范。《行动方案》提出的主要目标是：到2025年，贸易投资自由化便利化基本实现，内陆制度型开放取得明显成效，瑞金经开区、瑞兴于经济振兴试验区等区域初步建成自由便利高效的对外开放制度和政策体系，形成对外开放核心引擎，开放通道更加畅通，与粤港澳大湾区、海峡西岸城市群的产业合作水平显著提升，营商环境进一步优化，产业链加快迈向中高端。力争2025年全市人均GDP突破6000美元，货物贸易进出口规模突破34亿元，利用外资突破1.3亿美元。到2035年，内陆开放型经济体制机制基本成熟，畅通高效的现代化开放通道体系全面建成，各类功能性开放平台作用充分发挥，具有较强竞争力的特色优势产业体系基本建成，市场化、法治化、国际化营商环境达到省内一流水平。力争主要开放型经济指标总量在2025年基础上翻一番，全面建成高水平内陆开放型经济试验区，成为革命老区高质量发展排头兵。《行动方案》确定的重点任务是：致力贸易和投资自由化便利化；降低综合物流成本；加强与发达地区产业协作配套；深化与大湾区全面合作；深化科技创新体制机制改革；加强文化交流合作。

深化改革

【概况】 2021年，市委深改委坚持以习近平新时代中国特色社会主义思想为指导，深入学习贯彻习近平总书记关于全面深化改革的重要论述，以系统集成、协同高效的改革思维，全面落实上级深化改革部署要求，逐项明确牵头领导、牵头部门、责任单位和进度安排，选取17项重点改革事项由分管市领导具体抓工作部署、抓方案制定、抓督察落实、抓任务总结，形成‘深改委—改革办—牵头单位—责任单位’四级立体责任链条，推动重点领域和关键环节改革走深走实，确保各项改革举措落地落实、见行见效。全年主持召开深改委会3次、医药卫生体制改革工作调度会1次，审议改革文件8个，全市改革工作呈现力度大、举措实、亮点多、成效好的良好态势，为经济社会高质量发展提供强劲动力。

【“放管服”改革】 拓展“赣服通”瑞金分厅便民服务功能，增加地方个性化服务事项100项和212个电子证照。率先在全省建设“区块链+24小时政务服务客厅”，利用区块链安全便捷的优势，实现更多事项“自助办、就近办、网上办”。对延时服务涉及的12个进驻单位229项事项对外公布；对高频事项实行“全天候”专人办理模式，对低频事项实行预约办理模式。制定《瑞金市政府12345政府服务热线平台运行管理办法》和《瑞金市网络问政平台运行管理办法》，确保12345政府服务热线及网络问政等工作运转高效、协调顺畅、处理及时、监管有力。通过“微信督办、电话督办、书面督办”等多种形式，督促工单办理单位高质量快速办结，并对办理情况实行每月通报，将“办结率、满意率、按期回复率”等指标纳入年终政务服务考核。推行“互联网+监管”，市行政审批局（市政务服务管理办）牵头组织全市各监管职能单位认领监管事项。年内，全市认领监管事项828项，完善检查实施清单561项，发布监管动态信息766条；“双随机、一公开”系统向“互联网+监管”系统推送监管行为9609条、监管对象11493个、执法人员1197个。

【农业农村改革】 推进农村承包地“三权分置”改革，完善农村土地承包经营权确权登记颁证工作。年内，全市流转土地1.18万公顷。深化农村宅基地管理制度改革，通过资产清查、成员确认、资产量化等工作，盘活集体闲置资产，壮大村集体经济和农民财产性收入。聘请第三方代理记账机构代理全市240个村（居）财务会计业务，依托“赣州市三资管理平台”，实行财务电算化。抓好乡村治理体系建设。加强乡村建设，推进乡村治理，并纳入经济社会发展总体规划，开展乡村治理体系建设试点。

【建立防止返贫监测和帮扶机制】 建立防止返贫监测和帮扶机制，探索巩固拓展脱贫攻坚成果的“4112”工作法，守住防止规模性返贫底线，相关工作做法得到省乡村振兴局的肯定，并在《江西日报》刊发。

【红色名村建设和“百红”工程创建】 深入推进基层党建“三化”建设提质增效和质量过硬行动，推动红色名村建设和“百红”工程创建，建设全国知名的红色基因传承创新示范区。截至年末，完成41个红色名村建设，其中，10个被列为中组部“红色美丽村庄”建设试点村，9个被列为省级“红色名村”。完成城市社区、学校等26个红色驿站建设和12个红培示范基地建设。

【“苏区之光”人才计划】 全年引进和培育各领域高层次人才14人，行业急需紧缺人才249人，提前完成赣州下达的年度指标任务。深化干部人事制度改革，优化完善绩效考核机制，构建“识马育马赛马选马”全链条干部成长机制。设置原创奖、“蜗牛奖”、“曝光奖”、“退步奖”等4个奖项，全面激励干部担当作为。

【“四项监督”贯通衔接】 探索建立以党内监督推动各类监督贯通协调机制及条块监督互通互助机制，加强监督信息互通、成果共享，推进“四项监督”贯通衔接。制定《关于开展优化营商环境专项监督的工作方案》，着力破解制约优化营商环境的痛点、堵点、难点问题，有力推进重大项目落地提质增效。深入开展一线监督，充分发挥监督在基层治理中的作用，推动监督落地见效。

【强化督查考核】 紧盯时间节点、目标任务，有效推进有关改革进程。实行改革任务进展情况月报制度，全年下发提醒函15份，开展改革工作督查1次，并制定《瑞金市2021年度全面深化改革工作分类考核评价工作方案》，全面深化改革工作被列入2021年度乡镇、单位（部门）绩效考核评价体系。同时专项小组改革任务落实情况和改革信息报送情况实行月通报，推动改革工作落地见效。年内，全市7大类119项重点改革任务全面完成或达到时序进度。

市委综合事务

【概况】 2021年，市委办综合协调工作深入贯彻落实中共中央总书记习近平视察江西和赣州重要讲话精神以及对党办工作提出的“五个坚持”重要要求，紧紧围绕市委的总体部署和中心工作，主动参谋，积极协调，超前服务，充分发挥参谋服务、综合协调、信息服务、督查检查等作用，顺利完成年度工作目标任务，为市委的高效运转和各项决策部署落实提供有力保障。

【调查研究】 高质高效完成全市重要会议、重大接待等各类综合文字材料起草工作，全年共撰写审核总结汇报、讲话、发言、致辞以及署名文章等200余篇80余万字，整理编发常委会会议纪要24期。围绕市第七次党代会、市委全委会、全市领导干部会、三级干部会议等重要会议以及巩固拓展脱贫攻坚成果同乡村振兴有效衔接、全面深化改革开放、“三大战略”、“八大行动”、“四个中心”等课题进行深入调研，形成《砥砺奋进新征程乘势实现新跨越为加快建设现代化次中心城市不懈奋斗——在中国共产党瑞金市第七次代表大会上的报告》等一批有价值的调研成果。

【办文办会】 着力整治文山会海，减轻基层负担。年内，市委、市政府印发的全口径文件精简19%，重点类文件精简26%，会议数量同比下降5%。年内，成功承办首届“瑞金论坛”，“中国好医生、好护士”纪念中央革命根据地创建暨中华苏维埃共和国成立90周年系列活动等重大活动8次。圆满完成王家瑞、郭金龙等党和国家领导人及大批省部级领导来瑞视察调研等重大接待670余批次，并顺利组织办理相关的座谈会、汇报会。

【信息服务】 全年报送常规信息93条，被上级党办采用39条，其中，被中办采用3条、省办采用20条；

向本级市领导及赣州市委办报送各类紧急信息92条，为市委科学决策和事件处置赢得时机、保证时效。认真抓好听民声、察民情、解民忧工作，全年共办理省委和赣州市委民声通道转办件及人民网地方领导留言板办件86件，均按时保质办结或回复。加强党务公开网站的管理，年内，更新新闻260余条，督促市委部门、乡镇上传信息280余条。

【督查督办】 围绕市委、市政府决策部署、重点工作以及群众关心的热点难点问题，定期组织开展决策督查和专项督查，全年发出《交办函》《督办函》11期，办结市委主要领导批示件275件，印发《工作落实情况》16期，做到督随会出、批则必查、查则必清、清则必果，促进乡村振兴、工程项目、生态环境、文化旅游等各项工作取得实效。

（市委办）

【机要保密】 坚持24小时值班制度，全年累计收报1864份，发报375份，全部做到及时、准确、高效办理，未发生误发、漏发等事故。全力推进"全国机要系统革命教育基地"第二期工程建设。对市纪委监委机关等12家重点涉密单位开展进驻式保密检查。在中华苏维埃共和国国家政治保卫局旧址举行全民国家安全教育宣传周启动仪式；推进瑞金总体国家安全观主题教育展馆建设，并于2021年12月下旬正式开工建设。连续三年举办全市保密工作培训班。

（市委保密和机要局）

组织工作

【概况】 2021年，瑞金市组织工作以习近平新时代中国特色社会主义思想为指导，以党的政治建设为统领，认真贯彻落实新时代党的组织路线，坚持围绕中心、服务大局，聚焦主责主业，统筹推进组织工作各项重点任务，突出抓好党建引领基层社会治理和干部队伍能力建设，为奋力夺取疫情防控和经济社会发展"双胜利"提供坚强组织保证。至年末，全市有基层党组织1047个，其中，基层党委39个、总支121个、支部887个，有党员20758名。以"主题党日"为载体，广泛开展"六红"活动，推动部机关党史学习教育走在前、做表率。积极开展"我为群众办实事"实践活动，领办落实人才政策、推进"百红"工程、深化岗位建功和志愿服务活动等三项重点民生项目，年度评价等次均为"好"。年内，叶坪镇获评"全国先进基层党组织""全省先进基层党组织"，市公安局徐东华获评"全省优秀共产党员"；市党群服务中心获全省事业单位脱贫攻坚专项奖励记大功。

【庆祝中国共产党成立100周年系列活动】 开展"两优一先"表彰活动，评选表彰优秀共产党员100名、优秀党务工作者50名、先进基层党组织50个；为2432名党龄满50周年老党员颁发"光荣在党50年"纪念章，走访慰问1867名生活困难党员和老党员、老干部、优秀驻村第一书记、优秀驻村干部等。深化"党课开讲啦""学习身边榜样""主题诵读"等活动，组织各基层党组织书记、"赣鄱先锋"等到所在支部、联系支部上党课；开展百名新党员代表入党宣誓活动。举办红色党课、红色故事、红色小导游、红色宣讲员比赛和红色文艺作品、文物展览等系列活动。

【干部队伍建设】 全年开展人事调配1次，任免干部893人次。围绕"五个好"目标，坚持"五个突出"，完成2021年乡镇换届工作。推进事业单位机构改革，完成事业单位人员转隶和44个涉改科级事业单位指定负责人工作。围绕国企、公立医院管理体制改革，开展市属国企干部交流任职8名，调整三大市属医院领导班子成员10名。聚焦"三大战略、八大主攻方向"考察识别干部，出台《瑞金市在一线"识马育马赛马选马"若干措施》，完善科学有效的用人管人机制。关心关爱基层公务员队伍，全面推行乡镇绩效考核改革，为72名2018—2020年连续三年年度考核优秀等次的公务员（参公人员）记三等功，全年晋升职级317人次，其中，乡镇换届后公务员职级晋升人数达到乡镇公务员总人数的47%。

【干部教育管理】 全年举办主体班次13个31期，专题及行业系统业务培训班45个5761人次，实现各级党员干部学习轮训全覆盖。举办新时代基层干部教育培训"微课程"教学大赛，获评"赣州市2021年度好课程"2门，被推荐为省社会科

6月28日，瑞金市庆祝中国共产党成立100周年暨"七一"表彰大会召开

（市融媒体中心供图）

学基金项目1门。出台《瑞金市年轻公务员管理和培养实施办法》，实施年轻干部三年培养计划和科级干部三年轮训计划。遴选61名优秀年轻干部，通过举办“读书班”、“学习班”、到企业一线跟班学习、驻村包村培养等方式培养干部，并安排第一批17名年轻干部赴深圳市相关企业跟班学习。开展政治素质考察试点，改进干部考察工作，防止“带病提拔”和“带病上岗”。征集干部不担当不作为线索37个，评定“蜗牛奖”4个、“曝光奖”4个。落实《中共中央关于规范地方公务员工资津贴补贴的通知》要求，联合相关部门对有关单位津补贴发放情况进行清理规范。开展领导干部在社会团体、企业违规兼职取酬专项检查，重点加强退出领导岗位干部、离退休干部管理。

【推出“四马”干部培养使用机制】以系统集成改革思维，深化干部人事制度改革，通过树立“四个导向”，抓实“识马、育马、赛马、选马”干部成长关键环节，构建全链条干部成长机制，锻造一批担当作为干部队伍，在攻坚一线形成万马奔腾干事业的良好局面。

拓开视野“识马” 出台《瑞金市在“六大主攻方向”一线“识马育马赛马选马”若干措施》和《瑞金市领导干部政治素质考察办法（试行）》二十条，注重把好“五关”（政治忠诚关、政治定力关、政治担当关、政治能力关、政治自律关）。加强新入职干部源头培养，推进干部管理制度化建设，并制订专门培养计划，每年至少组织一次新入职年轻干部集中座谈、见面会，对近三年新招录的人员及时吸纳入库管理，全程纪实综合表现，全方位分析研判、甄别干部。坚持德才兼备、以德为先，重点从改革创新、“六大主攻方向”等一线急难险重关键领域，通过单位推荐、查阅干部档案资料、走访调研等方式，分类建立“担当型”“工匠型”“创新型”“协调型”及“狮子型”“老黄牛式”等类型优秀干部档案，实现“慧眼识人”向“实绩识人”转变。

围绕需求“育马” 坚持“长计划”与“短安排”相结合，着力提高干部“七种能力”。聚焦“六大主攻方向”，每年组织6批干部前往“长三角”“粤港澳大湾区”等地开展专题培训。实施年轻干部三年培养计划，举办年轻干部读书班，甄选一批有发展潜力的优秀年轻干部参加，利用国内知名高校优质资源，采取“线上+线下”“课堂+送教上门”等相结合的模式，全面提升年轻干部综合素养和领导能力。

一线赛道“赛马” 根据换届“五个好”总要求，突出重实绩的用人导向，打破隐形台阶，不拘一格大胆使用。围绕市委、市政府重要决策部署、重大项目建设，分批次安排年轻干部蹲点服务2~3个重点项目，组建重点项目攻坚专班，通过深度参与项目攻坚，在一线考察干部各项能力。开展“岗位一线建功”大比武活动，选派优秀年轻干部到一线中吃劲岗位、“墩苗”磨砺，赛出“真功夫”。安排年轻干部连续两年包村挂点薄弱村或重点村，安排优秀干部担任红色名村、软弱涣散村（社区）、乡村振兴重点村的第一书记，促进年轻干部在基层实践中磨砺成才。激励一线建功。为积极鼓励改革创新、激励干事创业，出台《瑞金市原创奖、“蜗牛奖”“曝光奖”、“退步奖”等4个奖项认定暂行办法》，健全以实绩排座次、凭贡献定奖惩、按发展论功过的良性机制。

注重事业“选马” 树立“以干事论英雄、以解决实际问题论能力、以高质量发展成果论业绩”的鲜明导向，注重事业上经得起磨炼、岗位上受得起考验，真正选出“千里马”。完善干部考核机制。通过改进差异化考核评价方式，建立以日常考核为基础、以年终考核为核心、以专项考核为重点、以考核测评为补充的年度目标责任考核体系，形成“重在平时、常抓不懈”的良性机制。打破“干部好用、一直不动”的思维模式，根据干部在工业、农业、城建、金融等各领域的专业知识，在防范化解重大风险能力、工业发展和优化营商环境上的综合表现，及时更新调整优秀干部。制定《关于进一步激励广大干部新时代新担当新作为的意见》等文件，严格落实干部带薪年休假、定期体检等制度，及时化解年轻干部在思想、工作、生活上遇到的困难。旗帜鲜明为敢于担当的干部撑腰鼓劲，为5名受到不实举报的党员干部进行澄清，保护干部干事创业的积极性。

【基层组织建设】 细化基层党建“三化”建设提质增效和质量过硬50条重点项目清单，推进基层党建信息化平台建设。示范创建“百红”工程，完成51个红色名村、18个城市红色驿站、12个学校红色驿站和12个红色教育培训示范基地建设，该项目获赣州市党建特色（创新）项目一等奖。深化城市基层党建改革，新调整设置6个社区，推动党建、综合治理、创城网格“三网合一”，全面落实支部建在网格、党员服务在网格，实现资源共享、活动共联、问题共解。严格落实机关“四级五岗”责任清单，完成36个机关党组织换届选举以及支委增改选工作。抓实学校党建“1+N”结对帮扶机制，建立党员名师工作室103个，党员志愿服务站68个。常态化开展非公“两个覆盖”工作，引导63名企业主或出资人担任党组织书记；持续推进“百企帮百村”“百社解百难”行动。全面开展排查整顿农村发展党员违规违纪问题，严格发展条件，精准排摸整顿，防止“带病入党”，有力净化党员队伍。全年新发展党员560名。

【抓党建促乡村振兴】 完成村居（社区）“两委”换届选举。出台《瑞金市驻村第一书记和工作队选派管理办法（试行）》，安排115个单位向101个重点村选派296名乡村振兴驻村干部，并建立常态化督查机制，对履职不力、业务不熟的16名乡镇班子成员、驻村干部进行约谈。加强对驻村干部考核管理，强化政治激励措施，提拔重用第一书记和工作队员6人、晋升职级22人。持续发展壮大村级集体经济，村均经营性收入达26.1万元，所有行政村经营性收入超过10万元。在红色名村率先开展普惠金融试点改革，全年为293名农村党员致富带头人发放贴息贷款2166.9万元。对5个存在预警情形的村党组织严格按照“四个一”和“一村一策”要求纳入软弱涣散党组织整顿。

6月24日，瑞金市庆祝中国共产党成立100周年群众歌咏活动，在市职工活动中心举行（市融媒体中心供图）

【红色名村建设】 认真贯彻落实习近平总书记“要把红色资源利用好、把红色传统发扬好、把红色基因传承好”的重要指示精神，严格落实省委组织部红色名村建设“441”规范要求，以基层党建标准化、规范化、信息化（简称“三化”）建设为主抓手，以红色传承为主线，以乡村振兴为主题，推动党的建设与红色基因传承深度融合。至年末，全市建成红色名村51个，其中，全国红色美丽村庄试点村10个、省级红色名村4个、赣州市级红色名村11个、瑞金市本级红色名村26个。

坚持“六有”标准 围绕重要革命旧址、重要革命事件、重要革命人物和重要革命活动，投入资金5400万元，深入挖掘保护利用革命旧居旧址和珍贵文物。从严落实“支部要过硬、红色要突出、服务要优质、村庄要秀美、乡风要文明”五个具体核心的建设要求，坚持“六有”标准，利用红色资源，建设红色名村，做到有址可寻、有物可看、有史可述、有事可说、有人讲、有机构管理。

开展“六红”教育活动 组织党员群众常态化开展读红色经典、学红色历史、讲红色故事、看红色电影、唱红色歌曲、上红色党课“六红”教育活动，引导党员群众铸魂固本。遴选100件红色文物、100个红色故事、100部红色文艺作品、100堂优秀红色党课，评选100名优秀红色宣讲员、红色小导游，丰富红色教育内容，实现红色教育本土化、特色化，增强党员群众情感认同和价值认同。开展讲红色故事、上红色党课竞赛，百件红色文物“一日一展”、百部红色文艺作品“一日一播”等系列活动，提升红色教育实效。结合“三会一课”“主题党日”，把“六红”教育活动作为组织生活的规定动作，每季度至少开展一次，让每一名党员干部都熟悉苏区历史，熟悉本地红色历程、红色故事，在潜移默化中传承红色基因，强化党性锤炼。招聘专职党建宣传员376人，组建红色文化宣讲队229支，以群众喜闻乐见的方式宣传红色精神。

2021年7月1日，在叶坪革命旧址群举行“红都儿女心向党”快闪活动（市融媒体中心供图）

建设“六个”模范 继承和发扬优良传统，激发争先创优的内生动力，把红色名村建设成为“六个模范”。把红色名村建成基层党建“三化”“样板村”，实行“一名班子成员挂帅、一套工作班子负责、一个工作方案实施、一抓到底”的“四个一”机制，确保红色名村“三化”建设走在前列。把红色名村建成红色旅游“龙头村”，打造红色旅游精品线路，主动对接粤港澳大湾区，举办红色旅游推介会，提升瑞金的知名度和美誉度。把红色名村建成村集体经济发展“模范村”。把壮大村集体经济作为红色名村建设的重要内容，予以政策、资金倾斜，探索多元发展途径，增强村党组织自我发展能力。推行“乡村振兴·

强村贷”，牵线农商银行为有明确发展意愿、清晰发展规划的红色名村提供100万元以内免担保贷款，解决村集体经济产业发展资金难题。2021年，全市红色名村村均经营性收入达38.43万元，比全市村均经营性收入高出12.33万元。把红色名村建成基层治理和乡风文明“引领村”。建设“一站式”党群服务中心，实行村干部集中办公、轮流坐班值班、民事全程代办服务，组建党员志愿服务队，引领文明新风。把红色名村建成美丽乡村“示范村”。整合人员力量，注重发挥退出领导岗位的科级干部和退任的村党组织书记、在外乡贤作用，组建“乡村振兴顾问团”，每周至少1次到红色名村指导开展乡村建设、文化建设、生态保护等，657名“乡村振兴顾问团”成员，与驻村工作队及村“两委”干部共同搭台唱戏，助力秀美乡村建设。

【人才工作】 坚持“走出去、引进来”相结合，累计引进和培育产业领军人才3人，各领域高层次人才31人，行业急需紧缺人才332人。改革人才评价机制，453名农民取得职业农民专业技术职称。累计兑现科技创新和人才项目扶持奖励751万元，为8批次190余名人才对象兑现过渡期人才租房补贴、安家费、在职学位提升奖励、突出贡献奖励等，为3名党委联系服务专家人才子女就读公办幼儿园获免登记直接注册资格。推荐5家企业申报赣州市“苏区之光”人才计划项目，瑞金金字电线黄宗汉入选“苏区之光”科技创业人才培养计划。与南昌大学、江西农业大学签订人才战略合作协议，建立博士工作站6个，专家工作站1个。在每个乡镇试点建立乡土人才服务站1个。

（市委组织部办公室）

【老干部工作】 截至2021年底，全市共有离退休干部3853人，其中，离休干部6人、退休干部3847人；离退休干部中享受副县级以上待遇的51人，其中，在市“四套班子”中担任过副县级以上实职的36人。

思想政治建设　组织处级离退休干部参加新春座谈会、形势通报会、市党代会、市人代会、市政协会和部分全市领导干部会，在新春座谈会上市长向老干部通报全市经济社会发展情况，听取老干部意见建议；组织离休干部和副处级以上退休干部视察金瑞湾棚户区改造项目、叶坪镇山岐村蔬菜基地项目、瑞金机场、瑞兴于快速交通走廊（一期）项目等6个市重点工程，激励老干部为全市经济社会发展建言献策。建立功能型党支部，编印《百年党史天天学》，举办重读毛泽东《为人民服务》读书会，召开党史学习教育座谈会，到宁都革命旧址开展“礼赞新中国·喜看新变化”现场党史教学。举办庆祝中国共产党成立一百周年“礼赞百年风华·讴歌千秋伟业”和庆祝市老年大学建校30周年文艺演出；举办庆祝建党100周年暨中华苏维埃共和国成立90周年老年书画展，热情讴歌党的丰功伟绩和改革开放取得的伟大成就。

生活待遇落实　为老干部就医开辟绿色通道，在市人民医院、市中医院设立老干部专用就诊窗口，开设离休干部、县处级退休干部专用病房，组织离休干部、县处级退休干部到市人民医院进行健康检查。拨付8万元解困资金，帮扶困难离休干部及遗孀、县处级退休干部14人次，发放解困资金4万元。春节、重阳节走访慰问113人次，发放慰问金14.9万元；看望生病住院老干部27人次，发放慰问金1.83万元。

（李美华　钟晓华）

城市社区党群服务中心　（市融媒体中心供图）

宣传工作

【概况】 2021年，瑞金市宣传思想文化战线坚持以习近平新时代中国特色社会主义思想为指导，全面贯彻落实习近平总书记关于宣传思想工作的重要思想和中央、省委、赣州市委关于宣传思想文化工作的决策部署，紧扣“举旗帜、聚民心、育新人、兴文化、展形象”的使命任务和决胜全面建成小康社会主基调，围绕庆祝中国共产党成立100周年和纪念中央革命根据地创建暨中华苏维埃共和国成立90周年，坚持开拓进取、守正创新，坚持敢于斗争、善于斗争，着力用党的创新理论凝心聚魂，奏响爱党爱国爱社会主义的时代主旋律，提高社会文明程度，展现瑞金新形象，聚焦“三大战略”“八大行动”，努力打造区域性创新创业、红色文旅、交通物流、体教康养“四个中心”，为加快建设现代化次中心城市提供坚强思想保证、强大精神力量和有力舆论支持。

【理论学习与研究】 党委中心组学习以党委（党组）中心组为龙头，坚持“每月学习日”制度和“3+X”

模式，持续推进学习贯彻习近平新时代中国特色社会主义思想常态化和党组织学习制度化规范化。年内，组织市委理论中心组集中学习19次（含党史4个专题学习），开展基层党委（党组）中心组巡听30次，举办党史学习教育专题读书班2次，邀请耿焱、胡国铤、李晓芳等10余位专家做专题讲座。

党史理论研究　大力开展苏区历史研究，推动在北京高规格举办纪念中央革命根据地创建暨中华苏维埃共和国成立90周年座谈会。举办首届“瑞金论坛”，论坛永久会址奠基落户瑞金。推动全国人大、新华社、水利部等部委来瑞开展理论研讨、座谈等活动。举办“第五届全国原苏区振兴高峰论坛”，开展“苏区历史”“苏区精神”“苏区振兴”三个专题研讨，为全国各领域专家学者搭建高水平学习交流研究平台。在赣州县（市、区）率先分别出台党史、哲学社会科学扶持奖励办法，全年扶持奖励95项25万余元。

政策理论宣讲　建立政策理论宣讲志愿服务人才库，围绕党史学习教育、习近平“七一”重要讲话精神，开展对象化、分众化“六进”宣讲，组织各级各类宣讲1200余场次，不断推进党的创新理论“飞入寻常百姓家”。组建红色基因宣讲团，举办全市红色宣讲员宣讲大赛，引导全市干部群众知史爱党、知史爱国。组织开展“历史怎么看、今后怎么办、今年怎么干”学习讨论调研活动和“我为瑞金发展献一计”征文活动。

【意识形态工作】　健全部门沟通协调、定期分析研判、年终考核评价等制度，推动意识形态工作纳入绩效考核管理、党建工作责任制、领导班子与领导干部目标管理、民主生活会和述职报告、纪委巡察等“五纳入”，形成市委统一领导、党政齐抓共管、宣传部门组织协调、有关部门分工负责的“大合唱”工作格局。年内，市委常委会组织专题研究意识形态工作2次，市委主要领导在全市性会议上强调部署意识形态工作7次。审查拟提拔重用、评选表彰人选881人次，开展乡镇党委和市直单位党（工）委专项督查，印发工作提示，组织专题培训，开展意识形态问题整改“回头看”，安排专人参与市委巡察，推动意识形态工作全面落实。

【对外宣传】　围绕中国共产党成立100周年和中华苏维埃共和国成立90周年，加强新闻选题策划，积极对接各大媒体，唱响瑞金好声音，讲好瑞金故事，全面提升瑞金知名度和影响力。做强做优“红都瑞金”抖音号，发布短视频5485个，粉丝数达458万人，获赞2.8亿次，其中，阅读量百万以上作品700余个、千万以上作品200个、过亿作品5个。8月起，在省融媒体中心发布的“江西新媒体影响力排行榜”中，“红都瑞金”抖音号创下连续五个月位列全省第一的佳绩。外宣报道以大比分优势列赣州第一，全年在赣州市以上主流媒体上稿1300余篇（条），其中，《新闻联播》《新闻直播间》和《朝闻天下》等央视重要栏目播出60余条，央广刊播10余条；《人民日报》《新华每日电讯》《光明日报》《经济日报》等中央四大报上稿200余条，位居赣州各县（市、区）市前列。组织开展“建党百年·初心之路”“‘足迹’——庆祝建党100周年”“江西是个好地方——红动赣州”“记录小康——网络名人赣州行”等网络主题瑞金行活动，成功举办新华社“红色追寻”大型网络直播活动，“沙洲坝村：红井圣地党旗红”获中央网信办全网推送，人民网、新华网、央视网等120余家新闻网站转发。

【网信工作】　成立网络应急指挥中心，强化网络意识形态责任制落实。常态化开展网络安全巡查、专项整治，加强网站备案管理和清理力度，联合公安、工信等部门对全市重点领域关键信息基础设施开展网络安全大排查9次，对6个单位下发网络安全整改通知单，确保全市网络空间文明清朗。

【新时代文明实践阵地建设】　以培育践行社会主义核心价值观为总目标，扎实推进新时代文明实践阵地建设，全面深化群众性精神文明创建活动，积极开展乡风文明行动，统筹推进城乡精神文明建设。全覆盖推进新时代文明实践中心、所、站建设，建成1个中心、17个所和280个实践站，招聘301名村级党建宣传员，组建792支志愿服务队伍，设计新时代文明实践志愿服务品牌项目200余个，开展活动2万余次。志愿服务组织孵化中心入驻6个民间组织机构。表彰道德模范、文明家庭等11类先进模范共103人。加强诚信缺失突出问题专项治理，发放社会信用体系建设宣传册1500份，发布失信被执行人名单14期。

【弘扬好人文化】　推进身边好人榜发布，推出“江西好人”1人、“赣州好人”3人、赣州市“道德模范”“道德模范提名奖”各1人，开展“好人故事”宣讲活动2场。在乡村深入开展“听党话、感党恩、跟党走”宣讲活动，定期发布“道德红黑榜”，推广道德评议会、红白理事会等做法，加大高价彩礼、人情攀比、厚葬薄养、铺张浪费、封建迷信等不良风气治理，推动形成文明乡风、良好家风、淳朴民风。

【繁荣红色文化】　紧扣庆祝中国共产党成立100周年和纪念中华苏维埃共和国成立90周年，开展系列文化活动和推进文化项目。配合拍摄电视剧《迈上小康的共和国摇篮》和纪录片《从瑞金出发》《红色摇篮》等40余部。音乐剧《闪闪的红星》在北京、南昌和赣州等地巡演31场。推出纪念中华苏维埃共和国成立90周年主题宣传片《瑞墨》。开展“红都儿女心向党”“唱支山歌给党听”等升国旗、展党旗、唱红歌群众性活动。

开展文艺宣传巡演70余场，受众1.9万余人次。推进文化体制改革事项12项，年内，有规模以上文化企业23家，新增规模以上文化企业11家。推进长征国家文化公园（瑞金段）项目建设，瑞金中央红军长征决策和出发展示园通过瑞金市和赣州市专家评审会，完成项目可行性研究报告编制、立项和初步设计，中央红军长征出发历史步道（瑞金段）项目规划设计方案通过瑞金市和赣州市专家评审会，完成项目可行性研究报告编制。

【红色资源发展保护】 成立瑞金市红色资源保护发展中心、瑞金市红色教育培训行业协会，推动红色基因传承创新示范区创建。严格落实《关于党性教育培训机构规范管理和质量提升的意见》精神，编制《瑞金市红色教育培训“十四五”发展规划（2021—2025）》，出台《瑞金市关于支持红色教育培训事业发展的若干措施》。主动融入对接粤港澳大湾区红色旅游目的地建设，建立以国家部委为纵向、粤港澳大湾区城市为横向的招学引学工作机制。年内，全市接待来瑞开展红色教育培训1390批次21.28万人次，红色研学游289批次6.55万人次。

（市委宣传部）

统战工作

【概况】 2021年，瑞金市统一战线工作坚持以习近平新时代中国特色社会主义思想为指引，对标年度工作要点，以“同心”思想为引领，以实施“同心工程”为重点，坚持“做实常规、服务大局”两条腿走路办法，稳步推动统战工作落实有力，加快发展，为经济社会发展贡献统战之智和法宝之力。

【党外干部和党外知识分子管理培养】 开展全市党外干部调研，积极向市委推荐优秀党外干部。会同市政协、市委组织部完成政协委员履职情况摸排和拟新增政协委员资格审查等工作，完成全市政协委员换届工作。启动党外后备干部人才库建设，更新完善全市科级以上党外干部一人一档一袋档案信息。在深圳举办为期一周的全市党外干部专题培训班。全年，劝留8名年纪轻、素质高、能力强的优秀干部在党外工作，其中，公务员4名。立足“三大战略”“八大行动”，紧盯“六大主攻方向”，引导统一战线各界人士为瑞金经济社会发展把脉问诊、建言献策，形成专题调研报告15篇、社情民意46条、各级政协提案36件、意见建议220余条。

【非公经济发展引导】 市委统战部深入开展“我为民企办实事”实践活动，走访民营企业50余家，填报问卷调查表80余份，协调解决企业用工、办证、融资等难题7件。抓好非公经济党建工作，召开“坚定信心跟党走，致富不忘感党恩——全市民企庆祝建党100周年”座谈会。举办助力小微企业发展“春雨润苗”、非公经济创新发展专项培训班，引导广大非公有制经济人士提升政治站位，增强应对风险挑战的能力和信心。

【民族宗教工作】 全面落实党的民族政策。完成安治畲族村第四批“全省民族团结进步示范区”创建，协调少数民族发展资金56万元，完善少数民族村组基础设施。坚持宗教中国化方向，出台《关于进一步加强宗教活动场所规范管理工作的通知》《关于进一步加强民间信仰活动场所规范化管理的指导意见》，建立健全宗教工作“三级网络两级责任”、日常巡查、责任追究等长效管理制度。开展宗教场所负责人专题培训和宗教场所大走访活动，进一步规范宗教场所建设。全年依法注销宗教活动场所登记证3处，完成宗教场所代理记账18处、土地确权发证11个。

【社会主义学院办学】 建立省、赣州市、瑞金市三级融合师资库，开发具有苏区特色的系列统战课程，延伸招学引学“半径”，推动学院办学步入正轨。全年承接江西海外联谊会在赣港人国情研修班、民进南昌市委委员、章贡区党外干部等培训班30批次3200余人次。组织党史专家编撰《中央苏区统战史》，推动中央苏区统战史陈列馆升级改造。

（市委统战部）

对台事务

【概况】 2021年，瑞金市对台工作以习近平新时代中国特色社会主义思想为指导，以习近平新时代对台工作思想为指针，认真贯彻落实中央、省对台工作方针，积极宣传贯彻中央“惠台31条”、江西省“惠台60条”、国务院办公厅《港澳台居民居住证申领发放办法》等对台工作新政策新规定，主动适应新形势，准确把握新政策，努力促进两岸心灵契合。全年接待来瑞考察、探亲台胞3批10人次，前往台湾旅游探亲15人次。

【两岸交流联络】 加强与台湾瑞金同乡会、工商协会、文化协会等各类民间组织联络交流，热忱欢迎台胞回乡寻亲、探亲、投资、游览等交流交往活动。中秋之际，组织开展“两岸一家亲”活动，通过走访在瑞台胞台属，现场连线对岸台胞，送上中秋祝福，并就两岸节日习俗进行交流。其间，本地参加活动3户4人、对岸3户5人，涉及台湾省高雄市、台中市、台南市等多个城市。

【对台招商与服务】 积极做好重大涉台经贸活动组织协调工作，切实关心爱护台商，及时帮助台商排忧解难。加强对台招商宣传与沟通，着力宣传瑞金市“八大行动”等发展情况，努力招引有实力、有发展前景的台商台企来瑞投资兴业。常态化深入台企、台胞台属家中走访调研，帮助台商、台胞、台属解决实际困难和问题。以“精准帮扶台企月”活动为契机，深入关心台企生产、经营和发展情况，协调解决台企发展中存在的突出问题。

【涉台信访工作】 耐心解决来访台商、台胞合理诉求及实际困难，细致做好涉台信访件办理，确保件件有回音，事事有着落。切实做好涉台接访工作。全年接待涉台来信来访3件次，信访办结率100%，有力保障台商、台胞、台属的合法权利。

（市对台办）

机构编制

【概况】 2021 年，瑞金市编制工作坚持以习近平新时代中国特色社会主义思想为指导，坚持党对机构编制工作的集中统一领导，切实把党的领导贯穿到机构编制工作全过程、各环节，不断提高政治判断力、政治领悟力、政治执行力。全面贯彻落实中央、省、赣州市关于机构编制工作决策部署要求，围绕全市工作大局，认真履行机构编制工作职责，科学设置机构、合理配置职能、统筹使用编制、完善体制机制，逐步建立与社会主义市场经济和民主法治建设相适应的廉洁高效、运转协调、行为规范的党政管理体制和工作机制，促进瑞金经济社会高质量跨越式发展。

【事业单位改革】 牵头制定《瑞金市深化事业单位改革试点工作实施方案》，明确工作任务和步骤安排；召开深化事业单位改革试点工作动员大会，明确事业单位改革的指导思想、目标任务和工作重点；制作《部门深化事业单位改革试点工作方案（模板）》，为涉改事业单位主管部门抓改革提供组织实施参考；与组织、人社、财政等部门配合，组建工作专班，指导改革中出现的疑难问题，确保各项改革任务顺利推进。此次事业单位改革将原 293 个涉改事业单位（其中，副处级 1 个、正科级 35 个、副科级 60 个、股级 197 个）改革设置为 81 个（其中，副处级 1 个、正科级 15 个、副科级 29 个、股级 36 个），涉改事业单位占市本级事业机构总数的 67%，涉改事业单位压缩比例达到 72%。

【机构编制管理】 印发《关于常态化开展机构编制报告工作的通知》等文件，严格执行进人核编制度和印章管理办法。全年办理机关、事业单位人员上下编 1631 人次，新招聘教师 461 人、卫生专技人员 49 人，新录用民警 23 人、乡镇公务员 20 人，各类政策性安置人员 42 人；审核机关、事业单位印章刊刻 492 枚、封存印章 482 枚、重启印章使用 116 次。优化资源配置，报请召开市委编委会议 2 次，调整市政协等部门机构设置 15 个；将市扶贫办公室重组为市乡村振兴局，在乡镇设置乡村振兴工作机构，为巩固拓展脱贫攻坚成果同乡村振兴有效衔接提供体制机制保障；组建市科学技术局（正科），强化全市科技工作。继续实行事业单位法人登记及党政群机关赋码网上报审、线上指导，加强与登记对象沟通联系。全年办理党政群机关新赋码变更 41 件；办理事业单位设立登记 53 件、变更登记 63 件、注销登记 124 件。

【巩固深化机构改革成果】 推进基层整合审批服务执法力量改革，配齐乡镇便民服务中心和综合执法大队负责人，推动乡镇全面履行“三定”方案规定。推进四大领域综合行政执法改革，明确农业、交通运输、市场监管、文化市场、城市管理等领域执法机构级别，为执法机构开展执法提供便利和支撑。做好党政机构改革“后半篇文章”，加强机构编制监督检查，推进职能有机整合、人员和内部业务高效融合，重新核定党政群机关部门科级领导职数，进一步规范领导职数管理。

（胡金洋　胡静文）

党史研究

【概况】 2021 年，全市党史研究工作坚持以习近平新时代中国特色社会主义思想为指导，深入贯彻落实中共中央总书记习近平关于党史工作的一系列重要论述，立足瑞金丰富的红色资源，创造性开展党史研究工作。积极开展庆祝建党 100 周年和纪念中央革命根据地创建暨中华苏维埃共和国成立 90 周年系列活动，不断扩大瑞金革命历史和红色文化的影响力；全面深入研究中央苏区历史，总结历史经验，掌握客观规律，充分发挥党史工作“资治、教化、存史”作用，助力苏区振兴发展和红都文化建设，努力为瑞金经济社会发展贡献智力支持。

【党史征集编研】 深化党史研究，努力推进党史编研工作，配合市委开展“历史怎么看、今后怎么办、今年怎么干”学习调研讨论活动，编撰《瑞金历史概况》。抓好地方党史专题著作的编纂，修改完善《瑞金市革命老区发展史》，书稿送交江西高校出版社。推进《不忘初心·国家印记》系列丛书编撰，收到书稿 10 余部。按照上级党史部门部署，做好长征历史等党史资料整理上报工作。

【党史资政宣教】 围绕庆祝建党 100 周年和纪念中华苏维埃共和国成立 90 周年，大力开展党史研究和党史宣教工作，讲好瑞金故事，扩大瑞金红色文化和地域文化影响力。5 月 31 日至 6 月 1 日，举办“讲好红色故事、传承红色基因、争做时代新人”红色故事演讲比赛。协助中央电视台七套《讲武堂》专栏大型纪录片《红色血脉——中央秘密交通线》录制，协助中央电视台四套《国家记忆·人民的选择》录制，参与赣州广播电视台录制红色电视专栏《永恒的初心》等。在“学习强国”学习平台、今日头条、瑞金发布等新媒体传播红色文化、弘扬苏区精神，为“学习强国”学习平台推送“纪念中央革命根据地创建暨中华苏维埃共和国成立 90 周年”专项答题。积极开展党史宣讲活动，为万田、九堡、叶坪、黄柏、云石山、沙洲坝等乡镇和市人武部、林业局、农业农村局、市场监管局等单位党员干部上党史课 20 余次，直接受众 3000 余人。开展“送党史进学校”活动，为中小学生讲红色故事 3 批次。

【党史研究成果】 全年撰写党史研究文章及论文 30 多篇，在《百年潮》《炎黄春秋》《党史文苑》《世纪风采》《学习时报》《党史信息报》《赣南日报》等报纸杂志发表 20 多篇。参加首届“瑞金论坛”暨“中国共产党治党治国历程及经验”学术研讨会、“毛泽东与中国共产党的100年”学术研讨会、“红医精神与健康中国战略”学术研讨会、“第五届全国原苏区振兴发展高峰论坛”等高端学术研讨活动，传播红都历史，讲述瑞金故事，弘扬苏区精神。

【党史咨询服务】 协助市委、市政府和各部门做好涉及党史问题的材料审核把关工作，为社会各界提供党史咨询服务。年内，为音乐剧《闪闪的红星》脚本、电影《瑞金挑夫》文学剧本和《中华苏维埃代表大会制度史陈列馆陈展大纲》《灯塔照耀新中国——中共中央驻地纪念馆联展方案》《中国共产党纪检监察历史年表》《中华苏维埃共和国医疗保障历史陈列馆的附属脚本》以及长征文化公园系列资料、文化广场展板资料等提供审核、咨询服务。全年，审核红色名村、红色驿站中涉及党史的相关资料50余万字，为市委、市政府和有关部门接待提供党史讲解服务20余次。参与瑞金中央革命根据地纪念馆《人民共和国从这里走来》陈列布展提升工作。

（毛瑞明）

党校工作

【概况】 2021年，瑞金市委党校（市行政学校）坚持以习近平新时代中国特色社会主义思想为指引，全面落实《中国共产党党校（行政学院）工作条例》和《关于加强和改进新形势下党校工作的意见》。积极谋划庆祝中国共产党成立100周年系列活动，参与各类宣讲，推动党史学习教育走深走实；克服新冠肺炎疫情影响，开办各类培训班次较2020年稳步提高，赢得教学工作和疫情防控双胜利；积极推动旧址修缮工程落地，工程建设取得重大进展。

【教学工作】 全年举办（承办）各类培训轮训班39期，培训学员1.7万余人次，培训规模较2020年有大幅提升。依托资源优势发展红色培训，深入实施市委第七次党代会确定的建设“区域性红色文旅中心”战略，充分发挥红色资源优势，克服新冠肺炎疫情影响，大力开展对外红色培训。年内，举办对外培训班77期，培训学员1.8万余人次，培训规模较2020年增长近一倍。组织骨干教师前往财政部、多地军分区外出教学4场次。争取攀枝花市委党校、昆明高新技术产业开发区、四川航天技术研究院等在校挂牌设立党性教育基地。

【教学科研】 积极推进“用学术讲政治”教学改革，坚持线上和线下相结合的方式开展学习。组织10余名骨干教师参加全国党校系统举办的“中共党史学习教育”教研培训班，通过“网上党校”、“学习强国”学习平台、江西干部网络学院等网上平台，组织教职工收听收看课程直播，参与线上教学。举办红色名村现场教学试讲暨冬季教学活动。参加百堂优秀红色党课评选、“红色党课”讲课评比等活动，参选的《一生守望》《十七棵松（中、英文版）》等8门课程获得“优秀红色党课”称号。在赣州市委组织部主办的“好课程”和两年“十佳课程”评比活动中，《艰难抉择——妇女工作模范黄长娇的故事》《傅连暲的红色信仰》等2门课程入选“赣州市新时代干部教育培训课程‘百年百课十佳’两年建设行动‘好课程’”。聚焦全市重点难点问题，精选调研课题，分批开展调研活动，并将调研成果转化为教学需要。

【红色培训】 全面响应《赣州市红色培训事业发展规划》“中优、东强、西进、南联”总体战略谋划，自觉对标建设区域性红色文旅中心战略目标，积极面向全国开展红色培训及党性教育工作。先后有四川航天技术研究院、暨南大学、国浩律师集团、西安电子科技大学和江西省社会主义学院等多个单位在市委党校挂牌设立党性教育基地；武汉市委党校、成都市委党校、昆明市委党校等多家单位与市委党校签订党性教育战略合作协议。全年举办外来红色培训和党性教育培训班70余期，培训党员干部3000多人，学员主要来自广东、福建、江苏、浙江、云南、贵州、四川等省。

【课程研发】 以习近平总书记视察江西和赣州重要讲话精神为指导，围绕中共中央出台的系列主题教育活动要求和学员需求，立足丰富珍贵的红色资源，结合“百红工程”建设，坚持就地取材，不断加大课程研发力度，抓住省、赣州市开展的各种教学和“好课程”比赛活动契机，组织全体教师研发新课。全年研发新课80余堂。

【马克思共产主义学校旧址修缮】 马克思共产主义学校（中央党校旧址）修复工作得到中央党校大力支持，拨出专款539.5万元。旧址修缮建设内容包括旧址本体维修、陈列布展和环境整治，概算总投资797.93万元。4月，旧址修缮方案获国家文物局批复。8月，旧址本体维修工程和环境整治工程开工。年内，旧址工程建设进入土建阶段。马克思共产主义学校是中央党校前身，于1933年3月13日在瑞金叶坪洋溪村创办。这是中国共产党创办的第一所中央高级党校。旧址原为刘氏祠堂，建于清光绪二十三年（1897），坐北朝南（略偏西），平面形状为“凹”字形，为“两堂两横一排屋”结构，占地面积925.65平方米。

（市委党校）

信访工作

【概况】 2021年，全市信访工作全面贯彻落实中央、省、赣州市关于信访工作的决策部署，坚持源头防控，积极开展“清存量、控增量”攻坚治理活动，及时预判风险隐患，深入一线调处化解矛盾纠纷，确保重要会议、重要活动及社会面信访形势稳定。全年，受理群众信访总量1312件次，比2020年下降6.62%。

【领导干部包案化解信访难题】 市委、市政府把接待上访群众作为解社情民意、解决民生问题、促进社会和谐的重要平台，把信访工作纳入全市重点工作考核体系，并设立单项奖。市委常委会、市政府常务会专题研究信访工作，市委常委会每月调度信访工作，市委、市政府主要领导听取信访工作情况汇报，并定期接待上访群众，包案信访突出问题，协调督办重点信访案件，推动问题解决。市“四套班子”领导每天轮流公开接访，乡镇、部门领导在本单位随机接访，通过重点约访、带案下访、包案处理，解决一批群众切身利益的信访突出问题。全年，市领导接待群众246批857人次，市“四套班子”领导召开信访问题协调会30余次。坚持信访问题分类施策，对信访积案中反映的属于合理诉求或部分诉求合理的，按政策化解到位；对存在生活困难的，及时落实帮扶措施；对依法应当通过法律途径解决的涉法涉诉问题，配合政法部门做好审查甄别、释法明理、依法导入、矛盾化解等工作；对依法终结的，要求属地做好相关信访人的解释、疏导等工作。对难以划分和落实责任主体、长期积累、久拖未决信访个案以及信访人生活确实有实际困难，且属民政部门救济范围之外或救济措施难以落实的信访个案落实信访救助政策。年内，申请信访救助资金24.47万元，帮扶救助困难信访群众8名，处理重大疑难信访问题140件，化解信访积案82件。

【推行“六个一”工作法】 出台《关于进一步加强初信初访办理工作的通知》，实行初信初访每月排名，强调首办责任，防止信访事项“空转”，降低信访人的信访成本，维护信访人合法权益。印发《瑞金市信访积案攻坚化解专项行动实施方案》，实施积案化解定期考核。把信访积案全部落实领导包案和责任单位，实施一名包案领导、一个工作专班、一次会商研究、一套化解方案、与信访人一次以上见面、一套稳控措施等“六个一”工作法。一名包案领导：重点信访事项必须明确一个市领导包案，责任单位必须落实“1+3”责任稳控化解机制；一个工作专班：部分重点信访事项涉及多个职能部门和乡镇，针对这种情况，明确相关单位和属地组建化解和稳控工作专班；一次会商研究：包案市领导定期调度，工作专班定期会商研究化解处置措施，并向包案市领导汇报最新情况；一套化解方案：工作专班按照“三到位一处理”原则，针对信访事项提出合理合法化解处置方案，切实将信访事项化解处置到位；与信访人一次以上见面：包案市领导和责任单位主要负责人要约访信访人，视案件复杂程度，可以多次约访信访人；一套稳控措施：属地责任单位必须根据相关人员家庭情况制定稳控和应急处置方案，将相关人员吸附在当地。

【建立“红黄蓝”预警督办机制】 建立信访事项完成情况“红、黄、蓝”三个等级预警督办机制，把信访事项分为红、黄、蓝三个等级，并建立台账，专人跟踪并定期提醒督办。蓝色等级信访事项通过电话、走访群众、实地督查等方式，对群众反映事项处理情况进行跟踪督查；黄色等级信访事项通过下发交办函形式推动责任单位化解处置信访事项，并定期跟踪办理情况；红色等级信访事项通过下发督办函形式，要求责任单位主要负责人牵头处置，制定稳控和应急处置方案。至年末，中央信访工作联席会议办公室交办的82个重复访案件全部化解处置到位。

（邹仙海　谢兰岚）

关心下一代工作

【概况】 2021年，瑞金市关心下一代工作以中共中央总书记习近平关心下一代工作重要指示和讲话精神为指导，站在保证党和国家事业薪火相传、后继有人的战略高度，进一步增强做好关心下一代工作的责任感和使命感，加强组织领导，建强组织体系，凝聚组织合力，充分发挥党和政府教育青少年的参谋和助手作用、联系青少年的桥梁和纽带作用，在加强思想道德建设、关注弱势群体、帮扶青少年、积极参与社会治理、为青少年健康成长创造良好法治环境和夯实基层基础工作、加强组织队伍建设等方面取得较好成效，让青少年扣好人生“第一粒扣子”。

【未成年人思想道德建设】 全市以文明校园创评为抓手，围绕庆祝建党一百周年，积极开展“童心向党”系列主题教育实践活动。《新时代少年唱红都》等5首童谣获评赣州市“童心向党、放飞梦想”优秀童谣。开展新时代好少年评选活动，选树一批未成年人先进典型，推出省、赣州市新时代好少年各1人。依托实践站打造建设黄柏乡柏村村等“复兴少年宫”7个，瑞头初中被列为中央专项彩票公益金乡村学校少年宫项目。团市委在全市各级团、队组织中深入开展“学党史、强信念、跟党走”学习教育活动；组织“青年大学习”网上团课学习，参学青年团员达6000余人。依托全国少工委微信平台在少先队员中广泛开展“红领巾爱学习”，在全市2056个中队中全面开展“十一三”队课，教育广大少先队员坚定跟党走。瑞金中央革命根据地纪念馆开展红色文化“五进”宣讲活动100余场，接受宣讲的师生超过1万人，该馆获评全国未成年人思想道德建设工作先进单位。开展瑞金市原创少儿文艺精品创作活动，表彰优秀原创作品18件。

【关爱留守儿童】 动员社会各界关爱留守儿童。春节期间，开展“情暖童心·爱在身边”活动，进行“亲情连线”和小游戏。暑假期间，组织三下乡大学生青年志愿者来到乡村，开展关爱留守儿童活动。在九堡镇羊角村建设“童心港湾”，为当地留守儿童提供活动场所。推进“情暖童心”“童心港湾”“七彩假期”“四点半课堂”等项目，全面推动农村留守儿童关爱行动。

【未成年人保护与关爱】 市慈善会

争取上级资金15万元，在10个社区服务点建立“益家园”未成年人服务站点，开展包括留守儿童、困境儿童等各类未成年人保护和关爱活动300余场，服务未成年人2万余人次，关爱特殊贫困儿童100余人。实施“童伴妈妈”项目，打通服务留守儿童的“最后一公里”，项目分布在壬田、叶坪等7个乡镇10个村，受益儿童7850余人。全年“童伴之家”开放3780次，开放时长1.5万个小时，开展主题活动27次，参加活动儿童3.1万人次，参加活动家长4560人次，上户家访辖区儿童4410人次，电话访问2520人次，弥补留守儿童和困境儿童亲情缺失。为80名孤儿（其中，散居孤儿56人、机构孤儿24人）、123名事实无人抚养儿童发放基本生活费251.76万元；开展“孤儿医疗明天计划”，为孤儿进行两年一次健康检查，将孤儿和事实无人抚养儿童全部纳入“四道医疗保障线”。年内，为儿童解决或协助办理城乡居民医疗保险、临时救助等需求752例，接受其他服务儿童1254人次。

【“希望工程”圆梦行动】 开展“希望工程助力乡村振兴圆梦行动”，筹集爱心资金5万余元，实现“微心愿”250余个。争取葆蒂兰国际集团到冈面乡上田小学捐资助学，“现金资助+慰问金+物资+采购扶贫农产品”约10万元。实施“希望工程·红色小书包”公益项目，覆盖农村留守儿童300余人。年内，“希望工程”筹集资金40余万元，助学100余名贫困学生；争取上级支持万田乡木瓜希望小学建设资金50万元。

【青少年合法权益保障】 抓好预防青少年违法犯罪工作，深化青少年维权岗建设，推广“12355”青少年服务台，保障青少年合法权益。市检察院强化未成年人司法保护，落实未成年人检察“捕、诉、监、防、教”一体化职责，实现未成年被害人“一站式”救助，对性侵未成年人犯罪100%提前介入。年内，起诉侵害未成年人犯罪7人，对未成年受害人提供司法救助2万元。对涉罪未成年人坚持“教育为主、惩罚为辅”，依法不捕34人，不起诉8人。创新“检察官+社工”模式，开展社会调查、附条件不起诉考察、心理辅导等260人次。市妇联牵头成立江西南芳（瑞金）律师事务所妇女儿童法律服务站，构建司法保护与社会支持相结合的妇女儿童维权工作机制，累计为妇女儿童提供权益维护及咨询26起。

【“传承红色基因”主题宣讲】 市关工委组织“庆祝中国共产党百年华诞，争做时代新人”宣讲活动，深入40所中小学校开展红色教育，3万余名师生聆听宣讲，引导青少年学生进一步学习红色历史，传承红色基因，赓续红色血脉，感党恩、听党话、跟党走。

【“五老”帮扶机制】 组织“五老”开展“一对一”“一对几”帮扶少年儿童工作机制，帮助青少年树立正确的世界观、人生观、价值观；开展青少年安全知识教育，督导基层关工委“五老”抓好防溺水宣传教育，筑牢青少年生命防线；开展“暖冬”行动，市关工委奖教奖学基金为考取清华、北大贫困学子每人发放助学金4000元，帮助160余名贫困学子梦圆高校。

（市关工委）

瑞金市人民代表大会常务委员会

综　述

【概况】 2021年，瑞金市人大常委会坚持以习近平新时代中国特色社会主义思想为指导，认真学习贯彻中共十九大和十九届历次全会精神，全面贯彻落实中共中央总书记习近平视察江西和赣州时重要讲话精神，坚持党的领导、人民当家作主、依法治国有机统一，扎实推动人大工作与时俱进创新发展。全年听取审议“一府一委两院”专项工作报告8项，开展专项视察、调研、执法检查18项，开展专题询问1项，依法任免国家机关工作人员106人次，作出决议、决定11项，办理代表意见建议148件，配合全国、省、赣州市人大立法调研、执法检查、专题调研15次，各项工作取得新进展新成效。

【人大常委会自身建设】 牢牢把握“四个机关”定位要求，以“四个把牢、四个强化”为抓手，将模范机关创建工作与监督、代表履职等工作深度融合，互相促进，机关干部整体素质持续提高，履职能力持续增强，工作作风持续向好，为新时代高质量推进人大“四个机关”建设探索形成“瑞金方案”。

从严治党　推动“理论中心组示范学、党员干部带头学、全体干部常态学、多种形式深入学”落到实处，教育党员干部自觉拥护“两个确立”、增强“四个意识”、坚定“四个自信”、做到“两个维护”。立足全市工作实际和人大工作实际引他山之石，攻己之玉，“走出去、请进来”，不断创新学习方式。制定《市人大机关党支部党风廉政建设和反腐败工作计划》《市人大机关关于“四个机关”创先争优工作综合考核方案》，采取领导点、自身找、互相查等形式，在开展2021年度民主生活会中，市人大机关科级领导班子查找问题23个，制订并完成整改措施80条。

建议督办　推行常委会分管领导牵头、各专工委对口、“两办”督查和提建议代表参与的“大督办”机制。聚焦代表普遍反映的“急难愁盼”建议，积极推动代表意见建议办理落实，确保事事见行动、项项见成效。发动组织各级人大代表积极投身到征地拆迁、环境综合整治等攻坚克难工作中，充分发挥人大代表密切联系群众，群众信任支持人大代表的优势，进一步将代表服务大局理念落细落小。建立并实行严格的学习制度，举办新任代表和人大干部履职培训，以乡镇为单位，以代表小组的形式，定期组织学习理论、学习政策、学习法律、学习业务，不断提高代表履职能力。加强人大代表联络工作站标准化、规范化、常态化建设，按照“234”工作思路，实现各级人大代表进站全覆盖、履职活动全覆盖。

履职尽责　向全市各级人大代表发出疫情防控倡议书，广泛号召人大代表在新冠肺炎疫情防控工作中打头阵、当表率、作贡献，为守好群众健康贡献力量。扎实开展“乡村全面振兴人大携手助力”专题活动，“以质量兴农”为主题在全市各级人大全面铺开，建立助推乡村振兴联系点17个，选聘“农民贴心人”60名，开展巩固脱贫攻坚成果、油茶产业发展、农业科技情况、高标准农田建设等系列专题调研。深入了解挂点联系企业生产经营和项目建设情况，认真开展走访调研，分析存在问题，及时协调解决生产过程中存在的困难。

【人大代表构成】 认真贯彻落实上级有关会议和文件精神，稳步推进市乡人大换届选举工作。全市总人口70.74万人，各选区登记选民总数49.56余万人，参选选民39.15余万人，参选率79%。新一届市人大代表名额282名，分配选举277名，其中，寄选67名。乡镇推荐210名，预留机动名额5名。划分市代表选区141个，选举产生市七届人大代表277名。市代表总体结构为：干部（公务员）代表89名，包括市委书记、专职副书记、纪委书记、组织部长，市人大常委会主任、副主任，市政府市长、常务副市长，政协主席，人武部政委、“法检”两长等17名；科级领导干部72名，包括党委书记17名、乡镇长4名、纪委书记4名，军队2名、工人10名、农民105名、专业技术人员44名、国企和非公经济人士20名、新业态和公益组织7名。民族结构：少数民族1名，汉族276名。性别结构：女性75名，占27.07%；男性202名，占72.92%。党派结构：中共党员179名，占64.6%；非中共党员98名，占35.37%。市七届人大代表连任结构：连任 57 名。新一届乡级代表名额 1234 名，选区 501 个，选举产生乡级代表 1173 名。

【调研视察】 市人大常委会积极履职尽责，坚持依法监督，年内，开展专项视察、调研、执法检查 18 项，其中，开展 2020 年国民经济与社会发展计划执行情况和 2021 年国民经济与社会发展计划草案、“十四五”规划和二〇三五年远景目标纲要草案编制情况、2020 年全市和市本级预算执行情况及 2021 年全市和市本级预算草案编制情况、全市财政预算上半年执行情况、2021 年全市国民经济和社会发展计划上半年执行情况、文旅融合发展等经济发展调研视察 6 次；开展城市路灯管理建设、城市巷道建设、公共卫生服务保障能力建设、职业教育、退役军人事务等民生事务调研视察 5 次，开展市人民政府关于《中华人民共和国体育法》执法检查工作审议意见落实情况、检察院红色文化保护公益诉讼工作情况、公安交管执法规范化建设工作情况等执法检查 3 次，开展农村人居环境卫生整治、畜牧业发展及粪污处理、生态环境状况和生态环境保护目标完成情况等生态环境建设调研 3 次。

重要会议

【市第六届人民代表大会第六次会议】 3 月 9—11 日，瑞金市第六届人民代表大会第六次会议在瑞金宾馆和瑞金市职工活动中心召开，会期 2 天半，出席代表 203 人。会议听取和审议市人民政府工作报告；提请审议瑞金市国民经济和社会发展第十四个五年规划和二〇三五年远景目标纲要（草案），审查批准瑞金国民经济和社会发展第十四个五年规划和二〇三五年远景目标纲要；提请审议关于瑞金市 2020 年国民经济和社会发展计划执行情况与 2021 年国民经济和社会发展计划草案的报告；审查批准 2020 年国民经济和社会发展计划执行情况报告与 2021 年国民经济和社会发展计划；提请审议关于瑞金市 2020 年财政预算执行情况和 2021 年财政预算草案的报告；审查 2020 年市本级财政预算执行情况报告和 2021 年市本级财政预算草案，批准瑞金市 2020 年市本级财政预算执行情况报告和 2021 年市本级财政预算、部门预算；提请审议市政府关于生态文明试验区建设情况报告；听取和审议市人大常委会工作报告；听取和审议市人民法院工作报告；听取和审议市人民检察院工作报告；选举瑞金市人民政府市长，刘春林当选瑞金市人民政府市长。

【市第七届人民代表大会第一次会议】 9 月 23—25 日，瑞金市第七届人民代表大会第一次会议在瑞金宾馆和瑞金市职工活动中心召开，会期 2 天半。出席代表 264 人。会议听取和审议市人民政府工作报告、市人大常委会工作报告、市人民法院工作报告、市人民检察院工作报告；审议关于设立瑞金市第七届人民代表大会财政经济委员会、法制委员会、社会建设委员会、教育科学文化卫生委员会、城乡建设环境与资源保护委员会的决定草案；通过市七届人民代表大会财政经济委员会、法制委员会、社会建设委员会、教育科学文化卫生委员会、城乡建设环境与资源保护委员会组成人员人选名单；选举瑞金市第七届人民代表大会常务委员会主任、副主任、委员，选举市人民政府市长，选举市人民法院院长；选举市人民检察院检察长；选举出席赣州市第六届人民代表大会代表。谢志斌当选瑞金市第七届人民代表大会常务委员会主任，刘春林当选瑞金市人民政府市长，温雪岩当选市人民法院院长，温朝晖当选市人民检察院检察长。

【市第六届人大常委会会议】 1 月 20 日，市第六届人大常委会第二十八次会议召开，会期半天。会议审议 1 名赣州市第五届人民代表大会代表辞职的相关事项；补选赣州市第五届人民代表大会代表。

3 月 5 日，瑞金市第六届人大常委会第二十九次会议召开，会期半天。会议议程：人事任免；审议 1 名瑞金市第六届人大代表辞去代表职务的相关事项；听取市人大常委会代表资格审议委员会关于代表资格审查报告。

5 月 11 日，瑞金市第六届人大常委会第三十次会议。会议听取和审议市人民政府关于城市路灯建设和管理工作审议意见落实情况的报告；听取和审议市人民政府关于《中华人民共和国体育法》执法检查审议意见落实情况的报告；听取和审议市人民政府关于提升公共卫生

9 月 23—25 日，瑞金市第七届人民代表大会第一次会议召开
（市融媒体中心供图）

服务保障能力工作情况的报告；听取市人大常委会监察司法和备案审查工委关于2020年度规范性文件备案审查工作情况的报告；审议关于重新确定乡镇代表名额的决定（草案）；审议关于确认市人大常委会主任会议关于先行许可赣州市公安局交警支队开发区大队对1名市人大代表采取取保候审强制措施的事项；审议市人大常委会2021年工作要点（草案）。

7月21日，瑞金市第六届人大常委会第三十一次会议召开，会期半天。会议听取和审议市检察院关于红色文化保护公益诉讼工作情况的报告；听取市人大常委会调研组关于赴宁夏考察文旅融合发展情况的调研报告（书面）；审议关于设立选举委员会的决定（草案）；审议关于市七届人大代表名额分配的决定（草案）；审议市乡人大换届选举工作方案（草案）。

8月17日，市第六届人大常委会第三十二次会议召开，会期半天。会议审议通过有关人事任免。

9月15日，瑞金市第六届人大常委会第三十三次会议召开，会期半天。会议审议通过有关人事任免，听取市人大常委会调研组关于退役军人事务工作的调研报告；听取和审议市政府关于2020年全市决算（草案）和2021年预算上半年执行情况的报告，审查批准2020年市本级财政决算；听取和审议市政府关于2020年全市预算执行情况及其他财政收支的审计工作报告、市政府关于全市2021年国民经济和社会发展计划上半年执行情况的报告、市人大常委会代表资格审查委员会关于代表资格的审查报告；确认市第七届人民代表大会代表资格；讨论关于召开市七届人大一次会议的有关事项；审议关于提请市七届人大一次会议设立瑞金市人民代表大会财经、法制、社会建设、教科文卫、城建环资委员会的议案（草案）；讨论市人大常委会工作报告（讨论稿）。

【市第七届人大常委会会议】 10月25日，瑞金市第七届人大常委会第一次会议召开，会期半天。会议议程：人事任免；听取和审议市人民政府关于2021年瑞金市预算调整方案（草案）；听取和审议市人民政府关于提升公共卫生服务保障能力工作审议意见落实情况的报告；审议各项制度；学习传达中共中央总书记习近平在中央人大工作会议上的重要讲话精神。

12月28日，瑞金市第七届人大常委会第二次会议召开，会期半天。会议议程：人事任免；听取和审议市人大常委会代表资格审查委员会关于代表资格的审查报告、市人民政府关于2020年度市级预算执行和其他财政收支审计查出问题整改情况的报告并对部分单位整改情况进行满意度测评、市人大财经委员会对市农业农村局和市水利局部门预算编制及执行审查情况报告、市人民政府关于瑞金市2021年一般公共预算和政府性基金预算调整方案（草案）的报告、市人民政府关于公安交管执法规范化建设工作情况的报告、市人民政府关于职业教育工作的专项报告、市人民政府关于城市巷道建设情况的工作报告、市人民政府关于生态环境状况和生态环境目标保护完成情况的报告；对市政府工作部门2021年度工作进行满意度测评；听取和审议市人民政府关于市六届人大六次会议代表建议、批评和意见办理情况的报告；听取市政府关于市六届人大五次会议代表建议B类转A类办理情况报告。

重要决定和人事任免

【重要决定】 3月11日，市第六届人民代表大会第六次会议审议通过关于政府工作报告的决议；关于推进生态文明试验区建设情况报告的决议；关于瑞金市2020年国民经济和社会发展计划执行情况与2021年国民经济和社会发展计划的决议；关于批准瑞金市国民经济和社会发展第十四个五年规划和二〇三五年远景目标纲要的决议；关于瑞金市2020年市本级财政预算执行情况和2021年市本级预算的决议；关于市人大常委会工作报告的决议；关于市人民法院工作报告的决议；关于市人民检察院工作报告的决议。大会依法选举蓝贤林为瑞金市人民政府市长。

5月11日，市六届人大常委会第三十次会议审议市人大常委会主任会议议案、市人民政府提请的人事任免议案；听取和审议市人民政府关于城市路灯建设和管理工作审议意见落实情况的报告、市人民政府关于《中华人民共和国体育法》执法检查审议意见落实情况的报告、市人民政府关于提升全市公共卫生服务保障能力工作情况的报告、市人大常委会监察司法和备案审查工委关于2020年度规范性文件备案审查工作情况的报告；审议通过重新确定乡镇代表名额的决定、确认许可赣州市公安局交通警察支队开发区大队对市六届人大代表谢跃平采取取保候审强制措施的决定；会议审议市人大常委会2021年工作要点（草案）。

7月21日，市六届人大常委会第三十一次会议听取和审议市检察院关于红色文化保护公益诉讼工作情况的报告、市人大常委会调研组关于赴宁夏考察文旅融合发展情况的调研报告；审议通过关于设立选举委员会的决定（草案）、关于市七届人大代表名额分配的决定（草案）、市乡人大换届选举工作方案（草案）。

8月17日，市第六届人民代表大会第三十二次会议审议市人大常委会主任会议议案、市人民政府提请的人事任免议案，任命刘春林为瑞金市人民政府副市长；会议同意蓝贤林辞去瑞金市人民政府市长职务；会议决定任命刘春林为代理市长。

9月14日，市六届人大常委会第三十三次会议审议市人民法院、市人民检察院提请的人事任免议案，任命温雪岩为瑞金市人民法院副院长、温朝晖为瑞金市人民检察院副检察长；会议免去温金来的瑞金市人民法院院长职务、葛振瑞的瑞金市人民检察院检察长职务；会议决定任命温雪岩为瑞金市人民法院代院长、温朝晖为瑞金市人民检察院代检察长；听取市人大常委会调研组关于退役军人事务工作的调研报告；听取和审议市政府2020年财政决算及市本级财政决算（草案）的报告和2020年度市本级预算执行和其他财政收支的审计工作报告；审查批准2020年市本级财政决算；听取和审议市政府关于2021年上半年国民经济和社会发展计划执行情况的报告和关于2021年上半年财政预算执行情况的报告；审议通过关于召开市七届人大一次会议的决定（草案）。

9月25日，市第七届人民代表大会第一次会议审议通过关于市人大常委会工作报告的决议、关于市人民法院工作报告的决议、关于市人民检察院工作报告的决议。大会依法选举产生新一届市人大常委会、市政府领导班子和市监委主任、市法院院长、市检察院检察长、市人大常委会组成人员及出席赣州市第六届人民代表大会代表，表决通过人大专门委员会人选名单。

10月25日，市七届人大常委会第一次会议审议人大常委会主任会议议案、市人民政府提请的人事任免议案，免去钟昌发的瑞金市人大常委会选举任免和代表联络工作委员会主任职务；任命钟昌发为瑞金市人大常委农业农村工作委员会主任、胡剑平为瑞金市人大常委会选举任免和代表联络工作委员会主任、曾进为瑞金市人大常委会外事华侨民族宗教工作委员会主任和代表，通过陈浦鸿、刘福生等人市政府工作部门局长（主任）职务的任命；听取和审议市政府关于2021年瑞金市预算调整方案（草案）的报告，批准2021年瑞金市预算调整方案；听取和审议市人民政府关于提升公共卫生服务保障能力工作审议意见落实情况的报告；审议通过各项制度。

12月28日，市七届人大常委会第二次会议审议市人民政府、市监察委员会提请的人事免职议案，通过许献琦、朱晓宇、钟胜平等的职务任免；接受杨俊平辞去市七届人民代表大会代表职务的请求；听取和审议市人民政府关于2020年度市级预算执行和其他财政收支审计查出问题整改情况的报告；听取和审议市人大财经委员会对市农业农村局、市水利局部门预算编制及执行审查情况报告；听取和审议市人民政府关于瑞金市2021年一般公共预算和政府性基金预算调整方案（草案）的报告；听取和审议市人民政府关于市公安交管执法规范化建设情况的工作报告；听取和审议市人民政府关于职业教育工作的专项报告；听取和审议市人民政府关于城市巷道建设情况的工作报告；听取和审议市政府关于生态环境状况和生态环境保护目标完成情况的报告；听取和审议市人大常委会代表资格审查委员会关于代表资格的审查报告。

【人事任免】 1月22日，市六届人大常委会第二十八次会议决定接受明经科辞去赣州市第五届人民代表大会代表职务的请求，补选李文信为赣州市第五届人民代表大会代表。

3月5日，市六届人大常委会第二十九次会议审议市人大常委会主任会议议案、市人民政府提请的人事任免议案，任命蓝贤林为瑞金市人民政府副市长；会议同意吴建平辞去瑞金市人民政府市长职务的请求；会议决定任命蓝贤林为代理市长；会议接受刘南昌辞去瑞金市第六届人民代表大会代表职务的请求；会议免去邓大明市水利局局长职务。

代表工作

【拓宽代表履职渠道】 重点抓好叶坪、壬田、沙洲坝代表联络工作站升级改造，着力打造代表联络工作站“升级版”，得到上级人大充分肯定。制定出台加强代表联络工作站建设实施意见，推进各乡镇人大代表联络工作站硬件标准化、制度规范化、活动常态化建设。建立常委会委员联系代表、代表联系选民“双联系”制度，将全市各级人大代表编入乡镇代表联络工作站，推动代表进站接待选民活动常态化。健全人大代表列席常委会会议工作机制，邀请市人大代表参加人大常委会组织的视察调研和执法检查等活动，扩大代表对常委会工作参与的广度和深度。

【提升代表履职能力】 举办新一届市人大代表和人大干部履职培训班，邀请省、赣州市专家授课，提升代表履职能力。探索建立代表专项活动小组和人大代表履职档案制度，量化代表履职情况。为代表订阅人大刊物，发送学习资料，定期通报政情，保障代表更好履职。

【指导乡镇人大工作】 加强对乡镇人大工作业务指导，建立常委会领导和专工委对口联系乡镇人大工作制度，坚持邀请乡镇人大主席、副主席列席人大常委会会议，指导乡镇人大开好乡镇人民代表大会，抓好主席团日常规范化建设，全市人大工作水平整体得到提升。

【人大代表履职】 围绕市委、市政府重点中心工作，在各项工作推进的关键节点上，组织人大代表视察、调研和听取、审议专项工作报告，作出审议意见11份。围绕推进“创新创业中心”建设，组织省、赣州市、瑞金市三级人大代表视察瑞金经开区企业和重点项目建设，感受发展变化，提振发展信心。围绕推进“体教康养中心”建设，打好“调研+询问”组合拳，听取和审议市政府关于提升全市公共卫生服务保障能力工作情况报告，并开展专题询问，着力推进全市公共卫生服务保障能力建设；听取和审议瑞金市职业教育工作专项报告，提出要进一步完善职业教育发展制度、提升职业教育发展条件、优化专业设置等建议，助推全市职业教育提质扩容；市人大常委会、各乡镇人大联动同步组织人大代表开展体教融合工作视察，共同发力增强监督合力，推动和鼓励社会力量支持体教融合工作。围绕推进“红色文旅中心”建设，听取和审议市人民检察院关于红色文化公益诉讼的专项工作报告，找准检察工作切入点，推动红色培训与旅游产业融合发展。围绕推进“交通物流中心”建设，开展公安交管执法规范化建设调研，督促畅通城市交通“微循环”，提升执法规范化水平。

市人大议案建议

【概况】 建立完善代表建议统一交办、专人负责、检查督办、答复反馈、会议报告、满意度测评和重新办理答复等工作机制，推动实现代表建议办理工作态度和办理结果“双满意”。常委会领导和各专工委深入乡镇检查代表建议办理工作，听取和审议市政府关于代表建议办理情况的报告，跟踪推进上一年度B类件转A类件办理工作。市六届人大六次会议上代表提出的148件建议意见，均按法定时限办理完毕并答复代表，切实解决一批群众“急难愁盼”问题。其中，赣州市公路发展中心瑞金分中心认真抓好《关于完善323国道零公里处至瑞金西高速入口路段沿线路灯、绿化、围挡等基础设施的建议》办理落实，安装路灯246盏，绿化植被1.35万平方米，得到代表好评。

【代表建议办理】 瑞金市六届人大六次会议期间，瑞金市人大代表共提出建议148件。瑞金市人大常委会就代表建议办理工作进行安排部署，下发相关文件，对办理责任、时限、程序、答复方式等提出了明确要求，并根据代表建议内容和单位职能分工，将其中的147件交瑞金市政府办理，1件交瑞金市人民法院办理。瑞金市政府按照“分级负责、归口办理”的原则，将代表建议进行梳理分类后分派给相关承办单位。各承办单位及时召开会议进行安排部署，实行“一把手”亲自抓、分管领导具体抓、责任科室分头办的办理机制，确保代表建议办理工作有效推进。瑞金市政府及各承办单位扎实推动代表建议落地见效，切实解决了一批基层的困难事、群众的烦心事，赢得了代表的肯定和群众的点赞。沙洲坝镇人大代表针对323国道零公里处至瑞金西高速入口路段基础设施建设薄弱的问题，提出《关于完善323国道零公里处至瑞金西高速入口路段沿线路灯、绿化、围挡等基础设施的建议》，承办单位赣州市公路发展中心瑞金分中心在收到代表建议后，及时向323国道管辖道班下达精细化养护工作任务，管辖道班对323国道沿线进行了绿化补植和路域环境整治。同时，赣州市公路发展中心瑞金分中心联合协办单位瑞金市城市管理局在323国道零公里处至长征第一山路段安装了246盏路灯、建设绿化植被1.35万平方米，方便了群众夜间出行，靓化了沿线环境，提高了群众的满意度。各承办单位能积极适应新形势新变化，完善代表建议办理工作机制，探索实行网上办理代表建议等方式，用最短的时间通过网络平台答复代表，提高了代表建议办理效率。2021年，瑞金市人大代表建议办理质量和效果明显提升，首次办理工作态度和办理工作结果均满意的144件，占97.3%，办理情况“双不满意”的4件，这4件代表建议于11月底交相关承办单位进行二次办理，整改后满意率达100%。

依法监督

【法律法规监督】 4—5月，市人大常委会开展《中华人民共和国体育法》执法检查审议意见落实情况“回头看”，听取市政府相关情况汇报。5月，听取和审议市人大常委会监察司法和备案审查工委关于2020年度规范性文件备案审查工作情况的报告。6月，配合赣州市人大开展《赣州市物业管理条例》等立法调研，提出意见建议，助力地方立法工作。8—9月，市人大常委会组织开展《中华人民共和国消防法》执法检查工作，听取和审议市人民政府关于贯彻实施《中华人民共和国消防法》情况的专项工作报告。12月，对市政府工作部门进行满意度测评。认真落实宪法宣誓制度，全年组织新任命国家机关工作人员举行宪法宣誓91人次；备案审查规范性文件13份。

【经济工作监督】 加强计划和预算监督，听取和审议国民经济和社会发展计划、财政预算执行情况报告，审查和批准市政府关于财政预算调整方案。听取和审议审计查出问题整改落实报告，对工投公司等16个单位部门进行满意度测评。对市农业农村局、市水利局部门预算进行重点审查，提出增强部门预算编制科学性、提高预算资金使用效益等建议，促进部门预算编制管理更加科学规范。开展“十四五”规划和二〇三五年远景目标纲要编制工作调研，为绘制瑞金未来五年乃至更长时间发展蓝图提出建议。

【民生工作监督】 听取和审议城市路灯建设和管理情况审议意见落实情况报告，市政府有关部门认真落实审议意见，新安装路灯2016盏；开展城市巷道建设、应急救援工作专题调研，推进有关工作落实，提升群众安全感、获得感。听取和审议市政府关于生态环境状况和生态环境保护目标完成情况的报告，开展鳗鱼产业发展情况、畜牧业发展及粪污处理、农村人居环境整治工作情况专题调研，助力打好“蓝天、碧水、净土”三大保卫战。高度重视并做好人民群众来信来访工作，积极引导群众依法行使权利、表达诉求。市人大相关专委对重点信访件开展深入调查，及时答复信访人，维护社会和谐稳定。全年受理群众信访112件次。

人事任免

【概况】 坚持党管干部原则，把充分发扬民主和人大任免有机统一，依法行使人事任免权。全年任免国家机关工作人员106人次，确保市委推荐的人选通过法定程序成为地方国家机关领导人员。

依法进行换届选举，选举产生市七届人大代表277名、新一届乡级人大代表1174名。召开市第七届人民代表大会第一次会议，选举产生新一届市人大常委会、市人民政府领导班子和市监察委员会主任、市人民法院院长、市人民检察院检察长、市人大常委会组成人员及出席赣州市第六届人民代表大会代表，表决通过人大专门委员会人选名单，指导乡镇人大选举产生新一届人大和政府领导人员。

【国家机关工作人员职务任免】 年内，市人大常委会对国家工作人员职务任命4次，职务任命人数29人。免去（接受辞去）国家工作人员职务5次，人数8人。

表2　　2021年市人大常委会对国家机关工作人员职务任命一览表

姓名	任命职务	任命日期
蓝贤林	市人民政府副市长、决定任命为代市长	3月5日（市六届人大常委会第29次会议）
刘春林	市人民政府副市长、决定任命为代市长	8月17日（市六届人大常委会第32次会议）
温雪岩	市人民法院审判员、审判委员会委员、副院长，决定任命为代院长	9月15日（市六届人大常委会第33次会议）
温朝晖	市人民检察院检察员、检察委员会委员、副检察长，决定为代检察长	9月15日（市六届人大常委会第33次会议）
钟昌发	市人大常委会农业农村工作委会员主任	10月25日（市七届人大常委会第1次会议）
胡剑平	市人大常委会选举任免联络工作委员会主任	10月25日（市七届人大常委会第1次会议）
曾　进	市人大常委会外事华侨民族宗教工作委员会主任	10月25日（市七届人大常委会第1次会议）
陈浦鸿	市公安局局长	10月25日（市七届人大常委会第1次会议）
刘福生	市人民政府办公室主任	10月25日（市七届人大常委会第1次会议）
李　斌	市发展和改革委员会主任	10月25日（市七届人大常委会第1次会议）
钟粮山	市教育体育局局长	10月25日（市七届人大常委会第1次会议）
刘中南	市民政局局长	10月25日（市七届人大常委会第1次会议）
阮　玉	市司法局局长	10月25日（市七届人大常委会第1次会议）
曾传祺	市财政局局长	10月25日（市七届人大常委会第1次会议）
张继文	市人力资源和社会保障局局长	10月25日（市七届人大常委会第1次会议）
黄贵珍	市住房和城乡建设局局长	10月25日（市七届人大常委会第1次会议）
张声平	市水利局局长	10月25日（市七届人大常委会第1次会议）
邹建敏	市农业农村局局长	10月25日（市七届人大常委会第1次会议）
戴橘子	市文化广电新闻出版旅游局局长	10月25日（市七届人大常委会第1次会议）
赖志勇	市退役军人事务局局长	10月25日（市七届人大常委会第1次会议）
李火生	市审计局局长	10月25日（市七届人大常委会第1次会议）
王　牧	市林业局局长	10月25日（市七届人大常委会第1次会议）
梁远征	市市场监督管理局局长	10月25日（市七届人大常委会第1次会议）
谢　华	市统计局局长	10月25日（市七届人大常委会第1次会议）
刘小林	市乡村振兴局局长	10月25日（市七届人大常委会第1次会议）
钟起平	市城管局局长	10月25日（市七届人大常委会第1次会议）
朱假茂	市行政审批局局长	10月25日（市七届人大常委会第1次会议）
刘东华	市科学技术局局长	10月25日（市七届人大常委会第1次会议）

表3　　2021年市人大常委会免去（接受辞去）国家机关工作人员职务一览表

姓名	免去（接受辞去）职务	市人大常委会免职或接受辞职的时间
吴建平	市人民政府市长	3月5日（市六届人大常委会第29次会议）
邓大明	市水利局局长	3月5日（市六届人大常委会第29次会议）
董良云	市人民政府副市长	5月11日（市六届人大常委会第30次会议）

续表 3

姓名	免去（接受辞去）职务	市人大常委会免职或接受辞职的时间
杨　光	市人大选举任免和代表联络工作委员会副主任职务	5 月 11 日（市六届人大常委会第 30 次会议）
蓝贤林	市人民政府市长	8 月 17 日（市六届人大常委会第 32 次会议）
温金来	市人民法院院长	9 月 15 日（市六届人大常委会第 33 次会议）
葛振瑞	市人民检察院检察长	9 月 15 日（市六届人大常委会第 33 次会议）
钟昌发	市人大常委会选举任免和代表联络工作委员会主任	10 月 25 日（市七届人大常委会第 1 次会议）

“人民代表大会制度发祥地”品牌打造

【概况】 2021 年，瑞金市大力挖掘展示“人民代表大会制度发祥地”历史，着力讲好讲活“人民代表大会制度初始发祥地”故事，聚力唱响“人民代表大会制度初始发祥地”教育品牌，使瑞金逐渐成为全国人民了解、寻根人民代表大会制度的重要课堂，成为全国人大系统开展爱国主义和革命传统教育的重要基地。

【挖掘品牌内涵】 组织市内外党史专家开展专题理论研究，深入挖掘苏维埃代表大会制度的历史由来和在瑞金期间实践过程中的点点滴滴，进一步厘清从苏维埃代表大会制度到人民代表大会制度的历史发展脉络，用生动的史实展示苏维埃代表大会制度的产生、推行和发展，充分诠释苏维埃代表大会制度是人民代表大会制度的源头和雏形，深刻揭示初始发祥地的历史意义和时代价值等。修订完善《人民代表大会制度从这里走来：中华苏维埃代表大会制度史料选编》等红色书籍，在瑞金市内外刊物刊发《论中华苏维埃共和国执政初心的实现路径》《瑞金时期中共的执政理念与实践》《试述苏维埃代表大会制度的鲜明特征》等专题理论研究文章 30 余篇，开发一批关于苏维埃代表大会制度的精品课程，为人民代表大会制度“初始发祥地”品牌不断注入新的时代内涵。

【讲好初心故事】 深入挖掘与苏维埃代表大会制度相关的文物史料和现存历史文物背后的故事，让历史活起来、让文物活起来。整理《何长工的代表证》《一盏煤油灯》《苏维埃婚姻法背后的故事》等。启动中华苏维埃代表大会制度史陈列馆提升改造工作，对陈展内容、陈展方式进行合理调整，使陈展更紧贴并清晰体现人民代表大会制度的发展脉络，增加现代科技展示技术的运用，丰富陈展手段，加强讲解员培训，进一步提升陈列馆的管理保障水平。

“人民代表大会制度发祥地”“一苏大会”旧址　　（市融媒体中心供图）

【擦亮红色名片】 把抓好“初始发祥地”品牌宣传推介纳入全市宣传工作重要内容，协调党委宣传部门和文旅部门及新闻媒体，把人民代表大会初始发祥地与红色故都、共和国摇篮、中央红军长征出发地一同宣传。对进入瑞金的客人进行旅游短信推介，瑞金市每名干部印制的名片上都增加“人民代表大会制度初始发祥地”的城市宣传口号，在城区入城口和瑞金宾馆附近的显眼位置设立宣传“人民代表大会制度初始发祥地”的大型户外广告牌，尽力做到家喻户晓、深入人心。

【汇聚教育动能】 把服务重大接待、服务代表培训作为重要工作内容，创新机制，提升服务保障水平。加大对外宣传力度，创造条件，优化服务，积极为山东省、河北省、上海市、深圳市等省市人大及江西省内新余市、鹰潭市、资溪县、弋阳县、瑞昌市等地市人大来瑞金市开展教育培训做好服务保障，全年接待 160 余批次 7600 余人次，把“初始发祥地”的印记刻在来瑞培训的人大代表和人大干部心中。

（杨毅　王永明）

瑞金市人民政府

综　述

【概况】 2021年，瑞金市人民政府在党中央、国务院，省委、省政府，赣州市委、市政府和瑞金市委坚强领导下，深入贯彻中共中央总书记习近平视察江西和赣州重要讲话精神，统筹疫情防控和经济社会发展，扎实做好“六稳六保”工作，较好完成市六届人大六次会议确定的目标任务，“十四五”实现良好开局。围绕“八大行动”“四个中心”，实施重点项目138个、竣工35个，完成年度投资98.4亿元；引进重点产业项目41个，签约资金490.9亿元。全市生产总值突破195亿元，比2020年增长8.2%，固定资产投资增长11.4%，社会消费品零售总额突破百亿元，比2020年增长11.6%，外贸出口45.5亿元，比2020年增长37.8%，城乡居民人均可支配收入分别增长7.5%和12.5%。一般公共预算收入增长8.9%、跃居赣州第三，实际利用外资比2020年增长8.5%，稳居赣州第一方阵。

【产业发展】 年内，新增工业建设用地48.67公顷，建成标准厂房38.4万平方米。新增规模以上工业企业32家，总量首次突破100家；规模以上工业实现营收274.4亿元，比2020年增长29.5%。济民可信、昊宇重工（一期）等重点产业项目建成投产，金纳铜业、恒吉铜材入选省制造业百强企业，振兴铜业等3家企业入选省制造业领航企业培育名单。瑞金经开区获评国家级绿色园区、江西省模范劳动关系和谐园区，综合发展水平考核评价全国排名前移13位。全年旅游接待人次、总收入分别比2020年增长57.9%和71.2%，被评为“2021中国最美县域”，连续四年获评“中国县域旅游综合竞争力百强县市”，叶坪华屋入选“全国乡村旅游重点村”。金融机构期末存贷款余额分别比年初增长3.2%、11.9%，存贷比首次突破100%。建成高标准农田2533.33公顷，粮食种植达3393.33公顷。年出栏生猪49万头；年内，新建蔬菜大棚471.33公顷、设施蔬菜基地21个，新增粤港澳大湾区“菜篮子”生产基地2个；新增富硒产业示范基地11个；建成果蔬冷链物流园6万立方米，瑞金市被列入国家“农产品产地冷藏保鲜整县推进试点”。

【城乡建设】 城市建成区面积达36.6平方千米，常住人口城镇化率突破50%。瑞金机场全速建设，瑞梅铁路正式获批，西气东输天然气向瑞金开阀供气，梅江引调水项目开工建设。新改建国省道72.5千米、建设“四好农村路”112.2千米。金都大道东延四期、中山南路等道路建成通车，瑞明路、象湖路等“断头路”全面打通。年内，完成棚户区改造270户，建成棚改安置房6814套；改造老旧小区26个，新增停车位2762个。金瑞湾城市公园基本建成，文化艺术中心正式启用。瑞金市入选“第七届全国文明城市提名城市”，解放路社区入选“省高品质智慧社区建设试点”。建设美丽宜居示范带2条、全域美丽乡镇2个，重点塑造新农村建设示范点204个，新（改）建农村户厕620余户。

城市鸟瞰　（市融媒体中心供图）

【政务服务改革】 深化“放管服”改革，建成“区块链+24小时政务服务客厅”，政务服务从8小时向“全天候”“5+2”转变，实现高频事项“跨省通办”169项，非即办事项审批时限压减30%。建成省级博士后创新实践基地1家，新增市级技术创新中心3家、博士工作站6个、专家工作站1个，获评省级科技企业孵化器2个。认定高新技术企业8家、科技型中小企业55家，全社会研发投入占GDP比重达2.2%。瑞金国际陆港投入运营，在赣州率先开通“跨境电商B2B出口+铁海联运”班列，成功创建省级“电子商务示范基地”，获评“全省外贸进出口先进县（市、区）”。年内，帮助企业解决难点堵点痛点问题62个，减税降费近9亿元。

【生态保护】 坚决整改中央和省环保督察反馈问题，瑞金万年青水泥有限公司获评“国家绿色工厂”。新建农村污水处理管网17.5千米，城市生活污水日处理能力达4.5万吨，垃圾焚烧日处理能力达350吨。治理水土流失面积20.6平方千米，完成低质低效林改造2200公顷、森林抚育8066公顷，建设森林“四化”示范基地3个，新增省级“森林乡村”4个。畜禽粪污资源化利用模式入选全国《“无废城市”建设试点典型案例》。空气质量优良天数比例达99.5%，地表水环境和饮用水水源地水质100%达标，土壤环境质量保持稳定。

【民生福祉】 全年投入资金53.1亿元，上级和本级民生实事基本完成。新增城镇就业4896人，转移农村劳动力7784人，城镇登记失业率控制在4.5%，获评“全国清理整顿人力资源市场秩序专项行动取得突出成绩单位”。探索实行监测帮扶工作法，639户监测对象消除返贫致贫风险。深入推进21所城乡学校建设项目，宝钢希望小学完成扩建，金穗幼儿园、幸福幼儿园投入使用，新增学位1890个。“双减”政策有效落地，全面推进体教融合、家校共育、心理健康教育，赣州市“双减”暨体教融合现场推进会在瑞金召开。教育教学质量稳居赣州前列，瑞金中专获赣州市技能大赛“九连冠”。瑞金获评全国群众体育先进单位，“红都瑞金”主题即开型体育彩票全国公开发行。抓实新冠肺炎疫情常态化防控，有序推进疫苗接种。组建瑞金市总医院，争取南昌大学第一附属医院技术支持。市妇保院、市人民医院整体迁建有力推进，市结防所、云石山卫生院完成搬迁。九堡、武阳等8所区域性中心养老院投入使用，新增养老床位940张，农村互助养老服务设施行政村覆盖率达84%。城乡居民基本医疗保险参保覆盖率稳定在95%以上，获评“全省医疗保障综合改革先行示范县（市、区）”。全面推行“尊崇工作法”，建成退役军人服务站246个，象湖军人服务站获评“全国百强站”。扎实开展“八五”普法，常态化推进扫黑除恶专项斗争，坚决打击电信网络诈骗和毒品犯罪，积极化解信访积案，持续巩固安全生产良好态势，公众安全感稳居全省、赣州市前列。国家安全生产救护（瑞金）体验中心、全国职工爱国主义教育基地、全国妇女爱国主义教育基地在瑞金挂牌揭牌。

日东水库 （市融媒体中心供图）

【获评“中国最美县域”】 9月，瑞金市获评“2021中国最美县域”称号。“中国最美县域”是《人民日报》品牌战略升维工程重点项目，该榜单作为一个不受任何商业因素影响的公益榜单，纯粹以县域生态美、人文美、产业美为评价标准，宗旨在于“发现美、传播美、享受美”，为全国游客提供可供选择的旅游目的地，不断满足人们对旅游这一美好生活的无限向往。

重要会议

【市政府常务会议】 2021年，瑞金市人民政府召开常务会议10次，具体研究事项如下：

3月3日，召开市六届人民政府第四十七次常务会议。会议听取《市公安局关于全市禁毒和反电信网络诈骗工作情况汇报》；会议讨论《瑞金市乡镇建设三年行动实施方案（2021—2023年）》《政府工作报告（讨论稿）》《关于瑞金市2020年国民经济和社会发展计划执行情况与2021年国民经济和社会发展计划草案的报告（讨论稿）》《瑞金市国民经济和社会发展第十四个五年规划和二〇三五年远景目标纲要（讨论稿）》《关于2020年推进生态文明试验区建设情况的报告（讨论稿）》《关于〈瑞金市2020年全市和市本级预算执行情况及2021年全市和市本级预算草案〉的报告和

〈瑞金市2021年部门预算草案〉》；会议讨论并通过《瑞金市自然灾害救助应急预案（修订稿）》；会议讨论并原则通过《瑞金市水利建设三年行动计划（2020—2022年）》；会议研究设立沙洲坝镇红都新城社区居民委员会，撤销大柏地乡大柏地村民委员会设立大柏地乡大柏地居民委员会、撤销黄柏乡合溪村民委员会设立黄柏乡合溪居民委员会、以及部分城市社区设立、调整事项和天然气实行临时过渡气价及实行阶梯气价事项。

4月7日，召开市六届人民政府第四十八次常务会议。会议学习《中华人民共和国退役军人保障法》。会议讨论并原则通过《瑞金市2021年蔬菜产业发展工作方案》《关于进一步加快工程项目建设的工作意见（试行）》《2021年瑞金市民生实事项目安排意见》；会议研究《瑞金市“十四五”基础测绘规划》。

4月25日，召开市六届人民政府第四十九次常务会议。会议学习中共中央总书记习近平关于统计工作重要论述及指示批示精神、防范和惩治统计造假、弄虚作假文件选编及全国和本省重大统计违纪违法案件通报。会议讨论并原则通过《瑞金市贯彻落实国家统计督察反馈意见整改工作方案》《关于实现巩固拓展脱贫攻坚成果同乡村振兴有效衔接的实施意见》；会议讨论《贯彻落实〈国务院关于新时代支持革命老区振兴发展的意见〉的实施意见》《关于支持红色教育培训事业发展的若干措施》《瑞金市机关事业单位编外聘用人员管理暂行办法》。

6月29日，召开市六届人民政府第五十次常务会议。会议学习《防范和处置非法集资条例》《行政事业性国有资产管理条例》；会议研究实施瑞金市梅江引调水工程的事项，会议讨论并原则通过《瑞金市公开选调外县市医疗卫生等专业技术人员工作实施方案》《瑞金县复合肥料厂改制实施方案》《瑞金市2021年口岸“三同”试点专项资金管理实施细则》《关于进一步明确招商引资政策和投资合同审签流程的通知》《瑞金市电子电气及材料产业发展扶持政策》《关于新时代支持瑞金振兴发展加快建设赣州次中心城市的若干意见》。

7月18日，召开市六届人民政府第五十一次常务会议。会议学习《江西省乡村振兴促进条例》；会议讨论并原则通过《关于促进瑞金市民宿健康发展的实施意见》《关于在工程项目建设过程中加强原生树木保护管理的通知》《瑞金市政府与赣州市国投集团战略合作谈判要点》《关于促进瑞金经开区升级发展的若干意见》《瑞金市招商引资工业项目中介服务相关政策规定（试行）》《增强乡镇经济活力的九条措施》《瑞金市工程项目建设领域“十个严禁”规定》。

市政府常务会　　（市融媒体中心供图）

8月24日，召开市六届人民政府第五十二次常务会议。会议学习《江西省优化营商环境条例》；会议研究《瑞金市“十四五”农村供水保障规划报告》《瑞金市城乡供水一体化规划报告》，更改原象湖镇绵江社区居民委员会等9个社区名称，将瑞金远恒佳职业学院纳入全省“十四五”期间高等学校设置规划等事项。

9月17日，召开市六届人民政府第五十三次常务会议。会议传达学习赣州市委统战工作领导小组专题会议精神、住房和城乡建设部关于在实施城市更新行动中防止大拆大建问题的通知精神；会议讨论并原则通过《政府工作报告（讨论稿）》《瑞金市“十四五”金融产业发展规划》；会议研究2021年衔接资金项目安排及资金使用事项，拨付2020年油茶种植项目补助资金，解决瑞金市梅江引调水及供水工程PPP项目勘测设计及专题报告编制费用等事项。

10月24日，召开市七届人民政府第一次常务会议。会议学习《江西省政府投资管理办法》《江西省人民政府办公厅关于科学绿化的实施意见》及工程建设项目招标投标、政府采购、预算管理一体化改革等政策文件和业务知识。会议听取“我为群众办实事”情况汇报，2020年自然资源部南京督察局土地例行督察反馈问题整改工作情况汇报，全市禁毒重点整治工作情况汇报，粮食购销领域腐败问题专项整治工作情况汇报；会议研究《瑞金市“十四五”服务业发展规划》《瑞金市城市排水（雨水）防涝综合规划》；会议讨论并原则通过《瑞金市火灾事故调查处理规定》《瑞金市国有企业主体信用等级提升实施方案》《关于推行城镇社区工作者岗位级别报酬机制的通知》《瑞金市2021年度退役士兵安置工作实施方案》。

11月18日，召开市七届人民政府第二次常务会议。会议学习《国务院关于印发2030年前碳达峰行动方案的通知》，李克强总理在发展壮大市场主体工作座谈会上的讲话精神，江西省文化强省建设推进大会精神，《江西省巩固拓展脱贫攻坚成果考核办法》，2021 年度江西省巩固拓展脱贫攻坚成果考核实施方案和许南吉在市政府全体会议上的讲话精神，耕地保护有关政策知识；会议研究新冠肺炎疫情防控及疫苗接种工作，安全生产工作，信访工作，生态环境保护工作，“双减”工作及各乡镇办好群众身边“微实事”项目工作；会议讨论并原则通过《瑞金市紧密型医疗卫生共同体（总医院）建设实施方案》《2021 年全市烟叶产业高质量发展实施意见》《瑞金市公共体育设施专项规划（2020—2035）》；会议研究经开区规划一路、经开区九堡中路等 2 个项目建设用地事项，沙洲坝示范镇沙西路 11 米道路，沙洲坝示范镇卫生院及小学周边道路等 2 个工程项目建设用地事项。

12 月 7 日，召开市七届人民政府第三次常务会议。会议传达学习国务院总理李克强在经济形势专家和企业家座谈会上的讲话精神和在经济形势部分地方政府主要负责人座谈会上的讲话精神，国务院常务会议精神，全国城镇燃气安全排查整治工作电视电话会议精神，《江西省消防安全责任制实施办法》《江西省人民政府办公厅关于严格高能耗高排放项目准入管理的实施意见》；会议听取瑞金市 2021 年政务公开工作情况汇报；会议研究瑞金市 2021 年度食品安全工作情况汇报，实施瑞金中央红军长征决策和出发重点展示园事项，瑞金市中小学生校内课后服务收费标准事项；会议讨论并原则通过《瑞金市气象事业发展“十四五”规划》《瑞金市“十四五”文化和旅游发展规划》《瑞金中心城区控制性详细规划》《关于解决不动产登记历史遗留问题的通知》《关于全面推行耕地保护田长制管理的实施意见》《瑞金市城市发展投资集团有限公司等五家市属国有企业 2020 年度目标管理考核结果》《关于下达市属国有企业 2021 年度目标管理考核任务及调整市属国有企业负责人目标管理考核计分办法的通知》《瑞金市 2021 年度绩效考核评价工作方案》《瑞金市地震应急预案》《福建省中诺百信投资有限公司石材精深加工及循环经济产业园项目招商引资合同书》《赣州赣铁建筑机械设备有限公司年产 300 台起重吊机及年产 1200 台立体车库生产线建设项目招商引资合同书》《江西正大畜禽有限公司年产 36 万吨饲料生产项目招商引资合同书》《安徽电气集团股份有限公司瑞金电气产业园项目招商引资合同书》《泉州市乐群塑胶有限公司精密模具、智能基础制造装备生产线建设项目招商引资合同书》。

【市长办公会议】 2021 年，市人民政府召开市长办公会议 15 次，具体如下：

1 月 11 日，召开市长办公会议。会议研究机关事业单位退职人员退职待遇发放有关问题事项，瑞金市苏维埃大道道路绿化提升改造项目增加工程造价事项，瑞金百万头生猪养殖基础设施建设项目采用设计、采购、施工总承包（EPC）模式招标事项，公开出让部分国有建设用地使用权事项，东升街道路工程周边区域城中村改造项目拆迁户购买商品房及未安置面积市场价格事项，有关资金安排事项；会议讨论《瑞金市校园足球试点校项目实施方案》；会议讨论并原则通过《红色旅游合作研究项目合同书》。

2 月 7 日，召开市长办公会议。会议讨论并原则通过《武夷源茶业股份有限公司资产收购协议书》；会议研究以单一来源采购方式与闪闪红之星文化传媒（瑞金）有限公司合作创作生产音乐剧《闪闪的红星》事项。

3 月 3 日，召开市长办公会议。会议研究 2021—2022 学年教师招聘计划事项，拨付 2020 年 7—12 月全市物流企业纳税奖励资金事项，拨付“财政惠农信贷通”本级财政风险补偿金事项，采用 EPC+O 工程总承包招标模式实施瑞金市农产品加工基地标准厂房项目事项，白面坝返迁房一期等四个项目工程变更事项，瑞金市“一江两岸”基础设施建设项目（一期）重大变更事项，公开挂牌拍卖出让部分国有建设用地使用权事项；会议讨论并原则通过《深圳市金洋电子股份有限公司高端线缆组件生产项目招商引资合同书》《瑞金市“江西瑞龙红色培训基地项目”投资协议》《2021 年瑞金市铜铝产业升级发展扶持办法》；会议讨论并通过《瑞金市城乡居民基本养老保险和医疗保险征缴工作考核办法（试行）》。

4 月 7 日，召开市长办公会议。会议讨论《瑞兴于快速交通走廊瑞金机场段项目材料调差方案》；会议研究 2020 年高标准农田建设项目设计变更事项，免除江西鑫丰洋高分子材料科技有限公司逾期缴纳土地出让金产生滞纳金事项，《红游记》第二季制作事项，市城投集团公司竞得的消防队西侧地块商住开发地等价值置换用地事项，公开挂牌出让部分国有建设用地使用权事项；会议讨论并原则通过《苏州轰天炮光电科技有限公司光电科技产业园项目招商引资合同书》《瑞丰纺织服饰有限公司高档纺织服装生产项目招商引资合同书》。

4 月 25 日，召开市长办公会议。会议学习习近平总书记关于安全生产的重要论述和指示批示精神；会议讨论并原则通过《横店集团得邦照明股份有限公司投资合同书》《瑞金市人民政府、中化学交通建设集团有限公司、安徽电气集团股份有限公司战略合作框架协议》《浙江永康铝业有限公司年产 300 万件电动工具生产项目招商引资合同书》《瑞金市人民政府赣州市国有资产投资集团有限公司战略合作协议》《海宁科瑞实业股份有限公司年产 3800 吨软磁铁氧体磁芯项目招商引资合同书》《瑞金市七彩光电科技有限公司智能显示科技园项目招商引资合同书》《江西兴飞博电子有限公司智能显示科技园项目招商引资合同书》《瑞金市吉星达显示科技有限公司智能显示科技园项目招商引资合同书》《瑞兴于快速交通走廊瑞金段项目建设整改推进工作方案》；会议讨论并通过《瑞金市“四好”农村路建设实施方案》；会议研究中医院入口东侧拆迁事项、调整村务监督委员会主任基本报酬事项、公开挂牌出让部分国有建设用地使用权事项；会议听取市水利局关于国务院“互联网+督查”暗访组发现沙洲坝镇河坑村自来水问题整改情况汇报，瑞金生态环境局关于第二轮中央生态环境保护督察信访件调查处理情况汇报，市农业农村局关于当前春耕生产及抗旱情况汇报，市应急管理局关于第一季度安全生产形势的汇报，市消防救援大队关于当前消防工作情况汇报。

5月30日，召开市长办公会议。会议讨论并原则通过《瑞金市公开选调外县市公办教师工作实施方案》《瑞金市规范城乡居民屋顶建设光伏发电管理办法（试行）》《2021年全市政府系统改作风提效率优环境专项行动实施方案》《江西森地客服装有限公司年产1000万件运动休闲服装生产项目招商引资合同书》《硕丰地产瑞金硕果荟综合体项目投资协议书》《瑞金市人民政府中建海峡建设发展有限公司城市更新合作框架协议》；会议讨论《关于全面推进乡村振兴加快农业农村现代化的实施意见》；会议听取市商务局关于全市招商引资项目推进情况汇报；会议研究瑞金市妇幼保健院迁建项目周边道路工程主材调差事项，增加瑞金七中教学综合楼工程价款事项，江西荣盛苗业果园搬迁事项，瑞金市象湖大道道路绿化提升改造项目工程变更事项，瑞金市大健康饮料有限公司和瑞金市西德电梯有限公司资产抵债税费事项，瑞金经开区范围内建筑垃圾授权由市工投公司经营事项，瑞金市勇盛工程质量检测有限公司违法违规用地处理事项，香格里拉二期高层项目事项，瑞金市优而美发展有限公司违法违规用地处理事项，公开挂牌出让部分国有建设用地使用权问题事项，市文化旅游开发投资有限公司竞得的沙子岗飞机场S1、S2、S3地块等价值置换用地面积事项和收回江西金富电力科技有限公司部分工业用地、瑞金双庚机电科技有限公司部分工业用地、瑞金市海润服饰有限公司部分工业用地、瑞金市德福制衣有限公司部分工业用地，赖玟豪、瑞金市万瑞汽车贸易有限公司商服用地，胡瑞如工业用地事项及有关资金安排事项。

6月6日，召开市长办公会议。会议听取瑞金生态环境局关于第二轮中央生态环境保护督察转办信访件整改进展情况的汇报，市审计局关于瑞金市经济发展环境专项审计反馈问题整改进展情况的汇报，建设智慧防汛平台的事项；会议讨论并原则通过《广东省星爵照明有限公司年产2亿只LED灯具以及配件研发与制造项目招商引资合同书》。

6月20日，召开市长办公会议。会议讨论《瑞金市2021年新农村建设工作方案》；会议研究成立瑞金宾馆有限公司事项，购买新一轮农村义务教育学生营养改善计划食堂和课间餐供餐服务事项，有关资金安排事项；会议讨论并原则通过《江西省百代药业有限公司医疗器械外用膏贴、消毒产品扩大生产项目招商引资合同书》《安徽电气集团股份有限公司医疗器械生产制造基地项目招商引资合同书》《安徽电气集团股份有限公司瑞金电气产业园项目招商引资合同书》。

6月29日，召开市长办公会议。会议研究对象湖镇桔林村黄桔生国有土地重新安置事项，瑞金市海润服饰有限公司等6宗土地处置意见事项，实施沙洲坝镇七堡河水生态修复与保护工程事项，实施瑞金市返乡创业基地标准厂房建设三期及陆港建设进出道路项目事项；会议讨论并原则通过《江西省瑞诚服饰有限公司年产100万套服装制造及研发项目招商引资合同书》《上海馨星环保科技有限公司补充协议书》《广东晟琪科技股份有限公司高分子环保功能性新材料项目招商引资合同书》《瑞金市综合能源项目开发战略框架协议》《瑞金市综合能源项目三方合作协议》《厦门万佳投资有限责任公司温泉酒店项目投资框架协议》；会议讨论《武夷源茶业股份有限公司资产收购协议书》。

7月18日，召开市长办公会议。会议讨论《深圳市远恒佳教育集团有限公司瑞金远恒佳高等职业学院项目招商引资协议》《北京市蓝宝新技术股份有限公司总部落户和清水产业园项目招商引资合同书》；会议讨论并原则通过《江西百晟农业冷链物流农产品交易中心项目招商引资合同书》《江西宇杰环保装备科技有限公司年产15亿元工业环保装备、烟气净化设备、风力发电设备和集团总部大楼建设项目招商引资合同书》《温州领科事业有限公司智能包装项目招商引资合同书》《国网赣州供电公司瑞金市人民政府关于共同推进瑞金市电网发展合作协议及供配电设施建设合作协议》《瑞金经济技术开发区低效（闲置）用地处置工作方案》；会议研究经开区土地收益资金安排事项，瑞明路南侧锦鑫花园居住小区项目用地事项，瑞金宾馆有限公司新建楼项目招标事项，增加绿草湖安置区建设项目一期土石方工程价款事项，增加云石山乡梅坑安置区新建主干道工程材料调差价款事项，七彩大道项目变更事项和瑞金经开区智能制造标准厂房二期、返乡创业基地标准厂房建设三期工程、瑞金市陆港建设进出道路工程项目招标事项及有关资金安排事项；会议讨论并通过《2021年瑞金市城区中小学幼儿园公开选调教师工作方案》。

8月24日，召开市长办公会议。会议讨论并原则通过《四川腾盾科创股份有限公司大型物流无人机研发生产基地项目招商引资协议书》；会议研究调整2021年铜铝产业升级发展扶持办法事项，市经三路（沙洲坝路）30米道路工程增加工程价款事项，以单一来源方式采购实施中华苏维埃共和国医疗保障历史陈列馆陈展项目事项和以单一来源方式采购国家安全生产应急救护（瑞金）体验中心试运营服务事项，公开出让部分国有建设用地使用权事项。

9月17日，召开市长办公会议。会议研究赣州广播电视大学瑞金市电大工作站更名为瑞金市开放学院事项，对瑞金市小夫子幼儿园重大火灾隐患单位进行摘牌事项，增加瑞金市职业中等专业学校扩建（教学综合楼，学生宿舍4#、5#楼，食堂，室外总平面）项目工程造价事项，市城市停车场1#（红都大道东）等4个项目工程变更事项，东升街北延安置房区域拆迁户安置商业用房有关事项，瑞明村白屋子安置房区域拆迁户购买商品房及未安置面积市场价格事项，瑞金大道西小型消防站及附属设施项目建设用地事项，象泽大道（城南大道至象湖路西段）新建道路项目建设用地事项，对第三批次城市建设用地实施供地事项和有关资金安排事项。

10月24日，召开市长办公会议。会议研究市公安交警大队采购办案检验鉴定服务项目事项，选调153名教师到城区中小学幼儿园任教及31名学校干部调整交流事项，签订瑞金市“一江两岸”基础设施建设（一期）及棚户区改造异地安置房PPP项目合同补充协议事项，升级改造校园安防一键报警和视频监控系统项目事项，公开出让部分国有建设用地使用权事项，依法收回市城投集团公司绵江河“一江两岸”已征收的城市棚改区域A地块置换地国有出让建设用地使用权事项和依法收回瑞金市房产置业有限公司城西返迁房（一期）东侧地块、市城市发展投资集团有限公司城西返迁房（二期）项目用地东北侧地块2宗置换地国有出让建设用地使用权事项及有关资金安排事项；会议讨论《武夷源茶业股份有限公司资产收购协议书》；会议讨论并原则通过《汕头市澄海区灿辉塑胶玩具有限公司积木潮玩生产项目招商引资合同书》《厦门伊尼特体育用品有限公司体育用品及马衣配套产品研发生产及销售项目招商引资合同书》《江西昂体体育用品有限公司鞋服类工厂生产项目招商引资合同书》《汕头市泓泰机械有限公司机械加工、制造与降解材料制品生产项目招商引资合同书》《汕头市金德利机械厂年产100台铝膜气球机及50台文具机生产项目招商引资合同书》《汕头市民达机械配件有限公司机械配件、五金配件、钢结构、道路交通器材、金属材料生产项目招商引资合同书》《赣州金精机械有限公司汽车零配件生产、精密加工项目招商引资合同书》《瑞金市昌瑞机械厂年产190台机械设备、120台机电设备、1600套模具及380套钢架构设备生产项目招商引资合同书》。

11月18日，召开市长办公会议。会议讨论《南昌大学第一附属医院对瑞金市总医院实施业务托管的协议》《南昌大学附属眼科医院与瑞金市总医院眼科中心学科共建合作协议书》，瑞金市金盾押运服务有限公司脱钩改制事项，瑞金机场项目航站楼工程及航管楼工程招标评标办法事项，将2018年入伍退役大学生士兵安排到市应急处突大队工作事项，成立瑞金市乡村发展投资建设有限公司事项，瑞金市人民医院采购1.5T核磁共振设备维修服务事项。

12月7日，召开市长办公会议。会议研究G205罗汉岩景区至厦蓉高速瑞金东互通出口段公路改建项目工程变更事项，公开拍卖出让部分国有建设用地使用权事项，调整叶坪镇饲料仓储项目用地规模事项和有关资金安排事项；会议讨论《瑞金市通道绿化租田种树遗留问题整改工作方案》，以政府采购方式实施赣南区域国土绿化试点示范项目事项和实施G206罗汉岩景区至厦蓉高速瑞金东互通出口段公路改建工程绿化、照明工程事项；会议讨论并原则通过《江西安讯实业股份有限公司招商引资补充合同》《瑞金市同信信息科技有限公司招商引资补充协议书》《江西民定丰纺织产业园有限公司、高安市瑞星纺织有限公司招商引资补充合同》《瑞金零度服装有限公司、瑞金罗朗服装有限公司服装生产项目招商引资合同书》《珠海菲森电力科技有限公司智能电网开关柜及配套设备项目招商引资合同书》。

【市政府全体会议】 4月16日下午，召开2021年《政府工作报告》主要目标任务分解落实及人大代表建议政协提案办理工作交办会暨市政府全体会议。9月30日上午，2021年瑞金第四次市安委会全体（扩大）暨国庆期间安全防范部署会议。10月22日下午，召开瑞金市安委会2021年第四次全体成员（扩大）会议。

【市政府人事任免】 6月21日，张宋玲任瑞金市人民医院副院长，免去宋丽青的瑞金市卫生健康委员会副主任职务。

7月1日，免去黄胜军的瑞金市住房和城乡建设局副局长职务。

7月25日，朱洪强不再担任瑞金市文化广电新闻出版旅游局副局长职务，原任瑞金市旅游发展委员会副主任职务自然免除；钟婧靓不再担任瑞金市司法局万田司法所所长职务；黄山不再担任瑞金市司法局拔英司法所所长职务；危媛媛不再担任瑞金市司法局叶坪司法所所长职务；袁斌不再担任瑞金市司法局瑞林司法所所长职务；谢平安不再担任瑞金市司法局壬面司法所所长职务；许骐不再担任瑞金市司法局壬田司法所所长职务；丁琼不再担任瑞金市罗汉岩风景名胜区管理局局长职务；李园原任瑞金市赣南苏区振兴发展工作办公室副主任职务自然免除；钟文辉原任瑞金市机场建设办公室副主任职务自然免除；邵玲芳原任瑞金市文化馆馆长职务自然免除。

10月30日，陈彦祥任瑞金市人民政府办公室副主任；杨光任瑞金市人力资源和社会保障局副局长；王东任瑞金市城市管理局副局长；李火生原任瑞金市人民防空办公室主任职务自然免除；谭光明原任瑞金市商务综合行政执法大队大队长职务自然免除；廖巧云原任瑞金市旅游发展委员会主任职务自然免除；胡剑平原任瑞金市果业局局长职务自然免除；黄贵珍原任瑞金市教育科技体育局副局长职务自然免除；邹仙海不再担任瑞金市人民政府办公室副主任职务；刘福生不再担任瑞金市发展和改革委员会副主任职务；刘东华不再担任瑞金市人力资源和社会保障局副局长职务；刘云不再担任瑞金市城市管理局副局长职务；刘琳不再担任瑞金市行政审批局副局长职务。

11月22日，杨丽珊任瑞金中央革命根据地历史博物馆馆长（试用期一年）；周景春不再担任瑞金中央革命根据地历史博物馆馆长职务。

11月22日，李泽民任瑞金市教育体育局副局长（正科级），原任瑞金市教育科技体育局副局长职务自然免除；杨小洲、黄迎春任瑞金市教育体育局副局长，原任瑞金市教育科技体育局副局长职务自然免除；罗莉任瑞金市民政局副局长；宋奇峰任瑞金市司法局副局长；黄平任瑞金市司法局叶坪司法所所长；杨志强任瑞金市司法局壬田司法所所长；周鹏飞任瑞金市人力资源和社会保障局副局长（试用期一年）；王水生任瑞金市住房和城乡建设局副局长（正科级）；龙星宇任瑞金市水利局副局长；刘剑飞、朱晓毛任瑞金市农业农村局副局长；陈秀铭任瑞金市卫生健康委员会副主任（正科级）；杨少林任瑞金市退役军人事务局副局长，不再担任瑞金市住房和城乡建设局副局长职务；刘善梅任瑞金市经济责任审计工作联席会议办公室主任，不再担任瑞金市人力资源和社会保障局副局长职务；钟勇平任瑞金市林业局副局长；朱志华任瑞金市行政审批局副局长；罗群任瑞金市科学技术局副局长；曾庆春任瑞金市科学技术局副局长，不再担任瑞金市退役军人事务局副局长职务；钟勇春任瑞金第一中学校长，不再担任瑞金市第三中学校长职务；吴隆汉任瑞金市第三中学校长，不再担任瑞金第一中学副校长职务；谢兴晖任瑞金市住房保障安置服务中心主任，原任瑞金市土地房屋征收办公室副主任职务自然免除；郭庆生任瑞金市人民医院副院长，不再担任瑞金市中医院副院长职务；杨利勇任瑞金市中医院院长，不再担任瑞金市人民医院院长职务；杨争艳任瑞金市中医院副院长，不再担任瑞金市人民医院副院长职务；薛长贵任瑞金市中医院副院长，不再担任瑞金市妇幼保健院（妇女儿童医院）副院长职务；谢世华任瑞金市妇幼保健院副院长，不再担任瑞金市中医院副院长职务；胡昊云、谢玉波原任瑞金市教育科技体育局副局长职务自然免除；刘建民不再担任瑞金市民政局副局长职务；刘晋不再担任瑞金市司法局副局长职务；石智勇不再担任瑞金市交通运输局副局长职务；肖季锋、谢锦辉不再担任瑞金市住房和城乡建设局副局长职务；谢志坚、李文英不再担任瑞金市水利局副局长职务；钟志斌、刘福林、杨谢春不再担任瑞金市农业农村局副局长职务；吴书东、杨晓明不再担任瑞金市卫生健康委员会副主任职务；邓新桂不再担任瑞金市林业局副局长职务；刘志华不再担任瑞金第一中学校长职务；俞春荣原任瑞金市土地房屋征收办公室主任职务自然免除；华小林不再担任瑞金市人民医院副院长职务；毛吉明不再担任瑞金市中医院院长职务；曾春兰不再担任瑞金市妇幼保健院（妇女儿童医院）院长职务；杨丽珊不再担任瑞金中央革命根据地历史博物馆副馆长、瑞金中央革命根据地历史博物馆叶坪旧址管理处主任职务。

12月31日，胡水林任瑞金市人民政府侨务办公室主任。尹康不再担任瑞金市人民医院副院长（挂职）职务。谢志刚任瑞金市公安局交通管理大队大队长，不再担任瑞金市公安局副局长职务。郭景山不再担任瑞金市公安局交通管理大队大队长职务。

施政述要

【概况】 2021年，市政府团结带领全市人民，深入贯彻中共中央总书记习近平视察江西和赣州重要讲话精神，统筹疫情防控和经济社会发展，扎实做好“六稳”“六保”工作，聚焦“三大战略、八大行动”，努力打造“四个中心”、加快建设现代化次中心城市，抓转型促升级，抓统筹提品质、抓改革促开放、抓保护治污染、抓民生办实事、抓政府自身建设，推动产业结构不断优化、城乡面貌日益改善、发展活力充分释放、生态优势持续巩固、人民生活更加幸福、落实水平显著提高，主要经济指标总体增速高于全国、全省平均水平，获评赣州市高质量发展先进县（市、区），同步全面建成小康社会，高质量发展迈出稳健步伐，较好完成市六届人大六次会议确定的目标任务，“十四五”实现良好开局。

【统筹疫情防控和经济社会发展】 坚持稳中求进工作总基调，扎实做好“六稳”工作、全面落实“六保”任务，统筹推进疫情防控和经济社会发展，交出“两手抓、两战赢”的满意答卷，“十四五”实现良好开局。疫情防控方面，不断建立健全新冠肺炎疫情防控统筹调度和应急响应机制，市领导带头深入医院、隔离酒店、“三站一场”等防疫一线现场调度、解决问题，确保突发情况第一时间响应；不断充实新冠肺炎疫情防控人员力量，定期开展业务培训、应急演练，大幅提升全市新冠肺炎疫情防控工作水平，全年共开展新冠肺炎疫情防控应急演练3次、核酸检测演练2次、院感防控培训10余次；不断加大重点人员、重点场所、聚集活动管控力度，坚持对外地来返瑞人员进行核酸“落地检”，大力推进新冠疫苗接种工作，全年共接种新冠疫苗90.47万剂次、核酸检测29.48万人次。经济社会发展方面，深入开展“优化提升营商环境”专项行动，不断深化“放管服”改革，较好完成全年各项目标任务。2021年，全市生产总值突破195亿元、增长8.2%，固定资产投资增长11.4%，社会消费品零售总额突破百亿元、增长11.6%，外贸出口45.5亿元、增长37.8%，城乡居民人均可支配收入分别增长7.5%和12.5%。一般公共预算收入增长8.9%、跃居赣州第3，实际利用外资增长8.5%、稳居赣州第一方阵。瑞金市获评2021年省、赣州市高质量发展先进县（市、区）。

【“五型”政府建设】 深入推进“我为群众办实事”实践活动，完成市级重点民生项目55项，解决群众身边“微实事”688件。续聘增聘“五型”政府建设监督员30名，干部作风持续改进，行政效能不断提升。自觉接受市人大、市政协监督，办理人大代表建议和政协提案242

件，办复率、满意率和基本满意率均为 100%。切实履行全面从严治党责任，严格执行中央八项规定及其实施细则精神，大力压减一般性支出，严格控制“三公”经费支出，政府系统党风廉政建设向纵深发展。

建议提案办理

【概况】 2021 年，市政府承办市六届人大六次会议人大代表建议 147 件，政协六届六次会议政协提案 95 件。其中，六届人大五次会议人大代表建议 B 类件 25 件、政协六届五次会议政协提案 B 类件 17 件，内容涵盖经济发展、农业农村、城市管理、环境保护、红色文旅、科教体卫等各个领域。围绕人大代表、政协委员关注的重点热点问题，坚持把建议提案办理与全市中心工作相结合，虚心听取代表委员意见，积极采纳代表委员建议。各承办单位高度重视，认真办理建议提案，办结率、答复率、满意率和基本满意率均达 100%。

【人大代表建议办理典型案例】 围绕市人大代表《关于促进瑞金市职业教育与园区企业对接的建议》的办理工作，市政府组织瑞金经开区和市教体、人社等部门，多措并举、多管齐下，不断促进瑞金中专与园区企业无缝对接，有效解决“园区企业招工难”和“职校学生就业难”问题。一是结合就业形势和生源特点，积极引导瑞金中专毕业生服务区域经济和本地产业发展，截至年底，与瑞金中专有长期合作的本市中小型企业达 40 余家，其中，用工密集型企业 10 余家。二是加大就业创业培训力度，政府牵头召开校企对接座谈会，为瑞金中专毕业生开展全程就业创业咨询服务，提供创业和管理知识等订单式培训。三是鼓励园区企业与瑞金中专举办订单班、冠名班，强化专业技能人才培养，同时给予瑞金中专毕业生 1000 元/人就业补贴，引导毕业生到园区企业工作。近两年，瑞金市中小型企业每年接收瑞金中专毕业生就业超 500 人。

【政协提案办理典型案例】 围绕市政协《关于加强全市城区公共图书馆建设的建议》的办理工作，市政府相关部门积极作为。一方面，全力提升文化艺术中心图书馆建设标准和建设速度，年内，包含电子阅览室、少儿阅览室、亲子阅览室、文学阅览室、综合阅览室、城市书房、多功能报告厅、读者书吧、培训室、展览厅、小影厅、中华苏维埃共和国中央图书馆史料陈列馆、地方特藏文献室、城市书房等多个功能区的公共图书馆已免费对市民开放。另一方面，不断强化社会合作，吸引公益机构到瑞金市开展活动，支持天天悦读、橙子绘本、上阳书院、城市书屋、“红色书房”等与学校、社区深入合作，建设阅读点、举办读书活动，促进公办、民办阅读机构良性互动、互为补充。同时，依托本地师资组建阅读推广志愿队伍，打造“成长梦想”阅读品牌，邀请华东交大附属学校、南昌航空大学、赣南师范大学等专家学者授课，组织开展绘本亲子阅读、天宫开悟航空航天亲子体验、谷雨诗会讲座等活动 50 多场，服务读者 1 万多人次。

市政府综合事务

【政务办理】 围绕加快建设现代化次中心城市，牵头开展“四个中心”专题调研，形成调研报告和工作意见 70 余篇；起草政府工作报告等综合性材料 300 余篇。规范来文审查、发文审核等规程，实现公文运转及时准确、高效安全目标。全年以市政府、市政府办名义下发的文件比 2020 年下降 27.49%，会议数量比 2020 年下降 15.8%。政务新媒体、微信工作群管理进一步规范，全年清理政务新媒体 14 个、微信群 102 个、QQ 群 3 个。聚焦民生保障，解决群众“急难愁盼”事项，办理“问政江西”转办件 56 件，“问政赣州”转办件 2172 件，每月及时办理回复率达 100%；处理网络问政信息 749 条，依法依规办理依申请公开事项 9 件。

【信息调研】 围绕市委、市政府中心工作报送信息，全年上报国办约稿 56 篇、政务信息 62 条，向省、赣州市上报信息 300 余条，编发《瑞金政讯》251 期。及时更新政府网站栏目，优化栏目设置，全年开展政务新媒体测评 49 次，通过市政府门户网站主动公开信息 11952 条。政务信息工作考核排名稳居全省和赣州市前列。

行政审批窗口　　（市融媒体中心供图）

【督查督办】 对《政府工作报告》、市政府常务会议、市长办公会议及有关专题会确定的目标任务进行重点督查。将《政府工作报告》内容分解成112项工作任务，明确牵头承办单位47个，对完成情况持续跟踪督办，有效促进《政府工作报告》主要目标任务落实。围绕市领导批示、重要会议及重要文件明确事项开展专项督查，建立督查台账，逐项跟踪销号，有力促进政府决策部署的落地落实。转办督促国务院“互联网+督查”平台线索处理20件，并对线索问题进行实地核实，确保反映问题得到有效解决。对人大代表建议、政协提案办理和重大民生工程、新冠肺炎疫情防控工作等进行督查。全年开展专项督查65次，编写《督查专报》12期，下发督办函206余份。

【外事工作】 完成外事对口部门以及外宾团组接待10批次357人次，包括上级对口部门领导、外国驻华使节、外国政府前任官员、外籍学生和记者等，其中，牵头接待非洲和东南亚国家外宾团组4批次173人次；协助市委宣传部接待来自欧美亚非地区16国“国际青年中国行”外宾团组1批次41人次。承办外交部在瑞金开展“第一期外事红色教育课堂”，参加人员包括17个省（区、市）外办、江西11个地市外办负责人和业务骨干107人。牵头拍摄外交史陈列馆和华屋“十七棵松”教学视频，用于省外办和驻外使馆开展联学联建。督促相关乡镇完成对长期在瑞金6名外籍人员新冠疫苗接种工作；配合市公安局做好在瑞金3名越南籍、1名缅甸籍“三非人员”居留处置和离瑞金2名“三非”越南籍女子遣送工作。

（市政府办）

苏区振兴发展

【概况】 2012年，《国务院关于支持赣南等原中央苏区振兴发展的若干意见》（简称《若干意见》）正式实施，瑞金开启振兴发展新征程，经济和社会各项事业发展驶上快车道。经过近十年发展，瑞金城乡面貌发生深刻变化，经济发展势能更加强劲。

2021年，全市国民生产总值实现195亿元，年均递增9.77%；一般公共预算收入15.8亿元，年均递增10.54%；固定资产投资78.31亿元，年均递增11.4%；实际利用外资10243万美元，年均递增7.44%；三次产业结构调整为14.5∶38∶47.5。瑞金市被评为全省高质量发展（科学发展）综合考评先进县（市）。

【农业产业】 全市粮食种植面积3.47万公顷，年产量18.88万吨；蔬菜种植面积1.26万公顷，年产量51.62万吨；脐橙种植面积1.35万公顷，年产量13.8万吨；白莲种植面积2733公顷，年产量1.2万吨；烟叶种植面积880公顷，年产值5228万元，年创烟叶税1038万元。农业基础设施建设不断完善，叶坪田坞九丰现代农业示范园被评为江西省现代农业示范园，建成百亩规模以上的富硒农业产业基地30个，获批富硒产品认证4个，“一区多园”格局逐步形成。建成6万立方米果蔬冷链物流园，被列入国家农产品产地冷藏保鲜整县推进试点。大力培育新型农业经营主体，全市共有农民专业合作社637家，有国家级龙头企业1家、省级龙头企业7家、赣州市级龙头企业12家，成立全省首家合作社联社。着力打造农业特色品牌，“瑞金的金山上”山茶油通过“国家生态原产地保护产品”评定，以“廖奶奶咸鸭蛋”为代表的瑞金咸鸭蛋获批国家地理标志保护产品。

【主攻工业】 大力实施工业强市战略，推动工业转型升级。新增规模以上企业32家，总量首次突破100家，实现工业总产值272.7亿元，年均增长18.16%；实现规模以上工业增加值61.8亿元，年均增长17.81%；规模以上工业实现主营业务收入274.4亿元，年均增长18.82%；实现利税总额40.4亿元，年均增长26.08%。瑞金规模以上工业行业分布区域集中，构架逐渐明晰，结构不断优化，食品药品、新型建材、纺织服装、电子电气等支柱产业逐渐形成。瑞金经济开发区面积达15.64平方千米，基础设施不断完善，功能逐渐提升，园区集聚效应和平台作用更加突出，获评国家级绿色园区、江西省模范劳动关系和谐园区。创建全国“农产品加工示范基地”，“鳗鱼、螺旋藻加工出口示范基地”，江西省“十百千亿”工程重点工业园区，省级电线电缆产业基地和省级民营科技园。

【现代服务业】 坚持以推动服务业

叶坪镇华屋　　（市融媒体中心供图）

柏坑村白莲种植基地　（市融媒体中心供图）

高质量发展为导向，加快构建现代服务业产业体系，全市服务业规模持续扩大、水平不断提高，文旅融合硕果累累，呈现出蓬勃发展的良好态势。在疫情影响下，旅游产业保持相对平稳，接待游客1814.1万人次，实现旅游收入94.1亿元。获评中国县域旅游竞争力百强县（市），被列入国家全域旅游示范区创建单位，并被评为“中国最美县域旅游城市”。现代物流快速发展，全市物流企业达89家，赣闽商贸物流园被认定为省级现代服务业集聚区。电子商务健康发展，打造电子商务全产业链综合服务园，建成跨境电商产业园，被认定为赣州市首批跨境电子商务产业示范园区（B类），入驻跨境电商企业24家，实现跨境电商成交额6049万美元。瑞金国际陆港投入运营，在赣州率先开通“跨境电商B2B出口+铁海联运”班列，实现赣州市跨境电商“9710”模式零的突破。被列为全国电子商务进农村综合示范县、全国农村“邮政e邮”工程试点县（市），市电商孵化园获评“国家级众创空间”、返乡创业试点地区电商合作示范县、江西省创业孵化示范基地等荣誉称号，打造“廖奶奶咸鸭蛋”“好客山里郎蜂蜜”“武夷源茶叶”“华嬷嬷”等一批知名电商品牌。

【生态环境改善】　大力开展环境治理，推进生态文明创建，全面完成环保督察反馈问题整改，着力解决群众反映强烈的突出环境问题，生态环境质量持续改善，被列为全国“无废城市”建设试点、全省第二批生态文明先行示范县（市），成功创建绵江国家湿地公园（试点）和省级森林城市。坚决打好“蓝天、净土、碧水”三大保卫战，空气质量稳居全省前列，城镇集中式饮用水水源地水质连续多年100%达标，累计完成低质低效林改造36.11万公顷、人工造林31.29万公顷，森林覆盖率达75.74%，实现全市所有圩镇、行政村污水处理全覆盖，拥有国家级生态乡镇、生态村各1个，省级生态乡镇9个、生态村17个，赣州市级生态村45个。采取BOT特许经营模式引进生活垃圾焚烧发电项目，日平均焚烧垃圾330吨，年上网发电量约0.38亿度。扎实推进“无废城市”试点建设。

【城镇化建设】　着力加快城镇化建设步伐，公共基础设施日臻完善，城市功能与品质不断提升，城乡面貌焕然一新。城市建成区面积达35.6平方千米，列赣州各县市第一，城镇人口30.64万人，常住人口城镇化率突破50%。深入开展城市功能与品质提升行动，完成老旧小区改造49个，新建城市小游园18个，新增城区停车位12684个，实现城市建成区存量违建清零目标。结合“两城同创”工作，实施城区环境整治项目25个，整治背街小巷39条，新改建城区公厕31座，获“江西省卫生城市”荣誉称号，并连续三届获得全国文明城市提名。全域推进农村人居环境整治，农村生活垃圾有效处理率达100%，新建乡村公厕117座，农民群众对农村人居环境整治的满意率达90%以上。

【民生福祉】　投入22.41亿元推进21所城乡学校项目建设，新增校舍建筑面积56.75万平方米，新增学位2.66万个。实现义务教育阶段适

叶坪现代化农业种植基地　（市融媒体中心供图）

龄儿童入学率100%，义务教育大班额全部消除，无证幼儿园全面取缔。提升居民收入，城镇登记失业率控制在4%以内，城镇居民人均可支配收入34792元，年均递增11.54%；农村居民人均可支配收入13655元，年均递增12.92%。持续深化医药卫生体制改革，启动密集型医共体建设，创新采取以资源换资金、以时间换空间的方式，把三个医院整合打包，争取15亿元资金，整合资源成立瑞金市总医院，与南昌大学第一附属医院签订紧密型技术支持协议，以“两院一科制”的模式提供全面技术支持，全力打响瑞金的医疗品牌。每千人拥有病床数5.39张，每千人执业医师数增长至2.05人，医改各项指标综合排名多年稳居赣州前列，被列为全省12个市域综合医改试点县市之一和全国紧密型县域医疗卫生共同体建设试点县，市妇幼保健院被国家卫健委列为妇幼保健机构体制机制创新试点医院。稳步推进养老事业，建成区域性中心光荣敬老院8所、城乡居家和社区养老服务站（点）128个，启动建设城乡智慧养老服务平台。增强社会保障能力，城乡居民养老保险和医疗保险基本实现全覆盖，参保率分别达到100%和96.89%，低保、特困供养户补助、高龄老人长寿补贴、孤儿养育金均逐年稳步提高，获评全省医疗保障综合改革先行示范县（市、区）。全面落实优抚优待政策，累计发放烈士子女、60周岁以上老兵、带病回乡老兵、伤残军人等优抚对象优抚资金3.02亿元，获省级双拥模范城“八连冠”。

（市发改委）

政务服务

【概况】 2021年，全市政务服务（行政审批）工作紧紧围绕“放管服”改革，以“瑞金办事不用求人、瑞金办事便捷高效、瑞金办事暖心爽心”为目标，积极探索服务新模式，努力提高行政审批效能。全年，办理政务服务事项5.18万件，办结率99.97%，日均接待办事群众2500余人次，完成各类公共资源交易项目308项，交易额77.8万元，增值89.06万元，节约资金3.9亿元。《人民日报》、《江西日报》、新华网、江西电视台、江西新闻网、《赣南日报》等媒体对瑞金市行政审批“放管服”改革工作进行多角度宣传报道。

【行政审批改革】 推动工程建设项目审批改革，设立工程建设项目审批报建中心，编制简易指南，制定专属项目解答告知函，涉及工程报建事项实行全程网办。推进“跨省通办”改革，与广东博罗、福建晋江、湘赣鄂等22县（跨省通办联盟）签订“跨省通办”协议，完善业务办理模式，实现169项高频事项异地办理。推进乡镇赋权改革，组织17个乡镇从事首批下放91项县级审批服务执法权限人员培训，并投入200万元购置信息化设备和好差评系统，组建以村干部为主、乡镇综合便民服务中心工作人员为辅的帮（代）办队伍，增强乡、村两级政务服务能力。

【创新服务方式】 扎实推进帮（代）办服务，在政务服务大厅设立政务帮（代）办中心，建立以“首席帮办员+政务小哥+导办人员”的帮办服务队伍，为企业、群众提供咨询、辅导、帮（代）办等个性化、精准化服务。开展“送审批上门”服务，“零距离”为申请人办理业务，实现“群众需求在哪里、服务就在哪里”。全年，开展送审批服务下乡146批次，服务办事群众584人次。6月21日起，推行“新办企业免费刻制印章”服务，市本级新办企业可免费刻制企业公章、法人章、财务专用章等印章3枚，并实行免费寄递，实现企业开办“零成本”。运用互联网技术打造“不见面开标”平台，实现开标由线下“面对面”到网上“键对键”的转变，打破传统开标模式对人员、场地的限制，让数据“多跑路”、投标企业“零跑腿”。6—12月，采用不见面开标系统开标（标段）项目43个，参与投标公司7132家，节约企业投标成本约420万元。

【平台工单办理】 切实做好“问政江西”“问政赣州”和“12345”政府服务热线等平台工单办理，确保群众诉求“件件有落实、事事有回音”。对涉及问题比较复杂的工单，主动对接工单承办单位和诉求群众，通过召开座谈会、现场协调处理等方式，精准高效解决群众“急难愁盼”问题。全年，“12345”热线平台受理工单8034件，办结8034件，办结率100%。

【“区块链+24小时政务服务客厅”试运行】 充分发挥“互联网+政务服

行政审批局惠企政策兑现专窗 （市融媒体中心供图）

行政审批局信息化政务服务平台　（市融媒体中心供图）

务”优势，率先在全省建成“区块链+24小时政务服务客厅”，于6月23日开始试运行。24小时政务服务客厅内设行政审批、工商、税务、不动产登记等部门的自助服务终端机13台、展示终端3台、办公电脑4台，可办理便民事项252项。进一步增加群众企业办事渠道，减少排队等候时间，提高受件、出件效率。并将市政务服务中心涉企涉民高频事项办理延伸至各类办事主体身边，方便企业群众就近办事，实现政务服务从8小时向“白+黑”“全天候”服务转变。至年末，在政务服务客厅办理业务群众达5500余人次，为群众打印房产证明2200余份、领取普通发票1400余份、打印营业执照520余份、打印公积金缴存证明370余张。

【审批效能】　按照“法无禁止皆可为、法无授权不可为、法定职责必须为”原则，以股室为单位对所有审批事项流程再梳理，再次压缩审批层级，提升审批效率。从企业角度对事项进行多轮梳理，将改革前最多6个审批层级压缩至3个以下。无法律明文规定的和特殊流程要求的，一律将审批层级控制在2个以内，由股室直接办结，部分行政审批事项实现立等可取，审批时限比原来平均缩短70.5%以上。深入开展政务服务“六减一增”专项行动，对全市范围内非即办件事项进行全面梳理，完成全市非即办事项“六减一增”梳理论证125项，减少办事环节80余个、办事材料140余份、证明材料39个。

（陈久娇　余祥鑫）

人力资源

【概况】　2021年，全市人力资源和社会保障工作突出“稳就业保就业”工作主线，大力发扬“孺子牛、拓荒牛、老黄牛”精神，统筹推进就业创业、社会保障、人才人事、和谐劳动关系和能力作风建设取得新成效。执行长期性降费率政策，全市企业和机关事业单位基本养老保险单位缴费比例由20%降至16%，工伤保险费率在现行的费率基础上下调50%。全年，为企业减负养老保险费1470.2万元，为企业减负工伤保险费309.09万元。与省、赣州市对接22次，向上争取资金2.26亿元。瑞金市劳动监察局被人社部、公安部国家市场监管总局等部委评为“全国清理整顿人力资源市场先进单位”。

【就业帮扶】　严格落实《瑞金市巩固拓展脱贫攻坚成果助力乡村振兴就业帮扶实施方案》，抓实抓细就业帮扶政策。全年审核拨付脱贫人口及防止返贫监测对象和城镇贫困群众一次性交通补贴21819人1047.17万元。全市有帮扶车间（前身为扶贫车间）67家，吸纳群众就业2110名，其中，脱贫人口498人，拨付帮扶车间补贴250.82万元。牵头各行业部门开发扶贫公益性岗位3662个，其中，人社部门开发公益性岗位2186个，拨付公益性岗位补贴2050.34万元。开展脱贫劳动力职业技能培训283名，发放创业担保贴息贷款15户166万元，发放脱贫户一次性创业补贴4户2万元。为脱贫户、监测户群众代缴城乡居民养老保险514.98万元。

【社会保障】　全市城镇职工参保缴费5.7万人，保费征缴收入5.72亿元。全市离退休人员2.72万人，发放离退休人员养老金7.68亿元，养老金及时足额发放率100%。城乡居民社会养老保险参保22.94万人，保费征缴收入0.48亿元，发放养老金1.53亿元。为符合参保条件的建档立卡贫困对象代缴城乡居民养老保险金519.8万元，全市贫困户参加基本养老保险率100%。逐步实现社保卡跨部门应用，完成社会保障卡制卡、补换卡2.3万张，发放率达99.95%，实现社会保障卡全覆盖。通过社会保障“一卡通”累计发放民政局、退役军人事务局、林业局、农业农村局、教体局等部门财政补贴资金2.67亿元。推进江西人社一体化综合信息系统上线运行，实现人社事项线上办理146个，全市办件量4.36万件，人社一体化综合窗口办件量2760件，乡镇平台办件量2.17万件。

【人事人才】　稳妥有序地开展事业单位改革试点工作，完善82个涉改事业单位岗位设置、人员划转、人事管理系统调整等工作，保障涉改人员的利益。推进事业单位人员招聘、选调工作，办理赣州市2020年、2021年全省卫生专业技术人员聘用手续，正式聘用100人。配合市教育科技体育局招聘教师400人，从市外选调公办中小学幼儿园教师45人，安置2018年服务期满特岗教师 60 人。安置 2019 年“三支一扶”大学生 16 名，接收 2021 年“三支一扶”大学生 17 名。接收安置林业定向生 1 名。配合退役军人事务局做好年内 27 名转业士官选岗、安置工作。招聘国企紧缺人才 3 人，引进企业高层次人才 10 人，对首次参加职工养老保险的大专以上毕业生给予一次性就业生活补贴 75 人 30.6 万元。组织教体局、编办等部门到高等院校引进本科以上大学毕业生 34 人、硕士研究生 19 人，柔性引进博士 4 人。按照《瑞金市干部人事档案专项审核全覆盖工作实施方案》要求，完成干部人事档案专审 3400 余份。

【专业技术人员管理】 规范事业单位专业技术人员聘用，审核备案专业技术人员晋升岗位等级 2000 余人。举办新取得中级职称专业技术人员岗前培训，参训学员 50 人。审核推荐申报正高职称 8 人、副高职称 164 人、中级职称 381 人，考核认定初级职称 322 人。其中，教育系列正高职称 2 人、副高职称 78 人、中级职称 322 人；卫生系列正高职称 6 人、副高职称 86 人；其他系列正高职称 4 人、中级职称 59 人。开展职业农民专业技术职称评审，取得专业技术初级职称的农民 284 名，取得中级职称的农民 169 人，占赣州市取得职业农民专业技术职称总数的 29%。建立由 49 名相关行业专家组成的技能人才评价专家库，组建职业技能等级考评认定专家队伍。

表 4　2021 年瑞金市获得副高及以上职称人员

工作单位	姓名	申报资格	申报专业	获得时间
瑞金市人民医院	周瑞泽	主任医师(县区类)	神经内科	2019.12
瑞金市人民医院	邓建林	主任医师(县区类)	肿瘤内科	2019.12
瑞金市人民医院	钟胜频	主任医师(县区类)	口腔医学	2019.12
瑞金市人民医院	林建群	副主任护师(县区类)	外科护理	2019.12
瑞金市人民医院	刘丽萍	副主任医师(县区类)	心血管内科	2019.12
瑞金市人民医院	钟　青	副主任护师(县区类)	外科护理	2019.12
瑞金市人民医院	杨　凡	副主任医师(县区类)	普通外科	2019.12
瑞金市人民医院	刘素梅	副主任护师(县区类)	外科护理	2019.12
瑞金市人民医院	邱奉敏	副主任医师(县区类)	重症医学	2019.12
瑞金市人民医院	刘　斌	副主任医师(县区类)	神经外科	2019.12
瑞金市人民医院	屈爱红	副主任医师(县区类)	眼科	2019.12
瑞金市人民医院	黄海华	副主任中医师(县区类)	中西医结合内科	2019.12
瑞金市人民医院	李美玲	副主任医师(县区类)	妇产科	2019.12
瑞金市人民医院	余小强	副主任医师(县区类)	普通外科	2019.12
瑞金市人民医院	曾晓蓬	副主任护师(县区类)	外科护理	2019.12
瑞金市人民医院	李金海	副主任医师(县区类)	骨外科	2019.12
瑞金市中医院	刘俊传	副主任医师(县区类)	放射医学	2019.12
瑞金市中医院	杨翠兰	副主任护师(县区类)	外科护理	2019.12
瑞金市中医院	曾建红	副主任护师(县区类)	外科护理	2019.12
瑞金市中医院	卢美萍	副主任护师(县区类)	外科护理	2019.12
瑞金市中医院	周告生	副主任医师(县区类)	普通外科	2019.12
瑞金市妇幼保健院	杨　艳	副主任医师(省市类)	麻醉学	2019.12
瑞金市妇幼保健院	李卫斌	副主任医师(县区类)	麻醉学	2019.12
瑞金市妇幼保健院	李　俊	副主任医师(县区类)	妇产科	2019.12
瑞金市妇幼保健院	邹建红	副主任医师(县区类)	妇产科	2019.12
瑞金市妇幼保健院	朱群英	副主任医师(县区类)	妇产科	2019.12
瑞金市妇幼保健院	曾淑华	副主任护师(县区类)	妇产科护理	2019.12
瑞金市妇幼保健院	黄　玮	副主任护师(县区类)	妇产科护理	2019.12

续表 4

工作单位	姓名	申报资格	申报专业	获得时间
瑞金市妇幼保健院	杨兴旺	副主任医师(县区类)	妇产科	2019.12
瑞金市妇幼保健院	何红杏	副主任医师(省市类)	妇产科	2019.12
瑞金市妇幼保健院	刘剑英	副主任护师(省市类)	妇产科护理	2019.12
瑞金市怡安希望小学	刘建兰	中小学正高级教师	语文(小学)	2019.12
瑞金市疾病预防控制中心	罗田发	主任医师(县区类)	传染性疾病控制	2019.12
瑞金市疾病预防控制中心	黄桂芳	副主任护师(县区类)	外科护理	2019.12
瑞金市疾病预防控制中心	朱竹君	副主任中医师(县区类)	中医妇科	2019.12
瑞金市卫生健康综合监督执法局	刘　强	副主任医师(县区类)	寄生虫病控制	2019.12
瑞金市皮肤病防治所	刘玉萍	副主任护师(县区类)	外科护理	2019.12
瑞金市皮肤病防治所	张　玲	副主任医师(县区类)	妇产科	2019.12
瑞金市叶坪镇卫生院	钟起欢	副主任医师(乡镇类)	中医骨伤科	2019.12
瑞金市武阳镇中心卫生院	张　燕	副主任中医师(乡镇类)	中医妇科	2019.12
江西省瑞金第一中学	张建葵	中小学高级教师	数学(高中)	2019.12
江西省瑞金第一中学	谢小平	中小学高级教师	数学(高中)	2019.12
江西省瑞金第一中学	阮小华	中小学高级教师	数学(初中)	2019.12
江西省瑞金第一中学	魏东升	中小学高级教师	数学(高中)	2019.12
江西省瑞金第一中学	兰岁钰	中小学高级教师	地理	2019.12
江西省瑞金第一中学	陈爱国	中小学高级教师	物理	2019.12
瑞金第二中学	李　江	中小学高级教师	化学	2019.12
瑞金第二中学	戴苘裕	中小学高级教师	历史	2019.12
瑞金市第三中学	曾石生	中小学正高级教师	语文(高中)	2019.12
瑞金市第三中学	邓华贵	中小学高级教师	数学(高中)	2019.12
瑞金市第三中学	王冬发	中小学高级教师	数学(初中)	2019.12
瑞金市第三中学	黄宗元	中小学高级教师	化学	2019.12
瑞金市第三中学	黄　诚	中小学高级教师	历史	2019.12
瑞金市第四中学	朱　将	中小学高级教师	英语(初中)	2019.12
瑞金市第四中学	赖宠嵩	中小学高级教师	物理	2019.12
瑞金市第五中学	何琼琦	中小学高级教师	英语(初中)	2019.12
瑞金市第六中学	刘萍香	中小学高级教师	语文(初中)	2019.12
瑞金市第六中学	杨小建	中小学高级教师	数学(初中)	2019.12
瑞金市思源实验学校	王志玲	中小学高级教师	数学(小学)	2019.12
瑞金中等专业学校	曾志福	中小学高级教师	语文(高中)	2019.12
瑞金市叶坪初级中学	刘娟玲	中小学高级教师	音乐	2019.12
瑞金市黄柏乡初级中学	钟群锋	乡村中小学高级教师	英语(初中)	2019.12
瑞金市黄柏乡鲍坊初级中学	罗海军	乡村中小学高级教师	政治	2019.12
瑞金市大柏地初级中学	陈小勇	中小学高级教师	数学(初中)	2019.12
瑞金市瑞林初级中学	朱小城	中小学高级教师	思想政治	2019.12
瑞金市丁陂初级中学	邱邦才	中小学高级教师	语文(初中)	2019.12
瑞金市渡头初级中学	尧在洋	乡村中小学高级教师	物理	2019.12

续表 4

工作单位	姓名	申报资格	申报专业	获得时间
瑞金市九堡中学	钟小春	乡村中小学高级教师	物理	2019.12
瑞金市谢坊初级中学	郭　喆	乡村中小学高级教师	地理	2019.12
瑞金市红井幼儿园	胡水娣	中小学高级教师	学前教育	2019.12
瑞金市黄柏中心幼儿园	黄素华	中小学高级教师	学前教育	2019.12
瑞金市瑞林中心幼儿园	陈海生	乡村中小学高级教师	学前教育	2019.12
瑞金市万田中心幼儿园	赖瑞平	乡村中小学高级教师	语文(小学)	2019.12
瑞金市拔英中心幼儿园	刘海泉	中小学高级教师	学前教育	2019.12
瑞金市井冈山小学	钟明辉	中小学高级教师	数学(小学)	2019.12
瑞金市日东乡中心小学	谢南昌	乡村中小学高级教师	语文(小学)	2019.12
瑞金市日东乡中心小学	管祖坤	乡村中小学高级教师	数学(小学)	2019.12
瑞金市壬田镇中心小学	钟秀权	乡村中小学高级教师	语文(小学)	2019.12
瑞金市叶坪镇新华希望小学	谢彩荣	乡村中小学高级教师	语文(小学)	2019.12
瑞金市黄柏乡中心小学	杨火林	乡村中小学高级教师	数学(小学)	2019.12
瑞金市大柏地乡中心小学	钟瑞平	乡村中小学高级教师	数学(小学)	2019.12
瑞金市大柏地乡中心小学	杨昌祥	乡村中小学高级教师	数学(小学)	2019.12
瑞金市大柏地乡中心小学	刘九生	乡村中小学高级教师	数学(小学)	2019.12
瑞金市瑞林镇中心小学	陈运法	乡村中小学高级教师	数学(小学)	2019.12
瑞金市瑞林镇中心小学	钟志云	乡村中小学高级教师	数学(小学)	2019.12
瑞金市丁陂乡中心小学	陈腊生	乡村中小学高级教师	数学(小学)	2019.12
瑞金市黄浦希望小学	胡中源	乡村中小学高级教师	语文(小学)	2019.12
瑞金市万田中心小学	谢石生	乡村中小学高级教师	数学(小学)	2019.12
瑞金市万田中心小学	谢水石	乡村中小学高级教师	数学(小学)	2019.12
瑞金市万田中心小学	刘丙生	乡村中小学高级教师	数学(小学)	2019.12
瑞金市万田中心小学	袁平生	乡村中小学高级教师	数学(小学)	2019.12
瑞金市沙洲坝镇八一希望学校	廖小文	乡村中小学高级教师	数学(小学)	2019.12
瑞金市武阳镇中心小学	谢　明	乡村中小学高级教师	数学(小学)	2019.12
瑞金市谢坊逸挥基金小学	肖　飞	乡村中小学高级教师	数学(小学)	2019.12
瑞金市拔英乡中心小学	刘厚红	乡村中小学高级教师	数学(小学)	2019.12
瑞金市东州春蕾小学	陈凌飞	乡村中小学高级教师	语文(小学)	2019.12
瑞金市特殊教育学校	谢素芳	中小学高级教师	语文(小学)	2019.12
瑞金中央革命根据地纪念馆	苏春生	副研究馆员	文物与博物馆学	2019.12
瑞金市金穗学校	王柳华	中小学高级教师	数学(小学)	2019.12
瑞金市谢坊林业工作站	谢卫华	高级工程师	林业调查规划	2019.12
瑞金市林业产权交易管理中心	刘　霄	高级工程师	林业调查规划	2019.12
瑞金市壬田镇中心卫生院	杨　春	副主任医师(乡镇类)	消化内科	2019.12
瑞金市人事考试和信息中心	刘金花	高级会计师	会计	2019.12
瑞金市冈面林业工作站	邓俊华	高级工程师	林业调查规划	2019.12
瑞金市水利水电工程管理站	梁海山	高级会计师	会计	2019.12
瑞金市林业有害生物防治检疫站	曾　春	高级工程师	林业调查规划	2019.12
瑞金市新农村建设服务中心	谢小春	基层高级农艺师	农业资源环境	2019.12

续表 4

工作单位	姓名	申报资格	申报专业	获得时间
瑞金市泽覃中心幼儿园	杨　益	乡村中小学高级教师	学前教育	2019. 12
华融瑞金希望小学	钟美兰	中小学高级教师	语文(小学)	2019. 12
瑞金市学生资助管理中心	谢香侣	中小学高级教师	语文(小学)	2019. 12
瑞金市大柏地乡卫生院	谢学华	副主任中医师(乡镇类)	中医内科	2019. 12
瑞金市云石山乡中心卫生院	曾宪敬	副主任医师(乡镇类)	普通内科	2019. 12
瑞金市沙洲坝镇卫生院	钟　英	副主任护师(乡镇类)	妇产科护理	2019. 12

【劳动监察】 维护职工合法权益，劳动关系更加和谐。依法查处欠薪案件，全年受理欠薪举报投诉案件466起，为1091名工人追回工资2044万元，结案率100%，其中，通过立案处理案件46起，帮助114人追回工资等待遇123.6万元。向公安机关移送拒不支付劳动报酬案件1起，涉案人员29人，涉案金额7.3余万元。行政处罚案件3起，调处信访案件241起，为568名工人追回工资1076万余元。7月13日，国务院农民工工作督察组和农民工工资支付工作考核组分别在瑞金检查，经过实地调研、督察抽查后，国务院督察组和考核组对瑞金该项工作给予充分肯定。积极提升争议调处效能，全年受理劳动争议案件165起，涉及职工165人，调解率72.73%，按期结案率100%，其中，通过“智慧仲裁”平台办理立案处理劳动人事争议案件80起。年内，瑞金市四星级劳动人事争议仲裁院建设通过考核验收。

【工资福利】 完成机关事业单位晋升工资工作，晋升工资档次、正常增加薪级19610人。保障公办学校教师工资按时按标准发放，清理规范全市机关事业单位津贴、补贴、绩效工资及奖励福利。做好全市事业单位机构改革364名涉改人员工资转隶，完成1229名遗属补助人员待遇调整。

表 5　2021 年机关事业单位在岗人员工资基本情况一览表

身份类型	2021 年末人数(人)	职工年工资总额							年人均工资(元)
		合计(千元)	基本工资(千元)	国家统一的津贴补贴(千元)	规范后的津贴补贴(绩效工资)(千元)	改革性补贴(千元)	奖励性补贴和其他(千元)	年终一次性奖金(千元)	
机关工人	173	17320	6331	152	3199	322	6793	523	100116
事业管理人员	882	80400	31596	1234	20382		27138		91166
专业技术人员	9359	825188	373538	30741	237977		175585		88173
事业工人	657	54211	22498	665	14676		16355		82576

表 6　2021 年机关事业单位离退休人员工资基本情况一览表

身份类型		2021 年末人数(人)	2021 年职工年工资总额(千元)			2021 年人均工资(元)	比 2020 年人均增加额(元)
			2021 年基本工资、离退休费	2021 年津贴、补贴	2021 年合计		
离退休人员	机关退休干部、工人	1375			67892.47	49376	1824
	事业退休干部、工人	4072			208598.13	51227	1952

（市人社局）

市直机关事务

【概况】 2021年，瑞金市机关事务管理中心认真贯彻落实中共十九大精神和习近平新时代中国特色社会主义思想，紧紧围绕市委、市政府中心扎实做好服务保障，做优做强公务用车管理、办公用房管理、后勤服务保障和新冠肺炎疫情常态化防控等文章，努力推动机关事务各项工作实现创新发展。4月，根据《瑞金市深化事业单位改革试点实施方案》和《关于市机关事务管理中心深化事业单位改革有关事项的批复》精神，整合市机关事务管理局、市接待服务中心、市机关后勤服务中心、市公务用车服务中心等单位及相关职能，组建市机关事务管理中心，加挂市委、市政府接待办公室牌子，为市委、市政府直属正科级公益一类全额拨款事业单位。

【公务大楼管理】 做好新冠肺炎疫情常态化防控工作，定期对公务大楼进行消杀，干部职工疫苗接种率达100%。采购和安装测温门3个，公务大楼进出人员严格落实扫码、测温、戴口罩要求。定期检修水、电、电梯、消防设施等设备，加装停车棚、充电设施，升级楼梯间声控灯等。

【会议服务】 认真做好各种会议的服务保障工作，确保会议顺畅高效。年内，完成会议中心三楼会议室改造并启用，为合理安排会议室提供条件。切实做到会议安排清楚，会前充分准备，会中保障有力，会后及时清理。全年共完成会议服务1000余场次。

【公务用车管理】 积极推进领导干部司机专项治理工作，制定领导干部司机专项治理工作方案，重点完善专职司机选配、轮岗、教育管理各项制度。强化公务用车监管，公务用车全部安装北斗车载定位设备，并牵头组织相关部门成立专项督查组，对各单位公务用车使用管理情况开展专项督查，避免违规使用公车行为发生。年内，公务用车平台保障出车4238次，安全行驶135.4万千米，圆满完成全市各项重大接待、重大活动保障用车任务。

【办公用房管理】 制定《关于市公务大楼办公用房的调整意见》，优化公务大楼办公用房布局，大楼内各单位办公用房全部调整到位，对机构改革后新组建的单位办公用房合理调剂。开展全市办公用房违规配备使用问题整改工作，对全市党政机关办公用房情况进行自查自纠，各乡镇党委、人民政府、社区管委会，市委各部门，市直各单位，各人民团体等68个单位办公用房实际使用面积为40490平方米，其中，市直单位办公用房实际使用面积29063平方米（含临聘人员办公室），按党政机关办公用房建设标准可配备办公用房使用面积34326平方米；各乡镇、社区管委会办公用房实际使用面积为11426平方米（含临聘人员办公室），按党政机关办公用房建设标准可配备办公用房使用面积12786平方米。全市办公用房使用面积不存在超标现象。常态化对办公用房整合、合理调配，大部分办公用房得到优化配置。

（刘青琳　谢升锋）

创文创卫

【概况】 2021年，瑞金市启动第七届全国文明城市创建和国家卫生城市创建工作，创建周期分别为2021—2023年和2022—2024年。把创建全国文明城市指挥部、创建国家卫生城市指挥部合并成瑞金市创建工作指挥部，将创文办和创卫办合并为创建办，对创建全国文明城市与创建全国卫生城市一同部署、一同调度、一同推进。主城区依托象湖镇社区划分为18个网格，统筹推进党建共建、综治、创城、公安、卫健、城管、市场监管等网格“多网合一”，每个网格安排一个牵头单位及若干责任单位，由网格牵头单位、网格责任单位共同组织干部到网格开展创建活动，协助社区解决民生问题。创建工作取得明显成效，城区环境面貌、社会公共秩序、公共服务水平、居民生活品质明显改善，市民思想觉悟、道德水准和城市文明程度持续提升，干部群众精神面貌、文明感受不断提振，群众获得感、幸福感、安全感进一步增强。年内，瑞金被中央文明办确定为2021—2023年创建周期全国文明城市提名城市；创建瑞林镇、武阳镇、日东乡、九堡镇、万田乡等5个省级卫生乡镇，壬田镇、拔英乡、大柏地乡等3个乡镇通过国家卫生乡镇市级基础评估。

【创建全国文明城市】 基础设施建设　对城区主干道污水管网进行清淤疏浚，实施老城区雨污管网改造项目；实施道路畅通工程，完成金都大道东延四期、国滨中央城周边道路，滨江南大道、河背街东段道路等14条主次干道建设；完善城乡公交设施，新增新能源公交车20

11月27日，东升社区新时代文明实践站联合移动公司和社区民警开展“反电信诈骗”活动。
（市融媒体中心供图）

辆；新改建绵塘、城南等农贸市场4个；提升改造老旧小区7个，建设小游园3个、新建社区活动场所8个；完成背街小巷路面硬化、排水管道改造10条。

公共服务提升　完成新建瑞金八中、瑞金九中和改扩建宝钢希望小学、八一小学、红都小学等20余所学校的建设；建成金瑞湾市民休闲湿地公园，建设足球训练基地、城东游泳馆等体育休闲项目；加快推进市人民医院和市妇幼保健院整体迁建项目，设立象湖镇卫生院。

公共秩序整治　整治占道经营、出店经营等行为5295起，清理乱吊挂横幅、条幅1640条，整治乱停乱放车辆2635辆，整治杂乱管线107.25万米，维修街巷路灯4600余盏。

创建问题整改　对照实地测评操作指南，打造示范农贸市场、示范路、示范校园等文明示范点15类，实现点位进一步提升。加强点位督导，下发提醒函、督办函43份。邀请第三方对44个实地考察项目、368个测评点位进行模拟测评，对发现的5045个问题，形成问题清单，督促限时整改。

文明城市测评　取得较好成绩，在全省13个全国文明城市提名城市中，瑞金市综合排名第五，实地测评排名第一，问卷调查排名第四，材料申报排名第七。

【创建国家卫生城市】　6月16日，召开全市创建国家卫生城市动员大会，并启动拔英乡、壬田镇、大柏地乡创建国家卫生乡镇，九堡镇、武阳镇、日东乡、万田乡、瑞林镇创建省级卫生乡镇活动。制定《瑞金市创建国家卫生城市工作方案（2021—2023年）》，明确目标任务、工作步骤、保障措施。将所有任务逐项细化、层层分解、明确责任，做到责任全覆盖、管理无真空、工作无死角。

创卫宣传发动　用好电视、报纸、微信公众号等媒介，编发创卫快报，推出创卫专栏，设立创卫曝光台。在汽车站、火车站、广场、景区等设置宣传展板，在社区、小区业主微信群进行广泛宣传，不断扩大创卫宣传面。打造公益广告主题街区、主题公园、主题社区，公益广告覆盖机关、学校、景区、公园、广场、商业街区、居民社区等公共场所，成为靓丽的城市风景。在乡镇设立创卫公益广告、健康教育宣传栏、健康教育宣传资料展架，入户发放《创卫知识读本》《创建卫生乡镇倡议书》，出动宣传车辆巡回宣传，利用电子显示屏滚动播放爱国卫生知识。在学校、卫生院等单位开展创卫大型宣传活动，组织乡村干部和个体工商户开展创卫行动，充分调动干群参与创卫工作的积极性。

卫生设施建设　以创建国家卫生乡镇、省级卫生乡镇为抓手，推进卫生基础设施建设，深入开展爱国卫生运动，持续开展城乡环境综合整治。年内，全市中小学健康教育开课率100%，健康行为形成率85%；路面硬化率92%；垃圾收集袋装率50%以上，清运率100%；农村自来水普及率92%，卫生厕所普及率99.84%；医源性废弃物无害化达标率100%；人均公共绿地面积1.8平方米以上，绿化覆盖率36%以上。

环境卫生整治　全面清理各类垃圾、杂物和卫生死角，做好垃圾桶冲洗和公共场所消杀，将小游园、农贸市场、新修扩建道路等约59万平方米纳入城区环卫一体化保洁项目，开展常态化保洁。加强渣土运输车源头管理和执法力度，查处无遮盖上路、带泥上路等问题600余起。

强化督查督导　在城区范围内重点对市容环境卫生、重点场所卫生、健康教育和健康促进、食品和生活饮用水安全、公共卫生与医疗服务、病媒生物预防控制等进行实地随机督查，及时将督查结果反馈给网格责任单位，督促其限期整改。8月，创建国家卫生城市资格申报通过省级审核，获得本周期创建资格。

（市创建办）

中国人民政治协商会议瑞金市委员会

综　述

【概况】 2021年，在中共瑞金市委正确领导下，中国人民政治协商会议瑞金市委员会坚持以习近平新时代中国特色社会主义思想为指导，牢牢把握团结和民主两大主题，紧紧围绕市委、市政府决策部署，主动担当作为，政协事业实现新作为、展现新气象，专门协商机构作用进一步发挥，建言资政与凝聚共识双向发力成效进一步凸显，服务“十四五”实现良好开局交出靓丽答卷。年内，召开政协全体委员会会议2次、主席会会议8次、常委会会议6次；开展调研、组织座谈等活动80余次，参与活动的政协委员230余人次。全年提交提案130件，社情民意信息156条。年内，走访委员328人次，为群众办实事、解难事27件。印制《装点此关山今朝更好看：政协委员书法、美术、摄影作品集》，《瑞金人物志》文史资料编纂工作有序推进。

【委员构成】 中国人民政治协商会议瑞金市第七届委员会共有委员198人，其中，中共界委员16人、特邀界委员23人、工会界委员11人、共青团界委员11人、妇联界委员9人、工商联界委员20人、台胞台属侨联界委员8人、科学技术与科协界委员14人、民族宗教界委员8人、社会科学界委员13人、经济界委员14人、教育界委员13人、医药卫生界委员11人、文化艺术体育界委员10人、农业界委员17人。

【服务中心】 大兴“办实事、做好事”之风，主席会议成员深入挂点乡镇、联系企业学校，积极谋划乡村振兴、企业发展、体教融合等工作，帮助解决实际问题20余个。特邀界、教育界委员为基层减负、“双减”等热点问题积极发声，医药卫生界委员送医下乡，工商联界、经济界、台胞台属侨联界委员热心公益捐资助学，农业界、科学技术与科协界委员发挥优势助力乡村振兴，其他界别委员主动联系群众，委员和委员企业踊跃捐款捐物，充分展现委员风采。

【联谊交流】 年内，分别接待第十三届全国政协副主席刘奇葆、刘新成和第十一届全国政协副主席李金华、第十二届全国政协副主席王家瑞在瑞金视察调研相关工作。全年共接待各级政协组织考察调研62批775人次。配合各级政协组织开展调研课题34个。探索与南昌县政协缔结友好政协，推动两地经济社会交流合作。

重要会议

【市政协六届六次会议】 3月8—10日，中国人民政治协商会议瑞金市第六届委员会第六次会议在瑞金市职工活动中心举行。会议听取和审议政协瑞金市第六届委员会常务委员会工作报告；听取和审议政协瑞金市第六届委员会常务委员会关于六届五次会议以来提案工作情况的报告；列席瑞金市第六届人民代表大会第六次会议，听取和讨论市政府工作报告、瑞金市国民经济和社会发展第十四个五年规划和二〇三五年远景目标纲要（草案）及其他报告；表彰优秀政协委员、优秀政协提案和政协提案办理工作先进单位；审议通过政协瑞金市第六届委员会第六次会议决议。会议审议并批准陈晓斌代表政协瑞金市第六届委员会常务委员会所做的工作报告；审议并批准陈家祥代表政协瑞金市第六届委员会常务委员会所做的提案工作情况报告。会议对2020年度优秀政协委员、优秀政协提案和政协提案办理工作先进单位进行表彰。

【市政协七届一次会议】 9月22—24日，中国人民政治协商会议瑞金市第七届委员会第一次会议在瑞金市职工活动中心举行。会议听取和审议政协瑞金市第六届委员会常务委员会工作报告；听取和审议政协瑞金市第六届委员会常务委员会关于提案工作情况的报告；列席瑞金市第七届人民代表大会第一次会议，听取和讨论政府工作报告及其他报告；选举政协瑞金市第七届委员会主席、副主席、秘书长、常务委员；审议通过政协瑞金市第七届委员会第一次会议决议。会议审议批准陈晓斌代表政协瑞金市第六届委员会常务委员会所做的工作报告，审议批准陈家祥所做的提案情况报告。会议选举刘红敏为主席，章芸、陈殷鸿、刘瑞林、刘瑞平、俞春荣为副主席，张仲群为秘书长，叶洋等33人为常务委员。

市政协七届一次会议召开　　（市融媒体中心供图）

【市政协常委会会议】 2021年，中国人民政治协商会议瑞金市委员会召开常委会议6次，具体如下：

1月29日，市政协六届常委会第十六次常委会会议召开。会议集中学习有关文件和会议精神；协商讨论《政府工作报告（讨论稿）》《瑞金市国民经济和社会发展第十四个五年规划和二〇三五年远景目标纲要（草案）》；听取市政府《关于市政协六届五次会议以来提案办理情况的通报》；审议通过《政协瑞金市第六届委员会第五次会议以来提案工作情况的报告（讨论稿）》《政协瑞金市第六届委员会常务委员会工作报告（讨论稿）》，以及市政协六届六次会议召开事宜。

3月10日，市政协六届常委会十七次会议召开。市政协主席陈晓斌主持并讲话，市政协常委会组成人员出席会议，有关同志列席会议。会议听取各组召集人汇报分组审议讨论情况；审议通过市政协六届六次会议提案审查情况的报告（草案）、市政协六届六次会议决议（草案）。

6月9日，市政协六届常委会十八次会议召开。市政协主席陈晓斌主持并讲话，市政协常委会组成人员出席会议，有关人员列席会议。会议学习中共中央总书记习近平最新讲话及有关文件会议精神；观看红色故事片《十七棵松》；审议通过《政协瑞金市第六届委员会常务委员会2021年工作要点（讨论稿）》。

9月18日，市政协六届常委会第十九次会议召开。会议协商决定七届市政协常委会组成人员、政协委员界别设置及委员建议人选；审议通过政协瑞金市第六届委员会常务委员会关于2021年提案工作情况的报告（讨论稿）、政协瑞金市第六届委员会常务委员会工作报告（讨论稿），以及市政协七届一次会议召开事宜。

10月15日，市政协七届常委会第一次会议召开。会议传达学习赣州市第六次党代会精神；审议通过《政协瑞金市委员会全体会议工作规则》《政协瑞金市委员会常务委员会工作规则》《政协瑞金市委员会专门委员会通则》《政协瑞金市第七届委员会关于设置专门委员会的决定》《关于政协瑞金市第七届委员会界别召集人及专门委员会组成人员的决定》等文稿；通过人事事项；围绕“历史文化名城保护和开发利用”课题开展专题协商议政。

12月15日，市政协七届常委会第二次会议召开。会议传达学习党的十九届六中全会、省第十五次党代会精神；听取七届市政协常委2021年度工作述职；围绕“进一步优化营商环境”课题开展专题协商议政。

建言献策

【概况】 2021年，全年开展重点调研、视察等协商活动30余次230余人次，形成调研报告8篇，其中，2篇调研报告被列入市政府常务会议研究。举办政情通报会7场次。反映社情民意信息156条，报送《社情民意》专报1期。搭建基层协商议事平台，建立2个委员工作站。与南昌县政协结为友好政协。

【收集社情民意】 注重发挥社情民意“直通车”作用，修订社情民意信息工作规定，成立社情民意信息工作小组，组建工作专班，积极为基层群众所思所盼代言。年内，收到各类社情民意信息156条，一批集中群众智慧、带着民生温度的社情民意信息进入党政决策视野。《关于解决中小学校、幼儿园等校医问题的建议》上报后，市委主要领导作出批示，要求有关部门参考落实。

【专题协商】 聚焦打造“创新创业中心、红色文旅中心、体教康养中心、交通物流中心”，就国家历史文化名城保护与利用、进一步优化营商环境课题开展专题议政性常委会议协商2次；就对接融入粤港澳大湾区、物流产业发展、康养产业发展等课题开展专题协商3次；就培育新型职业农民课题开展对口协商1次。全年共形成专题调研报告8篇，均得到市委、市政府主要领导批示肯定。

【民主监督】 紧盯市委、市政府重要决策部署落实情况和政协重要协商成果转化，分别就营商环境、耕地“非农化、非粮化”等监督议题开展专项监督，向相关部门提出协商监督建议20余条，并对落实情况进行跟踪监督，形成协商监督互为促进工作格局。加强民主监督与其他监督形式的联合联动，先后推荐13名政协委员担任“五型”政府建设、纪检监察、司法工作特约监督员。

【提案办理】 全年提交提案130件（其中，六届六次会议122件、七届一次会议8件），经审查，立案95件（内容相似12件、并案6件），占77.7%。围绕经济建设，提出提案22件；围绕政治建设，提出提案4件；围绕文化建设，提出提案26件；围绕社会建设，提出提案39件；围绕生态文明建设，提出提案4件。提案选题准确、内容丰富、建议可行。立案提案分别交由60个单位办理，年内均办结。各办理单位认真对待，积极采纳提案建议，切实提升科学民主决策水平，推动建议落地见效。

表7

2021年优秀政协提案一览表

序号	提案名称	提案编号	撰写委员姓名或单位名称
1	《关于助推全市乡村振兴的几点建议》	01号	曾丽华、钟丽芳等
2	《关于防止耕地“非农化、非粮化”，稳定粮食生产的建议》	05号	陈泽茂
3	《关于解决“出行难”问题的建议》	17号	詹继东、欧阳海华等
4	《关于优化全市营商环境的建议》	28号	市政协经济委员会
5	《关于优化营商环境，把瑞金建成赣南东部高质量发展示范区的建议》	31号	林锦煌
6	《关于推动瑞金市职业教育“扩容、提质、强服务”的建议》	40号	许宝利
7	《关于加强全市传统村落保护与利用的建议》	49号	杨艳华
8	《关于完善公共卫生安全与疫情防控体制机制的建议》	54号	市政协教科卫体和文化文史学习委员会
9	《关于提升全市公共卫生应急能力的建议》	55号	郭守林、温滲财等
10	《关于解决全市中小学校、幼儿园等校医问题的建议》	59号	张玲、杨利勇等
11	《关于加强公园建设与管理的建议》	64号	罗海发等
12	《关于打造全国红色旅游一线城市的建议》	74号	黄早咪等
13	《关于加强人才引进，提升瑞金市企业竞争力的建议》	82号	聂李迅
14	《关于实施“瑞商名家”成长行动的建议》	83号	黄人俊
15	《关于大力推进瑞金市残疾人事业高质量发展的建议》	88号	陈北洋等
16	《关于加强电信网络诈骗防范和打击力度的建议》	90号	谢春华、朱娜等

专题调研

【概况】 年内，组织230余人次开展调研、座谈等活动80余次，开展2次专题议政性常委会议协商，3次专题协商，1次对口协商，1次专项监督。

【历史文化名城保护和利用专题议政性常委会议协商】 组织部分常委、委员就历史文化名城保护和利用开展专题调研。调研组实地考察城市规划区、日东乡、武阳镇等历史文化名城资源保护和利用情况，学习考察陕西省三原县、西安市，福建省长汀县的经验做法，召开市政协常委会专题协商议政会，分析研究存在的问题，提出建立健全法制机制、完善规划编制体系、创新开发运营理念、形成开发利用合力等四个方面对策建议15条。

【优化营商环境专题议政性常委会议协商】 从2020年开始，市政协连续两年聚焦营商环境开展专题协商调研。2021年，将优化营商环境专题提级为市政协专题议政性常委会协商课题，由市政协副主席刘瑞林带队，市政协经济委牵头组织经济界和工商联界委员，通过视察调研、实地走访、听取汇报、座谈交流、查看资料等形式，全面了解全市营商环境情况，并在市政协七届二次常委会议上进行专题协商议政，提出五个方面意见建议14条，推进全市营商环境存在问题得到有效解决。

【物流产业发展专题协商】 由市政协副主席陈殷鸿带队，组织市政协社会和法制委、市政协港澳台侨委和部分政协委员深入红土地物流、赣闽商贸物流园等10余家企业调研。6月，调研组到四川成都、泸州，重庆渝北、沙坪坝，赣州龙南、章贡区等地学习考察，10月到赣州南康区学习考察。外出学习考察后，调研组分别于7月、11月组织调研组成员、交通运输局、口岸办、口岸服务公司、商务局、发改委、农业农村局等部门负责同志召开座谈会，对全市物流产业基本情况、存在的短板、下一步工作建议进行综合分析研判。调研组提出三个方面11条对策。

【康养产业发展专题协商】 10月，市政协港澳台侨委牵头组成康养产业发展专题调研组，由市政协副主席章芸带队，先后赴日东太阳山、武阳白竹寨、泽覃安治村调研，外出海口、三亚、南宁等地学习调研先进经验，并走访卫健委、祥和苑老年公寓等4个市直部门和民营机构，对全市康养产业现状、存在的问题及对策进行深入调研，并召集卫健委、民政局、林业局、发改委、文广新旅局、农业农村局等12个单位，召开康养产业发展专题调研座谈会，提出探索"一核两带三基地四片区"布局，塑造"感恩之都、森林氧吧、汤池宝地、田园福地"康养品牌等对策建议。

【"对接融入粤港澳大湾区"专题协商】 11月，由市政协副主席刘瑞林带队，市政协经济委组织部分经济界和工商联界委员开展"对接融入粤港澳大湾区"专题调研。11月2日，调研组前往经开区晨柏电子、智佳科技、惠明纲纱、远业环保等企业视察，并召开座谈会，了解产业发展和对接粤港澳大湾区情况。11月8—12日，调研组前往广东省汕头市澄海区、汕尾市城区、深圳市南山区、东莞市长安镇及虎门镇等地，深入园区、企业、行政审批服务中心，拜访深圳、东莞等地瑞金商会、赣州商会，全面了解当地产业发展情况、营商环境情况，并与商会相关企业家交流，找准"融湾"接口。调研组提出打通融湾"快通道"、做优融湾"软环境"、唱响融湾"主题曲"、提升融湾"硬实力"、打造湾区"后花园"、凝聚融湾"大合力"等意见建议20条。

【大力培育新型职业农民助力乡村振兴对口协商】 7月，由市政协原副主席温家振带队，组织部分政协委员、市直相关职能部门组成调研组，开展"大力培育新型职业农民助力乡村振兴发展"专题调研。调研组通过外出学习、实地走访、听取汇报、查阅资料等形式，全面了解全市培育新型职业农民工作情况、存在问题。11月2日，市政协副主席刘瑞平再次组织召开调研座谈会，听取委员、职能部门、新型职业农民代表意见建议，进一步畅谈思路、凝聚共识。调研组认为，人才振兴是乡村振兴的关键，培育新型职业农民是人才振兴的关键一环，要大力培育新型职业农民，助力乡村振兴发展。

【耕地"非农化、非粮化"专项监督协商】 11月，由市政协副主席刘瑞平带队，组织部分政协委员及农业农村局、自然资源局等部门工作人员深入沙洲坝镇、九堡镇实地调研，召开政情通报会及调研座谈会，开展防止耕地"非农化、非粮化"专题调研。调研组认为全市耕地"非农化、非粮化"问题形势严峻，耕地保护工作还存在较大欠账，应引起高度重视，并大力加以改进。

专委会工作

【提案委员会】 2021年，办理提案130件（其中，六届六次会议122件、七届一次会议8件），经审查，立案95件。提案选题准确、内容丰富、建议可行。坚持质量导向，年内，不予立案29件，占受理提案的22.3%。16件提案被评为优秀提案，其中，2件为集体提案。立案提案年内全部办结。协商确定营商环境、乡村振兴、商贸物流、红色文旅等提案，由市政协领导、专委会分别领衔督办，取得明显办理效果。《关于大力推进全市残疾人事业高质量发展的建议》一案办理成效，被《人民日报》《赣南日报》和'学习强国'学习平台等报刊媒体宣传报道。加强社情民意信息工作，收集、反映社情民意信息156条，上报省、赣州市政协社情民意信息2条；呈报市委、市政府主要领导参阅《社情民意》专报1期，得到市委主要领导批示。组织开展功能型党支部活动1次。

【经济委员会】 组织专题视察调研3次，外出考察调研2次，召开专题座谈会4次，政情通报会1次，功能型党支部会议1次，撰写调研报告3篇，组织委员提交提案线索17份，报送社情民意信息19条，各类专题会议委员发言28人次。10—11月，开展"优化营商环境"专题议政协商、"关于瑞金对接融入粤港澳大湾区"专题调研，形成《关于进一步优化营商环境的调研报告》《关于瑞金市对接融入粤港澳大湾区调研情况报告》。12月29日，市政府七届四次常务会议进行专门研究，并由市委主要领导签批相关职能单位落实。完成《关于纪委监委发挥作用构建亲清政商关系优化营商环境调研报告》，

10月12日，市政协委员围绕深化行政审批制度改革、优化营商环境等主题在市政务服务中心开展专题视察调研 （市融媒体中心供图）

提交市纪委作为决策参考。开展经济委功能型党支部活动1次，政情通报会1次。

【农业和农村委员会】 开展“大力培育新型职业农民助力乡村振兴发展”和“防止耕地‘非农化、非粮化’稳定粮食生产”专题调研，通过实地走访、听取汇报、查阅资料、召开座谈会以及外出学习考察等形式，听取意见、了解情况，形成调研报告供市委、市政府和相关部门参考，得到市委主要领导批示肯定。围绕“防止耕地‘非农化、非粮化’稳定粮食生产”主题，召开政情通报会。年内，组织开展功能型党支部活动1次。

【人口资源环境委员会】 组织开展集体学习，召开功能型党支部会议，对委员提案、大会发言和专题发言进行具体布置。开展专题视察“回头看”，推动重点工程“一江两岸”公园项目提升整改。组织委员对赣江源生态保护情况进行调研，组织召开座谈会，开展外出学习考察，为赣江源保护发展建言献策。以城区环境卫生集中整治为切入点，开展“城区环境卫生保洁政情通报会”。组织抓好第四网格创建工作，常态化落实新冠肺炎疫情防控工作。

【教科卫体和文化文史学习委员会】 开展专题议政性常委会，协商推进历史文化名城保护和开发利用课题，形成《关于推进瑞金市历史文化名城保护和利用的调研报告》，得到市委、市政府主要领导高度肯定。11月上旬，召开教育界、文化艺术界、医药卫生界委员听取市卫健委关于医院项目迁建工作情况通报会，提出意见建议40余条。《瑞金人物志》编纂工作有序推进。做好“书香政协”工作，向中央红军长征沿线县（市、区）征集文史资料。

【社会和法制委员会】 加强功能型党支部建设，年内，组织学习活动1次。密切开展联谊活动，走访界别委员，推动专委会工作开展。10月和11月分别组织部分委员采取实地考察、座谈讨论等形式，对“民事、刑事、行政”诉讼工作和反电信诈骗工作开展专项视察，提出工作建议。开展物流产业发展专题调研，深入四川、重庆和赣州市南康区等地学习观摩，结合考察本市物流产业发展情况，形成专题调研报告，得到市委主要领导批示肯定。

【港澳台侨委员会】 抓好抓牢机关党建工作，严格按照基层党建“三化”质量提升和质量过硬的要求，认真落实党史学习教育各项任务，做到规定动作不走样、自选动作有创新。4月，与经济委联合组织界别委员参加交管部门作风整顿座谈会，并联合开展“城市交通我来说”活动。6月，就市政协六届六次会议重点提案《关于加强公园建设与管理》的办理，召开提案督办协商会。11月，开展“垃圾分类处理、委员在监督”活动，对垃圾终端分类处置等提出意见建议5条。11月，召开“市政协委员听取全市少数民族村建设情况通报会”。10—12月，组织委员到日东太阳山、武阳白竹寨、泽覃安治村等地开展专题调研，并由市政协副主席章芸带队到海口、三亚、南宁等地学习考察，向市委、市政府报送《关于生态康养产业发展》的专题调研报告，得到市委主要领导批示和肯定。

（市政协办公室）

中国共产党瑞金市纪律检查委员会　瑞金市监察委员会

重要会议

【市纪委六届六次全会】 3月2日，中共瑞金市第六届纪律检查委员会第六次全体会议召开。全会传达学习十九届中央纪委五次全会、省纪委十四届六次全会、赣州市纪委五届六次全会精神，总结2020年纪检监察工作，部署2021年工作任务，审议通过陈大林代表市纪委常委会所作的《深入推进纪检监察工作高质量发展以优异成绩庆祝中国共产党成立100周年》工作报告。

【市纪委七届一次全会】 8月30日，中共瑞金市第七届纪律检查委员会第一次全体会议召开。会议选举并报市委七届一次全会通过，产生新一届市纪委常委李伟明、曾建军、朱晓宇、钟胜平、杨旭升、朱福平、陈金山、曾睿、杨文强，产生中共瑞金市纪委书记李伟明，副书记曾建军、朱晓宇、钟胜平，完成市纪委换届工作。

【市纪委常委会会议】 2021年，市纪委监委共召开市纪委常委会会议暨市监委会会议24次，其中，涉及讨论研究案件22次。

监督执纪

【监督职责履行】 协助市委出台《落实全面从严治党主体责任2021年度任务安排》，压紧压实主体责任、第一责任人责任和“一岗双责”。强化同级监督，向市领导发送《履责提示》6份。协助市委组织对新一届市四套班子领导开展集体任前廉政谈话，及时对新一届乡镇党政“一把手”以及市直单位主要负责人开展廉政谈话。对履行管党治党责任不力行为坚决追责问责，严肃查处落实“两个责任”不力问题9人，问责党组织2个。聚焦“三新一高”、打好三大攻坚战、统筹疫情防控和经济社会发展、教育“双减”等加强监督检查，向乡镇纪委、派驻纪检监察组、纪检监察室发出监督工作提示20份，向有关单位发出纪检监察建议15份，印发新冠肺炎疫情防控督查通报8期，发送履责提示7份，查处新冠肺炎疫情防控工作履责不力、作风不实问题3起14人，诫勉谈话3人。跟进监督推动中央巡视反馈问题整改，实地督导反馈问题48个，约谈责任单位“一把手”3人。

【群众身边腐败问题整治】 聚焦群众关心的教育医疗、养老社保、生态环保、乡村振兴等领域，突出8大方面12项具体治理内容，紧盯政策资金、重点项目和关键环节，加大乡村振兴领域监督查处力度，查处群众身边腐败和作风问题35起44人，其中，查处扶贫领域腐败和作风问题20起28人，处分16人，通报曝光7起11人。开展纪检监察干部“访民企、解难题”活动，收到意见建议19条，推动帮助企业解决实际问题10个。开展损害营商环境突出问题专项整治工作，严肃查处3起以权谋私等典型问题，其中，给予党纪政务处分2人、诫勉谈话5人，并予以点名通报曝光。坚持扫黑除恶“打伞破网”常态化，对重点案件回溯深挖，对公职人员立案7人，组织处理6人、诫勉谈话1人。

【信访举报受理】 全年收到信访举报443件次，其中，业务范围内检举控告193件次，业务范围外及无实质内容举报231件次，批评建议18件次，申诉1件次。收到反映群众身边腐败和不正之风问题信访件17件，反映损害营商环境突出问题信访件18件，反映涉及政法系统信访件31件。

【违纪违法案件查处】 全年处置问题线索334件，立案202起（其中，科级及以上干部35起37人），处分176人，留置4人，移送检察机关2人。运用监督执纪“四种形态”处理问题线索459人次，其中，第一种形态占比61.7%。深化以案促改促建促治，发送各类纪检监察建议书23份。

【落实中央八项规定精神】 查处违反中央八项规定精神问题25个，批评教育帮助和处理34人，其中，给予党纪政务处分17人，点名通报曝光12起。开展党员干部和公职人员酒驾醉驾、参赌涉赌问题专项整治，违规吃喝、违规收送礼品礼金等突出问题专项治理，违规操办“升学宴”“谢师宴”问题专项检查，督促财政等部门开展“小金库”“吃公函”问题专项清理，排查清理“小金库”问题9个、“吃公函”问题21个。

党风廉政建设

【廉政教育基地建设】 对中央纪委国家监委旧址部分展板进行更换，编印旧址宣传册，拍摄制作旧址VR，扩大旧址影响力。配合赣州市纪委、赣州电视台、客家新闻网拍摄《血洒青山铸英魂》《乡村振兴清风随行》等短视频。开展第十届“廉政文化月”活动，以“传承红色基因、弘扬廉政文化”为主题开展系列活动。设计制作廉政教育宣传台历，赠送给全市科级以上领导干部。

【以案明纪警示教育】 开展“运用红色资源做好留置审调对象思想政治工作”专题调研，探索运用红色故事、廉洁故事教育党员干部。将近年来全市查处的违纪违法典型案例分类汇编成册，在市纪委全会上予以发放，供党员干部对照检视、引以为戒。运用易某林、陈某峰、邹某新、刘某生等典型案例，在市属国企、学校开展警示教育，教育引导党员干部和监察对象受警醒、明底线、知敬畏。

【党风廉政对外宣传】 全年在《中国纪检监察报》、中央纪委国家监委网站和《中国纪检监察杂志》上稿35篇，在《人民日报》上稿3篇，在省纪检监察网站及《江西日报》上稿22篇，在赣州市纪检监察网及《赣南日报》上稿116篇，在“红都廉政”微信公众号发布内容549条，浏览人数达50.4万余人次。拍摄制作的短视频《瑞金：共和国的摇篮》在中央媒体播出后，点击量超过120万人次。2021年，瑞金市党风廉政宣传工作居赣州各县（市、区）第一方阵。

队伍建设

【干部队伍教育培训】 举办“党史学习教育大讲堂”15期，培训干部1880人次。举办全市纪检监察干部业务培训班，培训干部115人次。通过开办乡镇纪检干部“夜校”读书班、举办村（社区）纪检干部业务培训班、选派市乡村纪检干部参加上级纪委主体班、定期抽测等形式，培训乡村纪检干部297人次。选派19名干部到省、赣州市参与办案、巡视巡察，抽调31名乡镇纪委干部到市纪委跟班学习，强化实践锻炼和专业训练。

【乡村纪检组织建设】 完成乡村纪检组织换届，乡镇纪委班子平均年龄33岁，较上届降低9岁；大专以上学历95名（其中，研究生学历4名），占比92.23%，较上届提高35.62%，纪检监察干部队伍整体素质得到明显提升。全市246个村（社区）配齐纪委书记、纪检委员230名，村纪检干部大专以上学历64人，占比26.8%，较上届提高14.5%；平均年龄46岁，较上届下降14.8%。

（杨涛）

【巡察队伍建设】 规范巡察干部选配，调整巡察组长2名、副组长1名。坚持专兼结合、盘活存量，建立巡察人才库240人，七届市委首轮巡察抽调优秀后备干部9名。坚持在巡察一线淬炼干部，推荐6名干部参加赣州市委巡察、1名干部参加省委巡视。为巡察机构9名年轻干部各安排1名导师。年内，组织巡察干部开展集中学习16次。强化巡察干部的领导和监督，建立巡察组临时党支部，公布监督电话和运用二维码开展纪律作风后评估等；组织1127人对七届市委巡察组进行满意度测评，满意率98.76%。

（朱水平）

巡察工作

【概况】 2021年，中共瑞金市委坚持以习近平新时代中国特色社会主义思想为指导，深入学习贯彻中共中央总书记习近平“党组织建到哪里，巡察监督就跟进到哪里”的重要指示精神，聚焦发现政治问题、纠正政治偏差，推动标本兼治、祛病除根，较好完成巡察任务，巡察利剑作用有效发挥。配合赣州市委巡察组提级巡察瑞金市委办（含市委保密和机要局、市档案馆），市检察院，实现六届瑞金市委巡察全覆盖。开展常规巡察1轮、涉粮问题专项巡察监督检查1轮，巡察市直单位18个，本届任期内覆盖率达5.3%，实现七届市委巡察工作稳步开局。巡察发现问题524个，移交问题线索6件；依据巡察移交的问题线索立案4人，追缴违规资金7.3万元。配合赣州市完成“市级巡察机构在上下联动中更好发挥作用试点工作”。年内，市委常委会听取汇报6次，市委书记专题会听取汇报1次，点人点事46次。

【落实主体责任】 市委坚决扛起巡察工作主体责任，始终坚持把巡察作为推动改革发展稳定的重要政治保障，作为净化维护政治生态的重要抓手，与经济社会发展统筹谋划、一体落实。把巡察监督纳入市委常委会年度工作要点，市委常委会研究巡察工作6次，审议《2021年瑞金市委巡察工作计划》《七届瑞金市委巡察工作规划（试行）》等，统筹推进巡察工作走深走实。市委书记带头履行第一责任人责任，对巡察工作作出批示35次；主持召开书记专题会听取巡察情况汇报，对46个具体人具体事具体问题作出点评，提出整改要求；审定每轮巡察工作方案，对巡察组组长、副组长人选严格把关。其他市领导认真履行“一岗双责”，结合分管领域和部门职能，全方位支持巡察工作，推进整改落实和成果运用，市领导参加七届市委第一轮巡察反馈会7人次，有效传导整改压力。市委巡察工作领导小组认真落实组织实施责任，每轮巡察启动前，召开会议研究巡察工作方案，明确发力方向；出席巡察工作动员部署会，安排部署巡察工作；加强巡中调研，召开会议听取巡中情况汇报，及时纠偏正向；充分听取巡察情况汇报，对巡察报告严格把关、对提升巡察质效提出明确意见。

【政治巡察】　坚持围绕中心、服务大局，精准落实政治巡察要求。市委紧紧围绕党中央重大决策、重点工作和全市战略部署，优先安排巡察重点领域、重点单位，督促推动党组织和党员干部以实际行动践行“两个维护”。积极配合赣州市委巡察组提级巡察瑞金市委办（含市委保密和机要局、市档案馆），市检察院，实现六届瑞金市委巡察全覆盖；组织各巡察组围绕粮食生产、优化营商环境等开展“微巡察”，督促各责任主体履职尽责。结合贯彻落实“双减”政策和打造“体教康养中心”目标，将七届市委首轮巡察对象确定为教育系统，推进教育高质量发展。联动开展涉粮专项巡察监督检查，发现问题 21 个、掌握线索 1 条，根据巡察移交的线索留置正科级干部 1 名。

【巡察整改】　积极创新方式、提升质效，做深做实“后半篇文章”。围绕构建责任明确、督导到位、问责有力的整改机制，坚持将巡察反馈意见和整改报告向分管市领导通报、向纪检监察机关和组织部门通报的“双通报”制度，分管市领导参加巡察反馈会、专题民主生活会“双会议”制度和对被巡察单位党组织整改方案、整改进展情况报告审核签字的“双签字”制度。深化市纪委监委、市委组织部、市委宣传部、市委巡察办、市委巡察组“五方会审”机制，对整改方案、整改报告联合把关。抓好巡察反馈意见整改落实，强化巡察成果运用，市纪委监委联合市委组织部、市委巡察机构对六届市委巡察反馈问题开展“大排查、大起底、大整治”工作，六届市委反馈问题 1632 个，完成整改 1625 个。推动问题整改“建章立制”，向有关职能部门提出意见建议 5 条，被巡察单位通过整改建章立制 104 个。

【发挥综合监督平台作用】　强化上下联动、左右贯通，充分发挥综合监督平台作用。全力支持配合试点工作，准确把握和支持配合赣州试点工作的责任要求，承接 7 个方面 19 项任务，制定项目化措施 49 条。上下联动对教育系统和涉粮领域开展巡察，完成民生保障领域巡察正负面清单和巡察整改责任机制、督促机制、评估机制等课题调研。接受赣州市委第三巡察组的指导督导，进一步规范巡前情况通报、个别谈话、听取汇报等工作环节。着力构建全方位贯通融合监督体系，坚持巡前信息互通，做到同题共答。在巡前准备阶段，向纪委监委、组织、财政、审计、信访等部门发函收集资料，召开巡前情况通报会收集“活情况”，累计收集信息 72 条；坚持巡中力量互通，做到同向发力，推动巡中各项工作顺利推进；将巡察反馈意见及时抄送纪委监委和组织部门，实现资源共享、结果互用。年内，将涉粮专项巡察发现的问题及时移交纪委监委处置。

（矢水平）

9 月 18 日，瑞金市召开七届市委第一轮巡察动员部署会
（市融媒体中心供图）

群众团体

瑞金市总工会

【概况】 2021年，瑞金市总工会精心组织开展庆祝中国共产党成立100周年系列活动，深入推进新时代产业工人队伍建设改革，切实加强新就业形态劳动者入会和权益保障工作，扎实开展“我为群众办实事”“工会进万家”活动，职工群众幸福感、获得感、安全感明显增强。全总苏区中央执行局旧址被全总命名为第一批全国职工爱国主义教育基地，市总工会被国家机关事务局等部委评为国家级节约型机关、被省委和省政府评为脱贫攻坚先进集体，市行政审批局职工书屋被命名为全国职工书屋示范点；瑞金经开区“三师一室”《在线调解劳务合同纠纷案》入选最高人民法院“总对总”在线多元调解案例，被评为全省“三师一室”维权服务工作竞赛一等奖且列全省第一名，入围全省第一批百家金牌调解组织名单。推荐中建海峡建设公司瑞金分公司获得赣州市五一劳动奖状、江西省瑞金润泉供水公司获得赣州市工人先锋号；推荐瑞金市委组织部驻叶坪镇田坞村第一书记张群、中国移动江西公司瑞金分公司客户经理赖燕玲、江西金一电缆公司挤塑机主档工钟伟获得赣州市五一劳动奖章。

【新社会组织工会组织建设】 把新就业形态群体入会作为工会组建工作重点，积极开展“工会进万家·新就业形态劳动者温暖行动”暨赠送入会大礼包活动，向外卖配送员、网络主播、创客等新就业形态劳动者赠送入会大礼包。截至年底，全市有新就业形态工会组织16家，工会会员3387人，工会组织和工会工作实现有效覆盖。

【职工权益维护】 完善“法院+工会+人社”诉调对接机制，推动不见面视频调解机制落地见效，以法治思维和法治方式化解劳资纠纷，充分利用“调”的柔性和“诉”的刚性，推动劳动争议化解工作成效得到较大提升。年内，受理劳资纠纷65起，成功调处60起，涉及劳资纠纷360万余元，惠及企业职工（农民工）280余人。

【工会普惠服务】 擦亮“春送岗位”“夏送清凉”“金秋助学”“冬送温暖”等服务品牌，着力构建以生活救助、医疗救助、就学资助、就业援助、法律援助、信访接待“六位一体”的困难职工帮扶机制。全年发放帮扶救助资金122万余元，救助困难职工736人，实现建档立卡困难职工帮扶救助全覆盖。针对留守儿童、未婚青年、一线女职工、新就业形态劳动者、下岗职工等群体“急难愁盼”问题，举办关爱留守儿童、未婚青年联谊、一线女职工健康体检、走访慰问新就业形态劳动者、“携手小康”职业技能培训等活动。

群众向总工会赠送锦旗 （市融媒体中心供图）

法律咨询服务　（市融媒体中心供图）

【职工文体活动】 在庆祝中国共产党成立100周年和元旦、春节、“五一”等重要节假日期间，举办全市职工羽毛球、乒乓球、气排球、足球比赛等职工群众喜闻乐见的文体活动，参与职工960余人。组织全市各级劳模、五一劳动奖章获得者、产业工人和春节期间坚守岗位的一线职工等1700余人观看大型原创音乐剧《闪闪的红星》，工会组织的吸引力与凝聚力进一步增强。

【劳动模范关爱服务】 常态化开展劳动模范走访慰问活动，解决他们工作生活中的现实难题。组织部分劳动模范开展疗休养，对赣州市级以上劳动模范、先进工作者（五一劳动奖章获得者）进行健康体检。

【劳动技能竞赛】 以“当好主人翁、建功新时代”为主题，结合建筑、酒店服务、卫生应急、制鞋制衣、电线电缆等行业特点，广泛开展示范性、引领性劳动技能竞赛活动，引导职工建功立业，培育造就更多的“金牌工人”“红都工匠”和创新人才。年内，组织引导35家企业5600余名职工参加劳动竞赛、技能大赛、技术比武等活动。

【“三师一室”维权服务】 2021年，市总工会着力打造团结务实、精干高效的“三师”维权服务团队（即劳动关系协调师、法律援助律师、健康工程师、沙龙茶叙室），积极探索“工会+”方式，借助人民法院、人社局等力量，形成“法院+工会+人社”劳动争议源头治理多元化解工作机制。《远程调解出奇效诉调对接解民忧》在线调解劳务纠纷案例入选最高人民法院“总对总”在线多元调解案例入选江西省第一批金牌劳动人事争议调解组织。“三师一室”维权服务平台累计受理劳动纠纷案件168起，办结154起，涉及金额2000万余元。

（谢立文　高鑫）

共青团瑞金市委

【概况】 2021年，共青团瑞金市委（简称团市委）深入贯彻落实中共中央总书记习近平关于青年工作的重要指示批示精神，不断提高引领凝聚服务青少年工作水平，带领青年志愿者在新冠肺炎疫情防控、乡村振兴、“两城同创”等工作一线建功立业，开创共青团工作新局面。全年争取各类爱心资金50余万元，组织青年联谊活动2次，为大学生创造实习岗位71个。

【团组织建设】 印发《关于进一步加强基层团建工作的通知》，并同市委教育工委联合印发《关于进一步加强学校团建工作的通知》，压实团干部工作责任，形成抓团建工作合力。新建社会组织团组织8个、非公企业团组织20余个，基层团建总指标在赣州各县（市、区）排名第四。召开全市村（社区）团组织换届选举工作部署会，严格落实换届纪律，全市214个村（社区）团组织完成换届选举，选举产生村（社区）团组织班子成员325人，其中，中共党员181人，占比55.7%；共青团员144人，占比44.3%；大专及以上文化程度259人（其中，本科以上学历113人），占比79.7%；团组织委员年龄在35岁以下人数309人，占比95.1%。

【青少年思想政治引领】 印发《关于在全市各级团队组织和广大团员、少先队员中开展“学党史、强信念、跟党走”学习教育的通知》，明确目标任务、学习教育、组织生活、实践活动和工作要求。4月9日，开展全市各级团、队组织“学党史、强信念、跟党走”学习教育启动仪式，党史学习教育专题学习覆盖全市508个团支部，促进“青年大学习”。开展“红领巾爱学习”、“红领巾奖章”争章、“十一三”队课、离队入团仪式、少先队辅导员风采展示、成人仪式等活动，组织微团课、主题征文、微视频主题演讲、主题绘画系列比赛等。全年实施“我为青年做件事”主题实践活动15件，开展青年读书分享、宣讲活动72场次。

【服务青少年成长】 实施“赣鄱乡村好青年”选培计划，选树省级“新时代赣鄱乡村好青年”2名、市级“新时代赣鄱乡村好青年”23名、县级“新时代赣鄱乡村好青年”225名，建设一支懂农业、爱农村、爱农民的农村青年骨干力量。向共青团赣州市委推报“全市乡村振兴青年先锋（标兵）”6名，其中，3人获得“全省乡村振兴青年先锋”称号。举办相亲联谊会2场，为300余名单身青年人才提供联谊交友机会。开展“五四”青年篮球赛，21

个代表队 300 余名青年干部参赛。开展事业编、"三支一扶"公考公益培训班，37 名考生参加培训。开展青年英才"展翅计划"，全市 27 个单位与 71 名青年大学生签订实习协议。开展"暖蜂行动"，关心快递从业青年心理健康。落实市财政年初新增青年发展专项预算资金 10 万元，召开全市青年发展联席工作会议第二次全体会议，审议《瑞金市贯彻落实〈江西省中长期青年发展规划（2018—2025 年）〉实施意见 2021—2022 年工作要点》，明确青年思想引领、青年健康提升、青年人才储备、青年创业就业、青年日常生活、青年社会融入和参与、维护青少年合法权益、预防青少年违法犯罪、青年社会保障、保障措施等 10 个方面 68 项具体项目。市青少年活动中心精装修工程开工建设，完成青少年活动中心市场化运营项目公开拍卖工作。

【关爱服务青少年项目】 着力培树"情暖童心·爱在身边""四点半课堂""七彩假期""圆梦微心愿""红色小书包"等项目品牌，关心关爱农村留守儿童。争取葆蒂兰国际集团到冈面乡上田小学捐资助学，"企业现金资助+慰问金+物资+采购扶贫农产品"共计 10 万余元。省、赣州市青基会对瑞金市重点倾斜，"希望工程"配捐瑞金山区小学建设资金 50 万元，安排"微心愿""红色小书包""希望电脑"等项目 20 余万元，助学 100 余名贫困学生 40 余万元；"暖足行动"捐助瑞金特教学校 196 双跑鞋。

【青年志愿者活动】 指导团属青年志愿者组织红都义工联合会完成换届，团属青年志愿者协会重新启用，社会组织管理更加规范。红都义工联合会筹集温暖包 410 个，价值 15 万元，惠及儿童 410 名。动员青年志愿者广泛参与新冠肺炎疫情防控、禁毒、"反电诈"、创文创卫、乡村振兴等志愿服务活动。组建赣青突击队瑞金市大队，着力打造常备青年应急队伍。常态化开展"河小青"保护母亲河生态保护活动。西部计划志愿者推介瑞金脐橙微视频被江西共青团微博发布，登上团中央 12·5"致敬志愿者"主题网络嘉年华活动。

（郑汐）

瑞金市妇女联合会

【概况】 2021 年，瑞金市妇女联合会（简称市妇联）以习近平新时代中国特色社会主义思想为指导，聚集主责主业，围绕中心、服务大局，扎实推进妇女儿童发展、妇女权益保护、"赣南新妇女"运动等，各项工作取得新进展。截至年末，全市有 17 个乡镇妇联，68 个市直单位妇委会，18 个"两新"组织妇委会，乡镇（城市社区）妇联干部 34 名，240 个村（社区）配备村（社区）妇联主席 240 名。

【基层妇联组织建设】 扩大社会妇女组织建设，以建设"妇女微家"、吸收团体会员等形式向乡村、非公有制经济组织、社会组织等妇女集中领域扩展，新建立客家山歌协会"妇女微家"，瑞金市女子商会和象湖镇民办幼儿园成立妇委会。举办全市基层妇干培训班、村妇女小组长培训班，培训乡村妇联主席 239 人、村妇女小组长 3699 人，全面提升基层妇女干部队伍素质和工作能力。

【妇女思想政治引领】 依托中华苏维埃共和国妇女生活改善委员会"全国妇女爱国主义教育基地"，开展"党旗引领妇女·红色点亮芬芳"学党史忆初心主题活动，组织 1000 余名妇女参观学习，教育和激励广大妇女赓续红色血脉、汲取奋进力量推出原创红色歌曲《美丽红土花》，在"学习强国"等平台广为传播。率先在微信公众号推出《花开有声——红都女性学百年党史》故事诵读栏目，全市广大女党员干部积极参与，讲述党史故事百余个。创建红都女性学中共党史、新中国史、改革开放史、社会主义发展史、苏区妇女运动史线上知识竞赛 App，近 6 万人次参与竞赛。开展"赣鄱红色娘子军"走基层宣讲活动，各乡镇、各单位、各执委分别组建宣讲小分队深入村（居）、企业、学校开展宣讲 308 场，教育引领广大妇女听党话、感党恩、跟党走。开展"新时代赋予新使命、新征程呼唤新担当"主题演讲比赛，来自全市各领域妇女 40 余人参加比赛。

【"赣南新妇女"运动】 动员广大妇女、家庭，构筑群防群治的新冠肺炎疫情防线，配合做好上门摸排、宣传教育、资料发放、隔离管控、后勤保障、卡点执勤、卫生消毒等。深化清洁家园行动，以"五净一规范"为标准，常态化开展清洁家庭评比，着力推进壬田中潭村、沙洲坝群峰村、瑞林芫田村、万田麻地村、云石山乡石背村和丰垅村清洁家庭示范点建设。围绕 10 个篇章开展巾帼志愿服务主题活动 239 场；围绕巾帼产业示范基地"华嬷嬷食品加工坊"，示范带动广大农村妇女因地制宜发展脐橙、蔬菜等产业。

【关爱妇女儿童】 开展"让爱留守·温馨相伴"师幼结对帮扶、"处境关爱和谐，相伴留守儿童"集体生日会和"家庭教育进乡镇"宣讲等主题实践活动 23 场，助推妇女群众解决当前家庭教育不当、留守儿童成长等问题。举办"爱在红都·橙心相约"青年联谊相亲会，共有 120 名未婚男女青年参加。依托江西南芳（瑞金）律师事务所资源，成立首个妇女儿童法律服务站，构建司法保护与社会支持相结合的妇女儿童维权工作机制，提高妇女儿童维权工作专业化水平，法律服务站为维护妇女儿童权益提供服务 26 次。

（钟虹丽　李婧）

瑞金市工商业联合会（总商会）

【概况】 2021 年，瑞金市工商业联

合会（简称市工商联）认真贯彻落实上级工商联和市委、市政府的工作部署，高位谋划、精心部署，扎实有效地推进各项工作，被中华全国工商业联合会评为“2020—2021 年度全国‘五好’县级工商联”“江西省先进基层工商联”“2021 年度民营企业调查点工作先进基层单位”。

【民营企业走访调研】 开展民营企业“大走访、大调研”和“我为群众办实事”等活动，走访会员企业 50 余家，填报各类调查问卷 100 余份，梳理问题并建立台账。11 月 2 日，根据《2021 年江西营商环境日（瑞金）活动方案》，召开企业家座谈会，工商联、发改委等 16 个单位和 25 家企业、个体户参加座谈，20 家企业提出意见建议 24 条，上报至瑞金市优化营商环境办公室，年内，基本整改落实到位。

【非公有制经济人士培训教育】 市工商联与市税务局共同组织企业代表，参加助力小微企业发展“春雨润苗”专项培训班，开展《中华人民共和国民法典》培训和税法知识培训；开展“非公经济人士心理健康专题讲座”，帮助企业家舒缓压力、调整心态；11 月 8—12 日，组织部分非公企业家赴深圳参加“瑞金市非公经济创新发展培训班”。叶坪“一苏大”旧址被省工商联设立为“江西省民营经济人士理想信念教育基地”。

【非公有制经济发展服务】 积极为小微企业解决融资难、融资贵问题，与建设银行瑞金支行签订战略合作协议，与九江银行加强沟通对接，与瑞金农商银行、赣州市金盛源融资担保集团、瑞金经开区商务局联合举办以“学党史办实事，普惠金融开新局”为主题的创新金融产品——小微企业普惠金融产品发布会，介绍“百福诚商 e 贷”“百福个商 e 贷”“财园个商 e 贷”“百福普惠金融贷”等普惠信贷以及全省首创的“百福稳保贷”产品。推送江西省“减税、费、租、息、支”32 条政策和优化营商环境措施等。推动依法经营，推进企业、商（协）会与律师事务所签订“万所联万会”框架合作协议，开展为期一个月的民营企业法治体检专项活动，找出存在的问题 23 个，现场解答企业主问题 127 个，提供合法性建议 50 余个。全市营商环境评价“企业评”全省排名从第 87 名前进到第 58 名。

【“万企兴万村”行动】 11 月 5 日，召开瑞金市“万企兴万村”行动启动大会，围绕产业、人才、文化、生态、组织等五大振兴，打造一批“万企兴万村”行动示范点。全市 38 个被帮扶村与 46 个企业、商（协）会结对，有序开展帮扶工作。组织部分商会和企业开展捐资助学、走访慰问脱贫户、慰问敬老院等活动。

【非公有制经济企业扶贫慈善活动】 市工商联兼职副主席林锦煌向贫困学生捐资 2.6 万元，瑞金市女子商会为高考学子、交警执勤人员等送防暑用品，深圳市瑞金商会联合深圳市赣州商会、深圳市誉兴集团为壬田镇中潭敬老院捐送慰问金和慰问品，江西省湖北商会及赣州市湖北商会向瑞金黄埔希望小学 50 名贫困学生捐助 5 万元。厦门市赣州商会向叶坪镇洋溪小学赠送打印机，并为 12 名贫困学生每人捐赠现金 1000 元和学习用品。

（陈文峰　谢君怡）

瑞金市科学技术协会

【概况】 2021 年，瑞金市科学技术协会（简称市科协）以《全民科学素质计划纲要》为统领，以科普宣传为抓手，以“四服务一加强”为目标，积极开展各项科普活动，全面完成各项目标任务。瑞金市在中国科协举办的“全域科普工作和基层科协组织建设现场会”上作典型发言。11 月，中国科协确定瑞金市为全国第二批科普示范县市创建单位。

【科普基地建设】 申报赣州市科普教育基地和农业科普基地，瑞金市幸福花海园林花卉基地获批赣州市科普教育基地，绿野轩瑞金油茶科普基地获批赣州市农业科普示范基地；打造龙珠社区、东升社区科普活动室。瑞金科技馆布展装修基本完成，6 月试运行，成为江西省首个县级科技馆；对接省“流动科技馆”、中国科技馆巡展项目，引进“榫卯的魅力”“科创百年”等临时展览，科技馆年内接待游客 2.5 万余人次。

【科普活动】 充分利用“科普之春暨学雷锋科普志愿者服务月”和全国科普日活动等重大节日，巡回举办群众性科普活动，为广大干部群众普及科学知识，提升全民科学素质。举办“科学让生活更美好”“老年人营养健康知识”“大众常见疾病预防控制知识普及”“关注食品安全、倡导健康生活”“科技改变生活”等科普报告 158 场，参加人数 1.2 万余人次。承办中国科协活动 3 场、省科协活动 2 场，主办苏区科普史研讨会。在瑞金一中、瑞金三中、金穗学校、思源学校、红井小学等开展科普大篷车巡展、科普讲座、动手实践等科普活动，提升青少年科技创新意识和科技创新能力。开展“创文明城市、科普进社区”活动，举办主题为“科技创新·美好生活”科技周以及“创新引领共享发展”“创新创业科技惠民”等活动。以提高青少年科学素质为目标，积极开展科技馆巡展、科技创新大赛、科普讲座等活动。开展主题为“沿着奋斗百年路，激发科学好奇心”的“科技教育活动乡村行”活动，组织叶坪、武阳等乡镇小学生到极地海洋馆和现代九丰农业科普示范基地参观。

【科技服务】 依托农函大工作平台，面向全市产业农民，开展“科技助力乡村振兴”工程等系列培训，形成“乡乡搞培训、月月有重点、年年有高潮、场场都精彩”的农函大培训格局。围绕脐橙管理、蔬菜栽培、畜禽养殖、油茶种植、毛竹生产、蜂蜜加工与电子商务等内容，举办各类实用技术短训班300余期，培训农村党员、产业大户、贫困人员等1.3万余人次。组织各乡镇科协、村（居）委会、市属学会（协会）、农技协、企业、科普示范基地等申报基层科普行动计划和科普专项，瑞金市化工机械有限责任公司科协等5个单位实施“基层科普行动计划”项目。

【瑞金科技馆试运行】 6月28日，瑞金科技馆开馆试运行。瑞金科技馆是江西省第一个县级科技馆，2016年立项，2017年开工建设，2019年底土建完工。科技馆总建筑面积5030平方米，展厅面积2000余平方米。科技馆以长征精神作为整体设计脉络的切入点，以人、科技、未来为场馆主题。场馆布展以人类认知层次的发展为展示脉络，利用年龄层次的不断升级与知识体系的全面延伸，将科技、人与生活紧密关联，逐步揭开科技之谜。该馆设有启智乐园、探索发现、生命健康、地球科学、宇宙奥秘、未来科技等六个展厅，常设展厅共有103个展项，其中，互动性展项76个，还设有多功能报告厅、科普活动室、青少年活动中心等功能室。

（市科协办公室）

瑞金市社会科学界联合会

【概况】 2021年，瑞金市社会科学界联合会（简称市社联）坚持以习近平新时代中国特色社会主义思想为指导，深入学习宣传贯彻中共中央总书记习近平系列重要讲话和中共十九大、十九届历次全会精神，大胆创新、主动作为，各项工作取得显著成效。6月，首届“瑞金论坛”在瑞金举办；11月，“第五届全国原苏区振兴高峰论坛”在瑞金举办。1人入选赣州市第二批哲学社会科学专家库专家，1人被评为赣州市先进社科工作者，1个单位被评为赣州市优秀社科普及示范基地。10月，瑞金市社联被赣州推荐申报全国大中城市先进社科组织。

【社科研究】 积极开展课题申报、立项、结题工作，组织申报和立项赣州市社会科学研究课题17个，结题16个，延期结题1个。开展中华苏维埃代表大会制度史课题研究，与市人大常委会办公室联合印发《关于组织开展中华苏维埃代表大会制度史课题研究活动的通知》，征集课题7个，市史志研究室申报的《中华苏维埃共和国选举制度的推行与成效》课题获一等奖。牵头组织“我为瑞金发展献一计”有奖征文活动，收到文稿419篇，评选优秀文稿19篇，择优选取优秀文稿96篇汇编成册，为科学谋划瑞金高质量跨越式发展提供决策参考。开展2020年度哲学社会科学研究成果、人才及刊物三大类别的扶持奖励评审，评审出符合社科成果类扶持奖励50项，符合社科人才类扶持奖励7人，符合社科刊物类扶持奖励1个，奖励资金18.85万元。《从瑞金开始追根溯源的路径、内涵及意义》《从伟大苏区精神中汲取前行的力量》等文章在《赣南社会科学》发表。《中国共产党对苏区群众的民主训练》《苏区时期我党如何实现“人民当家作主”》等文章分别在《中国井冈山干部学院学报》《文史精华》等刊物发表。

【社科普及】 开展瑞金市第十四届社科普及宣传周系列活动，围绕“永远跟党走、建功新时代”主题，瑞金中央革命根据地纪念馆举行“人民共和国从这里走来——中华苏维埃共和国史”陈列展览开展仪式，开展“红色文化进校园”“推动移风易俗、弘扬时代新风”主题宣讲活动；各新时代文明实践站开展党的十九届六中全会精神学习宣传贯彻活动等。加强地方历史文化宣传普及，组织征订《瑞金三部曲》书籍200套。

【首届“瑞金论坛”】 6月5—6日，首届“瑞金论坛”在瑞金举办。本次论坛由中国政策科学研究会和江西省社会科学院主办、江西省旅游集团和瑞金市委、市政府协办。来自全国近200名党史和理论界的嘉宾、专家、代表参加会议。十一届全国政协副主席、中国人口福利基金会会长、国家审计署原审计长李金华做主旨演讲。中国政策科学研究会会长、中共中央政策研究室原主任、中共中央原文献研究室主任滕文生，文化部原部长、当代著名作家王蒙，十三届全国政协常委、民族和宗教委员会主任、中国社会科学院原院长王伟光，中共中央组织部原副部长、中共中央原党史研究室主任、中共党史学会会长欧阳淞，中共中央原文献研究室副主任陈晋，中国社会科学院原副院长、原党组副书记李慎明，原中共中央文献研究室常务副主任、中国中共文献研究会副会长杨胜群先后作大会发言或视频连线。江西省委常委、赣州市委书记吴忠琼出席大会并致辞；中信改革发展研究基金会理事长孔丹主持大会；瑞金市委书记吴建平在大会上致辞。“瑞金论坛”永久会址奠基落户瑞金。

【第五届全国原苏区振兴高峰论坛】 10月22—24日，由中国社会科学院农村发展研究所、江西师范大学、江西省社会科学界联合会共同主办的第五届全国原苏区振兴高峰论坛在瑞金举行。论坛设置“苏区历史”“苏区精神”“苏区振兴”三个分会场展开研讨，中国社科院、中国浦东干部学院、中国人民大学、东北师范大学等多个研究机构、高校的专家学者共200余人参会。中国社科院农村发展研究所研究员杜志雄、中国井冈山干部学院副院长匡胜、江西省社会科学界联合会《苏区研究》主编万振凡，分别做“苏区发展：做好衔接促进高质量发展”“苏区全面振兴必须昂起龙头”“大历史观视野下的苏区史研究”主旨报告。全国原苏区振兴高峰论坛是以“苏区振兴”为主题的全国性学术会议。

（市社联）

瑞金市文学艺术界联合会

【概况】 2021年，瑞金市文学艺术界联合会（简称市文联）坚持“二为”（文艺为人民服务、为社会主义服务）方向和“双百”（百花齐放、百家争鸣）方针，团结和带领全市文艺工作者植根红土圣地，讲好“瑞金故事”，在传承红色基因、推进文艺创作、开展文艺惠民等方面做了大量卓有成效的工作，为瑞金建设现代化次中心城市提供强大的精神力量。全市有作家协会、书法家协会、美术家协会、音乐舞蹈家协会、京剧协会、戏剧家协会、民间文艺家协会、诗词楹联学会、电影电视家协会、摄影家协会等10个协会（学会）。

【文艺惠民】 开展元旦、春节文化惠民活动，为市民义务书写春联8000余副。举办庆祝中国共产党成立100周年暨“万年青杯”第三十八届谷雨诗歌朗诵会。组织共和国摇篮合唱团参加赣州市纪念红军长征胜利85周年专场音乐会。重新组建“长征组歌”交响合唱团。举办“长征组歌”合唱公益培训、“解密国展楷书创作发展趋势”书法讲座、“音乐听力”师资培训、“隶书概说”书法学术讲座等公益培训。争取到中国文联“圆梦工程”文艺培训志愿服务项目经费资助7万元、省文联文艺志愿服务项目2万元。全市加入赣州文艺志愿者协会36人，加入中国文艺志愿者协会126人。全年开展文艺志愿服务20余场260人次，文艺志愿服务工作经验做法被全省文联文艺志愿服务工作现场会推介。

【文艺创作】 年内，全市文艺工作者在各类平台发表作品600余件，获各级各类奖项300余项。钟秀华创作的散文集《陪审员手记》获第十二届全国少数民族文学创作骏马奖散文奖、散文集《赣地风流》入选中国作协重点作品扶持和江西文化艺术基金文学创作拟资助项目并出版；范建民创作的长篇小说《野庙碑》入选江西省作协主办的“风起赣鄱”原创长篇小说重点作品扶持项目，长篇小说《水车简史》入选江西文化艺术基金文学创作拟资助项目；曾睿智创作的长篇小说《天上的花朵》入选江西文化艺术基金文学创作拟资助项目；宋元鸽出版散文集《致敬夕阳》；邱金湟出版散文集《溪水潺潺》。谢明琎创作的《瑞金太阳山》入选全国中国画作品展；胡应东创作的《赤都瑞金》入选全国美术作品展；赖楠创作的《寂静的日子》入选中国美协主办的第二届全国美术教师作品展。中国书协主办的书法展览，瑞金有4人次入展；江西省书协主办的书法展览，瑞金有63人次入展（含获奖）。其中，刘俊作品入展中国书协主办的全国第三届大学生书法篆刻作品展；唐绍禄、刘小明、朱景发作品入展中国书协和江西省文联联合主办的“学党史、感党恩、跟党走”庆祝建党百年全国书法展（江西篇）。严帆获聘首批“江西红色文化传播大使”。

【文艺体制改革】 以市委巡察组对市文联工作巡察反馈意见整改为契机，巩固深化文联改革成效，形成专职、兼职、挂职相结合的干部任用机制。理顺瑞金文学艺术院人员编制，规范文联党支部活动。强化管理和服务职能，加强意识形态管理，成立全市文艺工作者职业道德和行风建设委员会，探索成立乡镇文联并开展基层文艺活动。鼓励支持文艺工作者加入国家级协会，胡应东加入中国美协，成为全市第2个中国美协会员。实施文艺激励政策，开展2018—2019年度瑞金市文艺创作和文艺人才扶持奖励申报评审工作，实施文艺扶持奖励政策的做法被中国文联全国市县文联公众号推介。

【四部文学作品获省级重点扶持】 12月17日，江西文化艺术基金2021年度一般项目立项名单公示，瑞金四部文学作品入选，包括曾睿智长篇小说《天上的花朵》、范建民长篇小说《水车简史》、钟秀华散文集《赣地风流》；范建民长篇小说《野庙碑》入选该年度江西省文化艺术项目子项目——江西省作协“风起赣鄱”长篇小说重点扶持项目。钟秀华创作的散文集《赣地风流》还入选中国作协重点作品扶持项目。

曾睿智的长篇小说《天上的花朵》讲述民国时期瑞金抗击天花疫情的故事。范建民创作的长篇小说《水车简史》讲述乡村振兴、赣南油茶产业发展等背景下梅江人家的悲欢离合。长篇小说《野庙碑》以瑞金金瑞湾公园建设为背景，讲述党和政府大力改造城中村所引发的人间故事。钟秀华的散文集《赣地风流》记述赣南城乡振兴发展的风貌，讲述瑞金红色历史文化。

【《赤都瑞金》入选全国美术作品展】 2021年4月，瑞金籍画家胡应东中国画作品《赤都瑞金》参加第五届“红船颂”全国美术作品展，获入会资格。作品被浙江嘉兴南湖革命纪念馆收藏。《赤都瑞金》以“二苏大”中央大礼堂为主要表现对象，采用打破时空重组方式，将苏区时期的主要红色建筑均组合到画面中，再现作为“赤都瑞金”在苏区时期的艰苦岁月景象，以此庆祝中国共产党成立100周年。

（周春柳　曾小云）

瑞金市残疾人联合会

【概况】 2021年，瑞金市残疾人联合会（简称市残联）认真贯彻《中华人民共和国残疾人保障法》，履行“代表、服务、管理”的职能，为残疾人创造良好的生活条件，使残疾人能在事业上成为社会平等的一员，享有和参与社会生活的权利，为残疾人在康复、就业、培训等方面提供更多的优惠待遇，让他们切身感受到党和政府的温暖。“5·12”中国残疾人艺术团“共铸芬芳·共建美好”大型慰问演出走进瑞金，为残疾人奉上文化盛宴；残疾人社区康复服务新模式得到上级残联高度认可，经验做法分别被《人民日报》、《赣南日报》、“学习强国”学习平台等主流媒体宣传推介。

【残疾人证件办理】 推进“办证清零、政策清零、帮扶清零”，全年为残疾人开展2批次流动办证和上户办证，组织8个评残医生下乡流动办证。年内，残疾人持证人数18007人，持证率为34.27%，比2020年提高0.5个百分点。

【残疾人教育】 坚持残健融合、“两头”延伸的原则，把残疾适龄少年儿童教育纳入义务教育总体规划，以“随班就读”为主体，以“送教上门”为辅，加大对生活贫困残疾学生和贫困残疾人家庭子女的救助力度。为瑞金特殊教育学校争取技能培训经费5万元，为9名残疾大学新生发放入学资助。开展以“关爱心理健康、享受健康生活”为主题的世界精神卫生活动和“倾听历史、感恩党恩”为主题的第38个国际盲人节社教活动。

【残疾人康复救助】 根据残疾人实际情况，积极开展残疾人康复救助。依托全市“一校二院四中心”残疾人康复服务网络，为91名残疾儿童实施抢救性康复服务，对125名残疾人进行辅助器具补贴。

【残疾人就业培训】 全年开展残疾人就业培训217人、残疾人农村实用技术培训147人，安置残疾人担任农家书屋管理员220人。举办残疾人专场就业招聘会，向企业推荐贫困残疾人就业300余人次，公益性岗位安置残疾人552人。培植“阳光助残”创业就业示范基地3家，解决60余名残疾人就业；建立就业辅助中心2个，安排残疾人就业100余人。

【社会助残】 积极动员社会各界资助残疾人，努力改善他们的生活条件和身体康复。福建省龙头山粮油发展有限公司为残疾人托养、康复等机构捐助食用油；瑞金市义兴体育用品有限公司为残疾人五大协会捐助电脑、打印机；社会爱心人士为肢体协会、盲人协会分别捐款3万元。

（郭剑宇　胡丽群）

瑞金市归国华侨联合会

【概况】 2021年，瑞金市归国华侨联合会（简称市侨联）紧紧围绕“服务经济发展、依法维护侨益、拓宽海外联谊、积极参政议政、弘扬中华文化、参与社会建设”6项职能，进一步强化政治意识、大局意识、服务意识，巩固“中国华侨文化国际交流基地”授牌后继影响力，依托基地平台加强对外联络联谊，助力瑞金经济社会发展。年内，接待美英、东南亚等地回瑞金省亲人员10批次26人。

【侨界扶贫济困】 积极引导全市侨资企业、归侨侨眷参与各种慈善救济活动。年内，侨资企业、归侨侨眷参加各类捐资活动30余次，捐助金额50余万元。

【为侨服务】 切实维护侨资企业、归侨侨眷侨益，积极为侨资企业、归侨侨眷排忧解难，帮助协调解决各类纠纷8起，发函查找国外失散亲属3起。救济归侨侨眷10户，发放款物价值5000元，帮助12名下岗侨眷再就业。依托九天社区平台，建设“侨胞之家”示范点。

【侨界参政议政】 组织侨联界政协委员参加市知联会、市政协专委会组织的“暖巢敬老”“保护母亲河环保行”等活动。组织侨联委员到叶坪旧址群、红军村华屋、泽覃安治村、统战史陈列馆开展以“学党史、凝侨心、聚侨力、办实事”“筑牢初心、侨心向党”为主题的党史学习教育活动。市政协侨联界委员就“打造无废城市”“公共交通建设”等开展调研，提供翔实的资料供决策层参考。

（杨海恩）

瑞金市计划生育协会

【概况】 2021年，瑞金市计划生育协会（简称市计生协）认真学习贯彻习近平新时代中国特色社会主义思想，围绕夯实计生业务工作，落实中国计生协“向日葵计划”在瑞金的项目建设，提升亲子服务效能，弘扬苏区干部好作风，各项工作均取得较好成绩。

【健康教育】 加强与卫健委、教体局、妇保院等部门联系，在全市中小学开展青春期健康教育10余场，打造市英才学校、瑞金四中等市级青春期健康教育示范基地。积极推进家庭健康教育建设工作，服务好广东省瑞金市流动人口计划生育协会，为在粤瑞金外出务工人员培训优生优育、艾滋病防治、避孕节育等知识3000余人次。

【“向日葵计划”】 积极争取中国计生协“向日葵计划”项目在瑞金实施，建立象湖镇红都幼儿园、红黄蓝城东幼儿园、瑞明幼儿园和叶坪镇云集七彩幼儿园、红黄蓝幼儿园等5个示范点，将0~3岁婴幼儿照护、科学养育理念送进农村家庭，促进农村儿童早期发展，与实施二孩、三孩政策落实有效衔接。

【计生宣传】 充分发挥计生协会基层网络健全优势，积极宣传新时代计划生育形势和法律政策，开展“5·29”计生协纪念日宣传等多种宣传活动，向广大群众解读二孩、三孩政策，鼓励优生优育。全年开展专题宣传1000余场次，发放宣传单63000余份，受众62000余人次。

【生育奖励优惠政策落实】 完善计生失独家庭、农村已扎二女户家庭和计生困难家庭等的资料档案，全面实施计生失独家庭、农村二女户奖励扶助政策。发放特殊困难家庭就医绿卡57户77人，协助教体局审查落实中考加分政策，为全市计生家庭户中考加分131人。

（市计生协）

瑞金市红十字会

【概况】 2021年，瑞金市红十字会大力弘扬“人道、博爱、奉献”的红十字精神，围绕中心、服务大局，聚焦主责主业，积极开展筹资募捐、“三救三献”、志愿服务等活动，各项工作取得较好成效，政府人道助手作用进一步发挥。11月4日，市委全面深化改革委员会第十一次会议审议通过《关于加强瑞金市红十字会基层组织建设的工作方案》，至12月31日，全市成立红十字会基层组织44个。

【人道救助】 为器官捐献者家属和因灾因病因残等115户困难人群发放大米、食用油、棉被、毛毯、温暖箱等慰问物资，并向2020年7名器官捐献者家属每户发放慰问金1000元。向井冈山小学竹岗分校20名品学兼优学生发放“刘锡荣助学金”1万元；向全市48名贫困学子发放“红未来博爱助学金”10.3万元；向中国红十字基金会申请“小天使”基金救助4人，发放2020年申请的“小天使”基金救助款12万元。

【筹资募捐】 全年共接收社会捐赠88.21万元，其中，捐款66.81万元（含网络捐款21万元）、捐物折款21.4万元。其中，在腾讯公益发起“红未来博爱助学”“瑞金蓝天救在身边”两个99公益互联网众筹项目，以互联网众筹新模式筹集善款21万余元。向中国红十字基金会申请援建的瑞金二中、瑞金三中、瑞金四中3个博爱校医室投入使用。

【应急救护培训】 推进应急救护培训向多领域拓展，扩大救护技能培训覆盖面，对公安民警、救援队员、体育老师、电力职工等重点人群开展应急救护培训，培训红十字救护员928人，普及应急救护知识7636人次。新增应急救护培训师资1名，推送参加省应急救护培训师资提高班师资1名。

2月1日，瑞金市红十字会工作人员前往谢坊镇开展“博爱送万家”活动　（市融媒体中心供图）

【“三献”工作】 充分利用各类纪念日和志愿者活动，大力宣传无偿献血、造血干细胞捐献、遗体（器官）捐献等“三献”知识，提高广大群众的知晓率。5月8日“博爱周”期间，组织红十字志愿者和应急救护师资分别在瑞金市体育中心、献血屋、社区开展“三献”宣传活动；6月18日，在瑞金市体育中心举办“三献”公益宣传月暨无偿献血公益活动，发放“三献”宣传资料2万余份。年内，无偿献血成功采血2707人、造血干细胞入库志愿者血样采集10人。在瑞金市红十字会工作人员的协调与见证下，年内，完成器官捐献3人，捐献的器官让9名生命垂危病人获得重生。

（朱声来）

法　　治

政法和综治

【概况】 2021年，瑞金市委政法委坚持以习近平新时代中国特色社会主义法治思想为指导，扎实开展政法队伍教育整顿、党史学习教育、扫黑除恶斗争、平安法治建设，忠实履职，担当作为，全力以赴防风险、保平安、护稳定、促发展，为全市经济社会高质量发展创造安全稳定的社会环境。市公安局指挥中心被省公安厅评为全省公安机关110工作成绩突出集体，市公安局刑侦大队、黄柏派出所被省公安厅通报表扬，民警徐东华被评为全省优秀共产党员，公安队伍中记个人二等功1人、三等功20人，获地市级以上表彰4人；市检察院获评“全省文明单位”；市法院获评全省法院五年“争创一流”工作先进法院；市司法局泽覃司法所获“全国模范司法所”称号。

【政法队伍教育整顿】 以开展党史学习教育为契机，深入开展政法队伍教育整顿。全年开展革命传统教育、党史学习教育、廉政警示教育、英模教育等80余次，习近平法治思想、“四史”等专题讲座10余次。围绕政法队伍建设、廉政建设、选人用人等方面开展政治督查巡查，督查巡查发现的67个问题全面整改到位，市委政法委派员列席政法各单位民主生活会，对政法工作的领导得到进一步加强，政法单位党组（党委）领导作用进一步发挥。扎实推进查纠整改，开展谈心谈话919人次，政治家访670人次，召开家属座谈会42次；704名在编在岗政法干警全部填报自查报告表，115人主动向组织交代问题133个；排查认定顽瘴痼疾问题95个，整改问题95个；查处问题线索127条，处理处分在编在岗干警87人，占全市政法干警总数的12.36%。围绕政法系统主责主业，推进“我为群众办实事”活动，召开征求意见座谈会64场，从群众最关心、最直接、最迫切的执法司法、审判执行等问题着手，推出创新举措和便民服务措施41项，全年为群众办实事1164件，化解矛盾纠纷2613件。全面梳理教育整顿创新经验和有效做法，建立长效机制（制度）58项，一批顽瘴痼疾得到彻底整治，执法司法公信力进一步提高。对“四项任务”“三个环节”开展“回头看”，中央督导反馈的31个问题和省政法队伍教育整顿办公室交办的5个顽瘴痼疾问题全部整改到位。

【基层社会治理】 推进市域社会治理现代化，全面提升全市平安法治建设水平。建立“一工委两党委”工作体系，在社会组织中成立党组织53个，覆盖社会组织328个。推进综治中心等级化评定工作，加快综治中心实体化、规范化建设，建立平安瑞金建设志愿服务队298支，注册志愿者1.47万余人，开展平安志愿服务活动2580余次；培训“法律明白人”骨干2.02万余人，基本实现一村（居）一（辅）警。健全精神障碍患者、吸毒人员等特殊人群管理服务机制，防范“民转刑”案件的发生，化解相关矛盾纠纷139起，未发生极端案件（事件）。筑牢心理风险防控网，培养基层社会心理工作者300余名，组织心理服务志愿者100余名，参与相关活动1100余人次。加强行业性调解委员会建设，新成立“瑞金市家居建材装饰协会人民调解委员会”“瑞金市黄柏乡脐橙协会人民调解委员会”，促进行业矛盾纠纷调解。常态化组织社会各界人士座谈、调研社会治理工作，民主协商机制更加完善。强化法治宣传，大力开展民主法治示范村（社区）建设，每个乡镇打造一个“法治公园”或“法治圩镇”，开展“送法进校园”“青年普法志愿者法治文化基层行”等活动，发放各种法制宣传手册13.7万余份。开展专项执法检查，办理环境违法行为案件5件，处罚127.19万元。推进中华苏维埃共和国法制建设纪念馆建设，积极搜集相关资料，协助省、赣州市开展调研。

【扫黑除恶斗争】 常态化开展扫黑除恶专项斗争，进一步压实线索摸排责任。全年受理涉黑涉恶线索5条，核查办结4条。受理涉黑涉恶案件2件19人，全部审结。对寻衅滋事、开设赌场、聚众斗殴等“9+1”类涉恶违法犯罪个案进行重拳出击，侦办案件22起，移送起诉58人。坚持深挖彻查，持续打伞破网，对五类问题零查处的涉恶案件组织“回头看”，结合政法队伍教育整顿工作，对扫黑除恶专项斗争“惩腐打伞”工作进行“回头看”，督促公检法等政法单位开展自查自纠，发现有3起案件存在有案不立、有罪不究、降格处理问题，对7名司法干警进行立案，5人接受组织处理，其中，给予党内严重警告处分1人、党内警告处分4人、免予党纪处分2人。以“六大”重点行业领域整治为重点，带动其他行业领域整治持续深入开展，行业整治取得初步成效。

【打击电信诈骗】　持续开展窝点人员逼投劝返，进一步压实银行机构及电信行业主体责任，严打“内鬼”行为和“两卡”违法犯罪，涉诈“两卡”数据大幅下降。严格执行“十二个一律”和“五从宽、十从严”措施，对10个涉诈重点村（居）实行挂牌整治，并在整治村入村路口设立“耻辱墙”，村支部书记在全市“千人大会”表态并接受媒体采访曝光，全覆盖签订“反电诈”承诺书。全年劝返瑞金籍“窝点人员”548人，劝返率91.18%，提前完成赣州市局下达的30个劝返任务和劝返率达90%以上“两双”目标。瑞金从全国县（市、区）排名第7下降至全国第115、全省第3、赣州市第2名。累计破获电信网络诈骗案件405起，抓获涉电诈犯罪嫌疑人311人，打掉电信诈骗窝点7个，挽回经济损失143.12万元；拨打预警止骗电话9270人次，成功预警335人次，止损金额193万元。全市系统整治电信网络诈骗违法犯罪工作取得阶段性成效。

【建设平安瑞金】　严打各类违法犯罪，刑事警情从2017年的3160起，逐年下降至2021年的1795起，下降幅度43.2%。年内，发生的3起命案全部告破，破获的“象湖镇钟某源故意杀人案”获省公安厅通报表扬。全年，市检察院批准（决定）逮捕各类犯罪嫌疑人261人，比2020年上升63.12%，起诉390人，比2020年下降13.68%；法院受理刑事案件282件，审结282件，结案率100%。聚焦“黄、赌、毒”等社会治安突出问题开展专项整治行动，查处违法嫌疑人895人。着力防范风险隐患。全市排查各类矛盾纠纷6184件，化解6130件。开展信访矛盾化解攻坚战，国家信访局交办的82件重复信访事项全部化解。深入推进综合治理，对10个涉诈重点村（居）进行重拳整治，全年侦破案件225起，捣毁窝点7个，抓获犯罪嫌疑人311人，劝返瑞金籍电诈“窝点人员”548人，涉诈“窝点人员”全国排名迅速下降；大力推进制毒窝点排查、技术防控、人员管控、示范点打造、禁毒宣传等工作，专项整治成效明显。全市公众安全感综合指数位列全省第15位。

【执法监督】　开展涉法涉诉案件攻坚会战，化解涉法涉诉案件12起；积极开展司法救助工作，对16起案件当事人进行救助。市公安局深化公安执法规范化建设，不断提高执法公信力，发出“五个一”工作通报6次。市法院提升审判管理质效，院（庭）长带头办案4948件，占案件总数的50.56%；尽量适用速裁、简易程序，实现简案快审，审结案件1993件。市检察院落实“少捕、慎押、慎诉”司法政策，不捕率32.91%、不诉率15.14%，比2020年分别上升13.83个和3.7个百分点。市司法局落实行政机关重大行政决策合法性审查和公平竞争审查机制，出具书面法律审查意见179份；办理法律援助案件385件，办理公证820件；受理行政复议案件19件，办结17件。

【法治宣传与研究】　围绕平安法治建设工作中的突出问题，深入开展法学研究工作，为上级法学论坛、苏区法制研究论坛组稿，3篇论文获奖。组织政法干警和律师、法律工作者结合办案开展以案释法活动，开展法律知识和法治理念宣传，引导以法治思维和法治方式解决实际问题。开展“青年普法志愿者法治文化基层行”活动，组织法治志愿者深入乡村、社区开展送法下乡；挑选30余名青年文艺骨干、法律骨干组成法治文化宣传队，深入乡镇开展法治文化宣传。开展“百名法学家百场报告会”法治宣讲活动，组织宣讲活动21场，上法制课42堂，进行法律咨询12场次。协助省、赣州市开展中华苏维埃共和国法制建设纪念馆展陈设计稿研讨，扎实推进中华苏维埃共和国法制建设纪念馆建设。

【服务振兴发展】　积极营造法治化营商环境，聚焦黑恶问题突出的重点行业领域，深入开展专项排查整治，全年受理行业领域问题线索10条，对其中5条作出行政处罚，1条移送市公安局处理。市公安局深化“放管服”改革，出台便民举措21条，走访企业145家。市法院出台《助推工业倍增升级，进一步优化营商环境的实施方案》，推出具体服务举措13条，审慎适用查封、扣押、冻结等强制措施，化解各类涉企纠纷721件。

（刘涛福　钟元斐）

法治政府建设

【概况】　2021年，市政府紧紧围绕《瑞金市2021年法治政府建设工作要点》，持续深入推进法治政府建设，不断加快政府治理体系和治理能力现代化。落实《江西省行政权责清单管理办法》，认领行政权力子项3312项，其中，行政许可529项、行政处罚1559项、行政确认196项、行政强制126项、行政奖励24项、行政征收21项、行政给付53项、行政裁决14项、行政检查431项、其他行政权力（年检）5项、其他行政权力（其他）141项、其他行政权力（备案）195项、其他行政权力（行政调解）13项。

【合法性审查】　要求全市各行政执法机关及各乡镇按照《江西省全面推行行政执法公示制度、执法全过程记录制度、重大行政执法决定法制审核制度实施方案》精神，配备专职法制审核人员，明确行政执法机关在作出重大行政执法决定之前，必须由本机关法制机构进行审核，未经法制审核或者审核未通过的，不得作出决定。落实行政机关内部重大行政决策合法性审查和公平竞争审查机制，重大行政决策事项在提交讨论前由法制机构进行合法性审查，未经合法性审查或经审查不合法的，不提交政府常务会议、市长办公会议讨论决策。全年出具书面法律审查意见 179 份，其中，招商引资合同审查意见 57 份，各部门请示审查意见 122 份；为其他部门提供法律咨询意见 70 余条；为市政府常务会议、市长办公会议出具合法性审查意见 13 批次，按照有关法律法规对市政府出台的优惠政策及重大合同、合作协议、框架协议等进行审核把关。

【行政执法监督】 加强行政执法落实“三项制度”监督，以依法治市办公室名义转发《司法部关于全面推行行政执法“三项制度”行政规范性文件合法性审核机制落实情况专项监督行动情况的通报》，要求各乡镇和市直各行政执法部门根据《司法部专项监督反馈问题整改清单》，认真抓好整改落实。深化行政执法改革，推进交通运输、市场监管、环境保护、农业、文化市场等领域综合行政执法改革及基层整合审批服务执法力量改革，成立交通运输综合行政执法大队、市场监督管理执法稽查局、文化市场综合行政执法大队、农业综合行政执法大队；按照“4 办+1 特色+2 事业”模式统一设置党政机构和事业单位，整合基层审批服务执法力量，全市 17 个乡镇设立执法大队。规范行政执法主体，全市 177 名执法人员通过行政执法考试，11 名行政执法监督人员信息全部录入系统，行政执法人员全部持证上岗、执法亮证。加强行政权力制约监督，健全向市人大及其常委会报告工作制度。严格落实行政机关负责人出庭应诉职责，行政机关负责人出庭应诉率 100%。

【政务信息公开】 重点对市场监管、生态环境、财政、新冠肺炎疫情防控等群众关注领域信息进行公开，全年通过瑞金市人民政府网主动公开信息 9432 条。印发《瑞金市实施告知承诺制证明事项目录清单》，公布告知承诺制证明事项 35 项，清理证明事项 55 项，简化企业、群众办事的烦琐程序。

【社会信用体系建设】 出台《2021 年瑞金市社会信用体系建设工作要点》《关于信用数据上报工作的通报》《关于开展瑞金市社会信用体系建设宣传活动的通知》等文件，加快信用数据上报工作进度，完善社会信用制度体系，着力提升社会信用水平。

【法治化营商环境建设】 在瑞金经济开发区选取 29 家企业作为行政执法监测点并挂牌，帮助企业解决在投资建厂、经营管理中出现的有关法律方面的问题。开展为期 1 个月的民营企业法治体检专项活动，组织律师为企业送法上门，并开通公证“绿色通道”，办理涉企公证案件 10 件。扩大法律援助覆盖面，开通农民工“欠薪求助绿色通道”，对农民工申请欠薪、工伤等劳动争议，实行优先接待、优先指派、优先办理，全年援助农民工案件 80 个。常态化开展“送法进企”活动，坚持每月 2 次深入企业开展法律服务，全年“送法进企”100 余家，为企业提供法律建议 200 余条，发放宣传资料 1 万余份。

【行政复议及应诉】 出台《瑞金市行政复议体制改革实施方案》，发挥行政复议化解行政争议的主渠道作用。全年受理行政复议案件 21 件，审结 21 件，案件受理数比 2020 年增长 46%。做好行政应诉工作，全年，以市政府为被告的行政应诉案件 7 件，市政府行政负责人出庭应诉率 100%；以各部门为被告的行政应诉案件 19 件，部门负责人出庭应诉率 100%。

公　安

【概况】 2021 年，瑞金市公安系统广大民辅警围绕建党 100 周年安保维稳主线，全力防风险、保平安、护稳定、赢民心，为捍卫政治安全、维护社会稳定、保障人民安宁、护航经济发展贡献公安力量。全力打造“城市快警+扁平化指挥”、沙洲坝派出所“党建+红色”、国保忠诚教育基地创建、禁毒南部屏障等“四大品牌”，主动融入和服务全市中心工作。市公安局获评全国节约型机关，市公安局交管大队获评全国文明单位；微视频《冬去、春来》获第一届全国法治动漫微视频优秀奖。瑞金市公众安全感排全省第 15 名、公安满意度排全省第 42 名、民调评警综合成绩排赣州市第 12 名。

【公安队伍教育整顿】 聚焦习近平总书记提出的“对党忠诚、服务人民、执法公正、纪律严明”总要求，打造最讲政治、最讲党性、最讲忠诚的红都公安队伍。积极开展忠诚教育、警示教育和英模教育，持续强化全警政治意识、忠诚意识和纪律意识，全年查纠整改各类问题 62 个，处理 59 人次，建立完善相关机制 15 项。大力开展“我为群众办实事”活动，出台便民新举措 21 条，为群众办实事 924 件，交管部门推出中心城区部分路段允许机动车夜间临时停放不贴罚单等利民举措。

【惩治违法犯罪】 坚持严打整治方针不动摇，大力推进扫黑除恶斗争常态化，严厉打击电信网络诈骗、“两抢一盗”、非法集资等各类违法犯罪，坚决整治“黄赌毒”等社会治安突出问题，全市刑事发案数实现“四年四连降”，保障全市社会治安和谐稳定和人民群众安居乐业。

刑事案件侦办　大力推进“长风”“破案会战”“追逃攻坚”“昆仑”等专项行动，全年刑事案件立案 1795 起，发现命案 3 起破 3 起，实现连续 11 年命案全破。在条件十分有限的情况下侦破“象湖镇钟某源故意杀人案”，获省公安厅通报表扬。

经济案件侦办　着力强化经济案件侦办工作，保障人民群众财产安全，确保全市经济平稳运行。全年经济案件立案 31 起，破案 23 起，其中，破获非法集资案件 7 起，涉案金额6.5亿元。

电信诈骗治理　持续开展“窝点人员”劝返，严打“内鬼”行为和“两卡”违法犯罪，涉诈“两卡”数据大幅下降。严格执行“十二个一律”和“五从宽、十从严”措施，对10个涉诈重点村（居）实行挂牌整治，并在整治村入村路口设立“耻辱墙”，村支部书记在全市“千人大会”表态并接受媒体采访曝光，全覆盖签订“反电诈”承诺书。全年劝返瑞金籍“窝点人员”548人，劝返率91.18%，提前完成赣州市局下达的30个劝返任务和劝返率达90%以上“两双”目标。瑞金从全国县（市、区）排名第7下降至全国第115、全省第3、赣州市第2名。

【治安管理】　固化“新型警力护校园、万警千车下基层”机制，抽调机关民警定点联系和支援学校、医院和基层派出所，完成全市239所学校“四个一”安防设施改造，推动平安瑞金建设。深化拓展市域社会治理现代化试点工作，加强内部数据资源和社会信息资源整合，全面推进智能化、集成化应用。依托“城市快警”建设，优化网格化治安巡逻，提升街面见警率和管事率，压降各类街面违法犯罪，巡出安全感和满意度。打造南部屏障、防控要地和打击高地，全面提升禁毒工作基础和水平，坚决打赢新时代禁毒人民战争。开展“黄赌毒”专项整治行动，查处审批治安案件447起，查处违法嫌疑人895人。

【道路交通管理】　围绕“减量控大”（减少交通事故死亡总量、控制较大以上道路交通事故发生）工作目标，持续整治酒驾等严重交通违法，全面开展道路交通安全隐患排查，广泛开展各类主题宣传活动，精准打击道路交通违法犯罪行为，营造良好的道路交通环境，人民群众获得感、幸福感、安全感进一步提升。年内，全市发生交通事故9661起，比2020年增加1660起，上升20.74%；死亡事故49起，死亡人数50人，死亡事故比2020年增加3起，死亡增加3人，上升6.66%和6.52%；发生致人死亡的生产经营性道路交通事故11起，死亡12人，比2020年减少4起，死亡减少3人。

交通管理秩序整治　大力开展“减量控大”交通秩序整治，先后组织开展酒驾、“零点夜查”等各类整治行动137次，共查处酒驾784起（其中，醉驾25起、二次酒驾17起），电子监控查处交通违法26.83万起，现场查处交通违法9.58万起（其中，简易程序8.4万起、一般程序1.19万起），查处面包车超员72起，其他超员4464起，货车超载1092起，无证驾驶2482起，未戴安全头盔1.96万起。常态化设立出（进）城卡口9个和省际执法服务站1个，对7座以上客车、货车等重点车辆实行检查登记，严查路面交通违法行为。

交通安全隐患排查　大力开展道路交通安全隐患排查，对排查出的119处安全隐患，建立隐患路段电子台账，并以市安委会的名义督促整改；协调乡镇和相关职能部门整改治理隐患78处；压实客货运企业安全主体责任，检查走访企业31次，约谈客运企业6次，对6起涉及安全生产的道路交通事故进行深度调查；开展农村道路“两站两员”劝导工作，提升农村道路交通管理水平。

交通安全宣传教育　加强交通安全素质教育，年内，开展主题宣传活动526场次，组织“五进”宣传活动1901场次（其中，进驾校199场次、进学校276场次、进企业324场次、进社区119场次、进农村983场次），通过“瑞金交警”微信公众号推送文章642篇，通过“瑞金交警”抖音发布警示教育视频90条，通过新闻媒体宣传报道200余篇，通过短信平台发送安全提示短信170万余条，印制宣传品、宣传单17.6万余份。

优质便民服务举措　全面推进“放管服”改革，优化办事流程，减免手续资料，简单业务一证即办、普通业务一窗通办，实现“一次排队、一次受理、一次办结”。开通机动车驾驶人满分审验学习教育平台，推行机动车驾驶人满分教育和审验教育网上学习新措施；推广使用交管“12123”App手机业务，实现掌上办理；把简单高频交管19项业务延伸到17个基层派出所办理；打造警邮合作、警保合作、警企合作等模式，建立交管业务便民服务点，实现交管业务“就近办、网上办、一次办”。

（谢志刚　黄瑞东）

城市快警巡逻　（市融媒体中心供图）

【林业公安执法】　依据《赣州市公

安机关打击破坏森林和野生动植物资源犯罪专项行动工作方案》，全面开展打击危害珍贵、濒危野生动物和非法猎捕、收购、运输、出售陆生野生动物的违法犯罪行为，危害国家重点保护植物的违法犯罪行为，非法占用林地的违法犯罪行为，盗伐、滥伐林木和非法收购、运输盗伐林木、滥伐林木的违法犯罪行为，以及打击引发森林火灾等犯罪行为的整治行动。策应全国公安机关“昆仑 2021”专项行动和江西省“鄱湖 2021”护鸟专项行动，开展“冬季攻势”。10 月至年末，全市查处各类涉林刑事案件 52 起，其中，破坏野生动物资源的非法狩猎等案件 38 起。强化森林公安与情报、技侦、治安、刑侦、派出所等警种的联系，形成打击涉林违法犯罪的工作合力，将全部办案力量分配到各乡镇派出所，实行驻点办理涉林刑事案件，有力震慑涉林违法犯罪。全年涉林刑事立案 65 起，侦破案件 62 起，起诉案件 12 起 12 人，逮捕 1 人，刑事拘留 6 人，取保候审 45 人，解救放生野生动物 3 批次，挽回经济损失 120 余万元。

【便民警务服务】 开展全警大动员、大走访、大巡逻、大回应、大宣传活动，规定每周三、周六为集中走访日，机关民警利用半天时间走访，基层派出所民警全天走访，领导班子带头进百家企、万家门，访民情、解民忧、化矛盾、防风险、查问题、整乱点，全力抓好“双提升”攻坚。全年走访企业 145 家、群众 9.56 万余户，化解矛盾纠纷 506 起，排查整改安全隐患 112 处，办好事实事 924 件。深化“放管服”改革，户政、出入境、交管等部门出台便民新举措 21 条。各派出所利用微信公众号和村（居）微信群，充当百姓的“口袋警察”，开展送证上门 2480 人次。抽调 127 名机关民警定点联系部分学校、医疗机构和基层派出所，组织全警捐款近 20 万元，为全市 72 所学校完成“四个一”安防设施改造。加强对投资理财、非融资性担保、网络借贷、房地产等重点行业风险排查，加大非法集资陈案化解力度，严防经济金融风险的发生。探索建立“一警一企”制度，试点与重点企业合作设立警务服务站，通过驻点办公、上门走访、送法入企等形式，为企业提供法律服务、诉求化解和安全防范指导。持续深化公安“放管服”改革，提高综合窗口服务效率，扩大延时预约服务业务范围，助力全市打造“四最”营商环境。民调评警综合成绩获全赣州市第 12 名，经开区派出所、丁陂派出所获得赣州市（派出所 C 类）第 1 和第 3 名，民警华康、钟泽榕、李伟华获赣州市（民警 C 类）第 1、第 2 和第 8 名。

【科技兴警】 建设智慧安防小区 94 个（含老旧小区安防设施改造）；法医 DNA 实验室引进美国生产的 AB-3500XL 型基因检测分析仪，为案件侦破、保障诉讼、打击刑事犯罪提供有力技术支撑；投入资金 115 万元，建设电子数据实验室；“城市快警+扁平化指挥”进入试运行阶段，有效提升城区及周边区域接处警速度和应急处置能力。

【“城市快警+扁平化指挥”】 在充分调研和考察论证的基础上，积极构建快速反应、主动服务的新型勤务模式，从应急处突大队、交管大队等单位中选拔形象、素质好的队员 30 名，组建“网格布警、扁平指挥、屯警街面、动中备勤、有警出警、无警巡逻、科技支撑、快反高效”的“城市快警”。将城区进行科学合理的网格化划分，明确“1、3、5 分钟”快速反应圈，建立快警驿站 5 个，24 小时屯警街面，确保城区所有区域均在“1、3、5 分钟”快速处置圈范围内。“城市快警”实行一级处警，队员配发对讲机和 5G 执法记录仪，指挥中心借助智能化平台和信息化手段，通过 PDT（警用数字集群）对“城市快警”进行点对点、扁平化、可视化指挥；快警队下辖 5 个班，每个班 6 人，按“三班两运转”制，即三分之一执勤，三分之一备勤训练，三分之一休息，严格落实“1、3、5”（即 1 分钟、3 分钟、5 分钟）快速反应机制，实行全天候 24 小时“屯警街面、动中备勤，有警出警、无警巡逻”，打造出“立体化、动态化、信息化”的城市治安防控体系，实现“情指行一体化”指挥调度，最大力度预防和严厉打击街面违法犯罪，最大幅度提升街面见警率、查控率和管事率，最大限度增强人民群众获得感、幸福感、安全感。

【基层公安基础建设】 积极推进“交所合一”和“森林公安改革”融合协作，交管高频业务全面下放各派出所。投资 900 余万元新建的黄柏、云石山派出所投入使用；叶坪派出所业务用房动工新建，看守所（拘留所）迁建项目被纳入全市“十四五”项目规划。

（市公安局宣传科）

检　察

【概况】 2021 年，瑞金市人民检察院认真贯彻落实《中共中央关于加强新时代检察机关法律监督工作的意见》，践行“以人民为中心”的发展思想，忠实履行法律监督职责，服务保障瑞金打造“四个中心”，助力建设现代化次中心城市，推动红都检察工作高质量发展取得成效。年内，市人民检察院有 10 个集体、6 名个人受到赣州市级以上表彰。其中，市人民检察院被国家机关事务管理局等四部委评为“国家级节约型机关”，被省普法教育工作领导小组评为“全省普法工作先进单位”，获评第十六届“江西省文明单位”；“杨某收监执行监督案件”被最高人民检察院评为“全国刑事执行检察精品案例”；“杨某琴等人涉黑案‘打财断血’经验做法展品”入选全国扫黑除恶斗争网上展览馆；《快板说检察》获评《检察日报》举办的第五届检察新媒体创意大赛“最佳短视频奖”；“将苏区检察光荣传统镌刻在基因里、传承在办案中”经验做法获评“全省基层检察院建设十佳事例”。5 月，最高人民检察院检察长张军再次深入瑞金检察院调研，对各项工作给予充分肯定。

【检务服务经济发展】 贯彻《江西省优化营商环境条例》，制定实施《关于优化检察服务保障瑞金市现代化次中心城市建设的实施意见》，依法惩治非法吸收公众存款、洗钱等破坏金融管理秩序犯罪，逮捕6人，起诉10人。严肃查办串通投标、合同诈骗等扰乱市场秩序犯罪，逮捕14人，起诉28人。灵活运用强制措施，最大限度减少对企业生产经营的影响，依法不起诉3人，通过羁押必要性审查依法变更强制措施1人。

【刑事检察】 对涉黑涉恶案件快捕快诉。办理指定管辖的刘某山等18人组织领导参加黑社会性质组织案，18名被告人被判处实刑，最高判刑24年，移送相关线索29条，其中，进入司法程序1件，并经法院判决有罪1人。严厉惩治各种刑事犯罪，提前介入刑事案件21件，受理审查逮捕295件398人，审结289件392人，其中，批准逮捕209件261人、不批准逮捕80件131人（不构成犯罪不捕12人、证据不足不捕33人、无社会危险性不捕85人、其他情形不捕1人）。受理审查起诉382件521人、审结350件490人，其中，起诉267件392人、不起诉78件91人（法定不起诉4件7人、情节轻微不起诉67件72人、证据不足不起诉7件12人）。适用认罪认罚从宽制度309件418人，适用率87.77%，确定量刑建议提出率100%，确定量刑建议采纳率97.95%，上诉率6.03%。全年纠正漏捕3人、漏诉3人，监督立案2件、监督撤案6件，建议行政执法机关移送犯罪案件4件5人，书面监督纠正侦查活动违法9件、审判活动违法监督1件。严惩侵犯人身权利的暴力型犯罪34人，打击毒品犯罪12人。打击信息网络犯罪，深入推进“断卡”（即打击整治非法开办贩卖电话卡、银行卡违法犯罪）“净网”（即净化网络环境）行动，批准逮捕涉卡类犯罪39件59人，提起公诉21件38人。落实监察执法与刑事司法衔接机制，起诉瑞金市监委移送贪污贿赂等职务犯罪案件2件2人。

【民事检察】 全年办理民事诉讼监督案件36件，比2020年上升89.5%。其中，办理民事审判违法监督4件，发出检察建议3份，均得到法院采纳；办理民事支持起诉23件、调解结案7件、终结审查16件，为农民工追回劳动报酬15万元；助力破解民事执行难，办理民事执行监督8件、发出检察建议8份。联合市法院加强案件审查，8件涉虚假诉讼案件再审检察建议得到采纳。

【行政检察】 积极强化行政检察监督，以化解行政争议为抓手，以非诉执行监督为延伸，助推行政机关依法行政。全年办理行政非诉执行案件7件、发出检察建议7份，均被相关单位采纳，实质性化解行政争议3件。1个案件被评为全省检察机关“加强行政检察监督，促进行政争议实质性化解专项活动”优秀案件。

【未成年人检察】 强化未成年人司法保护，对性侵未成年人犯罪全部提前介入，起诉侵害未成年人犯罪7人，对未成年受害人提供司法救助2万元。对涉罪未成年人坚持“教育为主、惩罚为辅”，依法不逮捕34人、不起诉8人。创新“检察官+社工”模式，开展社会调查、附条件不起诉考察、心理辅导等260人次，经帮教的2名未成年人进入大中专院校继续深造。36名干警担任42所中小学法治副校长，开展“法治进校园”活动，全年举办“法治讲堂”“主题班会”等51场次，发放预防犯罪宣传手册4万余份。针对不法分子利用地下停车场监控盲区，对在校未成年人欺凌、敲诈等违法行为，依法向有关部门发出诉前检察建议。

【刑事执行监督】 对全市156名社区矫正对象的监管活动进行检察监督，其中，缓刑137人、假释7人、暂予监外执行12人。办理监外执行违法违规案件2件，对2名在矫对象脱管，向市司法局发送检察监督意见3份。开展4次专项检察，配合赣州市检察院对瑞金市看守所巡回检察1次，向市看守所发出书面检察监督意见书2份。开展剥夺政治权利刑罚执行检察专项活动，发现漏管9人次，并向相关派出所发出书面检察意见书9份。办理重大案件讯问合法性核查案件10件、暂予监外执行审查案件7件。录入罪犯财产刑档案208份，向市法院发出关于财产刑执行检察监督意见书1份。

【控告申诉】 认真落实检察长接访制度，检察长（含副检察长）接访11次，接待来访群众12人次。压实信访首办责任，对首次到院申诉案件实行院领导包案，包案率100%。开展群众信访件件有回复“回头看”活动，接收群众各类信访件96件，7日内回复率100%，3个月内答复率100%，到期办结率100%。坚持每月电话回访案件当事人，累计回访136人次；开展涉法涉诉信访案件大走访，上门走访15人次。开展国家司法救助，办理司法救助案件15件，发放救助金45.34万余元。

【公益诉讼检察】 加大公益诉讼办案力度，受理行政公益诉讼线索36件、立案36件，发出诉前检察建议书34份，收到行政机关回函34份；受理民事公益诉讼线索5件、立案5件，提起诉讼3件。行政公益诉讼立案数比2020年上升2.8%，民事公益诉讼案件立案数比2020年上升25%。实现“四大领域”和新领域案件全面覆盖，其中，生态环境和资源保护领域立案18件、发出诉前检察建议13份、提起刑事附带民事诉讼3件；食品药品安全领域立案13件、发出诉前检察建议13份；国有财产保护领域立案3件、发出诉前检察建议2份；国有土地使用权出让领域立案1件、发出诉前检察建议1份；在新领域中办理“未成年人公益诉讼”“燃气安全”“红色资源保护”等新类型立案5件、发出诉前检察建议5份。运用诉前磋商等方式，促成100%的行政公益诉讼案件解决在诉前，督促治理修复林地、耕地66.67公顷，处理固体废物垃圾70余吨，追偿生态修复费用、环境损害赔偿金37万元。落实长江经济带“共抓大保护”部署，严惩非法占用农用地、污染环境等犯罪，起诉30人。建立生态执法联动工作机制，与瑞金市河长办签订书面协作机制，协同开展水域岸线管理保护、水污染防治、执法监管等工作。推动与市生态环境局、公安局、法院等单位建立联席会议制度，与市林业局、森林公安联合开展非法交易野生动物犯罪线索摸排，邀请市法院在案发地乡镇组织巡回法庭，开展以案释法活动。

【检察内部监督】 全年开展流程监控167次，向承办检察官口头提示42次，发送书面流程监控通知书2份。坚持以案促改、以案明纪、以身边案教育身边人，开展警示教育6场。按规定督促提醒全院干警职工记录重大事项83件，其中，院领导记录报告51件。严格执行运用监督执纪“四种形态”制度，其中，运用第一、二种形态追究责任5人。

【“阳光检察”工作】 服务办案律师阅卷，全面保障律师执业权利，为73名律师制作电子卷宗光盘73张。做好涉案财物管理工作，依法规范办理涉案财物出入库259次。做好案件信息公开工作，在中国检察网发布重要案件信息89条，对外公开发布各类法律文书330份，法律文书公开率103.13%。

【获评“全国检察精品案例”】 2021年，“杨某收监执行监督案件”被最高人民检察院评为“全国检察精品案例”。2019年3月19日，杨某因犯非法吸收公众存款罪被天津市第一中级人民法院判处有期徒刑三年，缓刑四年六个月，社区矫正期限自2020年5月19日至2024年11月18日。自2020年9月28日开始，社区矫正对象杨某拒不接受矫正机构的日常管理，不能按时参加有关部门规定的社区服务，不提交思想汇报，脱离监管时间超过一个月，处于脱管状态。瑞金市人民检察院对杨某脱管问题立案审查，次日发出《收监执行检察建议书》，建议司法局对杨某收监执行。瑞金市司法局向瑞金市法院提出对杨某撤销缓刑的建议，瑞金市法院以该案宜由原审法院继续受理为由决定不予受理。瑞金市检察院提出监督意见，并督促瑞金市司法局向天津市中级人民法院就本案管辖权问题发出《征求意见函》，天津市第一中级人民法院复函认为，该案依法应由瑞金市法院受理为宜。瑞金市人民法院裁定撤销缓刑。脱管多月的杨某被依法收监执行。

【获评“全省基层检察院建设十佳事例”】 2021年，瑞金市人民检察院“将苏区检察光荣传统镌刻在基因里、传承在办案中”经验做法，被江西省人民检察院评为“全省基层检察院建设十佳事例”。市人民检察院继承和弘扬苏区检察光荣传统，致力于苏区检察历史研究、苏区检察文化传播，在人民检察制度史的学习教育中引导干警继往开来、开拓创新，努力争创一等工作，让红色检察血脉镌刻在基因里、传承在办案中，让苏区检察光荣传统在新时代迸发出新的生机和活力。挖掘精神内涵，坚持用苏区检察光荣传统铸魂育人。每年不定期在工农检察旧址开展党组中心组学习、主题党日等活动，缅怀工农检察先辈，诵读苏区检察经典，讲述红色检察故事，教育引导干警坚定理想信念，筑牢忠诚之魂。成立苏区检察史青年研究小组，编撰《苏区检察史料汇编》。加强对工农检察旧址的专业保养和维护，让工农检察旧址成为检察干警“永远的精神家园”。强化理念引领，坚持用苏区检察光荣传统融入司法办案。切实强化检察机关服务大局的政治责任，出台《关于优化检察服务保障现代化次中心城市建设的实施意见》，着力营造安全稳定的社会环境和“四最”法治化营商环境。坚持以人民为中心的发展理念，充分利用特邀检察官助理等平台，提出“便民利民十大举措”，“情同此心”扎实办好为民实事，“如我在诉”办好事关群众利益的每一起“小案”。围绕规范司法权行使，不断完善“两项监督”、审判监督和执行监督，维护司法公正和法律权威。

（邹成　廖林卿）

法　院

【概况】 2021年，瑞金市人民法院紧紧围绕“努力让人民群众在每一个司法案件中感受到公平正义”目标，坚持服务大局、司法为民、公正司法，忠实履行宪法法律职责，各项工作取得新成效。全年受理各类案件9873件，审（执）结9786件，比2020年上升16.39%和15.4%，员额法官人均结案337件，比2020年上升11.22%。案件综合质效位列赣州法院第1名，全省第18名。扎实开展政法队伍教育整顿，紧紧围绕“四项任务”，抓牢抓实“三个环节”，突出自查从宽、被查从严，查纠违纪违法问题4个，核查举报线索36条，整治“顽瘴痼疾”18个，建章立制19项，队伍教育整顿取得良好成效。年内，7个集体、11名个人受到赣州市级以上表彰。市人民法院被国家机关事务管理局等四部委评为“国家级节约型机关”，被省高级人民法院授予全省法院“争创一流”工作先进法院，获评全省法院意识形态与宣传舆论工作先进单位，刑事审判庭被省高级人民法院评为“刑事审判工作先进集体”。

【审判服务经济社会建设】 制定服务保障瑞金营商环境13条举措，将“执行合同”“办理破产”等重点指标纳入审判质效评估体系。突出企业债权司法保护，开展涉民营企业案件专项执行行动，执结案件240件2534万元。落实“一企业一法官”结对联系机制，实地走访园区规模以上企业74家，帮助排查防范法律风险。推动企业破产处置府院联动机制，依法妥善审理瑞金九天房地产开发有限公司破产案，推进“九天御景”烂尾楼复工复建，540余户购房群众享受到了交房服务。依法妥善审理涉土地流转、农业生产等案件72件。围绕污染防治，健全公益诉讼审判机制，审结环境资源民事公益诉讼案件2件，判令污染环境企业、个人赔偿 27.93 万元并修复受损生态环境。

【刑事审判】 年内，刑事案件 282 件，结案率 100%。严厉打击暴力犯罪，审结故意伤害、抢劫、强奸等案件 24 件 31 人。坚决惩处人民群众反映强烈的电信网络诈骗犯罪，助力“断卡行动”“长风行动”，审结案件 27 件，判处罪犯 53 人。依法严惩涉毒犯罪，净化社会环境，审结案件 7 件 24 人。依法惩处醉酒驾驶、交通肇事等犯罪，维护交通秩序安全，审结案件 53 件 53 人。大力惩治贪污腐败，审结洪某生等职务犯罪案件 2 件 2 人。

【民商事审判】 全年审结民商事案件 6046 件，结案率 99.34%。规范民间资本流转，依法保护合法债权，审结民间借贷纠纷案件 1424 件 1.8 亿余元。妥善化解家事矛盾，审结婚姻家庭、继承等案件 912 件。维护市场主体正当权益，审结买卖、合伙等合同纠纷案件 815 件。助推房地产市场健康发展，审结建筑工程、房地产、物业服务合同纠纷案件 609 件。着力防范化解金融风险，常态化推进金融机构联席会议制度，审结金融借款案件 732 件，涉案金额 1.96 亿余元。

【审判执行】 扎实推进“三强四联”执行监督制约机制，严格执行案件终本和案款管理，提升执行规范化水平。聚焦涉民生、涉金融等重点领域案件，开展“惠民暖心”“冬日亮剑”等集中执行专项行动。全年，执结案件 3416 件，执行到位金额 2.1 亿元，其中，网络司法拍卖 306 宗 8524 万元。加大失信惩戒力度，曝光失信被执行人 780 余人次，司法拘留、拘传 354 人次，强制腾房清场 8 处 1202 平方米。适应刑事自诉程序，依法立案追究拒执罪 2 件 2 人。

【诉讼便民服务】 推进诉讼服务体系建设，建立非诉纠纷解决机制。聘任 4 名退休法官担任特邀调解员，年内，化解纠纷 582 件。深化“智慧讼服务”功能，构建移动微法院、网上诉讼服务中心、“12368”诉服热线等线上服务为一体的诉讼服务网络，全年网上立案、跨域立案、邮寄立案 689 件，运用远程多元化解 e 平台视频调解案件 225 件，实现诉讼事务“网上办、就地办、不求人”。深入开展“我为群众办实事”实践活动，推出司法便民利民 8 大举措，解决群众诉求 180 余个，妥善审执结教育、医疗、劳动就业、消费维权等涉民生案件 198 件。运用“赣法民意”受理平台办结工单 98 件，办理满意率 99%。开展根治欠薪专项行动，为 265 名农民工追回“血汗钱”71 万余元。精准实施司法救助，发放司法救助款 81 万余元，缓减免诉讼费 39 万余元。叶坪法庭“网格化诉源治理”工作经验入选“全省人民法庭建设案例”。推行“法院+工会+人社”诉调对接机制，63.56%的劳动争议案件实现诉前调解。加大巡回审判和普法宣传力度，选取赡养费、抚养费、婚约彩礼、相邻权等具有典型意义案件，组织巡回审判 30 场次，开展“反电诈”等普法宣传 23 场次。

【智慧法院建设】 坚持司法改革与科技变革双轮驱动，大力促进审判管理与信息化深度融合，推进“法官 e 助理”、“多元化解 e 平台”、“审判 e 管理”等 e 系列平台建设，全年在线化解、监管案件 326 件。年内，建成城郊法庭，配强 3 个科技法庭硬件设施，配优 5 个法庭庭审直播服务功能，进一步提升信息化水平。

【诉讼制度改革】 深化以审判为中心的刑事诉讼制度改革，贯彻落实认罪认罚从宽制度，适用认罪认罚审结案件 228 件 297 人，占审结刑事案件总数的 8_%。推进案件繁简分流，建立速裁团队 2 个，审结案件 1993 件，平均结案用时 17 天。强化院（庭）长办案制度，院（庭）长年内带头办案 4948 件，占案件总数的 50.56%。严格审限和流程节点管理，用好“四类案件”、“发改再”案件等监管平台，加强对重点案件的监管。发挥专业法官会议作用，统一裁判标准，做到同案同判。法定审限内结案率 100%，服判息诉率 93.05%，审判质效核心指标稳居赣州各县（市、区）法院前列。

【典型案例】 案例一：依法审结刘某山、刘某元等 18 人黑社会性质组织犯罪。该组织以砂场、砖厂、民间借贷公司等场所为据点，有组织地通过寻衅滋事、催收非法债务、开设赌场、非法采矿等违法犯罪活动非法攫取巨额经济利益。该组织实施犯罪行为为 46 起，涉案金额 6000 余万元，数 10 起犯罪事实造成 30 余人受伤，其中，1 人重伤、7 人轻伤、7 人轻微伤的危害后果。经审理，瑞金市人民法院认定刘某山、刘某元等构成组织、领导黑社会性质组织罪、故意伤害罪、寻衅滋事罪、催收非法债务罪、强迫交易罪、开设赌场罪、非法采矿罪、非法吸收公众存款罪、非法经营罪、高利转贷罪、妨害信用卡管理罪、串通投标罪、重大责任事故罪、非法占用农用地罪等犯罪，数罪并罚，依法判处刘某山、刘某元等被告人 1 年 4 个月至 24 年不等的有期徒刑，并处没收财产及罚金共计 3000 余万元。

案例二：依法审结钟某斌等 19 人非法生产制毒物品案。被告人钟某斌、吕某等将赣州市某县一偏僻山窝作为生产窝点，购进生产设备、原料，雇请制麻技师生产麻黄碱。公安机关将该窝点查获，现场扣押麻黄碱 145.15 千克，抓获团伙成员 19 人。经审理，被告人钟某斌等人违反国家法律规定，非法生产制造毒品的原料麻黄碱 145.15 公斤，情节特别严重，构成非法生产制毒物品罪。瑞金市人民法院依法判处钟某斌等 19 名被告人 3 年至 11 年 6 个月不等的有期徒刑，并处罚金 1 万元至 50 万元。一审宣判后，部分被告人不服提起上诉，赣州市中级人民法院经二审审理，裁定驳回上诉维持原判。

（朱皓平　邓逸楠）

司法行政

【概况】 2021 年，瑞金市司法行政工作以政法队伍教育整顿、党史学习教育、满意度提升为抓手，着力推进平安法治瑞金和司法行政干部队伍建设，各项工作取得较好成绩。泽覃乡安治畲族村被司法部、民政部命名为第八批“全国民主法治示范村（社区）”，泽覃司法所被司法部评为全国模范司法所。钟婧靓、陈维被省司法厅评为全省优秀人民调解员，陈忠明被江西省司法厅评为优秀法律援助律师。

【队伍教育整顿】 认真抓好政法队伍教育整顿工作，按要求扎实推进“学习教育、查纠整改、总结提升”三个环节，圆满完成“筑牢政治忠诚、清除害群之马、整治顽瘴痼疾、弘扬英模精神”四项工作任务，锻造一支对党忠诚、信念坚定、敢于担当、风清气正、廉洁自律的司法行政铁军。队伍教育整顿中，对1名干部违规参股借贷、5名干部违规酒驾、1名法院离任法官违规在律所从事律师职业进行处理；建立和健全11项规章制度，全面扎牢制度笼子。

【社区矫正】 12月29日，瑞金市社区矫正管理局挂牌成立。通过规范完善智慧矫正中心，利用信息化、社会化、专业化的监管手段，确保社区矫正人员监管安全。在每一名社区矫正人员入矫宣告阶段，加入社区矫正人员亲自宣读“社区矫正服刑人员承诺书”环节，对不参与扫黑除恶斗争中规定的各种涉黑涉恶行为作出承诺，对在场见证宣告的矫正人员家属、社区志愿者、辖区居民起到良好的宣传作用。

【法律服务】 司法窗口部门将业务范围、工作流程、人员配备、工作职责全部公示上墙，公布热线电话和投诉举报电话，增强公证、律师、法律援助、司法鉴定等窗口人员的服务意识，推行上门服务、预约服务、延时服务等便民服务措施。充分发挥“法律服务中心”和“群众投诉受理中心”作用，定期回访法律服务对象，建立回访工作台账，对不满意和基本满意的全部安排调查转办。加强执业纪律和职业道德教育，确保法律服务人员规范执业。全年，办理法律援助案件385件，办理公证820件，提供法律咨询5600人次，提供远程视频会见215批960人次。

【行政执法】 严格落实行政执法“三项制度”，全面推进行政执法规范化工作。年内，对303名执法人员进行考核，并办理相应的执法证件；持续推进“双随机、一公开”执法检查工作，全年录入检查计划171次，开展日常巡查212次，办理执法案件197件，制定联合检查任务22次，联合检查率13.33%。

【法治宣传】 以法治节日为契机，深入开展法律“六进”活动。承办江西省宪法宣传周“一切为人民——传承红色法治基因”专题宣传活动启动仪式；开展“送法进企”活动，年内，开展普法宣传活动41场次，为企业提供法律建议200余条，赠送法律宣传资料1万余份；组织所有乡镇司法所长前往各乡镇中心小学开展法治讲座20余次；实施“法律明白人”培训工程，全市2000余名“法律明白人”参加法治培训；组织“两代表一委员”、村居干部及企业代表开展以“司法行政在身边”为主题的司法行政开放日活动，进一步增强干部群众的法律意识。

【人民调解】 认真处理排查出的矛盾纠纷和问题隐患，逐人逐件落实调处化解责任，防范与监控普通民事纠纷转化为刑事案件。创新推动行业调解工作，年内，成立“瑞金市家居建材装饰协会人民调解委员会”“瑞金市黄柏乡脐橙协会人民调解委员会”2个行业调委会。全年，各乡镇司法所化解矛盾纠纷4215起，有力地促进基层的和谐稳定。

【安置帮教】 严格做好刑释解戒人员的安全接送，扎实做好安置帮教工作。对省内刑释解戒人员全部安排车辆接送，确保人员健康安全到家。全年接送刑释人员296人，发放生活补助费63.38万元，推荐12名刑释解戒人员到企业工作。

【公共法律服务】 全市公共法律服务平台建设实现“一站通、一线通、一网通”，实现全覆盖，做到“乡乡通”。安排4个律师事务所和6个基层法律服务所对接全市17个乡镇公共法律服务站。全年受理法律援助案件366件，其他事项受理1962件，为36名未成年人、12名老年人、18名残疾人提供法律援助66次，受理农民工案件80起。

（杨声）

军 事

市人民武装部

【概况】 2021年，瑞金市人民武装部（简称市人武部）认真贯彻习近平新时代中国特色社会主义思想和习近平强军思想，坚决贯彻省军区和军分区党委扩大会议精神，紧紧围绕庆祝中国共产党成立100周年和党史军史学习教育主线，严格落实新冠肺炎疫情常态化防控要求，聚焦主责主业，狠抓各项工作落实，较好地完成全年各项工作任务，单位全面建设持续向上向好，思想引领进一步深化，练兵备战进一步走实，动员基础进一步夯实，党管武装进一步强化，“双拥”共建进一步深入，安全管理进一步加强，基层建设进一步巩固。市人武部被省军区评为新闻宣传工作先进单位。

【政治引领】 坚定举旗铸魂，突出抓好主题教育和经常性思想政治工作。抓好党委中心组理论学习、“两会”和十九届六中全会精神的传达学习，深化主题教育深度，做到理论学深、原理悟透、自觉实践、担当有为。紧扣现役官兵、文职人员、职工思想和现实问题，抓好革命传统、形势政策、典型激励和案例警示教育；发挥红色资源铸魂育人作用，组织民兵分队赴“一苏大”礼堂开展民兵宣誓暨先进民兵表彰活动；持续抓好“三抓三比”活动，深入开展向新时代卫国戍边英雄群体学习活动。扎实开展党史学习教育，落实每周两个1小时的集中学习，每月组织开展“看一部红色影片”和“讲两个党史故事”活动；清明期间组织部机关、专武干部和部分民兵开展“学党史、祭英烈”活动，结合役前训练组织预定新兵开展“重走长征路、当红军传人”系列活动；跟进学习中共中央总书记习近平在庆祝中国共产党成立100周年大会上的讲话精神，参加军分区组织的党史教育“每周一讲”活动；每人撰写党史学习心得体会4篇以上，并组织集中学习体会交流。积极开展“学党史、办实事”活动，组织部机关和部分民兵帮助挂点贫困户果园锄草施肥，帮助摇前社区居民整治环境卫生，解决军人子女入学等难题。

【民兵工作】 坚持“精准建设、精细管理、精确动员”理念，深入开展潜力调查摸底，瞄准民兵整组考评实施细则，按照能打仗、打胜仗的要求，持续优化民兵结构布局，编实建强民兵分队，组织无线通信、工程机械、无人机操控等小特专业参加集训，组织党员及退伍军人身份核录校验3次，确保“四例四率”达标。

【兵员征集】 以实现大学毕业生和本科生征集比例“双增长”为目标，发挥“五率”考评指挥棒作用，推动征兵工作高效落实。召开征兵领导小组和征兵工作会议，广泛开展征兵宣传活动，在电视台播放征兵宣传片，在广场、车站、宾馆等场所设置征兵标语，在纪念馆广场开设征兵政策咨询站，利用微信、抖音等新媒体平台开展征兵工作宣传，组织全市210名大学毕业见习生走“红军

6月4日上午，沙洲坝镇隆重举行基干民兵点验大会 （市融媒体中心供图）

村”黄沙华屋开展红色教育，召开宣讲会和国防教育课，为大学毕业生算好“经济账”“成才账”，激发高学历青年的参军报国热情。全年完成大学生兵员征集比例达78.8%，其中，大学毕业生占66.4%。

【基础建设】 认真贯彻《军队基层建设纲要》和军委国防动员部《实施办法》，组织党委委员持续开展“四帮”活动，成立工作组下基层蹲点帮带5次。完成省军区赋予的基层武装部规范化建设试点任务，形成基层武装部建设高质量发展成果，打造一批模范基层武装部和村级民兵连。印发《基层人武部相关文件汇编》等工作手册3本，为基层武装部推进正规化建设提供基本遵循和指导。推进“四个秩序建设”，对保密室、作战室、办公室等场所进行升级改造，提升机关“四个秩序”规范化水平。10月，完成军分区召开的“四个秩序”规范化建设推进会要求，为军分区各个团级单位软件资料规范化建设提供参考。

【“双拥”共建】 协助退役军人事务局开展“双拥”工作考评，促进“双拥”机制常态化落实；牵头组织“两城同创”第27网格区域文明创建活动；积极参与禁毒、“登革热”疫情防控和新冠肺炎疫情防控等工作；坚持春节期间走访慰问退役军人、优抚对象；坚持为立功人员送喜报、送慰问金、送光荣军属牌匾等；着力发挥军地桥梁作用，积极协调推进瑞金机场建设。

（史杰强　朱峰　刘振楠　刘志宇）

武警瑞金中队

【概况】 2021年，武警瑞金中队坚持以习近平新时代中国特色社会主义思想为指引，牢固确立习近平强军思想根本指导地位，着眼有效履行“两个维护”职责使命，按照上级党委工作思路和瑞金市委、市政府工作要求，狠抓工作落实，圆满完成以执勤处突为中心的各项任务，为维护驻地社会安全稳定、促进经济发展发挥重要作用，中队全面建设再上新台阶。中队连续20年被武警江西总队评为“基层建设标兵（先进）中队”；被武警部队评为“基层建设标兵中队”1次、被武警部队评为“基层建设先进中队”2次；荣立一等功1次、二等功4次、三等功8次；被武警赣州支队表彰为“四铁”先进单位。

【政治建设】 坚持把思想政治建设摆在首位，坚决贯彻军委主席负责制，深入贯彻习近平强军思想，用“苏区精神”建队育人，用优良传统凝心聚力，用队史荣誉激励奋进，扎实开展主题教育、基础教育和经常性思想教育，经常性组织开展“弘扬苏区精神，争当红军传人”实践活动，不断坚定官兵听党话、跟党走的政治信念。每逢新兵下队、老兵退伍和重大节日都会组织官兵到“一苏大”旧址、“二苏大”旧址、红井等地重走红军路，引导官兵始终不忘初心、牢记使命。

【备战训练】 始终坚持战斗力这个唯一的根本标准，按照“能打仗、打胜仗”要求练兵备战，严格军事训练“八落实”标准，突出抓好专勤专训、专哨专训、方案演练，扎实开展擒敌、战术、射击、体能等科目训练，不断锤炼官兵过硬素质，提高当兵打仗、练兵打仗、带兵打仗能力，在抢险救灾、执勤处突中勇上一线，敢打必胜。根据临时勤务任务频繁、对人员素质要求高等特点，严把人员政审关、选拔关，每次勤务均由干部带队指挥。加强看守勤务、礼宾勤务等研究部署，注重抓好各项勤务制度落实，实现看守所执勤“零事故”。

【正规化建设】 坚持把工作重心放在部队建设上，依据《军队基层建设纲要》和《武警瑞金中队2021年按纲建队计划》，重点抓好官兵生活制度落实，纠治管理松散、作风松懈、纪律松弛现象，保持战备、执勤、训练、工作、生活秩序正规，在人员管理、手机管控、执勤备勤等各个方面做到有章可循、有法可依、有处理措施；深入开展条令年、“百日创安”、安全隐患大排查、作风纪律整顿等活动，严格落实安全和保密工作责任制，深入开展密切内部关系教育，紧紧围绕安全工作十个方面重点内容，及时发现消除安全隐患，守住“六个不出”安全底线，全年实现“四无”安全目标。

【“双拥”工作】 牢记“忠诚、奉献、荣誉、为民”的队训，持续与象湖镇敬老院结成爱心帮扶对子，保持30年鱼水情深；持续帮扶1名贫困学生，组织官兵进行捐款助学等公益活动。瑞金市委、市政府赓续传承苏区拥军优属的优良传统，对武警中队政治上关心、政策上倾斜、工作上支持，大力解决各种实际困难，在中队营区维修改造等方面给予大力支持，让全体官兵倍感党的温暖和驻地党委政府的关怀。

（武警瑞金中队）

人民防空

【概况】 2021年，瑞金市人民防空工作坚持以习近平新时代中国特色社会主义思想为指导，认真贯彻落实习近平主席的军事战略思想，按照“战时应战、平时服务、应急支援”的职能使命要求，围绕服务经济建设、城市发展、“六大攻坚”专项治理及经济发展环境审计调查等工作，以“强素质、树形象、上水平”为目标，积极推动全市人民防空工作高质量发展，人民防空各项工作取得明显成效。

【深化人防审批和执法改革】 1月1日起，防空地下室易地建设费划转至税务部门征收。积极配合市行政审批局、税务局，规范人防易地建设申请、审批、核缴程序，明确各环节重要事项，建立部门联动机制，建立相互配合、相互监督的人防审批体系。强化人防行政执法，严格执行人防执法流程，开展人防执法应知应会考试，提高工作人员综合素质和依法行

9月18日，瑞金四中组织该校初一年级全体师生进行防空应急疏散演练
（市融媒体中心供图）

政能力；加强经常性执法巡查检查工作，加大依法收缴人防费力度，全年追缴易地建设费100余万元。

【人防工程管理】 推动人防工程维护管理进一步规范化，对完成验收的人防工程进行摸底检查，建立工作台账，对维护管理突出问题进行整治，年内，发放整改通知书12份。抓实人防工程质量监管和安全生产，对全市人防工程进行安全检查，对在建的人防工程开展质量监督。

【人防能力建设】 熟练掌握人防移动通信指挥平台的运用，做好人防三级指挥视讯系统常态化调试及联试。全面完成防空警报系统升级改造，更换数字电声警报一体机20套、改造数字电声警报8套、新增防空警报8套，升级改造中央控制器、中继台，城区防空警报音响覆盖率提升至95%以上。强化人防专业队伍建设，对人防专业队伍进行合训、合编、合装、合用整组。参加省人防办组织的演练任务2次，完成全市“9·18”防空警报试鸣和疏散演练，参演学生达2万余人。

【人防宣传】 在“3·1”“5·12”“9·18”“10·31”“12·4”等特殊日期，联合多部门开展以“提升基层应急能力、筑牢防灾减灾救灾的人民防线”为主题的宣传教育活动，发放人防知识宣传手册3200余份。开展人防知识进学校、进社区等宣传活动，并建立3个宣传示范点。通过瑞金电视台、《瑞金报》、瑞金发布等媒体全方位宣传人防。在国家、省、赣州市相关网站发表稿件20余篇。《人民防空从这里起航》微视频在全省人防微视频征集评选中获得三等奖。

（市住建局）

经济管理

宏观经济管理

【概况】 2021年，瑞金市发展与改革工作紧扣“研究大战略、协调大政策、推进大项目、分析大趋势”的职能定位，积极推进发改各项工作实现新发展新跨越。至年末，组织编制专项规划37个；牵头争取各类资金38.75亿元，争取专项债资金12.81亿元，募集第二期企业债券资金10亿元；谋划实施重点项目140个，总投资达830亿元；促成2个亿元以上项目在瑞兴于“3+2”经济振兴试验区（泉州）产业合作推介会上签约。

【重大战略推进和政策制定】 制定《关于印发瑞金市国民经济和社会发展第十四个五年规划和二○三五年远景目标纲要的通知》，形成《贯彻落实〈新时代支持革命老区振兴发展的意见〉的实施意见》“1+N+X”政策体系，出台《瑞金市推进江西内陆开放型经济试验区建设行动方案》等重大政策文件。形成《关于新时代支持瑞金振兴发展加快建设赣州次中心城市的若干意见》文稿，梳理需赣州支持事项128个。牵头做好苏区振兴发展工作，制定《贯彻落实〈新时代支持革命老区振兴发展的意见〉的实施意见》《新时代苏区振兴发展2021年工作要点》等系列文稿，承办全市性的《新时代支持革命老区振兴发展的意见》政策宣讲10余场；落实《新时代支持革命老区振兴发展的意见》重大专题报告咨询服务，形成“1+N+X”政策体系，提报20余项事项纳入赣州市“四个重大”事项。牵头全市专项规划编制，做好与国土空间规划编制衔接工作。军民融合、服务业发展“十四五”规划印发实施。牵头抓好中央巡视反馈第二专项问题整改销号，梳理影响经济社会发展问题29件，年内，全部销号办结。建立固定资产投资入规入统联席会议，对投资达500万元以上项目全部入库入统，全年新增项目38个。牵头各行业主管部门及税务部门对可培育企业进行摸排，促成4家服务业企业入规入统。

【重点项目建设】 突出交通、能源、水利等重点板块，着力攻难点、补短板、强支撑，助力基础设施建设提档加速。全年实现固定资产投资增速11.4%，增速高于全省0.6个百分点。编制《2021年“项目大会战”重点项目投资计划》，梳理项目140个，总投资达830亿元。被列入赣州市级调度的公共服务领域10个项目全部开工建设，年内，竣工6个，完成年度投资18.52亿元，占年度计划投资的138.42%，在赣州市排名第七位。被列入赣州市调度的13个基础设施建设项目全部开工建设，完成项目投资33.34亿元，占年度计划投资的172.14%。被列入本级调度的17个项目开工14个，完成投资21.48亿元，占年度计划投资的100.01%。瑞金机场项目超前推进，基建土方工程基本完成，11月，非民航专业项目开工建设。瑞梅铁路可研报告获国家批复，景鹰瑞铁路被列入江西省“十四五”规划纲要。开通瑞金至厦门铁海联运班列，瑞金成为赣南东部首个开通铁路集装箱运输、实现铁海联运的县市，全年开通铁海联运班列30余趟，发送铁海联运集装箱1000余标准箱、内贸集装箱2000余标准箱，瑞金国际陆港进入竣工收尾阶段。实施公路升级改造项目7个，新建改造国省道68千米。G206国道改造、万田麻地经云石山至七堡实景演艺项目公路、瑞金经开区食品产业园主路网等项目建成通车，“瑞兴于”快速交通走廊、S451九堡至云石山段公路改建工程等顺利推进。投资6.5亿元，完成农村公路建设350千米，改造“四好农村路”74千米，危桥重建5座。日东水库除险加固项目、壬田高轩及松坪河道治理工程、瑞林圩镇防洪工程、壬田圩堤除险加固工程等一批水利工程竣工验收，防洪体系逐步完善。全市电网建设完成投资2.2亿元，开工建设110千伏变电站1座、改造35千伏变电站2座、续建35千伏输电线路工程3个、新建改造10千伏及以下单体项目356个、10千伏线路160.71千米、配电变台189台、0.4千伏线路436.6千米，瑞金竹岗110千伏输变电工程进入收尾阶段。济民可信医药食品产业园、正大食品全产业链等龙头项目加快建设，并带动引进上下游关联企业，形成绿色食品药品区域性发展聚集区。

【争资争项】 落实北上对接工作机制，全年争取各类资金38.75亿元，争取专项债资金12.81亿元，募集第二期企业债券资金 10 亿元，争取瑞金机场项目中央预算内资金 3 亿元一次性提前下达、省基投资金 2000 万元，系新中国成立以来瑞金历史上争取国家层面单体项目规模最大一笔资金。争取国家石油天然气管网集团按照特事特办原则，批复瑞金分输站新增下载点，系国家油气体制改革以来，江西首个开阀通管输天然气的县市，提前迈入管输时代。承办中国兵器装备集团等在瑞开展党史学习教育活动，对接中国融通集团到瑞金挂牌事项。

【经济运行分析】 做细经济运行监测分析工作，落实月调度、季分析机制。年内，召开经济运行分析调度会议 4 次，完成季度经济运行分析。结合经济运行存在的重点问题，分批次组织进行专题调研，完成调研文章 9 篇，形成针对性意见建议 30 条。

【营商环境优化】 常态化开展优化营商环境工作调度，解决企业反映的天然气价格过高、招工难、物流贵等热点难点问题 62 个，累计为企业减负 9 亿元。推进“大众创新、万众创业”活动，开展“双创示范周”系列活动，帮助九华药业、电商孵化园申报省级“双创”示范基地。持续开展优化营商环境行动，分类提出 15 个重点领域 181 项重点任务，清理废止本市与国务院《优化营商环境条例》不符的文件 8 份。

【对口受援】 加强与财政部、新华社和南昌大学等对口支援瑞金单位的沟通联系，拟定《新时代苏区振兴发展 2021 年工作要点》等文稿；财政部、新华社、南昌大学出台年度支援方案，财政部帮助协调下达瑞金机场民航发展基金 3 亿元；新华社播发《人民的江山》《为党而歌，与人民同行》《C 位是怎样炼成的》等 300 余篇与瑞金有关的宣传报道，帮助编排推广音乐剧《闪闪的红星》，捐赠 100 余万元物资改善教育条件，并在助农、人才挂职等方面倾力帮扶。南昌大学为 10 名考取到该校的瑞金籍贫困学子免除本科阶段学杂费；确定瑞金井冈山小学、沙洲坝八一希望小学、思源学校为南昌大学艺术与设计学院文化艺术普及定点单位；南昌大学附属眼科医院与瑞金市总医院签订“眼科中心学科共建”和博士专家工作战略合作协议。为市内 2 家企业、3 所公立医院争取博士工作站 7 个。

【生态文明试验区建设】 加快生态文明试验区建设，打造“无废城市”。瑞金经开区获评国家级、省级绿色园区；瑞金万年青水泥有限责任公司获评国家级绿色工厂；万年青猫子寨石灰矿山被纳入全国绿色矿石名单。整治餐饮行业违规使用不可降解一次性塑料吸管行为。推进第二轮中央生态环境保护督察反馈问题整改，完成整改事项 24 件，其中，8 件申报销号。对接长江生态环保集团，上报意向合作项目 6 个，总投资 11.5 亿元。全面推进节能降耗，开展“两高一资”（高耗能、高污染和资源性）审查，遏制“两高”项目盲目发展，对全市年综合能耗达 1000 吨标准煤的 11 个企业开展大起底、大清查行动，发出整改通知书 10 份。

（宋雪林　朱升辉）

国有资产管理

【概况】 2021 年，瑞金市国有资产管理工作认真贯彻落实中央、省、赣州市经济工作会议精神，主动适应经济发展新常态，紧紧围绕深化改革和供给侧结构性改革总体部署，积极应对经济下行压力的影响，坚持稳中求进、统筹发展为工作总基调，主动作为、聚力实干，全面加强国有资产监督管理，维护国有资产的完全和完整，切实提高国有资产的使用效益，推动资产的优化配置，促进国有资产保值增值。

【市属国资国企改革】 根据《瑞金市国资国企改革创新三年行动实施方案（2021—2023 年）》文件精神，深化全市国资国企改革创新，整合国有资产资源。对全市经营性国有资产、闲置的机关事业单位房产进行梳理，把 15.65 亿元资产以出让、划拨等方式注入市属国企，做到“应划尽划”，将市民丰住房发展有限公司转型整合为市国控建设投资有限公司，采取吸收合并方式将市城市投资发展集团公司、市乡村振兴有限公司、瑞金宾馆有限责任公司等 3 家公司吸收合并到市国控建设投资有限公司。坚持党建工作与生产经营融合发展，要求国有企业集团公司和重要子公司结合实际，制定本单位党组织前置研究讨论重大经营管理事项清单，厘清各治理主体权责边界，确保国有资产安全和保值增值。

【国有资产监管】 出台《关于规范市属国有企业对外投（融）资、借款和担保行为的通知》，加强市属国企全覆盖、全方位监管，确保国有资产稳定增值，防止国有资产流失，防范化解重大金融风险。全年审核行政事业单位国有资产调拨、报废事项 166 项 1732 万元，涉及单位 60 余个。

（市财政局）

自然资源管理

【概况】 2021 年，全市自然资源管理工作坚持以习近平生态文明思想为指导，围绕“三大战略”，聚焦“八大行动”，全面履行“两统一”（统一行使全民所有自然资源资产所有者职责，统一行使所有国土空间用途管制和生态保护修复职责）核心职责，切实担起保障发展和保护资源“两大使命”，在全省先行先试推行“田长制”耕地保护管理模式，被央视新闻频道、《自然资源报》、江西电视台、省自然资源厅网站等官方媒体刊播宣传。

【先行先试推行“田长制”】 落实最严格的耕地保护制度，全市有耕地 2.73 万公顷，扣除按规则可不纳入保护目标的耕地 600 公顷，剩余 2.21 万公顷，超出第二轮耕地保有量1000公顷，完成耕地保护任务。在全省先行先试推行“田长制”耕地保护管理模式，构建“属地管理、分级负责、全面覆盖、责任到人”的市、乡（镇）、村（社区）、组4级“田长制”，把耕地保有量和永久基本农田保护目标任务足额带位置逐级分解下达，每个区块落实专人负责，实现“横向到边、纵向到底”的全覆盖特殊保护。中央广播电视总台《朝闻天下》栏目、江西广播电视台等媒体报道这一经验做法。

【用地保障】 全年向省自然资源厅申报用地11个批次327公顷，解决瑞金民用机场项目、S451九堡至云石山公路改扩建项目、滨江小学项目、城北中学（瑞金九中）项目、瑞金八中项目、长征国家文化公园（瑞金段）中央红军长征出发纪念广场项目、罗汉岩景区红色亲子度假乐园等83个项目用地需求。年内，供应各类建设用地76宗388.6公顷，土地总价款26.95亿元。

【国土调查与安全监管】 第三次全国国土调查完成全域矢量化及外业调查举证、数据库建设等各项工作，相关成果经国家核查通过，工作成果通过省级验收，被评定为全省“三调”优秀成果。加强地质灾害防治，全力做好地质灾害防治工作，编制《瑞金市2021年地质灾害防治工作方案》。开展农村切坡建房隐患核查，对农村切坡建房进行分类整治，全面梳理地质灾害隐患点。更新地质灾害预警预报平台信息，完善地质灾害群测群防网络。对全市所有地质灾害隐患点开展汛期排查，对重点矿山和每个隐患点的监测员、责任人、地质灾害类型和规模、经纬度、变化情况等进行更新并登记造册，统一编制地质灾害防灾避险明白卡、地质灾害防治工作明白卡、地质灾害隐患预案表。全年发布预警短信6次，发布信息2500余条；实施地质环境工程项目15个3030万元，建设普适型监测预警点80处，有效提升地质灾害预警预报能力。

【节约集约用地】 全面提升节约集约用地水平，开展“批而未用”土地“百日攻坚举证消化行动”，举证消化2008年至2020年度“批而未用”土地59宗308.55公顷，实时“批而未用率”由37.68%下降至22.29%，实时消化周期由5.4年下降至3.2年。其中，瑞金经开区消化处置“批而未用”土地16宗80.62公顷，提前并超额完成全年消化任务。

【矿产资源勘查开发】 全面加强矿产资源勘查开发管理，全市矿山企业均在规定时间内完成采矿权信息公示。扎实做好采矿权延续登记，办理采矿权审批登记事项28宗，其中，县级发证采矿权延续13宗、县级发证采矿权变更1宗、市级发证采矿权延续6宗、省级发证采矿权延续7宗、省级发证采矿权转让1宗，办结率100%。做好采矿权有偿处置，全市收取采矿权出让收益价款2069.94万元，收取采矿权占用费（使用费）2.2万元。向省自然资源厅协调武阳镇安子山地热水采矿权出让工作，并委托江西省勘察设计研究院编制《瑞金市武阳镇安子山矿区内地热水管道输送方案设计》。大力推进绿色矿山建设，全市52个矿山中，完成绿色矿山建设并通过评估5个，编制《绿色矿山建设实施方案》10个，实施建设8个。

【不动产登记】 全年，市不动产登记中心接待群众2.5万余人次，受理各类业务8.02万宗，办结6.75万宗。发放不动产权证书5.64万本、不动产登记证明7634份，开具不动产登记信息证明8627份，办理法院查封登记820份；办理宗地调查、宅基地调查、林地调查和宗地补录526宗，外出实地踏堪130次。为企业及个人办理不动产抵押登记融资139.4亿元。完成16个乡镇215个村24.36万幢8889.4万平方米外业测量，完成确权登记发证8.77万户。

【土地开发利用】 对历年来土地开发项目进行清库后整改和报备，并做好“占补平衡”项目立项、验收和后期报备等工作。全年备案项目25个387.64公顷（其中，水田195.48公顷、旱地192.16公顷）。用好用活“增减挂钩”政策，全面完成2019年和2020年“增减挂钩”项目验收工作，总验收面积42.19公顷；立项2021年“增减挂钩”项目1个4.82公顷，由市乡村振兴公司实施。依法开展土地征收29宗34.84公顷，流转补偿保持集体土地所有权性质不变的土地32宗91.5公顷。完成《瑞金市土地征收成片开发方案（2021—2023年）》编制，并获省政府同意批复。

【国土和矿产资源监察】 严格土地和矿产执法监察，查处违法用地47宗44.98公顷，罚款577.03万元，责令复耕面积4.7公顷。制止违法采矿行为2起，立案查处越界采矿1起。开展卫片图斑核查，自然资源部下发2021年土地卫片图斑133个149.91公顷，经审核认定，违法图斑39个34.61公顷，复耕整改6个10.75公顷；下发矿产卫片图斑12宗，经核查判定10宗为伪变化图斑，2宗为合法图斑，均在规定时间内上报。对国家自然资源南京督察局下沉土地例行督察发现的16个问题积极开展整改，年内，整改问题13个。

（曾春山　钟布春）

财政管理

【概况】 2021年，全市财政工作紧紧围绕市委、市政府决策部署，立足新发展阶段、贯彻新发展理念、构建新发展格局，全力支持“三大战略”，突出保障“六大主攻方向”，统筹疫情防控和经济社会发展需要，扎实做好“六稳”工作，全面落实“六保”任务。全市完成财政总收入29.22亿元，完成年初预算的109.2%，比2020年增长16.3%；一般公共预算收入完成15.83亿元，完成年初预算的117%，增长8.9%，其中，地方税收收入占一般公共预算收入的79.8%；全市一般公共预算支出完成63.96亿元，完成调整预算的143.1%，增长0.03%，实现

"十四五"良好开局，全市财政收支运行情况总体良好。

【财政预算执行情况】 牢固树立过"紧日子"思想，严格财政支出管理，提高支出执行的及时性、均衡性、有效性和安全性，在支出预算执行上始终坚持"保工资、保运转、保基本民生"原则，优化支出结构，严格执行预算。全年支付工资性支出10.56亿元。下达各部门预算综合定额公用经费指标计划1.77亿元。保证民生支出及重点项目支出需要。全年用于教育、文化体育与传媒、社会保障和就业、医疗卫生、乡村振兴、节能环保等13项民生支出53.06亿元，占公共预算支出83%，为巩固脱贫攻坚成果及乡村振兴、棚改拆迁、企业纾困解难等提供坚实的资金保障。

【扶贫项目资金管理】 加强扶贫资金管理，通过设立涉农扶贫整合资金池、完善扶贫项目资金管理制度建设、强化扶贫资金绩效管理、聘请第三方机构开展扶贫资金绩效评价、加强财政扶贫资金动态监控平台应用、开通扶贫项目资金"绿色通道"、实行项目资金预拨制和申拨制等措施，不断规范扶贫资金管理。全年，统筹整合财政涉农扶贫资金2.71亿元，支持全市农业生产发展和农村基础设施建设。搭建"扶贫832平台"，落实采购脱贫地区农副产品政策，全市预算单位在平台采购农副产品445.02万元；本市入驻供应商47家，全年成交金额1.12亿元，分别位列全省第四名和第一名。

【防范化解债务风险】 切实加强政府债务管理，严格在政府法定限额内申报新增地方政府债券，严格控制新增债务，将财政可承受能力和举债风险评估作为政府投资项目立项的前置条件，对超出财政承受能力、没有明确建设资金来源和制定融资平衡方案的项目，一律不予支持。全年，化解政府债务8.5亿元，政府债务全口径债务率118.44%，控制在120%以内的绿色区间。

【政府采购】 开展政府采购备选库、名录库、资格库专项清理工作，清理不符合条件的中介服务机构和工程施工"库"，对江西忠青工程项目管理有限公司等12家采购代理机构违规收取"报名费""资料费"等乱收费行为进行全面清理，清退违规收费20.45万元。政府采购公开招标项目全面实行"不见面开标"，供应商不需要到达开标现场，在线同步观看开标现场视频。至年末，不见面开标项目20个，预算金额1.32亿元，成交金额1.20亿元，节支率8.94%。推行政府采购意向公开，采购单位对采购货物、工程、服务事项需求，一律在江西省政府采购网（江西省公共资源交易网）上向社会公开。加强项目监管，全年审核办理政府采购备案项目284个，采购限额（预算）19.31亿元；成交项目341个，采购限额（预算）7.98亿元，成交金额7.52亿元，采购节支率5.76%。

【投资评审】 全年参加设计方案审查、招标方案审查、工程变更审查等过程管理86次，完成预、结算评审项目220个，受理评审金额12.64亿元，审定金额10.65亿元，审减率15.74%。强化中介公司管理，暂停中介机构业务3家，要求其限期整改。

【财政资金监督检查】 开展会计信息质量检查和财经纪律执行情况专项检查，选取检查单位18个，查出违规资金3070.66万元，追缴财政资金38.36万元，责令单位撤销违规留存账户资金2168.07万元，责令单位调整账务573.5万元，责令单位改正并完善手续290.73万元。开展"小金库"专项清查工作，要求205户党政机关和事业单位开展自查自纠，自查率100%。9个单位自查出"小金库"9个7477.3元。开展国有粮食购销企业会计信息质量检查，对市粮食流通服务中心、市粮油收储公司2017年以来会计信息质量进行核查，查出违规资金518.77万元，追回财政资金6.74万元，责令单位调整账务512.03万元，并对市粮食收储公司做出罚款2万元处理。做好直达资金和扶贫资金动态监控工作，发现预警事项23条，其中，红灯预警7条、黄灯预警13条、黄色警铃3条，均及时整改到位。选取资金量大、代表性强、社会关注度高的10个项目（含1个PPP项目、1个地方政府债券转贷资金项目）以及2个部门整体开展绩效评价，评价范围涵盖民生、教育、农业、扶贫、社会保障、基础设施、产业发展等方面，涉及资金9.16亿元。

（市财政局）

税务管理

【概况】 2021年，瑞金市税务局坚持稳中求进工作总基调，认真做好"六稳"工作，落实"六保"任务，聚焦完成预算确定的税费收入这一主业，切实强化队伍建设，持续优化征管服务，各项工作取得较好成效。全年组织入库计划口径税收26.57亿元，比2020年增收2.85亿元，增幅12.03%，其中，财政口径税收26.07亿元，比2020年增长2.86亿元，增幅12.32%；入库社保费和非税收入12亿元，比2020年增长45.69%；税收总量和质量实现双提升，社保费和非税收入增幅较为明显。瑞金市税务局继续保留全国文明单位荣誉称号。

【税收征管】 深化税收数据运用，制定《税收大数据智慧服务平台风险纳税人库清册数据运用方案》，按季获取清册数据，并对风险点进行风险销号，风险应对累计查补税款3970万元。加强企业所得税管理，开展企业所得税汇算清缴工作，汇算清缴申报率达99.37%，查补税款7033万元。推动市政府出台《瑞金市城乡居民基本养老保险和医疗保险征缴工作考核办法（试行）》，提升征缴实效。瑞金市城乡居民基本医疗保险征缴率位列赣州各县（市、区）第二，其中，武阳镇征缴率在赣州市乡镇中排名第一。维护存量房数据，委托第三方对城区2013年以来新增住宅存量房数据进行采集，堵塞征管漏洞；开展房地产企业房产税和城镇土地使用税欠税清理工作，对6户房地产企业进行清理，入库欠缴税费4759万元。

【减税降费】 深入落实“减税降费”工作，全年征前减免近14万户次，减免税额10.2亿元，其中，高新企业优惠政策减免所得税2028万元、西部大开发税收优惠政策减免所得税7249万元、缓缴制造业中小微企业税费1217万元，有效发挥税收扶持作用。

【纳税服务】 对标粤港澳大湾区建设，优化办税厅软硬件建设，创建赣州市“一类精品示范办税服务厅”；深入落实“放管服”改革，抓好税务证明事项告知承诺制和容缺受理机制，优化退税办理流程，增值税即征即退非首次业务，实现24小时内完成办理；推广电子税务局使用，加强对纳税人纳税辅导工作，在全市建立纳税辅导室3个，为纳税人提供“一对一”个性化纳税辅导服务，有力提升办税便捷性。提升税收遵从，强化税企沟通，邀请国家税务总局“金牌”讲师马丽到瑞金与纳税人座谈。发挥行业协会会长单位和涉税中介机构以点带面作用，组织召开座谈会4次，收集解决纳税人需求。开展纳税信用等级评定，全年评定企业4938户，其中，评价结果为A级的纳税人186户、B级纳税人2061户，分别比2020年增加4%和42%。开展“我为群众办实事”暨便民办税春风行动，制定《瑞金市税务局“我为群众办实事”实施方案》，122项任务清单全部落实，全年为群众办实事260余件；纳税服务“好差评”系统实现全覆盖，未出现一个差评。

【税收改革】 推进不动产登记一体化，整合税务局、不动产中心及住建部门系统功能，推动实现不动产交易网上办。落实纳税人分类分级管理，制定《瑞金市分类分级管理方案》，10月税源管理股职能落实到位。加强专票电子化改革力度，开具率达89.78%，列赣州各县（市、区）第一。做好水土保持补偿费、防空设施易地建设费划转工作，提前谋划数据传递共享机制。全年，水土保持补偿费入库268.92万元，防空设施易地建设费入库914.83万元。

【依法治税】 加强法治思维教育，组织学习“首违不罚”制度和新修订的《江西省行政处罚裁量权执行标准》，为执法处罚行为套上“紧箍咒”；参与“百万网民学法律”系列活动，组织分类学法考试，考试成绩优秀率100%。依托中华苏维埃税务局旧址，组织机关干部、青少年学生上“税法”课，提升税法遵从度。中华苏维埃税务局旧址被省委宣传部、省司法厅评为“江西省第二届法治文化示范基地”。增强税收执法规范，推进执法公示制度，强化税务行政执法信息公示平台运用，明确28类公示信息录入权限和发布权限的部门，全年公示各类执法信息7240条。推进执法全过程记录制度，配置执法记录仪9台，全过程监督执法行为。成立瑞金市税务局重大执法审核委员会，对3户次罚款数额较大税务案件进行法制审核，对1户房地产欠税企业房产查封进行审核，保障重大执法决定合法有效。开展执法督察，对内控平台推送的专票电子化疑点数据和上级下发的所有批次疑点数据开展核查，对15名未落实好税收政策管理员进行责任追究。开展现金税费征缴问题专项整治，对涉及现金税费征缴的15类问题169条疑点数据开展核查，发现1起房产交易违规享受“满五唯一”优惠问题，对涉案的1名办税大厅临聘人员进行责任追究。

（黄军　谢全辐）

金融监管

【概况】 2021年，瑞金银行保险监管工作切实贯彻落实上级监管工作会议精神，认真履行属地监管职责，切实加强内部管理，全面落实从严治党主体责任和“一岗双责”责任。切实加强监管督促和引领，在落实国家“六稳六保”政策，支持企业复工复产、普惠金融和银行保险业市场乱象整治中取得较好成效，确保辖内银行保险业平衡健康运行。至年末，全市银行业不良贷款余额3.56亿元，占比1.04%，较年初增加0.13个百分点，其中，现金清收9546.93万元，核销3396.48万元，低于赣州辖区0.08个百分点。

【支持小微企业】 制定《瑞金市普惠金融实施方案》，实施普惠小微首贷提升工程。截至12月末，全辖区金融机构新增普惠小微企业贷款4639户16.59亿元，普惠小微首贷户数、金额分别占比36%、31%，较2020年分别提高20.23个、14.71个百分点。推进江西省小微客户融资服务平台推广运用，平台注册户数35630户，2195家小微企业通过平台获得融资14亿元，较2020年增加715户5.81亿元。引导农商行、光大村镇银行等法人金融机构创新“百福稳保贷”“百福个体工商e贷”“薪易贷”等信贷产品，发放普惠产品创新贷款8.43亿元，覆盖小微客户7100余户。农商行、光大村镇银行发放支小再贷款6000万元，支持小微企业和个体工商户119户。推进小微企业、农户信用建档，全市金融机构对19761家小微企业建立信用档案，建档率54.85%，较2020年提高27.59个百分点；对72136户农户建立信用档案，建档率65.58%，较2020年提高19.54个百分点。推进企业收支流水大数据“白名单”平台建设，发布企业“白名单”1303家，推荐银行对接675家，对接贷款4.76亿元。

【金融风险防控】 提高反腐倡廉意识 认真贯彻落实中国银保监会党委《关于贯彻落实中央八项规定精神实施细则办法的通知》，严格落实“零物质往来”要求。压实法人机构风险防范主体责任，紧盯法人机构风险；以“内控合规管理年”为抓手，切实加强监管督导，通过监管谈话、监管督导、风险提示等手段，形成风险防范的监管合力。以案为鉴，组织开展“包商银行严重信用风险事件背后系列监管腐败案件警示教育”专题组织生活会。坚持以党性党风党纪教育为重点，加强对干部理想信念、廉洁监管和艰苦奋斗精神教育。

建立风险早期识别机制　抓实重点企业风险识别、法人机构金融稳健性指标监测，强化风险预警提示。建立区域金融风险防范化解合作机制，整合全市金融监管资源，发挥机制在信息共享方面的作用，年内，发出相关风险提示函6条。做好存款保险申报、金融稳定央行评级、定性指标评分、重大事项报告监测核查，组织存款保险申报12次、金融稳定央行评级4次、定性指标评分4次，重大事项报告监测12次。认真开展征信合规巡查工作。截至年底，对全市14家机构的70个网点完成征信常规巡查。

依法保护金融债权　联合瑞金市人民法院建立集金融立案、金融纠纷诉调对接、金融审判、金融执行为一体的金融纠纷一体化处理中心，打造金融纠纷多元化解、立案、保全、审判、执行等“一站式”金融纠纷化解模式，金融案件起诉审结速度明显加快。截至年底，瑞金市人民法院审理金融诉讼案件840件，结案839件，结案率99.88%，依法保护金融债权2.2亿元，多元调解案件122件600余万元。

开展异常行为排查　落实“三查三清”专项行动，走访公安、法院、检察院、市场监管局、金融局等部门，全面排查员工异常行为，作出风险研判，开展专项整治行动。全年走访各部门12次，职工异常行为零新增。年内，开展保密教育5次，防失泄密、微信泄密、涉密场所监控系统泄密隐患排查、安全保密自查自评等专项整治各1次。

（赣州银保监局瑞金监管组）

【诚信体系打造】　根据《中小微企业信用体系建设实施方案》，对辖内所有小微企业、农户进行评级，推进各类经济主体电子信用档案建设。至年末，收集企业征信信息23万条，1.13万家企业通过体系建设实现增信融资，融资额13.62亿元。对19352家企业建立信用档案，建档率54.32%，较年初提高27.06个百分点；对71845户农户建立信用档案，建档率65.41%，较年初提高19.37个百分点。

【防范和处置非法集资活动】　开展防范和处置非法集资集中宣传活动，组织金融宣讲进机关、进企业、进社区开展金融知识普及教育活动。重视风险监测和排查，利用“赣金鹰眼”监测预警平台跟踪监测非法集资风险指标；开展“涉金”字样企业摸排并进行风险研判；加强新型金融机构日常报表监测，定期组织现场检查，限期整改发现的问题。加大非法集资陈案化解力度。全市非法集资陈案4例，其中，1例于12月份终结执行，完成上级下达瑞金市年内25%的化解任务。

【外汇管理】　提升外汇管理水平，规范档案、人员、服务、科技、统计、制度等建设，推动规范化支局建设。编制《进出口名录企业手册》，优化外汇管理服务，推进企业名录登记网上办理，让企业“少跑路”。截至12月末，瑞金人民银行外汇支局网上办理名录登记58户。推进开办区块链融资业务，为4家银行开通区块链融资权限。

【国库管理】　严格按照国库管理制度法规规定处理各项业务，严把清算、收纳、退付、更正及库款直拨业务，对不合理票据一律拒收、拒付。截至12月末，处理一般预算收入26.86亿元、一般预算支出55.34亿元、预算退库8.93亿元。

【现金管理】　把握流通中的人民币市场需求，合理调节流通中人民币券别结构，提高流通中人民币整洁度，保障现金合理供应。截至12月末，投放现金15.9亿元，回笼13.7亿元，净投放2.2亿元，保证现金投放回笼绝对安全。联合瑞金市公安局、农商银行截获1宗2.53万元大额假人民币，避免假币流入市场。开展整治拒收现金专项工作，维护人民币合法地位，处理拒收现金举报2起。

【支付结算】　建立“查、冻、扣”快速通道，强化涉案账户管控，建立信息共享、“反电诈”等协作机制，协同推进防范打击电信网络诈骗新型违法犯罪活动。牵头辖内金融机构采取电话核查、账户交易流水核查、实地上门核查相结合的方式对结算账户开展排查。全年，排查账户26.36万户，其中，发现异常账户1453户，采取终止业务、撤销账户、暂停非柜面业务、停止支付管控措施的账户1453户。

（肖季祥　钟应京）

审　计

【概况】　2021年，全市审计工作坚持以习近平新时代中国特色社会主义思想为指导，深入学习贯彻中共十九大和十九届历次全会精神，认真落实上级审计机关总体部署要求，努力贯彻新发展理念，积极构建新发展格局，坚持依法审计、文明审计，不断加强审计干部队伍建设，积极履行审计监督职责，强化“经济体检”，为全市经济社会高质量发展发挥积极的审计监督作用。全年完成审计项目88个（不含固定资产投资项目），审计发现问题121个，查出问题金额14.28亿元，其中，违规违纪资金465.21万元、不规范资金14.24亿元，追缴资金入市财政197.03万元，提出审计建议71条，向市纪委移送线索1条，市纪委立案1件。对会昌县2016年至2017年农村保障房专项审计调查项目获评“赣州市优秀审计项目”。

【财政审计】　充分发挥审计在完善国家治理和保障国家经济社会健康运行中的监督职能，重点揭示在预算编制、预算分配、财政改革和资金使用等方面存在的突出问题。全年审计查出对外出借财政资金、任意调剂科目、未及时收缴土地出让金、滞留财政资金、应缴未缴国库等问题5个，涉及金额12.85亿元，提出审计建议3条。积极争取市人大常委会对财政审计查出问题整改工作的重视，市人大常委会先后召开会议听取审计报告，并组织人大代表测评涉及整改的各相关单位，促进各部门抓好审计整改。

【固定资产投资项目审计】 年内，完成固定资产投资项目审计项目8个（含1个市政府交办的400万元以下非招标项目抽样审计），主要发现多计工程价款等问题，173.5万元违规资金收缴到市财政。

【基本养老保险基金审计】 全年审计发现财政补助资金未足额拨付到位等问题8个。督促相关部门建章立制，促进社会保险基金规范运行。向市纪委移送问题线索1条，市纪委立案1件，给予记大过处分1人，给予提醒谈话2人。

【领导干部经济责任审计】 受上级组织委托，对73名领导干部进行经济责任离任审计，完成审计42个。完成乡镇自然资源资产党政领导同步审计1个。离任审计共查出问题金额3950.94万元，其中，违规金额1061.23万元、不规范资金2889.71万元。

【其他审计】 根据省审计厅和赣州市审计局统一安排，分别实施瑞金市2020年保障性安居工程资金绩效审计、瑞金市AK替代工程专项审计、网络安全和信息化建设审计、赣州银行瑞金支行专项审计、崇义县2018年至2020年度财政政策提质增效和2019年至2020年乡村振兴专项审计调查等。

【审计问题整改】 市人大常委会对财政审计查出问题整改工作高度重视，帮助审计部门督促相关单位认真抓好审计整改，被审计单位审计整改主体责任得到进一步压实。加大督促检查力度，促进审计问题整改落实到位，对整改不力的问题协调有关部门下发整改督办函。上级实施的7个审计项目和本级财政审计项目发现问题158个，整改142个，整改率达90%。

（市审计局）

统　计

【概况】 2021年，全市统计工作以服务全市经济和社会发展为重点，全面提升统计数据质量和服务发展的水平，为推进全市经济社会高质量发展提供坚实的统计保障。全面完成第七次全国人口普查工作，并通过国家验收。年内，完成各项报表审核，开展各季度全市国民经济核算，完成相关专业统计季报和统计月报。深入企业指导服务，推进名录库更新维护，全市在库单位8666个，其中，法人单位7743个、产业活动单位923个。完成全市17个行政村6个社区的人口变动情况调查和录机。指导协助瑞金经开区做好园区企业入规申报和退城进园申报工作，瑞金经开区规模以上工业企业从原来的59家上升到80家，退城进园的13家企业通过省级初审。2021年，全国统计干部党性教育基地在瑞金挂牌成立。

【统计基础建设】 印发《瑞金市乡镇统计规范化建设实施方案》，明确乡镇机构改革撤销统计站后必须设置统计岗，户籍人口3万以下的乡镇至少配备1名专（兼）职统计员，户籍人口3万以上的乡镇至少配备2名专（兼）职统计员；各行政村（居）至少明确1名专（兼）职统计员；在政府部门和企业，明确分管领导和若干名统计员，形成“统计局—乡镇（部门）统计岗—村（居、企业）统计员”的高效统计架构。印发《瑞金市统计专业知识培训方案》，分专业对基层统计人员进行培训，提高统计干部、统计人员的专业素养和技术职能。年内，开展培训30余场次，培训人员600余人次。由市财政按每个乡镇平均1万元的标准预算安排乡镇统计工作经费，由市统计局统一管理，年终根据考评结果拨付乡镇。鼓励企业依法依规开展统计工作，对配合统计工作、完成统计工作任务的企业统计员，由市财政每月发放150—200元统计工作补贴。

【统计服务】 深入剖析经济社会发展不确定因素给全市经济造成的影响，提出合理化建议，为党委政府研判形势和科学决策提供参考依据。建立“周碰头、月调度、季分析”工作机制，全年召开经济调度会10次、经济运行分析会3次。针对服务业中的空白行业对全市GDP核算带来的不利影响，提出主管部门牵头，相关部门联动推动空白行业入规入统的建议，取得较好效果。撰写经济运行分析，针对1—9月全市GDP指标在赣州排名靠后问题，在分析各种基础指标后，及时提出“挖潜力、提空间”的针对性措施。全年撰写信息、分析和调研文章140余条（篇），在省、赣州统计信息网等媒体刊登80余篇，其中，《瑞金市与河东片县市十年经济指标之比较》为市领导决策提供重要依据。定期推出《瑞金经济动态》《数据快递》等统计产品，成为领导备查的重要数据分析资料。出台《关于加强企业和项目入规入库入统工作的通知》，引导符合条件的企业入规入统。对符合条件及时入规的企业进行一次性奖励，并予以政策倾斜。年内，全市规模以上工业在库企业94家，新增入规模以上企业22家，退出1家；批发零售住宿餐饮业在库企业62家，新增入规2家，年底申报入库20家，通过省级审核15家；服务业在库企业22家，年度申报入库3家；资质内建筑业企业在库企业67家，年内，新增入规企业12家；固定资产投资在库项目127个，新增入库项目38个；房地产项目56个，新增入库项目6个，退出2个。

【第七次全国人口普查通过国家验收】 根据《中华人民共和国统计法》《全国人口普查条例》规定和《国务院关于开展第七次全国人口普查的通知》要求，2020年初成立第七次全国人口普查领导小组。普查标准时点为2020年11月1日零时。

2021年上半年，阶段性数据通过国家验收。根据普查结果，全市常住人口613894人，与2010年第六次全国人口普查的618885人相比略有减少。全市有家庭户179862户589452人、集体户3133户24442人；平均每个家庭户的人口3.28人，比2010年第六次全国人口普查的4.05人减少0.77人。男性人口314148人，占总人口51.17%；女性人口299746人，占总人口48.83%；总人口性别比（以女性为100，男性对女性的比例）为104.8。其中，0～14岁人口143979人，占总人口23.45%；15～59岁人口375945人，占总人口61.24%；60岁及以上人口93970人，占总人口15.31%，其中，65岁及以上人口66242人，占总人口10.79%。与2010年第六次全国人口普查相比，0～14岁人口比重下降2.95个百分点，15～59岁人口比重下降1.49个百分点，60岁及以上人口比重上升4.44个百分点，65岁及以上人口比重上升3.25个百分点。具有大专以上文化程度人口44232人、高中（含中专）文化程度人口93422人、初中文化程度人口255076人、小学文化程度人口161274人（以上各种文化程度的人包括各类学校的毕业生、肄业生和在校生）、文盲人口（15岁及以上不识字的人）7152人。与2010年第六次全国人口普查相比，每10万人中具有大学文化程度由3177人上升至7205人、高中文化程度由11079人上升至15218人、初中文化程度由41606人下降至41550人、小学文化程度由29533人下降至26271人，文盲人口减少13510人，文盲率由3.33%下降为1.17%。居住在城镇的人口306358人，占总人口49.90%；居住在乡村的人口307536人，占总人口50.1%。与2010年第六次全国人口普查相比，城镇人口占总人口比重上升14.96个百分点。

【统计执法监督】 加大数据审核查询力度，按照“开网即查、随报随审、查询核实”工作要求，从数据报送、反馈审核等各个环节做到即时审核、及时查询和限时修改，筑牢统计数据质量的“防火墙”和“隔离带”。组织统计干部带头学习统计相关法律法规，全局4名干部取得统计执法证，执法人员数量居赣州各县（市、区）前列。开展统计报表制度培训辅导、统计法律法规宣传，提高基层统计人员防范和惩治统计造假的责任意识、红线意识和底线意识。依法依规严肃查处统计违法行为。全年对39家企业进行统计执法检查，其中，“双随机”执法检查企业7家、统计执法监督检查企业8家、开展数据质量核查企业24家。

【全国统计干部党性教育基地揭牌】 8月30日，全国统计干部党性教育基地在瑞金干部学院揭牌。国家发展改革委副主任兼国家统计局局长、党组书记宁吉喆出席并讲话，设立此基地旨在弘扬伟大建党精神，发扬苏区调查精神，传承红色基因锻造过硬队伍，加快推进统计现代化改革。

（市统计局）

【国家统计调查】 国家统计局瑞金调查队以提高统计调查数据质量为中心，以提升统计调查服务水平为目标，独立向国家统计局和上级调查队上报调查结果。2021年，在全省调查队系统绩效管理考评中，瑞金调查队10项工作被评为全省先进。

统计监督　学习贯彻中共中央办公厅、国务院办公厅印发的《关于更加有效发挥统计监督职能作用的意见》文件精神，防范和惩治统计造假、弄虚作假。加大统计执法力度，对辖区内2家工业企业生产价格开展统计执法检查。

统计服务　围绕统计信息工作重点，提高上报信息的针对性。关注当前重大经济形势，研究深层次规律性问题，为政府和有关部门提供有价值的统计信息。全年，撰写分析研究12篇，经济信息25篇，工作动态42篇。其中，江西调查总队内网采用分析研究9篇、经济信息25篇、工作动态38篇，《中国信息报》采用动态1篇。

常规调查　开展城乡一体化住户调查工作，掌握全市城乡居民收入、消费及其他生活状况，为当地政府决策提供重要数据支撑。及时统计全市就业失业人口变化情况，坚持入户调查，严格数据审核，为市政府判断宏观经济运行情况、制定劳动就业政策提供科学依据。完成春播、夏播两季遥感实地调查、意向调查及实割实测抽样调查，实时统计各地块种植品种、种植面积，及时了解农作物生长趋势，以全面真实的数据反映全市农业生产情况。完成畜牧业全面统计调查、抽样点联网直报工作，及时掌握畜禽生产规模、产品产量、销售及有关政策落实情况。

（曾晓明　许佳佳）

市场监督管理

【概况】 2021年，瑞金市市场监督管理工作紧扣“促发展拉高线，保安全守底线”工作目标，强监管、优服务、抓落实，开创全市市场监管工作新局面，各项工作成绩斐然，实现“十四五”良好开局。至年末，全市登记注册各类市场主体42278户，企业新登记量和存量均创历史新高。

【优化营商环境】 深化商事制度改革，降低市场准入门槛，持续推进“证照分离”“全程电子化”“一照含证”等市场准入制度改革，注册登记时间压缩至1个工作日。年内，登记在册各类市场主体42278户，其中，私营企业8012户、个体工商户32990户、农民专业合作社645户，比2020年分别增长8.35%、17.84%、0.26%。积极开展“财园信贷通”“诚商信贷通”“创业信贷通”等查询和审核，推进商标、专利质押贷款工作，帮助各类市场主体融资2.7亿元。及时办理省市场监督管理局委托的工业产品许可4家、检测机构资质认定许可4家、特种设备生产许可1家、计量许可1家、变更许可14家次，帮助企业实现就地办理省级许可事项。开展“我为群众办实事”实践活动，深入企业走访调研，宣传惠企政策，帮助首创环保公司申请锅炉延期检测，为佳惠宝、安迅实业、鑫菲洋等企业解决实际困难 29 件。

“守底线、查隐患、保安全”专项监督检查　（市融媒体中心供图）

【市场安全监管】 积极推动“赣溯源”平台运行，开展特殊食品、学校食品、热卤类餐饮店、农村假冒伪劣食品等领域专项整治以及“瘦肉精”羊肉、染色葱等市场排查。完成重大活动食品安全保障工作 36 次，启动城区 4 个农贸市场食品快检室建设，开展食品抽检 1546 批次，有效保障人民群众“舌尖上的安全”。开展“四类药品”销售监测、新冠病毒疫苗专项检查，对 17 家企业发出责令限期改正通知。完成药品抽检 37 批次，上报药品不良反应监测报告 800 例、医疗器械不良监测报告 209 例、化妆品不良反应报告 42 例、药物滥用报告 76 例。开展特种设备安全专项整治“三年行动攻坚战”，排查整治隐患 62 处，约谈特种设备使用单位 22 家，立案查处违法行为 8 起，全市 7 大类特种设备综合定检率 98%。推进电梯强制责任保险，投保率达 90%以上。开展肥料、成品油等产品质量抽检 18 批次，合格率 100%；纸箱和服装产品质量抽检 25 批次，合格率 96%。

【价格监督管理】 制定《瑞金市普通住宅物业服务参考性收费标准的通知》，完成生活垃圾、污水处理、农业供水价格、课后服务收费等民生价格成本调研，办理价格认证和鉴定案件 105 件。把居民用气价格由每立方米 4.5 元调整为每立方米 3.2 元，工业用气价格由每立方米 5.5 元调整为每立方米 2.9 元。节假日期间，对大型商场、超市和农贸市场生活必需品商品价格市场保供稳价工作以及旅游景点价格进行监督检查；强化对猪肉、粮、油、蛋、蔬菜等重要民生食品价格的监管，对交通运输、旅游餐饮、停车收费、车辆救援服务和高速公路收费进行监督检查，规范旅游餐饮、住宿、购物、观光等环节的服务价格；加强防疫用品市场价格监管，全年出动执法车 102 车次、执法人员 526 人次，对辖区内各药店、商家的防疫物资价格进行全面检查，确保全市防疫口罩、酒精、药品、原辅材料等价格平稳；开展涉企收费、教育收费、药品和医疗服务价格收费、停车场收费等专项检查工作；重点围绕水、电、气、教育、医疗服务价格、停车场以及行政中介服务、行业协会商会等领域收费监管。7 月，联合教育部门开展校外培训机构收费专项整治，对全市的校外培训机构收费行为进行逐一检查；9 月，对全市粮油收储企业开展价格监督检查，确保国家粮食收购政策落实到位。年内，依法立案查处瑞金润泉供水有限公司等 2 家企业违规收费行为，行政罚款 60.79 万余元。

开展面向农村消费者的“3·15”国际消费者权益日宣传咨询服务活动
（市融媒体中心供图）

【市场监管执法】 深入开展无传销城市创建活动，常态化推进市场监管领域扫黑除恶斗争；持续开展“双打”行动、民生领域案件查办“铁拳”行动，重点开展粮食市场秩序、教育“双减”专项整治，对 5 家涉粮企业价格、计量、食品安全等进行全面监督检查；对全市 121 家校外培训机构广告、收费等进行检查，年内，关停校外培训机构 19 家。扎实开展网络市场、虚假广告、天价茶、合同条款、地条钢和乱张贴、乱涂写、乱刻画小广告等专项整治行动，整治工作取得明显成效。开展节日期间生活物资、防疫用品、旅游市场、交通运输、医疗教育、校外培训及涉企收费等重点领域监管，依法立案查处各种违法违规经营行为95起。

【消费投诉维权】 全年受理消费咨询1227件、违法经营举报837件、消费投诉1173件，成功调解1136件，调解成功率96.9%，及时办结率100%，为消费者挽回经济损失120余万元。集中销毁假冒伪劣商品（包括酒类、饮料、食品、药品、保健品、化妆品、衣服、百货、日用品等）1400余件，涉案标值7.8万余元。

【质量强市战略】 全面实施质量强市战略，扎实开展质量月宣传活动，组织企业参加卓越绩效管理、首席质量官、质量大讲堂等培训。年内，获得赣州市工业企业质量知识大赛团体“三等奖”和“优秀组织奖”；瑞金市得邦照明有限公司获赣州市“市长质量奖”提名奖；金一电线电缆、金字电线电缆、九华复方鲜竹沥液、万年青水泥等4家企业的4个产品被认定为江西省名牌产品；10家企业被评为江西省重合同守信用单位。引导瑞京鸿兴公司参与制定国家标准《木塑地板》。地理标志产品——瑞金咸鸭蛋地方标准开始实施，瑞金市绿野轩生物科技有限公司获评江西省企业标准“领跑者”称号。全年获发明专利授权59件，比2020年增长108.47%。修订《瑞金市专利专项资金管理办法》，开展专利授权资助申报205件，发放企业专利专项资金32.4万元，进一步激发企业创新创造积极性。

【4个产品被认定为江西省名牌产品】 根据江西省品牌建设促进会2021年第7号公告，江西金一电线有限公司的金一牌电线电缆、江西瑞金金字电线电缆有限公司的金字牌电线电缆、江西九华药业有限公司的复方鲜竹沥液、江西瑞金万年青水泥有限公司的万年青牌通用水泥等4家企业的4个产品被认定为江西省名牌产品。

（兰孟　宋林汶）

食品药品检验检测

【概况】 2021年，瑞金市食品药品检验检测工作坚持以“提升综合检测，拓宽区域覆盖”为目标，积极拓展检验检测新领域，全面提升专业技术能力，全力保障人民群众“舌尖上的安全”，确保全市食品安全“零事故”。年内，新增食品项目检测资质218个，承接赣州市级食品安全监督抽检任务473批、县级食品抽检任务110批、县级农产品质量安全监测任务1000批。根据深化事业单位改革要求，瑞金市区域性食品药品检验检测中心整合市农产品质量安全检验检测站、市粮食流通服务中心、市计量检测所的相关检测职能，组建瑞金市综合检验检测中心。

【食品检测资质拓展】 为适应《2021年度江西省食品安全监督抽检实施细则》要求，购置液相色谱质谱联用仪、气相色谱三重四级杆质谱联用仪等高精尖检测设备，并对食品检测项目进行资质扩项。9月18日，接受省市场监督管理局认证处评审中心专家组现场评审；10月14日，获批食品检测资质218项，涵盖农残、兽残、食品添加剂、微生物等指标。截至2021年末，瑞金市综合检验检测中心累计取得CMA食品检测资质635项。

【专业技术能力提升】 外派12名专业技术人员到省食品检验检测研究院、赣州市食品药品检验检测中心等单位跟班学习，提升食品抽样和检验检测等能力。邀请省食检院技术专家来瑞开展现场教学，搭建良好的学习交流渠道。积极组织管理人员参加内审员、授权签字人培训，组织技术人员参加省级食品检验检测能力验证，其中，“大米镉含量”“饮料色素含量”测定结果为“满意”。

（市综合检验检测中心）

农业·水利

农业管理与服务

【概况】 2021年，瑞金市农业农村工作坚持农业农村优先发展总方针，全面落实粮食安全省长责任制，大力实施“菜篮子”工程，培育壮大农业特色产业，建立从产地到市场、连接市乡村三级冷链物流发展新体系，助力瑞金成为赣南东部重要的果蔬生产交易集散中心，推动农业全面升级、农村全面进步、农民全面发展，为全市经济社会高质量发展提供有力支撑。全年实现农业总产值46.1亿元，增长9%；粮食产量19万吨，脐橙12.5万吨，烟叶1486吨，蔬菜23.98万吨。农村居民人均可支配收入15360元，增长12.5%。年内，瑞金入选全国首批鲜活农产品产地冷藏保鲜设施建设试点县。

【农业产业发展】 全市农业产业发展态势良好，逐步形成以脐橙、蔬菜、生猪为主导产业，以白莲、烟叶、鳗鱼、油茶等为特色优势产业的发展格局。发展农作物病虫专业化防治组织17个，完成统防统治7.99万公顷次，覆盖率达45.56%。建立县级绿色防控4.23万公顷，覆盖率45.62%；强化柑橘黄龙病防治，普查率和病树砍除率均达100%。全年粮食播种面积3.41万公顷，产量18.78万吨。全市种植蔬菜1.07万余公顷、脐橙1.35万公顷、烟叶0.09万公顷、白莲0.23万公顷、油茶1.15万公顷。推进畜禽强制免疫，以非洲猪瘟、高致病性禽流感、口蹄疫等重大动物疫病为防控重点，开展消毒灭源“大清洗、大消毒”行动。不定期地对定点屠宰厂进行检查，对私屠点进行严厉打击，年内，关停私屠点3处。全年，生猪存栏24.63万头，出栏46.12万头；肉牛存栏6.23万头，出栏4.92万头；家禽存笼321.65万羽，出笼795万羽，肉类总产量5.77万吨；水产品产量2.46万吨。全市发展农产品生产加工企业38家，发展农民专业合作社663个，家庭农场498家，有无公害农产品认证品牌12个、绿色食品7个、有机产品认证6个。组织全市26家企业、家庭农场与赣南脐橙协会签订赣南脐橙地理标志使用权，新创建“粤港澳大湾区农产品生产基地”2个（瑞金市黄沙蛋鸡养殖场和瑞金市养宝农业有限公司）和“粤港澳大湾区菜篮子生产基地”1个（瑞金市养宝农业有限公司）。

【科技绿色兴农】 大力实施科技兴农战略，开展微生物、水产、畜禽等种质资源普查，做好种业监管和保护种业专项活动，全面进行转基因检测，年内，检测样本54份，全市农业优良品种推广率达85%以上。建成瑞金市农产品电商运营中心和益农信息社195个，建立瑞金市红都三红蜜柚专业合作社、农丰源果蔬合作社、瑞金市阳农农业发展有限公司等农业科技示范展示基地3个，统一竖立“全国基层农技推广体系农业科技示范展示基地”标牌。开展农作物测土配方施肥技术推广面积5.43万公顷，建立测土配方施肥示范基地6个。建立酸化耕地治理示范区666.67万公顷，推进有机肥资源利用。做好化肥减量增效项目实施，全年化肥使用量9826吨，比2020年减少1.5%，主要农作物化肥使用量实现零增长。完成高素质职业农民培训316人，推荐“一村一名大学生”19人，453户种养户取得农民职称。创建农业示范基地，推进产品认证，发展无公害农产品认证品牌12个、绿色食品7个、有机产品认证6个。实行农产品追溯机制，实行农产品扫码上市，建立农产品质量安全监管及农产品达标合格证制度。全年完成果蔬、猪牛肉、淡水鱼肉等定量检测1070批次，完成蔬菜水果农残快速检测1716批次，协助省、赣州市开展农产品监督抽样225批次，完成猪、牛“瘦肉精”快速检测3275批次。开展食用农产品合格证论证104家，出具达标合格证2463张。

【普惠金融助农】 普惠金融助农呈现新亮点，重点向特色现代农业倾斜，帮助种养大户和脱贫户发展生产。年内，全市“财政惠农信贷通”累计授信151笔2177万元，发放贷款151笔7959.24万元；“农业产业振兴信贷通”累计发放贷款1807户3.31亿元，推动全市现代农业发展升级。

【新型农业主体建设】 全市共有农产品加工（生产）企业45家，其中，赣州市级以上农业龙头企业19家（国家级1家、省级7家、赣州市级11家）；农民专业合作社663

个，其中，国家级示范社5家、省级示范社9家、赣州市级示范社12家；家庭农场498家，其中，省级示范家庭农场8家、赣州市级示范家庭农场7家。

【人才队伍建设与科技服务】 发展壮大产业扶贫指导员队伍，年内，培训高素质职业农民316人，推荐“一村一名大学生”19人。全市453户种养户取得农民职称，其中，中级职称169人、初级职称284人。遴选新型经营主体带头人、“一村一名大学生工程”学员、种养大户600名。全年开展农业技术培训11期，培训人数618人次，农技骨干成为农业产业化发展的生力军。

【污染防治体系建设】 加快农业农村污染防治体系建设，推行畜禽养殖污染整治和资源化利用，开展畜禽养殖污染专项整治行动，畜禽粪污产生量99.2万吨，畜禽粪污资源化利用量96万吨，畜禽粪污综合利用率达96.75%。全市84家规模养殖场完善配套建设粪污处理设施，规模养殖场粪污处理设施配套率100%。大力开展酸化耕地治理，推进有机肥资源利用。

【入选全国农产品产地冷藏保鲜整县推进试点】 4月，瑞金市根据农业农村部办公厅、财政部办公厅《关于全面推进农产品产地冷藏保鲜设施建设的通知》，按照《农产品产地冷藏保鲜整县推进试点县工作方案》，加强冷链物流基础设施建设，进一步拓宽冷链物流销售渠道，完善农产品冷链物流体系，强化冷链物流支撑能力，建设一批冷链物流经营主体，建成果蔬冷链物流园6万立方米。7月，瑞金入选全国农产品产地冷藏保鲜整县推进试点。

（陈金林）

种植业

【粮食生产】 切实抓好粮食生产，落实早稻补助等扩粮惠农政策，充分发挥党政示范带头作用，发展50亩以上粮食集中连片种植示范点193个700公顷。出台《瑞金市2021年统筹整合资金推进高标准农田建设实施方案》，投资1.28亿元实施高标准农田3000公顷建设，9个标段全面开工建设。出台《瑞金市防止耕地“非粮化”稳定粮食生工作方案的通知》，联合多部门常态化开展耕地“非农化、非粮化”普查与督查，强化用途管控，稳定粮食生产，保障粮食安全。全市粮食作物播种面积3.41万公顷，总产量18.78万吨，其中，早稻9200公顷、中稻3400公顷、晚稻1.47万公顷，红薯、大豆、玉米等杂粮种植6700公顷。全市发展3.3公顷以上种粮大户79户，种植面积1300余公顷。

【蔬菜产业】 出台《2021年蔬菜产业发展实施方案》，加大对蔬菜大棚、冷库等基础设施补助，落实保险、信贷、示范奖励等政策。全年蔬菜种植面积1.07万余公顷，蔬菜总产量28.79万吨。发展蔬菜产业基地125个，建成设施蔬菜大棚466.67公顷，新发展露地蔬菜基地300公顷。通过公司带动发展本地基本菜农150余户，实现联结带动农户户均年增收3000元以上。进一步加强大棚管理，完成大棚房问题摸排整治“回头看”，开展拉网式地毯式排查，排查2566个1057公顷农业设施，4个问题督促整改到位。

【白莲种植】 在壬田镇建立赣南最大的莲子交易市场，每年7—10月份，瑞金绝大部分莲农及周边石城县、广昌县的莲商均汇集交易市场进行交易，每天交易量近20万千克。打造“电商企业+白莲基地+农户”的电子商务新模式，开展“线上线下”白莲电商培训合作，借助电子商务平台推广，拓宽销售渠道，提高市场占有率。将白莲纳入特色农业保险，对全市种植白莲的农户，由省、市财政共同出资每亩190元投保白莲种植保险附加价格收入保险，实行白莲保险全覆盖。为发展白莲等农业产业新型经营主体提供“财政惠农信贷通”“农业产业振兴信贷通”等金融扶持。推广白莲集成技术、病虫绿色防控以及莲肥轮作，增强示范基地辐射带动能力。组织农业专家、技术骨干下乡入村，在种植白莲乡镇举办农业实用技术（含白莲良种良法栽培技术）培训。年内，全市种植白莲2300余公顷，产量近325万千克，年产值约2.33亿元。实现每公顷产量1410千克，每公顷投入6.6万元，市场均价每千克72元，每公顷纯收益3.81万元。白莲产业发展成当地农民致富重要产业之一。

【烟叶生产】 优化烟叶生产布局，

山岐村蔬菜产业园 （市融媒体中心供图）

黄渡村烟叶基地　　（市融媒体中心供图）

形成东西两大片区，即东片壬田、叶坪、日东等乡镇，西片九堡、云石山、冈面等乡镇的稳定发展模式，集中人力、物力稳定烟叶产业发展规模。全面推行烟叶生产精细化管理，烟技员与烟农“一一对应”、责任到人到户，确保营养土堆沤、施肥盖膜、烟叶移栽、大培土、绿色防控等关键技术落到实处。进一步完善服务体系，落实“1+1”“1+N”包片责任制，为烟农提供产、购、销“一条龙”服务。从种子、育苗、肥料到机耕、植保、烘烤、收购等环节，与合作社全程提供专业化服务，推进烟叶生产增效、烟农增收。加强对烟叶产量、交售烟叶纯度、合同履约等指标的考评，考评结果与相关的补贴挂钩，将惠农政策向职业烟农倾斜，激发职业烟农种烟积极性、自信心。年内，全市种植烟叶 882.67 公顷，分布在 10 个乡镇 88 个行政村，烟农 356 户，收购烟叶 2.97 万担，收购金额达 4317 万元，实现烟叶税 949 万元，均价达 14.52 元，创历史新高。打造示范区 91 个，示范面积 231.53 公顷，占全市面积 26.2%。

【其他作物生产】　年内，全市经济作物播种面积 7300 余公顷，其中，油料作物播种面积 4100 余公顷（油菜 1100 余公顷、花生 3000 余公顷）；种植茶叶 500 余公顷、香芋 700 余公顷、葡萄 300 余公顷、瓜果类 600 余公顷；其他经济作物 1100 余公顷。

（陈金林）

富硒产业

【概况】　2021 年，全面实施农业示范行动计划，推动农业产业全面升级，大力推进富硒农产品发展，重点发展富硒水稻、蔬菜、白莲、脐橙等优势产业，鼓励九丰中兴、绿野轩等一批龙头公司发展富硒农业产业。至年末，全市发展水稻、脐橙等富硒产品 25 个，其中，新检测确定富硒产业带 15 个，认定富硒产业示范基地 8 个，获得富硒农产品认证 46 个，新注册富硒商标 1 个，创建粤港澳大湾区“菜篮子”生产基地 2 个。

【政策扶持】　印发《瑞金市推进富硒农业产业发展打造富硒品牌建设实施方案的通知》《2021 年瑞金市富硒农业产业发展工作方案的通知》《关于印发 2022 年瑞金市富硒产业发展工作方案的通知》，出台《瑞金市富硒农业产业发展规划（2021—2031 年）》和富硒农业产业发展工作方案，明确富硒认证、富硒示范基地、品牌营销政策支持和信贷支持等具体扶持政策。全年拨付富硒农产品品牌认证补助资金 72 万元，富硒农产品种植、加工基地奖补资金 16.2 万元。

【示范基地建设】　按照“七个有”（有办公室、有组织机构、有技术规范、有发展规划、有管理制度、有产品展示柜、有注册品牌）的标准打造富硒示范基地 11 个（其中，赣州市级高标准示范基地 1 个、赣州市富硒产业示范基地 6 个）。注重与贫困户利益联结，通过基地带动更多贫困户增收致富。引导农业龙头企业参与富硒产业生产经营。瑞金市农丰源果蔬专业合作社富硒示范基地种植富硒哈密瓜 48 公顷、富硒西葫芦 43.33 公顷，通过建立返租、合营、务工三种利益联结机制，实行统一品种、统一技术、统一销售，菜农负责投入劳力，合作社负责技术指导、销售，菜农负责投劳，收益采取三七分成，带动 30 余户周边菜农抱团发展，每亩纯收益达 5000 元，每户菜农年收益 6 万~10 万元。

【品牌产品建设】　积极培育富硒农产品品牌，引导企业注册富硒农产品品牌商标 2 个，富硒农产品认证 46 个，推出“硒”字样标识的外包装进行宣传。全市培育富硒脐橙、富硒蔬菜、富硒大米、富硒水果、富硒油茶、富硒咸鸭蛋、富硒莲子等 10 余类富硒农产品品牌。瞄准粤港澳大湾区高端市场，开拓富硒农产品进入大湾区市场销售渠道，积极组织富硒农产品通过专柜形式参加中国农民丰收节、中国农交会、江西生态鄱阳湖绿色农产品（上海、广州、深圳）展销会，开拓外销市场。市叶坪现代九丰农业科技有限

日东村富硒水稻示范基地　　（市融媒体中心供图）

公司种植的富硒西红柿和富硒丝瓜出产到上海市场以市场价2倍的价格出售，年销售1800余吨。

（陈金林）

脐橙产业

【概况】 2021年，脐橙产业发展坚持以习近平新时代中国特色社会主义思想和对生态环境保护的一系列重要指示批示精神为指导，树立“把园地当作田来种”理念，实施“好土种好树、好树成好园、好园出好果”工作路径，推广种植无病毒苗木，推行赣南脐橙地理标志使用制度和“管理提升、品牌优质”生态发展模式，发挥精品标准果园示范引领作用，推动脐橙产业成为乡村产业兴旺的示范样板。至年末，全市脐橙种植面积1.38万公顷，其中，黄柏、武阳、叶坪、壬田、谢坊、九堡、日东等7个乡镇脐橙种植超万亩；新增脐橙面积741公顷，投产挂果脐橙面积1.2万公顷，总产量12.5万吨；脐橙品种基本实现优质化，大部分以纽贺尔为主。

【脐橙生产】 把好脐橙苗木关，引导果农单独或以合作社名义集中调运种植无病毒苗木。审批安排250户果农前往赣州市定点柑橘苗木繁育基地调运无病毒苗40.58万株，每株奖补5元，发放苗木补助款202.9万元。牵头组织相关执法部门在各乡镇圩镇和国道干道巡查62批630人次，没收销毁非法交易柑橘苗木20500株。指导果农进行无公害生产，大力推广施用有机肥，倡导使用无毒、低毒、无残留的农药，建设标准化生态示范果园13个112.33公顷。加大技术培训力度，提升果技人员和脐橙种植户的科学素养，科学推进脐橙规模种植。年内，组织参加赣州市级培训4次50人次，开展市本级培训2次334人次；各协会、合作社和乡镇开展培训138期11861人次；发放脐橙管理技术资料1.3万余份。

【黄龙病防治】 加强柑橘黄龙病防治工作，开展柑橘黄龙病普查1.66万公顷，普查率100%，普查柑橘1175.75万株，查明病树28.51万株，病株率2.42%，砍除病树28.51万株，病树砍除率100%。向各乡镇拨付柑橘黄龙病防控专项资金219万元。建设柑橘黄龙病防控示范园5个64.67公顷。在黄柏乡坳背岗、沙洲坝镇金盆窝和武阳镇下排岗建立柑橘危险性病虫害监测点，按时发布预测预报结果，为果农防治病虫害提供可靠的科学依据。

【品牌营销】 积极拓宽销售市场，主动参加各种展会，巩固东北市场，脐橙果品销售实现价稳畅销，全市脐橙仓储果全部销售，实现均价每公斤4.7元，电商线上零售均价每公斤14元，销量约3.75万吨，占比30%。

创新品牌宣传 11月29日，在辽宁省沈阳市联合赣州市果业发展中心开展“美丽乡村、新‘橙’飘香——瑞金市2021年赣南脐橙推介”活动，人民网、央广网、新浪辽宁站、腾讯辽宁站、凤凰新闻网等媒体对赣南脐橙进行宣传报道。11月5日，在黄柏乡坳背岗开展赣南脐橙博览会瑞金专场。11月18—19日，前往信丰参加2021赣南脐橙博览会暨赣南脐橙产业发展五十周年纪念活动。

强化品牌维护 联合市场监管、公安等部门开展联合执法，制止查处早采、催熟、染色和假冒等有损品质的行为，维护赣南脐橙品牌形象。全市26家脐橙专业合作社、家庭农场及脐橙销售公司获得赣南脐橙地理标志使用权；瑞金市红都三红蜜柚专业合作社、瑞金市沙洲坝金盆窝家庭农场、瑞金市果立呈脐橙专业合作社、瑞金市绿溢林业发展有限公司、瑞金市兴博农业发展有限公司富硒种植基地等5个基地获得富硒脐橙认证。

（黄有生 王仕民）

武阳村脐橙基地 （市融媒体中心供图）

养殖业

【概况】 2021年，全市养殖业坚持稳中求进工作总基调，认真贯彻新发展理念，全力抓好生猪稳产保供各项政策落实，持续打好非洲猪瘟等重大动物疫情防控持久战，统筹抓好畜牧业稳定发展各项工作，持续增强畜牧业质量效益和竞争力。全年实现生猪存栏24.63万头、肉牛存栏6.23万头、羊存栏4004只、家禽存笼321.65万羽（其中，蛋鸡存笼30万羽），蜜蜂饲养量28万箱；实现生猪出栏48.9万头、肉牛出栏3.25万头、羊出栏4158只、家禽出笼795万羽。肉类总产量达到5.51万吨、禽蛋产量7754吨、蜂蜜产量480吨；百万头生猪养殖基地开工，新建年出栏肉牛 500 头规模养殖示范场 1 个，存栏 100 头以上的规模肉牛养殖场 4 个，瑞金润羽蛋鸡养殖场、鑫鼎农业现代化生猪养殖基地等项目投入生产运营。

【生猪养殖】 出台扶持政策，加强技术培训，加大财政投入，引导大型养殖企业扩大生产，完成新改扩建生猪规模养殖场 12 家，新增产能 10 万头，新增能繁母猪 8318 头，全市发展存栏 300 头以上规模养猪场 78 个。36 个存栏 1000 头以上规模猪场实施粪污资源化利用项目。引进江西农业大学黄路生院士团队在瑞金设立专家工作站和博士工作站，派驻生猪养殖专家开展产学研活动。全年实现出栏生猪 48.9 万头，年末存栏 22.87 万头，年出栏 500 头以上规模生猪养殖场 76 家，其中，年出栏 1 万头以上大型养殖场 5 家，年出栏 2000～9999 头的中型生猪养殖场 45 家。年内，建成投产的瑞金市鑫鼎生态农业有限公司实现年出栏 5 万头，是瑞金首家实现全智能自动化、生态型养殖企业。

【年出栏百万头生猪养殖基地开工建设】 7 月，全球 500 强企业正大集团生猪全产业链项目开工建设，项目总投资 51 亿元，年出栏生猪 100 万头、年产加工饲料 36 万吨、年屠宰生猪 100 万头、年加工熟肉制品 10 万吨。预计 2024 年建成投产，可实现产值 100 亿元。

【肉牛养殖】 年内，实现出栏 3.25 万头，年末存栏 6.01 万头。存栏规模 30 头以上的肉牛养殖大户 58 户，其中，存栏 100 头以上大型肉牛养殖场 3 家。瑞金市亿通食品有限公司是集肉牛养殖、屠宰、配送一体化种养加综合型生产企业，有肉牛存栏 400 头，年出栏肉牛 200 头，年屠宰肉牛 1000 头。

【家禽养殖】 年内，实现出笼家禽 795 万羽，年末存笼 268.3 万羽。年出笼家禽 2000 羽以上的养殖大户 146 家，其中，年出笼 1 万羽以上的家禽养殖场 26 家，有存笼 15 万羽以上规模蛋鸡养殖企业 4 家、存笼蛋鸡 100 万羽，存笼 10 万羽蛋鸭养殖场 1 家。

【水产养殖】 至年末，全市养殖面积始终维持在 2800 公顷，总产量达 2.47 万吨，其中，养殖产量 2.46 万吨、特种养殖产量 5341 吨、鳗鱼产量 2005 吨。养殖水域包括水库、池塘、河沟、稻田等。水产品种类丰富，有青鱼、草鱼、鲢鱼、鳙鱼、鲤鱼、鲫鱼等常见水产品种，还有鳗鲡、鳜鱼、鲈鱼、黄颡鱼等名特优新品种。全市形成以国家级农业产业龙头企业“瑞金市红都水产食品有限公司”为龙头，以融瑞鳗业有限公司、三华鳗场、金晨水产发展有限公司、祥盛鳗业有限公司为骨干的鳗鱼产业集群，建立鳗鱼工厂化生态养殖、商品鳗贸易流通、烤鳗加工出口等相对完整的特种水产养殖、加工、销售、出口产业链。

（陈金林）

林　业

【概况】 2021 年，全市林业工作坚持以习近平生态文明思想为指导，全力推进国土绿化、脱贫攻坚、森林资源保护、林业产业发展等工作，取得较好成效。年内，完成人工新造林 873 公顷、森林抚育 7993 公顷、封山育林 1131 公顷，其中，低质低效林改造 2227 公顷；实施油茶新植 280 公顷，低产油茶改造 133.3 公顷，低产油茶林提升 533.3 公顷；为林农、林业经营户办理林木采伐 167 宗，办理林木出材 35863.5 立方米；服务全市经济发展、民生事业、企业建设涉及使用林地报批 31 宗 157.34 公顷；向金融机构推荐 10 家林业种植大户申请贷款 1217 万元，推荐 22 户林农、企业申请“产业振兴信贷通”贷款 415 万元；实现林业所有行政许可事项在行政审批局统一办理，12 项行政许可事项网上申报办理。

【“林长制”落实】 推进做实“林长制”，构建市、乡、村三级林长体系。全市设立各级林长 1125 名，其中，总林长和副总林长 2 名、市级林长 4 名、乡级林长 187 名、村级林长 932 名，实现一山一坡、一林一树都有专员专管。“四单一函”（目标任务清单、森林资源清单、重点问题清单、工作提示单和工作督办函）工作制度压实各级林长责任，明确林长责任区域内低质低效林改造等年度目标任务。推进森林“四化”（绿化、美化、彩化、珍贵化），建设秀美乡村，在叶坪、谢坊、云石山等乡镇国道两侧建设森林“四化”示范基地 3 处 46.6 公顷。开展自然保护地优化整合“回头看”工作，实施绵江湿地公园湿地保护和修复项目，完成瑞金风景名胜区勘界立标。新增大柏地乡乌溪村等省级森林乡村 4 个。选聘生态护林员

赣江源自然保护区　　（市融媒体中心供图）

674 名，每人每年工资 1.2 万元。

【瑞金风景名胜区堪界立标】 2021 年，启动 53.13 平方千米风景名胜区勘界立标工作。界碑标识选用花岗岩、玻璃钢等可回收材料。

沙洲坝景区以北现景区围墙后退 20~100 米为界，南至现市公安局交管大队。外围划定外围保护地带进行城景协调。风景名胜区面积 48 公顷，外围保护地带面积 54 公顷。

叶坪景区东北以村庄道路为界，西南至现游客服务中心。外围划定外围保护地带进行城景协调。风景名胜区面积 42 公顷，外围保护地带面积 29 公顷。

罗汉岩景区结合 206 国道对局部界线进行优化，风景名胜区面积 52.23 平方千米，外围保护地带面积 32.51 平方千米。

【松材线虫病防治】 印发《瑞金市 2021—2022 年度松材线虫病除治实施方案》，编制《瑞金市松材线虫病疫情防控五年攻坚行动计划（2021—2025 年）》，聘请省林科院林业有害生物防治所专家进行指导，按照“清、保、改、封、补、防、查”七项措施精准到小班，逐小班落实除治措施。把全市松材线虫病防治实行三年绩效承包，按区域和疫情轻重分成四个标段，逐年下降枯死松树数量。全年完成除治枯病死松树 9.3 万株，有效遏制松材线虫病的蔓延势头。

【林业执法与资源管理】 严厉查处破坏森林资源行为。全年核查 2021 年森林督查图斑核查 245 个、预警图斑 950 个、2013—2017 年打击毁林专项行动图斑 2033 个、省自然资源资产涉及“林地灭失”类图斑 5 个、侵占国家级公益林图斑 25 个并完成查处销号；完成中央调研组反馈黄柏乡、云石山乡矿山问题的整改销号。加强森林资源保护力度，完成省下达瑞金市天然商品林停伐协议签订任务 1.8 万公顷，优化国家级、省级公益林 5.25 万公顷，纳入天然林、公益林等保护性林地 8.95 万公顷。依托森林资源“一张图”与国土“三调”融合、公益林优化、样地调查、图斑监测等，完成森林资源数据年度更新，林业本底数据与国土“三调”数据相结合，实行森林资源数据实时更新，使数据与实际更加吻合。

（曾春　刘道钰）

休闲农业

【概况】 2021 年，瑞金市按照“村庄景区化、产业园区化、农旅文一体化”思路，依托丰富的红色旅游资源，坚持红色、绿色、古色资源联动开发，有效推进绿色旅游与红色旅游、古色旅游的融合，充分整合各种旅游资源，致力打造体会农家生活、品尝农家酒菜、欣赏农家风景的休闲农庄、农家乐等休闲模式，形成农旅交融、产村一体的“接二连三”生动发展局面，促进农民增收和秀美乡村建设。至年末，全市有农家乐 223 个，休闲农业总投资 3630 万元，经营主体总产值 29.3 亿元，休闲农业营业收入 15.91 亿元。创建省级休闲农业示范点 4 个（叶坪九丰农业、龙潭度假庄园、华夏农业、香山公司），壬田镇龙潭度假庄园被评为省三星级农家乐，叶坪镇朱坊村被评为农家乐专业村；创建瑞金市级休闲农业示范点 13 个，新增规模较大的休闲农业园区 25 个；创建以“相约红都瑞金——寻梦绿色画廊”为主题的“美丽乡村休闲旅游行”秋季旅游精品线路。年内，培训休闲农业从业人员及管理人员 218 人次。全市休闲农业带动 2300 名农民增收，全年接待观光游客 113 万人次。

【休闲农业规划】 制定《瑞金市旅游产业发展工作实施意见》《关于进一步加快发展休闲农业的实施意见》，以科学规划引领乡村旅游产品开发建设，聘请专业规划机构编制一系列乡村旅游发展专项规划。《瑞金旅游发展总体规划》全新布局旅游空间，将瑞金旅游空间结构划分为“一心一带一环三片区”，从大旅游格局出发实现全域旅游，从空间布局、形象定位、项目设计、产品开发上指导全市乡村旅游基础设施和项目建设，推动休闲农业观光旅游有序发展。

【奖扶政策】 研究出台《瑞金市旅游产业发展扶持奖励办法》《瑞金市发展农家乐旅游扶持政策》等促进旅游服务业发展的扶持奖励政策。市财政预算内增加休闲农业与乡村旅游发展专项资金，由原来的 2000 万元增加到 3000 万元，并安排专门资金用于重点休闲农业示范点基础设施建设；瑞金市政府与江西银行合作建立旅游发展基金，资金规模达 20 亿元；编印《瑞金市文化旅游招商项目册》，鼓励和吸引社会资本投资发展休闲农业。

【基础设施建设】 充分发挥现有便利的交通优势，利用公路、铁路、航空立体化的现代交通体系，拓宽休闲农业发展空间。整合多部门资金 5000 余万元，扶持乡村旅游点旅游公路、游步道、村庄环境整治、旅游公厕、标识标牌等基础设施建设。

【品牌打造】 结合新型职业农民培训项目，开展休闲农业与乡村旅游业务培训，邀请专业老师讲授“乡村旅游服务礼仪”“乡村旅游餐饮服务与管理”等专业知识，全年培训乡村旅游从业人员 500 余人。积极丰富旅游文化，举办瑞金红军村华屋乡村旅游节、“喝红井水、尝牛肉汤”旅游美食文化节等节庆活动，努力打造休闲农业瑞金品牌。

（蒋金林）

农业机械化

【概况】 2021 年，全市农业机械化工作以发展现代农业为中心，以促进农民增收、农业增效、农村繁荣为目标，着力抓好农机购置补贴政策落实、农机培训、农机专业合作社建设、农业机械化工作宣传，不

富硒水稻收割　　（市融媒体中心供图）

断提高农机装备总量和农业机械化作业水平，强力保障全市农机安全生产。全年使用农机购置补贴资金231.18万元，补贴各类农机具700台，受益农户599户。

【农机引进与推广】 倡导支持农机经营企业引进“专、精、特、新”农机设备，引导农民购置使用先进、适用、节能的农业机械，引领推动农业机械化向全程、全面、高质、高效发展，加快提升农业机械化产业链现代化水平。重点推广引进农业生产过程中耕、管、种、收以及深精加工、家庭实用性的农业机械。

【农机培训】 采取开展农户购机前安全使用和技术培训，带领农机专业合作社社员到外地观摩培训等方式，培训农业机械驾驶操作人员1723人。赣州市农业农村局在大余县集中培训大中型拖拉机和联合收割机驾驶操作员，瑞金市派出6人参加培训。

【农机安全管理】 把农机安全生产作为生命线，坚持“以人为本、安全第一、预防为主、综合治理”目标，积极配合农业综合执法大队抓好农机安全生产大检查，强化从业人员安全意识和安全生产行为。全年注册登记拖拉机39台、联合收割机23台，未发生重大农机事故。

【农机服务】 发挥各类农机基层服务组织和农机专业合作社作用，及时投入各类机械开展机械化耕、种、管、收等环节作业。着力推进农机专业合作社、农机大户和农机示范区建设，加大作业机械数量投入，提高农机作业组织化程度。组建基础农机服务队，开展农机“问诊和检修”巡回服务，全年检修拖拉机1420台次，检修联合收割机30台次，检修水稻插秧机14台次，检修其他各类农业机械6510台次。

（刘建）

水　利

【概况】 2021年度，全市水利系统以习近平新时代中国特色社会主义思想为指导，坚持“以人民为中心”的思想和新发展理念，按照“水利工程补短板、水利行业强监管”总要求，以推进农村饮用水巩固提升和水利工程建设为抓手，破难攻坚、奋勇争先，水利各项工作呈现良好发展态势，有力保障全市农业和社会经济的发展。年内，瑞金市申报沙洲坝红井为国家水利文化遗产，并通过水利部初审。

【防汛抗旱】 严格落实以行政首长负责制为核心的各项防汛工作责任制，开展水库、电站、重点山塘、河堤汛前安全隐患排查，排查整改隐患问题29个。制定落实各类度汛方案、应急预案，落实防汛物资储备。确定重点山洪灾害防治区域119个，依托瑞金市山洪灾害防治监测预警信息综合服务平台发布预警16次，短信预警服务6.2万人次，启动预警广播14次。汛期坚持提前转移制度，确保人民群众生命财产安全。

【水利设施建设】 完成合龙河山洪沟治理、壬田高轩河道治理、松坪河道治理、瑞林圩镇防洪工程等4个河道治理项目验收。完成日东水库除险加固工程主体工程建设。完成红卫、树背坑一库、树背坑二库3座小型病险水库除险加固。民办公助小型堤防万田圩堤除险加固工程完成80%。建立履约评价机制，对4个项目进行履约评价赋分。充实项目储备，完成九曲水库、仰山水库、白竹坝水库、五河治理绵江贡潭段防洪工程可研报告，完成黄金水库、富田水库、礤头坑水库、武阳下洲段防洪工程、云石山乡陂下段防洪工程初步设计报告，制定瑞金水系连通及农村水系综合治理工程、东华陂灌区续建配套及节水改造项目、沙陇灌区续建配套及节水改造项目、环溪灌区续建配套及节水改造项目等实施方案。

【梅江引调水工程开工】 11月7日，梅江引调水及供水工程项目在瑞金市瑞林镇梅江河畔举行开工仪式。梅江引调水项目主要建设内容包括引调水项目枢纽工程以及配套供水工程、灌溉工程和河道水生态治理工程，引水线路总长30.93千米，估算总投资17.7亿元，其中，引调水项目枢纽工程总投资8.39亿元。该项目是新中国成立以来，瑞金投资最大、线路最长、受益群众最多的水利工程，建设期预计3年，2024年竣工通水。该项目从梅江干流瑞林镇上长洲水电站库区取水，通过引水管道和隧洞等方式，引调梅江水至环溪水库、沙洲水库、富溪水库，设计引水规模为每天25.8万吨，年引水总量4331万吨。项目建成后，将有效解决城乡用水供需矛盾，保障沿线农田灌溉用水需求，保护和修复水生态环境，提升中心城区周边的防洪标准，促进经济社会可持续发展。

【安全监管】 完成小型水库大坝安全鉴定47座，组织安全隐患排查681处，发出整改通知书21份，整改率达100%；开展工程质量与安全监督巡查8次，发出巡查记录8份，全部完成整改闭合。完成单项工程验收4个，受监单元工程、分部工程、单位工程合格率均为100%，其中，1个单位工程被评定为优良。

【水资源管理】 实行最严格水资源管理制度，严格水资源论证和取水许可管理制度，推进节水型社会建设和应急备用水源建设。开展取水工程（设施）整改提升，强化取水口监管，完成取水工程（设施）电子证照办理106个，收缴水资源费178余万元。每月对全市5个重点水功能区和6个界河断面进行检测，水质达标率100%；留金坝水电站、珠坑水电站被认定为绿色水电站创建单位。加强水行政执法力度，全年立案查处水事违法案件6起，制止水事违法违规行为2起；加强河道采砂管理，对全市采区实施24小时实时视频监控，推进河道采砂国有企业统一经营管理。

【“河长制”落实】 各级河长积极履职，定期开展巡河督导。年内，开展“清河行动”、“清四乱”、河堤范围内房屋整治、“鄱阳湖生态环境专项整治行动”等河湖整治行动，整治各类问题32个，下达总河长令1份、督办函12份。对绵江河水质不达标问题、水利部暗访问题、省水利厅遥感问题等重点问题进行调度和整治，年内，全市各类水体水功能区水质达标率均达100%。

11月26—28日，“水利是农业的命脉”暨中央苏区水利史学习研讨会召开
（市融媒体中心供图）

【沙洲坝红井旧址群申报国家水利文化遗产】 8月30日—9月1日，水利部专家组到瑞金对红井旧址群申报国家水利文化遗产进行现场核查。红井旧址群申报国家水利文化遗产包括：沙洲坝红井、中华苏维埃山林水利局旧址和叶坪东华陂。红井最初的功能是解决当地群众饮水安全问题，是中国共产党带领人民群众建立的第一处农村饮水工程，是全国党员干部开展理想信念教育、革命传统教育与爱国主义教育的重要基地。中华苏维埃山林水利局旧址，是中国共产党建立的历史上第一个领导水利建设事业的政府机构，毛泽东同志在这里提出“水利是农业的命脉”的著名论断，陈列馆展示各类文物、史料、图片600余件，是全国水利系统爱国主义教育基地。叶坪东华陂是1932年毛主席带领当地民众建设的第一处农田灌溉工程，至今仍在发挥灌溉作用。通过实地核查，专家组认为红井旧址群生动见证了中国共产党的初心和使命，承载着百姓对美好生活的向往、对理想和信仰的追求。

（曾健）

乡村振兴

综　述

【概况】 2021年是“十四五”规划开局之年，是巩固拓展脱贫攻坚成果同乡村振兴有效衔接之年。瑞金市在夺取脱贫攻坚战全面胜利后，传承脱贫攻坚精神，乘势而上，乡村振兴工作执行五年过渡期和“四个不摘”要求，扎实推进“三落实一巩固”，强化责任、政策和工作落实，巩固脱贫成果，坚决守住防止规模性返贫底线，实现巩固拓展脱贫攻坚成果同乡村振兴有效衔接，持续推动脱贫地区发展和乡村全面振兴。年内，全市乡村振兴工作积极巩固拓展脱贫攻坚成果，严格落实“四个不摘”要求，持续对脱贫人口开展监测帮扶，坚决守住不发生规模性返贫的底线，全面推进乡村振兴有效衔接。年内，全市有建档立卡脱贫户19928户81613人，“十四五”乡村振兴重点帮扶村95个（其中，省定重点帮扶村30个，赣州市定重点帮扶村8个，瑞金市定重点帮扶村57个），累计纳入监测“三类人员”1139户4595人，其中，脱贫不稳定户394户1544人，边缘易致贫户505户2105人，突发严重困难户240户946人，消除致贫返贫风险639户2501人。

【组织领导】 市、乡两级均成立由书记挂帅的巩固拓展脱贫攻坚成果同乡村振兴有效衔接工作领导小组。召开乡村振兴有效衔接领导小组会议5次，全市性巩固拓展脱贫攻坚成果工作推进会议11次，强化工作调度，制定出台防贫监测、政策落实、帮扶结对、督查督导、项目资产等各类文件30余个，投入资金2.7亿余元。组建市乡村振兴机构，6月11日，经市委、市政府批准，原市扶贫办公室（市革命老根据地建设委员会办公室）重组为市乡村振兴局。选派101支工作队、296名队员驻村帮扶，并按照分类帮扶的原则，实现干部结对帮扶监测对象和脱贫户全覆盖。狠抓国家和省考核、暗访等反馈问题整改，并举一反三，全面自查自纠，市级层面成立6个专项督查组，组织开展四轮全面督查，通过挂片督战、定期通报、回访抽查等措施督促问题整改落实到位。

【村庄规划编制】 按照《江西省“多规合一”实用性村庄规划专项行动方案（2021—2025）》要求，启动27个村村庄规划编制。村庄规划编制坚持因地制宜，强调农民主体，尊重农民意愿，注重村庄引导和管控，延续保护和传承地域特色风貌，引导村庄产业发展，并为乡村产业发展预留弹性空间，按照编制易懂易行、好用实用的村庄规划的原则进行。12月，27个村村庄规划编制完成，并通过专家评审。

表8　　2021年瑞金市村庄规划编制一览表

序号	乡镇	村庄	序号	乡镇	村庄	序号	乡镇	村庄
1	瑞林镇	下坝村	10	叶坪镇	田背村	19	万田乡	麻地村
2	壬田镇	凤岗村	11	叶坪镇	山岐村	20	云石山乡	丰垅村
3	壬田镇	中潭村	12	叶坪镇	洋溪村	21	丁陂乡	水溪村
4	九堡镇	密溪村	13	叶坪镇	朱坊村	22	黄柏乡	上塅村
5	九堡镇	坝溪村	14	叶坪镇	合龙村	23	泽潭乡	安治村
6	沙洲坝镇	群峰村	15	叶坪镇	黄沙村	24	泽潭乡	希平村
7	武阳镇	武阳村	16	叶坪镇	仰山村	25	谢坊镇	迳桥村
8	武阳镇	栗田村	17	大柏地乡	隘前村	26	拔英乡	拔英村
9	叶坪镇	谢排村	18	冈面乡	上田村	27	日东乡	贡潭村

（杨恺斐　李智鑫）

脱贫攻坚成果巩固

【防返贫监测】 出台《瑞金市健全防止返贫动态监测和帮扶机制的实施方案》，加强排查监测。对监测对象不设规模限制，建立农户书面或手机 App 申报、村干部和驻村工作队定期排查、乡镇审核上报、行业部门数据预警、市级及时比对认定的快速响应机制。聚焦大病户、残疾户、意外事故造成收入骤减、新增低保户和整户低保户以及相关省厅单位下发的监测名单，开展横向到边、纵向到底的农户全覆盖入户核实，确保“应纳尽纳”。全市新增监测对象 421 户 1821 人，其中，脱贫不稳定户 96 户 473 人、边缘易致贫户 126 户 540 人、突发严重困难户 199 户 808 人。

【精准帮扶】 综合考虑监测对象不同困难和帮扶需求，发挥行业部门和乡村基层组织作用，用好产业、就业、低保、小额信贷、医疗保险、防贫保险等政策，按照“缺什么补什么”的原则，开展“一对一”的帮扶，实行“点对点”的措施，确保有人管、管到位落实驻村帮扶工作，向 101 个重点村选派 296 名乡村振兴驻村工作队干部，压实帮扶责任，强化管理监督。实施防贫保险政策，出资 260 万元购买精准防贫保险，完成精准防贫保险理赔 152 户 192.21 万元。发挥返贫致贫“拦洪闸”作用，守住返贫致贫的底线。

【风险消除】 加强动态管理，杜绝各地盲目追求风险消除率，坚持审慎退出，严格把握退出标准，规范退出程序，稳定消除返贫致贫风险。通过各类落实帮扶措施，2021 年底全市已消除风险 639 户 2501 人，占“三类人员”（1139 户 4595 人）总数的 56.1%，还有 500 户 2094 人未消除风险。

【社会帮扶】 积极动员社会各界力量支持巩固拓展脱贫攻坚成果，引导民营企业树立“义利兼顾、以义为先、自强不息、止于至善”的新光彩精神，安排 47 个企业与 30 个省定和 8 个赣州市定“十四五”时期乡村振兴重点帮扶村结对，大力开展“万企兴万村”行动，以产业振兴为基础，打造一批“万企兴万村”行动示范点。

【教育帮扶】 实施双线控辍保学责任制，全面落实教育帮扶各项政策。在每学期开学前后集中开展控辍保学专项行动，通过随班就读、送教上门、入读特教学校等方式，655 名适龄残疾儿童少年接受义务教育问题全部解决。完善从学前教育到高等教育全学段的学生资助体系，巩固拓展学校校长与乡镇属地“双负责制”，按照学籍地原则落实家庭经济困难学生资助政策，2021 年发放助学资金 3428.2 万元，资助学生 4.74 万人次，其中，农村脱贫家庭学生 3.17 万人次 1840.26 万元，农村“三类人员”家庭子女 1489 人次 79.76 万元。落实“雨露计划”政策，帮助脱贫户及未消除风险边缘户家庭子女完成职业教育，拨付补助资金 5180 人次 878.8 万元。

【健康帮扶】 深化“先诊疗后付费”制度，针对农村低保对象、特困人员、低保边缘家庭、支出型困难家庭和因病纳入防止返贫监测对象等人群，县域内住院享受“先诊疗后付费”，患者入院时不需缴纳住院押金，只需在出院时支付医保报销后的自负医疗费用。优化乡村医疗卫生服务覆盖，按照机构“三个一”（建好一所县级公立医院、每个乡镇建成一所政府办的卫生院、每个行政村建成一个卫生室）、人员“三合格”（每个医院的每个专业科室、每个乡镇卫生院、每个村卫生室至少有一名合格医生）、服务“三条线”［常住人口超过 10 万人的贫困县有一所县医院（中医院）达到二级医院医疗服务能力、常住人口超过 1 万人的乡镇卫生院达到《乡镇卫生院管理办法（试行）》（卫农卫发〔2011〕61 号）要求、常住人口超过 800 人的行政村卫生室达到《村卫生室管理办法（试行）》（国卫基层发〔2014〕33 号）要求］标准，构建“一村一卫生室、一镇一卫生院”的乡村 30 分钟医疗服务圈，让群众方便看病、看得起病。加强医保经办机构与定点医疗机构信息互联互通，继续推进县域范围内医疗保障“一站式”结算工作。持续做好脱贫人口及监测户的家庭医生签约服务，结合瑞金市实际，逐步扩大签约服务重点人群范围，提供公共卫生、慢性病管理、健康咨询和中医干预等综合服务，重点做好高血压、糖尿病、结核病、严重精神障碍等四种主要慢病患者的规范管理和健康服务。为全市脱贫人口报销住院医疗费用 3.59 万人次 2.02 亿余元（其中，基本医疗保险报销 12914.96 万元、大病保险 2328.48 万元、医疗救助 2032.32 万元、疾病医疗补充保险 2811.21 万元，医院减免 112.89 万元），住院综合报销比例达 90.12%。持续做好脱贫人口家庭医生签约服务，全市四种主要慢性病患者签约 8707 人，应签尽签率 100%，履约率 100%。

【农村危旧房改造】 全面开展农村住房安全隐患排查整治，确保村民住房安全。继续实施危旧房改造政策，由“四类重点对象”扩面为“六类对象”，对排查发现住房等级属 C 级或 D 级的，制订维修加固和新建实施计划，建立农村低收入群体等重点对象住房安全保障长效机制，实施危旧房改造 159 户。推动农房安全隐患排查整治全覆盖，2021 年排查农村房屋 9.9 万户（栋），并把符合危房、抗震改造政策的对象全部纳入年度改造计划。

【农村饮水治理】 市政府与江西省水务集团正式签订《瑞金市城乡供水一体化项目合作协议》。《瑞金市“十四五”农村供水保障规划》及《瑞金市城乡供水一体化规划》获上级批复。规范农村供水运行管理，健全长效管护机制，制定城乡供水一体化服务承诺书，明确农村饮水安全管理“三个责任”，采取逐村逐户逐项“过筛子”方式开展生活饮用水水质检测，全年检测 17 个乡镇

叶坪洋江下危旧房改造示范点　　（市融媒体中心供图）

水样 832 份。投入资金 1205 万元，实施农村饮水安全巩固提升“百日攻坚行动”项目 41 个，总受益人口 1.36 万户 5.63 万人。

【兜底帮扶】　全面完成各类困难对象提标提补工作，落实落细特殊困难对象“单人保”、低保延退、刚性支出扣减等政策，全市农村低保对象 1.35 万户 2.66 万人，其中，“三类人员” 827 户 2040 人。其中，脱贫人口占比 75.53%。开展社会救助专项治理，整治救助政策不及时、不精准等问题 25 个。有序推进残疾人“两项补贴”（即困难残疾人生活补贴和重度残疾人护理补贴）资格认定“跨省通办”，全市享受残疾人“两项补贴” 11.74 万人。

【就业帮扶】　严格落实《瑞金市巩固拓展脱贫攻坚成果助力乡村振兴就业帮扶实施方案》，抓实抓细就业帮扶政策，从稳定转移就业规模、促进就地就近就业、健全就业帮扶长效机制、加强就业动态监测和分类管理等 4 个方面巩固帮扶对象实现稳定就业。开发乡村振兴公益性岗位 4099 个（其中，脱贫户 3662 人、非脱贫户 437 人），就业帮扶车间 67 家，吸纳劳动力 2140 人，其中，脱贫人口 563 人。开展脱贫劳动力职业技能培训 283 人，发放创业担保贴息贷款 15 名 166 万元，发放一次性创业补贴 4 户 2 万元。发放脱贫劳动力外出务工一次性交通补助 1060.85 万元。

【产业帮扶】　通过产业帮扶“五个一”模式，因地制宜推进产业帮扶精准到户。年内，有赣州市级以上农业龙头企业 19 家、农民专业合作社 663 家、家庭农场 498 家；有无公害农产品认证品牌 12 个、绿色食品 7 个、有机产品认证 6 个。全市有脱贫致富带头人 876 人，形成以蔬菜、脐橙、油茶、白莲等主导产业以及烟叶、生猪、蛋鸭、肉牛、蜂蜜、鳗鱼等特色产业为引领发展的农业产业帮扶格局。扎实推进小额信贷工作，积极动员宣传小额信贷政策，解决脱贫户及监测户发展产业需求。年内，发放脱贫户及监测户贷款 6914.72 万元，其中，“产业扶贫信贷通”发放 4682.93 万元，“农业产业振兴信贷通”发放 2231.79 万元。

【消费帮扶】　通过省巩固拓展脱贫攻坚成果大数据管理平台消费帮扶子系统认定帮扶产品供应商 65 家，认定帮扶产品 544 个，帮扶产品累计销售 1.95 亿元。全市入选帮扶产品供应商 47 家，位列全省第三。年内，帮扶产品成交额 3836.48 万元，连续两年位列全省第一名。开展“赣品网上行”帮扶产品线上展销会暨电商帮扶专场直播活动 50 余场，实现销售额 600 余万元；开展为期 5 天的“中国农民丰收节暨消费帮扶产品展销会”，销售帮扶产品 800 余万元；举办瑞金市第三届万田黄元米果节暨客家美食节，积极拓展帮扶产品的销售渠道。

【易地搬迁后续扶持】　制定《瑞金市 2021 年易地扶贫搬迁后续扶持工作实施方案》，围绕“七个一”（建立一个服务中心或服务站、创办一个基地或扶贫车间、培育一批创业致富带头人、举办一期培训班、打造一个产业或品牌、落实一名帮扶干部、开发一块小 V 菜园）要求，拓宽后续扶持渠道，增加搬迁群众收入。开展搬迁户安置房不动产登记工作，19 个集中安置点 629 户和分散安置户 805 户不动产登记全部完成。开展安置点地质灾害和消防安全隐患问题排查，对发现的 24 个问题全部落实整改措施。开展易地扶贫搬迁后续扶持劳动力职业技能培训，全年组织育婴员、电子商务技能等培训 133 人次。

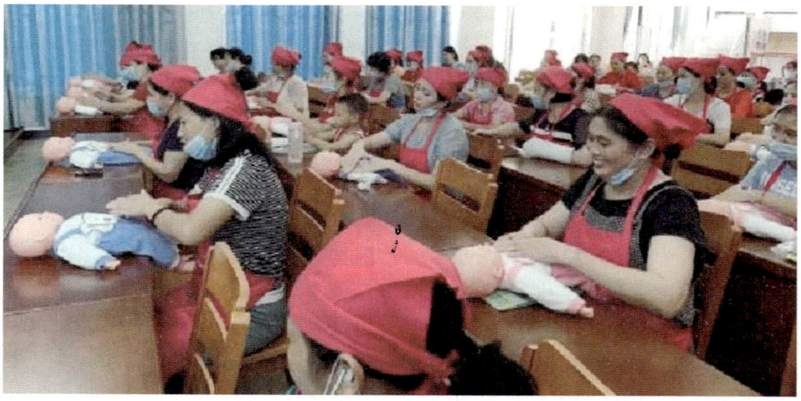

举办异地搬迁群众育婴员技能培训　　（市融媒体中心供图）

【资金投入】 全市年内投入各级财政衔接资金 2.71 亿元，同比增长 7.24%，其中，争取中央、省级衔接资金 1.95 亿元，赣州市级投入衔接资金 0.26 亿元，瑞金市级投入财政衔接资金 0.27 亿元。另外整合涉农资金 0.23 亿元。推进巩固拓展和有效衔接项目建设，强化项目库建设和资金项目监管，实行"月调度、月通报"机制，力促资金使用规范、绩效提升。

【资产管理】 组织开展扶贫资产大清查行动，全面摸清 2013 年以来扶贫资金、社会资金、对口支援资金等形成的资产。截至 2021 年年底，全市清查出扶贫资产 7315 万个，资产总值 19.38 亿元。按照公益性资产、经营性资产、到户类资产分类确权登记，建立管护台账，健全管护机制，落实后续管护责任，确保扶贫资产持续发挥效益。

（刘金生　杨吉炜）

美丽乡村建设

【美丽村庄建设示范行动】 出台《瑞金市美丽乡村建设"两示范一提升"三年行动》《瑞金市农村户厕问题摸排整改工作方案》等文件，落实"五级书记抓乡村振兴"的工作责任和领导责任。大力开展美丽村庄建设示范行动，补齐村庄短板、提升村庄风貌、推进厕所革命，全面完成村庄整治建设 204 个村（省级 101 个、县级自建 103 个），全域美丽示范创建 2 个乡镇、26 个村、4298 个庭院，村庄环境长效管护行政村数达 221 个。常态化开展农村户厕摸排整改，组建工作专班，有序推进农村户厕问题摸排整改工作，摸排 13.57 万户，改厕农户 10.73 万户，改厕率 95.81%。

叶坪镇合龙村市级光伏项目　（市融媒体中心供图）

【人居环境整治】 出台《瑞金市 2021 年农村人居环境整治工作方案》《关于打好村庄清洁秋冬战役》《关于开展 2021 年农村人居环境整治工作》等文件，狠抓农村人居环境整治提升行动，开展三沿六区环境整治、道路沿线整治、村庄清洁行动等公共环境。全市清理农村生活垃圾 3785.96 吨、水塘 219 口、沟渠 334.2 公里、畜禽粪污等废弃物 293.5 吨。农村污水得到有效治理，农村环境得到全面提升。

泽覃乡安治村　（市融媒体中心供图）

【健康科普进乡村】 推行"宣传推广+自治强化"模式，打造固定宣传阵地，推进健康科普宣传进农村常态化、长效化。通过专家讲座、医疗义诊、健康宣讲等活动，形成"线上+线下""入户+宣讲"等方式，积极倡导使用公筷公勺、低碳环保，引导群众改变不良卫生习惯，自觉养成文明健康、绿色环保的生活方式。把健康卫生知识结合村规民约，发动村民积极参与环境整治，自觉保持庭院卫生，营造人人参与爱国卫生运动的浓厚氛围。

【卫生乡镇创建】 开展国家（省级）卫生乡镇创建活动，深入推进爱国卫生运动进乡镇、进农村、进家庭。兼顾突出重点，在圩镇开展环境卫生专项整治，重点整治卫生死角、占道经营、乱停乱放等"十乱"现象。大力推进卫生基础设施建设，建设农村全域生活污水处置工程，实施农村一体化生活垃圾处理，生活污水、生活垃圾、粪污处理能力得到全面提升。全力推进农村"厕所革命"和自来水饮水工程，无害化卫生厕所普及率达 99.84%，农村自来水普及率达 90%。在 2020 年成功创建拔英乡、壬田镇、大柏地乡等一批省级卫生乡镇的基础上。11 月，拔英乡、壬田镇、大柏地乡顺利通过国家卫生乡镇市级基础评估，日东乡、武阳镇、瑞林镇、万田乡、九堡镇顺利通过省级卫生乡镇现场核查，按程序报省爱卫会审核，经公示后命名。

【全国、全省新时代文明实践中心建设试点】 全市深入推进新时代文明实践中心试点建设，着力在优化体制机制、整合资源优势、培育服务队伍、创新文化传承四个方面下功夫，推动新时代文明实践中心建设提档升级，探索出一条新时代文明实践中心建设新路径。研究出台《瑞金市全面推进新时代文明实践中心建设试点工作方案》《瑞金市新时代文明实践中心建设2021年工作方案》等系列文件，实行清单化、项目化管理，对文明实践工作进行量化细化，确保任务真正落到实处。探索建立《瑞金市星级新时代文明实践志愿者评定与礼遇帮扶实施方案（试行）》《瑞金市新时代文明实践所、站星级评比评定办法》等系列奖励办法，每年对各基层实践所、站进行动态星级评比，进一步激发各实践站、所的工作活力，确保新时代文明实践取得实效长效。组建10支新时代文明实践专业志愿服务队，由全市政治理论、中共党史、红色文化等领域的专家带队，结合党史学习教育，组织开展送红色文化进机关、进学校、进军营、进乡村、进社区等“五进”活动。在全省率先开展“亲情连线”新时代文明实践志愿服务活动，得到省委宣传部、省文明办大力推介，并将“亲情连线”志愿服务项目作为省委宣传部“我为群众办实事”实践活动的领题项目。

【乡村基础设施建设】 扎实推进乡镇建设“三年行动”计划，高质量编制村庄规划，完成村庄规划编制27个。按照“七个坚决”的整治思路和要求，整改问题厕所4430个，清理农村生活垃圾4万余吨、沟渠2000余千米，拆除危旧“空心房”21.5万平方米。城乡垃圾和圩镇、行政村污水处理实现一体化、全覆盖。安排财政涉农整合资金2.7亿元，实施农业生产发展、农村基础设施建设项目1445个。

（刘金生　杨吉炜）

【“厕所革命”推进】 积极推进“厕所革命”，印发《瑞金市农村厕所问题摸排整改工作方案》，成立农村厕所整改专班，对各乡镇公厕、户厕情况进行摸排，并督促问题整改；建设一批农村样板厕所，为全市农村改厕提供技术指导和建设规范，全面改善农村群众如厕环境。年内，摸排农村户厕13.61万户，其中，空挂户2.14万户、空心户4728户，存在问题厕所10.84万个（其中，“不能全年使用”问题厕所4个，整改到位；“建设不规范，但能使用”问题厕所108367个）。完成2021年以来新（改）建户厕整改602户。按照国家最新标准启动“改厕样板村庄”建设，建成赣州市级“改厕样板村庄”1个，建成市本级“改厕样板村庄”17个。全市农村卫生厕所普及率稳定在99.8%以上。

工　业

综　述

【概况】　2021年，瑞金市紧紧围绕打造区域性创新创业中心，大力实施工业倍增升级行动，全市工业呈现总量不断壮大、后劲持续增强、创新升级步伐加快、信息化建设持续提升等特点，加快构建以电子电气及材料、食品医药、轻工纺织、新型建材为主导的工业产业格局。全年新入规工业企业32家，规模以上工业企业共计103家，其中，营收超10亿元企业6家。全市规模以上工业增加值增速11.3%，规模以上工业主营业务收入274.4亿元；工业税收14.8亿元，比2020年增长23%；工业固定资产投资24.6亿元。全市主营业务收入过亿元企业26家，税收过1000万元企业10家（其中，税收过亿元企业4家）；工业企业实现利润23亿元，比2020年增长41%；工业售电量6.2亿千瓦时，比2020年增长12%；工业增值税12亿元，比2020年增长20%，工业税收占财政总收入比重超一半。各项关键性经济指标均列赣州同类县（市、区）前列。

【产业集群】　编制"十四五"新型工业化和信息化发展规划，依托产业链链长制，设立主导产业引导资金，推动优势产业做大做强。获批全省唯一的新型工业化电线电缆产业基地，集中度在全省同行业中居首位，形成从再生铜材料、铜板、铜箔、成缆制造到成套输配电设备的全产业链，集群规模超百亿元。瑞金铜产业被纳入省有色金属"十四五"高质量发展规划，明确将瑞金打造成以废紫杂铜再生利用为主的铜基新材料加工基地；融入赣州纺织服装产业带建设，初步形成以产业用纺织品（非织造布、经纬编布、高端面料）为主的特色织造、特殊材料、特种服装、特级辅料的"四特"产品体系。

【工业项目建设】　全年引进昊宇重工、明葳电子等产业项目44个，其中，50亿元以上项目1个、20亿元以上项目2个，签约资金507.89亿元，签约资金比2020年增长10.37%。瑞金市被列入赣州市级调度亿元以上工业项目12个，总投资145.11亿元，年度计划投资44.8亿元，实际完成投资71.79亿元，完成率160.25%。其中，电子科技产业园、全方电声高端音响生产、远业环保等9个项目建成投产，德保膳食、济民可信二标段、电子科技产业园等12个项目开工建设。

【企业帮扶】　全面开展"谋倍增""话升级"挂点帮扶活动，形成部门"点上"推进、领导"线上"协调、主要领导现场办公"面上"解决的帮扶机制。全市各级领导干部走访企业460余次，帮助企业解决困难问题132个，帮助企业解决用工7200余人。清理拖欠各类中小企业账款4500万余元，为企业申请落实各类奖励补助资金近2000万元。发放"小微信贷通"贷款23户2264万元，其中，新增贷款企业1户、贷款50万元，续贷企业22户、续贷2214万元；发放"创业信贷通"贷款623

瑞金经开区电子科技产业园　　（市融媒体中心供图）

万元，续贷企业 16 户。争取省工信厅项目扶持资金 440 万元，赣州市级项目扶持资金 497.12 万元。金富电力有限公司等 9 家企业获评江西省“专、精、特、新”中小企业；绿野轩生物科技有限公司获得赣州市中小企业公共服务示范平台称号。

【中小企业管理】 2021 年，驻市商业银行通过市财政担保，向中小微企业发放“小微信贷通”贷款 23 户 2264 万元，其中，新增贷款企业 1 户，贷款 50 万元；续贷企业 22 户，续贷 2214 万元。全年发放“创业信贷通”贷款 623 万元，续贷企业 16 户。获得省工信厅项目扶持资金 440 万元，获得赣州市级项目扶持资金 497.12 万元。积极帮助企业做好项目申报，九华药业、江雄管道、松源林产、盛源环保 4 家企业获得省级“专、精、特、新”项目，分别获得赣州市中小企业发展专项奖励扶持 5 万元。瑞金九华药业有限公司等 2 家企业获江西省管理创新示范企业公示。推报瑞金市绿野轩生物科技有限公司获得赣州市中小企业公共服务示范平台称号。

（刘文慧　欧朝花）

主导产业

【概况】 2021 年，瑞金市积极培育壮大产业规模，做大做优做强做特产业体系，确立电子电气及材料、食品医药、轻工纺织、非金属材料四大主导产业，突出以电线电缆、输配电及控制设备为主的电子电气及材料产业作为首位产业，初步形成“1+2+N”（发展电子电气及材料首位产业，食品医药、轻工纺织等特色产业，港口经济、节能环保、智能制造、数字经济等新兴产业）现代产业体系。年内，四大主导产业有规模以上企业 92 家，实现营业收入 254.9 亿元。

【电子电气及材料产业】 2021 年，全市电子电气及材料产业共有规模以上企业 24 家，实现营业收入 193 亿元，实现税收 12 亿元；有省级企业技术中心 1 家，省级工程技术研究中心 1 家，省级科技创新平台 1 个。产业集群着力转方式、调结构、换动能，朝着铜精深加工方向加速发展，铜加工产业被纳入省有色金属“十四五”高质量发展规划，支持瑞金建设以废紫杂铜再生利用为主的铜基新材料加工基地。全市高纯铜产品品种体系不断丰富，可年产铜箔铜带 8 万吨、黄铜棒 5 万吨、铜合金管线 1 万吨、精细铜丝线 1 万吨，为电子信息、新能源汽车等产业供应高质量配件。

电子电气及材料产业是瑞金传统优势产业，依托线缆产业，通过“强点扩面”积极建链补链延链强链，产业实现从一根线缆到一条产业链、一个集群的转变，形成以铜铝加工为上游，线束线缆、光电照明、电子器件、数控装备为下游，在全省有一定影响的产业集群。主要集中在 4 个细分领域：以金拉铜箔、振兴铜业、恒吉集团等公司为代表的铜铝加工领域；以金字电线电缆、金一电缆等公司为代表的电线电缆领域；以金富电力、开程电器、明伟电子等公司为代表的输配电设备领域；以得邦照明、德煜光电等公司为代表的光电照明领域。

以电子电气产业为基础，注重引进高科技电子企业。年内，新引进明崴电子半导体项目、得宇开智能显示项目、多万元智能显示项目、兴飞博智能显示项目、金股人脸识别终端设备项目等电子显示屏生产企业 5 家，提升电子电气产业端口定位。

九华食品医药科技园　　（市融媒体中心供图）

【食品医药产业】 依托自身资源禀赋，确立食品医药产业以药品、功能性食品、医疗器械为产业发展方向，食品医药产业成为瑞金市双首位产业之一。产业主要集中在农副产品加工业、食品制造业、酒和饮料制造业等，初步形成以烤鳗、螺旋藻及脐橙加工等为主的具有一定规模的产业区。

全力推进济民可信医药食品产业园、正大食品全产业链等超 50 亿元项目，全力打造赣闽边际区域食品医药重要集聚区。2021 年，全市食品医药产业有规模以上企业 10 家，实现营业收入 11.9 亿元。

【新型建材产业】 全市新型建材产业年内实现营业收入 27 亿元，有规模以上工业企业 26 家。主要集中在 5 个细分领域：以万年青水泥、泰丰建材、京桥建材、鼎盛混凝土、万年青建材等企业为代表的混凝土、建材生产；以宏锦墙材、正兴建材为代表的墙体材料生产；以元财管道、江雄管道为代表的管道生产；以安康钢化玻璃、源东建材为代表的玻璃制品生产；以汇金钙业、绵江萤矿为代表的碳酸钙、萤石制品生产。瑞金市依托丰富的矿产资源，加快萤石、白云岩、高岭土、花岗岩等非金属矿资源深度加工、高附加值开发，努力建设非金属新材料精深加工基地。

【轻工纺织产业】　2021 年，轻工纺织产业实现营业收入 23 亿元，拥有规模以上工业企业 32 家。通过承接沿海发达地区产业转移，挖掘本地内生动力，以轻工纺织产业为切入点，突出抓好“红色文创”制造业培育，有效延展红色资源的工业价值，打造层次丰富的红创生态产业链，加快形成瑞金工业和产业经济的新标识、新名片，初步形成特色纺织、特殊面料、特种部件、特级辅料“四特”产品体系。拥有以好莱克纺织、美润无纺布、中绒纬编布、远业 RPET 织造等为代表的特色织造，产业规模扩张较快。

表 9　　2021 年瑞金市规模以上企业基本情况一览表

序号	企业名称	2021 年产值(万元)	主要产品	2021 年主要产品产量
1	瑞金市振兴铜业有限公司	464769.9	低氧铜杆、铜合金杆	46873 吨、10309 吨
2	瑞金市得邦照明有限公司	148192.2	LED 灯泡及灯具	10397 万只、2891 万只
3	江西金一电缆有限公司	170647.9	电线电缆	25396 万卷　133466 万米
4	江西金拉铜箔有限公司	60134.5	铜带、铜箔	7662 吨
5	佳华电池(瑞金)有限公司	2468.8	铅酸蓄电池	1005896 只
6	江西安讯实业股份有限公司	24574	电线电缆	铜编织丝 4650.52 吨
7	江西省瑞金化工机械有限责任公司	7075.5	铜瓦、水冷电缆	940 吨
8	江西瑞金金字电线电缆有限公司	31373.1	电线电缆	51128 千米
9	瑞金市得明光电科技有限公司	6499.2	LED 灯具	641 万只
10	瑞金全方电子科技有限公司	7751.1	扬声器	1308 万只
11	江西明伟电子有限公司	3574.2	开关电源、变压器	84 万个、88 万个
12	江西金富电力科技有限公司	3113	互感器	82044 台
13	瑞金德煜光电有限公司	2842.1	LED 灯丝、LED 交流灯丝	12669 万条
14	江西省瑞金市辉源电子科技有限公司	2592.5	喇叭	4000 万个
15	瑞金市星际无限电子科技有限公司	5879.7	传声器模组	405.96 万个
16	瑞金市领耀科技有限公司	5374.6	手机	156 万台
17	恒吉集团诺康铜业有限公司	528334.4	铜制品	82600 吨
18	江西金纳铜业有限公司	471865.3	铜杆、铝杆	57932 吨、257 吨
19	江西瑞金万年青水泥有限责任公司	168601.1	水泥及熟料	790.37 万吨
20	江西九华药业有限公司	13475.2	复方鲜竹沥液、九华痔疮栓、复方黄连油涂剂、腰疼丸、复方小儿退热栓	380 吨
21	瑞金双胞胎饲料有限公司	58335.1	饲料	176180 吨
22	江西美润环保制品有限公司	8273.9	无纺布/口罩	7243 吨/750 万个
23	江西昊宇重工有限公司	30406.1	钢结构	58350 吨
24	瑞金市京桥建材有限公司	12688	混凝土	312619.79 立方米
25	瑞金市丰安技术开发有限公司	5685.8	太阳能发电	5219.25 万千瓦时
26	江西远业环保科技有限公司	30573.6	环保包装袋/购物袋	8000 万个
27	义兴(瑞金)体育用品有限公司	22129.7	休闲鞋	506 万双
28	国家电投集团瑞金市留金坝水电发展有限公司	2001.2	电力	6025.5 万千瓦时
29	江西元财管道科技有限公司	15291.5	管材管件	14732.15 吨
30	瑞金市绵江萤矿有限公司	4946.8	萤石粉	21213.52 吨

续表 9

序号	企业名称	2021 年产值(万元)	主要产品	2021 年主要产品产量
31	江西省瑞金市汇峰矿产品有限责任公司	2136.5	萤石粉	8856.44 吨
32	瑞金市海燕服装辅料有限公司	2920.7	塑料衣架,织带,棉制品	1286 万个,3606 万码,11.63 万千克
33	瑞金市晶山纸业有限公司	28082.5	高强度瓦楞纸	76673.783 吨
34	赣州市凯斯特体育用品有限公司	2160	服装	238990 件
35	赣州市京都啤酒有限公司	2195.1	啤酒	12000 吨
36	瑞金市好莱克化工实业有限公司	2014.9	胶水	1068 吨
37	瑞金市银沙包装有限公司	2351.6	编织布,编织袋	2471.14 吨,3160 万只
38	瑞金市上长洲水电有限公司	2098	电力	3185 万千瓦时
39	江西鼎盛混凝土有限公司	13642.4	混凝土	340446 立方米
40	江西省佳惠宝实业有限公司	35044.6	玩具	2000 万个(套)
41	瑞金万年青商砼有限公司	7929.9	多孔砖	13768 万折标块
42	瑞金市新都食品有限公司	3711	冷冻烤鳗	387 吨
43	江西弘冠发制品有限公司	7459.2	发制品	13 万个(套)
44	瑞金市瑞城商品混凝土有限公司	3400.8	商品混凝土	80285 立方米
45	瑞金市昌兴实业发展有限公司	12086.6	70#沥青、改性沥青	29779 立方米
46	瑞金市宏锦墙材有限公司	3197.2	烧结多孔砖	4918 万块
47	瑞金开立包袋有限公司	2064.8	包袋	16000 个
48	江西松源林产高科有限公司	2406.5	松香	1420 吨
49	赣州市好莱克纺织实业有限公司	29481.1	涤棉布,化纤布	2241 万米,1069 万米
50	江西瑞京鸿兴实业有限公司	2334.7	木塑制品	16000 个
51	瑞金市红都水产食品有限公司	16414.2	冷冻烤鳗	1413 吨
52	瑞金市贝斯特服饰有限公司	2893.6	休闲裤	230000 条
53	瑞金盛源环保科技有限责任公司	34250.3	电解铜,锌锭	1500.7 吨,4637.4 吨
54	瑞金深燃天然气有限公司	5340.9	天然气	1037.684 万立方米
55	瑞金市易宝塑胶科技有限公司	8061.6	玩具	620 万个(套)
56	江西瑞和珠宝有限公司	7276.8	无	停产
57	瑞金新益经编高科技有限公司	23622.4	针织布	2571 万米
58	瑞金高德服饰有限公司	9274	服装	172.5 万件
59	瑞金市泰丰建材有限公司	5285.3	商品混凝土	136105.7 立方米
60	瑞金万年青新型建材有限公司	2561.2	烧结多孔砖	7650 万块
61	江西省兴信玩具实业有限公司	2281.5	玩具	280 万个(套)
62	江西省瑞金润泉供水有限公司	7085	自来水	793.7 万立方米
63	瑞金市瑞恒建筑材料有限公司	6064.5	商品混凝土	138370 立方米
64	瑞金市堡山水泥有限公司	3270.9	水泥	63800 吨
65	瑞金市安康钢化玻璃装饰研发有限公司	3645.1	铝合金门窗	120000 平方米
66	江西润业环保新材料有限公司	11693.5	织带,编织布,无纺布	年产 1 万吨环保新材料

续表 9

序号	企业名称	2021 年产值(万元)	主要产品	2021 年主要产品产量
67	江西久龙汇实业有限公司	7097.9	商品混凝土	177111.5 立方米
68	瑞金市品冠农业发展有限公司	7455.8	脐橙	4000 万千克
69	瑞金市源东建材有限公司	2266.2	门窗	1243 吨
70	瑞金市汇金钙业有限公司	3629.8	石灰	48105 吨
71	瑞金纯隆服饰有限公司	2174.4	服装	39.5 万件
72	瑞金市乐群塑胶科技有限公司	2903.3	塑料口盖,阀门等塑料制品	5090 万套或个
73	瑞金市昌辉包装有限公司	2496.5	水泥包装编织袋(布),再生塑料颗粒	5000 万条/年,3000 吨/年
74	江西江雄管道有限公司	2508.3	塑料管道	30 万米
75	江西聚道食品股份有限公司	6403.1	大米、净菜配送	13024 吨
76	香龙生物科技有限公司	2840.1	香料	114182.3 千克
77	江西旭鼎食品有限公司	4860.1	食用油	3217 吨
78	江西省嘉利发纸品有限公司	2903.4	纸巾	4576 吨
79	瑞金市城联新能源有限公司	3022.9	电力	35780220 千瓦时
80	瑞金市雨叶户外运动用品有限公司	2019.7	雨衣	100 万件
81	江西省甜香粮油饲料贸易有限公司	3245.2	米	4562 吨
82	恒吉集团铜材有限公司	7585.5	铜制品	126.8675 吨
83	瑞金市兴瑞达制衣有限公司	2279.8	服装	150 万件
84	瑞金华鑫新材料科技有限公司	2004.1	无纺布,编织袋	2250 万米,1.6 亿条
85	江西惠明纺织科技有限公司	2152.5	装饰网纱,网布	2214884 件,290 万码
86	瑞金市中绒纺织科技有限公司	13161.4	针织布	1218.5 万米
87	江西省三盛新材料科技有限公司	9040.6	无纺布,无纺布手提袋,口罩	1355 万平方,13901 条,2033 万个
88	瑞金市盈顺建材有限公司	3039.8	机制砂	40 万吨
89	洪兴(瑞金)实业有限公司	7808.3	家居服	71 万套
90	瑞金市领耀科技有限公司	2863.5	手机	156 万台
91	江西毅翔塑胶科技有限公司	2418.5	薄膜	1774 吨
92	瑞金馨星环保科技有限公司	3018.4	纸制品容器包装物	13553.13 吨
93	瑞金市大柏院溪石场	2862.4	砂岩	52 万吨
94	瑞金首创环保能源有限公司	3052.8	垃圾发电	4701.69 万千瓦时
95	瑞金市茂明木业有限公司	2416.2	板材	13863.53 万立方米
96	瑞金市星火新型墙体建材有限公司	2167.3	烧结多孔砖	7800 万块
97	江西富莱雅箱包有限公司	2926.4	化妆包/其他箱包	200 万个
98	瑞金市晨兴鞋业有限公司	2857.9	鞋	40 万双
99	瑞金市艾瑞晖织造有限公司	2635.1	服装	120 万件
100	瑞金市泽瑞矿业有限公司	2248.5	萤石精粉	10756.61 吨
101	江西中藻生物科技有限公司	2362.8	螺旋藻粉	920 吨
102	赣州瑞海新型建材有限公司		混凝土	1.4 万立方米

工业投资发展

【概况】 2021年，瑞金市工业投资发展有限公司是全市工业投资发展的投资运营主体，公司总资产34亿元，旗下拥有瑞金市工业地产开发有限公司、瑞金市口岸服务有限公司、瑞金市工业基金管理有限公司、瑞金市工投供应链管理有限公司、瑞金市工投商务服务有限公司、瑞金市工投物业管理有限公司、瑞金市双瑞建设发展有限公司等7家全资子公司，1家合伙公司（瑞金市瑞兴于经济带发展基金有限合伙公司）、1家合资控股公司（瑞金经济技术开发区金橙产业合作发展有限责任公司）、1家非关联但实际控制公司（瑞金市瑞鑫工程管理有限公司）。

【融资规模】 全年新增申报融资项目4个，争取授信规模15.71亿元，比2020年增长27%；实际到位资金10.76亿元，比2020年增长13%。其中，新增申报银行固定资产投资项目贷款2笔，获得授信10.1亿元，实际到位资金4.44亿元；新增申报发行省政府专项债券2笔，获得授信4.1亿元，实际到位资金4.99亿元；争取银行流动资金贷款授信1.01亿元，实际到位资金1.01亿元；争取银行国内信用证授信0.5亿元，实际到位资金0.33亿元。

【标准厂房建设】 年内，新增开工建设标准厂房78万平方米，续建标准厂房29.1万平方米，建成38.4万平方米，入驻物业管理厂房16.63万平方米，比2020年增长267%。新增开发面积38.67公顷，完成园区路网建设11.49千米，通车9.11千米。完成瑞金市创新科技园标准厂房、瑞金市红都科创园核心区一期及瑞金经开区电子制造标准厂房等项目专项债申报，总投资约24.63亿元。

【陆港发展】 瑞金国际陆港铁路集装箱货运功能区投入运营，开通瑞金至厦门港、瑞金至深圳盐田港外贸铁海联运班列和多条内贸班列线路，是赣南东部首个具备开展铁路集装箱运输资质、实现铁海联运的县市，全年货物吞吐量1538个国际标准箱，其中，开行瑞金至厦门铁海联运按需班列35趟，发送外贸集装箱386个国际标准箱；开行内贸按需班列70趟，发运瓷土、沙石等内贸集装箱652个国际标准箱；到达玉米、小麦等内贸集装箱500个国际标准箱。瑞金市被列入省、赣州市口岸“三同”试点范围，争取省级口岸“三同”扶持资金110万元，与沿海港口建立区域性合作，开辟对外开放新通道，降低进出口企业物流成本。

【供材弃土供应链业务】 对瑞金经开区在建的重大、重点项目提供供应链业务，垫资采购钢材、混凝土、水泥、沙石等材料，完成大宗建材供应体量1.6亿元；承担瑞金经开区工程弃土运输任务，对工程项目建设过程中产生的工程弃土进行挑选，将符合水泥生产要求的工程弃土运往瑞金万年青水泥公司使用，年内，完成运输67万吨。

（詹菁　曾纪雄）

瑞金经济技术开发区

【概况】 2021年，瑞金经开区紧紧围绕赣州市委、市政府“工业倍增升级”目标要求，大力实施工业倍增升级行动，园区功能不断完善、基础设施配套健全、创新能力持续加强、综合效益大幅提升，争先创优综合评价等次为A（全省前25位），国家级综合考评前进到全国第182名，较2020年度排名前移13名，在全省国家级经开区排名前移1位，取得历史最好成绩。被工信部评选为国家级绿色园区，被省工信厅评选为省级绿色园区，被省政府评选为省级模范劳动关系和谐园区，电线电缆产业集群被省工信厅列为江西省省级培育产业集群。瑞金经开区落户各类工业企业259家，其中，规模以上企业100家；实现工业营业收入280亿元，比2020年增长29.4%；利润总额23.15亿元，比2020年增长43.9%；工业增加值64.28亿元，比2020年增长12.4%；实际利用外资10243万美元，比2020年增长8.47%，其中，现汇进资1402万美元，比2020年净增874万美元；进出口总额46亿元，比2020年增长37.08%；安排劳动就业10865人。

【工业规模企业培育】 引导园区工业企业进一步做大做强，年内，新增规模以上工业企业22家，规模以上工业企业总量突破100家；培育产值超40亿元的骨干企业3家，产值超15亿元的骨干企业3家，税收超亿元的企业4家；金一电缆集团入选中国线缆产业最具竞争力企业

瑞金经开区鸟瞰图　　（市融媒体中心供图）

100强，年营业收入达70.26亿元；金纳铜业、恒吉铜材入选省制造业百强企业，3家企业入选省制造业领航企业培育名单。

【主导产业培育壮大】　围绕以电子电气及材料为首位产业，食品医药、轻工纺织为特色产业，港口经济、节能环保、智能制造、数字经济等为新兴产业的“1+2+N”产业体系，深入实施产业链链长制，出台电子电气及材料首位产业扶持办法，推动主导产业做强做大。年内，引进昊宇重工、明葳电子等产业项目44个，其中，50亿元以上项目1个、20亿元以上项目2个，签约资金507.89亿元、比2020年增长10.37%，产业集群集聚发展效益进一步提升。

【园区基础设施建设】　加快基础设施建设，通过银行贷款、发行政府专项债等多种渠道筹措建设资金，高标准建设红都科创城、循环经济产业园和新型建材及矿产品加工园，启动九堡路、瑞林路、云石山路等主路网工程建设，启动建设绿色食品科技园、创新创业孵化园、同信产业孵化园、智能终端产业园、农产品加工基地、返乡创业园三期等标准厂房项目。瑞金国际陆港投入运营，开通瑞金至厦门铁海联运班列，打通铁海联运门对门“最后一公里”。全年，经开区获得建设融资10.7亿元，建成标准厂房38.4万平方米，收购标准厂房14.76万平方米；建成园区道路9.11千米；建成35千伏及以上变电站4座，铺设电力线路总长271.25千米；建设日处理能力1.5吨工业污水处理厂1座，铺设污水管网67.5千米。

【科技企业培育】　实施科技型企业梯次培育行动，着力培育一批高新技术企业、科技型中小企业。加强与中科院赣江创新研究院、上海电缆研究所、洛阳有色金属研究院、南昌大学等对接，出台瑞金经开区发展提升奖励政策，鼓励企业加大研发投入，开展产学研用合作，搭建各类企业技术中心、工程技术研究中心、工业设计中心等创新平台。全年，获评省级绿色技术创新培育企业1家，入选“苏区之光”人才计划项目1个，获批赣州市级技术创新中心3家；完成发明专利授权26件；设立博士工作站6个、专家工作站1个，新增入站博士6名；园区企业完成研发投入3.29亿元，占主营业务收入的1.88%；以双创基地为载体，开展省级科技孵化器申报工作。截至年末，经开区有高新技术企业37家，省级“专精特新”中小企业19家，国家科技型中小企业56家，省级以上科技研发平台9个，省级以上科技创新载体2家，赣州市级技术创新中心3家；拥有发明专利137件。

【绿色园区建设】　瑞金经济技术开发区坚持绿色发展和协调发展理念，努力创建国家级生态工业示范园区。推动园区绿色集约发展，实施“两型三化”管理提标提档行动，制定入园项目环保准入标准和负面清单，明确投入产出强度、节能减排和环境保护标准，坚决杜绝“两高一低”项目落户，经开区单位工业增加值能耗、水耗、排放量明显下降。坚持“亩产论英雄”导向，深化节地增效和“腾笼换鸟”，试行“标准地+承诺制”，盘活闲置用地48.33公顷，利用批而未用土地46.13公顷，实现亩均营业收入380.58万元、亩均税收20.33万元、亩均投资强度451.69万元。年内，《瑞金经济技术开发区分区规划环境影响报告书》获生态环境部的审查批复，瑞金经济技术开发区被工信部评为国家级绿色园区。

【园区合作共建】　深化与昆山经开区、宁波经开区、南昌经开区、小蓝经开区、赣州经开区等园区的合作共建，获得昆山经开区金橙产业合作发展有限责任公司第二期注册资金150万元、小蓝经开区江西蓝联瑞生物科技开发有限公司注册资金10万元，并与昆山经开区在人才交流、平台建设、招商引资等方面进行深度合作。

【管理改革创新】　按照《江西省清理规范开发区管理机构促进开发区创新发展实施方案》，进一步完善瑞金经开区“三定”方案，制定《关于促进瑞金经开区升级发展的若干意见》，提出机构职能设置、财税管理、建设运营管理、征地拆迁管理、招商项目落地决策等改革创新措施。启动公开招聘雇员职员工作，建立与争先创优业绩挂钩的薪酬总额管理体系。深入推行“管委会+平台公司”模式，进一步深化市工投公司改革，通过资产注入、土地竞买等方式，快速做大公司资产规模，并引入赣州市国有资产投资集团，在科创城开发运营、土地综合整治开发、工业引导资金设立、表面处理中心建设及数字经济发展等领域合作。理顺市工投公司管理关系，组建口岸服务、工业地产、供应链管理等全资子公司。

【服务园区企业】　开展企业帮扶，建立园区企业网格化、精细化服务管理工作机制，将经开区区域划分为7个网格，由各局室负责人担任各网格网格长，全体机关干部担任网格员，帮助解决企业办证、新入驻企业厂房租赁、企业固废处置、企业立路牌等50余个问题。

打造“一站式”服务专窗　进一步理顺“经开区审批服务专窗”工作运行机制，实行“一枚印章管审批”，有效承接上级下放至国家级经开区的行政审批事项，建立完善政务服务平台，着力打造“互联网+政务服务”平台。年内，“经开区审批服务专窗”办理事项446件，园区企业办事效率明显提高。

帮助企业融资贷款　通过“财园信贷通”融资平台帮助江西金拉铜箔、江雄管道等企业解决近1500万元融资贷款；新增“财园信贷通”贷款企业16户9410万元，为52户中小企业办理贷款，发放贷款总额26935.8万元，有效缓解企业资金运转问题。

解决企业用工难题　积极做好省发改委、省人社厅及赣州市组织的网络招聘活动。组织经开区春季招工大会，47家企业参加招聘大会，招聘工人2525人。在园区设立集中招

工点，帮助企业解决日常招工问题。

兑现企业优惠政策 健全守信践诺机制，及时兑现企业优惠政策，引导企业用足、用活、用好各类惠企政策。年内，兑现江西益地生物科技公司等62家企业各项优惠政策，兑付优惠资金5768万余元。

（古盛林 郭经伟 李媛）

金宇电线电缆有限公司 （市融媒体中心供图）

企业选介

【江西瑞金万年青水泥有限责任公司】 公司于2001年经原国家经贸委批准立项，正式创立于2004年，是江西建材集团公司全资子公司。公司占地面积65公顷，有员工390人。建有两条4000T/D水泥熟料生产线，配备四台水泥粉磨系统，熟料、水泥年生产规模均达400万吨，配套建设铁路运输专用线1条。产品主要销往瑞金、宁都、会昌、石城以及福建省龙岩市下辖各县市。2021年，公司实现主营业务收入16.9亿元，纳税1亿元。年内，启动年产50万吨普通干混砂浆和年产5万吨特种砂浆生产线项目、5万吨/年固体废弃物综合利用项目建设。公司获评国家级和省级“绿色工厂”，被赣州市评为抗疫慈善捐赠先进单位。

【江西瑞金金宇电线电缆有限公司】 公司于2003年由原国营江西瑞金电线厂改制而成，是原机械电子工业部、航空航天部定点生产民用和军用线缆的专业厂。公司占地面积10余公顷，建筑面积8万余平方米，有员工150人，注册资本2.02亿元。公司拥有18个系列400余个规格的产品（其中，填补国内空白16项、替代进口12项），广泛应用于电力、交通、国防、城市建设等领域。公司为“国防三级保密单位”、省级军民融合示范企业，获国家发明专利3项、实用新型专利40项，曾获国家科技进步三等奖和国庆阅兵新武器研制先进集体称号，获国家军民两用技术二等奖。2021年，实现营业收入31373万元，纳税527.1万元。

【江西金一电缆有限公司】 公司创建于1989年，占地面积5万平方米，总建筑面积3.77万平方米，固定资产总值8000万元。有员工370人，其中，科技人员65人。公司是赣南地区唯一的高压和橡套电缆电线生产企业、赣州市成长型重点扶持企业、瑞金市重点发展企业。公司在南昌、赣州、福州、厦门、温州、广州、杭州、长沙、武汉、合肥等地设立销售公司，2021年实现销售收入16亿元。

【江西金拉铜箔有限公司】 公司成立于2017年，企业注册资本1.3亿元，实缴资本9831万元。占地近10公顷，总投资约10亿元，分两期建设；现有员工150人。公司主要生产高精度铜箔铜带及刚性防火电缆，产品具有带宽、板薄、精度高等优势，产品最大宽度1050毫米、最薄0.03毫米，填补赣南地区无压延铜带生产能力的空白，主要用于新能源汽车、充电桩及新基建等行业的核心组件。2021年，公司实现营收6亿元，纳税1200万元。

【江西安讯实业股份有限公司】 公司成立于2012年，是一家瑞商回归创办的企业。公司占地17公顷，固定资产投资5.3亿元，建成办公、宿舍、车间等约17万平方米，现有员工200余人。公司致力于打造集研发、生产、加工、销售于一体的电线电缆和新材料现代产业园。公司已建成研发中心和实验中心，与江西理工大学、上海电缆研究所等科研院所建立长期合作关系，先后研发出高导电高强度的包覆铜包铝、镀锡铜包铝、镀锡铜包铜等100余个新产品，华为、中兴等知名企业使用的数据线5%以上由公司供应。2021年，生产销售各种产品56872吨，实现工业产值36.52亿元、业务收入32.32亿元、纳税4.02亿元。

昊宇重工有限公司 （市融媒体中心供图）

【江西昊宇重工有限公司】 公司于2020年注册成立，由青岛昊宇重工有限公司投资创建，注册资本1亿元，总投资52亿元，占地33.33公顷，厂房建筑面积约18万平方米。项目分2期建设，其中，一期建设面积约7.3万平方米，一期项目实现投产，实现年产值20亿元以上，年纳税5000万元以上。项目全部建成达产后，可实现营业收入50亿元、年纳税2亿元以上。公司主要生产石化重工生产装备、石油化工设备模块、海洋油气工程、液化天然气工厂模块钢结构、风力发电设施、工业环保设施以及大跨度空间公共建筑等重型工业装备模块和设备模块。

【江西好莱克实业集团】 公司于2006年入驻瑞金，旗下有赣州市好莱克纺织实业有限公司、瑞金市好莱克服装织造有限公司、江西省好莱克进出口有限公司、瑞金市好莱克化工实业有限公司、瑞金市新益经编高科技有限公司、瑞金市高德服饰有限公司等6家子公司。集团连续5年实现主营业务收入近5亿元，纳税1000万元以上；累计创造产值超50亿元，创税9868万元；年出口额超7000万美元，约占全市年出口总额的22%，累计出口超5亿美元。集团协助瑞金引进晋江籍落户企业10家，涉及粘剂、面料、服装、箱包等轻纺配套行业，初步形成以好莱克集团为龙头的现代轻纺产业集群，辐射带动瑞金市轻纺产业快速发展。

得邦照明有限公司　　（市融媒体中心供图）

【瑞金市得邦照明有限公司】 公司成立于2011年12月，由浙江横店集团投资，专门从事高效电子节能灯、电子镇流器、LED照明电器等系列产品研发生产，项目总投资1.6亿元，建设厂房7.3万平方米；现有员工1000余人。公司拥有各类生产线38条，研发生产技术国内领先，主要生产松下、飞利浦等品牌高效电子节能灯，产品出口到东南亚、日本、欧美等海外市场，在行业内处于领先地位。公司先后获得省级“发展升级示范企业”“扶贫就业示范点”“工人先锋号”等称号。2021年，实现营收14.8亿元，纳税3500万元。

（市工信局）

商贸服务业与经贸合作

综　述

【概况】 2021年，瑞金市认真贯彻落实中央、省、赣州市和瑞金市关于统筹推进新冠肺炎疫情防控和经济社会发展的各项决策部署，坚定实施扩大内需战略，扎实做好“六稳”工作、全面落实“六保”任务，致力发展开放型经济，加大招商引资力度，扩大对外合作，推动项目稳定投资，繁荣商贸服务，促进消费稳定增长，为构建新发展格局提供重要支撑。年内，全市实现社会消费品零售总额101.06亿元，比2020年增长11.6%；批发业销售额46.44亿元，比2020年增长23.8%；零售业销售额76.59亿元，比2020年增长12.3%。瑞金市被评为“全省外贸进出口先进县（市、区）”，被赣州市商务局评为“全市商贸消费升级工作综合评价第三名”。

【电子商务】 2021年，瑞金市积极发展新型消费，线上线下加快融合，促进电子商务成为全市经济新的增长点。电商网络零售额8.45亿元，逆势增长21.64%。年内，开展电商培训5期，培训学员296人次，带动创业就业近90人；开展“赣品网上行”直播26场，为瑞金农特产品“代言”，吸“粉”1000余万人，直播销售收入3000多万元；坚持把电商扶贫与产业培育相结合，通过“电商+合作社+贫困户”的模式发展脱贫产业，以“廖奶奶咸鸭蛋”为代表的瑞金咸鸭蛋获批国家地理标志保护产品，“廖奶奶咸鸭蛋”创始人廖秀英获“全国脱贫先进个人奖”；打造“瑞京金山上山茶油”“好客山里郎蜂蜜”“武夷源茶叶”“华嬷嬷泡菜”等一批知名电商品牌，仅“廖奶奶咸鸭蛋”合作社就吸收贫困户32户，为每户贫困户年均增收近3万元。年内，江西省华贡电子商务有限责任公司获评赣州市电商乡村振兴示范基地称号，电商产业园获评江西省电子商务示范基地、赣州市电商直播示范基地。助力土八鲜、飞麦电商、华贡电子商务等创建省、赣州市电子商务示范企业，培育新增入规电商企业20家。

电子商务产业园　（市融媒体中心供图）

商贸市场建设

【市场建设规划】 市场建设坚持规划引领，优化城市商业网点布局。出台的《瑞金市“十四五”商业网点规划》，充分结合城市空间布局和城市功能建设需要，注重城市品质整体提升。年内，着力推进红井步行街、红都古城、赣南名特优产品展销馆等建设，新建商业综合体3个、农贸市场5个。

【消费市场培育】 坚定实施扩大内需新战略，全面落实省、赣州市和瑞金市“六稳六保”政策，举办中国农民丰收节暨消费扶贫产品展销会、客家美食节、第二届“红都创意生活嘉年华”等60余场主题购物活动，发放150万元国庆电子消费券，带动3000余家企业参与，刺激消费5亿余元。开展新能源汽车奖补，促进二手车交易市场发展，举办汽车展销、家具家电商超促销、餐饮节约有礼等刺激消费活动50余场，发放电子消费券价值109.3万元，带动1500余家企业参与，撬动市场消费1.8亿余元。

【行业规范管理】 加强成品油销售体系建设，出台《瑞金市成品油零售体系“十四五”发展规划》，引领城市商业网点空间布局；完成成品油经营企业年检，规范成品油销售企业经营行为；健全成品油销售网络覆盖面，为打击非法加油站提供有力支撑。着力整治再生资源回收市场，创建和谐城乡环境；加强非法集资风险防控排查，着力提高市民风险防范意识；狠抓安全教育、新冠肺炎疫情防控和各项安全制度的落实，强化安全生产督查及整治工作，确保全市商贸流通领域安全生产零事故。

住宿餐饮业

【住宿消费】 注重旅游住宿配套完善，大幅提升旅游总体接待能力。年内，全市有五星级酒店1家、四星级酒店7家、三星级酒店10家，住宿床位3966张；星级以下（50床以下）108家，住宿床位4020张。鼓励打造乡村特色度假型酒店、特色文化主题酒店、房车营地等特色住宿品牌，采取“古村落+民宿”“艺术+民宿”等发展模式，将民宿产业与脱贫攻坚、乡村振兴、红色旅游有机结合，专门出台民宿产业扶持奖励办法，推动打造精品民宿，着力把乡村“沉睡资源”转化为“旅游经济”。年内，开发打造“道花香”四星级旅游民宿等一批有文化品位、有地域特色的优质民宿，全市特色民宿由2020年的4家增加到10家。

【餐饮品牌打造】 引导餐饮行业创优创特，利用品牌地标美食吸引力，促进餐饮市场消费，激活整体消费市场活力。瑞金宾馆、汀洲馆子被评为“百佳赣菜名店”；铂林酒店、海亚酒店等9家餐饮企业被评为“赣菜百城千店特色门店”；瑞金养生鸭、瑞金牛肉汤获赣南客家“十大名菜”“十大名小吃”称号。培育“廖奶奶咸鸭蛋”“华嬷嬷泡菜”等具有客家文化内涵的知名特色美食品牌。全年新增入规入统零售住宿餐饮企业22家，创瑞金历史最高水平。

【餐饮文化开发】 鼓励成立餐饮文化协会等民间组织，着力挖掘红色和客家餐饮文化，培育富有红色文化和客家文化内涵的本土品牌。包装打造一批红军餐馆、客家美食旗舰店、特色主题餐饮店等，特色餐饮经营数量增长迅速。开发推广瑞金牛肉汤、红军焖鸭、黄元米果、壬田豆干、瑞金鱼丸等一系列特色美食，建设香仔餐馆、红色庄园、汀州馆子、龙潭山庄、特色鱼头店、乐天雅食府、瑞林大河鱼店等一批特色餐厅，以“红军餐”“红都国宴”等为代表的瑞金餐饮美食体系初步形成。

【餐饮消费促进】 举办瑞金旅游美食季、啤酒度夏节、“客家红”休闲零食节等活动，促进“地摊经济”“夜间经济”融合发展，充分释放夜间经济活力；举办万田黄元米果节暨客家美食节、赣湘闽特色美食节等系列特色饮食文化活动，有效促进“六稳六保”各项工作，加速培育“新旧转换”动能，推动市场消费逆势上扬。

（曾志华　邹金明）

粮食流通

【概况】 2021年，瑞金市粮食流通工作贯彻落实中共中央总书记习近平关于粮食安全一系列重要指示批示精神，始终牢记粮食安全“国之大者”地位，专项整治粮食收购、存储、出库三个环节，紧紧围绕责任、腐败、作风三个要点，聚焦瞄准数量、质量和腐败问题三大风险，认真做好粮食收储和管理工作。4月，瑞金市粮食流通服务中心（原正科级事业单位）更名为瑞金市粮油供应中心，为瑞金市农业农村局下属正股级单位，粮食质检职能划转至瑞金市市场监督管理局，原由瑞金市粮食流通服务中心管理的瑞金市粮油收储公司改由瑞金市农业农村局管理。中央储备粮直属库是驻市正处级单位，年内，积极贯彻落实中储粮集团公司和中储粮江西分公司各项决策部署，大力推动工作措施落地见效，各项目标任务圆满完成。

【粮食收购】 认真贯彻执行国家粮食收购政策。年内，国家早稻最低收购价每50千克122元，中晚稻最低收购价每50千克128元，瑞金市未启动最低收购价执法预案，均高于最低保护价收购粮食。全年，地方储备粮轮入366万千克。

粮油供应中心检验人员对收购的早稻进行检验　（市融媒体中心供图）

【粮食代储监管】 严格落实国家政策性粮食代储监管规定，明确代储监管目标任务，落实代储监管责任要求，完善代储风险评估管理制度，建立中储粮、农发行、地方粮食行政主管部门政策性粮食监管联席会议制度，形成“三方四共同”代储粮监管机制，有效防范代储粮法律、经济和管理风险，确保国家政策性粮食安全无事故。加强智能化粮库和粮情远程监控系统建设和运用，视频监控、智能粮情检测达 100%。

加大储粮安全隐患排查与处置，大力推进科技储粮、绿色储粮工作，储粮账实相符率、宜存率、质量合格率均达 100%。年内，承储省级储备粮 550 万千克和瑞金市地方储备粮 1000 万千克。

【粮食轮换】 中央储备粮直属库按照“保供稳市、把握节奏、错峰销售、细分市场、差异营销”策略，完成中央储备稻谷轮换计划，全年拍卖成交出库托市稻谷 1837 万千克。年内，县级储备粮委托公开拍卖 306 万千克，省级储备粮 89 万公斤，全面完成轮换任务。

【粮食行政执法】 开展粮食流通“亮剑 2021”专项执法行动及粮食收购监督检查，确保国家惠农政策落到实处。全市粮食市场收购平稳，没有出现违规违纪现象。

【粮食应急保障管理】 年内，调整粮食应急工作领导小组，完善粮食应急保障机制，落实粮食应急工作机构、人员和经费。加强应急网点建设，重新核查应急网点运行情况，对不符合要求的应急网点予以剔除，成立新的应急网点。年内，全市共有粮食供应应急网点 26 个。

（杨斌　陈哲　危志红）

物流业

【概况】 2021 年，瑞金市加快完善物流产业发展布局，认真落实物流发展政策，积极推进物流载体建设，促进物流产业转型升级，成为赣南东部和赣闽边际区域性物流中心。全市有物流企业 89 家（含 1A 级 2 家、2A 级 3 家、3A 级 2 家），其中，货运企业 67 家、仓储配送企业 6 家、快递企业 16 家、货运代理（托运部）45 家；有货运车辆（含外籍）3260 辆，核定货运吨位 4.32 万吨，实际载货能力 7.9 万吨；仓储面积 26 万平方米，物流从业人员 2.21 万人。

【物流企业建设】 引进江西百晟农业冷链物流产品交易中心项目，项目总投资 2.5 亿元，集食用农产品和鲜肉批发、零售、食品经营和农产品加工、冷链、仓储、物流交易等于一体。该项目分三期建设，年内，完成一期标准蔬菜大棚搭建，二期冷链仓储项目建设。瑞金经开区红土地物流园项目投入运营，该项目总投资 6000 万元，用地 6.6 公顷，拥有仓储区、物流配送区、分拨中心等物流功能。陆路口岸作业区项目试运营，项目总投资 3.5 亿元，规划用地 33.33 公顷，项目综合服务大楼、查验平台、监管仓库、粮食仓库等主体工程通过验收，铁路货场改造工程完成工程量 99%。赣闽商贸物流园项目进入扫尾阶段，项目占地面积 34.47 公顷，总投资约 15 亿元，累计完成投资 14.95 亿元。瑞金经开区物流港项目启动实施，项目总投资 2 亿元，用地面积 11.79 公顷，年内，完成项目土地平整、立项审批及建设用地规划许可证办理。

【农村物流发展】 全市 17 个乡镇建设乡镇级物流快递服务站（点），覆盖率 100%；建成村级物流快递服务点 170 个，覆盖全市所有建制村，延伸物流配送末端，织密物流配送网络。市供销合作社联合社与瑞金市红土地物流有限公司签约“互联网+第四方物流”供销集配体系建设项目，融入“供销集配”体系建设，发挥供销合作社联合社独特的组织体系和服务网络优势，运用现代流通和信息技术手段，整合社会物流资源，全面开展乡村集中配送，降低物流成本，提高流通效率，解决农产品进城和工业品下乡“最后一公里”问题。

【冷链物流建设】 加快冷链物流建设，完善区域物流体系。瑞金市凌宇冷藏物流有限公司有低温冷库 2000 余平方米，冷藏及物流运输车辆 30 余辆，为国家标准 AA 级物流企业；引进江西百晟农业冷链物流产品交易中心项目，总投资 2.5 亿元，总用地 200 公顷，项目抓紧推进建设。

（市交通运输局）

供销合作

【概况】 2021 年，瑞金市供销系统深入贯彻落实中共中央总书记习近平对供销合作社工作的重要指示批示精神，坚持新发展理念，持续深化综合改革，不断完善体制机制，拓展经营服务领域，以服务“三农”、振兴乡村为中心，积极深化供销综合改革，积极推进扶贫产品认定、龙头企业直供、电子商务营销、商场超市直销、旅游扶贫融合发展、线下订单助销等 6 种方式开展产销对接，销售（或采购）农副产品 1.98 亿余元，其中，832 平台（脱贫地区农副产品网络销售平台）及其他电商平台实现销售额 6000 余万元，依托专业合作社线下销售 3000 余万元，全市机关直供消费及工会消费 1400 万元，旅游消费 1000 余万元，各乡镇专区及农贸市场销售 4000 余万元，民营企业及社会组织采购 1000 余万元，省市挂点单位采购 100 余万元，帮助企业及农民合作社“牵线搭桥”预订脐橙 3000 余万元。全市入驻 832 平台供应商 47 个，位列全省第三；上架商品 1447 个，位列全省第二；销售总额 3496.77 万元，连续两年在全省排名第一。瑞金市供销合作社联合社被省供销合作社评为全省直管县（市）供销合作社综合业绩考核二等奖。

【供销平台建设】 出台《关于深化

2021 年中国农民丰收节暨消费扶贫产品展销会　（市融媒体中心供图）

供销合作社综合改革的实施方案》《瑞金市恢复重建乡镇供销社实施方案》等文件，扎实推进基层供销社、专业合作社、综合服务社、行业协会等“三社一会”建设。恢复象湖、壬田、谢坊、武阳等 8 个乡镇供销社，改造升级壬田供销社，新建 2 个乡镇为农服务综合体，发展农村综合服务社 1 个。领办、引办、创办各类专业合作社 52 个，其中，全国农民专业合作社示范社 2 个、专业合作社获评省级示范社 6 个、赣州市级示范社 5 个。改造、整合和提升经营流通网络，构建现代物流配送中心，建成农资、农副产品、日用消费品、物流快递、再生资源等经营服务网点 400 余个。积极壮大社有企业，新成立瑞金市新正惠农供销服务有限公司、瑞金市供销集配物流有限公司、瑞金市供销社再生资源公司、瑞金市供销电子商务有限公司、瑞金市闪电供应链管理有限公司、瑞金市供销社社有资产经营管理有限公司等。

【供销集配建设】　组建第四方物流供销集配中心，成立瑞金市供销集配物流有限公司，与瑞金市红土地物流有限公司投资合作，在该公司原有乡镇网点的基础上，融入“供销集配”体系建设，改善市、乡、村网点布局，形成以“供销集配”为统一字号、统一形象标志、统一服务规范、统一信息系统的连锁化物流配送服务体系。

【社村共建模式】　创新“党建带社建、社村共建”工作，成立村级供销社 2 个，发展村级综合服务站 72 个，成立农民技能实训基地，依托所属基层社和各类专业合作社完成土地托管 4700 余公顷，农业社会化服务 5900 余公顷。

【瑞金市中国农民丰收节暨消费扶贫产品展销会】　10 月 22—26 日，由瑞金市委、市政府主办，市供销联社承办的“庆丰收、感党恩、促消费”瑞金市中国农民丰收节暨消费扶贫产品展销会在市文化艺术中心隆重举行。展销会有各乡镇 29 家农产品经营主体、832 平台及 13 家经营企业、45 家特色小食参展，石城县、兴国县、福建省长汀县等供销联社组织 3 家展商一起参展。展销期间，销售农特产品 200 余万元，洽谈购销合作事宜 3 项，达成购销金额 1200 万元。

（杨志云　钟林霞）

专项经营

【烟草专卖】　烟草专卖全年实现主营业务收入 6.79 亿元，其中，卷烟收入 5.4 亿元、烟叶收入 1.39 亿元；实现利税 2.07 亿元，其中，卷烟利税 1.53 亿元、烟叶利税 0.54 亿元；上缴税收 1.3 亿元，其中，卷烟税收 1.16 亿元、烟叶税收 0.14 万元。瑞金市烟草分公司被省烟科所表彰为全省“烟叶科技协作先进单位”。

专卖管理　全年查处各类涉烟案件 213 起，其中，5 万元以上重案 36 起；查获各类违法卷烟 2081 万支，查获烟丝（烟叶）30 吨，刑拘 14 人、判刑 12 人。1 起案件被列为省级督办案件，1 起案件获批为省标网络案件。瑞金市烟草专卖工作业绩连续五年位列全赣州市第一。

卷烟营销　强化目标落实、品牌培育、终端建设等，全年实现卷烟销售 1.66 万箱，比 2020 年增加 663 箱，增长 4.17%，增幅列全赣州市第一；金圣烟销售 7750 箱，比 2020 年增加 809 箱，增长 11.66%，增幅列全赣州市第五；重点品牌烟销售 1.55 万箱，比 2020 年增加 924 箱，增长 6.30%，占总量比 93.44%，列全赣州市第二；人均消费卷烟 6.76 条，比 2020 年增加 0.27 条，增长 4.2%，增幅列全赣州市第一。

（市烟草专卖局）

【食盐销售】　食盐销售以稳定老客户、开拓新客户、优化产品结构为方向，降低运行成本，提高产品利率。全年销售小包装食盐 304.89 吨，其中，普通食盐 153.68 吨、高端食盐 16.93 吨、精品食盐 134.28 吨；销售大包装食盐 100.95 吨、工业盐 11.55 吨。

终端建设　不断完善销售网点和配送网络，提升配送服务管理水平，增强市场终端控制力。强化“全天候、全过程、全方位”服务，以精准了解客户需求、提供优质配送服务、掌握客户反馈信息为内容，做好售前、售中、售后服务，提升客户满意度。落实客户回访制度、合理规划配送线路，做到及时、准确、高效配送，以优质服务赢得市场。年内，完成精品店建设 117 家。

食盐储备　严格按照《江西省食盐储备实施方案》要求，对食盐储备实行专仓储存、专人管理、专账记载，按品种、数量、质量、进出库时间单独建立账卡档案，建立健全并严格执行入库、出库制度。健全防火、防盗、防汛、防污染等安全管理制度，配备安全防护设施。抓好食盐社会责任储备，每月向市工信局报备食盐库存动态，保障全市食盐供应安全。

盐政宣传　5 月 15 日“全国碘

缺乏病宣传日”期间，开展以“科学补碘，健康一生”为主题的宣传活动，向群众讲解食用盐辨别及加碘盐贮存食用等知识，倡导“科学补碘、健康一生”理念。5月20日，开展“第二十八届防治碘缺乏宣传”，发放《碘缺乏病防治宣传知识》《科学补碘、健康一生》等宣传资料，强化食用碘盐、会用碘盐意识。进商超、进村组、进社区等开展宣传活动，张贴宣传画500余张，发放宣传单950余张，入户宣传350余次。

（江西省盐业公司瑞金分公司）

【成品油经营】 中国石化销售股份有限公司江西赣州瑞金石油分公司主要经营汽油、柴油、润滑油等零售批发及副食、百货、汽服用品。下辖在营加油站15座和高速服务区1对，分布在瑞金市城区、重点乡镇、国省道和高速公路出入口。2021年，销售成品油5万余吨，其中，汽油4万吨、柴油1万吨，占瑞金市场份额的65%。各个加油站计量准确、质量合格、环境整洁、安全快捷，为消费者提供质优量足的成品油销售服务。

（中石化瑞金石油分公司）

房地产业

【概况】 2021年，全年房地产完成开发投资20.42亿元，施工面积103.58万平方米，竣工面积90.54万平方米。销售新建商品住房4531套56.84万平方米，销售金额38.23亿元，销售均价每平方米6726元；销售非住宅630间3.83万平方米，销售金额3.11亿元；二手房成交1470宗20.37万平方米；新建商品住房库存3239套42.47万平方米，住宅去库化时间约为9个月。年内，出让商住用地2宗5.96万平方米，平均楼面地价每平方米1890元。

【市场规范】 全年查处房地产领域违法违规行为8起，发出执法检查整改通知书20余份；指导全市10余个项目商品房交付使用工作，介入赣闽商贸物流园、金都阳光、豪门新城、豪门天玺、金城一品、七彩龙居苑、中梁瑞府、东投大名府等项目交付使用纠纷协调化解工作，维护购房户合法利益。

（市住建局）

经贸合作

【概况】 2021年，成立以市委主要领导为组长的全市开放型经济工作领导小组，组建招大引强突击队1支、粤港澳大湾区招商工作联络组1个、重点产业招商队7支、乡镇部门招商队47支。引进总投资52亿元的青岛昊宇重工有限公司石油化工生产设备模块和石油钻采专用设备项目、总投资20亿元的深圳市远恒佳教育集团有限公司职业学院项目等；与中化学交通建设集团有限公司、安徽电气集团控股有限公司签订总投资160亿元的战略合作框架协议。通过“云”招商方式，组织“不见面”招商活动，积极参加省、赣州市举办的系列重大招商活动，先后在广东东莞、福建泉州等地参加大型招商推介活动7场。利用商会资源在上海、广州、东莞等地开展招商推介，吸引省外资金。全年“走出去”招商682批次，“请进来”招商896批次；洽谈项目793个，其中，在谈重大项目85个；引进项目45个，其中，亿元以上项目27个、10亿元以上项目5个、20亿元以上项目3个、50亿元以上项目1个（昊宇重工），签约资金490.88亿元，比2020年增长6.68%。

【招商引资】 把招商引资作为抓经济、抓发展的头等大事，实施全民招商、全员招商，建立专业招商队伍，创新社会招商方式，大力推进产业链招商、以商招商、资本招商。全年引进签约项目45个，签约资金490.88亿元，比2020年增长6.68%；完成实际利用外资10243万美元（现汇进资1402万美元），比2020年增长8.47%；利用省外2000万元以上项目资金71.09亿元，比2020年增长8.73%；外贸出口45.5亿元，比2020年增长37.79%。

【外贸进出口】 开展“大走访、大帮扶、大发展”活动，落实促进外贸回稳向好各项政策措施，提升外贸综合实力和竞争力，全年出口实绩稳列赣州前5位。全年新增出口备案企业48家，新增生产型企业20家。开展境内外参展、宣传推介等活动，组织企业参加广交会、进博会、华交会，引导14家企业通过阿里巴巴国际站等平台开展进出口业务，外贸产品遍及五大洲30多个国家和地区。坚持强政策与便利化并重，强化对外贸易保障，年内，争取外贸扶持资金828.36万元，扶持外贸企业开拓国际市场、技术提升、品牌建设、出口信用保险、跨境电商拓展出口渠道等；加大出口信用保险支持，支持企业进行保单项下融资，打造一体化多领域的对外贸易新网络。加快跨境电商载体平台建设，支持跨境电商和外贸综合服务企业发展，建成瑞金市跨境电商产业园，并认定为赣州市首批跨境电子商务产业示范园区（B类）。在赣州率先开通“跨境电商B2B出口+铁海联运”班列，跨境电商9710模式实现零的突破。得邦照明出口超1.2亿美元，成为瑞金首家出口额超1亿美元的外贸企业。

【口岸管理】 2月2日，总投资3.6亿元的瑞金国际陆港投入运营并开通瑞金至厦门铁海联运班列，瑞金成为赣南东部率先实现铁海联运的县（市）。争取将瑞金市列入省、赣州市2021年口岸“三同”资金补助范围，协调南昌铁路局集团有限公司同意对瑞金铁路场站货品运价下浮43%；经市政府研究同意，由市财政局、市商务局印发《瑞金市2021年口岸“三同”试点专项资金管理实施细则》，市财政兜底对外贸“三同”铁海联运货物铁路运费和集疏费予以全额补助，内贸铁海联运货物铁路运费予以部分补助，进一步降低企业物流运输成本，瑞金市铁海联运物流成本与公路相比降幅达 40%以上。优化口岸营商环境，推动港口前移，在家门口可享受同等沿海港口服务，在瑞金只需“一次申报、一次查验、一次放行”即可完成全程运输直达世界各地，口岸物流集聚效应初步显现。7—12 月，瑞金国际陆港累计吞吐量 1538 标准箱，其中，开行瑞金—厦门铁海联运按需班列 35 趟，发运外贸集装箱 386 国际标准箱；开行内贸按需班列 70 趟，发运瓷土、沙石等内贸集装箱 652 个国际标准箱；到达玉米、小麦等内贸集装箱 500 个国际标准箱。

【瑞金国际陆港投入运营】 2 月 23 日，瑞金国际陆港投入运营，开出瑞金—深圳盐田港首趟集装箱班列，成为赣州东部首个实现铁海联运的县（市）。铁海联运集装箱班列的开通，是瑞金主动策应江西内陆开放型经济试验区建设的具体举措，是“融湾进速”的具体实践，也是积极融入“一带一路”建设的新成果。通过“海运+陆运”多式联运物流解决方案，畅通瑞金市铁海联运门对门、站对站“最后一公里”，填补瑞金无南下外贸中转货物的空白，为全市工业倍增升级提供良好的物流支撑。

（曾志华　邹金明）

瑞金国际陆港　（市融媒体中心供图）

旅 游 业

综 述

【概况】 2021年，瑞金市拥有国家历史文化名城、国家级风景名胜区、国家级水利风景区、全国红色旅游精品线路、中国体育旅游十佳精品线路、中国红色旅游十大景区、中国候鸟旅居小城等国家级金字招牌和江西省旅游强县、省级生态旅游示范区、全省低碳旅游示范景区等重要旅游品牌。连续四年获评中国县域旅游竞争力百强县市，成功创建省级全域旅游示范区，被列入国家全域旅游示范区创建单位。有国家AAAAA级旅游景区1个、AAAA级旅游景区2个、AAA级旅游景区3个，省AAAA级乡村旅游点3个、AAA级乡村旅游点2个，叶坪镇华屋入选全国乡村旅游重点村。全市有旅游企业47家、星级旅游饭店18家、旅行社及服务网点16家、民宿7家。全年接待游客1529.9万人次，比2020年增长57.9%；实现旅游总收入79.1亿元，增长71.2%。

【旅游行业管理】 加强旅游市场行业管理和指导，提升对景区景点、酒店、旅行社安全监管，进一步完善旅游安全例行检查制度和假日旅游安全制度，提升旅游服务质量；鼓励引导全市酒店、宾馆升级改造，提升接待水平，争创品牌。组织全市旅游饭店参加赣州市旅游饭店服务职业技能大赛，并获得赣州市旅游饭店服务职业技能大赛团体三等奖及服务组、西餐服务组三等奖。帮助文化和旅游企业解决资金难问题，帮助金宏大酒店、欧利大酒店、圣仕顿酒店、龙潭度假庄园等文旅企业申请“财园信贷通”贷款940万元。在节假日和全国“两会”前夕，对全市旅行社、营业网点、A级旅游景区、星级旅游饭店等开展安全生产大检查，排查隐患100余个（处），并限时整改到位。认真抓好红色教育培训规范化建设，加强对红色教育培训办班的规范化管理。

【景区安全管理】 牢固树立景区安全无小事的安全意识，完善旅游安全管理制度，与各景区景点管理机构签订责任状，与消防救援大队定期联合开展安全隐患大排查，定期组织消防演练，把安全管理责任落实到人到岗，筑牢安全防线；按照“预防为主、关口前移”的方法，建立定期巡查机制，采取岗位自查、部门检查和专项检查相结合的方式，对消防设施设备、监控系统、电源电器和文保单位等重点部位进行巡查，做到视角前移，及时发现和整改隐患，及时制止和查处违法行为，防患于未然；协调推进景区技防、人防建设，年内，投资1000余万元的安防工程投入使用，投资150余万元的叶坪、大礼堂、军委、云石山等景区8处消防泵房、2处室外消防管道提升工程竣工，投资630多万元的叶坪景区消防工程正在启动实施，覆盖境内革命旧址的现代安全防护网逐步形成，有效保障了市内景区年内安全无事故。

【旅游开发合作】 2021年，瑞金市深化旅游对外合作，加强与客源市场对接，重点通过产品开发、宣传推介等方式加强瑞金旅游品牌宣传营销。在上海、成都、广州、深圳、厦门等地召开旅游推介会，举行“共和国摇篮——赣州·瑞金”高铁冠名列车首发仪式，进一步打响瑞金红色旅游品牌；启动全国百趟红色旅游专列进瑞金；强化合作国内覆盖面，成立瑞金和西南区红色旅游联盟，西南区（成都）首趟专列700人到瑞金旅游研学。

（王舒婷　张燕辉）

全域旅游发展

【概况】 2021年，瑞金市全面打响“瑞金游就是全域红色旅游、瑞金游就是全民红色旅游”品牌，建设全国红色旅游一线城市和全国一流红色旅游目的地，实施全要素、全行业、全过程、全方位、全时空等角度推进旅游产业发展，努力实现旅游景观全域优化、旅游服务全域配套、旅游治理全域覆盖、旅游产业全域联动和旅游成果全民共享。年内，主要景区接待游客134.19万人次，比2020年增长62.91%，实现门票收入1123.49万元，增长39.9%。其中，红色景区升温较快，接待游客114.77万人次，比2020年增加94.95%，门票收入754.73万元，增长35.46%。

【全域旅游规划编制】 加强旅游发展顶层设计，科学引领旅游高质量跨越式发展，研究制定《瑞金市

国庆期间，各地游客在叶坪旧址旅游　（市融媒体中心供图）

"十四五"文化和旅游发展规划》《瑞金市旅游产业高质量发展三年行动计划》《瑞金市推进全域旅游发展扶持奖励办法》《瑞金市扶持发展党性教育培训行业实施办法》等多个文件，从政策层面对旅游产业和红色教育培训进行规范、激励；聘请高水平规划策划团队，高标准编制完善瑞金市全域旅游发展规划和全市主要景区景点规划。

【旅游项目建设】　围绕打造红色文旅中心的发展目标，以创建国家全域旅游示范区为契机，坚持以项目为抓手，拓宽投资渠道，加大旅游投入，强基础，补弱项，旅游项目加快推进，基础设施日益完善。年内，实施旅游重点项目27个，实现融资5.22亿元。完成瑞金中央革命根据地纪念馆基本陈列改展工程和云石山中华苏维埃共和国中央革命军事委员会旧址、黄柏中国工农红军瑞金补充师师部旧址、叶坪中革军委卫生材料厂旧址等12处旧址维修保护项目。推进长征国家文化公园（瑞金段）、中央红军长征决策和出发重点展示园、中央红军长征出发历史步道等标志性项目建设，抓好红井步行街、幸福花海、浴血瑞京、都市田园等项目的提质增效，打造一批要素完备的文化旅游精品项目。开展太阳山景区各项前期工作，完成武夷源资产收购、资产清点以及相关权属变更登记等工作。

【发展复合型旅游】　深入推进文化与旅游融合、城市与产业共建，塑造复合型旅游新业态，全面实行以红色旅游为引领，各种旅游业态均衡稳步推进，注重从"红色+"入手，整合全市红色、绿色、古色以及文化、教育、康养等资源，通过政府主导引领、社会资本引入、群众自发参与等形式，积极拓展旅游业态新领域，构建全民参与的立体化、全境化、融合化等旅游发展新业态。

"红色+乡村"　依托丰富的红色资源，以红色旧址、红色景区为载体，整合各种旅游资源，大力发展乡村游、民宿游等新兴业态，致力打造体会农家生活、品农家酒菜、赏农家风景的休闲农庄、农家乐等休闲模式。至年末，全市有农家乐223个，休闲农业总投资3630万元，经营主体总产值29.3亿元，休闲农业营业收入15.91亿元。累计创建省休闲农业示范点4个（叶坪九丰农业、瑞金市龙潭度假庄园、华夏农业、香山公司），瑞金市龙潭度假庄园被评为省三星级农家乐、叶坪乡朱坊村被评为省农家乐专业村；创建瑞金市（县）级休闲农业示范点13个，新增规模较大的休闲农业园区25个；创建以《相约红都瑞金——寻梦绿色画廊》为主题的中国美丽乡村休闲旅游行秋季精品景点线路。开展休闲农业从业人员及管理人员培训218人次。休闲农业覆盖带动农民2300人，全年接待游客113万人次。

"红色+生态"　年内，加快红色故都、红色影视基地建设，打造红色培训、影视文化、旅游度假城郊旅游片区。建设高山避暑、温泉养生特色酒店，实施武阳温泉养生度假区、武阳粟田白竹寨瀑布景区、九堡铜钵山避暑旅游区、九堡密溪古村、泽覃城市"后花园"等旅游综合项目，推动罗汉岩景区与陈石湖国家级水利风景区一体开发，打造山水休闲、温泉养生旅游业态。开发农业观光、农事体验、绿色康

罗汉岩景区——天造奇观　（市融媒体中心供图）

养等业态，全力打造乡村旅游升级版。把红色文化融入各类景区、各种业态，初步形成武阳镇“长征第一桥、万亩脐橙、千亩荷花、神奇螺石寨”，叶坪镇“共和国摇篮、康养小镇”，九堡镇“彭阳部校、铜钹山、密溪古建筑”，瑞林镇“陈炽故居、梅江胜景”，泽覃乡“毛泽覃战斗地、乌仙山、畲族文化园”，黄柏乡“万亩脐橙、原始森林”以及壬田镇“罗汉岩景区、凤岗古建筑”等特色旅游景区。

“红色+味道” 注重对红色和客家餐饮文化的挖掘，陆续开发出瑞金牛肉汤、红军焖鸭、黄元米果等一系列特色美食，建设特色鱼头店、香仔餐馆、红色庄园等一批特色口碑餐厅，举办万田黄元米果节暨客家美食节、赣湘闽特色美食节等系列特色餐饮文化活动。依托红色旅游景区开发，吸引周边居民参与景区内配套服务，开发特色旅游商品，培育“廖奶奶咸鸭蛋”“华嬷嬷泡菜”等具有红色和客家文化内涵的知名特色美食品牌。深入挖掘红色和客家餐饮文化，推广“红军餐”“红都国宴”，形成瑞金美食体系，包装打造红军餐馆、客家美食旗舰店、特色主题餐饮店等。以红色旅游带动食品工业发展，实现食品产业与旅游发展相互促进。食品工业产业为瑞金市双首位产业之一，全年实现营业收入 11.9 亿元，拥有规模以上企业 10 家，集中在农副食品加工业、食品制造业、酒和饮料制造业等，初步形成以烤鳗、螺旋藻及脐橙加工等为主的规模产业。

“红色+文化” 大力实施红色景区提升工程，不断提升主要景区景点布展水平，增加大量 VR、AR 等体验互动项目。打造红舞台教学、《十七棵松》等室内演艺节目，红色旅游逐步由“参观游”向“体验游”转变。开发《红游记》文创产品，打造融入山水元素的红色实景演艺项目。发挥“红色故都·瑞金论坛”优势，举办系列国家级节庆、论坛等重大活动，办好各类旅游文化节、艺术节、民俗文化节等节庆活动。积极推动旅游与教育、文化、互联网等其他领域深度融合，支持创意文化、儿童娱乐、动漫、演艺等产业发展，研创更多的旅游新产品、新业态、新模式，不断提升瑞金文化旅游感染力、吸引力。

（市文广新旅局）

红井主题公园景区　（市融媒体中心供图）

【塑造旅游城市形象】 规范城市建筑风格，推广“灰白”城市主色调，以中华苏维埃国徽红星为基本图形，精心设计城市标志。拓展街头绿地，建设瑞金公园、乌仙山公园、龙珠寺公园、东华山公园，提升城市园林绿化品质。创作排演高水准音乐剧《闪闪的红星》，打造城市文化 IP，逐步形成“蓝天、绿地、碧水、白墙、黑瓦、闪闪的红星耀中华”城市风貌。加快老城区、老旧小区改造步伐，推进廖屋坪、粜米街等历史文化街区建设，实现客家古风、红色文化、现代设计有效融合。

（王舒婷　张燕辉）

【文化旅游开发投资】 瑞金市文化旅游开发投资有限公司由瑞金市国有资产监督管理办公室代表政府履行出资人职责，注册资金 2.35 亿元，独立经营管理旅游景区 6 个。组建瑞金市红都交通发展有限公司、瑞金市金都酒店管理有限公司、瑞金市金都文化传媒有限公司、瑞金市京都旅行社有限公司、瑞金市旅游景区工程建设管理有限公司、江西省赣南苏区红色文化有限公司等 6 个子公司。积极应对疫情对旅游行业的严重冲击，把助力“六稳”“六保”当作首要任务，重点在工程建设、资产投融资等方面发力，确保公司正常平稳运行。完成云石山“重走长征路体验园”项目问题整改并通过上级现场复核验收；重新启动瑞金长征决策和出发重点展示园项目并开工建设，基本完成瑞金中央红军长征决策和出发标志性景观项目以及长征历史步道云石山示范段标识系统和道路标线项目。开展太阳山景区各项前期工作，完成武夷源公司资产收购、资产清点、造册、封存以及相关权属变更登记等。全年完成主营业务收入 1768.01 万元，比 2020 年增长 72.86%，年末资产总额达 42.13 亿元，增长 8.97%；国有资产总额 18.06 亿元，增长 16.26%。负债总额 24.07 亿元，增长 4.08%，资产负债率 57%，其中，年内，实现融资 5.22 亿元。

（市文化旅游开发投资有限公司）

旅游品牌创建

【概况】 2021 年，围绕提升“红色故都、共和国摇篮、中央红军长征出发地”旅游品牌形象，以节事活动为重要载体，以新媒体为主要方式，高标准多渠道开展品牌创建工作，推进精品景区景点打造，精心设计旅游线路，大力开展旅游宣传营销，加强旅游产品开发，提升旅游服务水平，推动旅游品牌创建取得新成效，被评为“2021 中国最美县域”，连续四年获评“中国县域旅游综合竞争力百强县市”，叶坪镇黄沙村华屋入选“全国乡村旅游重点村”，红都金雕摆件、红井课文摆件、红五星氛围灯、信念壶等红色旅游创意手工艺品入选 2021 年江西省红色旅游创意产品，指导荣誉国际酒店成功创评为五星级旅游饭店、铂林国际酒店成功创评为四星级旅游饭店、大布特色鱼头店获评赣州客家美食旅游旗舰店。

【红色旅游线路】 坚持走内涵化、主题化、生活化、品牌化、融合化、合作化的红色旅游发展道路，围绕打响共和国摇篮、红色故都、中央红军长征出发地、人民代表大会制度初始发祥地旅游品牌，整合红、绿、古旅游资源，与周边县市、长征重要节点城市和部分全国红色旅游重要目的地资源共享、信息互通，年内，重点对外推出长征之旅、初心之旅等红色精品线路，并针对游客不同需求，推出“共和国寻根”之旅一日游，红色圣地、绿色宝库、客家风情二日游，赣江源百里多彩之旅三日游等多样化旅游产品。年内，文化和旅游部、中央宣传部、中央党史和文献研究院、国家发展改革委联合发布“建党百年红色旅游百条精品线路”，瑞金入选“红色摇篮·革命赣南”精品线路，具体线路为：江西省瑞金市叶坪革命旧址群—沙洲坝革命旧址群—瑞金共和国摇篮景区—中华苏维埃共和国中央革命军事委员会旧址—于都县中央红军长征集结出发地纪念园—安远县天心整军旧址—寻乌县毛泽东寻乌调查纪念馆—大余县大余整编旧址—崇义县上堡整训旧址—兴国县苏区干部好作风纪念园—宁都县中央苏区反“围剿”战争纪念馆。

【宣传推广】 年内，策划组织春节、端午、“五一”、“七一”、中秋等系列文旅活动20余场，举办首届红色旅游啤酒美食博览节暨瑞金首届国潮生活集市、“百县百日”文旅消费季直播带货大赛、“中国瑞金第二届长征节”活动、红色旅游博览会瑞金分会场暨“从瑞金出发”重走长征路千人徒步等系列重大活动，在上海、广州等地召开旅游推介会，打造精品旅游线路，推出大型原创音乐剧《闪闪的红星》，多形式多渠道扩大瑞金旅游品牌影响力，推动旅游产业持续升温。

【叶坪华屋入选“全国乡村旅游重点村”】 8月2日，文化和旅游部发布《关于公示第三批全国乡村旅游重点村名单和第一批全国乡村旅游重点镇（乡）名单的公告》，其中，江西10地入选第三批全国乡村旅游重点村，叶坪镇华屋村入选。华屋村地处瑞金市东南部，与福建省长汀县交界，有耕地面积25.85公顷、山地面积200.40公顷，总人口119户462人，是远近闻名的“红军村”。苏区时期，仅43户人家的华屋，家家户户都有人参加革命，其中，17人在长征途中牺牲，留下“十七棵松”的感人故事。华屋村抓住赣南苏区振兴发展机遇，用好用活精准扶贫政策，整个村庄发生巨大变化，扶贫工作取得丰硕成果，建成66套整齐划一的住房和村卫生室、垃圾污水处理设施、景观绿化带及公厕等完善的配套设施，形成“山上种油茶毛竹、田间种蔬菜瓜果、荒坡养蜜蜂”的产业发展格局，打造信念亭、信念林等红色景点，新建农家乐、农家旅馆、村史馆，成功举办两届华屋乡村文化旅游节，发展乡村旅游、红色旅游，成为井冈山干部学院、瑞金干部学院的现场教学基地，每年接待大批来自全国各地的游客和学员。

【全国妇女爱国主义教育基地揭牌】 7月12日，全国妇女爱国主义教育基地在叶坪中华苏维埃共和国妇女生活改善委员会旧址正式揭牌。该基地是1932年6月在瑞金市叶坪乡叶坪村宣告成立的中华苏维埃共和国妇女生活改善委员会旧址，是中国共产党领导建立的历史上第一个妇女工作国家领导机关。2004年11月，全国妇联拨出专款对中华苏维埃共和国妇女生活改善委员会旧址进行修复，同时兴建中华苏维埃共和国妇女生活改善委员会陈列馆。2006年4月17日，中华苏维埃共和国妇女生活改善委员会旧址正式开放。2020年，江西省、赣州市妇联拨出专款对旧址进行升级改造。2021年7月初，瑞金市叶坪中华苏维埃共和国妇女生活改善委员会旧址被全国妇联授予“全国妇女爱国主义教育基地”称号。

【“瑞金号”卫星成功发射】 7月19日，由浙江嘉兴、陕西延安、江西瑞金三市人民政府与北京国电高科科技有限公司共同主办的“瑞金号”红色城市天启卫星冠名仪式在江西瑞金举行。“瑞金号”（天启星座15星）卫星已于2021年7月19日8时19分由长征二号丙火箭在西昌卫星发射中心成功发射并送入预定轨道。“瑞金号”是一颗微纳低轨物联网卫星，可实现地面网络覆盖盲区的数据采集。卫星经过平台及载荷测试后，将与天启物联网星座其他在轨卫星组网运营，使天启星座在轨业务卫星达到14颗，标志着我国首个组网提供数据运营的低轨物联网星座第一阶段正式组网完成，并将面向全球提供数据通信服务。

【中国（瑞金）第二届长征节】 10月10日，中国（瑞金）第二届长征节在瑞金市云石山举行。全市干部群众以及社会各界人士代表1000余人汇聚在中央红军长征决策和出发重点展示园，纪念长征出发87周年。市委常委、宣传部部长陈建伟致辞并宣布开幕，开国元勋滕代远之子、解放军总参兵种部原局长滕久明代表开国元勋后代发言，开国大将黄克诚之子、人民日报社国际部原主任黄晴等部分开国元勋后代代表参加并发言。

（王舒婷　张燕辉）

红色培训与研学

【概况】 2021年，瑞金市认真贯彻落实中共中央总书记习近平“把红色资源利用好、把红色传统发扬好、把红色基因传承好”和“要从瑞金开始追根溯源”的重要指示精神，成立市委直属正科级事业单位瑞金市红色资源保护发展中心，出台《瑞金市关于支持红色教育培训事业发展的若干措施》，大力发展红色教育培训（以下简称红培）和红色研学旅行（以下简称研学），红培和研学呈现快速发展的良好态势。全年到瑞开展红培23万人次，开展研学422批次9.5万人次。

【红培与研学规划】 围绕全市红色历史、红色文化、红色资源、红色教育等，编制《瑞金市红色教育培训“十四五”发展规划（2021—2025）》，谋划红培事业“十四五”时期及中长期方向目标、发展机遇、重点任务、重大项目、发展路径和空间布局。委托江西江咨工程咨询有限公司编制规划，年内，规划完成初稿编制，进入审查论证阶段。认真抓好红培规范化建设，加强红培办班规范化管理，对办班机构资质、班次人数标准、学员住宿标准、课程设置标准从严审核，并定期不定期组织人员到各宾馆、酒店和革命旧址进行红培巡查督查。

宁化第六中学“追寻红军足迹·感受红色土地魅力·走进共和国摇篮——瑞金”研学行 （市融媒体中心供图）

【红培基地创建】 结合“百红”工程创建，从办学师资力量雄厚、办学口碑较好、办学社会评价突出的民办红培机构中择优选择 20 家培训机构予以重点扶持，打造瑞金红培机构品牌。经考核验收，完成第一批 12 家红培示范基地建设（瑞金市干部教育培训中心、瑞金社会主义学院、瑞金市红源记忆教育培训基地、瑞金中央苏区红色教育培训中心、瑞金红色文化教育基地、瑞金爱国主义干部培训中心、瑞金初心干部党性教育基地、瑞金新时代红色教育基地、瑞金革命传统教育基地、瑞金市新思路红色文化教育学院、瑞金市苏区精神传统教育培训中心、瑞金市弘扬红色文化培训基地），并与瑞金中央革命根据地纪念馆、文广新旅局、文旅公司联合出台《瑞金市红培示范基地（机构）申报公办红色景区门票免费政策实施办法（试行）》，兑现红培示范基地享受红色景区门票免费政策。第二批示范基地建设按照“成熟一个、发展一个”的原则有序推进。

【红色培训辅导员培养】 加大红色培训辅导员培养管理力度，全面提升红色教育培训辅导员综合素质、服务水平和整体形象。鼓励在职人员参加红培教学工作，2021 年有专题课和现场教学课授课老师 60 余人。采取院地合作、委托培训的方式，与南昌大学、赣南师范大学合作专门培育红培辅导员 99 名，发放补助 78.34 万元。创新开展“红色小导游”志愿服务活动，动态培训“优秀红色小导游”2000 余名。

（市红色资源保护发展中心）

赣州市中小学生在红井景区开展研学活动 （市融媒体中心供图）

共和国摇篮旅游区

综　述

【概况】 2021年，共和国摇篮景区紧紧围绕打造红色文旅中心的目标要求，强化管理，优化服务，不断提升品牌影响力，接待人数和门票收入克服新冠肺炎疫情影响，实现逆势增长，全年共接待观众164万人次，同比增长109%，其中，接待省部级以上领导73批次（含副国级接待6批次），中小学生研学游团体289批次，红培团队1390批次。

【入选2021全国文化遗产旅游优秀案例】 2022年3月11日，由中国文物学会、中国文物报社主办的“2021全国十佳文化遗产旅游案例推介活动”终评会在北京召开。由文化遗产、考古、旅游、博物馆等领域的15名专家组成终评委员会，通过综合评议、实名投票遴选出“2021全国十佳文化遗产旅游案例”和“2021全国文化遗产旅游优秀案例”。其中，共和国摇篮景区发展经验由瑞金中央革命根据地纪念馆以“发展红色旅游，激扬新时代爱国主义教育磅礴力量”项目报送参评，成功入选2021全国文化遗产旅游优秀案例。

革命文物保护

【旧址维修】 扎实推进长征国家文化公园（瑞金段）旧址维修项目，完成云石山中华苏维埃共和国中央革命军事委员会旧址、黄柏中国工农红军瑞金补充师师部旧址、叶坪中革军委卫生材料厂旧址、大柏地红四军宿营地（王氏宗祠横屋）旧址等10个抢救性维修保护项目，中华苏维埃共和国内务人民委员部旧址和武阳粮食仓库旧址维修项目正在实施；为纪念中华苏维埃共和国成立九十周年，组织实施中华苏维埃共和国临时中央政府旧址（第一次全国苏维埃代表大会会址）抢救性维修工程和中华苏维埃共和国临时中央政府大礼堂旧址保养性维修工程。向上争取革命文物保护项目资金，编制武阳中国工农红军第九军团指挥部等13处旧址抢救性维修设计方案并报送至赣州市文物局审核，云石山中央政府旧址抢救性维修工程、瑞金革命遗址展示利用工程、瑞金革命遗址等36处全国重点文物保护单位白蚁综合治理及全自动监测预警工程等项目已完成立项，并呈报计划书，积极争取12件馆藏珍贵文物修复、数字化保护等项目。

【馆藏文物保护】 加强馆藏文物硬件设施建设，继续实施馆藏预防性保护项目，完成设施设备采购和1号库房、3号库房加固改造，全面提升了馆藏文物保护能力；完善一级文物藏品档案表，拟写馆藏一、二级文物提升专家鉴定意见，填报全国馆藏一级备案系统相关数据；做好中央文物日常管理和年度申报工作，报送中央文物讲解词、故事、研究性文章等材料；做好文物库房日常管理，为《中国共产党100周年历史展览》提供文物15件，为中国文物交流中心“不忘来时路，永远跟党走——讲述革命文物背后的故事”纪念馆“中国精神展”展览

“一苏大会”上使用过的座钟　　（市融媒体中心供图）

提供文物5件，为江西省博物馆提供文物1件复制件等。

【革命旧址认定】 1月，纪念馆与市委党史办、市文广新局等相关专业人员到泽覃乡、武阳镇、云石山乡、九堡镇等地现场勘查、调研和认定相关革命旧址，初步遴选瑞金安治暴动秘密策划处（含安治暴动遗址）等4处革命旧址，经省市文物部门审核后，瑞金安治暴动遗址、密溪红军后方医院旧址等2处革命旧址被省文旅厅公布为第二批江西省不可移动革命文物。

【革命文物安全防护】 构建文物安全防护网，投资1000多万元的瑞金革命遗址安防工程正式通过验收并投入运行，完成大礼堂旧址等10处消防设施改造、叶坪革命旧址群消防示范工程设计方案编制，争取上级批复实施2022年国保和省保单位安全防护工程项目8个。坚持把各项安保措施落实落细，健全边远旧址巡查机制，加大巡查频次，定期开展应急演练，实现全年安全无事故。逐一落实县市级以上文保单位安全直接责任人、安全管理人，并制作悬挂文物安全直接责任人公告公示牌50多块，解决文物安全管理责任不明晰的问题。筑牢文物安全底线红线生命线，实现全年安全无事故。

革命文物利用

【“中华苏维埃共和国史”基本陈列展览正式开展】 11月8日，“人民共和国从这里走来——中华苏维埃共和国史”陈列展览在瑞金中央革命根据地纪念馆开展。此陈列展览汲取党史研究的最新成果和最新论述，展览分“开展武装斗争建立苏维埃区域”“中华苏维埃共和国的诞生”“中华苏维埃共和国在曲折中巩固发展”“中国共产党治国理政的伟大实践”“中华苏维埃共和国的战略转移”等五大部分，全面展示中央革命根据地创建、中华苏维埃共和国成立及治国理政实践的艰辛历程、伟大探索和历史启示。该展览利用丰富的文物史料，通过融合模拟实景、互动投影等科技手段，让展示的550余件文物、1360余张照片和20余处多媒体投影、电动地图、互动桌面等活起来、动起来，切实提高革命文物的吸引力和感染力，有力增强公众参观游览的互动性和参与性，获得领导、专家们的充分肯定和社会各界的高度赞誉，先后入选中央宣传部、国家文物局联合推介的庆祝中国共产党成立100周年精品展览，以及国家文物局2021年度“弘扬中华优秀传统文化、培育社会主义核心价值观”主题展览重点推介项目。

【革命旧址原状陈列布展】 针对革命旧址保护利用工作中普遍存在的“千址一面”“一张桌子一条凳，两块床板一盏灯”等问题，持续实施旧址活化利用工程，年内，对万田军委纵队指挥部旧址、万田毛泽东旧居、叶坪国家银行金库旧址、云石山电话总机室旧址等进行原状陈列布展。实施叶坪旧址群红色标语布展项目，还原苏区工作场景和生活场景，增强苏区历史的真实感和融入感。

【“中共中央驻地联展”在瑞金首展】 6月28日上午，《灯塔照耀中国——中共中央驻地联展（1921—1949）》首展仪式在瑞金中央革命根据地纪念馆举行。该展览由瑞金中央革命根据地纪念馆、上海革命历史博物馆、广东革命历史博物馆、武汉中共中央机关旧址纪念馆、延安革命纪念馆、西柏坡纪念馆、香山革命纪念馆等中共中央驻地纪念场馆联合举办，荟萃7家中共中央驻地纪念馆珍贵历史资料及最新研究成果，由90块板面组成，展线200余米。展览内容由中共中央在上海、在广州、在武汉、在瑞金、在陕北、在西柏坡、在香山7个部分组成，以中共中央机关从1921—1949年的迁移为线索，通过串联中共中央从上海到北京这“七大驻地”的重要历史事件，以独特的视角再现中国共产党从建党到建国的辉煌历程，诠释中国共产党这一光辉的灯塔，指引中国革命航船乘风破浪驶向胜利彼岸的历史过程，意在向中国共产党百年华诞献礼、致敬，贯彻落实习近平总书记关于“发扬红色传统、传承红色基因，赓续共产党人精神血脉”重要指示精神，扎实开展“学党史、悟思想、办实事、开新局”学习教育的重要举措。展览在瑞金首展后，于7月在武汉中共中央机关旧址纪念馆、上海革命历史博物馆、西柏坡纪念馆先后开展，其他场馆也相继展出。

11月8日，人民共和国从这里走来——“中华苏维埃共和国史”陈列展览开展　（市融媒体中心供图）

【"中华苏维埃共和国历史"展览巡展】 4月27日，由中国人民解放军海军政治工作部宣传局、瑞金中央革命根据地纪念馆联合主办的《中国共产党治国理政的伟大开端——中华苏维埃共和国史》巡展在海军潜艇学院举行，拉开"中华苏维埃共和国历史"展览巡展的序幕。该展览分"中华苏维埃共和国诞生的前夜""中华苏维埃共和国定都瑞金""中华苏维埃共和国的巩固与发展""中华苏维埃共和国安邦的伟大实践""中华苏维埃共和国大迁徙""中华苏维埃共和国辉煌永铸"六大部分，再现中国共产党领导苏区军民创建巩固革命根据地，建立中华苏维埃共和国临时中央政府的艰难历程以及中国共产党开始局部执政、进行治国安邦伟大预演的光辉实践。此后，该展览先后到上海东华大学、山西晋祠博物馆、孔繁森同志纪念馆等多地开展巡展活动。

江西瑞金干部学院学员在叶坪红军广场开展现场教育活动

（市融媒体中心供图）

【社教项目获奖案例】 "苏区精神永放光芒"情景故事讲演　12月，在江西省文化和旅游厅开展"全省百项红色主题社教项目评选推介活动"中，瑞金中央革命根据地纪念馆选送的案例《"苏区精神永放光芒"情景故事讲演》成为江西省红色主题10个社教示范项目（革命类博物馆）之一。此社教项目以发生在中央苏区的红色故事为主体，以纪念馆讲解员等干部职工为主演，融深情讲演、情景再现、配乐渲染等多种艺术表现形式于一体，旨在为广大党员干部群众和大中小学生打造一堂沉浸式、情景式、嵌入式的"党史教育课""思政研学课"和"党性锤炼课"。自2021年10月至年底，累计演出50余场，1万多名观众观看故事讲演，成为全市党史学习教育的一堂必修课，新华社、"学习强国"学习平台、文物之声、江西新闻等众多媒体先后进行"聚焦"报道，点击量超过500万次。

"红旗下的誓言"社教项目　12月，在江西省文化和旅游厅开展"全省百项红色主题社教项目评选推介活动"中，瑞金中央革命根据地纪念馆选送的案例《红旗下的誓言》成为江西省红色主题10个社教示范项目（革命类博物馆）之一。"红旗下的誓言"主题社教活动在共和国摇篮景区叶坪革命旧址群面向社会长期在特殊的纪念日期间免费开展，活动内容包括讲解员讲关于旗帜的由来和红旗背后的故事及精神、带领大家动手制作旗帜、选出比较优秀的作品、为优秀学员颁发文创产品、邀请制作优秀作品的学员分享红色故事和身边的英雄事迹或是感悟、在升旗坪升红旗和唱歌、宣誓等，让参与者用手、用脑、用心制作旗帜，在参与互动中激发参与者爱党、爱国、拥军、护军的情感，从而厚植家国情怀，传承红色基因，赓续红色血脉。该项目自创立以来，共开展活动30余次，近2000人参加，央视新闻、江西卫视、《瑞金报》、瑞金电视台等先后进行报道，受到社会各界的好评。

【红色文创产品开发与推广】 把握景区游客的需求，抓住中国共产党成立100周年、中华苏维埃共和国成立90周年这一契机，开发瑞京记忆多功能充电笔记本，瑞瑞京京系列陶瓷茶缸、创意涂鸦T恤、红都记忆拼图、签字笔、持色保温杯、玻璃水杯、苏区纸币珍藏册、《人民

瑞金市中小学生在红色景区开展"红色走读"教育活动

（市融媒体中心供图）

共和国从这里走来》主题邮册等19款高、中、低档具有瑞金特色文创产品；加强文化创意的版权保护，及时注册商标，创立自己的品牌，实现文创开发从仿制品、日用品等衍生品向文博IP转型。同时，加强文创产品的市场推广，利用抖音、微信小视频、各地联展、纪念馆网站、当地红色培训机构等网络媒体、机构平台宣传推广文化创意产品，积极参加百年征程“江西红”红色文创展览会等线下展览，不断扩大关注度；加强销售平台管理，增加展示销售点，在博物馆一楼展厅增设文创产品展示区，引进12台树屋、五斗橱、“二苏大”形象3款创意自助售卖机布局在主要景点，提高文创收入、节省人工成本，推动文创产品收入同比增长225.7%。

景区管理与服务

【宣传营销】 策划系列重大文化旅游活动，加大宣传营销力度，策划2021年首届红色旅游啤酒美食博览节暨2021瑞金首届国潮生活集市、“中国瑞金第二届长征节”活动、2021年红色旅游博览会瑞金分会场暨“从瑞金出发”重走长征路千人徒步等系列重大活动；举办瑞金红色旅游联盟西南区（成都）首趟专列700人欢迎仪式，有效地提升了瑞金文化旅游知名度，做旺旅游人气。加大对外宣传力度，充分发挥共和国摇篮旅游区官方网站、微信公众号、微博、抖音等新媒体矩阵作用，年内，在《中国文物报》等国家级、省市级媒体发布相关报道164篇（条），接受中央广播电视总台等各级新闻媒体采访、拍摄近200次，瑞金中央革命根据地纪念馆网站、共和国摇篮旅游区微信公众号分别发布报道108篇、文章190篇，微博、抖音更新200多条，基本陈列展览直播在线观看人数超过105万人，相关话题在新浪微博阅读量达448.9万人次并登上微博热搜榜中屏。

为庆祝建党百年，在共和国摇篮旅游区公众号、瑞金中央革命根据地纪念馆网站开设“学百年党史承红色基因”专栏，发布学习教育主要内容和中央、省、市关于学习党史的重要报道；微信公众号推出“发生在瑞金的百个党史第一”“学百年党史承红色基因（红色故事视频）”等党史专题；微博创建话题“学百年党史承红色基因”，发布党史学习教育相关资讯，与主流媒体、各地场馆联动，打造热点话题；抖音推出“建党百年专题”之“红歌献礼”“游红色旧址”“讲红色故事”等系列专题视频，各新媒体平台在首页显著位置充分展示党史学习教育相关内容。

【讲解员队伍建设】 坚持高标准、严要求打造优秀讲解员队伍，采取“走出去、请进来”方式加强讲解员学习培训，强化日常业务考核，年内，组织全体讲解员报名参加2021年全国博物馆讲解员线上培训班并全部取得结业证书，招聘8名讲解员，推动讲解员队伍素质不断提升，2名讲解员获评江西省金牌五好讲解员，1名讲解员获江西省“十佳讲解员”称号，在全省、赣州市等各级讲解比赛中获奖20多人次。

【微笑服务】 持续深入在机关和景区开展“微笑服务”活动，在服务内容、服务措施、服务创新等方面进行规范，注重服务举措日常检查落实，推动景区服务提档升级，擦亮国家AAAAA级景区“金”字招牌，年内，涌现“微笑服务之星”100多人次，年底评选出十大“微笑服务之星”，收到游客表扬信200余封，获得赣州市巾帼文明示范岗、三八红旗先进集体等荣誉。

【五进志愿服务项目获全国最佳服务项目】 3月，中央宣传部、中央文明办等部门和单位共同组织开展2020年度全国学雷锋志愿服务“四个100”先进典型宣传推选活动，其中，宣传推选出的100个最佳志愿服务项目中，瑞金中央革命根据地纪念馆的红色文化“五进”志愿服务项目上榜。此项目于2017年开始，该馆组建苏区精神宣讲团专业社教队伍，推出红色文化进校园、进乡村、进机关、进社区、进军营“五进”项目，打破博物馆传统的室内参观学习模式，深入乡村、军营、机关、社区和学校等，根据不同的受众群体制定相应的活动方案，结合流动展板、多媒体、讲座、歌舞、互动活动等多种形式演绎、传播红色文化，让红色文化走进千家万户、田间地头，让广大群众充分感受红色文化的独特魅力，以此调动广大群众传承红色基因、走近红色文化的积极性与自发性，让红色文化入脑、入耳、入心。得到社会各界广泛好评。截至年底，红色文化“五进”项目影响人数超过60万人。

（纪念馆办公室）

红井游客中心　　（市融媒体中心供图）

金融业

综述

【概况】 2021年，瑞金市有银行机构14家，保险机构及其他非银机构19家，在乡镇、村设立金融服务站（点）433个，覆盖全市17个乡镇各村居，实现金融服务“村村通”。全市金融机构期末各项存款余额346.38亿元，比年初增长3.22%，其中，住户存款余额262.17亿元，比年初增长11.14%；金融机构各项贷款余额347.26亿元，比年初增长11.92%，其中，住户贷款余额197.45亿元，比年初增长11.11%；非金融企业及机关团体贷款余额149.8亿元，比年初增长13%；工业贷款余额26.39亿元，比年初增长29.49%；房地产行业贷款余额140.07亿元，比年初增长6.14%；涉农贷款余额200.89亿元，比年初增长7.35%；存款余额、贷款余额、贷款增量在赣州各县（市、区）分别排名第六名、第五名、第五名。开展金融合作交流，年内，举办2次大型政银企产融对接会，现场签订意向融资金额74亿元。

【金融服务】 各银行机构积极向上争取信贷规模，优先配置金融资源，加大对瑞金特色优势产业、核心旅游景区、乡村振兴和美丽乡村建设等惠及民生项目的支持力度。保持“财园信贷通”“财政惠农信贷通”“产业扶贫信贷通”“农业产业振兴信贷通”“小微信贷通”“创业信贷通”等信贷产品的政策延续性。全年，发放“财园信贷通”58笔2.85亿元、“财政惠农信贷通”135笔6983万元、“产业扶贫信贷通”434笔2049万元、“农业产业振兴信贷通”1774笔3.13亿元、“小微信贷通”21笔2074万元、“创业信贷通”14笔526万元。瑞金市城投集团公司以标准厂房建设工程为募投项目的第二期企业债券完成簿记建档发行，募集资金10亿元。推动金融智慧服务，鼓励运用省小微客户融资服务平台、“一站式”金融综合服务平台、企业收支流水大数据平台。全市企业及个体工商户在省小微客户融资服务平台注册35629户，提出融资诉求2402户18.66亿元，达成贷款2192户13.84亿元。

4月29日，瑞金市举行政银企对接会　　（市融媒体中心供图）

【普惠金融】 成立瑞金市普惠金融改革试验区建设工作领导小组，印发《瑞金市普惠金融改革试验区建设实施方案》，加快金融产品和服务方式创新。全市银行机构有普惠金融产品31种、服务方式16种，受益金融创新群体7.71万个。4月6日，瑞金农商行联合赣州金盛源融资担保集团公司发布“百福稳保贷”，系全省首个创新型信贷产品，年内，累计发放贷款95笔9500万元。6月，瑞金光大村镇银行推出“光福贷”，解决光伏产业资金需求，年内，累计发放贷款59笔703.2万元。8月，瑞金市普惠金融服务中心建成并投入使用，为民营小微企业、个体工商户提供政策咨询、业务办理、征信查询、产融对接等普惠金融服务。

【惠农保险】 强化惠农强农富农新型保险产品运用，推广“保险+期货”项目。11月30日，瑞金市人民政府与中国太平洋财产保险股份有限公司江西分公司、上海东证期货有限公司、东证润和资本管理有限公司签订《2021 年生猪“期货+保险”帮扶项目合作意向书》四方协议，切实保证农民养殖收入稳定。引导保险机构开办油茶、脐橙等地方特色产品的价格、收入、天气指数等险种。

（市金融办）

银行业

【工行瑞金市支行】 2021 年，中国工商银行瑞金市支行实现人民币各项存款余额 36.68 亿元，余额四行（工商银行、农业银行、中国银行、建设银行）同业占比 28%，列同业第二。其中，储蓄存款余额 25.32 亿元，余额四行同业占比 26%，列同业第二；对公存款余额为 11.06 亿元，余额四大行同业占比 32%，列同业第一。各项贷款余额 60.52 亿元，比年初净增 6.03 亿元，余额四大行同业占比 36%，列同业第一。其中，公司贷款余额 29.84 亿元，比年初净增 3.01 亿元；个人贷款余额 30.02 亿元，比年初净增 2.63 亿元。年内，贷存比高达 165%。瑞金支行党支部被工行总行党委评为“先进基层党组织”。

支持重点项目建设　为瑞金经济开发区基础设施建设及道路提升改造 PPP 项目、市妇幼保健院、市人民医院迁建项目、市文化艺术中心 PPP 项目、市“一江两岸”基础设施建设（一期）及棚户区改造异地安置房建设 PPP 项目、生活垃圾焚烧发电项目、市 2019 年棚改项目（二期）等提供信贷支持 50 余亿元。

创新金融服务模式　围绕小微企业成长周期，提供“e 抵快贷”“e 企快贷”“国担快贷”“跨境贷”“数字供应链”“电力快贷”等系列线上普惠金融产品。结合特色产业客户融资特点，推出“工银教培贷”“脐橙贷”“烟草贷”“工银兴农通——烟农贷、养殖贷”等系列信用类普惠金融产品。创新推出“金融赶集”乡村金融服务模式，每月固定开展金融下乡服务，将工行流动网点服务触角直抵田间地头。年内，到黄柏、叶坪、泽覃、日东等乡镇开展金融服务 30 余次，为当地群众上门激活社保卡 2000 余张，并提供电子银行、理财推荐、社保卡客户权益增值等服务。

提升网点硬件建设　在 4 个工行营业网点配置智能化服务设备，实现个人开户、转账结算、业务查询、投资理财、保险、基金等增值业务自助办理。在全市商业繁华地段和人口密集区域设立自助银行 18 家，提供全天候存取款、查询、转账等服务。

（朱铧）

【农行瑞金市支行】 2021 年，中国农业银行瑞金市支行各项存款较年初净增 21899 万元，各项存款日均余额和日均增量在当地四大行份额均排名第一。其中，个人存款净增 20037 万元，完成赣州市行调度计划的 102.23%；对公存款净增 2561 万元，完成赣州市行调度计划的 256.1%。各项贷款实现净增 5.7 亿万元，比 2020 年多增 1.7 亿元，超额完成赣州市行年度计划。

服务乡村振兴　大力开展金融服务乡村振兴工作，全年贷款净增 5.8 亿元，在无项目贷款情况下创历史新高；扶贫贷款净增 2 亿元，带动贫困户 800 户，促进贫困地区消费 500 余万元。

金融风险管控　积极提升风险管控能力，切实抓好合规“每周一课”活动和“四必讲”制度执行，强化员工案防合规意识，规范“合规标杆网点”创建。全年实现不良资产表内处置 3907 万元，完成计划的 111.63%，其中，表内不良贷款本金清收 1126 万元，完成计划的 121.04%；实现表外不良贷款本息清收 1347 万元，完成计划的 107.80%。

（农行瑞金市支行）

【中行瑞金市支行】 2021 年，中国银行瑞金市支行人民币各项存款时点余额 20.27 亿元，较年初负增长 7137 万元。其中，公司存款时点余额 5.02 亿元，较年初负增长 1.73 亿元；个人存款时点余额 15.25 亿元，较年初增长 1.02 亿元。人民币各项存款日均余额 20.56 亿元，较 2020 年日均负增长 1.42 亿元。贷款余额 22.23 亿元，较年初新增 1.75 亿元，计划完成率 77.44%。其中，公司贷款余额 6.29 亿元，较年初增加 4425 万元；个人贷款余额 15.28 亿元（不含卡），较年初增加 1.33 亿元。非利息净收入 999.14 万元（含分润），赣州市县同组排名前列。实现净收入 8146.72 万元，在赣州市县级支行排名第五，实现拨备前利润 6880.2 万元，净利润 4994.28 万元，人均净利润 152.44 万元，赣州市县同组排名第四。

普惠金融业务发展　从优化授信政策、提高服务质效、降低融资费用等方面支持当地个体工商户和民营企业的发展。切实给个体工商户和民营企业发展减负，根据其信用等级、财务状况、贷款担保方式等要素合理设置贷款利率定价参数，实施“一户一价”的利率定价，免收或减免代发工资手续费、抵押登记费和评估费等费用，让利于个体工商户和民营企业。至年末，个人普惠贷款余额 4861 万元，较 2020 年新增 1494 万元，县级支行名列第一；对公线上普惠客户 31 户 2679 万元，提款客户 20 户 1932.5 万元，完成目标任务的 128.83%。

内控案防措施落实　组织多次案例警示教育学习会，引导员工牢固树立按章操作、合规经营的意识，增强全行员工内控合规意识，减少和遏制违规违纪案件和业务差错的发生，营造“人人讲合规、事事合规做”的内控文化。严格落实员工异常行为分析制度，对员工征信进行核查，开展员工座谈和家访活动，并结合员工日常工作观察，对支行员工进行异常行为排查，及时发现和有效处置员工异常行为，按时向分行报告排查情况。

营业网点设施建设　支行下辖瑞金支行营业部和金都支行等营业网点 2 个，配置智能柜台 8 台，离行式自助银行 1 个，软、硬件服务设施功能齐全，方便客户办理存取款、转账、汇款等业务。

（中行瑞金市支行）

【建行瑞金市支行】 2021年，中国建设银行瑞金市支行不断调整经营策略，加大对中小微企业的信贷支持，为地方经济建设提供支持。至年末，全口径存款余额27.98亿元，较年初负增长2.35亿元；各项贷款余额37.95亿元，比年初新增2.34亿元，其中，公司类贷款余额11.64亿元，个人贷款余额26.31亿元。全年实现营业收入1.39亿元，实现账面利润1.21亿元，人均创造利润310.26万元。

建设银行瑞金市支行下辖3个网点，包括支行营业室及2个网点型支行，配备离行式自助银行4个。各网点服务设施齐全、安防设施达标。

（杨勇耀）

【农业发展银行瑞金市支行】 2021年，农业发展银行瑞金市支行各项贷款余额41.89亿元。其中，中央储备粮贷款18485.37万元，县级储备粮贷款2541.65万元，“一江两岸”棚改项目贷款19.63亿元，扶贫易地搬迁项目贷款1亿元，叶坪田坞乡村综合旅游项目贷款1.39亿元，城镇道路建设项目贷款5.58亿元，返乡创业基地标准厂房建设项目贷款5.94亿元，沙洲坝示范镇建设项目贷款9000万元、农业小企业贷款1100万元。

粮食收储信贷 贯彻执行国家粮食收购和调控政策，及时足额供应粮食收储信贷资金，确保粮食最低收购价政策有效落实。至年底，发放中央储备粮贷款7311万元，收购粮食4497万千克；发放最低收购价中晚稻贷款463万元，收购粮食179万千克；发放粮食政策性财务挂账贷款9笔4152万元。

信贷风险管理 推行信贷精细化管理，注重贷款调查、报批等重点环节，发挥“风险经理”作用，对贷前、贷中、贷后实行“三查”，并实行信贷企业A、B角复核制，对每笔贷款发放、贷后管理、贷款本息收回等进行交叉复核检查，做到责、权、利挂钩，努力杜绝不良贷款。

优质服务提升 树立“服务立行、服务兴行”经营理念，在提供“一站式”服务的基础上，增设上门服务，上门送对账单、业务回单、宣讲信贷支农惠农政策等。

（钟飞 曾慥新）

【瑞金市农商银行】 瑞金市农商银行按照“固本强基、提质增效”工作总要求，不断强化经营管理措施，抓好各项业务发展，较好地实现年度目标任务。至年末，实现各项存款余额82.64亿元，较年初增加7.5亿元；各项贷款余额59.79亿元，较年初增加7.26亿元。坚持金融服务“本地化”，主动融入地方经济发展，全面摸排辖内防控重点企业、复工复产企业、春耕备耕农户以及新冠肺炎疫情影响严重行业资金需求，开通绿色审批通道，帮扶渡过经营难关。对接瑞金市重点项目，以“财园信贷通”等政策类贷款为抓手，大力对接返乡创业、乡村振兴等项目资金需求。推进“整村推进、网格化管理”工作，开展“扩面、提额、增效”三大工程，满足广大农户和乡村振兴项目发展的资金需求，创新推出全省首创见贷即保的“百福稳保贷”。全年，新增发放“农业产业振兴信贷通”1.75亿元，完成计划任务的213%。支持创建移动支付便民工程，全行手机银行用户达13.95万户，电子银行业务替代率96.54%。下沉服务渠道，增加服务功能，在全市布设普惠金融服务站221个，全年累计办理业务2.22万余笔。

（瑞金市农商银行）

【江西瑞金光大村镇银行】 2021年，江西瑞金光大村镇银行坚持“稳中求进、变中求机、进中求新”工作思路，立足“支农支小”市场定位与“做小做散”差异化经营策略，围绕地方经济社会发展规划，以服务支持乡村振兴、“三农”工作和绿色金融发展为己任，兑现“支农扶小”承诺，金融信贷业务发展顺利。至年末，全行总资产7.29亿元，各项存款余额5.33亿元，各项贷款余额4.12亿元，其中，普惠型小微企业贷款余额3.55亿元，累计投放贷款11亿元。创新合作模式，分别与光大银行南昌分行、光大银行赣州分行进行授信业务联动，以联合授信方式支持当地大项目建设。年内，完成瑞金市文旅开发投资公司、瑞金市城投集团公司等协同合作项目，其中，协助光大银行南昌分行在瑞金投放贷款11.35亿元。协同光大证券、光大控股、中青旅等光大集团子公司支持瑞金经济社会发展。主动融入赣州市普惠金融改革试验区建设，以普惠金融业务

11月10日，瑞金农商银行召开普惠金融服务站商户座谈会

（市融媒体中心供图）

为主业，打造高质量普惠金融服务名片，推出一系列普惠金融信贷产品。针对“三农”客户推出“银干惠农通”“惠农脐橙贷”“惠农经营贷”“惠农烟叶贷”“惠农油茶贷”“惠农白莲贷”；针对小微企业推出“担保惠商通”“房抵惠商通”“振兴惠企通”；针对普通居民消费需求推出“白领房抵贷”“白领信用贷”；针对当地市场需求，推出“灾后复产贷”“光福贷”“橙易贷”“安居装修贷”等产品，为广大市民提供多元化的金融产品服务。

（瑞金光大村镇银行）

【招商银行瑞金市支行】 2021年，招商银行瑞金市支行以规范经营、防范风险为前提，以发展为主线，以高品质、专业化服务为手段，积极扩展市场、培育客户，实现各项业务稳步提高。年内，招行瑞金市支行被中国金融工会、招商银行工会确定为“党建带工建工作联系点”。至年末，各项存款余额9.12亿元，较年初净增1.99亿元，增速27.9%。其中，对公存款较年初新增1.97亿元，余额为5.43亿元；储蓄存款较年初新增177万元，余额3.69亿元，存贷比110.96%。各项贷款余额10.12亿元，较年初负增长2610万元。其中，对公贷款余额1.16亿元，较年初新增0.29亿元；个人贷款余额8.96亿元，较年初减少0.55亿元。

（招商银行瑞金市支行）

【邮储银行瑞金市支行】 2021年，中国邮政储蓄银行瑞金市支行坚持“满足城乡金融需求，提供优质金融服务”的企业宗旨，牢记“根植城乡、服务‘三农’，打造大型零售商业银行”的企业使命，积极服务地方经济建设。支行下辖自营营业网点4个，委托邮政代理网点13个，设立农村网点1个，全功能网点1个。至年末，实现各类存款余额14.17亿元，比年初净增1.2亿元，其中，居民个人储蓄存款余额12.89亿元、对公存款余额1.29亿元；各项贷款余额14.85亿元，较年初净增1.34亿元，其中，中小企业贷款余额7895万元、“三农”贷款余额3.58亿元、消费贷款余额10.15亿元。

（杨喜芝）

【江西银行瑞金支行】 2021年，江西银行瑞金支行储蓄存款余额突破4.5亿元，其中，对公存款4.26亿元，日均余额7.75亿元，较2020年末增长4.9亿元。全力支持瑞金市基础设施、重点建设、招商引资等项目，积极扶持中小微企业和个私民企，助力当地经济社会发展。年内，完成红都市政工程管理有限公司项目贷款投放4亿元，表外实现债券认购2.8亿元。免除个人客户小额账户管理费、个人网上银行跨行转账手续费、个人客户短信管家费等收费项目39项，实现个人账户管理、电子渠道费用等全免费，金融惠民措施更加扎实有效。开展“金融知识进万家”宣传教育活动，把加强金融消费者权益保护工作作为防范和化解金融风险重要内容，积极提升金融消费者信心，维护金融安全与稳定，促进社会公平公正和谐。

（周璇）

【赣州银行瑞金支行】 2021年，赣州银行瑞金支行各项存款余额20.88亿元，其中，对公存款余额6.38亿元，比2020年减少49.08%；储蓄存款余额14.5亿元，比2020年增长19.75%。各项贷款余额22.62亿元（含委托贷款0.96亿元），其中，平台融资贷款7.74亿元，小微企业贷款16.98亿元。

（朱鹏）

【赣州银座村镇银行瑞金支行】 2021年，赣州银座村镇银行瑞金支行坚持“中小企业的伙伴银行”市场定位，致力为小微企业、“三农”和个体工商户等群体提供简单、方便、快捷的优质金融服务。至年末，各项存款余额10.41亿元，各项贷款余额11.05亿元。发挥普惠金融服务特色，进村整村逐户建档，开展“扫码贷”业务，推广村民预授信工作，对符合授信条件的村民给予最高30万元的授信额度。以金融支持稳企业、保就业为着力点，为小微企业架起首贷、增贷、续贷、延期、减费、让利等“六座桥”。推进延期还本业务，鼓励发放信用贷款，金融支持稳企业保就业。秉承“服务不收费、服务更到位”的服务承诺，免收跨行转账汇款手续费、委托手续费、汇兑查询手续费、ATM跨行取款转账手续费、网上银行和手机银行跨行汇款手续费等，为企业减免民营企业工本费、登记评估费等，减轻民营企业财务负担。

（黄福林　陈小凤）

【九江银行瑞金支行】 2021年，九江银行瑞金支行认真贯彻国家宏观政策，坚持金融监管导向，聚焦高质量发展，积极拓展业务市场，为瑞金经济高质量发展贡献力量。至年末，各项存款余额37133.86万元，比年初增加11269.92万元；各项贷款余额18295.05万元，比年初增加2362.83万元。

（九江银行瑞金支行）

【北京银行瑞金支行】 2021年，北京银行瑞金支行完成2项1000万元以下小微贷款任务；对赣州建控和章贡区建投进行公司债投放；对赣州建控集团投放6000万美元债，实现赣州分行境外债零的突破；完成南昌分行首笔银团转让份额贷款5亿元。至年末，北京银行瑞金支行存款时点余额4.49亿元，其中，零售存款余额6284万元，日均4776万元，完成任务的142%。1000万元及以下贷款余额1.15亿元，较年初增加3000万元，完成任务的185%；1000万元及以下授信户数15户，较年初新增5户，完成任务的106%；个人信贷投放1.89亿元，其中，普惠金融贷款余额1930万元，比年初增加1340万元，完成任务的89.33%；信用卡新增494张，完成任务的48.2%。

（北京银行瑞金支行）

保险业

【概况】 2021年，全市有人民财险、太平洋财产保险、平安财产保险、天安财产保险、大地财产保险、安邦财险、阳光财产保险股份有限公司、人寿财产保险、恒邦财产保险、人寿保险、太平洋保人寿、平安人寿保险、新华人寿保险、泰康人寿、太平人寿保险有限公司、民生人寿保险、人民人寿保险、富德生命人寿保险、合众人寿等19家保险公司，主要是以承保和理赔为主线，加之以其他如防灾检查、资金运用等手段来达到自身效益和社会效益的同步提高。

【中国人民财产保险股份有限公司瑞金市支公司】 2021年，公司开设机动车辆险、财产险、货运险、建筑安装、产品质量、雇主责任、公众责任、个体工商户、机动车辆消费贷款、个人房屋抵押、责任信用、意外健康、林木火灾、农村保险等业务。全年实现保费收入1亿余元，直接赔款6011万余元。

提标扩面　积极寻求提标扩面途径，强化政府部门业务营销，农险业务取得新进展。全年，实现水稻保险增量55.16万元，比2020年增长23.15%；母猪养殖保险增量29.7万元，比2020年增长26.22%；肥猪养殖保险增量61.78万元，比2020年增长66.51%。积极寻求新险种开发与推广，开办“中药材（莲子）种植保险”，实现新增保费307.64万元。全年实现农险全险种保费收入1141万元，年增量463万元，比2020年增长68.31%，计划完成率147.3%。

团队建设　续保团队持续增员，全年实现增员7人，有座席10人。实现签单保费541.95万元，比2020年增长30.85%，人均产值54.19万元，全面完成过程性管理各项指标。积极抢占摩托车保险市场，实现保费收入355万元，市场份额占70%以上。培育发展五级机构渗透功能，实现保费收入549.62万元，为推动服务乡村振兴发挥积极作用。

保险理赔　积极提高保险理赔效率，提升保险客户满意度。加强理赔过程性管控，案均赔款显著下降，整体排名居全省县域分部第十位，全赣州市第一。

（中国财保公司瑞金市支公司）

【中国人寿保险股份有限公司瑞金市支公司】 2021年，公司集中内部优质资源，致力打造“市场领先、机制先进、人才杰出、受人尊敬”的现代保险领军企业，首推鑫裕尊享、国寿福盛典版、百万如意行盛典版、如e康悦百万医疗保险、长安乐等保险新产品。

保费收入　全年实现保费总收入1.1亿元。个人保险管理实施“1+5”模式，实现年度保费8549.98万元，其中，首年期交保费982.48万元，续期保费7421.36万元，标准保费146.14万元。银行保险业务实现首年总保费1480.65万元，比2020年增长39.54%。其中，实现期交保费474.51万元，比2020年负增长24.04%；长期保险首年保费473.46万元，比2020年负增长24.15%；标准保费58.57万元，比2020年增长152.75%；普通保险保费1.05万元，比2020年增长116.01%。团险实现总保费955.35万元，其中，学生保险业务827.97万元，非中小学生平安保险71.15万元。

保险理赔　严格恪守承诺，履行保险责任，提供快速、贴心理赔服务。全年赔付支出802.4万元，比2020年增长23.43%，其中，团险赔付374.03万元、个人保险赔付168.44万元、收展赔付198.08万元、银保赔付31.74万元。

（邓大春）

【中国人寿财产保险股份有限公司瑞金市支公司】 2021年，公司坚持以服务民生保障和服务地方经济为己任，秉承“成己为人，成人达己”的企业文化，积极创新财产保险经营模式，全面构建差异化的经营特色和核心竞争力，不断拓宽发展空间和服务领域。全年实现全险种保费收入3570万元，实现净利润306万元。其中，车险保费收入1906万元，占比53.39%；农险保费收入915.33万元，占比25.64%；非农、非车险等业务实现保费收入748.85万元，占保费20.98%。坚持客户利益至上，全力维护出险客户理赔权益，保证理赔案件处理的时效要求。

（人寿财险瑞金市支公司）

其他非银行金融机构

【概况】 2021年，全市有中信建投、国盛证券2家证券公司营业部。设立的证券公司营业部只是充当散户中介的角色，全市的证券市场还未全面培养起来，证券业还处于较不发达阶段。其他类金融机构：小额贷款公司1家（汇鑫融小贷），融资性担保机构1家（振兴小微企业信用担保），典当行1家（瑞金市金一典当有限公司），民间融资登记机构1家（瑞金市格物民间融资登记服务有限公司）。

【融资担保】 瑞金市直有融资担保企业仅1家，是瑞金市振兴融资担保有限公司。该公司由市城投集团独资成立，为辖区内符合担保条件的各类小微企业提供贷款担保、转贷周转金担保、个体户担保、工程履约担保、房地产预售资金担保、票据承兑担保、贸易融资担保、项目融资担保、信用证担保和其他融资性担保业务，以及投标担保、预付款担保、尾付款如约偿付担保等履约担保业务。公司经营业绩和综合实力位居赣州市各县（市、区）同类公司前列。

2021年，公司紧紧围绕全市产业布局，积极适应经济金融形势新变化，以破解企业融资难题为重点，充分发挥融资担保的杠杆作用。全年为全市企业节约融资成本950万元；担保117笔4.9亿元，比2020年增长18.5%，完成目标任务的118%；实现保费收入461.73万元，比2020年增长67%，完成目标任务的140%；实现追偿960万元，比2020年增长33.2%，完成目标任务的120%，实现经营任务、追偿任务“双超额”。

（肖长春　杨跃明　符浩琳）

交通·邮政·通信

综　述

2021年，瑞金市紧紧围绕交通强省和“三大攻坚行动、三大提升工程”建设发展思路，推动全市交通运输高质量跨越式发展。出台《瑞金市“十四五”综合交通运输发展规划》《瑞金市“十四五”交通物流发展规划》，其中，“瑞兴于”快速交通走廊瑞金段项目、瑞金市客运枢纽站和公交指挥中心及旅游集散中心被列入《江西省“十四五”综合交通运输体系发展规划》《赣州市“十四五”综合交通运输体系规划》。至年末，全市公路通车总里程3441.52千米，争取各项资金4.72亿元，开发项目278个，全市立体综合交通运输体系逐步建立。经过瑞金的铁路有赣龙铁路（渝长厦客专），瑞金站是赣龙铁路沿线按地级市标准设立的重点站。规划建设中的铁路有鹰瑞梅铁路、瑞金至南丰城际铁路、渝长厦铁路赣龙铁路扩容。高速公路有厦蓉高速（G76，厦门—成都）、济广高速（G35，济南—广州），两条国家级高速公路把瑞金融入贯穿东西南北的国家高速公路网络。国道有G319（福建厦门—四川成都）、G323（江西瑞金—云南临沧）、G206（山东烟台—广东汕头）、G236（安徽芜湖—广东汕尾）在瑞金市区交会。全市17个乡镇、239个行政村（居）全部通水泥路，基本形成以国道公路为主干，县、乡、村公路为分支的公路交通网络。瑞金机场开工建设，瑞金支线机场被列入《江西省综合交通运输体系发展规划》，并作为赣州市4C级支线机场。从瑞金市区出发，1.5小时车程可达赣州黄金机场、福建连城机场，3小时车程内可达厦门、福州、泉州、南昌等城市以及全国最大港口之一的厦门港。

高速、国省道公路网　　　　（市融媒体中心供图）

全市邮政通信工作按照国务院“提速降费”要求，积极推进邮政通信基础设施建设，多措并举保障通信网络提质增效，促进数据信息汇聚共享，提升全民信息化程度，强化信息数据安全管理，稳步推进邮政三级物流体系建设，加快通信网络改造升级，优化民生公共服务体验，为建设“数字瑞金”“信息瑞金”和便捷瑞金奠定坚实基础。年内，建设覆盖城乡物流平台67个，村级代投点实现各行政村全覆盖；全面开展4G网络改造升级、5G网络布局和基站建设，全力推进5G网络规模组网，新建5G基站293个，累计建设5G基站460余个、4G基站1200余个，实现所有行政村和自然村4G网络全覆盖，5G网络覆盖“乡乡通”，重点场所5G网络通达率100%。

公　路

【概况】　2021年，全市公路建设与管护坚持以人民为中心和服务经济发展的思想，按照“建养并重、强化管理，依法治路、保障畅通，依靠科技、提高质量”的原则，积极抓好国道、省道、县乡公路及“四好农村路”的建设和管护。年内，完成国道建设21.32千米，在建64.29千米；省道建设加快推进，

S451 瑞金泉水迳至瑞林段、S451 瑞金九堡至云石山段公路改建工程进展顺利；完成县道改造 65.3 千米、乡道拓宽改造 116.35 千米、村道拓宽改造 58.88 千米、旅游公路建设 17.2 千米。全年完成公路运输客运量 368 万人次、旅客周转量 22100 万人千米，货运量 551 万吨、货物周转量 8253 万吨千米；拥有物流运输企业 89 家（含 2 家 A 级、3 家 AA 级和 2 家 AAA 级物流企业），其中，货运企业 67 家、仓储配送企业 6 家、快递 16 家、货运代理（托运部）45 家；拥有货运车辆（含外籍）3260 辆，核定货运吨位 4.32 万吨，实际载货能力 7.9 万吨；拥有仓储面积 26 万平方米，物流从业人员 2.21 万人。

【国省道建设】 “瑞兴于”快速交通走廊瑞金段全长 72.17 千米，总投资 45.92 亿元。其中，“瑞兴于”快速交通走廊瑞金机场段完成投资 6.48 亿元，路面工程全面完成；G319 国道改线工程瑞金段及 S451 瑞金瑞林至九堡段公路改建工程正在加快推进；G206 瑞金日东水庙至壬田罗汉岩段公路改建工程完成；G206 国道瑞金城区至济广高速瑞金南出口段改建工程建成通车，建设里程 9.85 千米，按照一级公路标准建设，建安费 1.51 亿元；S451 瑞金泉水迳至瑞林段公路改建工程，完成投资 518 万元，占比 2.42%；S451 瑞金九堡至云石山段公路改建工程，完成路基清表 87%、路基土石方 69%、挡土墙 25%、桥涵工程 73%，完成投资 4872 万元，占比 26.41%。G206 瑞金济广高速瑞金南出口至会昌（县界）段公路改建工程获省交通运输厅同意，被列入“十四五”备选项目库；S451 瑞金九堡至云石山段土地指标获国务院、省政府批复。

【县乡公路建设】 县道升级改造工程续建项目完成 26.66 千米，完成投资 8943.85 万元。长征大道至马道口旅游公路新建工程路线全长 3.68 千米，完成投资 1109.77 万元。完成其他项目总里程 12.73 千米，完成投资 1875.34 万元。完成财政衔接推进乡村振兴补助资金四批项目 83 个 38.44 千米，完成投资 4497.52 万元。年内，完成县道改造 65.3 千米、乡道拓宽改造 116.35 千米、村道拓宽改造 58.88 千米、旅游公路建设 17.2 千米，完成危桥改造 6 座。加快推进“四好农村路”项目建设，实施 EPC 项目，开工建设项目 48 个，完成项目总投资 2.31 亿元。

【工程质量监督】 强化交通工程建设质量监管，组织交通运输工程质量专项巡查 30 余次，综合巡查 6 次，巡查在建交通项目及上级专项扶贫资金项目 90 余个，下发整改通知书 26 份。对整改不到位的 2 家监理公司、2 家施工单位进行立案调查，查处案件 2 件。强化依法治理、法治交通保障体系建设，开展交通运输行政执法人员执法考试和执法证换发工作，全员通过执法资格考试。

【安全生产监管】 加强日常安全隐患排查，对春运、汛期、端午、暑运、中秋、国庆等重要时间节点开展专项排查，建立安全隐患整改台账，全年落实整改安全隐患 68 处，完成市级督办点 4 处，县级督办点 2 处整改销号。实施瑞金市国省道安全生命防护工程（二期）项目，投入资金 662.91 万元，新增标线 2378.8 平方米，新增标志标牌 445 块，新增波形护栏 18595 米，新增道口标注 766 个，新增减速垄 1055 米，新增爆闪灯 51 个，完成安全隐患整治 199.94 千米。投入资金 60 余万元，对管辖路段内 40 所学校周边路段进行专项整治，安装单柱式警告标志牌 85 块，爆闪灯 59 个，横向震荡减速标线 1739 平方米，纵向减速标线 1376 平方米，人行横道线 570 平方米，路口示警柱 70 根，安装减速梗 344 米。组建应急救援突击队和道路运输应急车队，有突击队员 40 人、自卸车 10 辆、客车 6 部，储备装载机、推土机、吊车等应急抢险特种车辆，落实铁锹、洋镐、应急灯、救生衣、救生圈等应急物资。应急领导小组下设应急抢险办公室、道路运输组、公路养护组、水路运输组、后勤保障组，年内，圆满完成突发抢险救灾、运输保障、恢复道路交通等任务。

【道路运输管理】 加快公交体制改革，组建瑞金市文化旅游开发有限公司，与私企瑞金市瑞祥汽车服务有限公司签订城市公交收购协议，1 月 1 日，城市公交正式由瑞金市红都交通发展有限公司运营，实现城市客运国有化运营体系。开通瑞金至赣州定制班线，瑞祥运输服务有限公司投放 12 辆 9 座客车试点，乘载率超 65%。规范维修驾培市场，新增二类维修企业 1 家、三级驾校 1 所，新增学员 10499 人，培训学员 6565 人，完成货运从业资格培训 513 人，查处停训违规教练车 4 辆，教练被列入黑名单 1 人。

（市交通运输局）

【路域环境整治】 对非法营运车辆实施精准打击，查处违法违章案件 47 件；加大超限运输治理力度，出动执法人员 1418 人次，检测车辆 16774 辆，查处车辆 115 辆，恢复改装改型车辆 3 辆，卸载货物 2487.34 吨。全年查处案件 112 起，罚款 55.78 万元。推进科技治超，投入 800 余万元建设 206 国道瑞金市武阳镇等 3 个不停车检测点，G323 云石山、G236 黄柏段不停车超限检测系统投入使用，办理非现场执法案件 63 件。完成洁源、禾仓等不停车检测点建设。国省道整治中，清理非公路横幅 80 条、拆除非公路标牌 35 块、劝导清理公路用地范围堆积物 3 处 115 立方米，劝导搬离占道经营 15 家，整治“抛洒滴漏”严重污染路面行为 9 起 90 平方米。发放侵害和损坏路产路权行为告知书 15 份，签订涉路事项协议书 4 份，处理路损民事赔偿 12 起。县乡道整治中，出动路政执法巡查人员 900 余人次，公路巡查里程 5800 余千米，清障排障 45 处，清理占用公路 38 处，清理公路用地范围内非法商业广告牌、广告横幅 18 块。

【公路养护】 按照“县道县养，乡村

公路养护后的 G206 国道　　（市融媒体中心供图）

道乡村养”的原则开展每月日常养护，规范养护作业，年内，投入养护经费 911.76 万元，全市农村公路列养率达 100%，沥青（水泥）路面 PQI 平均中等以上，好路率高于 80%。开展农村公路安全隐患排查和整治，出动路政执法人员 500 余人次，排查安全隐患 46 处，各乡镇排查公路安全隐患 21 处，瑞金市道专委督办整改 53 处、赣州市道专委督办整改 11 处、云石山校园周边道路 12 处及体验园周边道路 8 处、汛期安全隐患 6 处，全部完成整改销号。投入资金 1934 万元实施安防工程项目，消除农村公路安全隐患 84 条。投入 314 万元实施美丽生态文明路创建，对黄柏至瑞金、洁源至绿草湖、沙洲坝白改黑项目、新迳至拔英、黄沙至莲塘坝等 5 条 50.1 千米进行路容路况、绿化美化和景观氛围提升改造。全年，农村公路路况评定结果：MQI（公路技术状况指数）分值 79.86、PQI（路面质量状况指数）分值 79.29、SCI（路基技术状况指数）分值 79.52、BCI（桥隧构造物状况指数）分值 81.04、TCT（沿线设施状况指数）分值 81。开展国省道沿线环境日常治理工作，补植路树 260 余棵，修补沥青路面坑槽 2605 平方米，水泥混凝土路面灌缝 1.25 万平方米，清理水沟 13.06 万米，清理路面堆积物 1130 平方米，修整路肩 5.3 万平方米。G236 国道预防性养护工程、桥梁安全防护能力提升工程、瑞林大桥危桥加固工程及 G323 线独柱墩桥梁加固工程、灾毁恢复重建工程前期工作全面完成，进入项目施工阶段。辖内 G319 线、G236 线、G323 线平均 MQI 分值分别为 97.32、96.9 和 97.06，优良路率 100%；G206 线平均 MQI 分值为 92.22，优良路率 97.57%。

（谢志明　曾梦平）

铁路机场

【铁路运输】 2021 年，瑞金市铁路交通工作深入贯彻落实习近平新时代中国特色社会主义思想和中共中央总书记习近平系列重要讲话精神，认真夯实党建基础工作，围绕“两坚守两实现”，积极开展“我为群众办实事”实践活动，奋力谱写“交通强国、铁路先行”新篇章。全年，瑞金火车站发送旅客 94.6 万人次，客运收入 7505.9 万元；货运装车 3432 车，货物发送量 21.4 万吨，到达 3470 车 22.6 万吨，货运收入 880 万元。

安全生产　积极强化铁路与地方合作，制订安全生产排查计划，明确检查整治时间节点，共同协商治理方案。通过召开隐患问题对接会、现场调度会等方式，制定联合整治行动方案，加快问题整改进度，及时消除安全隐患。常态化对硬漂浮物、违建违占、违法排放、树木种植、塔杆竖立、危险物品等安全隐患进行排查整治。协同铁路沿线乡村干部、治安巡防队员、义务护路队员和平安志愿者等群防群治力量，对铁路线交叉路口、铁路沿线周边的安全隐患进行全方位排查。先后组织清明、“五一”、端午期间专项安全巡查，累计上线巡查 2000 余人次，巡查里程 1800 余千米。对铁路沿线重点人员、耕牛养殖户、废品收购站及其他经营户等实现常态化监管，防止路外伤亡、牲畜上道、车辆肇事、割盗铁路器材等案件（事件）发生。对车站内到货场道路进行硬化并安装路灯，保障工作人员出行安全。定期对车站商铺、

动车组进入瑞金　　（市融媒体中心供图）

建设中的瑞金机场　　（市融媒体中心供图）

广告牌等进行巡视检查，发现安全隐患立即整改。

运输服务　积极服务当地经济发展，全面提供快捷方便的铁路运输服务。总投资3.6亿元的瑞金国际陆港投入运营并开通瑞金至厦门铁海联运班列，瑞金市成为赣州东部率先实现铁海联运的县（市）。协调南昌铁路局集团同意对瑞金铁路场站货品运价下浮43%，进一步降低企业物流成本，瑞金市铁海联运物流成本与公路相比降幅达40%以上。7—12月，瑞金国际陆港累计吞吐量1537标准箱，其中，开行瑞金—厦门铁海联运按需班列60趟，发运外贸集装箱385标准箱；开行内贸按需班列70趟，发运瓷土、沙石等内贸集装箱652标准箱；到达玉米、小麦等内贸集装箱500标准箱。

（瑞金火车站）

【机场建设】　加快瑞金机场项目建设，年内，完成投资约7亿元，占总投资的42.16%。瑞金机场非民航专业工程（Ⅰ标段）、非民航专业工程（Ⅱ标段）航站楼、航管楼及塔台等工程开工建设。

场道工程　机场民航专业场道工程快速施工，年内，完成土石方挖方475.3万立方米、填方482.6万立方米、沟塘处理工程3.7万立方米，软弱土换填工程38万立方米，强夯施工完成154.5万平方米，山皮石垫层完成23.6万平方米，场道土石方工程全面完成。水泥稳定碎石下基层完成20.6万平方米，水泥稳定碎石下基层完成20.8万平方米，道面混凝土完成20.2万平方米，占比56.63%；完成排水工程5723.9米，占比72.3%；完成消防工程1.16万米，占比68.4%。

空管弱电工程　机场空管弱电工程建设顺利推进，年内，完成横穿跑道通信管100米，远机位4个通信井基础和3个站坪监控基础加紧施工。同步实施灯光工程建设，助航灯光工程A滑行道、B滑行道及隔离机位过套管完成79%，灯箱基础完成25.7%，易碎杆基础完成60.7%，助航灯光工程完成总进度40%。

（杨福生　钟先臻）

邮　政

【概况】　2021年，中国邮政瑞金市分公司以习近平新时代中国特色社会主义思想为指导，坚持贯彻新发展理念，以创新为动力，以效益为导向，牢牢把握“质量第一，效益优先”的经营理念，围绕“五个一把手工程”工作主线，持续改进工作作风，优化经营管理模式，企业生产经营保持向上发展态势。邮政基础（包括函件、包裹快递、集邮、报刊、电子汇兑等）、邮政增值、邮政储蓄等业务实现快速发展，为当地经济和社会高质量发展提供坚实的邮政保障。

【税邮服务平台】　以人民需求为中心，适应行业发展趋势，创新业务发展渠道，积极开展业务叠加发展模式，打造“多元一体”税邮服务平台。全市开通税邮业务网点7个，极大地满足了办税客户综合需求。

【物流体系建设】　按照三级物流体系建设思路，围绕“城区网点+社区、乡镇网点+村落”原则，以“家邮栈+金融”政策为切入点，积极建设渠道站点，实现渠道平台下沉延伸，实现双方客流变现和“网点+站点”双引流。以邮件集散中心为市级平台、邮政网点为乡级平台，建设城区“家邮栈”58个、乡镇“家邮栈”9个、村级“家邮栈”代投点223个，实现全市行政村全覆盖。年内，武阳镇安富村“家邮栈”实现邮件直封试点，顺风和京东邮件进驻代投。

【直播平台建设】　打造“红邮惠”直播平台，通过优惠促销、团购、分佣等方式，将全市邮政客群、商家客流等粉丝流聚集至“红邮惠”平台，以新零售的运营思维，通过直播、分享、体验等运营模式，实现南货北卖、同城优惠购、果蔬同城配，打造具有瑞金特色的直播体验平台，促进当地特色产品的增值销售。年内，“红邮惠”直播平台上线合作商45个，其中，家装建材类商家26个，其他上线产品469款（含农产品和其他商品），取得良好的经济效益和社会效益。

（中国邮政瑞金市分公司）

通　信

【电信】　2021年，中国电信瑞金市分公司抓住5G、移动互联网、物联网、企业上云等发展机遇，加大结构调整力度，不断强化精确管理，提升服务信息化水平，为瑞金经济发展和社会信息化建设做出积极贡献。年内，移动网络有C网/4G站点数392个，行政村覆盖率97.8%，自然村覆盖率92%；5G站点数145个，城区、经开区、红色景区、乡镇圩场等主要区域基本完成覆盖。宽带网GPONOBD总量110550个，端口884406个，行政村覆盖率100%，自然村覆盖率93%；千兆XGPONOBD总量7370个，千兆端口58960个，城区覆盖率85%，城郊叶坪镇、沙洲坝镇覆盖率20%。

网络建设　年内，投入资金210万元，建设中继光缆132千米、网络管道10千米；投入资金480万元，建设光网无资源响应，主要用于农村行政村无资源响应、政企大客户工单等光网资源覆盖；投入资金100万元，开通千兆端口850个；投入资金5000万元，兴建5G基站66个。

信息化建设　积极推进全市信息化工程建设，提升各部门信息化工作水平。年内，市消防救援大队“智赣119”平台建设；为全市各企事业单位、城乡居民提供全方位信息咨询和发布服务；承建市政府电子政务以及单位县乡联网系统、档案管理系统、药品视频监控项目、网吧视频监控项目、酒店治安报备系统、车辆GPS定位调度系统、平安城市和平安乡镇安防项目等信息化项目。

（中国电信瑞金市分公司）

【移动通信】　2021年，中国移动瑞金市支公司围绕集团公司“正德厚生、臻于至善”的企业核心价值观，践行瑞金移动文化理念，打造瑞金移动文化工程，激活企业发展“沸腾”新动力，全面促进网络建设、生产经营、服务提升等工作迈上新台阶。至年末，全市建成5G基站176个，累计建成5G基站316个，实现5G网络覆盖“乡乡通”，重点场所5G网络通达率100%，投资规模和基站规模均领先同行业。实现具备10G-PON千兆网络接入能力用户5.6万户，千兆接入能力信息点数8.8万个。推出“千兆宽带惠民”政策，开展千兆宽带“免费提速”行动，惠及客户1.8万户。

提速降费　为响应国家“提速降费”号召，积极开展“提速降费、惠企为民”活动，推出扶贫用户专用低价资费和宽带政策，额外赠送语音和流量资源，惠及扶贫对象19052户，资费扶贫渗透率达63.33%。至年末，实现专线、宽带、套餐等费用综合降幅10%，有线宽带平均兆数提速至300兆，千兆业务份额提升至5.2%，惠企为民的社会效益进一步凸显。

“反电诈”工作　有效落实电信网络诈骗防治工作，在前台触点严格执行“三问两严两不准”等规范要求，压实各支线条责任，并对涉及诈骗的相关渠道上调处罚标准，出现2例及以上直接清退并纳入黑名单。全年关停涉案号码21个、骚扰电话号码13个、高风险疑似诈骗号码980个，上报异常开户线索14条，协助抓获犯罪嫌疑人5人。与市公安局开展“警信合作·携手反诈”活动100余次，投入人力2000余人次。投入9.6万元制作“反电诈”宣传品，免费发送60万余条“反电诈”公益短信。

信息化建设　推进数据安全治理行动，推动平安瑞金建设。年内，助力地方教育智能化转型升级，积极推进教育资源一体化，承接全市教育城域网建设，实施学校260余所，完成“班班通”项目建设6个片区。

服务新冠肺炎疫情防控　积极抓好新冠肺炎疫情防控相关服务工作，全年发送疫情防控公益短信60万余条，提供中高风险疫区流入用户清单1900余个，协助排查常住居民数据3100余例，为瑞金实行“零感染、零疫情”做出贡献。

（中国移动瑞金市支公司）

【联合通信】　2021年，中国联通瑞金市支公司全市在网移动用户8.5万余户，固定互联网宽带接入用户1.5万余户；设有营业厅3个，合作厅60个，业务代办点60个，乡镇营业网点覆盖率100%，村级营业网点覆盖率85%；有5G基站168个、4G基站359个，覆盖城区、交通干线、风景区以及各个乡镇，村居（社区）网络全覆盖率94%。

网络建设　通过网业协同、精准建网，提升网络竞争力，新增接入强标小区13个。加强5G共建共享，打造三千兆网络能力，与电信共建5G基站168个，实现城区全点亮，政企项目全满足。

惠民服务　着力打造新基因、新治理、新运营、新功能、新生态的“五新”联通。按照上级公司的统一部署，全面开展“提速降费”行动，实施“惠企便民”措施。年内，实现专线、宽带、套餐等综合费用降幅10%以上，人民群众的获得感进一步提高。

（邹伟芳）

【通信基站】　2015年，中国铁塔股份有限公司赣州市分公司瑞金市办事处成立，主要从事通信铁塔、机房等基站配套设施和高铁公网覆盖、大型室内分布系统的建设、维护和运营，为中国电信瑞金分公司、中国移动瑞金支公司、中国联通瑞金支公司提供基础设施保障服务，减少电信行业基础设施重复建设问题，节省电信行业经营成本，提高基础设施共建共享水平。2021年，公司完成工程建设需求181个，其中，移动5G需求157个、电信5G需求16个，移动、电信4G需求3个，拆迁还建需求5个次。完成老旧、故障设备维护更新改造455个次。至年末，该办事处有通信保障车辆11台，发电油机96台，移动通信基站820个。

【5G和4G基站建设】　年内，全市新建5G基站293个、4G基站71个，其中，移动公司5G基站建设105个、4G基站建设20个。电信公司4G基站建设15个、5G基站建设94个。联通公司5G基站建设94个、4G基站建设36个。

（中国铁塔瑞金市办事处）

城市建设与管理

综　述

【概况】　2021年，瑞金市以创建全国文明城市和全国卫生城市为契机，以城市基础设施建设、环境绿化、城市管理等方面，提高城市承载能力，改善市区总体环境，努力推进现代化次中心城市建设进程。至年末，城市建成区面积达36.6平方千米，列赣州各县市第一，城镇人口30.64万人，常住人口城镇化率突破50%。完成老旧小区改造49个，新建城市小游园18个，新增停车位1.27万个，实施城区环境整治项目25个，整治背街小巷39条，新改建城区公厕31座、乡村公厕117座，农村生活垃圾有效处理率100%。瑞金市获"江西省卫生城市"荣誉称号，并连续三届获得全国文明城市提名，象湖镇解放路社区成功入选省高品质智慧社区建设试点。

【提升城市品质】　围绕"完善城市功能、提升城市承载能力"主题，有效规划实施城区道路，重点实施沿河景观打造、风貌整治，塑造道路景观；强化通畅城区建设，打通"断头路"，疏通城市交通经络。紧盯全省"森林城市"创建目标，以公园广场建设、道路绿网编织、庭院小区绿化为重点，结合瑞金文化特点栽花种树，推动城市绿地总量稳步增长。建成"一江两岸"金瑞湾城市公园、文化艺术中心、体育中心等生活、运动、休闲设施，新修建城市道路78千米，新增公园（游园）绿地3.85万平方米，城市建成区绿化覆盖面积14.32平方千米。坚持把人民群众对美好生活的向往作为工作的出发点与落脚点，抢抓国家棚改政策机遇，大力推进棚户区改造，对全市棚户区、城中村、老旧小区、失管小区进行大摸底大排查，实施棚改"清零"行动。年内，完成征地90.33公顷，拆迁356户，安置402户。

【提升管理水平】　以城市"网格化"有效管理为目标，结合"无废城市""智慧城市"建设，积极搭建数字化城市管理平台，提高城市管理数字化、精细化、智慧化水平，改变粗放型管理方式，有效治理"城市病"。年内，拆除违章建筑162处1.73万平方米，实现城市建成区存量违建清零目标。

（杨岂斐　李智鑫）

城市规划

【概况】　2021年，城市规划工作坚持规划战略引领，服务瑞金次中心城市建设，积极争取省自然资源厅同意瑞金市开展土地利用总体规划延续方案编制，并报省政府审批备案，确保红色故都、经开区科创园、红色培训等重点项目规划调整。向上争取新增规划建设用地指标160.86公顷，列赣州市第二名。初步完成国土空间规划"三区三线"划定和27个村庄规划编制工作，并

瑞金市城区鸟瞰　　（市融媒体中心供图）

先后专题向市委、市政府分管领导和主要领导汇报，呈报自然资源部审核。

【国土空间总体规划编制（2020—2035年）】 贯彻落实《江西省自然资源厅关于全面开展市县国土空间总体规划编制工作的通知》精神，启动国土空间总体规划编制工作，开展第三轮三条控制线统筹划定工作。年内，第三轮“三区三线”试划工作基本完成。编制单位在目标定位与发展战略、自然资源保护与利用体系、国土综合整治与生态修复目标、交通等重大基础设施研究、中心城区空间和山水格局等方面形成初步成果，制定《瑞金市国土空间总体规划（2020—2035年）》。多次组织编制单位赴各乡（镇）开展三轮实地座谈调研，广泛听取各乡村、单位等的用地意见和需求，确保全市未来各类项目用地依法依规、顺利落地。按照《江西省城镇开发边界划定技术要求（试行）》中的“现状+管理+增量+流量”方法，初步划定集中建设区约60平方千米，力争65平方千米。

（市自然资源局）

市政建设

【市政道路建设】 年内，新修建城市道路78千米，金都大道东延四期、中山南路等道路竣工通车，瑞明路、象湖路等“断头路”全面打通。对城区主次干道、考察点沿线和景区周边市政设施全面整修，及时修复破损人行道和窨井盖，全面检修路灯和公用亮化设施，消除安全隐患。年内，修补人行道吸水砖4880平方米、修复路面50平方米、修补路缘石920米，补齐树池石170组、疏通及更换雨水井30个。完成红军大道黄柏圩段人行道提升改造1700米，国际商贸中心建设停车场1个，新增停车泊位85个。

【园林绿化】 全市建成区面积31.65平方千米，城区人口31.19万人（含暂住人口1.39万人），建成区绿化覆盖面积14.32平方千米，绿地面积12.82平方千米，公园绿地面积375.7万平方米，城市建成区绿化覆盖率45.25%，绿地率40.51%，人均公园绿地面积12.05平方米，公园绿地服务半径覆盖率88.55%。全年投入1779.24万元，新建龙珠寺公园、国家安全生产应急救护（瑞金）体验中心广场、瑞金干部学院新校区西南侧小游园、瑞金一中东门广场、旅游集散中心东侧小游园、中央公馆北侧法治公园等小游园（小广场）6个，新增公园（游园）绿地3.85万平方米；改造绿草湖公园、旅游集散中心广场绿地公园2个，面积3.84万平方米。对城南大道、桦林北路、龙珠北路等8条主次干道绿化进行提升改造，改造面积3.41万平方米。全年新增绿化覆盖面积11.34万平方米，比2020年增长0.8%；园林绿地面积10.58万平方米，比2020年增长0.83%；公园绿地面积5.65万平方米，比2020年增长1.53%。加大城镇公园绿地红火蚁排查防控，对绵江公园、锦绣公园、和园广场等16个公园（游园、广场）及47条城市干道绿地进行普查防控，发现蚁穴1300余处，投洒使用药物134包（1.34千克），投入消杀经费14.59万元，消杀面积15.15万平方米。

【建筑业管理】 全市有建筑企业资质的企业167家，其中，施工总承包一级企业1家，施工总承包二级企业4家，施工总承包三级企业129家，专业承包资质企业33家。全年建筑业总产值20.71亿元，比2020年下降8.4%，全年办理工程竣工验收备案38个项目，建筑面积111余万平方米，工程造价18.33亿元。执行绿色建筑项目34个，绿色建筑率达100%，完成装配式建筑4652.65平方米。

（杨恺斐　李智鑫）

【城市发展投资】 市城投集团公司注册资本5亿元。至年末，实现经营收入2.54亿元。其中，国有资产出租收入1775.19万元；物业服务费收入1031.07万元；工程代建费收入3600万元；供应链公司建材销售收入6585万元；担保费收入463.29万元；劳务派遣服务费收入232.62万元；充电桩（充电）收入91.64万元；售出“红都·馨雅居”小区住宅56套，实现房产销售收入5132.85万元；光伏扶贫电站全年累计发电6781.94万度，实现发电收入6460.16万元。年内，实现利润总额5835.73万元。积极化解历年融资债务，全年申请融资规模59.71亿元，获批授信规模29.89亿元，年内，到位资金31.74亿元，基本保障全市存量债务化解、重点项目建设的资金需求。

（市城投集团公司）

【市政工程管理建设】 红都市政工程管理公司由城市投资集团公司出资200万元注册成立，依法从事城乡基础设施建设、负责市政园林绿化亮化与市政基础设施维修改造，代建市政府公共建设项目，实施项目建设用地开发、建设整理及旧城改造、棚户区改造、保障性住房、安置区等开发建设管理，是具有独立法人资格的国有法人独资公司。年内，公司注册资金6.45亿元，各项目累计完成建设投资11.87亿余元。年内，实施的金穗幼儿园、幸福幼儿园、宝钢希望小学新建（扩建）项目完成并交付使用；“一江两岸”基础设施项目基本完成区内道路贯通，完成可施工区域绿化提升工作；红都古城项目新建区域完成主体施工；红都象湖新城二期项目完成竣工验收。逐步完善城市道路网络框架，有效改善城市交通拥堵状况，河背街（象湖路）新建道路工程、瑞明路、金都大道东延四期、人民医院周边道路等7条道路全面贯通。乡镇安置区完成象湖镇安置区基础设施建设任务的90%，云石山梅坑安置区一期竣工验收，叶坪黄家山安置区配套建设基本完成，瑞金机场安置区完成可施工范围土地平整，双巴岭安置区、青龙安置区完成“三通一平”工作。金都大道东延四期项目被评为省级建筑工程质量管理标准化工程。

（市红都市政公司）

重点工程建设

【概况】 2021年，全市实施城市重点项目17个，其中，新建项目10个、续建7个，年度计划投资44.89亿元，完成投资36.57亿元，完成率81.47%；项目开工14个，完成率82.35%；项目竣工6个，完成率42.86%。实施21所城乡学校建设项目，办理施工许可证10所，办理工程规划许可证17所，完成施工图图审用地手续21所。年内，金穗幼儿园、幸福幼儿园、宝钢希望小学交付使用，其余学校均开工建设。“一江两岸”基础设施项目基本完成区内所有道路贯通，完成可施工区域绿化提升。文化艺术中心六大场馆装修工程基本完成，红都古城项目新建区域完成主体施工，红都象湖新城二期项目完成竣工验收。逐步完善城市道路网络框架，优化城市路网布局，河背街（象湖路）新建道路、瑞明路、金都大道东延四期、人民医院周边道路等7条道路全面贯通，有效改善城市交通拥堵状况。

【金瑞湾城市公园基本建成】 2021年底，金瑞湾城市公园基本建成。金瑞湾城市公园是瑞金市“一江两岸”工程的一部分，“一江两岸”工程是瑞金市首次采用海绵城市理念建设的大体量市政基础设施项目。瑞金金瑞湾城市公园位于主城区东部，南临206国道，北至红都大道，东接金都大道，西与长征大道相连，沿古城河两岸，整体呈环形状，总规划面积37.8公顷。主要建设项目包括游客服务中心、停车场、文化广场、运动场、游步道、桥梁工程、护岸工程、绿化亮化工程、雕塑景观、环境整治、河道治理等基础设施，工程总投资概算18175.5万元。项目建成后，将成为以历史文脉、苏区文化、地方文化为内涵，集游览观赏、文化娱乐、休闲健身等多功能于一体的开放式综合性公园。

【文化艺术中心正式启用】 2021年10月，市文化艺术中心正式启用。市文化艺术中心综合开发建设项目位于城东新区，项目总投资4.63亿元，规划总用地面积99639.36平方米，项目建设内容包括影剧院、文化馆（含美术馆）、图书馆、科技馆（青少年活动中心）、专业性电视演播厅、城市规划展览馆、博物馆等公共建筑，总建筑面积约72290.86平方米，是瑞金重要的文化艺术展览和休闲娱乐基地及城市标志性建筑。该中心建成正式启用后，将不断促进文化与经济、科技、旅游等融合发展，实现文化强市、科教兴市、旅游旺市全面融合，成为展示历史文脉、城市风貌的文化空间，引领科技创新、科普教育的创意平台，融合影剧表演、文创开发、简餐轻食等新型业态的消费综合体，不断丰富市民业余生活，提升群众获得感、幸福感。

【西气东输天然气开阀供气】 3月30日，瑞金市管输天然气通气仪式在黄柏乡瑞金分输站举行，标志着瑞金市天然气管网工程项目基本建成，能源供给有新的保障，瑞金正式迈入管输天然气时代。瑞金管输天然气正式通气，开创西三线向江西供气的历史，也是国家油气管网集团成立以来，首次安排的西气东输管道对江西开口供气项目，瑞金成为全国第60个管输天然气通气的县市。江西省天然气管网工程赣州南支线（瑞金—会昌段）项目全长约62.7千米，瑞金境内共设置监控阀室3座和瑞金分输场站1个，于2018年1月28日开工建设，2020年11月基本完工。其中，瑞金分输站一期工程完工，二期工程计划于2021年5月1日开工建设，年底前竣工。瑞金天然气居民用户3.31万户，工商业用户195户，管输天然气通气后，居民用气成本每年降低520元，工商业用户成本每年降低857元。

（市红都市政公司）

金瑞湾城市公园　　（市融媒体中心供图）

城市管理

【概况】 2021年，城市管理工作认真贯彻落实习近平总书记“城市管理要像绣花一样精细”“提高城市管理水平，要在科学化、精细化、智能化上下功夫”的重要指示批示精神，紧紧围绕创建全国文明城市和卫生城市目标，深入推进城区环境综合整治，积极探索和创新城市管理新思路新理念，抓重点、补短板、强弱项，做细做实城市管理工作，城市管理水平大幅度提升，城市功能品质不断完善。

【环境卫生管理】 加强对环卫保洁服务一体化公司的监督管理，及时将新修、扩建道路、农贸市场、小游园约59万平方米保洁面积纳入常态化保洁。至年末，全市有大小环卫车辆 93 辆、快速保洁车 200 余辆，城区配备分类垃圾桶 1.5 万余个、垃圾分类果壳箱 1000 余个，负责维护管理公厕 40 座、垃圾中转站 11 座，日均收集清运生活垃圾 260 余吨，确保垃圾日产日清。完善新冠肺炎疫情防控环卫设施，做好垃圾桶冲洗和公共场所消杀。加强对渣土运输公司 121 辆新型环保渣土运输车的管理，加大执法力度，对道路未硬化、无遮盖上路、带泥上路等问题进行查处，全年处理各类渣土运输车问题 600 余起，立案调查违规带泥上路行为 44 起，行政处罚 36 万余元。

【市容环境整治】 开展占道经营、出店经营整治。全年取缔和规范占道摊点、店外经营、占道作业等行为 5200 余起，暂扣经营器具 360 余件、叫卖喇叭 100 余个；清理乱吊乱挂横（条）幅 1640 余条；规范乱停乱放车辆 2635 辆，清理占道乱堆放建筑材料、杂物 56 处，共 116 立方米；收缴占道灯箱广告 30 余个。对中山北路、沿江路赣东南市场、绵水路水果市场、桦林路开展专项整治，保障市民出行通畅。开展城区 36 个网格管线“蜘蛛网”整治，清除水泥电杆 69 根、整治杂乱管线 107.25 万米，拆除分线盒 396 个、光绞箱 9 个。

【路灯维护管理】 完善路灯亮化巡查维护管理制度，出台《城区路灯亮化维护管理办法》。抓实日常维修管理工作，加强维修单位考核，将维护经费与维护情况进行挂钩，实现城区路灯亮化巡查全覆盖，城区路灯亮灯率 99% 以上。开展“我为群众办实事”活动，对安康一路、金沙工业园石材加工集中点等 12 条路段电缆更换修复，解决群众反映强烈的绵水路东三巷、四中经开区分校门口、上龙尾、中山居委会、溪背村、河背街等 20 条巷道 186 盏路灯安装。建设安装 323 国道金星村至瑞金西高速路口沿线路灯 310 盏，瑞金北高速口至坳背岗沿线路灯 80 盏。年内，接管路灯道路 36 条 6000 余盏，维修街巷路灯 1.93 万余盏，处理电缆故障点 360 余处，更换电缆故障 1.5 万余米。

【市政设施完善】 补齐城市基础设施短板，对城区主次干道、考察点沿线和景区周边的市政设施进行全面整修，及时修复破损道路（人行道）和窨井盖，全面检修路灯、公用亮化设施，消除安全隐患。修补人行道吸水砖 4880 平方米、修复路面 50 平方米、修补路缘石 920 米，修补树池石 170 组、疏通及更换雨水井 30 个。完成红军大道黄柏圩段人行道提升改造 1700 米。建设国际商贸中心停车场 1 个，新增停车泊位 85 个。

【违法用地和违法建设整治】 加大违法用地和违法建设治理宣传力度，全年出动宣传车 1360 余次，微信公众号宣传 10 期。严把私人建房管理手续，年内，按规划审批放线 19 宗，出具商混、建材等供料单 102 份，办理水电立户 863 户。全力保障重点项目实施，组织集中清理行动 6 次，全面清理城东小学、长征小学、瑞金八中、原林用机场等区域违法违章建筑；保障城市综合体、敬老院迁建等重点项目清表 7 次；保障防洪堤工程、象泽大道等项目推进清表 5 次。开展绵水路、红都大道、金都大道、八一北路沿线临街超高树脂瓦坡屋顶改造 65 处，面积 6100 余平方米。全年下发《责令停止违法（章）行为通知书》80 份、《限期拆除通知书》59 份、《责令改正通知书》15 份，拆除违章建筑 162 处，面积 1.73 万平方米。

（黄佩荣　李勇）

市政公用事业

【电力供应】 国网江西省电力有限公司瑞金市供电分公司完成电网投资 1.04 亿元，35 千伏线路累计投产 23 千米，完成增容主变 2×10 兆伏安；新建改造 10 千伏线路 160.71 千米，配电变台 189 台，容量 3.81 万千伏安，低压线路 436.65 千米；公司售电量 13.61 亿千瓦时，比 2020 年增长 13.51%；综合线损率 3.84%，比 2020 年下降 0.73 个百分点；营业收入 8.33 亿元，比 2020 年增长 16.76%。至年末，境内有 500 千伏变电站 1 座（1500 兆伏安），线路 1 条 112 千米（瑞金境内 11.8 千米）；220 千伏变电站 2 座（600 兆伏安），线路 2 条 142 千米；110 千伏变电站 5 座（373 兆伏安），线路 10 条 133 千米；35 千伏变电站 11 座（151.3 兆伏安），线路 17 条 221 千米；10 千伏开关站 1 座，10 千伏公用线路 110 条 2235.69 千米，10 千伏公用配变 3066 台（921.3 兆伏安），低压线路 7478.76 千米。

完善电网规划 完成“十四五”电网规划滚动修编，促进电网规划与城乡规划紧密衔接。协调推进竹岗 110 千伏输变电工程路径变更。完成 35 千伏项目投资 1615 万元，开工项目 1 个，完工投产项目 3 个，消除瑞金 35 千伏电网固有六级风险。完成配电网建设改造总额 8800 万元，比 2020 年增长 15.38%，其中，自主实施项目资金 6000 万元，是 2020 年的 6 倍，投资计划及建设规模均创历史新高。

提升业扩接入效率 开展“快接电、不停电、少损电”攻关，平均接电时长下降 76.23%，新增高压用户 109 户，增加售电量 2124 万千瓦。加强关键业务治理，查处整改问题 425 个，稽查收入 607.17 万元。年内，完成 999 户专变用户计量普查，追补电量 452.62 万千瓦时。完成 3 轮高损线路、台区线损专项治理，10 千伏和 0.4 千伏分压线损率分别比 2020 年下降 0.45 个、0.58 个百分点。全年查处违法窃电 189 户，挽回电量损失 55.27 万千瓦时，追缴电费及违约金 238.49 万元。坚持“能带不停、能转不停、一停多用”，最大限度降低客户停电时间，平均停电时长比 2020 年下降 54.67%，全年增加概念收益 42.38 万元。依法开展“全业务、全链条、全要素”经营，压实供电所经营责任，建立基层供电所目标评价机制，分解下达线损、关键业务等年度重

点目标，做到供电所人人有指标、人人挣业绩，激发供电所经营活力。强化省管产业单位管理，深入开展省管产业专项整治，自查整改问题17个，修订完善管理制度9项，提升产业单位合规经营和风险化解能力。

优化用电服务　出台服务瑞金市“工业产值三年翻番”和提升电力营商环境20条措施，助力瑞金经济社会发展，推行“四零”“四省”办电服务，落实国家深化供电行业市场化改革部署，为新报装用电企业减少办电成本1500余万元。新增接入光伏发电1078户，新增容量1.42万千伏安，支付光伏扶贫收益7000余万元，“低保五保”电价政策优惠近百万元。完成26条10千伏线路综合治理，线路故障发生率下降63.09%。

优化供电服务管理模式　安和供电服务公司与翔源公司实行“两块牌子、一套人马”合署办公，调整业务资产，规范岗位体系，开展省管产业单位管理（技术）岗位竞聘。“小机关、大供电所”管理模式初见成效。推动人、财、物核心资源向供电所倾斜，全面落实供电所福利保障，供电所基础设施不断完善，配齐“三长三员”，下放检修、运维资金254.54万元，增配备品备件56.98万元。实行供电所物资集中配送，及时满足供电所自主实施项目、生产运维物资需求。工业园供电所在赣州市供电系统年度考核中排名第三，荣获赣州市公司标杆供电所称号；14个供电所获得概念收益、台区线损、“零工单+零跳闸”等月度单项奖94个，累计获得奖金34.7万元。

（国网瑞金分公司）

【自来水供应】　瑞金市润泉供水有限公司以供水设施建设为重点，完善设施，加强管理，优化服务，提升效益。年内，根据自来水管网延伸改造计划，完成黄柏乡管网延伸3万余米，城南半山管网改造2000余米，九堡、叶坪、武阳、黄柏、沙洲坝、日东、谢坊等乡镇管网迁移4万余米。完成金都苑、教育园区、城南半山、红都商业城、金瑞明珠、华塘路沙前管道改造3000余米。在豪门新城至市交警大队进行管网延伸2000余米，改善沙洲坝镇村（居）民用户整体水压。合理调配两个城区水厂及加压泵站时段水压，有效提高黄柏、沙洲坝镇等管网末梢用户的供水压力。完成陈石湖水厂5#电动阀和DN1200主管手动蝶阀更换、一级泵房变压器增容、液氯间安防系统升级，南华水厂配电间和化验楼屋顶漏水维修、配电间墙体修缮、加矾搅拌设备和二氧化氯设备维修更换，红井水厂6S标准化建设和厂区DN200、DN250阀门更换等，水厂设备设施运行稳定，确保城乡供水安全。开展一线岗位人员服务质量培训，梳理优化办事流程，将报装流程缩减至3个步骤，报装时限从15个工作日压缩至7个工作日。根据《江西省发展改革委员会关于清理取消供水供电供气供暖行业收费有关工作》文件精神，对供水收费名目及标准进行清理自查，取消立户费、拆复表费等，增设免费办理过户、更名等相关业务。

（市润泉供水公司）

【天然气供应】　瑞金市深燃天然气公司有天然气用户3.6万户，其中，居民用户3.58万户、工业用户17户、公共福利用户39户、商业用户154户；有天然气场站2座，供气管网197.8千米，其中，市政中压74.7千米、低压123.1千米。年供气量912.7万立方米。开展安全用气进企业、进学校、进社区、进家庭、进公共场所等活动，设置大型展板、标语6块，发放宣传资料500余份，接受群众咨询100余人次。开展各类安全培训35次，其中，组织全员消防安全知识培训4次。开展警示宣传教育活动2场，以“湖北十堰燃气事故案例”等开展分析及警示教育。每月末集中开展公司内部安全生产检查，全年查出各类安全隐患31条，全部及时整改到位。开展“四不两直”重点场所安全检查大排查活动，对第三方施工工地、圈围占压开展专项检查，发现圈围占压4处，整改1处；开展燃气管网、设备设施、第三方施工工地等大排查，发现隐患12条，隐患整改2条，其余隐患均形成整改计划，按整改时限跟踪至整改到位。坚持每年对居民、工商业等用户开展一次上门安全检查，检查用户25325户，排查隐患178项，整改158项，整改率89.89%。建立《职业卫生健康管理制度》，认真落实职业卫生健康管理，全面开展职业危害场所检测，在醒目位置设置警示标志和警示说明。关注员工健康状况，建立员工卫生健康监护档案，做到一人一档，随时跟踪管理。

（市深燃天然气公司）

鹰瑞与赣瑞高速公路互通枢纽　　（市融媒体中心供图）

【城市公共交通】 城市公共交通坚持“安全第一、预防为主、综合治理”方针，围绕“强基础、重安服、保效益”管理目标，强化内部管理，创新工作思路，狠抓安全生产，强化为民服务，不断提升乘客便捷感、舒适感和安全感。至年末，全市共有公交线路9条，营运总里程140余千米，有公交车92辆，其中，新能源公交车66辆，均由红都交通公司（国企）经营。城市公交线路基本覆盖城区主要道路和学校、火车站、汽车站、经开区等人员流动密集场所。全市有出租车90辆，车型主要是汽油车捷达、油电双混卡罗拉，由红都交通公司统一经营。城区规划建设公交站点215个，实际建成公交候车站点141个，占规划站点的65.6%；建有公交充电站1座，面积2500平方米，充电桩6台。

公交线路优化 充分体现“公交为民”的服务理念，合理优化公共交通运营线路，做到“城市发展哪里，公交车就开到哪里”，稳步增加线路，延长营运里程，扩大站点覆盖面，全面优化线网结构和运力配置，消除城市公交盲区。公交线路和停靠站点向居住小区、商业区、工业园区、学校园区等城市功能区延伸，为广大市民提供经济、快捷、安全、高效的公共交通服务。

公共交通扶持 坚持公交优先发展战略，不断加大公共交通扶持力度，市财政按每辆每年2万元标准落实公交政策性亏损补贴，按每辆每年2万元标准落实优化对象免费乘车补贴，按实际建设费用50%（最高不超过60万元）的标准对公交充电站予以一次性财政补贴，按核定购置金额10%的标准对实际投入运营的电动公交车予以一次性财政补贴。行业主管部门根据上级资金及时足额发放成品油价格补助，拨付每辆每年6万元新能源公交运营补助。年内，市政府批复同意新购新能源公交车25辆，启动公交站台建设前期工作。

基础设施建设 规划建设综合客运枢纽站和公交指挥中心及旅游集散中心工程，项目位于火车站旁，规划用地面积215.5公顷，总建筑面积约10万平方米，投资概算16亿元。建设内容包括综合客运枢纽站（含车辆检测和维修中心）、公交及出租车指挥中心、旅游接待中心、商业购物街、特色小吃街等，一体解决游客停靠、换乘、饮食、住宿、购物、娱乐需求，完善市域旅游基础设施和配套服务设施，改善城市公共交通落后现状。年内，完成征地、设计等前期工作。

（市交通运输局）

生态环境

生态环境质量

【空气环境质量】 坚持源头治理、精准施策、精准管控，全面开展施工扬尘治理、机动车尾气达标排放、餐厨油烟治理、挥发性有机物、城区烟花爆竹禁燃禁放等系列专项行动。2021年，全市$PM_{2.5}$平均浓度每立方米18微克，环境空气质量优良比例99.4%，空气质量达到国家《环境空气质量标准》（GB 3095—1996）二级标准，在全省排名第十位、赣州排名第八位。

【水环境质量】 加强风险断面预测预警和分析研判，推进生活污水及垃圾、工业污染、农业面源污染、饮用水源隐患排查、城市黑臭水体整治、城镇生活污水处理、入河排污口整治等专项行动。全市有地表水考核断面7个，断面水质每月监测一次。年内，监测数据表明，水质达标率100%。对城区主要集中式饮用水水源地——南华水库、陈石水库，坚持每个季度监测一次。根据监测数据，瑞金居民饮用水水源地水质达到国家《地表水环境质量标准》（GB 3838—2002）中规定的Ⅲ类水质标准，水质达标率100%。

【土壤环境质量】 开展城镇生活垃圾处理、农用地污染防治、建设用地污染防治、危险废物处置等专项行动，完成土壤污染隐患排查。全市土壤环境质量保持稳定，安全利用率达100%。土壤环境质量总体良好，未出现污染地块。

（刘峰　钟建华　陈超）

生态保护

【森林资源保护】 完成人工新造林873公顷、森林抚育7993公顷、封山育林1131公顷，其中，低质低效林改造2227公顷。开展新春义务植树活动，种植各类绿化苗木0.8万余株。完成省下达全市天然商品林停伐协议签订任务1.8万公顷，优化国家级、省级公益林面积5.25万公顷，全市共纳入天然林、公益林等保护性林地8.95万公顷，占全市林地面积的48%。核查2021年森林督查图斑核查245个、预警图斑950个、2013—2017年打击毁林专项行动图斑2033个、省自然资源资产涉及“林地灭失”类图斑5个、侵占国家级公益林图斑25个，全部完成查处销号。新增大柏地乡乌溪村等省级森林乡村4个。实施松材线虫病疫情防控“五年攻坚”行动计划，松材线虫病防治实行三年绩效承包，全年除治枯病死松树9.3万株。

【水资源保护】 完成83个取水工程（设施）电子证照办理，开展取水（设施）户取水计划、水量核查工作，严格总量管理和推进全面节约用水，完成7家公共机构节水型单位复核，完成1个企业、3所学校、2个小区节水型单位创建；完成上长州水电站绿色水电站创建及留金坝水电站、珠坑水电站绿色水电站申报；加强生态流量泄放监管，巩固长江经济带水电站清理整改成果。每月对全市5个重点水功能区和6个界河断面进行检测，水质达标率达100%。开展“清河行动”“河湖清四乱”等行动，发现并整改问题23个；水利部暗访发现河湖“四乱”问题5个，均完成整改。投入资金131万元，清理绵江河、梅江河水域内的水葫芦、水面漂浮物、河道垃圾等。与检察院建立“河长湖长+检察长”协作机制，发挥法律监督机关在生态文明建设方面的各项监督职能。开展《中华人民共和国水法》《中华人民共和国长江保护法》《地下水管理条例》“进机关、进校园、进企业、进社区、进农村”宣传活动。加强水行政执法力度，年内，立案查处水事违法案件4起，制止水事违法违规行为5起；推进水资源费征收工作，全年征收水资源费170余万元。

【水土保持】 严格落实水土保持“三同时”制度和水土保持监测要求，全年审批水土保持方案92个，征收水土保持补偿费212万元；查处水土保持案件3起，罚款7.37万元；接受水土保持设施自主验收报备项目12个，开展水土保持设施自主验收检查项目9个。

专项整治　对全市所有矿山企业进行拉网式全覆盖监督检查，排查出涉及水保问题矿山企业12个，制定“一矿一方案”整改措施，年内，全面整改到位。开展山地林果开发专项整治行动，对108个疑似违法违规图斑进行现场复核认定，认定违规林果开发项目8个。开展铁路沿线专项整治，对铁路沿线8个疑似违法违规图斑进行现场复核认定，认定未批先建项目1个。狠抓中共中央办公厅到瑞金调研反馈黄柏乡翠坑石场和云石山乡陂下石灰石矿存在严重生态环境问题，制订整改方案和整改路线图，安排专班抓好整改落实，年内，基本整改到位。中央环保第二轮督察信访件涉及水保3件，其中，牵头2件、责任单位1件，万年青水泥有限责任公司信访件整改销号，九堡沙陇煤矸石信访件正有序整改，黄柏1处果业开发信访件整改销号。

信息化监管　全面提升监管能力，实施四级联动，采取“天地一体化”遥感信息化技术进行全方位监管。2020年水利部遥感和省加密图斑核实认定违法违规项目18个、省加密图斑核实违法违规项目1个、2021年赣州市遥感核实认定违法违规项目24个，年内，全面整改到位。2021年水利部遥感核实认定违法违规项目5个，省加密图斑核实认定违法违规项目1个，整改到位1个。

治理整改　围绕乡村振兴和精准扶贫巩固提升，统筹兼顾山上山下治理，通过山上水保造林、封禁管护、经果林修复及其配套的坡面水系工程等综合措施，大力改善项目区周边的生态环境和群众的生产生活条件，水土流失危害明显减轻。重点规划建设九堡密溪清洁型小流域和瑞林盖州小流域治理工程，项目投资480万元，正逐步开展实施。

强化宣传　充分利用广播、电视、宣传车、发放宣传资料等形式，开展《中华人民共和国水土保持法》《赣州市水土保持条例》宣传“六进”活动（即进机关、进企业、进党校、进中小学校、进乡村、进社区）。全年出动宣传车30多天，发放宣传资料2万余份、张贴书写标语180条、悬挂横幅80条、制作展板5块，集中宣传水土保持工作和治理成效，营造良好的水土保持工作氛围。

（市水土保持中心）

节能减排

【概况】 2021年，以节约型公共机构建设为主线，着力在规范、创新、示范、绿色和实效上下功夫，深入开展绿色行动，持续推进节能改造，完善制度标准，健全工作机制，细化目标任务，强化考核评价，推动全市公共机构节能工作取得新突破。研究制定《瑞金市2021年度公共机构节能工作考评方案》《瑞金市2021年度公共机构能源资源节约和生态环境保护工作安排》等指导性文件，将公共机构节能工作列入全市高质量综合考评体系。市财政安排公共机构节能专项资金10万元、节能改造专项资金20万元，用于节能宣传与培训、节能先进奖励、公共机构节能改造等工作，确保全市公共机构节能工作顺利开展。

【宣传培训】 全市各公共机构干部职工在“节能宣传周”期间，集中观看全国公共机构节能宣传周启动仪式，参与绿色低碳有奖问答活动；观看国管局“红色传承、绿色发展”宣传行动和省管局公共机构节能宣传片“云”展播。8月25日（全国低碳日），全市公共机构同步开展能源紧缺体验和绿色低碳出行活动，倡导办公人员减少一次性用品消耗和待机能耗；办公区域空调、公共区域照明停开一天；4层以下办公楼及其他公共建筑原则上停开电梯，高层建筑电梯分段运行或隔层停开；所有景观照明灯、装饰用灯关闭一天；通过悬挂宣传横幅、张贴宣传画、发放倡议书、利用LED显示屏播放节能知识和节能优秀案例宣传片等开展节能宣传。9月3日，在市公务大楼开展废弃电子产品回收活动，回收各种废旧电子产品800余件，全部移交相关企业进行环保处理。做好公共机构能源资源消耗统计培训工作，建立健全全市公共机构能耗统计台账。召开公共机构节能业务培训和能源资源消费数据集中会审会，公共机构170余人参加会议。

【工业节能减排】 统筹推进工业污染防治，排查整治全市“小、散、乱、污”企业67家；完成商品混凝土生产企业扬尘整治8家；完成14家节能环保产业企业调查摸底和4家企业节能诊断服务，节约标准煤5526.06吨，平均节能率2.12%，取得经济效益843.78万元。

（市工信局）

【节能项目改造】 瑞金中央革命根据地纪念馆投入资金4000余万元对展馆、管网线路、中央空调等进行更新改造；市检察院投入107余万元更换更加节能的中央空调，投入28.9万元对电梯进行节能升级改造；市公安局投入70余万元对单位老旧电梯进行更换升级改造；市法院投入80余万元对中央空调进行升级改造。万田乡在学校楼顶建设光伏发电项目2个，有效降低学校能耗。

【公共机构能耗管理】 落实《市公共机构公务用车节油管理制度》，公务用车严格实行定编定标、定点加油和定点维修管理，防止公车私用和节假日违规用车，公车主管部门不定时抽查审核单车油耗情况，开展节油模范驾驶员争先活动，做到每辆车油耗偏离正常值，没有查清原因不能过，教育驾驶员养成良好的节油驾驶习惯。落实《市公共机构节电管理制度》，重点突出空调、照明、电梯和办公设备用电控制，要求空调使用严格执行夏季不低于26摄氏度，冬季不高于20摄氏度；办公室、会议室等场所尽量采用自然光，做到少开灯或不开灯；工作完毕及时关闭计算机、打印机等办公设备。落实《市公共机构节水管理制度》，加强用水设备日常检查和维修改造，在公共机构提供循环用水、推广感应式节水水龙头，有效节约洗手间用水和绿化灌溉用水；市园林管理部门采取节能环保水源进行绿化浇灌，对靠近河道、湖泊水源较近的地点，均采取从河道、湖泊抽水浇灌的方式。严格执行政府采购目录标准，各公共机构优先采购环保节能产品，为节能降耗提供技术支持。

【节约型机关创建】 推进节约型公共机构创建，全市公共机构创建节约型机关25家，13家公共机构创建节约型单位通过初审，完成节约型机关创建目标比例达70%。鼓励公务用车优先使用新能源汽车，为创建节约型社会起到引领作用。年内，市机关事务局更新公务用车14辆，其中，新能源汽车8辆。

（市节能办）

污染防治

【大气污染治理】 聚力臭氧污染防治，推进挥发性有机物（VOCs）和氮氧化物（NOx）协同减排；强化建筑施工扬尘、道路扬尘、运输扬尘、堆场扬尘管控，施工现场达到“六个百分之百”要求；强化餐饮油烟、露天烧烤等管理，提高餐饮经营户油烟净化装置安装率和运行率；抓好城市烟花爆竹禁燃禁放工作，倡导城区烟花爆竹“零燃放”；推进秸秆综合利用，防控露天焚烧秸秆行为；强化工业企业废气、移动源治理、燃煤锅炉废气精细控制，严防工业废气大面积污染。

【水污染治理】 推进水源地规范化建设，巩固提升饮用水安全，确保城市集中式饮用水水源地水质达到或优于三类；加强绵江、梅江、九堡河等重点流域水生态治理和修复。提升城镇污水处理能力，在城北新建成一座日处理能力5000吨的集中式污水处理厂。全年污水处理厂集中收集率达29.8%，进水COD浓度146.39毫克/升，BOD浓度为73.13毫克/升。污泥无害化处理率达100%。统筹推进城区管网建设改造，完成河背街（象湖路）新建道路、瑞明路（自然资源局至沿江路）新建道路、国滨中泱城周边道路、长征大道西延路及城东农贸市场中间道路、金都大道四期、河背街东段、文体路东段等工程的管网建设改造，建成污水管网10千米。至年末，全市建成污水管网153.5千米、雨水管网59.3千米、雨污合流管网67.6千米。加强对城区污水管网排查，排查出未配套建设污水管网道路20.5千米、雨污管网混接错接点15个、沿河沿湖铺设污水管网41.8千米、施工排水接入污水管网点12个、生活污水直排口2个以及黑臭水体9处，并全面开展整治。

【土壤污染防控】 实施农用地土壤镉等重金属污染源头防治行动，依法推行农用地分类管理制度，排查潜在的污染地块；严格建设用地土壤污染风险管控和修复，实行名录内地块的准入管理，未依法完成土壤污染状况调查和风险评估的地块，不得开工建设；开展地下水环境状况调查评估，严防土壤污染影响地下水质量安全。

【生活垃圾处理】 出台《瑞金市2021年城乡生活垃圾分类工作实施方案》，投资16万元在城区建成试点小区垃圾分类亭8个，在九堡、泽覃、瑞林、叶坪、武阳等乡镇建成垃圾分类亭130余座。加大垃圾分类宣传力度，举办生活垃圾分类知识讲座和生活垃圾分类进校园活动，发放生活垃圾分类宣传册和宣传单3万余份。

【环评审批管理】 严把环评审批准入关，严禁“两高”项目进驻，对不符合产业政策、“三线一单”要求和工业园产业布局的项目坚决不予审批。严格执行工程师现场质询制度，实行环评编制主持人现场接受监督质询制度，着力提高环评报告的编制质量。严格排污许可证审核制度，强化管理类别、主要排放口、污染物排放标准及限值、许可量控制因子等内容审核，坚决完成环境保护阶段性目标任务。贯彻落实《赣州市生态环境局关于打造新时代“第一等”营商环境18条措施》，进一步优化审批流程，缩短审批时限，非辐射类建设项目的环境影响文件审批法定办结时限20个工作日，压缩至3个工作日办结。对生态环境影响不大的31个行业51类项目，实行豁免环评管理，无须办理环境影响报告书、报告表和登记表等环评手续。对列入环评审批正面清单的17个行业45类项目实行告知承诺制审批，在收到建设单位和环评单位签署的告知承诺书、建设项目环评文件等符合要求的要件后，在5个工作日内以告知承诺方式直接作出审批决定。年内，审批33个项目（环境影响报告书4家、环境影响报告表29家），网上登记备案项目70个。对瑞金市德宇开智能科技有限公司年产100万对LCD液晶屏项目实行告知承诺制审批。

（刘峰　钟建华　陈超）

生态文明城市建设

【概况】 2021年，全面贯彻习近平生态文明思想，坚持生态优先、绿色发展理念，扎实做好“碳达峰、碳中和”工作，推进生态环境整治，筑牢绿色屏障、壮大绿色经济、创新绿色制度，顺利完成年初确定的生态文明城市建设任务。环境质量持续提升，森林覆盖率稳定在75%以上，城区空气质量达到国家二级标准，国考、省考断面水质优良率高于考核目标，土壤环境质量保持稳定；绿色动力不断增强，高新技术产业增加值占规模以上工业增加值比重达36.5%，单位生产总值能耗下降4.5%；生态文明建设在目标责任考评中的分量进一步加重，常态化开展自然资源资产和环境责任审计；全面推行生态环境综合执法制度，“无废城市”建设经验在全国推广。

【污染综合防治】 深入推进污染防治攻坚战，启动新一轮“八大标志性战役”30个专项行动。大力开展“净空行动”，实施“控煤、减排、管车、降尘、禁烧、治油烟”整治，开展“净水行动”，新建城北生活污水处理厂，城镇集中式饮用水水源地水质保持100%达标，绵江河、梅江河断面水达Ⅲ类水质标准；开展“净土行动”，推进城镇生活垃圾、塑料污染、危险废弃物等专项整治，垃圾焚烧日处理能力达350吨，生活垃圾无害化处理率达 99%，农作物测土配方施肥技术推广实现全覆盖，化肥使用量减少 3%以上。稳步推进中央、省环保督察反馈问题整改工作，2020 年省环保督察“回头看”反馈 11 个问题、信访件 17 件全部完成整改；2021 年第二轮中央环保督察转办信访问题 41 个，办结 24 件，阶段性办结 17 件。开展美丽村庄建设示范行动，大力推进“厕所革命”，完成 204 个新农村建设点村庄整治，农村污水处理设施实现行政村全覆盖，日处理生活污水能力达 28195 吨；完成黑臭水体整治 37 个，城市生活污水处理率达 93.53%；倡导绿色生态殡葬，建成城乡公益性公墓 146 处。

【系统保护修复】 统筹推进全流域治理、全要素保护，进一步筑牢生态安全屏障。持续推进长江经济带“共抓大保护”工作，积极开展“清河行动”“清四乱”等河湖整治行动，治理“散、乱、污”企业 15 家；深化与长江生态环保集团战略合作，推进意向合作项目，总投资达 11.5 亿元。推进山水林田湖草沙生态保护修复，推进流域水环境保护、水土流失治理、矿山环境修复、生物多样性保护等重点工程，全年治理水土流失 20.56 平方千米、废弃矿山 6.24 公顷，开展“绿色矿山”创建 5 家。开展全流域保护修复，实施国土绿化、森林质量提升重大工程，完成人工造林 873.33 公顷、低质低效林改造 2233.33 公顷，除治松材线虫病枯死松树 9.3 万株，新增省级森林乡村 4 个；实施耕地保护和生态流域建设，完成 2020—2021 年度高标准农田建设任务 2533.33 公顷，实施 2021—2022 年度高标准农田建设 3000 公顷。全市园林绿地面积达 12.65 平方千米、建成区绿地率 39.97%。

【提升绿色发展水平】 全面贯彻党中央、国务院关于“碳达峰、碳中和”工作的决策部署，认真落实“碳达峰、碳中和”工作的实施意见和 2030 年前“碳达峰”行动方案等政策文件，全面开展“两高”项目大清查，坚决遏制“两高”项目发展，并按照在建、拟建、存量项目 3 类项目清单管理。推进重点用能单位完成能耗在线监测，积极推进能源、工业、交通、建筑等重点领域节能降耗。能源消费总量达到年度总量控制目标，能耗强度降低 3.5%。实施创新驱动发展战略，全市共有高新技术企业 39 家，高新技术产业增加值占规模以上工业增加值的 36.5%，全社会研发投入占 GDP 比重达 1.9%；全面落实环保电价、差别电价、可再生能源电价政策，可再生能源装机 12.57 万千瓦。“两山”转换通道加快打通，瑞金入选全国首批鲜活农产品产地冷藏保鲜设施建设试点县，创建粤港澳大湾区“菜篮子”生产基地 2 个，绿色有机农产品监测合格率稳定在 100%，全市累计发展无公害农产品认证 26 个、绿色食品 12 个、有机食品 14 个。

【体制机制改革创新】 推进各项改革，总结典型经验做法，高质量打造生态名片。全面落实主体功能区政策和“三线一单”管控要求，国土空间总体规划形成初步成果；生态综合执法、自然资源资产和环境责任审计、生态文明建设评价考核、生态保护补偿等制度全面推进，积极探索“湿地银行”、非公有林赎买、垃圾分类收费等生态改革创新工作。生态环保司法体制日益完善，建立“河长湖长+检察长”协作机制，推行生态环境领域公益诉讼，推进生态检察、生态综合执法，全年查处各类案件 48 起，受理生态领域刑事犯罪案件 1 件 2 人，提起公诉 2 件 2 人。承办“水利是农业的命脉”暨中央苏区水利史研讨会，“无废城市”建设“瑞金模式”入选全国《“无废城市”建设试点典型案例》，《中国环境报》《江西日报》等新闻媒体刊发瑞金生态文明建设稿件 70 余篇。

【“无废城市”建设入选全国典型案例】 2019 年，瑞金市作为全国唯一县级市入选全国“无废城市”建设试点。瑞金“无废城市”试点建设立足红色旅游和生态农业特色，打造“无废城市”建设理念宣传高地；践行绿色生活方式，建设“无废”红色旅游生态圈；发展绿色生态农业，推行“种养平衡、生态循环”；积极培育产业绿色发展，持续推进生态脱贫共享发展。至 2021 年，累计完成“无废城市”建设试点工作任务 29 项，撬动社会资本 10 余亿元，有力推动以“无废城市”建设试点工作促进城市绿色循环发展。

“无废+旅游” 积极探索“无废+旅游”发展路径，在红色景区内严格垃圾分类，对废弃物进行回收再利用；收集整理苏区时期厉行节约的史料，追溯“无废”理念之源；广泛培养红色小导游，向游客讲述苏区时期艰苦奋斗、厉行节约的优良传统；积极探索沙洲坝示范镇等新建项目加入“无废”元素，努力打造“无废”红色旅游小镇。引入社会资本，在沙洲坝镇洁源村建起全省首个大型红色实景实战演艺项目——浴血瑞京景区，对 2 座废弃石灰石矿山进行“无废化”改造，重现中央苏区时期艰苦卓绝的战斗工作生活场景，实现对废弃矿山资源的绿色利用，带动周边群众就业增收。该景区成功创建国家 AAAA 级旅游景区。布局建设一批“无废景区”“无废宾馆”，形成低碳环保的旅游业态。

“无废+农业” 探索建立绿色生态循环发展模式，“无废化”提升脐橙产业。建设台湾益地生物科技有机肥和杰仕柏蚯蚓养殖等项目，通过对植物残枝败叶、畜禽粪便、动物内脏等有机物进行再加工，制成有机肥施用到脐橙种植基地；建设客佳红国橙佳酿项目，利用脐橙落果、残次果进行发酵酿酒，投入 1.5 亿元新增国内先进的生产线，年产脐橙酒 2000 吨以上。引进社会资本，投入 3390 万元，建设日处理 10 吨的病死畜禽无害化处理项目，实现对病死畜禽无害化处理及综合利用，从中生产生物柴油和有机肥。积极推进农膜使用源头减量化，示范推广加厚地膜和全生物降解膜。年内，全市废弃农膜回收量达 104 吨，回收率达 81%。

“无废+工业” 积极推动工矿

企业实施“无废化”改造，依托省级信息化平台，对工业企业进行科学管理，及时掌握全市固废产生情况及处置去向，运用大数据妥善管理固体废物，做到全程跟踪、无害处理，为“无废城市”建设试点工作提供科学依据；引进固废处理企业，依托龙头企业精准招商，打通废弃物综合利用产业链，并加快产业延链、补链、强链。建成废弃汽车拆解（普特汽车拆解）、废弃塑料木屑循环利用（鸿兴木塑）、废旧玻璃拉丝（佳润波纤）、废纸回收利用（晶山纸业）、废铜再加工（恒吉铜业）、建筑垃圾余土综合利用（瑞金工投）等一批园区废弃物循环利用项目，在该市范围内初步构建起工矿领域固体废物“无废化”综合利用体系。瑞金万年青水泥有限责任公司加大卫生防护林建设，防护区内村民搬迁，煤堆场全封闭整改，新上环保生产线，建成“绿色矿山”。

【生态文明宣传】 坚持生态文明共同参与、共同建设、共同享有，不断凝聚全社会的共识与合力。加强党政干部教育培训，专题学习污染防治攻坚战、绿色发展等生态文明系列课程，组织生态文明宣传月、节能宣传周、环境保护日等活动。开展“红都义工为保护环境出力”“河小青”等志愿活动，组建生态环境保护志愿服务队455支，全年开展生态文明建设类活动800余次。

【生态惠民】 推广绿色交通，全市新能源汽车保有量847辆，建成充电桩623根。全年筹集流域生态补偿资金1516万元，构建多元化生态补偿机制；累计建成光伏扶贫电站188座，惠及贫困户11200户，选聘生态护林员674人、农村保洁员2283人。

（市发改委）

赣江源自然保护区

【概况】 赣江源自然保护区为瑞金市唯一的国家级自然保护区，地处武夷山脉西坡南端，地跨瑞金市和石城县，东南与福建省长汀县毗邻，地理坐标为北纬25°56′30″~26°07′42″，东经116°15′01″~116°29′06″。保护区总面积16100.85公顷（其中，石城10758.75公顷、瑞金5342.1公顷），保护区核心区面积5491.8公顷，缓冲区面积3493.6公顷，实验区面积7115.45公顷。赣江源国家级自然保护区属自然生态类森林生态类型自然保护区，主要保护对象为中国东部中亚热带，特别是武夷山脉各种常绿阔叶林群丛的集中分布区；若干个大面积、结构完整、更新良好的珍稀濒危植物原生种群；一批国家重点保护动植物；赣江优质水重要水源地。

【科研调查】 构建自然保护区生物多样性数据库，实现数据规范管理。6月，聘请江西师范大学生命科学院团队在保护区开展生物多样性监测评估。8月，建成并启用贡潭监测中心，在瑞金保护范围内择地安装红外监测相机47部，长期监测野生动物活动情况，掌握保护区生物多样性本底和动态信息。配合南昌大学生命科学院专家团队开展兰科植物调查，摸清赣江源自然保护区兰科物种多样性及其分布情况，掌握兰科植物野生资源的基本状况，为完成中国野生兰科植物物种濒危状况评估提供翔实的科学依据。

【整合优化】 按照国家级自然保护区管理要求，结合赣江源自然保护区现实状况，积极开展整合优化工作。对永久基本农田、村庄、人工集体商品林等不符合保护要求的区域，尽量调出保护区；对有保护价值且与保护区连片的国家级或省级公益林，及时调入保护区。整合优化后，江西赣江源（瑞金）国家级自然保护区面积5423.71公顷，其中，核心保护区面积3500.53公顷，一般控制区面积1923.18公顷。保护区与瑞金市其他自然保护地无交叉重叠，瑞金辖区自然保护区面积占全市国土面积2.22%。

（温全平　丁文奇）

赣江源自然保护区　　（市融媒体中心供图）

教　　育

综　述

【概况】 2021年，全市教育体育系统紧紧围绕打造“体教融合”，聚焦主责主业，主动服务大局，各项工作取得显著成效。全市教育经费支出15.05亿元，比2021年增长1.05%，进一步完善了教育工作的硬件，保障了全市教育的发展需要。年内，获赣州市2020—2021学年度县（市、区）中学教学质量综合评价先进单位等赣州市级以上荣誉47项。《中国教育报》头版头条、“学习强国”学习平台、江西教育台、江西教育微信号等媒体报道瑞金市优先发展教育的典型经验。至年末，全市有各级各类学校420所，在校中小学生108908人，学前教育在园幼儿24137人，有中小学（含幼儿园）教职工7475名；全市共有校园面积330万平方米，校舍面积131万平方米。中高考教学质量综合评价在赣州各县（市、区）排名前列，被评为2020—2021学年度赣州县（市、区）中学教学质量综合评价先进单位，瑞金二中、瑞金三中被评为2020—2021学年度赣州市普通高中教学质量综合评价先进单位。瑞金市金穗学校被评为“全国文明校园”，瑞金四中等5所学校被评为“江西省文明校园”；红井幼儿园被评为“江西省示范幼儿园”。

2021年建成的瑞金市幸福小学　　（市融媒体中心供图）

瑞金第一中学2021年运动会　　（市融媒体中心供图）

【学校建设】 积极采取融资、地方财政配套等办法筹措资金22.41亿元推进21所城乡学校项目建设。建成金穗幼儿园、幸福幼儿园等公办幼儿园2所，改扩建宝钢希望小学等中小学校9所，新改扩建校舍建筑面积38425平方米，新增学位1890个。

【“双减”工作】 印发《瑞金市推进中小学“五项管理”工作实施方案》《关于减轻义务教育阶段学生作业负担的通知》，把“双减”工作列为学校学年度办学绩效评价内容。联合公安、消防救援、行政审批、市场监管等11部门加强校外培训机构整治，原有学科类培训机构10所，注销3所，转为非学科类7所，压减率100%。制定《瑞金市中小学生课后服务工作实施方案（试行）》，实施“作业辅导+体教融合+兴趣社团”课后服务模式，3251名教师参与课后延时服务，实现城区义务教育学校和乡镇中心小学全覆盖，有需求的学生全覆盖。

教育管理

【师资队伍建设】 采取省统招、自主招聘、定向培养等方式招聘新教师445名。常态化开展“关爱教师·情暖杏坛”活动，出台《瑞金市中小学校和教师减负正面清单》。加大对学校、教师的表彰奖励力度，年内，为教育系统先进集体和先进个人发放奖金926.3万元，表彰优秀教师、先进教育工作者等先进个人595名。省教育厅把瑞金定为全国师德师风教育成员单位，在全省师德师风建设交流暨重点工作推进视频会上，瑞金市做经验交流发言。开展争做“四有”好老师、“四爱”好园丁，当好“四个引路人”主题教育活动和争做“新时代学生心中的好老师”主题教育实践活动，瑞金一中老师温庆文获评江西省“新时代学生心中的好老师”第五榜宣传推介人选。在参加赣州市级以上教学竞赛中，获省级一等奖5人、二等奖13人、三等奖11人，获赣州市一等奖26人、二等奖43人、三等奖10人。

【校园安全管理】 坚持“一日两提醒、一周一节课”安全教育以及“每日一小查、每周一大查、每月一报告”安全隐患排查制度，切实开展反暴力欺凌、反电信诈骗、防溺水、交通安全、消防安全、新冠疫情防控等安全知识教育和校园及周边隐患排查治理。完成校园安防3个百分之百建设，开展“一键报警”和视频监控升级改造，完成新型警力护校园试点学校安防“四个一”工程建设。投入142万元，改建学校值班室71个；投入790.8万元，为139所学校新建值班室和会见室，按标准配备安检门和储物柜。

【教育民生工程】 落实助学资金3428.21万元，资助学生47390人次，为3895人次脱贫家庭子女等普通高中生免除学费101.46万元，为11226人次脱贫家庭子女等中职学生免除学费1256.98万元，发放生源地助学贷款4147人次3671.8万元，实现资助全覆盖。全面实施营养改善计划，全市食堂供营养餐学校211所，受益学生4.39万人。投入153.07万元，为中小学校配发消毒柜257个。

【教育投入保障】 年内，投入365万元为全市初中配备学生电脑终端，完善初中学业水平考试（中考）信息技术科目设施设备；投入391万元，新建瑞金三中标准化考点；投入631万元，为瑞金五中、沙洲坝八一希望学校等9所学校运动场铺设合成材料层面。为瑞金中专采购学生双人铁架床603套，为华融瑞金希望小学、思源实验学校等9所学校采购课凳桌2800套。为全市中心小学、初中和市属学校配备红外线热扫描测温门119套，采购额温枪1000支，检修额温枪1903支，调配帐篷138顶。

庆祝第三十七个教师节表彰大会　　（市融媒体中心供图）

学前教育

【概况】 2021年，全市学前教育把大力扩充普惠性学前教育资源作为重要的民生工程，着力扩资源、增普惠、建机制、提质量，推动学前教育事业取得显著成绩，实现跨越式发展。全市有幼儿园298所，其中，公办幼儿园170所、民办幼儿园128所。当年招收入园幼儿7956人，在园幼儿达24137人，其中，公办幼儿园在园幼儿数13345人，占比55.29%；普惠性幼儿园在园幼儿占比90.02%；学前三年毛入园率为96.14%。学前教育普及率、普惠率和公办率等“三率”均达到上级目标任务要求。

【规范办园】 抓平时管理。进一步完善幼儿园绩效评价方案，并将小学附属幼儿园纳入评估对象；实行局机关干部包乡包校挂点制度，将全市公、民办幼儿园分组“包干到人”，并要求挂点干部定期到校检查指导，确保全市公、民办幼儿园过程管理常态化、全覆盖。抓专项督查。根据省教育厅《关于对幼儿园违规开展保教活动进行核查治理的通知》及瑞金市教科体局《关于开展全市民办幼儿园、校外培训机构规范办学行为专项督导工作的通知》精神，4月份局机关包乡挂点干部分成27个小组对全市幼儿园办学行为、安全维稳、师德师风、卫生保健等方面进行全面排查，另外还重

幼儿园运动会现场 （市融媒体中心供图）

点对 128 所民办幼儿园的办园资质、课程内容、虚假宣传及违规开展保教活动情况进行全面核查，并对存在问题的幼儿园下发整改通知。

【开展幼儿园督查评估】 根据《关于做好瑞金市 2020 年度民办幼儿园年检工作的通知》精神，5 月，局机关挂点干部和各乡镇中心小学干部组成工作组，深入所辖民办幼儿园进行全面细致的年检，134 所幼儿园年检合格。制定《瑞金市 2020—2021 学年幼儿园综合督导评价方案》，对全市 35 所公办独立幼儿园进行全面综合督导评估，同时每乡镇抽查一所农村附属幼儿园进行评估，并将结果纳入乡镇中心小学评估总分。对 13 所租民转公幼儿园一年来开展教育教学活动的情况进行评估，13 所幼儿园评估结果均为合格。

【教师素质提升】 开展全市课例展示和培训活动。5 月，开展“我的游戏我做主”室内区域自主游戏展示活动，通过片区初赛、市级复赛和决赛等环节，评选出一等奖 2 名、二等奖 4 名、三等奖 6 名，并择优推荐 2 名教师参加省、赣州市比赛，1 人获得赣州市一等奖、1 人获省三等；6 月 20 日，在绵江幼儿园开展全市幼儿园骨干教师培训，来自公、民办幼儿园 150 名左右骨干教师参加培训，超出培训计划 30 余人。实施学前教育质量提升项目，逐步统一学前教育课程资源，聘请省外专家对定为基地园和指导园的幼儿园进行点对点指导帮扶，采取专家入园、线上线下等方式对教师进行全方位培训，提升教师素质；9 月 15 日，组织城区各公办幼儿园园长、保教主任等近 100 人开展《生活·活动·经验幼儿园课程资源》研讨会；9 月 29 日，南京市全人教育研究院何红梅副院长莅临红井幼儿园，进行入园指导并开展课程培训活动，各级各类幼儿园 200 余人参加培训。

【教研帮扶】 印发《瑞金市教科体局关于举行全市幼儿园片区教研活动的通知》，本学年全市幼儿园继续围绕“自主游戏·快乐成长”主题，分片区开展教研活动，不断提升以园为本教研能力和教师设计组织游戏活动、观察孩子、分析孩子、优化游戏的能力。印发《瑞金市教科体局关于开展幼儿园结对帮扶活动的通知》，继续开展“城乡”“公民”幼儿园结对帮扶活动，通过送教入园、观摩研讨、跟岗学习等多种形式，引导优质教育资源向相对薄弱的幼儿园辐射与拓展。

【省、市示范幼儿园评估】 推进幼儿园升等创优，提升办园水平，对省、市示范幼儿园评估工作早安排早部署，要求申报园所制定迎评工作时间表，对照评估条件逐项自查、逐一落实，并组成 2 个本市级专家组对参评幼儿园进行不少于 3 次的入园指导。10 月 11—18 日，全市 10 所幼儿园迎接省、市示范幼儿园评估和复评。经专家评审，红井幼儿园通过“省示范幼儿园”评估，其他 9 所幼儿园顺利通过“市示范幼儿园”评估和复评。全面做好幸福幼儿园、金穗幼儿园开园招生工作、九天御景小区配套幼儿园回收工作，以及普惠性民办幼儿园认定工作。

（市教体局）

中小学教育

【概况】 2021 年，全市有各级各类基础教育学校 159 所，其中，高级中学 2 所、完全中学 2 所、初级中学 27 所、小学 123 所、九年一贯制学校 3 所、特殊教育学校 1 所，另有小学教学点 97 个。全市在校中小学生 108908 人，其中，普高 16704 人、职高 6110 人、初中 32345 人、小学 53591 人、特教学校学生 158 人；全市教职工 7475 名，其中，高中 914 名、初中 2014 名、小学 3680 名、特教学校 24 名。

【德育教育】 开展“童心向党·放飞梦想”优秀童谣征集、“百年辉煌历程，践行初心使命”爱国主义教育主题读书、“扣好人生第一粒扣子——永远跟党走”主题读书等主题教育活动。瑞金三中和井冈山小学代表赣州市在全省中小学三项文化教育“红色基因传承”主题系列成果展示中，均获省一等奖，并在全省巡回展演。广泛开展红色研学实践，印发《瑞金市中小学生研学实践教育工作管理办法（试行）》，统筹推进中小学生研学实践活动，全年开展红色研学实践 200 余次，参与学生 4.5 万余人次。

【家校共育】 利用“让爱回家·红都家校共育”平台，打造“线上家庭教育知识超市”，全年参与线上学习 71.1 万余人次，领取“幼升小”合格家长证 2 万余人，现场培训家长 12325 人，完成全市 2825 名幼儿园教师、中小学班主任全员培训，培训家校共育种子师资100名。组织118名家校共育讲师团老师前往全市所有行政村开展“我为群众办实事·家校携手育新人”送训到村实践活动，宣传普及科学的家庭教育理念，参与家长近1万名。

【心理健康教育】 制发《瑞金市中小学校心理健康教育工作指南》，设置班级心理委员、年级心理小组、校级心理社团、校园心理驿站、教师心理兵团、心理咨询热线等，构建校园心理健康工作网络。引进心理健康教育服务团队，举办“幸福三百·全心启航”心理健康教育技能培训，培养专（兼）职心理健康教师1000余名。开展学生心理健康状况普查，建立心理健康档案，健全重点人员台账，对疑似存在心理问题学生进行评估干预。积极开展个案咨询、团体辅导及心理健康教育主题讲座，完成个案咨询210人次、团体辅导及主题讲座119场次、应急事件危机干预13次、电话咨询辅导350人次，受益学生3.5万余人次。

【控辍保学】 下发《关于做好适龄儿童少年接受义务教育情况核查工作的通知》，组织各乡镇干部、村居（委）会干部、结对帮扶干部、中小学校长、学校教师重点对适龄儿童少年就学信息再次核查，继续落实“6对1”控辍保学机制，确保没有一名学生因贫辍学。

职业教育、成人教育与民办教育

【概况】 2021年，瑞金市职业教育积极探索产教融合校企育人模式，推动了职业教育高质量发展，全年招收新生2466人，比2020年增加226人，在校学生达6356人。毕业生1470人，就业率达100%，全市职业教职工336人。办学水平不断提升，瑞金中专在赣州市中职学校技能大赛中取得“九连冠”，连续四年获省直属县、省属普通中专、高职院校中专部团体总分第二名。稳步推进开放大学教育工作，成人大学全年招生296人，其中，春季招收学员276人、秋季招收124人，招生数居赣州市开放大学教育前列。积极探索职业教育国家标准、“产教融合、校企育人’模式，坚持多元办学，形成了生产实习一体化、分阶段、分层次、订单培养等具有“瑞金特色”的人才培养模式，促进了瑞金职业教育高质量发展，毕业生就业率达100%。2021年招入新生2466人，比上一年增加226人，毕业生1470人，在校生6356人（含大专班学生248人），教职工336人，学生巩固率、就业满意率不断上升，办学规模不断扩大。瑞金中专在赣州市中职学校技能大赛中斩获“九连冠”，连续四年获得省直管县、省属普通中专、高职院校中专部团体总分第二名。

【落实职业教育“提质培优”行动】 积极深入贯彻落实国家和江西省《职业教育提质培优行动计划（2020—2023年）》，将提质培优行动计划作为学校三年发展的行动指南，列入重点工作，不断夯实基础、补齐短板，全面提升办学质量。所承接的36项重点任务中，8项任务已基本完成，26项正在推进过程中。开展主题班会、思政大讲堂、团课等多种形式全覆盖、全方位引导学生树立正确的人生观、价值观、世界观，将思政教育、职业素养、工匠精神融入课堂，着力培育新时代优秀工匠。

【校企合作】 秉承‘职业教育资源整合、立足于服务地方、立足于支柱产业”的理念，采取灵活多样的校企合作模式，支持当地企业解决用工难题。采取“工学交替”模式满足重点企业短期用工需求，为当地提供近2000人次短期用工。全面对接瑞金电商孵化园相关企业，与园区企业通过顶岗实习、跟岗实习等形式在学生就业、创业方面搭建良好的平台，为电商园输送各类人才400余人。积极支持瑞金现代服务业发展，利用专业优势为旅游、酒店、餐饮等行业开展专业技能培训。为城乡公办和民办幼儿园、早教机构推荐实习生近1500名，大力缓解幼教师资不足的问题。深化校企融合，不断拓展学生就业渠道。与江西江铃汽车股份有限公司、赣州途虎养车、格力电器（赣州）有限公司及瑞金市荣誉国际酒店、得邦照明、全方电声、瑞狮科技、飞麦电子商务、昊宇重二和城乡幼儿园等瑞金本地近100家用人单位建立稳定的合作关系。举办春秋两季校园招聘会6场次，132家本地用人单位来校招聘，1000余名毕业生留

青少年活动中心象棋技艺兴趣班 （市融媒体中心供图）

在本地就业，占毕业生总数近 60%。

【瑞金中专教学设施建设】 实施二期建设工程，被列入全市重点工程项目，计划投资 6.5 亿元，规划建筑面积 30 万平方米。新宿舍综合楼如期投入使用，配套设置、图书馆、阅览室、多功能报告厅、校园文化布置进一步完善，向上争资 200 万元改建老运动场增加学生体育活动场所，投入 331.5 万元新增机电、汽修、计算机等专业实训设备。

【成人教育管理】 落实国家开放大学、江西开放大学“治学”要求举措，始终坚持以学生为中心、以教学质量为核心、统筹线上线下有机结合的教学活动，提高学生的学习成效和满意度。积极开展教学实施活动，组织全体老师参加赣州开放学院系统教学支持服务培训会。每学期在机房组织一次班主任网上学习、查阅、批改作业等相关业务培训，提高教师的业务能力和班级管理能力。组织学生参加网上学习，提高学生形考任务完成率。严格落实国家开放大学、江西开放大学“治考”要求的举措，把加强考风考纪教育作为重要内容，通过各种途径发布《国家开放大学全国统一考试工作人员违规处理办法》《国家开放大学学生考试纪律与违规处理办法》《致考生的一封信》等，集中开展专项教育，营造诚信考试良好氛围。组织考试工作人员、监考教师开展考务培训，强调相关政策宣传和警示教育。规范统一保密室设置、考点及考场布置、监考流程等。年内，877 人次机考和 1490 科次期末考试顺利进行。

【成人教育奖励与资助】 积极做好国家开放大学“长征带”精准扶贫工作，公平公正奖励和资助优秀学员。根据奖学金评选要求，经过严格审核，130 名品学兼优学员获得“长征带”教育精准扶贫工程奖学金，每生 1500 元，总金额 19.5 万元。291 名学员获得国家开放大学“长征带”教育精准扶贫工程助学金，每生 500 元，总金额 14.55 万元。

【民办教育】 全市有民办教育机构 25 所（不含民办幼儿园），其中，民办学历教育学校 3 所、校外培训机构 22 所。加强校外培训机构整治，联合公安、消防、行政审批、市场监管等 11 部门组成联合督查组开展联合督查，学科类培训机构原有 10 所，注销 3 所，转为非学科类 7 所，压减率为 100%。（市教体局）

特殊教育

【概况】 2021 年，特殊教育工作紧紧围绕区域教育均衡发展和更好满足辖内特殊教育服务对象的需求，坚持“育人为本、以师生全面发展为本”的教育理念，努力强化特殊教育管理的科学化规范化水平，着力提升特殊教育的针对性和实效性，积极探索送教上门服务模式，提高智力障碍儿童少年入学率，进一步提升社会文明程度，减轻家庭和社会负担，提高特殊需要人群素质。全市适龄残疾儿童 655 人，其中，随班就读 406 人、特教就读 149 人、送教上门 100 人，残疾学生入学率 100%。

【特色课程设置】 根据特殊学生康复需求，设置“特色+康复+职业”相结合的课程。针对启智班学生年龄和实际情况，开设“个别化训练”课，对低年龄学生进行“一对一”康复训练。开设体育康复课、美术手工兴趣班、音乐兴趣班等。积极发展残疾学生职业教育，帮助残疾学生更好就业，为高段培智学生开设汽车美容培训课程，外聘汽车美容技术人员授课；启音班外聘专业教师开设美容美发、蛋糕烘焙等课程。

【道德和养成教育】 积极开展国旗下讲话、“文明之星”、“学习之星”、“劳动之星”评比等系列活动，开展“上好开学第一课” “重阳节——尊老敬老”“铭记历史爱我中华”等主题教育。开展国庆节爱国快闪活动、元旦迎新年活动、新时代学生心中的好老师评选、爱心捐赠等。精心布置宣传阵地，构建以中国传统文化、红色文化为引领，励志文化为主体，师生作品为载体的校园文化体系。规范教室、功能室布置，创设一个“时时受教育，处处受感染”的德育环境，让每一面墙都能说话、传声。

【社会资助】 年内，青岛江西商会、市民政局、沙洲坝镇政府、普度寺等爱心单位、团体捐赠书包、文具、书籍、水杯等学习用品和食品。新华社爱心人士给学生送上自己亲手织的毛衣、围巾和帽子，温暖孩子们的冬天。瑞金市土八鲜电子商务有限公司捐赠两台空调，解决学生午休冬冷夏热的问题。孩子们感受到社会对他们的关心关爱，也学会了感恩。

（市特殊教育学校）

教师培训

【概况】 2021 年，全市教师培训工作以“服务理念、质量理念、引领理念”为根本，坚持“按需教研、按需培训”工作思路，提高全市教师业综合素质。年内，全市实施市本级教师培训 21 期，培训教师 3931 人次。

【“双减”教育理念培训】 聚焦“双减”政策，引导广大教师全面理解“双减”政策，树立“减”出办学活力，“减”出教育质量的新理念。11 月，组织 100 名乡村新教师分批次到 9 所市属学校进行跟岗学习，同时聘请 48 位有丰富经验的老师进行指导。针对“双减”背景下，如何优化课堂，精减作业，提高课堂效率，“减”出质效作示范。举办全市中小学校长“双减”主题教育论坛，释疑解难，形成共识，推动落实“双减”政策。12 月，举行第十六期“教育盛宴 · 红都讲坛”，开展“双减”主题讲座，集中观看北京师范大学张志勇教授题为《“双减”让学校回归教育的主阵地》视频报告，并组织分组论坛，200余人参加培训。

【强师提能培训】 开展丰富齐全的培训项目，整体提升教师综合素质。抓好岗位培训，提升学校管理水平。11月，组织由高中校长和年级管理人员组成的教育考察团赴福建学习新高考实施经验；12月，组织30名校（园）长赴省城名校跟岗。抓实学科培训，提升教育教学质量。分别组织初中英语、初中语文、初中数学、小学数学、高三复习备考学科培训。抓牢专题培训，提升教师综合素质。实施心理健康教育、信息化能力提升等专题培训，明确培训目标，突出培训重点。创新培训模式，组建高素质培训团队。创新培训模式。选拔组建全学段、全学科的县域教师培训团队，实现由“输血式”培训转变为“造血式”培训。采取“走出去、请进来”的培训方式，建立高素质培训团队。采取常交流、“传帮带”、老带新的方式，整体提升教师队伍能力水平。开展学校党务干部培训和党员示范培训，培训优秀党员干部230人。

【专业师资培训】 加大体育项目专业特长教师的培训力度，全面推进专业教练员进学校活动，助力体教融合的工作开展。举办“音体美专兼职教师培训”及福建省陶行知研究会“送优秀传统文化进老区（瑞金专场）”等培训活动，培训专业师资300余人。

（市教育体育事业发展中心）

学校选介

【市直属机关幼儿园】 幼儿园位于瑞金城南端，创建于1957年，占地面积3915平方米，建筑面积3416平方米。开设教学班12个，在园幼儿401名，教职工45名，其中，专任教师43名，在编教师45名。2021年学校紧紧围绕“党建领航、立德育心、提质惠民、打造中心”的工作路径，以“一切为孩子，为孩子的一切，为一切的孩子”为办园宗旨，践行“在游戏中激发兴趣，在兴趣中发展探究，在探究中习得经验，在经验中引发创造”的办园理念，不断追求“用废启智、游戏树人、户外强身、书香润心”的办园特色，遵循幼儿身心发展规律，保障幼儿健康快乐发展，办园水平不断提升。先后被评为“江西省文明单位”“江西省家校合作试点校”“江西省健康、快乐、发展先进幼儿园”“江西省五一巾帼标兵岗”等。

（市直属机关幼儿园）

【市红井幼儿园】 幼儿园坐落于城西北郊教育园区，占地面积2.8公顷，建筑面积1.2万余平方米，绿化面积1.6万余平方米，活动场面积10000余平方米。2021年开设教学班30个，在园幼儿957名，教职工125名，其中，专任教师76名、在编教师68名，本科学历教师40名、大专学历教师32名、中专学历教师2名，学历达标率达100%。各项设施、设备均按照省级示范幼儿园标准配备，多功能厅、多媒体室、扎染坊、建构室、亲子小厨房、科学探究室、阅读演播厅等幼儿专用活动室一应俱全，园内植被丰富，有30种687棵树木，绿树成荫，环境优美，是一所充满自然美、生态美的儿童乐园。办园7年来，坚持以“为孩子播下一生幸福的种子”为办园理念，以“培养信、健、智、美身心和谐发展的儿童”为办园目标，优化办园条件，规范园务管理，锻造专业师资，推进课程改革等，保教质量稳步提升。先后被评为全国足球特色幼儿园、江西省家校合作试点学校、江西省红色教育试点园、江西省示范幼儿园赣州市示范幼儿园等。

（市红井幼儿园）

【八一小学】 学校占地面积36亩。2021年，八一小学有学生2802人，54个教学班，教职工136人，其中，小学高级职称9人、中级职称83人；省骨干教师5人。秉承“潜心教书、悉心育人”的教风，涵养“专心求知、诚心明礼”的学风，教育质量有口皆碑。学校先后获“国家级语言文字规范化示范校”、“全国优秀少先队集体”、“江西省爱国主义教育先进单位”、江西省“基础教育课程改革先进单位”、江西省“现代教育技术示范学校”、“省级文明单位”、“优秀基层党组织”、“文明校园”等殊荣。

（八一小学）

【解放小学】 学校创办于新中国成立初期，位于向阳北路96号，占地面积14619平方米。建筑面积9811平方米。2021年有学生3340人，教学班62个，教职工160人。学校坚持以“奠定学生最坚实的起步”为办学理念，以“培养有聪明的脑、有温暖的心、有健康的身的全面发展的人”为办学目标，以“守仁、博文、尚真、乐群”为校训，以“民主、和谐、至善、向上”为校风，以“乐学、善思、好问、巧练”为学风，以“大爱、博学、勤研、乐教”为教风，努力践行“四个更加注重”，即更加注重校园文化理念的打造，更加注重教育特色亮点的打造，更加注重师生成长平台的打造，更加注重和谐安全环境的打造，坚持“办好人民满意教育”，在传承与创新中取得显著办学成绩。先后获得“全国优秀少先队集体”、“全国青少年校园足球特色学校”、“第三批全国中小学中华优秀传统文化传承学校”、教育部规划课题“先进科研单位”、“江西省首届文明校园”、“江西省平安校园示范校”、“江西省廉政文化进校园示范校”等百余项荣誉。

（解放小学）

【瑞金一中】 2021年，市第一中学有教职工479人，其中，正高级教师1人、高级教师135人、中级教师158人、特级教师2人。学校被省教育厅评为普通高中新课程新教材实施省级示范校，被哈尔滨工业大学、西南交通大学等高校评为“优质生源基地”。刘涛、钟嘉慧考取清华大学，郭芯雨、王建雄考取北京大学；全校600分以上140人（理科97人、文科43人）；文化一本上线760人（理科592人、文科168人），文化二本上线1676人（理科 1167 人、文科 509 人）。年内，教师参加各类教学竞赛获奖 350 人次，其中，国家级 1 人、省级 258 人次、赣州市级 78 人次，获得优秀教学资源展示活动一等奖 31 人次，省“智慧作业”微课征集活动获奖 107 人次；课题立项或结题 19 项，其中，国家级 2 项、省级 11 项；教师发表论文 37 篇，其中，国家级 25 篇、省级 12 篇。学生在江西省赛区奥赛中获奖 36 人次，其中，国家级 20 人次、省级 2 人次。

（梁海平　朱宝）

新建成的瑞金八中　（市融媒体中心供图）

【瑞金二中】 2021 年，市第二中学有教学班 109 个，学生 6108 人，教职工 391 人（其中，正高级教师 2 人、特级教师 2 人）。学校秉承“学生喜欢、教师幸福、家长满意、社会认可”办学宗旨，牢记“为党育人、为国育才”教育使命，全方位激活“德智体美劳”五大要素，全过程明确“师生家校社”五大主体责任，全局性优化“人财物时空”五大条件，构建“五育”并进的育人体系，办学质量稳步提升。学校连续九年被赣州市委、市政府评为“普通高中教学质量综合评估先进单位”。2021 年高考，瑞金二中文化一本上线 130 人，文化二本上线 535 人。

（瑞金二中）

【瑞金三中】 2021 年，市第三中学有教学班 111 个，在校学生 6535 人，在编教职工 375 人，其中，研究生学历 18 人、本科学历 295 人、省特级教师 1 人、正高级职称 1 人、副高级职称 113 人、中级职称 147 人。高中部连续 8 年被评为赣州市“普通高中教育质量先进单位”、瑞金市“高考先进单位”；初中部一直居全市初中教育教学质量前列，连续多年被评为瑞金市“初中教育教学综合督导评估先进单位”、瑞金市“初中教育先进单位”。

（瑞金三中）

【瑞金四中】 2021 年，市第四中学有教学班 70 个，学生 3863 名，在编教职工 209 名，其中，省骨干教师 6 人、赣州市骨干教师 15 人。积极开展教育教学改革，推动家校共育和体教融合，积极落实“双减”政策和课后延时服务，全力打造红色驿站，厚植爱党爱国情怀。学校被教育部认定为“第一批全国学校体育工作示范学校”和“全国青少年足球特色学校”，被授予“江西省五四红旗团委”“江西省师德师风示范校”“江西省平安校园”“江西省文明校园”等多项荣誉称号，连续九年被评为瑞金市“初中教育质量先进单位”。

（瑞金四中）

【瑞金中专】 2021 年，市中等专业学校系省重点职业学校，省 A 档中等职业学校。学校占地 30.27 公顷，建筑面积 12 万余平方米，教学设施设备价值 3500 万元。2021 年，学校有教学班 115 个，在校学生 6356 人，教职工 336 人。设大专部 1 个、职高部 1 个、中专部 5 个，开设幼儿保育、数控技术应用、激光加工技术、工业机器人、汽车运用与维修、汽车车身修复、高星级饭店运营与管理、旅游管理、美妆形象设计、计算机网络技术、电子商务、平面设计等 13 个专业和“三校生”对口高考班，并设有汽修、计算机专业等校企合作订单班。学校连续九年获得赣州市技能竞赛团体总分第一名，连续四年获得江西省技能竞赛团体总分第二名。学校先后被授予“全国教育系统先进集体”、江西省中小学“平安校园示范校”、“江西省文明校园”等荣誉称号。

（瑞金中专）

科学技术

综　述

【概况】 2021年，全市科学技术工作围绕瑞金高质量发展要求和国家级、省级经开区综合发展（科技创新）考核目标，把打造“创新创业中心”和实施“科技创新赋能行动”作为科技工作核心，推动全市科技创新工作提档升级。9月25日，经市委编委研究决定，将科技工作职能从市教育科技体育局划出，重新组建市科学技术局。根据《关于组建市科学技术局的批复》（瑞编字〔2021〕73号）和《关于市教育科技体育局深化事业单位改革有关事项的批复》（瑞编字〔2021〕37号）文件，市科学技术局下设市科技创新中心（事业单位，代市政府托管）。

【科技创新投入机制】 进一步拓宽科技创新投入渠道，加大科技创新经费投入。全年地方财政科技支出3.9亿元，科技支出占财政支出比重3.8%；科技三项经费206万元；为34家企业62项科技创新项目发放扶持奖励资金751万元，比2020年增长35%，其中，最高获得奖励扶持资金100万元。全市规模以上企业研发支出3.36亿元，占地区生产总值204.4亿元的1.6%，比2020年增长77%。组织开程电气、晶山纸业、金富电力、南马电气入围科技金融贷款（“科贷通”）备选企业，安康玻璃、金字电线、化工机械、晨柏电子等企业获“科贷通”续贷1200万元。

【培育科技创新主体】 全面实施科技型企业培育工程。全市有高新技术企业37家、科技型中小企业56家。年内，有59家规模以上企业开展研发活动，比2020年增加17家；高新技术产业增加值占规模以上工业增加值的38%，比2020年增加12.5%。全市规模以上企业研发投入5.6亿元，高新技术产业增加值占工业增加值的39%，高技术产业投资项目比2020年增长37.7%。主攻科技创新10大项目被列入赣州市主攻科技创新调度项目，超额完成4.63亿元的项目投资。申报省级科技计划项目13项，比2020年增长330%，同意立项5项，比2020年增长400%。

市科技馆为学生开展科技活动　　（市融媒体中心供图）

科技创新

【工业企业科技创新】 坚持把创新引领摆在工业发展的突出位置，加大政策扶持力度，引导和支持企业与上海电缆所、哈工大、南昌大学、西安电子科技大学等高校、科研院所合作，推动产学研用走实走深。年内，2家企业10个产品申报省级新产品获得项目确认书，其中，8个产品通过验收并获得新产品称号。江西九华药业有限公司和江西瑞金金字电线电缆有限公司2家企业通过省级企业技术中心复评。至年末，全市有高新技术企业37家，省级“专精特新”企业8家。

【创新平台能级】 全年新增基础研究机构1家、省级科技企业孵化器2个、赣州市级科技创新中心3家。至年末，全市有国家级创新载体2

个、众创空间和星创天地各 1 个；省级科技创新平台 9 个（其中，工程技术研究中心 3 个、企业技术中心 2 个、工程研究中心 4 个）、省级科技企业孵化器 1 个、省级生态文明科技示范基地 1 个、省级科技协同创新体 1 个；赣州市级工程技术研究中心 7 个、赣州市级技术创新中心 4 个。组织中藻生物、金字电线、金一电缆等 3 家企业入围赣州“苏区之光”人才计划项目；益地生物、客家红酿造、盛源环保等 3 家企业获评赣州市级技术创新中心；组织 2 家创新创业机构申报省级科技企业孵化器。

科技合作与成果

【科技合作】 进一步深化产学研合作，加强院校企地深度融合，推进协同创新，促进一批科技成果转化。组织金字电线、金一电缆、盛源环保等企业前往中科院赣江创新研究院对接科研项目；加强与西安电子科技大学等高校和科研院所的合作。

【科技成果】 九华药业“孕康口服液”、金字电线“特种航空航天用电线电缆生产线”、益地生物“新型肥料”等技术成果顺利转化；瑞马科技与南昌大学合作研发“固体电池”、时高乐与同济大学合作“机器人抛光打磨”技术攻关取得重大成果；绿野轩生物与江南大学合作建成全国第一条“水媒法”提取油茶籽油生产线，鸿兴实业与华南理工大学合作研发的“油茶果壳复合材料”获得第七届中国国际“互联网+”大学生创新创业大赛全国总决赛银奖；金馨星环保研发的淋膜纸获德国莱茵大中华区亚洲首张 Flustix 淋膜纸无塑证书。

科技服务

【科技指导服务】 开展科技特派团（特派员）活动，为瑞金市杰仕柏、养宝农业、民兴种养等 6 家公司（合作社）联系对接赣州市农科所肖林长等 7 位蔬菜类专家教授和江西农业大学吴建富等 7 位畜禽类专家教授；组织东华理工大学、赣州市柑橘研究所、赣州市畜牧水产研究所、省农业技术推广中心等 5 位博士专家服务天成食品、绿野轩生物等 5 家公司，全年开展科技服务、技术指导 10 批次。

【特色品牌打造】 各乡镇发挥地方优势做大做强“名、特、优、新”农产品，打造“土字号”“乡字号”特色品牌，促进农业产业化、规模化发展，带动农民增收致富。年内，瑞金市利民果蔬专业合作社申报省级“一村一品”项目，获得奖励性资金补助 10 万元。

【科技史料陈列馆建设】 中华苏维埃共和国科技史料陈列馆建设得到科技部、省科技厅、赣州市科技局的大力支持，陈列馆主体工程全面完工，启动陈列布展工作。陈列馆投资 700 万元，占地面积 4400 平方米，建筑面积 1422 平方米。通过科技史料馆建设，推动科技知识普及。

（市科技局）

知识产权管理服务

【专利发明】 全市有效发明专利拥有量 137 件，比 2020 年增加 69 件，增长 101%。年内，获发明专利授权 65 件，比 2020 年增长 242%。技术合同成交金额登记 4.49 亿元，比 2020 年增长 149%。每万人有效发明专利拥有量 2.25 件，增长 132%，增长幅度位于赣州各县（市、区）前列。维持 10 年以上高维持年限发明专利 19 件，其中，维持 17 年 1 件、12 年 1 件、11 年 2 件、10 年 15 件。

【专利激励资助】 修订《瑞金市专利专项资金管理办法》，梳理知识产权惠企政策 5 条，资助发明专利授权、专利运用、知识产权人才和知识产权优势企业。对获得知识产权管理体系认证的给予一次性奖励，奖励比例为首个认证周期认证费用总额的 20%，最高不超过 1 万元。7 月 29 日，瑞金市源东建材有限公司获得全市首张《知识产权管理体系认证证书》。年内，资助专利授权 205 件，其中，发明专利 13 件、实用新型专利 189 件、外观设计专利 3 件，发放专利专项资助 32.4 万元，并向赣州市申报专利专项资助 9.77 万元。

（兰孟　宋林汶）

气象服务

【气象测报】 全年发布气象预警信息 570 次，免费发送手机短信 16.89 万余人次，预警信号最高提前量在 3 小时以上。汛期期间，通过“叫应”机制向全市各乡镇、防汛办等部门预警暴雨、雷电、冰雹等气象灾害，实时监测降水量，出现短时强降水、暴雨时及时向乡镇值班员告警；制作气象情况反映件 27 期，气象呈阅件 6 期；联合市应急管理局、自然资源局发布制作地质风险灾害预警 3 期。通过邮箱、电话、手机短信、“江西微农”等渠道，向各乡镇主要负责人和气象信息员、新型农业经营主体人员发布最新预警、雨情信息及防范措施建议。传统节假日和重大社会活动期间，制作节假日天气预报和中、高考天气专报等 11 期。制作春耕春播、秋收秋种和双抢气象服务专报等重要农事活动专报 16 期，为农事活动顺利进行提供保障。

【人工影响天气作业】 按照“政府主导、气象主管、部门联动、区域合作”工作机制，统筹推进人工增雨作业，开发云中水资源缓解旱情。全年开展人工增雨作业 83 次，其中，9 次火箭作业发射火箭弹 20 枚，74 次在九堡、日东、拔英等乡镇燃烧地面碘化银烟条 143 根，有效缓解干旱天气给农果业及居民社会用水等带来的影响，降低森林火险等级。

【防雷减灾】 更新确认防雷安全重

开展人工增雨作业　（市融媒体中心供图）

点单位55家，与防雷重点单位签订防雷减灾工作责任书，督促其认真履行防雷安全主体责任，做好防雷装置定期检测工作，并以手机短信等方式提供雷电预警服务。落实防雷安全检查制度，开展防雷安全专项检查、“双随机”抽查等，及时排查整治雷电安全隐患。全年开展防雷安全检查6次，其中，联合检查2次，抽查防雷重点单位20家，对不符合安全标准的单位督促限期整改。

【气象科普知识宣传】　以“3·23”世界气象日、“首席预报员进校园”、“5·12”全国防灾减灾日为契机，开展气象科普报告会，培训全市各行各业气象信息员256人。通过知识讲座、开放气象科普教育基地等方式，把气象防灾减灾科普知识送到田间地头、社区、企业、校园。积极参加全国第20个“安全生产月”咨询日活动，发放防雷避雷常识、农村气象灾害避险指南、触电与雷击急救措施等材料，为经济发展提供气象科技支撑，增强民众防灾减灾意识和自救互救能力。全年发放气象防灾减灾安全宣传册2000余册。

（李洪珍　黄凯赞）

水文测报

【概况】　2021年，全市水文水资源监测工作深入贯彻落实“节水优先、空间均衡、系统治理、两手发力”新时代治水方针，围绕水生态文明建设，认真践行“水利工程补短板，水利行业强监管”总基调，不断夯实水文监测能力，奋力打造“防汛抗旱、水资源管理、水生态文明建设”三张名片，为瑞金经济和社会发展提供准确的水文测报信息服务。全年实测流量159次、单沙194次、输沙16次，瑞金水文站平均水位187.49米，最高水位191.59米；平均流量14.2立方米每秒，最大流量427立方米每秒，实测径流量4.49亿立方米。全市径流年内分配不均衡，汛期（4—9月）实测径流量3.71亿立方米，占全年径流量的82.6%；非汛期径流量0.78亿立方米，占全年径流量的17.4%。瑞金市河川径流量补给主要是降水，属雨水补给型地区。

【水文监测】　对辖区内3处国家基本水文站、54处水位站、100处降水量站、2处固定墒情站、10处移动墒情站、4处地下水监测站、1处蒸发站进行考查，进一步摸清家底、规范管理，补齐自动监测能力不足、水文基础设施及信息化建设相对薄弱的“短板”。编制《瑞金大队测验方案》《瑞金大队超标准洪水测报方案》《瑞金大队操作手册》，确保各项水文监测数据测得到、测得准、报得出、报得及时。

【防汛抗旱服务】　修订大江大河及区域代表站点洪水预报方案，采用新安江模型进行参数率定。收集辖区4座中型水库度汛方案，掌握水位、出入库、蓄水量、纳雨能力等基本信息，及时更新汛限水位、库容曲线等信息，定期调查整理逐小时水位、蓄水量、出入库流量资料，为编制（更新）防洪预报调度方案夯实数据基础。全年发送雨量、山洪、河道等预警信息1000余条，编写水情简报6期，编写并报送雨水情趋势预测分析、旱情专报等2期。在“5·16”“5·19”最大强降雨过程中，充分发挥水文预报的耳目和参谋作用，有效减轻灾害损失。

【水资源管理服务】　对境内10座水电站开展生态流量监测，实时掌握县级以上城市水源地和重要乡镇“千吨万人”取水口信息，纳入旱情专报或简报，分析提供取水口供水能力和水质情况，编制《瑞金市水资源公报》。对辖区城市饮用水水源地进行全面监测，每月完成辖区17个断面取水送样工作，并发布《水质公报》。完成国务院“互联网+督查”和部分舆情信访渠道反映问题整改现场复核任务，实地核查农村供水工程3处。

（市水文水资源监测大队）

文 化

综 述

【概况】 2021年，瑞金市文化传媒工作深入开展庆祝中国共产党成立100周年和中华苏维埃共和国成立90周年各项活动，唱响主旋律，弘扬红色文化，赓续红色血脉。积极推进文化管理体制和媒体深化融合改革，组建瑞金市融媒体中心、市文化旅游融合发展中心。截至年末，全市有各类文化市场经营单位51家，其中，书店21家、网吧8家、KTV歌舞娱乐场所16家、印刷企业25家、电影院6家；有专业艺术表演团体1个、文化馆1个、乡镇文化站17个，公共图书馆1个，农家书屋259个。市图书馆藏书20余万册，“农家书屋”藏书200余万册；全年放映电影6000余场，观众50余万人次；送戏下乡、送戏进社区182场，观众10万余人次；广播电视综合人口覆盖率达100%，有线电视入户率超90%。

【文化设施建设】 推进群众文化基础设施建设，构建城区有大型综合性群众文化活动场所、乡镇有农民文化活动中心、村居（社区）有文化活动小广场的公共文化设施格局。投资4.63亿元的市文化艺术中心全面建成，年内，陆续开放文化馆、图书馆、博物馆、规划馆、科技馆和影剧院。完成市文化馆数字化系统建设项目和非遗馆展陈建设；配送书籍4.3万册，更新全市259个“农家书屋”图书总量的15%；新建沙洲坝旅游书房，配送书籍8.4万册；推进城乡广播电视公共服务建设，广电网络线路累计投入资金3630万元，延伸到全市所有行政村，修复应急广播终端52个，无线广播电视信号实现边远山区全覆盖。

（王舒婷　张燕辉）

文化市场管理

【服务效能监管】 加大公共文化资源配制、加强公共文化服务单位服务效能的监管。年内，完成2020年度全市乡镇综合文化站、“农家书屋”检查考评工作，完成2020年上级专项公共文化体系建设资金绩效评价工作，完成2021年上级专项资金申报及计划落实工作，全年争取上级专项资金780万元，并推动图书馆开放、电影下乡、文艺下乡活动有计划开展。

【市场巡查整治】 加强文化市场日常巡查，开展专项整治行动，规范文化市场经营秩序，开展“扫黄打非”五大专项行动和文化市场安全隐患排查专项整治行动，维护意识形态领域安全稳定。全年，组织“扫黄打非”集中行动8次，出动执法人员249人次，摸排检查文化市场经营单位157家次，发出责令改正通知书3份，没收非法教辅资料120册。对瑞金市藻得福贸易有限公司从事非法出版物储存、附送等活动案件进行查处，作出没收非法出版物236册，并给予罚款的行政处罚。

【文化市场安全生产】 对全市文化市场落实消防安全和疫情防控工作开展联合检查，冬春季专项检查、春节期间“零点夜查”行动、法定节假日期间专项检查行动、“七一”建党节期间专项检查等各类专项检查，重点排查网吧、歌舞娱乐场所、影剧院等落实疫情防控工作是否常态化以及消防通道是否畅通、消防设施是否过期、电器线路是否存在老化现象等各类安全隐患。规范各类文化经营单位的文明经营行为，指导文化市场经营场所利用LED电子显示屏、映前公益广告、广播播放、张贴宣传标语等多种方式加强安全、防疫等宣传，提高群众安全意识。年内，出动执法人员713人次，督查检查各类文化市场经营单位326家次，开展联合检查7次，安全生产和疫情防控工作专项检查47次，累计播放宣传标语85条，播放映前公益广告45条，发现安全隐患3处，口头警告3家，全部整改到位；对3家影院、1处景区未落实疫情防控措施行为进行约谈，对1家影院、5家网吧、1家星级酒店未落实疫情防控措施行为作出停业整顿处理。

【网吧市场监管】 建立巡查机制，加大巡查力度，以打击网吧违规接纳未成年人、是否悬挂未成年人禁入标志为重点，增加巡查频率，实行迂回检查、回访检查。加大科技监控力度，全市网吧安装和使用“文网卫士”客户端和文网网吧助手服务端实现100%，有效禁止未成年人进入营业场所，提升网吧监管规范化、便利化。公布“12318”举报电话，达到全方位多角度监控。年内，出动执法人员 197 人次，检查网吧 108 家次。

【歌舞娱乐市场监管】 开展歌舞娱乐场所违禁歌曲专项整治行动和高考、中考、高中学考期间文化市场专项整治，以歌舞娱乐场所是否安全合法经营、是否接纳未成年人，对 KTV 点歌系统是否存在不良现象和违法行为被相关机关查处艺人的相关作品、播放的曲目和屏幕画面是否含有违禁内容，是否存在噪声扰民、是否超时经营等为整治工作重点，杜绝违法违规经营行为发生。年内，出动执法人员 318 人次，检查歌舞娱乐场所 109 家次，立案 4 起，结案 4 起。

（王舒婷　张燕辉）

公共文化

【文化惠民】 稳步推进全市全民阅读工作。年内，开展“世界读书日”“版权宣传周”主题活动暨“绿书签行动”等系列活动；争取上级 400 余万元资金支持，完成瑞金市非遗馆建设；全年完成各类演出 198 场次，其中，叶坪景区完成免费情景演出 16 场次、观看游客 3200 余人次；送戏下乡、送戏进社区 182 场，观众 10 万余人次；送电影下乡 3560 场，观众近 42 万人次；指导乡镇、村居自办文艺活动 14 场。在“世界读书日”广泛宣传、倡导读书活动，并开展以“倡导全民阅读、助力全面小康”为主题的送书下乡活动，送出科技文化书籍 4600 册；向全市发放“名著进万家”购书券 2 万张（价值 200 万元），开展经典作品诵读，营造良好的社会阅读氛围。

【志愿服务】 年内，组织广大文化志愿者深入社区、乡村、广场、景点、厂矿、学校等，开展多形式、多种艺术品类的公共文化志愿服务活动，为基层送去丰富多彩的精神食粮。全年，开展活动 90 余场，参演群众 2000 余人次，服务群众 10 万余人次。

文化艺术中心广场　　（市融媒体中心供图）

【图书馆藏】 年内，市图书馆新馆建成并投入使用。新馆建筑面积 8200 余平方米，藏书总量 20 万余册（含电子文献）。图书馆设立 24 小时开放的“城市书屋”和文创休闲阅读室、少儿阅览室等，为市民提供丰富的阅读选择和舒适的阅读环境。

【读书活动】 举办“全民阅读 · 书香瑞金——世界读书日”系列活动；开展以“倡导全民阅读、助力全面小康”为主题的送书下乡活动，送出科技文化书籍 4600 册；向全市发放“名著进万家”购书券 2 万张，倡导名家经典诵读，营造良好的社会阅读氛围。开展庆祝中国共产党成立 100 周年暨市图书馆“百年荣光、薪火相传”有奖答题活动；举办红色故事会《连环画中的党史故事》展览 3 期。

（王舒婷　张燕辉）

群众文化

【概况】 2021 年，全市有客家山歌传承协会、红色文化传承协会、泽覃畲族文化艺术团、瑞金微马跑步协会、杨丽萍广场舞团等群众文化

市民在红都广场表演扇子舞　　（市融媒体中心供图）

团体60余个；年内，开展中国（瑞金）长征节、瑞金客家山歌传习活动、非遗文化进社区进学校、千人瑜伽表演等各类群众性文化活动500余场次，参与活动的文艺工作者5000余人次，观众6万余人次；涌现杨小平、许玉明、钟艳钧、蔡秀柱、杨丽萍等一批群众文化活动领军人物。

【主题文化活动】 围绕庆祝中国共产党成立100周年和中华苏维埃共和国成立90周年等重大主题，积极开展群众文化活动，传播红色文化，唱响瑞金好声音。充分发挥群众文化队伍优势，结合百姓大舞台，开展"唱支山歌给党听——瑞金市庆祝中国共产党成立100周年歌咏活动""共庆建党百年·舞动群文风采""童心向党·金色童年"文艺汇演等大型主题文化活动。以进社区、进群团方式，开展"永远跟党走"红色歌曲传唱、广场舞宣传推广活动20余场次，指导群众文艺表演36场次。利用数字化优势，开设《红色歌曲天天唱》《大家一起来》等红色歌曲、广场舞线上推广互动专题32期。

【基层文化活动】 春节期间，在红色景区开展瑞金旅游新春送福活动；在九丰极地海洋世界开展科普教育半价游活动；在中革军委旧址开展"童心永向党"——小红军体验互动、"红游记"里话春节——看动画片有奖问答以及元宵猜灯谜等活动。各乡镇积极组织群众开展富有特色的群众文化活动。冈面乡组织文艺爱好者在节庆期间开展幅灯舞表演；武阳镇"河蚌舞"成为广大群众喜闻乐见的传统文化表演；泽覃乡成立"畲族文化艺术团"，常态化深入乡村演出；万田乡组织"黄元米果节"，传承非物质文化遗产；云石山乡依托"长征第一山"景区，常态化开展红歌大家唱、红色故事"天天讲、人人讲"活动。

（王舒婷　张燕辉）

文学艺术

【重大主题创作】 突出新时代特色，围绕庆祝中国共产党成立100周年和中华苏维埃共和国成立90周年重大主题，实施一批文艺精品创作。大型原创音乐剧《闪闪的红星》在北京、南昌、赣州等地成功巡演，观众反响热烈；创作《瑞金非遗放光华》歌曲和MV，推送到"学习强国"学习平台播放；组织动画片《红游记》第二季、电影纪录片《共和国密码》在全国上映；参与中央电视台大型理论文献纪录片《从瑞金出发》的拍摄。

【优秀创作成果】 全市文艺工作者在各类平台发表作品600余件，获各级各类奖项300余项。钟秀华创作的散文集《陪审员手记》，获第十二届全国少数民族文学创作骏马奖散文奖，散文集《赣地风流》入选中国作协重点作品扶持和江西文化艺术基金文学创作拟资助项目并出版；范建民创作的长篇小说《野庙碑》入选江西省作协主办的"风起赣鄱"原创长篇小说重点作品扶持项目，长篇小说《水车简史》入选江西文化艺术基金文学创作拟资助项目；曾睿智创作的长篇小说《天上的花朵》入选江西文化艺术基金文学创作拟资助项目；宋元鸽出版散文集《致敬夕阳》；邱金湟出版散文集《溪水潺潺》。谢明琎创作的《瑞金太阳山》入选全国中国画作品展，胡应东创作的《赤都瑞金》入选全国美术作品展，赖楠创作的《寂静的日子》入选中国美协主办的第二届全国美术教师作品展。中国书协主办的书法展览，瑞金有4人次入展；江西省书协主办的书法展览，瑞金有63人次入展（含获奖）。其中，刘俊作品入展中国书协主办的全国第三届大学生书法篆刻作品展；唐绍禄、刘小明、朱景发作品入展中国书协和江西省文联联合主办的"学党史、感党恩、跟党走"庆祝建党百年全国书法展（江西篇）。

【大型原创音乐剧《闪闪的红星》在北京首演】 10月28日，由中共瑞金市委、瑞金市人民政府出品的大型原创音乐剧《闪闪的红星》在北京世纪剧院首演。该剧由曹瑜编剧，新锐青年导演王哲、蒋雅顺联合执导。该剧剧情跌宕，人物鲜活，对经典故事有继承有创新。故事的时代背景是1934年红军长征前后，中央苏区红军家属潘冬子，在大土豪胡汉三的压迫下，几经波折，历尽艰险，一个昔日的农村少年心里，注入中国共产党"为中国人民谋幸福，为中华民族谋复兴"的"理想"，终于完美蜕变。特别是潘冬子的母亲在入党的第二天为掩护游击

春节期间，瑞金市纪念馆在中革军委旧址开展"童心永向党"社教活动
（市融媒体中心供图）

队伤员，被胡汉三烧死，壮烈牺牲后，潘冬子变得更加坚强。该剧以青少年为主要目标受众，力求通过对红色故事的现代演绎，打造一部红色文化时代经典，让新时代青少年观众学习历史、了解历史，感知先辈浴血奋战、不怕牺牲的精神，传递信仰的力量。在北京世纪剧院演出后，11 月 6 日开始在音乐剧故事发生地“红色故都”“共和国摇篮”瑞金市演出，并开启巡演之旅。

【文艺人才培养】 成立全市文艺工作者职业道德和行风建设委员会，探索成立乡镇文联并指导其开展基层文艺活动。鼓励支持文艺工作者加入国家级协会，胡应东加入中国美协，成为瑞金第二个中国美协会员。瑞金市实施文艺激励政策的做法被中国文联全国市县文联公众号推介，文艺志愿服务工作的经验在全省文联文艺志愿服务工作现场会上推介。争取到中国文联“圆梦工程”文艺培训志愿服务项目经费 7 万元、江西省文联文艺志愿服务项目经费 2 万元。钟秀华出席中国文联第十一次全国代表大会、中国作协第十次全国代表大会；严帆获聘首批“江西红色文化传播大使”。

（周春柳　曾小云）

文化遗产保护与传承

【非物质文化遗产保护】 开展非物质文化遗产普查工作，甄选《苏区版画》《瑞金客家童谣》《瑞金茶灯闹春习俗》《红井的故事》等 10 个项目申报赣州市第六批非物质文化遗产代表性项目名录，并争取上级资金 400 余万元，完成非物质文化遗产陈列展示馆建设。瑞金市客家山歌发展传承协会、市金都小学获评赣州市非物质文化遗产传承基地，壬田镇廖奶奶咸鸭蛋专业合作社、叶坪镇华嬷嬷食品加工坊获评赣州市非物质文化遗产生产性保护基地。市文化馆在金都小学开展“非遗进校园”活动，举办“红灯照我心”彩灯现场制作比赛；在共和国摇篮景区“一苏大”旧址举办“人民的非遗人民共享——非遗进景区”活动。市文化馆拍摄的《瑞金非遗放光华》MV 获赣州市传统表演类非遗项目创作大赛二等奖，并在“学习强国”学习平台播放。

非遗传承人教授传统竹编技艺　　（市融媒体中心供图）

【非遗传承】 瑞金民歌传承人丁辉、瑞金鱼圆制作技艺传承人杨金庆、瑞金冈面车灯制作技艺传承人蔡秀柱、手工艺术模具雕刻钢模技艺传承人严恩荣获评江西省非物质文化遗产代表性传承人。瑞墨制作技艺传承人杨永洪、客家祠堂营造技艺传承人罗光法、瑞金玉雕工艺传承人刘惟星、瑞金客家咸鸭蛋腌制技艺传承人张杨、瑞金牛肉汤制作技艺传承人钟新发生、瑞金酸菜制作技艺传承人华小英获评赣州市非物质文化遗产项目代表性传承人。

【文物保护】 对 146 处文保单位建立“四有”档案，对 406 处不可移动文物数据录入国家文物局文物数据平台，完成望江亭、渭英公祠文保单位抢救性维修；对全市文保单位配置和更换灭火器材，年内，开展消防安全检查 5 次，开展文物安全专项检查 5 次，联合公安、消防等部门综合检查 3 次，查处安全违规案件 2 起。

媒体融合发展

【概况】 2021 年，根据全市事业单位改革精神，整合原广电新闻中心、市委报道组和瑞金报社职能，组建瑞金市融媒体中心，保留瑞金报社牌子，归口市委宣传部管理。新组建的市融媒体中心有干部职工 82 人（其中，编内人员 60 人）。中心班子成员由主任、总编辑、副主任、副总编辑组成，内设办公室、采访部、总编室、新媒体部、专题部、广告部、技术部、发射台 8 个部室；设立瑞金电视台综合频道、瑞金广播电台 107.1“红都之声”频率，每周出版四开八版《瑞金报》5 期；负责中国瑞金网、瑞金发布、“红都瑞金”抖音号、“瑞金红都云”App 新闻客户端等宣传平台运营，并负责上级报纸、广播电台、电视台和“学习强国”学习平台的供稿工作。依托“中央厨房”采编系统，融合所有媒体资源，构建新型采编发网络，形成“统一策划、一次采集、多元生成、多端发布、立体传播”的融媒体新闻生产传播格局，实现新闻传播全方位覆盖、全天候延伸、全领域拓展。

【广播电视宣传】 瑞金广播电视台开设《众志成城、防控疫情》《学党史、悟思想、办实事、开新局——以优异成绩庆祝建党一百周年》《奋斗百年路》《启航新征程——党史学习教育巡礼》《落实市第七次党代会精神，建设现代化次中心城市》《我为群众办实事》《大美瑞金、两城同创》《优化营商环境，打造宜居宜业瑞金》《干部作风教育整顿曝光台》《平安瑞金·你我同行》等30余个专栏。全年播出电视《瑞金新闻》175期，播出新闻稿件1200余条。策划制作《沃野新希望——乡镇领导换届履新探访》《红都瑞金：文华烂漫》《瑞金建政、翻天覆地》《瑞金：不忘初心赢大考》等20余部电视专题片。播出乡村振兴、党风廉政建设、生态环境保护、讲文明树新风、扫黑除恶专项斗争、新冠肺炎疫情防控和社会主义核心价值观等各类公益宣传片43个。全年在上级广播电视媒体播出新闻700余条，其中，在中央广播电视台播出新闻50余条、专题报道12次，省广播电视台播出新闻300余条、专题报道18次，赣州广播电视台播出新闻600余条、专题报道25次，并以大比分优势获得赣州各县（市、区）外宣工作第一名。

【新媒体宣传】 “红都瑞金”抖音号拥有粉丝481.5万人，共发布作品6000余条，获赞3.1亿人次，阅读量百万人次以上作品865条，阅读量千万人次以上作品128条，《八子参军》《十七棵松》等一批原创视频得到广泛好评。年内，在省融媒体中心发布的江西新媒体影响力排名中一直位列全省前三名，8—12月连续5个月排名第一，在赣州新媒体传播力排名中每月名列第一。11月，在新华智云媒体大脑、新华网客户端和新华网大数据中心首次联合发布的全国县级融媒体中心短视频传播力榜单中，位列全国第一。“红都瑞金”抖音号荣获2021年度赣州市十佳政务抖音。全年在“学习强国”学习平台上稿213篇，其中，总平台用稿11篇、江西平台用稿122篇、赣州平台头条66篇，被赣州市表彰为“学习强国”学习平台“十佳”供稿单位。

【宣传监管与安全播出】 严格实施新闻宣传《三审三校制度》《信息发布制度》《“两微一端”管理制度》等制度，组织专人审看、审阅、审听广播电视节目、《瑞金报》版面及新媒体作品，确保政治导向正确，全面提升新闻宣传水平。强化广播电视安全播出日常管理，加强重点时段安全播出监管，确保全年安全播出零失误、零事故。

（曾荣生）

融媒体中心　　（市融媒体中心供图）

广电网络传输

【概况】 2021年，广电江西网络传输工作以做强做大事业为目标，狠抓各项工作落实，较好地完成上级下达的各项目标任务。全市有线电视“双向网”改造（光纤到户）基本完成，网络质量、网络安全、网络覆盖面不断提高，城区有线电视覆盖率100%，农村有线电视覆盖率88%，全市人民看好电视的需求得到基本满足。

【安全播出】 严格执行安全播出各项制度，健全完善各项应急预案，加强技术维护和定期检修。采取人防、物防、技防等多种措施，确保全国“两会”、庆祝建党100周年、春节、中秋等重要保障期间有线电视信号安全传输。全年有线电视网络安全运行，未发生责任事故、重大网络停播事故和网络插播事件。

【网络建设】 有序推进全市有线电视“双向网”改造，基本完成农村有线电视网络改造，布设光缆2975千米；城网建设紧跟城市发展步伐，新建小区全部采用光纤到户标准，建成小区完成“光进铜退”改造，城区基本完成有线电视网络改造，布设光缆2052千米，为实现“智慧广电”转型升级奠定良好的技术基础。至年末，全市广电互联网终端用户共10000余户，开通互动点播终端用户3000余户。

【管线整治】 年内，投入资金200余万元，清理整治网络管道20余千米、窨井盖80余个。组织专门的技术力量，重点对云集圩、壬田圩、洁源圩等7个管线集中区进行全面整治，彻底解决网络管线杂乱、信号传输不稳的问题。

【业务拓展】 紧盯新时代文明实践中心、应急广播、“天网”工程等建设项目，主动对接市委宣传部、文广新旅局、公安局等部门，积极拓展新业务。新时代文明实践中心电视平台在各个行政村推广，其中，21个行政村完成安装调试；“天网”（三期）工程通过验收。与市人民医院签订人脸识别和一键报警设备采购安装项目合同。与市共建共享办沟通协调，推动全市户线工程项目建设。

（钟绍江　杨中）

图书发行

【教材发行】　按照教材经营“高效、扎实、主动、细致”的要求，做好全市中小学教材教辅征订发行工作，进一步强化服务意识，提高服务水平，优化服务质量，完成全市中小学“课前到书、人手一册”发行任务，并认真做好教材教辅余缺调剂等服务工作，为学校开展正常教学提供有力保障。

【图书销售】　全方位推进中心门店图书销售，抓好重点图书的宣传征订发行工作；抓好中心门店规范化管理，规范操作流程，实现从单一码洋管理到品类管理；精心做好全民读书活动中“中华经典、中外名著进万家”服务工作，增加图书品种，备足图书货源；积极做好团购促销，开展“暑期读一本好书”和节假日营销活动。全年，中心门店实现销售收入420.7万元。截至年末，公司资产总额10307.46万元，国有资产保值增值率15.09%。

（市新华书店）

报刊出版发行

【采访编辑】　《瑞金报》围绕庆祝中国共产党成立100周年和中华苏维埃共和国成立90周年，聚焦党史学习教育、中央苏区历史、市第七次党代会、市人大政协“两会”以及脱贫攻坚巩固提升、扫黑除恶专项斗争、新冠肺炎疫情防控等中心工作和阶段性重点工作，明确宣传主题、选准报道重点、精心组织策划，采写一大批新闻精品力作，为全市高质量跨越式发展提供坚实的舆论支持。全年开设《众志成城防控疫情》《学党史、悟思想、办实事、开新局——以优异成绩庆祝建党一百周年》《奋斗百年路、启航新征程——党史学习教育巡礼》《落实市第七次党代会精神，建设现代化次中心城市》《我为群众办实事》《优化营商环境，打造宜居宜业瑞金》《平安瑞金、你我同行》等30余个专栏。《瑞金报》全年刊发250期3000余篇新闻，成为全市干部群众和市外乡贤了解家乡发展的重要窗口。

【报刊发行】　《瑞金报》为四开八版、全彩印刷的周五报纸，全国公开发行。全年出版发行12000余份，报业收入200余万元。《瑞金报》全部由市邮政分公司投递，确保投递安全、及时、足额，保障订户第一时间了解全市最新资讯。在重大接待期间，专门调整出版内容，增加印刷数量，实行全彩印刷，并及时送至来宾下榻宾馆房间，让来宾更直观了解瑞金、感知瑞金。

（曾荣生）

档　案

【概况】　2021年，全市档案系统认真学习贯彻中共中央总书记习近平关于档案工作“四好两服务”的指示精神，牢记“档案工作姓党”的政治属性，积极从历史档案中汲取精神营养，以服务中心大局为主线，以改革创新为动力，着力补短板、强基础，协调推进档案工作“四个体系”建设，不断提高档案管理水平和服务能力，为推动瑞金经济社会发展再上新台阶提供有力的档案支撑。

【档案馆新馆投入使用】　市档案馆新馆于2008年立项，2017年12月启动开工，2021年7月交付使用。建设标准为县级三类国家综合档案馆，占地面积1100.57平方米，总建筑面积6862.95平方米，总投资2817.6万元。馆内消防设施、中央空调、除湿机、密集架、消毒柜、恒湿一体机、除尘净化整理台、图书档案杀菌机、大型低温杀毒机等配套设备完善。

【档案收藏与保管】　至年末，市档案馆藏有153个全宗79893卷45160件，其中，文书档案21994卷45160件；有专业档案57899卷，其中，房产档案303卷、林业三定档案534卷、干部死亡档案197卷、财会档案441册、人口普查表册74卷、土壤普查档案32卷、民国档案443卷、革命历史档案24卷、土地确权档案12476卷、脱贫攻坚档案34704卷、第二次全国地名普查档案8671卷。存有邓小平、江泽民、胡锦涛等党和国家领导人到瑞金视察档案。存有瑞金名特优产品照片档案。收藏社会捐赠的宗族、家庭和个人档案，主要有个人著作、回忆录以及钟、詹、刘、李、孔、胡、杨等十几姓姓氏族谱。征集疫情防控档案、“三重一特”重要活动档案，其中，有抗疫歌曲（曲谱）1首、视频13个、抗疫英雄日记33篇、英雄家书1封、照片61张、宣传资料6份、请战书1份、感谢信1份、声像档案1份；重点征集红色旅游博览会、谈万陆《瑞金三部曲》首发式、七城会、第十四届省运会等重大活动、重要事件的图片、文字资料和实物档案230余件。年内，接收全市土地确权档案12万户；接收“全国脱贫攻坚楷模”奖牌和荣誉证书2件；17个乡镇脱贫攻坚档案移交进馆。

【档案工作宣传】　提升全市档案宣传工作效果，利用国际档案日活动，宣传《中华人民共和国档案法》相关内容以及档案整理规范、档案管理办法，解答群众关心的查档问题。建立“瑞金档案”微信公众号，年内发布信息60余篇。积极向江西省档案信息网及江西档案杂志投稿，采用稿件8篇。深入宣传《中华人民共和国档案法》和《江西省档案管理条例》，增强全民档案法制观念和全社会的档案意识。

【档案利用服务】 进一步发挥档案工作“存史、资政、育人”功能，为市情宣传、史志编研、论文撰写等提供权威依据和独特资源。年内，重点服务浏阳市委党校教授、南昌师范学院教授、厦门大学马克思主义学院师生等查阅革命历史档案，南昌航空大学师生查阅瑞金县民政局关于红军优抚政策的文书档案。全年接待社会各界档案查阅600余人次，提供利用档案资料1000卷（册），查准、查全率均达95%以上。

【档案安全管理】 落实全国档案安全工作会议精神，严格执行《档案安全管理制度》等规章制度，着力强化档案安全意识，做到防患于未然；加强库房温湿度监测，精准调节库房温湿度；在库房放置灭虫药，防止档案生虫；完善档案统计台账，做到账实相符、家底清楚；规范档案查阅利用手续，防止失密、泄密事件发生。全年无档案损毁和失泄密事故。

【档案法治建设】 贯彻实施《中华人民共和国档案法》和《江西省档案管理条例》，坚持以法律手段加强档案管理，做到依法治档。开展档案执法与业务指导相结合的专项执法活动，年内，由市委办牵头开展档案行政执法检查3次，对各乡镇、各行业部门脱贫攻坚档案以及土地确权档案整理情况进行检查，实现全市脱贫攻坚档案移交进馆。

（市档案馆）

地方志

【概况】 2021年，瑞金市地方志工作立足丰富地情资源，深化地方志研究，全面、忠实、系统地记述瑞金自然、政治、经济、文化、社会的历史与现状，总结历史经验，掌握客观规律，充分发挥地方志“资治、教化、存史”的作用，助力振兴发展和文化建设，努力为瑞金经济社会发展贡献智力支持。

【地方综合年鉴编纂出版】 以市政府名义下发《关于做好〈瑞金年鉴〉（2021）编纂工作的通知》，收集乡镇、单位年鉴资料300余万字。9月，《瑞金年鉴》（2021卷）初稿形成，经征询意见、反复修改，12月底出版印刷。完成《江西年鉴》《赣州年鉴》组稿任务；组织力量撰写《江西年鉴·2021》《赣州年鉴·2021》瑞金部分的文字资料3万余字，经市委领导、分管领导审定，分别向《江西年鉴》和《赣州年鉴》编辑部报送。

【旧志资料整理】 按照瑞金历代旧志整理计划，共有8部旧志需要整理出版。年内，清同治甲戌《瑞金县志》和民国《瑞金县志》出版发行，其余6部明清旧志完成点校的审核和复审工作，进入出版程序。

【《瑞金大事记》编纂】 制定《编纂出版〈瑞金大事记（2020—2021）〉实施方案》，全面征集大事记资料。年内，完成《瑞金大事记（2020—2021）》资料收集，进入编纂阶段。

【乡镇部门志指导】 积极帮助乡镇、部门编辑出版乡镇志和专业志。开展《万田乡志》《瑞金市扶贫志》审稿工作，指导《瑞金市祠堂志》《沙洲坝镇志》撰写，协助市政协启动《瑞金市人物志》的编纂。

【咨询服务】 接待各级政府、部门及社会各界的咨询及来信来访100余人次，提供中共党史、苏区历史、瑞金历史沿革、名胜古迹、文化遗迹、山川河流等各类资料上百份，为市委、市政府及各部门各单位决策、对外宣传、市外乡亲了解瑞金提供精准的信息资料。

（王仲平）

卫生健康

综 述

【概况】 2021年，瑞金市卫生健康工作深化医药卫生体制改革，完成市属3所公立医院三级医院执业注册评审，组建了瑞金总医院。公共卫生健康体系日趋完善。严格新冠肺炎疫情防控。全市新接种新冠疫苗98.72万针，完成核酸检测31.56万人次，实现新冠肺炎零感染。

【卫生健康服务】 全面落实国家基本公共卫生服务项目，对全市65岁及以上老年人、0~6岁儿童、孕产妇、高血压患者、糖尿病患者、精神障碍患者、肺结核患者等群体进行建档精细化健康管理，全年“两癌”免费筛查24315例，受益人群达169926人；开展白内障免费手术438例，儿童先天性心脏病免费救治24例，白血病患儿免费救治6例，尿毒症免费血透救治199例，精神障碍患者免费救治1635人次。

【人才队伍建设】 引进院士工作站2个、博士工作站3个。市属三大医院临聘人员指导数大幅增加，其中，市人民医院由原来的580名增加至1128名，中医院由186名增加至615名，妇保院由282名增加至655名，市疾控中心增编7个。全年引进医技人员64名。派送220余名医技人员至上级或知名医院进修学习。通过政府购买服务的方式，竞聘录取乡村医生到村卫生计生服务室执业，实行市级统一招聘，乡镇卫生院统筹使用，全市261名乡村医生被纳入乡村一体化管理。为受聘乡村医生发放基本工资、绩效工资并统一购买养老保险、医疗责任险、人身意外险，提高受聘乡村医生合理收入。规定受聘乡村医生每年必须接受培训不少于2次，累计培训时间不少于2周，每3年至5年必须到市属三家大医院或有条件的中心乡镇卫生院参加不少于1个月的脱产进修，所有培训学习和脱产进修均免费提供。

【社会心理服务】 投入资金1000余万元，依托市、乡、村三级综治中心，设立心理咨询室或心理工作室243个。针对职工、妇女、儿童、老人等不同人群以及婚姻家庭、危机抗压、预防建设、激励关怀等不同需求，建立不同类型专业心理服务队伍，构建具有行业特色的服务网络。搭建线上直联e网，开通心理援助热线电话，打造线上服务网络平台。全年，提供心理热线服务300余次，为20余人次提供公益个案咨询服务。积极强化心理服务队伍建设，组织本地及外聘心理学专家60余人组成专家团。全年开办培训班11期，培养基层社会心理工作者300名，实现每个村（居）至少有1名基层社会心理工作者；培训心理服务志愿者100余名，参与相关活动1100余人次；排查出特殊对象52例，进行心理疏导和危机干预32人次。年内，开展“心理沙龙”活动44期，参与人数950余人。12月16日，瑞金市在安徽宿州举办的“首届全国社会心理服务周暨应用交流会”上，就社会心理服务工作做典型交流发言。

【健康瑞金建设】 贯彻落实《健康瑞金建设实施方案》，编制《瑞金市“十四五”卫生健康规划》，把卫生健康事业发展融入全市大健康产业发展规划。启动国家卫生城市和国家（省级）卫生乡镇创建工作。6月，高质量完成创建申报工作；11月，壬田镇、拔英乡、大柏地乡通过国家卫生乡镇市级基础评估，武阳镇、九堡镇、瑞林镇、万田乡和日东乡通过省级卫生乡镇现场核查。启动省级慢病示范区和健康促进县市创建工作，开展全民健康“三减三健”行动，创建“健康促进”学校140所，“健康餐厅、健康食堂”10家。打造全国健康医疗旅游示范基地，建设健康养老中心、健康教育及培训中心、健康文化广场、健康步道等，实现医疗卫生、健康教育、休闲旅游一体化。大力开展爱国卫生运动、环境整治活动、农村“厕所革命”、无烟环境建设和病媒生物防制，人居环境得到全面提升。以创建全国健康促进市为抓手，组织全市健康科普专家库专家和健康科普讲师团成员，开展健康科普“进机关、进学校、进企业、进社区、进乡村、进家庭”等“六进”活动1500余场次，发放实用“健康素养工具”3万余份，受益人员4.6万余人。

（市卫健委）

新冠肺炎疫情防控

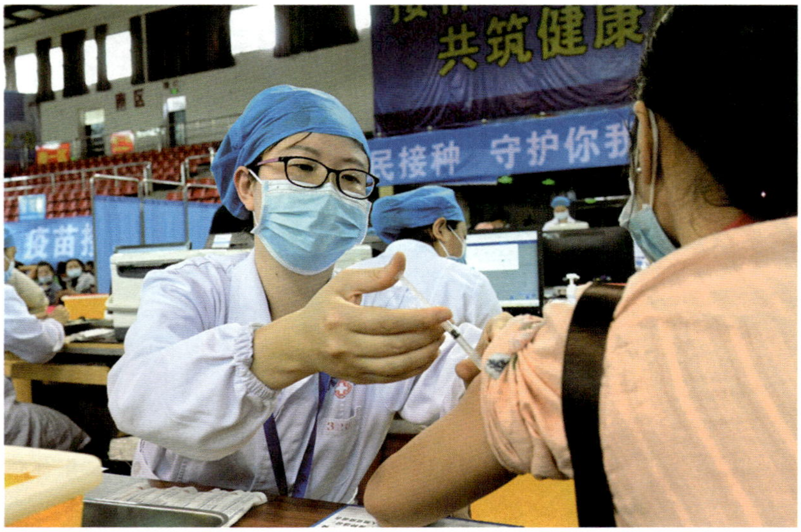

新冠疫苗接种　　（市融媒体中心供图）

【概况】 2021年，瑞金市新冠肺炎疫情防控，坚持“外防输入、内防反弹”，精准施策抓常态，严督实导抓落实，精准管控重点场所、重点人群、重大活动。建设发热门诊2个、发热哨点24个。开展全市性疫情防控应急演练3次、核酸检测演练2次，各乡镇分别开展不少于2次的应急演练和核酸检测演练。组织医疗机构和隔离场所工作人员开展院感防控培训12次；培训各乡镇、各单位流调、消毒、防疫、核酸检测人员等骨干6次1200余人次。全市累计接种新冠疫苗98.72万剂次、核酸检测31.56万人次，其中，常态化开展在校师生、宾馆酒店、旅游景区、交通行业等重点人群定期抽检，完成抽检4轮6.2万人次；成立重点场所专项督查组5个，派出督导1362人次，监督检查单位（场所）2891次，发现问题578个，提出意见建议391个，发出督查通报34期。市财政筹集各类资金1亿余元，用于医用物资采购、医护人员食宿、援鄂人员慰问、集中隔离点支出等，为全市新冠肺炎“零感染”提供坚强的保障。

【防控机制】 组建由市委、市政府主要领导任双指挥长的疫情防控工作指挥部，实行24小时应急值守制度。召开专题调度会议226次、领导小组会议20次，收听收看上级视频会议109次。出台重点场所管理操作流程、防护标准、场所消杀实施细则和重点人员流调溯源、核酸检测规范流程，制定应急处置、闭环转运、院感防控等制度，制定隔离酒店安全标准、道路卡口工作流程，全面提高防控工作规范化水平。坚持储备30天的应急防疫物资，核酸检测物资可满足62万人口混检，并与第三方核酸检测机构签订核酸检测协议、与七大商超签订生活物资保障协议。各乡镇、各村居均配备足够的防控人员及防控物资，倡导和鼓励群众适量储备家庭防疫物品及生活物资，引导居民自觉遵守疫情防控要求，主动配合做好各项防控检测工作。

【疫苗接种】 坚持实事求是、应接尽接、稳妥有序的原则，做实做细“禁忌症人员、失联人员、暂缓接种人群、退休干部职工、外出人员”等五类人群台账，重点对禁忌症人员进行甄别，一对一跟踪催种暂缓接种人群，对本地户籍完成接种的外出人员均收集接种凭证，做到疫苗接种不漏一人。抓住各种假期人员流动高峰，对来（返）瑞人员人人过筛，发现未接种的，动员迅速就近接种。年内，全市接种新冠疫苗98.72万剂次，接种率居赣州前10名。

【重点场所重点人群防控】 全力守住关键卡点，在火车站、汽车站安排工作人员长期驻点，开展健康码、行程码“双码联查”，适时启动各高速路口24小时驻点设卡。全面压实行业责任，紧盯商超酒店、药超医院、农贸市场、旅游景区、影剧院、KTV等重点行业，要求行业主管部门安排工作队专门驻守。抓实“外防输入”，按照属地管理原则，对本市户籍在中高风险地区务工、居住人员，分乡镇建立台账；对大数据平台推送的数据核实并当天清零。各级医疗机构切实发挥“哨点”作用，规范就诊人员旅居史问询，严格落实首诊负责、预检分诊及陪护制度。对中高风险地区来瑞货运车辆和司机实行闭环管理，采取统一高速口入瑞、统一停放车辆、统一进行车辆消杀、统一安排瑞金本地司机接驳至企业的方式，抓实外防输入工作。出台《瑞金市集中隔离观察点设置标准及管理技术指引》和

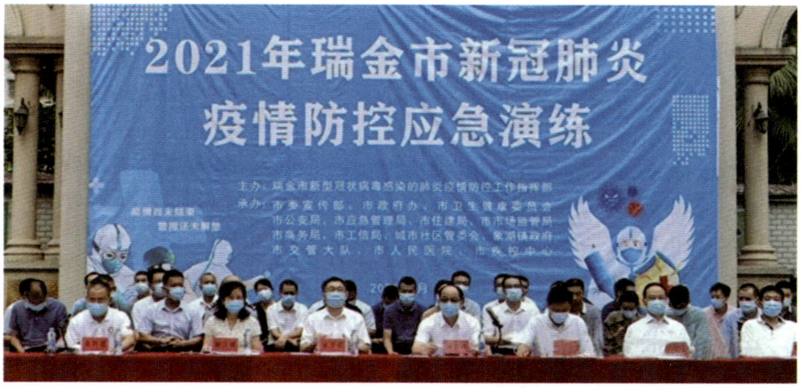

8月6日，在桦林社区红都国际城一期小区广场开展2021年疫情防控应急演练　　（市融媒体中心供图）

《瑞金市集中隔离医学观察场所人员管理制度》，每个正式启用的隔离酒店，安排1个工作组进驻，负责指导隔离酒店的日常管理以及隔离人员监控。

【重点行业疫情防控】 交通运输部门 完善新冠肺炎疫情防控应急预案，投资10万余元在市汽车站设置疫情防控留观室，安排3班组28人次在汽车站开展疫情防控“三码”查验核酸检测等工作。强化疫情防控督促检查，对汽车站、冷链物流企业、项目建设工地及各客货站场进行全面检查，督促运输企业做好公共场所和交通工具的通风、消毒工作，严格落实疫情防控措施。加大站外上下客、“黑车”非法营运、超限超载等违法经营行为打击力度，加强对疫情重点地区以及省、市、县际客运班车、包车往返客运车辆的检查力度，及时停运和恢复往返中高风险区客运班线，遏制通过公共交通工具交叉感染病例。

市场监督管理部门 紧盯重点食品行业，抓好冷链食品全链条管控。狠抓从业人员个人防护、消毒、核酸检测措施落实，全市24家冷链企业全面落实冷链食品进货“四专”“四证”要求。积极发挥223家药店新冠肺炎疫情防控“哨点”作用，做好“四类药品”质量监管和销售监测，督促指导全市2860家餐饮单位落实疫情防控主体责任，严格落实进入人员“测温、扫码、戴口罩”措施，督促150余家大中型以上餐饮服务单位安装测温门。督促食品经营单位将食品信息录入“赣溯源”平台，做到来源可查、去向可追。全年组织重点行业从业人员1700余人开展核酸检测“适时抽检”，确保重点行业疫情防控落实到位。

通信部门 全市通信部门积极提供信息发布服务，提高疫情防控信息覆盖率、知晓率。全年发送疫情防控公益短信60万余条，提供中高风险疫区流入用户清单1900余个，协助排查常住居民数据3100余例。

市人民医院 强化新冠肺炎疫情防控，对PCR实验室核酸检测设备进行升级改造，引进核酸快检设备，提供24小时核酸检测服务，核酸检测能力日均达1000管。全年新冠疫苗接种总数321710剂次。

市中医院 全年接种新冠疫苗130679针次，及时完成6个乡镇接种点新冠疫苗接种的异常反应处置。

市妇保院 组建新冠疫苗接种攻坚队，随时提供上门接种服务。全年接种新冠疫苗110607剂次。

【督查检查】 市疫情防控指挥部成立5个专项督查组，对重点场所进行督查；市卫健委成立9个督查组，对各医疗机构进行每周至少两次的常态化督查。年内，全市取消各类大型宴席、庙会60余场。以“零容忍”的态度，着力发现和查处思想不重视、责任不落实、工作不到位等形式主义官僚主义问题。年内，派出督导人员1322人次，监督检查单位或场所2837次，发现问题562个，提出意见建议385个，发出督查通报34期，通报批评并责令作出深刻书面检查16人，单位主要领导作出深刻书面检查2人，约谈3人。

【防控宣传】 坚持正确的舆论导向，线上线下呼应、多维集中发声、立体宣传覆盖，高频次播放重要通告和权威信息，对防控措施落实不到位的场所进行多种形式的曝光。各单位利用LED显示屏每日滚动宣传疫情防控知识；各乡镇“村村通”广播每日定时播放疫情防控新政策，宣传栏刊发专题知识，并通过张贴公告、悬挂标语等多种形式，确保疫情防控宣传不留死角。组建疫情防控宣传服务队，开展疫情防控宣传“进村组、进网格、进学校、进企业、进家庭”活动，发放《致市民朋友的一封信》《疫情防控告知书》，解读新冠疫情最新形势和防控措施，引导群众提高防护意识和能力。

（市卫健委）

医药卫生体制改革

【医院管理】 市属三所公立医院在党组织领导下的院长负责制运行顺畅，并相继完成三级医院执业注册评审。市属3所公立医院党组织书记和院长继续实行年薪制，年薪由基本年薪和绩效年薪构成，基本年薪按月发放，绩效年薪按年度考核业绩发放。对市属3所公立医院进行用人放权，在编入控制数内，市属公立医院自行组织医疗卫生专业技术临聘人员招聘考试。建立以DIP、Drgs、RW、CMI指标为二分的内部绩效考核体系，实现绩效向能者倾斜、向一线倾斜。严格实行控费月通报、约谈制度，促进医疗收入结构合理化。全年，市属3所公立医院医疗收入比2020年增长15.1%；药占比25.9%，比2020年下降1.2%；医疗服务性收入占比39.2%，比2020年增长0.4%，门诊次均费用214.1元，住院人均费用6783.1元。

【分级诊疗】 规范开展脱贫人口及“三类人员”大病专项救治和家庭医生签约服务，家庭医生应签尽签率和履约率均达100%。组建县级医院专家团队定点帮扶指导，积极开展“优质服务基层行”活动，帮助18所乡镇卫生院提升服务能力。年内，壬田、九堡、武阳、叶坪等4个乡镇卫生院通过赣州市一级甲等综合医院复评。市中医院对200名乡村医生进行为期14天的封闭式培训。

【医联体建设】 学习借鉴“三明医改”经验，调整紧密型县域医共体建设方式，将市人民医院和市妇幼保健院整合为瑞金市总医院，在总医院内部实行唯一法定代表人的组织架构（即总医院院长兼为部各成员单位法人代表），采取“一个法人、一套班子”，人、财、物和业务统一管理模式。根据市总医院建设情况，利用2—3年时间，逐步将市中医院、各乡镇卫生院纳入市总医院管理，形成市域公立医疗机构一体化管理模式。整合全市公立医疗机构资源，加快推进区域医学影像和电生理诊断中心、医学检验和病理中心、消毒供应中心、慢性病管理中心和公共卫生临床医疗中心、妇女儿童医疗中心、眼科中心、骨科中心等建设，避免资源浪费和重复建设。推进卫生健康领域信息化建设，出台《瑞金市卫生健康领域信息化建设实施方案》，积极筹措信息化建设资金，推进全民健康信息平台建设，实行市域内医疗卫生互联互通、信息共享和同级医疗机构检查检验结果互认。灵活采取业务托管、科室共建和对口帮扶等方式，密切与北京朝阳医院、北京东直门医院、上海瑞金医院、南昌大学第一附属医院等知名三甲医院沟通对接，签订院际或专科共建协议。

（市卫健委）

医政药政管理

【药品耗材采购】 根据赣州市药品医用耗材集中采购联席会议办公室《关于做好国家组织药品集中采购和使用试点扩大区域范围江西中选结果第二年度采购周期有关工作的通知》，1月15日，启动“国家组织药品集中采购和使用试点扩大区域范围江西中选结果第二年度采购周期有关工作”，第一批第二年度25种药品完成采购任务；5月份，启动第二批第二年度国家组织药品集中采购和使用工作，32种药品采购工作有序进行，采购广东2021联盟药品品种14个、国家组织人工关节需求量报送确认、国家第六批集采药品（胰岛素专项）报量、国家组织第五批集采药品报量等各批次的执行和报量；完成国家药品集采第一批第一年采购周期结余留用资金270.48万元奖励拨付。

【药事质量管理】 成立瑞金市药事管理质量控制中心，将全市一级及以上医疗机构纳入药事管理质量控制中心成员单位，不断完善与健全瑞金市药事管理质量控制体系，实现药事管理工作规范化、标准化和同质化，加快药学服务转型，提高药学服务质量，促进合理用药；6月，召开瑞金市药事管理质量控制中心会议及学术讲座；11月，对部分医疗机构开展药事管理质量工作开展调研，并将调研结果及时通报。

【医疗废物处置管理】 制定《瑞金市医疗卫生机构医疗废物集中处置工作实施方案》，全市615家医疗机构中与赣州威绿达医疗废物集中处置有限公司签约的医疗机构有84家，另486家乡村诊所医疗废物集中交与乡镇卫生院（社区服务中心及象湖医院）代集中处置，还有45家有医疗许可证但未营业。全面建设医疗废水处置系统，市属三所医院完成医疗废水处置系统建设并有排污许可证，所有一级以上医疗机构均完成污水处置系统建设，设备正常运转，并向环保部门备案。根据疫情防控相关要求，8家集中隔离酒店均与赣州威绿达医疗废物处置有限公司签订转运协议，确保集中隔离酒店的废物规范处置。截至年底，市一级以上医疗机构共计产生医疗废物351.98吨，其中，集中处置291.54吨，转上级集中处置60.37吨，自行焚烧、深埋0.07吨。

【推进重大疾病救治工程】 年内，累计完成白内障免费手术536例、儿童先天性心脏病免费救治28例、白血病患儿免费救治6例和尿毒症免费血透救治206例。强力推进重度精神病人救治和随访工作，完成精神障碍患者免费救治1690人。截至年底，瑞金严重精神障碍患者管理工作综合评分排名赣州第三，全市累计登记并录入国家严重精神障碍病信息系统3108人，各项管理率均达到国家要求。

【医疗秩序整治】 新冠肺炎疫情防控期间，进一步加大医疗秩序整治力度。全年卫生监督执法立案145起，处罚64.8万元，完成“双随机”监督抽查136家；查处取缔无证行医2家，未获批准开展抗菌药物输注8起，医疗废物未规范处置6起。集中治理医疗卫生领域侵害群众利益问题，维护群众正当权益。年内，全系统予以记大过1人、记过2人、党内警告2人、行政警告5人、通报批评12人、约谈35人次。

（市卫健委）

疾病防控

【概况】 2021年，贯彻落实预防为主的工作方针，进一步完善疾病预防控制体系，认真履行防病工作职能，落实重大疾病防控措施。坚持以疫情防控为工作重心、业务发展为工作主线，各项工作均取得新进展。市疾病防控中心实验室通过省市场监督管理局的资质认定评审，取得“检验检测机构资质认定”CMA证书。

【公共卫生监测】 食源性监测 根据省、赣州市要求，瑞金市继续被纳入食源性疾病病例监测工作实施县市，全年完成食源性疾病病例监测29例。

学校卫生监测 开展学校教室采光、照明及教室人均面积、教室和宿舍通风设施等情况以及学校二次供水水质情况“双随机”监测工作，完成学校检测2所。对8个学校2400余名学生开展近视眼筛查。

公共场所卫生监测 提升市民公共卫生意识，加强公共场所卫生监测，对35家宾馆、酒店、美容院、游泳池等公共场所开展卫生抽查监测。

餐饮具消毒卫生监测 关注餐饮具卫生状况，组织专门力量，完成2家消毒餐具配送中心餐具考核样品检验12份，检验合格率100%。

水质监测 开展城市饮用水监测，在城区市政供水区域的城东、城南、城西、城北、城中，分别设置14个监测点，各监测点水质合格率100%，并将监测结果在网上进行公示。开展16个乡镇农村生活饮用水检测，收取水样499份，对不合格水样提出整改意见。

农村环境卫生监测 进一步加大农村环境卫生监测力度。全年抽测5个乡镇20个村100户村民，检测数据录入上传，并将存在的问题及时反馈，要求限期整改。

【预防接种宣传】 举办市级免疫规划培训班7期（含新冠疫苗相关知识培训5次），乡镇举办扩大免疫规划工作培训及会议80余场次，培训人数800余人，全市免疫规划工作人员业务素质得到全面提升。开展“4·25”预防接种宣传日和“7·

28”世界肝炎日咨询活动，各乡镇、单位共悬挂预防接种宣传条幅65条，制作专题宣传栏25个，在微信公众号、学生家长群中发布宣传资讯70余条。年内，发放“水痘防治知识”“免疫规划疫苗相关知识解答”“手足口病健康处方”“预防接种知识问答”“脊灰预防小知识”“麻疹科普小知识”等各类宣传资料2万余份，接受群众线上咨询5000余次。

【疫苗接种】 全市接种各类免疫规划疫苗109742剂次，其中，基础疫苗接种77226人次、加强针接种32516人次。全市各疫苗常规免疫报告接种率均在95%以上，其中，含麻疹成分疫苗接种率超过95%，乙肝疫苗首针及时率93.65%。接种22种非免疫规划疫苗73758剂次。开展脊髓灰质炎疫苗等免疫规划疫苗查漏补种，摸底调查登记IPV应种儿童1624人，实种儿童1602人，接种率98.65%；BOPV应种儿童76人，实种儿童75人，接种率98.68%。

【疾控监测】 *发热出疹病例监测* 年内，监测到发热出疹病例13例，全部进行个案调查、采样、送检，所有病例48小时完整调查率均达100%，采样3日内血清及时送检率100%，排除麻疹风疹病例报告发病率2.0294/10万，各项监测指标均达目标要求。

AEFI监测 监测AEFI病例48例（含新冠疫苗相关病例21例），其中，一般反应38例、偶合症4例、待定4例、异常反应2例。全市乡级AEFI报告覆盖率100%。

AFP监测 不断完善AFP监测系统，指定专人到市属各医院相关科室搜索AFP病例，加强AFP病例快速报告和常规报告。对市人民医院报告的1例AFP病例，及时进行个案调查、采样、送样、随访，报告后48小时内及时调查率、14天内双份便标本采集率、随访表75天内送达省中心及时率均达100%，所有监测指标均符合国家监测方案要求。

【督查评估】 开展全预防接种单位疫苗冷链管理排查，对全市各新冠疫苗接种点进行现场督导两轮，下发督导意见书、督办函70余份，乡级督导覆盖率达100%；组织全市免疫规划现场督导，并通过省免疫规划信息管理系统对全市23个接种单位开展免疫规划疫苗接种率评估，调查儿童2063名，调查10种免疫规划疫苗22剂次，除麻疹类疫苗首针及时率（84.48%）未达标外，其余疫苗的接种率均达标。

【艾滋病防治】 全市艾滋病规范化随访（即CD4检测）比例84.4%，艾滋病病毒感染者接受结核病检查比例95.1%，艾滋病病毒感染者配偶或固定性伴HIV抗体检测率80.5%。艾滋病病毒感染者抗病毒治疗比例90.3%，新诊断存活病例抗病毒治疗比例88.2%，未启动治疗比例3.6%，治疗后脱失比例6.2%，一次病毒载量检测比例85.9%，病毒学成功比例92.1%。开展第四轮全国艾滋病综合示范区工作，开发HIV自我检测小程序，联合大型连锁药店、超市进行推广，发放尿检试剂60余份。

【慢性病防治】 全面推进全民健康生活方式行动，在碘缺乏病日、全民营养周、世界无烟日、疟疾防治日、肿瘤宣传周、全国爱牙日、全民健康生活方式行动日、世界脑卒中日等时段，通过义诊、发放宣传单、开展健康知识讲座等多种形式开展健康教育活动。积极培养健康生活方式指导员，全年培养健康生活方式指导员273名，主要由慢性病自我管理小组长、学校老师、公共卫生医生及乡村干部组成。开展全民健康支持性环境建设，创建瑞金市荣誉国际酒店餐厅、海亚国际酒店餐厅、市卫健委食堂和市政府机关食堂等7家健康餐厅（食堂），深入创建国家级慢病防控示范区。

【地方病防治】 *碘营养监测* 在象湖、壬田、谢坊、瑞林、云石山等5个乡镇开展碘营养监测，监测200名8~10岁儿童的盐碘、尿碘及100名孕妇的盐碘、尿碘，并分别提取监测样本。

疟疾防治 在市人民医院及所有乡镇卫生院（卫生社区服务中心）开展以“三热病人”疟原虫血检为主要措施的疟疾疫情监测工作。年内，完成发热病人疟疾血检678例。

土源性线虫病监测 在象湖镇岗背村、武阳镇安富村、云石山乡超田村、黄柏乡柏村村、泽覃乡石水村开展土源性线虫病监测，监测工作全面完成，进入数据整理录入阶段。

儿童口腔疾病综合干预 市妇幼保健院承办儿童口腔疾病综合干预工作，年内，完成第一轮涂氟工作。

其他监测调查 组织专门工作队伍，开展饮水型砷中毒监测；对现存慢性丝虫病病人及地方性甲状腺肿大现症病人每半年开展一次走访调查。

【卫生检验】 按新冠疫情防控要求开展核酸检测，年内，完成各类人员核酸检测63216人份。完成农贸市场环境样品、冷冻食品企业环境样品及食品、隔离酒店隔离人员及环境样品等各类新冠核酸检测样品采集15679份。完成13家宾馆等公共场所233份样品卫生监测，3家消毒餐具单位消毒效果监测。完成城市饮用水12个监测点末梢水水质常规项目全分析，坚持城市饮用水末梢水每月4项指标检测，年内，监测水样60份，合格率100%。完成绵江河水、池塘水霍乱弧菌疫源监测样品检验18份。定期完成各种HIV检测资料网络填报，完成VCT、阳性配偶家属、哨点监测、羁押人员等人群的HIV抗体检测786份，其中，检出样品阳性16份，完成479份CD4血清样本采集、送检、检测。开展农村寄生虫调查，完成1500份加藤法粪便采集、制片和阅片，150份蛲虫片采集、制片和阅片。

【皮肤病防治】 积极开展麻风病预防宣传培训，为中小学生进行麻风病核心知识科普，为30余名乡村医师培训麻风病核心知识。结合“世界防治麻风病日”及“我为群众办实事”活动，慰问部分治愈麻风病困难人员，为群众提供皮肤病义诊、免费药品发放，受益群众 600 余人次。完成 2 例现症患者治疗观察随访、10 例现症患者的密切接触者检测、9 例愈后患者监测任务。

【结核病防治】 全市登记有结核病症状病人 552 例，发现登记肺结核患者 277 例，其中，初治涂阳 90 例、初治仅分子生物学阳性 45 例、初治涂阴 120 例、复治涂阳 16 例、复治仅分子生物学阳性 5 例、复治仅培阳 1 例，结核病病原学阳性率 56.7%。筛查涂阳肺结核患者密切接触者 478 例，筛查率 100%；追踪结核病人 197 例，追踪到位率 100%。在“3·24”世界防治结核病日，围绕“终结结核流行，自由健康呼吸”宣传主题开展各种形式的宣传，提高群众认知水平和防病意识，改善群众行为习惯，增强群体防控能力。加强学生结核病防治工作，开展入学新生结核病筛查，筛查学生 6310 人，筛查率 99%；其中，PPD 试验强阳性 85 人，强阳性率 1.37%；年内，发现学生结核病患者 2 人。

（市疾控中心）

妇幼保健

【概况】 2021 年，妇幼保健工作坚持以保健为中心，以保障生殖健康为目的，保健与临床相结合，面向群体、面向基层和预防为主的工作方针，加强婚前孕前保健管理、农村妇女两癌检查、妇女急救、新生儿重症救护、儿童康复等工作，不断完善二三级学科建设和专科联盟建设，按三级妇幼儿童保健院标准，推进妇幼保健院迁建，妇幼保健院工作能力全面提升。

【婚前孕前保健管理】 全市婚检孕检开展医学检查、医学咨询、婚育指导、健康教育等项目，其中，医学检查包括身高、体重、生殖器官检查以及血常规、乙肝表面抗原检查、淋球菌筛查、梅毒螺旋体筛查、血型测定项目等。全市婚姻登记 3293 人，接受免费婚检 3223 对，婚检率 99.51%；检出疾病人数 530 人，疾病检出率 8.22%；接受婚前卫生指导 6446 人，婚前卫生指导率 100%；免费孕前优生检查 3846 人次，检查出具有风险人员 2361 人次。

【妇女保健】 开展农村妇女“两癌”检查，采用宫颈液基细胞（TCT）检查及 TCT+HPV 联合检测方法，提高检测准确率。全年检查 15090 人，完成率 101%。其中，阴道镜检查 931 人、病理活检 403 例，查出低级别鳞状上皮内病变 81 例，高级别鳞状上皮内病变 77 例，宫颈微小浸润病 2 例，宫颈浸润癌 7 例，早诊率 91.86%；确诊乳腺癌 22 例。

【儿童康复】 市妇幼保健院儿童康复科是瑞金唯一的公立儿童康复治疗机构，也是江西省贫困残疾儿童康复救助工程——脑瘫康复训练基地。设有运动治疗室、作业治疗室等，拥有先进的康复设备和训练工具，引进国内外先进的康复技术，利用 Vojta、Bobath、Peto 的神经疗法理论与中国传统医学相结合的方法，治疗小儿神经系统疾病。对早产儿、极低体重儿、多胎儿、窒息、缺氧及病理性黄疸等高危因素所致脑损伤的患儿进行早期筛查、早期诊断、早期治疗。

（市妇保院）

爱国卫生

【概况】 2021 年，爱国卫生工作全面启动国家卫生城市、国家健康促进市创建，助力新冠肺炎疫情常态化防控取得良好成效，全体市民健康素养得到进一步提升。年内，完成国家卫生城市和拔英乡、壬田镇、大柏地等 8 个乡镇。拔英乡、壬田镇、大柏地乡通过国家卫生乡镇赣州市级基础评估，日东乡、武阳镇、瑞林镇、万田乡、九堡镇通过省级卫生乡镇现场核查，经省爱卫会审核后公示命名。

【爱卫月活动】 4 月 12—18 日，全市各乡镇、各单位、各网格集中人员力量，在网格责任区域和工作场所开展“绿色家园齐守护”环境共建活动，围绕背街小巷、老旧小区、城中村、城乡接合部、重点场所等薄弱环节，全面清除卫生死角，清理楼道庭院杂物，疏通下水管道和沟渠，消除各类小积水和病媒生物孳生地。开展“低碳环保践于行”绿色出行活动，把 4 月 9 日定为全市“绿色出行倡导日”，倡导全市各乡镇、各部门、各单位工作人员带头骑车、步行或乘坐公共交通工具出行，并引导群众培养文明健康、绿色环保生活方式。开展“文明健康始于心”宣传普及活动，组建一支由市三大医院、市疾控中心组成的健康科普专家队伍，开展为期一周的“文明健康始于心”科普教育进社区、进学校、进企业、进机关、进公共场所“五进”活动，普及健康防病知识、科学健身方法和健康生活方式。

【环境整治】 开展城区环境综合整治行动，以四个高速出入口至城区道路沿线、319 国道沙子岗至古城段两侧、瑞金大道外侧可视范围内，瑞金大道合围范围的所有区域及瑞金经开区范围，全面整治环境卫生，治理环境“脏、乱、差”问题。开展乡村环境综合整治行动，在圩镇开展环境卫生整治，在各村（社区）开展人居环境整治，乡村人居环境得到明显提升。开展机关单位工作环境整洁行动，严格按照《瑞金市机关单位环境卫生整治工作方案》标准，开展清洁卫生机关创建活动，实行每月一督查、每月一评比、每月一通报机制。开展重点场所环境清洁行动，加强农贸市场、垃圾中转站、公共厕所、建筑工地、拆迁工地、小餐饮店、汽车站、火车站等重点场所的卫生清洁，督促开展卫生整治，清理卫生死角，及时清运垃圾。学校开学前全面开展环境卫生大整治，对教室、办公室、食堂、宿舍、厕所和健康观察室等场所进行全面卫生清洗和消毒。开展市民家庭卫生清洁行动，对照“五净一规范”标准，做到家庭院内净、卧室净、厨房净、厕所净、个人卫生净，院内物品摆放规范，引导市民讲究公共卫生，提高爱护公共卫生意识。

【控烟行动】 加大控烟宣传力度，印制控烟宣传单3万余张、宣传册2.5万余本、宣传画1万余张分发给干部群众。各网格责任单位深入网格向广大群众宣传控烟知识；各单位LED显示屏、宣传栏、微信公众号开展控烟宣传；通过“96333”服务平台向全体市民发送控烟信息；在《瑞金报》刊发控烟知识专版，在瑞金电视台每天播放控烟知识。积极创建无烟环境，重点推动“无烟单位”“无烟医院”“无烟学校”“无烟机关”创建工作。在全市中小学校开展“保护青少年远离传统烟草和电子眼”世界无烟日主题宣传活动，开展“进机关、进社区、进医院、进学校”烟草控制大众传播活动。加强戒烟服务，重点推进医院戒烟门诊建设。强力推进控烟履约工作，对各机关、单位、医院、学校等进行督导暗访，对控烟工作滞后单位进行通报批评，并限期整改到位。

【病媒生物防制】 开展内环境病媒生物防制，年内，统一组织为期三天的集中投药消杀灭行动，完善防蚊防鼠设施、安装纱窗纱门、涂抹缝隙、堵塞鼠洞。开展外环境病媒生物防治，聘请专业消杀公司在居民区、无物业小区、背街小巷、街道绿化带、垃圾中转站、城乡接合部、农贸市场等公共外环境实施灭鼠灭蚊工作。每个月对城区36个网格进行排班，对城区公共外环境实施地毯式消杀，有效降低“四害”密度。开展卫生死角和病媒生物孳生地“清零行动”，对单位卫生死角、楼道庭院杂物、下水管道和沟渠、杂草等全面清理，尽量消除病媒生物孳生地。

（市爱卫办）

职业健康

【概况】 2021年，职业健康工作坚持“预防为主、防治结合”的工作方针，加强职业危害防治培训工作，提高全员职业安全卫生意识，积极控制职业危害因素和杜绝职业病发生，提高职业危害防治管理水平，把改善作业环境、强化员工职业健康作为重点工作，对职业病防治宣传、培训管理体系建立、个体防护设施配备以及防尘防毒防污染措施等方面认真强化落实，职业病防治取得明显效果，为从业人员营造一个安全、健康的工作环境。

【职业病防治】 积极开展《中华人民共和国职业病防治法》宣传周活动，年内，开展职业病防护知识培训2期，培训人员460人次；解答职业健康知识咨询102人次。编制发放职业卫生知识宣传册2000余份。健全职业病及健康危害因素监测信息系统，全年审核职业健康档案423例，审核疑似职业病8例，确诊病例3名；根据省卫健委《2021年重点职业病监测和工作场所职业病危害因素监测工作方案》，完成采矿业、水泥制造业等29家企业工作场所职业病危害因素监测。

【职业健康督查】 强化职业健康督查，调查核实110家重点企业，督促117家用人单位完成职业危害项目申报，发现问题170个，下达卫生监督意见书170份。加强尘毒危害重点行业领域专项监督、重点粉尘职业病危害企业危害因素监督检查，完成16个建设项目职业病防护设施“三同时”项目验收，对5个冶金企业建设项目未做防护设施的违法行为给予行政处罚。调查走访职业禁忌症患者35名，监督指导职业病疑似患者10名，监督企业对禁忌症患者和疑似患者进行岗位调离。

（市卫健委）

中医药事业

【概况】 2021年，强化中医医疗服务能力建设，扎实推进中医药传承创新，不断促进中医药事业健康发展。全市新增中医业务用房600余平方米，实现各乡镇卫生院中医馆全覆盖，并全部配置牵引床、中频治疗仪、中药熏蒸等设备。将市中医院、各乡镇卫生院中医药门诊服务分别纳入中医门诊统筹和门诊统筹报销，有效提高中医药门诊就诊量，全面提升基层医疗机构中医药服务能力。

【谋划发展思路】 积极谋划全市中医药事业发展思路。3月，市卫健委组织市属三所公立医院和部分乡镇卫生院前往江西省热敏灸医院、萍乡市上栗县和芦溪县，考察学习中医药服务能力提升工作，并形成专题学习报告，为中医药事业的发展理清思路和方向。

【网络服务建设】 强化中医药网络服务建设，完善中医药服务规范，充分发挥市中医院、各乡镇卫生院（含社区卫生服务中心）中医馆中医药服务的阵地作用；充分利用好医保对中医药事业的支持政策，保障中医药诊疗服务质量，促进中医药业务稳定发展。

【医技推广培训】 积极开展中医药适宜技术推广培训。6月，在全市开展基层医疗机构常见病多发病适宜技术推广培训。强化中医重点专科建设，做强市中医院针灸康复、手足显微外科、肛肠科等特色专科，扶持乡镇卫生院（社区卫生服务站）开展中医康复业务，安排基层医疗机构中医药服务人员定期到市中医院针灸康复科跟班学习。

【热敏灸服务推进】 充分发挥中医院热敏灸联盟单位作用，为全市乡镇卫生院（社区卫生服务中心）培训热敏灸操作人员，确保所有乡镇卫生院（社区卫生服务中心）有专业人员开展热敏灸业务。热敏灸小镇建设有序推进，建设标准化热敏灸体验中心2所，标准化热敏灸体验站5所，并在全市范围内推广热敏灸服务。

（市卫健委）

卫生监督

【概况】 2021年，注重加强综合监

督、疫情防控监督检查和各类违法案件查办，狠抓各项监督措施落实。全年卫生监督立案160起，较2020年增长25%，其中，医疗违法案件65起、公共场所违法案件51起、餐饮具集中消毒单位违法案件1起、涉水产品违法案件1起、消毒产品违法案件5起、职业病违法案件37起，对违法行为予以行政罚款65.6万元。全年办理从业人员健康证明3000余人次，处理投诉举报28起，完成“双随机”监督抽查136家，开展卫生监督协管巡查1396家。

【疫情防控监督检查】 加大新冠疫情防控监督检查力度，对辖区内医疗机构、公共场所疫情防控进行全方位多轮次监督检查。全年，出动卫生监督员1200余人次，监督检查医疗机构1000余家次、公共场所900余家次、学校70余家次、水厂20余家次、餐饮具集中消毒单位10家次、消毒产品生产企业27家次、涉水产品4家次，对疫情防控措施未落实到位的5家医疗机构进行停业整顿，并在新闻媒体曝光。规范集中空调通风系统使用，对全市公共场所集中空调通风系统清洗、消毒、监测工作进行全面监督检查，全市28家单位均建立集中空调卫生管理档案。

【医疗机构卫生监督】 以城中村、城乡接合部、城区各主要干道、全市各圩镇等为重点区域，全面开展整治医疗乱象专项行动。年内，查处取缔无证行医2家，未获批准开展抗菌药物输注8起，医疗废物未规范处置6起。开展重复使用一次性医疗器械专项整治，对2家存在问题的医疗机构作出行政处罚，对执业医师赖某作出停止执业活动6个月的行政处罚。对全市19家中医养生保健机构开展专项整治，对3家未取得《医疗机构执业许可证》开展诊疗活动的机构进行立案查处。推进医疗美容专项监督，检查医疗美容机构2家、生活美容机构150家，下达监督意见书20份，责令停止开展医疗美容机构3家，摘除医疗美容广告10余处，立案查处3家。

【公共卫生监督】 以创建省级卫生城市为契机，在全市范围开展宾馆酒店类住宿场所卫生专项整治和公共场所集中空调通风系统卫生专项整治等。全年，监督检查公共场所经营单位350余家，全部下达卫生监督意见书。对全市取得公共场所卫生许可证的218家经营单位进行现场卫生等级检查评分，评定A级8家、B级53家、C级157家，其中，1家A级降B级、3家B级降C级、3家C级升B级，并全部向社会进行公示。

【饮用水卫生监督】 对全市1000吨以上15家水厂进行监督检查，并按照“双随机”工作要求，对其中2家水厂进行抽检检测，抽检结果均为合格。根据《瑞金市涉水产品卫生专项监督检查方案》要求，对全市6家涉水产品生产企业开展业务培训，并进行专项卫生监督检查。

【消毒产品安全监管】 根据《赣州市餐饮具集中消毒服务单位专项整治行动方案》，对全市2家餐饮具集中消毒单位进行专项监督检查，抽检样品4份，合格4份；对检查发现问题的瑞金市丰芝洁餐具消毒配送有限公司作出警告行政处罚。根据《赣州市消毒产品专项整治实施方案》，对全市6家消毒产品生产企业进行专项卫生监督检查，对其中5家企业进行抽检，查处并罚款1家。

（市卫生监督局）

医院选介

【市人民医院】 市人民医院更名为瑞金市总医院，并加挂瑞金市人民医院牌子，是全市唯一一所集医疗、教学、科研、保健、预防、急救为一体的三级综合性医院，是赣州地区首批县级三级综合医院。

医院内设24个职能科室，31个临床医技科室，编制床位490张，开放床位550张，年门诊量达65万人次，收住院达3.5万人次。全年，实现医疗收入3.8亿元，比2020年增长9.7%，医疗服务性收入占比35.5%，比2020年上升0.1%；开展各类手术6264台次，其中，三、四级手术占比30.89%，比2020年增长8.48%；CMI值0.9828，比2020年增长2.44%；药占比29.4%，比2020年下降0.2%；百元医疗收入占比19.7%，比2020年下降0.1%；门诊次均费用226.2元，门诊次均药品费用97.1元，住院次均费用6946.9元，住院次均药品费用1601.5元；平均住院日6天，比2020年下降0.5%。

强化新冠肺炎疫情防控，对PCR实验室核酸检测设备进行升级改造，引进核酸快检设备，提供24

建设中的新人民医院　　（市融媒体中心供图）

11 月 17 日，瑞金市人民医院呼吸与危重症医学科团队在医院门诊大厅一楼开展“世界慢阻肺日”义诊活动　（市融媒体中心供图）

小时核酸检测服务，核酸检测能力日均达 1000 管。全年新冠疫苗接种总数 321710 剂次，其中，第一针接种 136751 剂次、第二针接种 135060 剂次、加强针接种 49959 剂次。

建立以 CMI 值为基础的技术价值评判标准和按疾病诊断相关分组付费（DRGs）的绩效考核和薪酬分配体系，开展医疗新技术、新业务 30 余项。以专业化管理为抓手，促进医疗质量与安全提升，成立医院质量与安全管理委员会等 11 个质量委员会，实行三级质量控制管理制度，持续关注分析临床路径、抗生素使用强度等核心问题，不良事件知晓率由 66.6%提升至 92.56%，每百名出院人次医疗质量安全不良事件报告率由 0.5%提高至 1.4%，床均不良事件上报率由 0.41%提高到 1.21%。成立 RCA 小组，提升医院科学管理能力，《运用 FCOUS-PDCA 提高护理分级准确率》《提高全院各科室参与 6S 管理依从性》2 个品管项目，在第四届全国医院质量管理工具应用成果分享大会上做经验介绍，并分别获得二等奖和三等奖。以精细化管理为抓手，促进医院运营效率提升，引进 HRP 综合运营管理系统，实现医院“人、财、物”管理的可视化、精细化，全院药占比由 30.6%下降至 29.8%，医疗服务收入占比由 34%上升至 35.3%。引进博士工作站 2 个，10 人入选赣州市卫生健康拔尖人才。医疗保险诚信服务信用等级为 A 级，位居赣州市第一名。

加强急救危重疾病诊治体系建设，与赣南一附院建立创伤救治联盟，极大提升了重症救治能力；构建肿瘤 MDT 多学科诊疗模式，挂牌成立肺结节 MDT 协作中心和肺结节筛查中心，推动肺癌早筛查、早诊断、早治疗；与南昌大学附属眼科医院学科共建眼科中心，使眼科中心各亚专科诊疗水平、眼科医师团队水平得到全方位提高。

（杨艺　刘瑞平　施佳成）

【市中医院】　市中医院是一所坚持中医特色，以中西医结合为方向，集医疗、教学、科研、预防、保健、康复为一体的二级甲等中医医院；也是省示范中医医院、省特色中医医院、省中医骨伤治疗中心和烧伤治疗中心，多次被评为瑞金市中医药工作先进单位，是江西中医药大学、江西省高等中医药专科学校和赣州市卫生健康职业学院教学医院。

医院设有临床科室 16 个、医技科室 6 个、职能科室 14 个，其中，省级重点专科 3 个（针灸康复科、骨伤科、烧伤科）、省基层特色专科 1 个（心血管科）。编制病床 290 张，可开放病床 265 张，固定资产 7265 万元。

打造中医服务特色，提升针灸康复科服务能力。全年，针灸康复科门诊量 9028 人次，住院 1273 人次，业务收入 1327 万元，非药物治疗收入 680 万元，分别比 2020 年同期增长 15.9%、17.6%、30.5%、30.3%。发挥中医药“治未病”预防保健优势，全年治未病科业务收入 618 万元，服务人次 11857 人次，分别比 2020 年增长 37.3%、77.4%。

承担全市中医药人才培养工程，承办中医药适宜技术推广培训班、瑞金市首届西学中培训班、首届中医护理适宜技术培训班及护理质量安全培训班等 7 期，受训学员 210 人次。

加大中医康复技术对住院患者的覆盖面，成功开展复杂骨盆骨折微创手术。全院中医操作技术项目 15 项，比 2020 年增长 25%。

加强中医药普及推广力度，以八段锦、中医养生保健、科普知识推广等为载体，深入推进中医药文化“进乡村、进社区、进家庭、进企业、进机关、进学校”活动，全年开展中医药文化“六进”活动 9 次、义诊 11 次。年内，在赣州市中医药工作会上做典型发言。

按照市疫情防控指挥部的统一部署，认真抓好新冠疫情防控各项工作，全年接种新冠疫苗 130679 针次，及时完成 6 个乡镇接种点新冠疫苗接种的异常反应处置。

（许跃京　刘青艳）

【市妇幼保健院】　该院集保健、医疗、预防、科研、教学为一体，是以产科急救中心、新生儿重症救护为重点学科的三级妇幼保健院，是瑞金市危重孕产妇和危重新生儿救治中心，为全国第一批示范妇幼保健院。2021 年，医院设有保健、临床、医技及职能科室 60 个，全年门诊量 219566 人次、住院 12430 人次、住院分娩 4122 人次。

积极推进妇幼保健院迁建项目建设，基本基建项目全面完成，室内装修和室外工程基本完成，进入设施设备采购阶段。新院按照三级妇幼保健院标准建设，编制床位 500

妇幼保健院新院区　（市融媒体中心供图）

张，满足全市及周边县市妇女儿童的医疗保健需求。

推行“先诊疗后付费”服务，落实“四道保障线”政策。落实医疗质量安全核心制度，强调合理检查、合理用药、合理治疗，保障医疗安全。积极加强医患沟通，强化医疗纠纷的防范与处理，提升广大群众就医满意度。加快医保支付方式改革，成为 DIP 国家试点管理专家组成员单位，探索按病种分值付费，对自然临产阴道分娩、计划性剖宫产、新生儿窒息等 21 个病种实施临床路径管理。加强医院信息化和智慧医院建设，电子病历应用水平达三级。

以妇、产、儿科为基础，三大业务部门协调发展，不断完善二三级学科建设。增设医学美容科、体检科、小儿外科、生殖内分泌科以及小儿生长发育、助产士门诊等亚专科，进一步提升专科服务能力。经省卫健委批复同意，筹建“夫精人工授精”技术应用平台。开展 PICC 置管、内分泌治疗、肿瘤化学治疗、脐茸切除术、腹腔镜下鞘状突高位结扎术、腹腔镜下疝囊高位结扎术、低位隐睾固定术、重睑成形术、鼻翼缩小术等新技术。

加强医院专科联盟建设，和中国整形美容协会精准与数字医学分会、赣州市肿瘤医院建立专科联盟，与赣南医学院第一附属医院签订医联体合作协议，完成与南昌大学第二附属医院博士专家工作站签约揭牌。

积极抓好新冠疫情防控各项工作，组建新冠疫苗接种攻坚队，随时提供上门接种服务。全年接种新冠疫苗 110607 剂次，其中，第一针接种 48827 剂次、第二针接种 45534 剂次、加强针接种 16246 剂次。

（刘剑英　刘水源）

体 育

综 述

【概况】 2021年，瑞金市体育工作突出抓好群众体育、竞技体育、体育场地建设、体育产业等，全市经常参加体育锻炼人数比例超过41%，国民体质合格率达93%。全市体育场地面积达142.97万平方米，人均体育设施面积2.3平方米。“文明杯”职工足球赛、“共和国摇篮杯”篮球赛等全民健身运动成为瑞金特色的品牌赛事活动。全年组织培训跑步、健身操、围棋、太极拳等三级社会体育指导员近500人。瑞金“红区运动休闲旅游线路”连续六年被国家体育总局评为“全国十佳精品体育旅游线路”。瑞金市被确定为赣州市2020—2024周期拳击、摔跤两个项目体育后备人才训练基地。年内，瑞金籍运动员李威宇获得第十四届全运会摔跤男子自由式57公斤级铜牌，为瑞金市首位参加全运会并获得奖牌的运动员，也是江西队参加本次全运会摔跤项目的最好成绩。

【体育协会】 全市有体育协会32个，分别是：老年人体育协会、篮球协会、羽毛球协会、乒乓球协会、女子气排球协会、红都信鸽协会、风筝协会、体育舞蹈协会、自行车协会、拳剑操协会、钓鱼协会、武术协会、舞龙舞狮协会、跆拳道协会、门球协会、健身健美协会、足球协会、街舞协会、围棋协会、龙舟协会、社会体育指导员协会、微马协会、台球协会、搏击协会、游泳协会、航空运动协会、太极拳协会、瑜伽协会、轮滑协会、青少年运动健身协会、曳步舞协会、登山运动协会。32个体育协会共有会员2万名。

【体育产业发展】 认真贯彻落实《国务院关于加快发展体育产业促进体育消费的若干意见》，加快发展各种形式的民间体育组织，促进体育培训、体育服务、体育用品生产销售、体育旅游赛事等体育产业多元发展，形成以“政府为主导，社会为主体”的体育产业发展新格局。至年末，全市有体育用品生产企业2家，体育用品销售商店27个，有社会组织或个人兴办的游泳馆（池）14个、羽毛球馆4个、篮球馆3个、台球厅20个、跆拳道馆10个、舞蹈培训部10个、健身俱乐部25个；有体彩销售网点100个，完成体彩年销售额6070万元，超额完成上级下达的5747万元年销售任务。11月19日，瑞金市推出的“红都瑞金”主题即开型体育彩票，在国家体育总局、财政部和体彩管理中心支持下，面向全国公开发行。

【“红区运动休闲旅游线路”连续六年被评为“全国十佳精品体育旅游线路”】 “红区运动休闲旅游线路”是一条贯穿共和国摇篮5A景区、红区运动休闲旅游基地的历史之路、寻根之旅，全程长约23千米，起点为叶坪“五卅”体育运动大会遗址，沿苏维埃大道、金都大道、七彩大道、323国道，途经红井、“二苏大”、中央革命根据地历史博物馆等红色精品区，终点为长征第一山云石山。该线路让广大运动休闲旅游爱好者既能体验到光耀千秋的红色文化，又能感受到沿线秀美多姿的自然风光以及独具魅力的客家风情，同时还能享受沿途提供的红都救援、医疗救护、车辆维护、餐饮、购物、休憩、观光、采摘、洗浴、饮水等综合性服务。连续六年被国家体育总局和中国奥委会评为“全国体育旅游精品十佳线路”。

【“红都瑞金”主题即开型体育彩票】 11月19日，体彩顶呱刮“红都瑞金”主题即开型彩票在博物馆广场举行首发仪式。顶呱刮“红都瑞金”主题即开型体育彩票由财政部、体育总局、江西省体育局、江西省体育彩票管理中心联合公开发行。首发活动由瑞金市委、市政府和省体彩中心联合主办，瑞金市体育局承办，在博物馆广场售卖，时间为11月19—21日，彩票面值为10元，最高中奖金额为25万元。

全民健身

【概况】 2021年，瑞金市积极落实《全民健身实施计划》和《全民健身条例》，先后出台《瑞金市体育事业“十三五”发展规划》《瑞金市全民健身实施计划》等系列加强体育工作的文件。围绕实现公共体育设施服务均等化，打造城市社区“十分钟健身圈”。免费开放各类公共体育设施，全市经常参加体育锻炼的人数比例达41.5%，国民体质合格率达93%。全市17个乡镇成立文体指导站，建立乡镇、村居、街道社区社会体育组织（协会），有篮球、羽毛球、乒乓球、女子气排球等各类单项体育协会32个，发展协会会员2万余人，培训社会体育指导员500余人。建成全省县一级最好的国家乙类标准体育场，完成13个社会足球场建设，城东全民健身中心游泳馆项目完成主体建设，累计建设村级农民体育健身工程点238个，有组织、有管理的晨晚练活动点50余个。全年组织各类群众体育赛事活动20余次。

【获评全国群众体育先进单位】 2021年9月17日，全国群众体育先进单位、先进个人代表和全国体育系统先进集体、先进工作者表彰大会在北京召开。市体育局被评为全国群众体育先进单位。

竞技体育

【概况】 2021年，组织180名运动员参加省级、市级比赛。在全省青少年锦标赛中，拳击获得3金1银6铜、摔跤获得1银1铜，跆拳道获得1银1铜，武术散打获得1铜，羽毛球获得1铜。在参加赣州市青少年锦标赛中，足球男子U9获得第四名、男子U11获得第五名，女子U9获得第七名；摔跤项目获得3金4银3铜，团体第四名；武术散打获得2金2银4铜，团体第三名；田径1银。在2021年百县运动会上，男子足球获二等奖，女子足球获三等奖，比赛成绩取得历史性突破。

【专业人才培养】 2021年，完成省级运动员注册236名，在训运动员442人；向赣州市体校输送拳击项目运动员2名、摔跤项目运动员3名。长期开展拳击、摔跤、足球、篮球、田径、羽毛球、乒乓球、武术散打、跆拳道等训练项目，其中，拳击、摔跤两个项目为瑞金市少儿体校自训项目，篮球、足球、田径3个项目为体教融合项目，羽毛球、乒乓球、武术散打、跆拳道等为社会开放项目。瑞金市少儿体校下设田径、跆拳道、摔跤、拳击等单项训练基地，开展田径、篮球、足球、跆拳道、拳击、摔跤、羽毛球7个训练项目，常年在训运动员300余人，向上级体校输送多名优秀运动员苗子。

【李威宇获第十四届全运会摔跤男子自由式57公斤级铜牌】 9月23日下午，中华人民共和国第十四届运动会摔跤比赛在陕西延安体育中心体育馆举行，瑞金籍摔跤运动员李威宇在男子自由式摔跤57公斤级比赛中战胜重庆的何俊航，为江西代表团再添一枚铜牌。李威宇是瑞金市首个参加全运会的运动员，为瑞金市夺得首枚全运会奖牌。在本届全运会上，李威宇首场比赛以绝对优势战胜山西选手孙泽众后，遭到广西选手刘明瑚的顽强阻击，大比分败北，只能参加“复活赛”。在“复活赛”中，李威宇沉着应战，发挥特长。最终，李威宇以1∶0险胜宁夏的斯仁宁布，进入铜牌争夺战。在铜牌决战中，李威宇迎战来自重庆的何俊航，两局比赛李威宇打得非常主动，最终没有给对手机会，以两回合10∶0的绝对优势获得铜牌。

2021年第二届“文明杯”职工足球联赛 （市融媒体中心供图）

体育设施建设

【概况】 2021年，市体育中心体育场、红都全民健身中心、公共体育田径场和足球场、龙珠公园足球场等项目相继落成，城东全民健身中心室内游泳馆项目抓紧施工。全市17个行政乡镇238个行政村建成农民体育健身工程，实现健身场所覆盖率100%。为全市15个村居（社区）配置安装体育健身器材、建设运动健身场地。完成社会足球场地建设5个，开工建设叶坪镇五人制足球场。争取上级资金100万元，为九堡、瑞林、万田、武阳等4个乡镇各建设一个多功能运动场，为万田乡井垅村、叶坪镇田坞村各建设一个农村社区健身示范点。全市基本形成城区有公共体育场、体育馆、游泳馆、室外运动场地，乡镇有灯光球场、社区有多功能健身场地，每个乡镇中学、中心小学有一个运动场，行政村、小区配备有健身器材的基本公共体育服务格局。全市体育场地面积超142万平方米，人均体育设施面积超2.3平方米。各类公共体育设施向社会免费开放，对外开放率达100%。

【编制公共体育设施专项规划】 年内，聘请专业公司编制并实施《瑞金

体育中心　　（市融媒体中心供图）

市公共体育设施专项规划（2020—2035）》。规划的总体目标为：补齐体育设施短板，凸显“1+1+1”体育特色，通过“强基础、显特色、促经济”打造“赣闽边际区域体育高地”。具体内涵体现为：强基础，全面达到体育设施配置标准；显特色，依托“1+1+1”特色整体提升体育品质（公共体育“1+1+1”，即结合“三湾”建设市级足球、篮球及市民喜爱的其他运动项目；校园体育“1+1+1”，即开展以足球、篮球为主的校园体育运动；体育宣传“1+1+1”即形成1个特色运动品牌、1个区域赛事平台、1项市域主推运动）；促经济，推动体旅融合，促进健康休闲产业发展。

【校园体育设施建设】　实施校园体育设施三年专项规划，提升改造学校运动场18个、建设足球试点学校12所，培训足球教师300名。至年底，有全国青少年校园足球特色学校12所、全国青少年校园篮球特色学校1所、全国学校体育工作示范学校2所、江西省体育项目传统学校5所、赣州市毽球示范学校1所、赣州市交互绳示范学校1所。

体教融合

【概况】　2021年，全市中小学幼儿园认真实施《瑞金市深化体教融合工作实施方案》，开展以足球为主的“1+1+1”（即足球+篮球+其他体育运动项目）体育运动项目，让每名学生都能熟练掌握一项以上体育技能，每名学生每天校内体育活动时间不少于一小时，每名教师参与指导或管理一项以上体育技能项目，并且由市级统筹，从建场地、强队伍、抓活动、重补贴等4个方面出发，深入推进体教融合工作。年内，提升改造学校运动场18个、建设足球试点学校12所，培训足球教师300名。至年末，每个乡镇的中学、中心小学都有一个运动场，全市中小学有环形运动场54个，126所学校有篮球场，52所学校有排球场或羽毛球场，172所学校有乒乓球台。有全国青少年校园足球特色学校12所、全国青少年校园篮球特色学校1所、全国学校体育工作示范学校2所、江西省体育项目传统学校5所、赣州市毽球示范学校1所、赣州市交互绳示范学校1所。

【深化体育教学改革】　严格执行国家规定的课程标准，中小学校要按照国家课程方案和课程标准开足开好体育课程，小学1~2年级每周安排4节体育与健康课，3~9年级每周安排3节体育与健康课，高中阶段（含职业学校）非毕业班级每周安排2节体育与健康课。改进教学方式方法，统筹现有体育课时和在校期间零散体育锻炼时间，打破班级、年级界限，开展内容丰富、形式多样的体育教学活动和课外锻炼，课程体系逐步健全完善。精细设计、合理安排“家庭体育作业”，鼓励学生积极参与校外全民健身运动。为每一位学生建立体质健康档案，加强体质健康监测，全面提高学生体质健康水平。从2021年开始分三年，每年招聘30名以上共100名左右体育教师。

【开展学校足球运动试点】　在全市中小学幼儿园开展以足球为主的“1+1+1”（即足球+篮球+其他体育

金穗小学学生进行足球训练课　　（市融媒体中心供图）

运动项目）体育运动项目。与福建师范大学、赣南师范大学签订大学生足球实习基地协议，选择瑞金思源实验学校、瑞金四中、叶坪初中、解放小学、金穗学校等12所学校作为足球试点学校，委派专业足球教练。7—8月，聘请前国家队女足教练王海铭等对全市足球项目体育教师进行专业培训。

【赣州市“双减”暨体教融合工作现场推进会】 12月18日，赣州市“双减”暨体教融合工作推进会在瑞金召开。会议要求赣州市各县（市、区）聚焦重点稳步推进，在学透政策、找准路径、建强师资、科学评价、家校合作、浓厚氛围等方面下功夫，真正实现通过体育帮助学生享受乐趣、增强体质、健全人格、锻炼意志、健康成长的目标，要强化工作保障，建立健全体教融合协同推动机制和青少年体育工作联席会议制度，加强青少年体育工作的统筹协调和指导，最大限度支持、帮助和推动学校体育发展。

（杨振中　陈强）

小学生在中组部第三批红色美丽村庄试点村瑞金市叶坪镇黄沙村村史馆接受革命传统教育

（市融媒体中心供图）

社会生活

人口家庭

【婚姻登记】 2021年，全市办理结婚登记3430对，离婚登记793对，婚姻登记合格率100%。加强和谐婚姻家庭教育辅导，以线上线下婚姻辅导等方式，定期开展面对面心理疏导、婚姻家庭法律咨询等活动，提高新婚夫妇对婚姻关系的正确认知和家庭关系的处理能力。

【优生优育服务】 2021年，充分发挥医疗资源优势，把提高优生优育服务水平作为落实三孩生育政策的重要配套措施，以预防和减少孕产妇和婴儿死亡、保障母婴安全为核心，实施母婴安全行动提升计划，不断推进妇幼保健机构能力建设；加强儿童医疗卫生服务体系建设，提高儿童健康服务质量；优化生殖健康服务模式，将孕产妇健康管理服务、基本避孕服务项目等纳入基本公共卫生服务。年内，全市共出生5875人，人口出生率7.66‰，自然增长率5.74‰，出生政策符合率83%，出生人口性别比119.85，婚育夫妇办理生育服务卡及生育证4212对。保障母婴安全、出生缺陷干预和儿童保健服务，全市孕产妇死亡率为零，婴幼儿死亡率2.23‰。开展孕期保健，明确专人负责高危孕产妇的管理及随访，建立个案管理登记表，监督其定期产检，有效提高高危孕产妇妊娠安全管理率。全市孕产妇建档3619人，早孕建档2728人，早孕建档率75.37%；高危筛查1263人，高危筛查率39.38%，随访率100%，其中，高危专案管理筛查368人，全部实行跟踪随访；产后7天访视2594人，产后42天康复检查1004人。全市发放叶酸4146人次，服用4065人次，服用率98.05%；依从4060人次，依从率99.88%；随访4060人次，随访率100%。孕妇学校每月开展授课4次，线上线下开课49课时，其中，举办互动课10期、理论课37课时、大型活动2次，指导孕产妇及家属孕期保健与营养、母乳喂养、自然分娩、坐月子、新生儿护理等，受益孕产妇1200余人。实施儿童保健，全年新增高危儿专案管理1540人，管理率100%，二、三类高危儿新建档1540人。每月对记录在案的高危儿进行随访管理，管理率95%。全市新生儿疾病筛查4616例，有甲低患儿6例，新生儿串联质谱数4329例，新生儿听力筛查4616例，听力筛查诊断阳性13例，发病率2.82‰。年内，发放营养包55668盒，并开展营养包监测，监测乡镇5个300名儿童，营养包发放率100%，有效服用率98.87%。

【计划生育特殊家庭扶助】 2021年，落实计划生育国家奖扶对象1133人，特扶对象88人，给予独生子女死亡一次性抚慰金4人，手术并发症扶助对象57人，城镇独生子女父母奖励对象1480人，提前奖扶对象795人，关爱女孩阳光助学对象136人，高考奖励对象21人，农村已扎二女户慰问对象1704户，代缴计生对象城乡居民养老保险1429人，补助城乡居民医保对象1583人，落实奖励优惠政策资金837万余元。

【婴幼儿服务机构】 2021年，加快婴幼儿托育机构发展，加强婴幼儿托育机构管理，提升婴幼儿照护服务水平。截至年末，全市共有婴幼儿照护服务、托育机构登记注册8家，备案3家。全市托位数808个，实际招收280人。

（市卫健委）

【绿色殡葬改革】 2021年，全面完成“三沿六区”散埋乱葬专项整治，实行市殡改领导小组相关成员联点包干督导制度，推进市级公墓区建设，完成项目一期长忆园、生命文化广场等建设，年内，累计投资1150万元，完成项目一期工程总量的40%。推进省级农村公益性公墓示范点——沙洲坝镇公益性公墓的提升改造。

【城乡居民收支】 2021年，全市农村居民人均可支配收入15360元，比2020年增长12.5%；城镇居民人均可支配收入37388元，比2020年增长7.5%；农村居民生活消费支出12914元，比2020年增长14.5%；城镇居民人均消费支出22023元，比2020年增长8.4%。

表 10 城镇居民收支情况一览表 单位：元

指标名称	2021 年	2020 年	同比±(%)	指标名称	2021 年	2020 年	同比±(%)
人均可支配收入	37388	34792	7.5	二、衣着	1043	1051	-0.7
一、工资性收入	13111	13826	-5.2	三、居住	4416	5606	-21.2
二、经营净收入	5790	4324	33.9	四、生活用品及服务	1052	1742	-39.6
三、财产净收入	7096	8778	-19.2	五、交通通信	3285	1902	72.7
四、转移净收入	11391	7864	44.8	六、教育文化娱乐	1836	2079	-11.7
人均消费支出	22023	20321	8.4	七、医疗保健	2734	1548	76.6
一、食品烟酒	7256	5987	21.2	八、其他用品和服务	401	406	-1.3

表 11 农村居民收支情况一览表

指标名称	2021 年		2020 年		同比±(%)
	平均每人(元)	构成(%)	平均每人(元)	构成(%)	
可支配收入	15360	100.0	13655	100.0	12.5
一、工资性收入	6319	41.1	6101	44.7	3.6
二、经营净收入	3739	24.3	3057	22.4	22.3
(一)第一产业经营净收入	2034	54.4	1534	50.2	32.6
(二)第二产业经营净收入	1	—	—	—	—
(三)第三产业经营净收入	1704	45.6	1522	49.8	11.9
三、财产净收入(成本法)	54	0.4	-97	-0.7	-155.6
四、转移净收入	5247	34.2	4594	33.6	14.2
生活消费支出	12914	100.0	11277	100.0	14.5
一、食品烟酒	4284	33.2	4401	39.0	-2.7
1. 主食	688	16.1	737	19.4	-6.6
2. 副食	2653	61.9	2815	50.0	-5.8
3. 其他食品(含在外饮食)	943	22.0	849	30.6	11.0
二、衣着消费	579	4.5	516	4.6	12.2
三、居住消费	2246	17.4	2800	24.8	-19.8
四、生活用品及服务	748	5.8	439	3.9	70.4
五、交通通信消费	1488	11.5	906	8.0	64.2
六、教育文化娱乐消费	1763	13.7	1246	11.0	41.5
七、医疗保健消费	1381	10.7	638	5.7	116.5
八、其他用品和服务	425	3.3	331	2.9	28.4

（市统计局）

就业创业

【概况】 2021 年，新增城镇就业人数 4896 人，新增农村劳动力转移就业 7784 人，城镇登记失业率控制在 4.5%以内。全年发放一次性创业补贴 2 万元、灵活就业困难人员社保补贴 134.63 万元、2022 届瑞金中专困难毕业生求职补贴 14.5 万元。开发职业技能培训工种 13 个，培训人员 3753 人，完成年目标任务的 101.43%。实现就业 3384 人，就业率达 90.16%；发放创业担保贷款 1170 笔，贷款金额 1.63 亿元，完成目标任务的 135.74%。直接扶持创业 1195 人（其中，脱贫人口 15 人），带动就业 4024 人。组织就业招聘会 31 场（线上 3 场、线下 28 场），参与人员 141523 人次（线上

春节期间，人社局在职工活动中心举办就业招聘会（市融媒体中心供图）

130000人次、线下11523人次），推荐岗位信息5135条，提供就业指导2196人次。全年，输送市内重点用工企业就业6733人。

【和谐劳动关系创建】 2021年，受理欠薪举报投诉案件466起，为1091名工人追回工资2044万余元，结案率100%，其中，通过立案处理案件46起，帮助114人追回工资等待遇123.6万余元。向公安机关移送拒不支付劳动报酬案件1起，涉案金额7.3万余元。办理行政处罚案件3起，调处信访案件241起，为568名工人追回工资1076万余元。全年受理劳动争议案件165起，涉及职工人数165人，调解率72.73%，按期结案率100%，其中，通过“智慧仲裁”平台办理立案处理劳动人事争议案件80起。年内，四星级劳动人事争议仲裁院建设通过考核验收。

（市人社局）

社会保险

【概况】 2021年，全市完成社会保障卡制卡、补换卡2.3万张，发放率达99.95%，基本实现社会保障卡全覆盖；全市电子社保卡签发率达54%，超额完成江西省高质量发展考核指标，逐步实现社保卡跨部门应用。通过社会保障“一卡通”，累计发放民政局、退役军人事务局、林业局、农业农村局、教体局等部门财政补贴资金2.67亿元。参加城镇职工基本养老保险5.7万人、城乡居民社会养老保险22.94万人；城乡居民医保参保60.54万人，职工医保参保3.01万人，城乡居民医保参保覆盖率稳定在95%以上。瑞金市被省医疗保障局评为“全省医疗保障综合改革先行示范县（市）”。

【养老保险】 2021年，全市参加城镇职工基本养老保险5.7万人，保费征缴收入5.72亿元；参加城乡居民社会养老保险22.94万人，保费征缴收入0.48亿元。市财政为符合参保条件的51980名建档立卡脱贫对象代缴城乡居民养老保险资金519.8万元，全市脱贫户参加基本养老保险率100%。发放离退休人员养老金7.68亿元，养老金及时足额发放率100%。落实《国务院办公厅关于印发降低社会保险费率综合方案的通知》和《江西省人力资源和社会保障厅等四部门关于贯彻落实〈降低社会保险费率综合实施方案〉的通知》等文件精神，执行长期性降费率政策。全市企业和机关事业单位基本养老保险单位缴费比例由20%降至16%，工伤保险费率在原费率基础上下调50%。全年为企业减负养老保险费1470.2万元，为企业减负工伤保险费309.09万元。

【医疗保险】 基本医疗保障全年为80140人次城乡居民医疗保险参保对象报销住院医疗费23360.96万元，为3591人次职工医疗保险参保对象报销住院医疗费1783.14万元。做实异地就医结算，通过网上申报办理异地就医8991人次，产生医疗费用2.19亿元，异地报销医保基金1.33亿元。全市6家二级以上定点医疗机构全部接入国家医保异地就医结算网络，异地参保对象可直接在瑞金市定点医疗机构刷卡报销。实现经办前移、服务下沉，对瑞金市直属三家医院放开医保慢性病和大病医疗免费救助权限，从申请、审核到认定，均可直接在瑞金市属三家医院完成。

（何佺　朱春华）

【工伤保险】 全市参加工伤保险单位531个，参保人数3.9万人，比2020年增长39%。其中，企业参保单位287个，参保人数2.6万人；机关事业参保单位244个，参保人数1.3万人。全年工伤保险基金收入915万元，工伤保险待遇支出460万元。受理工伤认定申请案件232起，作出工伤决定书156起，案件办结率67.24%；受理劳动能力鉴定申请案件70起，鉴定44起，案件办结率100%。调整因工致残人员伤残津贴等定期待遇，其中，一级至四级伤残人员每人每月分别增加144元、136元、128元、120元；因工死亡职工家属领取供养亲属抚恤金的，其配偶和其他亲属每人每月分别增加64元、48元。

【失业保险】 失业保险基金实行统收统支，全部上缴至赣州市财政基金专户。年内，全市失业保险参保18786人，失业保险基金收入946.29万元，发放失业保险金2510人次299万元；拨付132家企业稳岗返还资金127.9万元，发放失业补助金3283人次328.3万元，拨付69人次取得中级职业资格证员工技能提升补贴10.35万元。为全市265家企业阶段性降低失业保险费237.81万元。

【生育保险】 全年报销职工生育产前检查611人次39.5万元、报销生育医疗费677人次169.4万元、申报生育津贴58人次110万元。简化经办流程，对生育保险定点医疗机构进行相关政策培训，及时做好在院生育登记、即时结算工作；下放经办权限，参保女职工可通过定点医疗机构进行生育登记，生育后在定点医院“一站式”结算生育医疗费用，同步做好新生儿参保工作，解决生育女职工在医院、医保经办机构来回跑的问题。落实生育政策，做到生育保险和职工基本医疗保险合并实施，产前检查由原来的一个怀孕周期限额报销300元提高至1000元，生产住院费用由定额顺产报销1200元、剖宫产2800元改为按基本医疗保险住院比例报销，平均报销金额提高1000元；对符合《江西省人口与计划生育条例》规定生育的，在原有基础上增加60天生育津贴。5月31日起，参保女职工生育三孩费用统一纳入生育保险待遇支付范围。

（市人社局）

住房保障

【概况】 2021年，全市住房保障工作围绕改变城市面貌和改善群众居住条件的目标，将解决群众住房困难作为重大民生工程来抓，深入贯彻落实各项政策措施，不断完善住房保障工作机制，多措并举，住保安置工作呈现有序推进、稳健发展的良好局面，解决了部分城镇中低收入住房困难家庭、新就业无房职工的住房困难问题，城市棚户区和“城中村”改造加快推进，城镇居民居住环境逐步改善。11月8日，在市房地产管理局的基础上，整合市土地房屋征收办公室、市住房发展保障中心、市房地产交易管理所、市住宅维修资金管理中心、市白蚁防治研究所组建为市住房保障安置服务中心。

【土地房屋征收补偿安置】 根据“安置先行”原则，制定《瑞金市征地拆迁对象逾期未安置问题整改工作方案》，成立专项领导小组，积极推进整改工作。年内，安置402户（其中，宅基地安置141户、货币安置147户、上楼安置114户），剩余94户待安置。

【城乡住房保障】 规范公租房管理，提高住房保障水平。年内，核查清理收入超标的财政供养人员违规享受保障房25户、有房人员违规享受保障房26户、有车人员违规享受保障房91户、有房人员违规享受租赁补贴2户、有车人员违规享受租赁补贴1户、部分家庭申请人或共同申请人重复享受保障房10户。符合住房保障条件的低保家庭11户、符合住房保障条件的分散供养特困人员1名实现应保尽保。及时发放公租房租赁补贴，符合申请对象313户，发放租赁补贴76.32万元。

【小区物业管理】 全市有在管物业企业31个，从业人员1200余人，管理物业项目72个，管理面积856.6万平方米。年内，会同有关部门印发《关于发布瑞金市普通住宅物业服务参考性收费标准的通知》《关于加强住宅小区地下空间安全使用管理工作的通知》《关于规范全市物业管理中装饰装修管理服务行为的通知》《瑞金市物业管理小区“两城同创”整治提升工作方案》等文件，完善物业管理认知认可机制，做好物业服务相关内容公示，统一制作各小区物业收费、服务等级、服务内容等信息公示栏。全年更新垃圾桶800余个，建立微型消防站65个，补充灭火器500余个，设置毒饵盒2300多个，划设消防通道标志标线400余处；开展“垃圾不落地、瑞金更美丽”大扫除活动，清理大量小广告“牛皮癣”和楼道、地面杂物1000余处300多吨，补植草皮2000余平方米；与消防救援大队联合开展演练5次，下发整改通知书15份，处理业主推车上楼充电问题，清剪私拉电线120余根；推荐第三方电瓶车充电公司新建充电棚250个，新增充电位2500个。实施7个项目（26个小区）875户老旧小区改造，年内，完成总工程量的85%。

【白蚁防治】 提高白蚁防治工作的服务质量和工作效率，对新建房屋预防施药面积70余万平方米，在办公楼、学校、乡镇政府等场所300余处60余万平方米开展白蚁危害检查和灭治。

（谢兴晖　邱寿明）

【住房公积金管理】 全年归集住房公积金25602.56万元，完成任务的87.08%。全市累计归集住房公积金

梦想家园安置区　　（市融媒体中心供图）

215413.13万元，住房公积金归集余额119864.07万元。提取住房公积金15371.24万元，比2020年增长2.35%。发放住房公积金贷款611笔23374.5万元，比2020年增长130.7%。至年末，全市住房公积金贷款余额109832.72万元，公积金个人贷款率91.63%，没有贷款逾期问题。开展公积金风险隐患数据整改，完成提取类风险隐患数据整改2540条，贷款类风险隐患数据整改132条，公积金风险疑点率进一步降低，公积金风险防范进一步加强。

（许小平）

社会救助

【民生兜底保障】 全市有低保对象15313户29784人，其中，城市低保对象1856户3211人，农村低保对象13457户26573人；发放农村低保金11934.28万元（春节增发农村低保金373.65万元），城市低保金1964.81万元（春节增发城市低保金40.25万元）。年内，下拨乡镇临时救助备用金267万元，全年实际发放临时救助资金243.65万元。城乡特困供养对象2438人，其中，农村特困对象2298人（集中供养941人、分散供养1357人），城市特困对象140人（集中供养88人、分散供养52人）。全年发放特困供养金2141.95万元，其中，农村特困供养金1981.89万元，城镇特困供养金160.06万元；发放特困人员照料护理费548.86万元。

【残疾人救助】 进一步完善残疾人社会保障体系和服务体系建设，开展流动办证和上户办证，组织评残医生下乡流动办证。全市残疾人持证18007人，持证率34.27%。残疾人优先纳入低保、五保、救济等保障政策，残疾人“两项补贴”资格申请认定实现“跨省通办”。全市享受托养服务254人、家庭障碍改造118人、燃油补贴219人，发放残疾人辅助器具797件。全年开展残疾人就业培训217人次、残疾人农村实用技术培训147人次；安置农家书屋管理员220人；举办残疾人专场就业招聘会，向企业推荐贫困残疾人就业300余人次；公益性岗位安置残疾人近552名。培植阳光助残创业就业示范基地3家，解决残疾人就业60余名；建立就业辅助中心2家，安排残疾人100余名就业。

落实失能、半失能护理补贴政策，通过政府购买第三方服务方式，委托专业康养机构安排失能特困员在城区集中照料。全市116名失能特困对象入住瑞金市康养中心集中照护，失能特困老人得到全面专业的护理。

开展残疾儿童康复服务，为91名残疾儿童实施抢救性康复服务，对125名残疾人进行辅助器具补贴。实施残疾孤儿（残疾事实无人抚养儿童）照料护理补贴制度，发放照料护理补贴42.87万元。夯实儿童福利机构建设，35名残疾孤弃儿童入住市社会福利院，实行“养、教、医、康”一体化管理。

（赖凌鑫）

【慈善救助】 全年，市慈善会现金收入202.13万元，其中，“慈善一日捐”收入51.35万元、“童伴妈妈”项目收入29.55万元、定向捐赠收入88.3万元、利息收入2.22万元、上级拨款30.7万元；接受物资捐赠折价收入188.66万元。慈善资金支出366.41万元，其中，“童伴妈妈”项目支出26.07万元、拨付定向捐赠资金287.5万元、助学助医支出48.73万元、其他支出4.11万元，结余587.59万元。开展“农商银行助你圆梦”活动，资助49名贫困学生，发放资助金24.5万元，助学活动实现全覆盖。

【流浪乞讨人员救助】 通过收留安置流浪乞讨人员，帮助流浪乞讨人员寻亲返乡等措施提高了流浪乞讨人员救助服务质量。开展流浪乞讨人员救助管理服务质量大提升行动。全年，救助流浪乞讨人员67人，开展寻亲26人次，帮助返乡18人。

【福利彩票】 年内，全市实现福利彩票销售3938.45万元，其中，电脑彩票销售3618.08万元、即开票彩票销售320.37万元。

（赖凌鑫）

老龄工作

【老龄福利】 加大老年人福利保障建立经济困难的高龄、失能老年人补贴制度。按照每人每月不低于50元的标准分别发放护理补贴和养老服务补贴，惠及老年人近900名；为13742名80岁以上高龄老年人按不同年龄段分别发放每人每月50元~1000元的高龄津贴1435.93万元；为近4万名老年人购买人身意外伤害保险23.75万元。大力推进互助养老服务站点建设，全市建成农村互助养老服务站点179个，覆盖80%的建制村。按照平均每户3000元标准，对159户特殊困难老年人家庭进行居家适老化改造。大力发展方便快捷的城市居家和社区养老服务，建成城镇社区养老服务设施17个，覆盖100%城市社区，基本实现“15分钟养老服务圈”。

【养老设施建设】 推进地方专项债券项目——武阳镇、日东乡等5所区域性养老院建设项目，其中，4所区域性养老院交付使用，象湖镇区域性养老院年末完成主体工程建设。瑞金市失智失能护理院全面建成，破解失智失能特困供养医护、照料及临终关怀养老服务难题，满足社会对专业化、标准化、个性化失智失能养护需求。

【敬老养老服务】 推进完善“居家为基础，社区为依托，机构为补充，医养相结合”的养老服务体系建设，探索创新医养结合新模式，以公建民营、民营公助、公建公助等形式，重点打造市福利中心医养结合片区、瑞金祥和医院（含祥和老人公寓）和黄柏乡医养结合医院等功能合理、规模适宜、覆盖城乡的医养结合示范点。在市人民医院、市中医院、市妇幼保健院新开设老年病科及老年病门诊，专门开展老年人慢性疾防治和康复护理。积极探索新型敬老养老服务，组织各乡镇医疗卫生机构与全市31家敬老院建立联系服务制度，为全市敬老院老人实行医生签约服务。截至年末，全市有老年人97098人，其中，城镇老年人15706人、农村老年人81392人。老年人中，60~69周岁56260人、70~79周岁29433人、80~89周岁9853人、90~99周岁1510人、100周岁以上46人。全市“五保”对象2624人，入住敬老院1208人，占五保对象总数的46%；社会老人入住养老机构人数总体规模在1000人以内，占老年人数的1%以下；其余老人选择随子女或独居的居家方式养老。

表12

2021年瑞金市百岁老人名录

序号	姓名	性别	出生日期	年龄	乡(镇、街道)	村委会(居委会)
1	刘桂娣	女	1919.05	102	象湖镇	溪背村
2	杨桂英	女	1918.11	103	象湖镇	瑞明村
3	刘惟佳	男	1921.10	100	象湖镇	南岗村
4	曾六娣	女	1919.06	102	拔英乡	荣新村
5	罗美英	女	1920.10	101	城市社区党工委	河背街
6	杨衍焕	男	1920.07	101	城市社区党工委	绵塘
7	杨福兰	女	1919.01	102	城市社区党工委	上阳
8	丁文纪	男	1918.12	103	城市社区党工委	上阳
9	杨凤仔	女	1909.10	112	城市社区党工委	绵塘
10	王桂英	女	1921.08	100	城市社区党工委	—
11	刘桂香	女	1921.03	100	大柏地乡	三河村委会
12	罗早发	女	1916.11	105	大柏地乡	院溪村委会
13	杨琴秀	女	1915.12	106	大柏地乡	大柏地村委会
14	陈贤煌	男	1921.06	100	丁陂乡	丁陂村
15	罗敬波	男	1921.12	100	冈面乡	陈坑村委会
16	杨春发	女	1921.12	100	黄柏乡	瑞兰村
17	刘女女	女	1921.10	100	黄柏乡	瑞兰村
18	谢桂英	女	1921.05	100	黄柏乡	鲍坊村
19	钟玉连	女	1921.05	100	黄柏乡	直坑村
20	刘发女	女	1920.05	101	黄柏乡	太坊村
21	赖风秀	女	1920.02	101	黄柏乡	直坑村
22	刘德和	男	1919.03	102	黄柏乡	瑞律村
23	谢忠佑	男	1911.04	110	黄柏乡	湖岭村
24	邓发娣	女	1921.06	100	九堡镇	堑下村委会
25	赖生发娣	女	1920.07	101	九堡镇	坝溪村
26	钟同宫	男	1919.06	102	九堡镇	桥头村委会
27	钟长秀	女	1916.03	105	九堡镇	羊角村委会
28	刘道达	男	1921.11	100	九堡镇	羊角村委会
29	刘东娇	女	1921.10	100	九堡镇	富村村委会
30	陈瑞兰	女	1920.12	101	壬田镇	柏坑村
31	范有娣	女	1920.07	101	壬田镇	壬田居委会
32	胡冬娣	女	1919.04	102	壬田镇	车头村
33	林正英	女	1918.12	103	壬田镇	圳头村委会

续表 12

序号	姓名	性别	出生日期	年龄	乡(镇、街道)	村委会(居委会)
34	李美英	女	1916.09	105	壬田镇	柏坑村
35	王玉香	女	1912.09	109	壬田镇	长胜村委会
36	张兰英	女	1921.04	100	日东乡	龙井村
37	钟起华	男	1919.01	102	日东乡	贡潭村
38	管而任	男	1916.10	105	日东乡	沿岗村
39	陈宗桂	男	1920.02	101	瑞林镇	下坝村委会
40	陈桂香	女	1916.04	105	瑞林镇	瑞红村委会
41	阙桂秀	女	1915.03	106	瑞林镇	长沙村委会
42	杨带发娣	女	1921.06	100	沙洲坝镇	梅岗村委会
43	刘凤娇	女	1921.05	100	沙洲坝镇	连江村委会
44	钟凤秀	女	1921.01	100	沙洲坝镇	沙洲坝村委会
45	杨世春	男	1920.06	101	沙洲坝镇	杉山村委会
46	杨世金	男	1919.09	102	沙洲坝镇	金龙村委会
47	钟文均	男	1905.09	116	沙洲坝镇	连江村委会
48	谢招娣	女	1921.06	100	万田乡	敬老院
49	陈远任	男	1915.04	106	武阳镇	石阔村委会
50	刘才秀	女	1921.08	100	武阳镇	陈布村委会
51	刘天发女	女	1921.04	100	谢坊镇	旋龙村
52	郭昌森	男	1920.07	101	谢坊镇	谢坊村
53	郭长发女	女	1919.07	102	谢坊镇	瓦子村
54	刘家玖	男	1921.12	100	谢坊镇	水南村
55	刘惟坤	男	1921.11	100	谢坊镇	安背村
56	张茂钊	男	1921.06	100	叶坪镇	叶坪村
57	刘长秀	女	1920.12	101	叶坪镇	朱坊村
58	朱早仔	女	1920.04	101	叶坪镇	松坪村
59	谢香华	男	1919.07	102	叶坪镇	松坪村
60	谢桂煜	男	1919.03	102	叶坪镇	松坪村
61	刘翠英	女	1908.11	113	叶坪镇	朱坊村
62	李桂秀	女	1921.08	100	叶坪镇	洋坊村
63	李德样	男	1921.01	100	泽覃乡	明星村
64	邓荣星	男	1920.09	101	泽覃乡	明星村
65	黄运发	女	1919.03	102	泽覃乡	泽覃乡敬老院
66	杨庆祥	男	1921.09	100	泽覃乡	五龙村

【居家和社区养老】 整合各类社会资源，结合新时代文明实践站建设，配套建设居家和社区养老服务点，打造成新时代文明实践站与综合文化服务中心、村（社区）便民服务中心、居家和社区养老服务“四合一”基层综合服务平台。年内，全市推进居家和社区养老精品示范点建设19个，其中，叶坪镇和象湖镇各建设示范点2个，另外15个乡镇各建设示范点1个，下半年全部投入使用。各示范点均开办“孝老食堂”，并通过村民理事会募捐、村集体经济补助、社会爱心捐助等多种渠道，保障“孝老食堂”正常运转，为老年人提供就餐、娱乐、阅读、休息等养老服务。

【公办养老机构】 全市有公办养老院32家，其中，有乡镇敬老院31家、城市福利中心1家。乡镇敬老院总建筑面积79383平方米，床位2123张，入住城乡特困供养老人1208人，有工作人员163人，由政府购买服务岗位的其他工作人员117人。市社会福利院是瑞金市政府为社会老人和孤弃儿童提供养护、康复等配套服务的综合型公益性社会福利机构，入住社会老人168人，平均年龄85周岁。

【民办养老机构】 有瑞金市祥和老年公寓、瑞金市红都康养中心（公建民营）、瑞金康平医院等民办养老机构3所。其中，瑞金市祥和老年公寓建筑面积4600平方米，核定床位140张，有医技人员24人、护士8人、护理员15人；瑞金市红都康养中心建筑面积13326平方米，核定床位480张，有医技人员30人、护士30人、护理员20人；瑞金康平医院建筑面积6000平方米，核定床位302张，有医技人员20人、护士27人、护理员2人。认真兑现民办养老机构运营补贴政策，着力减轻民办养老机构运营负担。

【养老服务质量提升】 全面提高护理员能力，开展养老护理员培训488人次。落实安全防护措施，积极做好各项疫情防控措施，推动公办和民办养老机构消防设施达标。落实留守、困难等老年人定期巡访制度，开展送戏送医下乡等关爱服务。兑现民办养老机构运营补贴政策，减轻红都康养中心、祥和老年公寓等民办养老机构运营负担。

（赖凌鑫）

社会事务

【社会组织管理】 依法监管社会组织，加强社会组织备案审查工作，推进打击非法社会组织专项整治和“僵尸型”社会组织专项整治行动，扎实开展年检和“双随机”检查，协助教体局开展校外培训机构专项治理。全年，应检社会组织308家，参检社会组织246家，年检率达80%，参检社会组织财务审计率达90%。劝散非法社会组织1家、清理“僵尸型”社会组织9家。开展“我为企业减负担”专项行动，全面清理规范行业协会（商会）涉企收费，26家市级行业协会（商会）取消涉企收费项目13项，减轻企业负担61.2万元。

【地名区划管理】 全面开展第二次全国地名普查成果转化工作，《城区图》《政区图》《瑞金市地名志》等完成编辑交出版社付印。修复城乡地名标牌、巷道牌等地名标志63块；地名信息社会服务平台和地名触摸屏公共服务导航投入公共服务场所、便民服务站使用。指导云石山乡撤乡设镇，实施村改居2个，新设立居委会6个。做好边界联检和平安边界创建，与石城县签订乡镇平安边界协议书，开展瑞（金）石（城）线49.3千米行政区域界线联检。

（赖凌鑫）

社区基层治理

【村(居)“两委”换届选举】 印发《瑞金市村（社区）“两委”换届选举工作指导意见》等文件，举办业务培训班2批次，组织开展督查3次。严格落实联审制度，换届选举中发出联审函9批次，审查2143人，审查出属于“十不选”情形26人，暂缓使用5人；缺配补选联审19批196人。换届选出村（居）民委员会成员1240人、村（居）务监督委员会成员837人、村（居）民理事会成员1867人，并及时进行赋码颁证。换届后村（居）委会成员35岁（含）以下299人，村（居）委会班子中女性成员360人，“两委”成员交叉任职734人，书记、主任“一肩挑”村（居）237个，“四项”指标全部超过上级要求。深入开展村（居）“两委”换届选举“回头看”，审查出属于“十不选”情形3人。

【城乡社区治理】 与新时代文明实践站、脱贫攻坚巩固提升、乡村振兴、示范乡镇建设等工作结合起来，积极推进农村社区建设试点工作和“绿色社区、美丽家园”创建活动，打造一批农村产业型、生态旅游型、文化道德型、社会服务型、融合集聚型社区治理示范点。选取摇前、中山路、九天社区为“绿色社区、美丽家园”创建社区，武阳镇安富村为农村社区建设试点。积极开展村级议事协商实验创新工作，选定象湖镇金星村作为全国村级议事协商实验创新工作试点，不断健全党组织领导下的自治、法治、德治相

城市社区党群服务中心　　（市融媒体中心供图）

结合乡村治理体系。

（赖凌鑫）

精神文明建设

【概况】 2021年，全市精神文明建设以推动党的创新理论“飞入寻常百姓家”和培育践行社会主义核心价值观为总目标，扎实推进新时代文明实践中心建设，全面深化群众性精神文明创建活动，积极开展乡风文明行动，相关工作取得长足进步，为促进乡村振兴提供精神支撑。大柏地乡大柏地村村民刘承汉被省文明办评为“江西好人”。

【文明创建活动】 瑞金市入选第七届全国文明城市提名城市。出台《瑞金市2021—2023年和2021年度创建全国文明城市工作方案》，进一步明确创建重点、责任分工、时间节点。组建一支34人的创城骨干队伍，开展业务素质培训10次、实地业务培训5次、材料提交业务培训4次。高质量完成江西省文明城市和全省公共文明指数测评材料报送，创建文明城市督查组对城乡点位开展专项督导10次，发出整改督办函141份，并跟踪促使问题整改到位，有效提升全市点位达标水平。持续推进文明单位创建，瑞金市公安局交管大队、瑞金市消防救援大队、瑞金市税务局等10个单位获评省文明单位，江西九华药业有限公司、瑞金市龙马环卫工程有限公司、义兴（瑞金）体育用品有限公司等6个组织获评赣州市非公经济组织和社会组织文明单位。扎实推进文明村镇建设，黄柏乡柏村村、九堡镇密溪村、沙洲坝镇群峰村等3个村镇获评第七届省级文明村镇。

【文明实践中心（所、站）建设】 按照“八有一室”标准，全面推进新时代文明实践中心（所、站）建设，建成1个文明实践中心、17个文明实践所和280个文明实践站，配备电脑、投影仪、桌凳等设备设施。在全省率先实行专职党建宣传员招聘和跟班学习制度，招聘村级党建宣传员301名，为每个文明实践站配备1～2名。组建志愿服务队伍792支，围绕“五大工作内容”，精心设计新时代文明实践志愿服务品牌项目200个，常态化运行“群众点单—中心派单—队伍接单—群众评单”机制，年内，开展活动2万余次，志愿服务组织孵化中心入驻民间组织机构6个。大柏地乡新时代文明实践所作为五星级示范所代表，在赣州市拓展新时代文明实践中心建设会上领牌，34个文明实践中心（所、站）获评赣州市三星级以上荣誉称号，5个延伸领域单位分别获评示范阵地、达标阵地荣誉称号。市中医院钟晶获评赣州市优秀志愿者，瑞金市红都义工联合会获评赣州市优秀志愿服务组织，瑞金市“火焰蓝护红都”消防志愿服务项目获评赣州市优秀志愿服务项目，象湖镇九天社区获评赣州市优秀志愿服务社区，市委宣传部获评赣州市文明实践员讲解大赛优秀组织奖。

【弘扬社会主义核心价值观】 开展第七届“模范工程”评选表彰活动。继续推行身边好人榜发布，推出“江西好人”1人、“赣州好人”3人、赣州市“道德模范”“道德模范提名奖”各1人。开展“好人故事”宣讲活动2场。全面开展推进诚信制度化建设，加强诚信缺失突出问题专项治理，发放社会信用体系建设宣传册1500份，发布失信被执行人名单14期。

（钟蔚山）

城市社区向老人普及反诈骗知识 （市融媒体中心供图）

退役军人事务

【概况】 2021年，全市退役军人事务工作深入贯彻落实中共中央总书记习近平关于退役军人工作的一系列重要论述和批示指示精神，紧紧围绕“让军人成为全社会尊崇的职业”工作目标，努力破解难题，抓工作落实，各项退役军人政策迅速落实落细，退役军人和其他优抚对象的获得感、幸福感、尊崇感得到明显提升。年内，象湖镇退役军人服务站荣获“全国百家红色退役军人服务站”称号，象湖镇退役军人服务站专职副站长毛水金被评为江西省退役军人事务系统“尊崇之星”。

【服务保障体系建设】 建设“横向到边、纵向到底”的退役军人服务保障体系，完善市、乡、村三级退役军人服务中心（站）软硬件设施，全市市、乡两级18个退役服务中心（站）通过省退役军人事务厅复审验收，全部达到全国示范型退役军人服务中心（站）标准。市财政每年预算431.14万元专项资金，以政府购买服务的方式解决246个村居（社区）退役军人服务专干报酬，打通退役军人服务保障的“最后一公里”。

【移交安置】 坚持“公开、公平、公正”原则，严格按照上级转业军官安置计划和市政府年度退役士兵安置工作实施方案要求开展工作。年内，接收退役士兵中自主就业士兵占86.76%，符合政府安排工作的转业士官经量化评分后依序选岗，全部安排到全额拨款事业单位；转业军官均按照政策安置到位。

【优抚工作】 全面采集退役军人和优抚对象信息，年内，优抚资金全部发放到位。全年社保接续受理、办结率100%。其中，财政补缴单位资金543.35万元，个人补缴资金230.22万元；申请职工医保接续87人，财政补缴单位资金92.11万元，个人补缴资金32.21万元。

【“双拥”工作】 对所有现役军人家庭、退役军人和优抚对象每季度开展全覆盖走访慰问。年内，走访慰问现役军人家属、退役军人和优抚对象，发放年画1.7万余张、慰问信1.7万余份、慰问资金400多万元，发放驻市部队慰问金32.88万元；为23名在部队荣立三等功以上的现役军人家庭送立功喜报，发放奖励金2.5万元。在“七一”中国共产党成立100周年之际，市领导带队走访慰问军烈属101名，发放慰问品（油）202桶，慰问金5.05万元。收集退役军人困难问题103个，其中，帮助解决医疗问题55个、就业问题18个、优待问题11个、创业问题2个、代办证件问题17个。组织志愿者农忙季节帮助困难退役军人插秧。年内，为21名现役军人子女解决就近入学问题。

【军人褒扬纪念】 通过举办各类纪念活动、维护修缮烈士纪念设施、发放悬挂光荣牌、为立功受奖家庭送喜报、选树军人军属先进典型等方式，在全社会营造尊崇军烈属和军人的浓厚氛围。组织开展清明祭扫、“烈士纪念日”公祭等各类纪念活动，线上参与1.2万余人次，现场参与2000余人次。把博生堡、公略亭等12处烈士纪念设施列为县级烈士纪念设施；瑞金革命烈士陵园、铜钵山红军烈士纪念亭、华屋红军烈士纪念亭申报并批准为赣州市级烈士纪念设施；对红军烈士纪念塔等1500余处烈士纪念设施进行信息系统校核工作。投入80余万元对菱角山烈士纪念碑、竹马岗烈士纪念碑、人民会场烈士纪念塔、九堡散葬烈士墓集中迁葬点进行全面修缮。

【退役军人就业创业】 年内，开展退役军人专场招聘会2场，36家企业提供工作岗位720个，参加应聘的退役军人和家属372人，签订就业意向27人。在工作微信群、微信公众号发布招聘信息231条，为退役军人提供就业平台。上门走访退役军人创办企业8家，帮助解决问题4个，协调其他部门解决问题2个，减轻新冠肺炎疫情对退役军人就业创业影响。组织退役士兵进行适应性培训，开展政策宣讲和谈心谈话，分析相关政策和就业形势，帮助退役士兵寻找合适的岗位，尽快实现就业创业。

【退役军人志愿服务】 发挥新长征退役军人志愿服务队作用，引导退役军人开展常态化志愿服务活动。2月，开展走访慰问困难老兵活动；3月，开展“学雷锋精神、展志愿者风采”活动；4月，开展“传承红色基因、讲红色故事”活动；5月，开展“助力春耕生产”活动；6月，开展“替烈士看爹娘、为烈属办实事”活动；7月，开展“无偿献血”活动；8月，开展“防控战疫要打赢、接种疫苗我先行”活动；9月和10月，开展“百年伟业·定格荣耀·关爱老兵”等主题活动。全年，各级退役军人服务中心（站）组织开展各种志愿活动320余次，参加志愿活动人员1753人次。

（赖志勇　钟宝卿）

应急管理

综述

【概况】 2021年，瑞金市应急管理系统牢固树立安全发展理念，统筹疫情防控和经济社会发展工作，坚决防范和遏制安全生产责任事故的发生，确保全市安全稳定大局。年内，全市发生安全生产事故14起，比2020年下降33.3%；死亡15人，比2020年下降11.8%。其中，生产经营性道路交通事故12起，比2020年下降36.8%，死亡13人，比2020年下降13.3%；建筑施工领域发生死亡事故1起、死亡1人，与2020年持平；工贸领域发生事故1起、死亡1人，与2020年持平；消防领域发生火灾187起，比2020年下降34.2%，无人员伤亡。全市未发生较大及以上安全生产事故。

【队伍建设】 2021年，市应急管理系统按照新体制、新要求，通过整合职能、机构改革、人员转隶、机制制定等措施，实现森林防火、防灾减灾、防汛抗旱、安全生产的职能有效融合。市消防救援队伍规模扩充至154人，其中，国家综合消防救援队伍指战员55人，政府专职消防员99人；有专业消防车辆30辆，建立小型消防站3个，乡镇专职消防队16个；市专业森林消防大队人员43人，将一线扑火队员工资由原来的每人每月1930元调至4500元，每个乡镇均组建一支20余人的半专业森林消防救援队伍，并组建246名村（社区）“两委”干部兼职的安全员队伍。

【应急保障】 年内，充分利用中央自然灾害防治体系建设资金，集中采购储备应急帐篷460顶，应急救援运兵车19部、无人机19架、单兵图传设备19部、消防泵18台、卫星电话22部，筹资133万元为全市204个有林村集中采购森林扑火装备。投资260万元的瑞金市安全生产应急支撑体系项目进入施工建设阶段。2021年，瑞金市被江西省应急管理厅评为“全省应急管理系统集体嘉奖”县市。

安全生产监督管理

【安全生产整治】 2021年，全市安全以专项整治三年行动“十大攻坚战”、安全生产“打非治违”百日行动为抓手，围绕道路交通、消防安全、非煤矿山、建筑施工、特种设备、粉尘涉爆、危险化学品、有限空间作业、教育旅游等重点领域，全面排查整治各类安全隐患，持续加大执法查处力度，严查严打各类违法生产行为，安全生产形势持续稳定向好，杜绝较大及以上事故的发生。全年出动检查人员310余人次，检查单位565家，排查发现各类隐患5960条，整改到位5840条，整改率达98%；责令停产整顿企业15家，暂扣吊销证照1家、关闭取缔9家，实施经济处罚近200万元；查扣烟花爆竹260余件，取消劝退烟花爆竹零售门店5家；对8家非法加油站点实行查封与停止供电措施；严厉打击违规占用消防通道行为322起。完成“三年行动”182项任务，完成率100%。

【安全风险防范】 2021年，安全风险防范，全面指导督促企业开展安全风险辨识，指导企业辨识安全风险905处，帮助企业建立“一图一牌三清单”32家。组织64家工贸企业负责人开展谈心谈话活动，工贸企业通过安标化评审企业99家，其中，72家规模以上企业取证，新增通过安全标准化评审企业8家、复评4家。

【安全生产培训】 6月16日，省安委会办公室与赣州市政府在瑞金应急体验馆联合举办安全宣传咨询日活动。落实从业人员岗前及岗中安全教育培训，组织烟花爆竹、非煤矿山、危险化学品等领域高危行业人员安全技能提升培训，受训人员1000余人，切实提高广大从业人员安全管理水平和操作技能。年内，国家安全生产应急救护（瑞金）体验中心开馆试运营，接待各界进馆体验2.5万余人次，日均接待500余人次，其中，接待省内外考察调研团17批次1300余人，安全教育社会效果凸显。

【森林防灭火】 2021年，强化全市森林防火工作责任落实和督促检查，压实乡镇属地管理责任、部门监管责任和森林经营者主体责任。结合“平安春季行动”“森林防火宣传月”“小手拉大手”等主题教育活动，通过广播、电视、微信、标语、横幅等多种形式推动森林防火进林区、进社区、进学校、进村庄、进农户等，营造森林防火浓厚氛围。强化野外火源管控，严格落实“五个禁止”规定和特殊野外用火审批制度，深入开展“平安春季行动”“护生态、保平安”专项行动、林区输配电设施火灾隐患排查专项治理行动等森林防灭火专项行动，落实预警响应措施，消除森林火灾风险隐患。组织市专业森林消防队开展“大练兵大比武”，不断提升队伍综合应急救援能力；开展森林火灾应急实战演练，检验乡镇半专业扑火队、村级应急扑火队建设成果。严格执行24小时领导带班值班、火情报告等工作制度。全年发生森林火灾1起，未发生较大以上森林火灾和人员伤亡事故。

（胡家华）

9月，瑞金部分乡镇旱情严重，市消防大队调派消防车将水送到田间地头（市融媒体中心供图）

防灾减灾

【防汛抗旱】 2021年，全市总降水量1351.9毫米，比多年均值（1637毫米）偏少17.4%。全年经历6次强降雨袭击，5月19日，受短时强降雨影响，九堡河水位在21时20分达到洪峰水位203.75米，超警戒水位0.75米；绵江河水位未超过警戒水位；全市4座中型水库水位未超过汛限水位。为确保安全，九堡镇圩镇转移沿河低洼区域群众142户255人，叶坪镇横坑村异地转移12人；全市直接经济损失560万元。9月份以后，受持续高温无雨影响，个别乡镇出现轻度旱情。市防风抗旱指挥部组织气象部门抓住有利天气进行人工影响天气作业57次，催生几次有效降雨，受旱乡镇旱情基本得到缓解。

【救灾物资储备和发放】 2021年初采购、调拨帐篷560顶、棉衣700件、棉被900床、毛毯1100床、大米25000千克、食用油10000桶，确保及时应对突发灾情，确保受灾群众有饭吃、有衣穿、有干净的饮用水喝、有临时住所、有病能得到及时医治。为应对灾情、疫情，发放棉被665床、棉衣99件、毛毯316床、食用油8428桶、大米15750千克、帐篷217顶，保障救灾及新冠疫情防控的物资需求。

【防灾减灾宣传】 制定《瑞金市2021年全国防灾减灾宣传周活动方案》，通过线上线下多种渠道广泛开展防灾减灾科普知识宣传活动。利用安全生产月、防灾减灾日等主题宣传教育活动，在人流密集区域放置宣传展板、发放宣传手册、搭建应急知识咨询台、开展应急救援演练等，宣传安全生产知识，提高安全防范意识。开展安全宣传进企业、进农村、进社区、进学校、进家庭等“五进”活动。5月12日，市应急管理局联合市消防大队、市气象局、市水利局、市红十字会、市自然资源局、市住建局等单位在红都广场开展集中宣传活动，在竹岗村、锦绣花园等社区开展宣传活动，制作宣传展板16块、宣传横幅12条，发放宣传资料3000余份；市应急管理局、市教科体局组织13个中小学校、幼儿园开展地震应急疏散演练，23500余名师生参加演练活动。

【农房保险投保】 2021年，开展全市农房保险的投保工作，为全市113028户房屋投保保额为每户9元的保险，减轻自然灾害风险，填补普通居民获得自然灾害等无责任事故救助救济制度的空白，使地方政府在救济和社会救助基础上，开辟一条新的社会保障渠道。

消防救援

【概况】 2021年，瑞金市消防救援大队坚持以习近平新时代中国特色社会主义思想和训词精神为指引，着力夯实思想根基、作风建设、能力提升和综合保障“四大基础”，带领队伍勠力同心、铿锵同步，确保全市火灾形势和队伍管理持续安全稳定，消防救援事业呈现稳中向好的发展态势。全年接处警769起（其中，火灾239起、抢险救援72起、社会救助378起、公务执勤44起、其他36起），出动消防车辆1460辆，出动人员8422人，抢救被困人员22人，疏散被困人员18人，抢救财产价值520余万元，保护财产1500余万元。连续第24年被江西消防总队评为“先进大队”，被应急管理部消防救援局记集体三等功。

【执勤备战训练】 2021年，消防救援大队坚持高标准、严要求，全面提升灭火救援能力。队员左涛文夺取全省行业职业技能竞赛百米障碍

5 月 19 日，消防救援大队在九堡救援受灾群众　（市融媒体中心供图）

第一名，并作为总队参赛选手备战全国比赛。大队 4 名指战员作为教练员备战全省实战练兵集训。开展绳索技术应用、水域救援技术、车辆事故救援技术、灭火紧急避险专题训练等专项培训，组织全队人员进行游泳培训，全员通过游泳考核。林舟代表总队参加全国潜水培训，刘殷菡入选总队备战行业比武教练员。

【事故处理】　8 月 10 日，一辆荷载 33 吨甲醛的运输槽罐车在市水果蔬菜批发市场路段发生火灾，全体指战员冒着甲醛随时泄漏爆炸的危险，在 20 分钟内成功将火灾扑灭，确保事故槽罐车和周边群众的绝对安全。

【队站力量建设】　深入推进多种形式消防队伍建设，以全覆盖标准建成乡镇专职消防队 16 支、小型消防站 3 个。不断强化乡镇专职消防队、社会单位微型消防站实战化训练和联合拉动演练，并纳入 119 统一调度指挥，实现联勤联训联调联战，全面提高应急处置能力。

【消防安全治理】　推动市政府出台《瑞金市消防工作绩效考评细则》，将消防工作考核纳入政府管理考评体系；印发《瑞金市消防安全专项整治三年行动 2021 年重点项目清单》；年内，向各乡镇政府和行业部门发送《督办函》《提示函》《告知函》30 余份，逐级压实各方责任。坚持“重点单位防大火、九小场所控小火”工作模式，依托专职队站打造“三员一队”，实现防消联勤一体化、作用发挥最大化。全力攻坚革命文物建筑消防安全整治工程，社会面火灾形势持续平稳。投入 118.5 万元专项经费，建成“智赣 119”运维中心；投入 90 万元智能烟感安装推广经费，在公租房、叶坪景区和红井景区等安装 NB 智能烟感 1000 个。全年检查单位 340 家，督改隐患 204 处，临时查封 2 家，责令“三停” 5 家，处罚单位 25 家，挂牌重大火灾隐患单位 1 家；发动乡镇专职队伍排查“九小”场所 7963 家，督促整改隐患 1254 条。全年未发生重特大火灾事故，辖区火灾形势总体平稳。

【消防宣传教育】　围绕消防宣传教育“五进”要求，通过广泛发布消防提示、投放公益短片、开放消防体验站、专职队员上门巡查宣传等方式，借助消防“云课堂”、农村“大篷车”“大喇叭”等手段，营造立体化消防宣传攻势。持续深化“一警六员”实操实训，培训准消防员 5900 余人，完成率超 200%，居全赣州支队前列。7 月 1 日，新华网全程直播瑞金消防救援大队“七一”重温入党誓词、唱红色歌曲主题党日活动。新时代“文明实践-消防”创新相关做法在新华网等国家三流媒体广泛报道。

（市消防救援大队）

乡　镇

象湖镇

【概况】 象湖镇位于瑞金市中部，辖7个行政村，18个社区，152个村（居）小组，户籍人口18.1万人，常住人口27.7万人。镇党委下辖村（居）党委11个、党总支7个，共有党员2506人。年内，完成村（居）委会换届选举，新任村（居）委会干部15名，新任村（居）委会主任4名，实现村居干部年轻化、高学历化。全镇区划国土面积34.5平方千米，其中，城区面积18.6平方千米。全镇林地面积733.33余公顷，耕地面积266.67余公顷。产业主要有物流仓储、旅游服务、建筑泥工、施工机械、服装加工、蔬菜种植等。2021年，全镇村集体经济收入再创新高，村均经营性收入达80.6万元，位居全市第一。

【巩固拓展脱贫成果】 全年投入各类衔接项目资金426万元，实施各类产业、基础设施项目6个。落实“三问三议”制度，继续推行结对帮扶机制，安排247名干部结对帮扶937户3609人，新增“三类人员”12户53人，消除风险10户26人。发放产业奖补、务工交通补贴、困难学生教育资助、“雨露计划”职业教育补助等各类奖补资金685.69万元；发放“产业扶贫信贷通”贷款193户390万元，培育产业发展致富带头人29人；通过就业车间吸纳、公益性岗位安置等方式帮助脱贫户及“三类人员”实现稳定就业113人。建成蔬菜大棚4公顷，种植水稻48公顷。

【支持项目建设】 坚持“项目为王、项目为先”，扎实开展“重点项目攻坚月”“百日攻坚”活动，完成“一江两岸”和市政府收储地等25个项目征地34.33公顷，有序推进硕丰城市综合体、红都古城、城乡学校等项目征迁，签订征迁协议326份。改造背街小巷10条、老旧小区26个，金都大道东延四期、中山南路建成通车，瑞明路、象湖路等“断头路”全面打通，保障幸福小学、城东小学、汪屋幼儿园、象湖镇安置区、城市防洪堤等11个市级重点工程顺利实施。攻克龙珠北路北延项目等历史遗留征迁问题4个，配合拆除违章建筑1300余平方米。开展环保督察反馈问题整改，整治大棚房3处。

【民生实事】 持续巩固“应保尽保、应退尽退”成果，对全镇1542户3062名低保对象进行动态管理，发放低保保障金414.46万元。完善救灾救济预案，发放临时救助、冬春救助424户39.3万元。高标准打造提升新时代文明实践站6个，建成居家养老服务点21个，解放路社区入选全省高品质智慧社区建设试点。投入30万元建成高标准的“全国百家红色退役军人服务站”，年审各类优抚对象675人。年内，推荐就业1170人，稳工率达86%以上。深入开展“我为群众办实事”实践活动，聚焦“一老一小”，投入100万元实施“微实事”66件。开展新时代“五美”乡村建设，推进“创文创卫”，打响村庄清洁行动“秋冬战役”，加快推进“厕所革命”，人居环境持续向好。

【退役军人服务站获评“全国百强站”】 着力解决退役军人在政策咨询、优待抚恤、就业创业、权益维护等方面的难题，积极引导每个村（社区）突出各自红色元素和主题，高标准打造红色荣誉室、思想政治引领室、红色图书角等场所，组织退役军人开展红色教育，参加社区志愿服务、抗疫战贫等社会公益活动，树立退役军人典型，让军人成为全社会尊崇的职业，让退役军人成为全社会尊重的人。7月，象湖镇退役军人服务站被国家退役军人服务中心评为“全国百家红色退役军人服务站”。

【社会治理】 系统推进打击和治理电信网络诈骗专项行动，协助打击“两卡”人员165人，劝返核减169人，核减率达94.94%，3个挂牌整治重点村居如期退出。深入推进扫黑除恶斗争，深化“信访积案认领销号制”，全面推广平安志愿服务模式，处理各类矛盾纠纷和来信来访5000余起，化解信访积案和重大矛盾纠纷35起，社会形势保持稳定。探索“智能火灾”防控模式，安装“智能烟感”探测器1658套。信访维稳、安全生产、森林防灭火、食品药品等领域总体平稳，百姓安居乐业。金星村入选全国“村级议事协商创新实验试点单位”，九天社区获评全省“绿色社区、美丽家园”称号。

【金星村获评“全国村级议事协商创新实验试点单位”】 11月，金星村被民政部确定为“全国村级议事协商创新实验试点单位”。近年来，象湖镇金星村坚持“以民为本”，全面推行村级议事协商乡村治理新模式，实现村里大小事务群众共同知晓、共同商量、共同决策，推动全村各项事业快速健康发展。该村每月召开一次“议事会”，由村党支部向村民通报全村重大事项。同时，组织村民充分发表意见建议，对每一个重大事项进行投票表决。对表决通过的事项，由村“两委”组织实施，并将实施结果向村民通报。金星村逐步形成议事协商的制度化、程序化、规范化，村“两委”把村级事务的动议权、决策权和监督权交还给群众，形成“有序参与、汇集民智、平等议事、凝聚共识”的协商氛围，议事协商之路越走越宽。该村村级集体经济收入逐年提高，新建道路、水利、新时代文明实践站、孝老食堂等一批基础设施，村庄近五年来未发生一起偷、盗、抢事件。

（象湖镇党政办）

日东乡

【概况】 日东乡位于瑞金市东部，距离城区34千米，北接石城县、南邻福建省长汀县，日黄公路直穿全境，联通G206、G319。全乡辖10个行政村，192个村民小组，总人口5861户23321人。乡党委辖党总支3个，党支部18个，党员538名。全乡区划国土面积183平方千米，其中，耕地面积0.13万公顷、山林面积1.57万公顷。全乡初步形成烟叶、茶叶、板栗、西瓜、莲子、香菇、金香芋七大农业特色产业，以木鱼山漂流、赣江源头、农家乐为支撑的乡村旅游日益红火。日东乡生态资源丰富，境内日东水库是全市最大的水库，有赣江源国家级自然保护区，森林覆盖率达81%。全乡有珍稀植物43种，其中，国家重点保护野生植物16种、国家二级以上保护动物37种。

日东乡贡潭村　　（市融媒体中心供图）

【脱贫成效巩固拓展】 围绕防止大规模返贫、致贫，抓实责任落实、政策落实、工作落实，聚焦兜底保障户、残疾户、重病户等特殊群体和低收入群体，新识别监测对象14户46人。全面落实教育、医疗、住房、产业、易地搬迁、安全饮水、兜底保障等各项扶持政策，全乡46户“三类”监测对象均落实结对干部和帮扶措施，30户监测对象消除风险。

【基础设施建设】 日黄公路黄沙至陈埜“四好农村公路”“白改黑”项目完工；陈埜至兰兜、龙井至炉坑“四好农村路”建设平稳推进，黄竹桥、拱桥加快新建。通圩镇主干道路维修改造和“白改黑”工程进展顺利，圩头榨下坝便民休闲健身活动广场新建项目开工。沿岗至石城横江迳口村连接道路改造升级，湖陂村湾子桥道路完成新建，与G206国道和日黄公路实现通行衔接。

【产业结构调整】 积极推进全域生态旅游示范乡建设，贡潭村红色秘道项目目顺利完成，贡潭村乡村振兴产业观光项目建设（第一期）和旅游接待中心项目启动实施。木鱼山景区全年接待游客超10万人次。全乡有13.33公顷以上水稻种植基地3个，瑞金市富硒水稻研究站在新天地农业专业合作社挂牌成立，白莲、西瓜、板栗、油茶等特色产业稳中有进，赣源土蜂蜜合作社加快申办，日东板栗申报国家地理标志。年内，收购烟叶9.69万千克，每千克均价29.72元，位列全市第一名。陈埜、炉坑、龙井、贡潭蔬菜种植基地运转有序，产品量多质优。贡潭村“党支部+合作社+农户”模式得到赣州市委主要领导充分肯定。

【民生保障】 坚持常态化疫情防控，严格落实常态化疫情防控措施，全面完成疫苗接种工作任务。积极应对“5·11”特大冰雹灾害，救灾、核灾工作有力有序，最大限度减少经济损失。贯彻落实教育政策，义务教育事业稳步发展，保持全市第一方阵。全力推进“双保险”，农保参保率稳步提升，医保参保率居全市第三。全乡低保动态管理机制运行良好，实现应退尽退、应保尽保。大力动员群众就近就业，为园区企业输送劳动力239名。为全乡群众购买水稻、白莲商业保险，确保农产品种植收益稳定。日东乡敬老院改建工程完工，老年人生活更加幸福。

【社会治理】 大力推进平安日东建设，在全市首创民情观察团制度，第一时间化解信访矛盾。深入推进扫黑除恶专项斗争，治安巡防队伍坚持常态化巡防，形成利剑高悬态势，全年未发生一起影响恶劣的刑事犯罪。将依法治乡与以德治乡结合起来，开展“孝心媳妇”“最美家庭”等群众性评比活动。切实落实安全生产责任制和食品药品安全责任制，未发生生产性安全生产事故，实现综治工作“六连冠”。

（日东乡党政办）

壬田镇

【概况】 壬田镇位于瑞金市东北部，与石城县、宁都县接壤，与日东乡、叶坪镇、黄柏乡、大柏地乡相邻，206国道穿境而过，镇政府距城区15千米，距瑞金东高速出口6千米。全镇下辖下街、青龙、凤岗、车头、横坑、桥岭、大龙、高轩、洗心、中潭、柏坑、长胜、沙下、圳头14个行政村和1个社区（中华街社区），338个村民小组，总人口14405户55583人。全镇设党委1个，基层党总支12个，党支部10个，党小组93个，党员1137名。全镇区划国土面积168平方千米，其中，耕地面积1.9万公顷，林地面积1.02万公顷，森林覆盖率60.11%。主要农作物有水稻、花生、大豆、瓜果，养殖以猪、牛、鸡、鱼为主，果树以桃、李、橙为主。年内，全镇种植烟叶176.4公顷、白莲1000余公顷、脐橙800余公顷。2021年，村民廖秀英被党中央、国务院评为“全国脱贫攻坚先进个人”，壬田镇被全国爱卫会评为“国家卫生乡镇”。

【产业发展】 全镇种植水稻767.87公顷，总产量4665吨，平均亩产量405千克，平均亩产值2211元，总产值2546万元。新植高效油茶80.20公顷，改造低产低效林30公顷。有脐橙种植农户690余户，累计种植脐橙835.59公顷，年产量6013吨，年产值2766万元。当年种植白莲1000余公顷，年干莲子产量712吨，产值约4200万元；成立白莲农民专业合作社3个。年种植烟叶666.67公顷，实现商品化集约育苗100%，翻耕机械化作业率100%，套餐配方施肥率100%，基本实现烟叶密集化烘烤。

【新型农业经营主体】 全镇有农民专业合作社41个（其中，星源农民种植专业合作社为省级示范社），社员1866人，联结带动农户1526户。有香满园家庭农场、福连家庭农场、宏发家庭农场、来福家庭农场、凤岗家庭农场、鑫兴农场、京辉家庭农场、龙景家庭农场、新绿源家庭农场、恒鑫家庭农场、四季如春家庭农场、香村里家庭农场、怡绚园家庭农场等13家，家庭农场主要经营水产养殖、蔬菜、水果等，其中，香满园家庭农场为全市首个家庭农场。

【农村电子商务】 全镇有电子商务平台20家，其中，壬田镇农民电商服务中心1个、农村淘宝2家、农村e邮7家、淘实惠10家，主要销售咸鸭蛋、莲子、脐橙、蜂蜜、豆干、米酒、渔网等农产品。创建“廖奶奶咸鸭蛋”“喜事莲莲”“习蛋蛋”“星佳源”等电商品牌。“廖奶奶咸鸭蛋”按照产业扶贫“五个一”模式，年制作销售咸鸭蛋50余万枚，销售额150余万元，带动合作社28名贫困社员全部脱贫，品牌创始人廖秀英获评“全国脱贫攻坚先进个人”。

壬田镇高轩村白莲种植基地 （市融媒体中心供图）

【巩固拓展脱贫成果】 把党建工作与脱贫攻坚深度融合，推行“党建+精准扶贫”模式。全镇党员创办领办致富带富项目86个，建立党员创业基地13个，支持党员贴息贷款386万元，带领480户贫困户发展种养、实现就业。探索实施“四分类法”，把监测帮扶对象分为脱贫稳定户、脱贫不稳定户、边缘易致贫户和突发严重困难户四种类型，实行干部包户、分类帮扶、政策倾斜等措施。全镇派驻工作队（组）15个、常驻工作队员45名、全覆盖结对帮扶干部254名。强化扶贫项目建设，全镇重点项目17个，总投资745万元。

【乡村振兴发展】 聚焦产业振兴，实施市民下乡、能人回乡、企业兴乡“三乡”工程，充分利用乡村土地、闲置房屋等资源优势，大力发展现代农业、休闲农业、乡村旅游等产业。聚焦人才振兴，实施稳乡土人才、育专业人才、引高端人才“三才”工程，大力引进和培育一批“泥腿子”“土专家”“田秀才”，激发乡村振兴人才活力。聚焦文化振兴，实施文明乡风、良好家风、淳朴民风“三风”工程，推进农村移风易俗，不断改善农民精神风貌。聚焦生态振兴，实施环境宜居、生态宜游、土地宜种“三宜”工程，解决土地抛荒、耕地“非农化、非粮化”和过度用地问题，持续推进乡村生态振兴。聚焦组织振兴，实施头雁领飞、群雁伴飞、雏雁奋飞“三雁”工程，把“头雁”选准、“群雁”配强、“雏雁”育好，增强基层组织的整体服务能力和水平。

（陈海海 郭晓宁）

叶坪镇

【概况】 叶坪镇位于瑞金市中东部，东与壬田镇、日东乡和福建省长汀县毗邻，西与市区接壤，南与泽覃乡、象湖镇相连，北与黄柏乡相接，206国道、319国道、“瑞兴于”快速交通走廊和赣龙铁路穿境而过，厦蓉高速公路横贯其中，国家AAAAA级旅游景区叶坪景区、4C级瑞金机场坐落境内。全镇辖29个行政村，1个居委会，371个自然村，399个村民小组，总人口18115户70838人。镇党委下辖党组织35个（其中，党总支12个）、党员1672名。全镇区划国土面积150.8平方千米，其中，耕地面积346.67公顷、林地面积6680公顷、水产养殖面积346.6公顷。境有田坞九丰现代农业园、山岐中兴现代农业园、岭脑以诚现代农业园、赣州市首家九丰极地海洋馆、65兆瓦光伏扶贫基地等“三园一馆一基地”。有反季节大棚无公害蔬菜基地、1200公顷生态观光脐橙园、蛋鸡养殖基地等产业基地，形成万亩蔬菜、万亩脐橙、万亩白莲、十万生猪、百万蛋鸡“五个万”基地。2021年，叶坪乡被中共中央、国务院评为“全国脱贫攻坚楷模”。2021年2月25日，党中央、国务院在北京召开全国脱贫攻坚总结表彰大会，时任党委副书记、乡长朱胜江代表叶坪镇参加表彰大会，中共中央总书记习近平亲自为朱胜江颁奖。2021年，叶坪镇党委被中共中央评为“全国先进基层党组织”，被江西省委评为“全省先进基层党组织”；叶坪镇黄沙村华屋被评为全国乡村旅游重点村，入选全国旅游扶贫典型案例。

【叶坪乡被党中央、国务院评为“全国脱贫攻坚楷模”】 脱贫攻坚战打响以来，坚持以脱贫攻坚统揽经济社会发展全局，以前所未有的决心和力度推进各项工作。探索出精准识别“七步法”和精准管理“五个一”，为精准帮扶、因人施策打下坚实基础。为解决贫困户看病贵的问题，率先探索实施商业补充医疗保险、基本医疗保险、大病医疗保险、民政救助健康扶贫“四道保障线”，在全省乃至全国推广；为解决贫困群众住房困难问题，率先在全省建设农村保障房，探索实施安居扶贫“五个一”工程（即为特别困难的贫困户建一套房、预留一块土地用于生产、有劳动能力的安排一份工作、享受扶贫产业园一份“分红”、落实一份政府兜底保障），这一做法在中央电视台2套《生财有道》栏目作深度报道。为推进精准扶贫管长远问题，2015年在全国率先探索实施产业扶贫“五个一”机制（选准一个产业、打造一个龙头、创新一套利益联结机制、扶持一笔资金、培育一套服务体系）及农村集体资产折股量化模式，成为2017年全国产业扶贫流动现场会的经典案例。2017年，叶坪乡与全市一道，以零错退、零漏评、群众满意度100%的优异成绩在赣南革命老区率先脱贫摘帽。

脱贫摘帽后，叶坪乡提出“片区发展、板块互动、先行先试、整体推进”的发展理念。在大胜村新建30公顷脐橙园，集体资产折股量化给贫困户，全村289名贫困人口每年享受1000元以上的产业扶贫“分红”收益。在合龙村建成全省最大的光伏扶贫电站，链接贫困户1200户，实现户均增收3000元以上。完善田坞、山岐现代农业“半小时经济圈”，建设农产品质量检测检疫中心和农产品交易中心，融入“国内大循环”新发展格局，形成蔬菜、脐橙、生猪、蛋鸡、黄金鱼、白莲、特色水果、旅游产业等亿元级产业，全力打造叶坪黄金鱼、华屋嬷嬷泡菜、仰山淮山、田坞茄子等特色品牌，实现农业产业既有“链”又有“品”。叶坪乡脱贫攻坚巩固提升取得新成效，乡村振兴发展已经有良好基础。

2021年2月，叶坪乡被中共中央、国务院评为“全国脱贫攻坚楷模”

（市融媒体中心供图）

【叶坪撤乡设镇】 经江西省人民政府批准，撤销瑞金市叶坪乡，设立瑞金市叶坪镇，以原叶坪乡行政区域为叶坪镇行政区域。叶坪镇行政区划代码为360781107，叶坪镇人民政府驻叶坪居民委员会。

【重点项目建设】 “瑞兴于”快速交通走廊主体工程建成，城北滨江北大道项目全面通车，福水村物流园项目主体工程完工，红色天街项目强力推进，瑞金机场项目进入建设阶段，松坪村境内“四好农村路”通车。

【社会治理】 围绕“平安叶坪、法治叶坪”建设总要求，以实现“社会稳定、群众满意”为目标，整合相关社会资源，实现叶坪镇综治中心和叶坪信访接待中心一体化运行。建立网格化巡查、报告、解决、督查闭环运行体系。完善矛盾纠纷联调、社会治安联防、重点工作联动、突出问题联治、平安建设联创等工作机制，综治中心成为政府治理社会、服务群众“第一窗口”。

（杨瑞生）

沙洲坝镇

【概况】 沙洲坝镇位于瑞金市西郊，镇政府距城区3千米，东邻象湖镇，南接武阳镇，西毗云石山乡，北接九堡镇、黄柏乡。赣龙铁路、鹰瑞高速路、隘瑞高速路、206国道、323国道、沙九公路穿境而过，是瑞金国家级经济开发区所在地。全镇辖12个行政村，1个社区，150个村民小组，总人口7203户28360人。镇党委下辖党总支3个，党支部22个，党员710名。全镇区划国土面积65平方千米，其中，耕地面积1066.67公顷、林地面积4386.67公顷、房屋道路面积1186.67公顷。主要农作物有脐橙780公顷、油菜100.67公顷、葡萄28公顷、油茶133.33公顷、柑橘21.33公顷、大棚蔬菜34公顷。境内有洁源樱花小镇、幸福花海、红井步行街等景区，被列入全省第二批特色小镇创建名单，是集红色文化、旅游经济、城景融合于一体的“红色旅游”示范镇。2021年，沙洲坝镇洁源村被司法部、民政部评为“全国民主法治示范村（社区）”。

【巩固拓展脱贫成果】 全镇有“三类人员”49户188人，监测对象956户3773人。严格落实脱贫攻坚5年过渡期和“四个不摘”要求，继续抓好各项扶贫政策落实。统筹安排9个帮扶单位370名干部结对帮扶。大力实施就业扶贫工程，培训脱贫劳动力52人次，推荐脱贫人口到瑞金经开区就业62人，贫困劳动力转移输出就业120人，安排脱贫人口扶贫专岗124人从事村庄保洁工作，年内，发放外出务工交通补贴419人次，补贴资金19.63万元。

【乡村振兴发展】 全面推进产业、人才、文化、生态、组织振兴。强化项目支撑，全年对接实施第一批、第二批乡村振兴项目27个。成立沙洲坝镇镇村建设发展有限责任公司，通过预留地开发、多村联建实体项目、土地流转建产业基地、建设活动中心等措施壮大村集体经济收入，年内，村集体收入超100万元的村2个，超50万元的村5个。高标准打造乡村振兴洁源示范点，启动洁源樟乡街项目建设。建成沙洲坝镇乡土人才服务站，设立洁源村乡土人才示范点，乡土人才信息库入库1300余人，开展乡土人才培训6次，现场技术指导30余次。实施以“建组织、建网格、建标准，抓宣传、抓评比、抓民风”为内容的“三建三抓”工作机制，稳步推进村内农户、村域范围及沿线道路两侧“三环”整治，拆除“空心房”82栋5050平方米。

沙洲坝“红井” （市融媒体中心供图）

【支持重点项目建设】 创新征迁工作机制，提升项目攻坚效率，推进瑞金经开区重点项目征地拆迁。高效完成瑞金智能加工产业园、瑞金红都科创园核心区、瑞金跨境电子商务产业园、驰承建材、乐视达电子等重点项目交地任务，签订征迁协议35户，拆除房屋7户，征地5.18公顷。

【社会治理】 坚持发展和安全统筹推进，着力防范化解各类重大风险挑战。推进扫黑除恶专项斗争，大力化解矛盾纠纷，接待群众来访68件，调处64件，化解积案3件。开展禁毒、反电诈工作，制定墙体标语27条，悬挂横幅70余条，张贴零时标语400余条，发放宣传单3000余份，新增宣传栏5个，召开户主会5000余人次。坚持新冠疫情防控常态化，开展防控应急演练9次，引导186名中、高风险区域返回人员集中隔离，252名低风险区域返回人员居家隔离。动员24657名适龄人员完成疫苗接种，任务完成率114.1%。

（陈洋　谢贤）

黄柏乡

【概况】 黄柏乡位于瑞金市北郊，319国道（红军大道）穿境而过，乡政府距城区10千米，东与叶坪镇、壬田镇相接，西与九堡镇毗邻，南与象湖镇接壤，北与大柏地乡相连，鹰瑞高速和隘瑞高速在境内相互贯通。全乡辖13个行政村，1个农村社区，241个村小组，10个居民小组，总人口10754户42518人。乡党委下辖29个党支部，党员908人。全乡区划国土面积106.8平方千米，其中，林地面积6540公顷、耕地面积2466.67公顷。黄柏乡现代农业发展初具规模，形成以脐橙为龙头，烟叶、白莲、蔬菜、西甜瓜等为特色的产业发展格局，是全市最大的脐橙产业基地，有坳背岗、塘背岗、太坊等3个千亩脐橙基地，脐橙种植面积3733.33公顷，年产量8.4万吨，产值5.04亿元。全乡种植蔬菜66公顷，西甜瓜70公顷。

【巩固拓展脱贫成果】 严格按照“三落实”和“四不摘”要求，建立“三类人员”防贫返贫动态监测和帮扶机制，全年识别“三类人员”38户129人，其中，消除致贫返贫风险户28户91人。全面落实健康扶贫政策，脱贫户和边缘农户继续享受“四道医疗保障线”政策，落实住院“先诊疗、后付费”和“一卡通”即时结算制度。认真落实教育扶贫政策，全年发放教育扶贫资助4450人次，资金292.81万元。抓好创业就业扶贫政策，落实就业扶贫保洁员专岗361人，其中，新增设光伏公益性岗位132个，保留公益性岗位229人，开展职业技能培训416人次，补贴外出务工人员1011人，交通费48.23万元，贫困劳动力全部实现就业。年内，纳入上级财政扶贫资金项目67个，批复资金1473.34万元。持续推进产业金融扶贫，引导脱贫户发展精品脐橙，全年获贷发展脐橙资金1314.63万元。

【乡村振兴发展】 完成《黄柏乡示范乡镇总体规划（2021—2035）》《黄柏乡示范乡镇近期建设规划》。整顿软弱涣散村党组织，选优配强村“两委”班子，形成以光伏发电、场地出租、入股分红等多元化的集体经济发展模式。全乡10个村年集体收入超过20万元，3个村超过50万元。推进乡村产业振兴，培优做强脐橙产业。举办赣南脐橙网络博览会和黄柏乡脐橙采摘丰收节，全年销售脐橙8.4万吨，产值5.04亿元；投入防控资金40余万元，抓实柑橘黄龙病防控。重奖粮食种植，发放奖补资金102.7万元。扶持发展柏村拓源农业为龙头的大棚种植产业，发展大棚种植业46.67余公顷。推进乡村人才振兴，完成村“两委”班子换届。通过换届，实现村“两委”班子年轻化、知识化，挖掘、培养乡土人才54名，促进致富能手和人才返乡创业。以村级新时代文明实践站和农家书屋为阵地，加强农村思想道德建设和公共文化建设，建设新时代文明实践站（所）15个，年内，开展文化演出活动和“送戏进村”26场。推进乡村生态振兴，统筹推进“厕所革命”。全年完成新（改）建农村户厕95户，圩场公厕建设全覆盖。建立生活垃圾收储转运制度，组建乡、村保洁员队伍，发动群众积极参与环境整治工作和黑臭水体治理，实现农村人居环境持续改善。

【社会治理】 全面开展“八五”普法，加快社会治安防控体系建设。推进扫黑除恶专项斗争，坚决打击电信网络诈骗和毒品犯罪，劝返缅北涉诈窝点人员30余人，劝返工作在全市率先清零。推进乡、村综治中心实体化建设，化解、办结2020年信访积案和新增案件71件，调解各类矛盾纠纷200余件，答复“12345”热线700余件，办结率100%。推进安全生产专项整治“三年行动”，持续整治柏村交通安全隐患点。建立应急管理活动场所，提升应急管理效能，得到省、赣州市相关部门高度肯定，周边县市多批次前来学习观摩。

【民生实事】 深入推进“我为群众办实事”实践活动，67项民生项目全部兑现，55件“微实事”有效落实。成立黄柏乡教育发展基金会，发放奖教奖学金13余万元，新建黄柏中心小学操场，推动瑞金九中落地建设。持续扎牢民生保障网，稳定保障民生财政支出，发放各类惠农补贴资金401.1万元。全年发放低保金717万元、五保资金118万元、孤儿基本生活补助17万元、残疾人“两项补贴”66.9万元，落实临时救助37户7.3万元。全年，城乡居民医保缴费36063人1156.84万元，完成率101.74%；完成城乡居民社会养老保险收缴5608人次，申报率45%。新冠疫情防控坚持“外防输入、内防扩散”，加强对境外、国内中高风险地区返乡人员管理，抓实做好疫情防控宣传、动员疫苗接种及瑞金北高速出口守卡等工作。

【基础设施和重点项目建设】 启动新茶亭圩主干道升级改造、圩镇南入口小游园、停车场、电商孵化园、黄柏原始森林驿站等示范镇建设项目；启动直坑至野子湖、柏村至富桥、洁源至凯丰、绿草湖至黄坑4条“四好农村路”建设；加快大屋、龙湖美丽村庄示范点建设。完成向阳—直坑公路、龙湖产业观光路“白改黑”改造工程。积极支持“瑞兴于”快速交通走廊（黄柏段）、瑞金干部学院、人民医院迁建、“两大项目”安置区、瑞金九中等重点项目；赣州市人民警察学校、瑞金中专扩建、北大金秋高职学院等项目取得进展。

【精神文明建设】 深入开展精神文明建设，着力推进文明村创建工作。年内，创建省级“文明村”1个，培育省级“最美家庭”1户，赣州市“最美家庭”1户。传统民俗“甑笊灯”被评为赣州市非物质文化遗产，实现黄柏市级文化遗产项目零的突破。

（邱爽 钟文彬）

大柏地乡

【概况】 大柏地乡位于瑞金市北部，距市区30千米，东邻壬田镇，南接黄柏乡，西连九堡镇，北靠宁都县对坊乡。全乡辖11个行政村，144个村民小组，总人口3869户14002人。乡党委下辖17个基层党支部，437名党员。全乡区划国土面积163平方千米，其中，林地面积9520公顷、耕地面积853.33公顷。全乡共创办各类产业专业合作社12个，建成产业扶贫基地6个，其中，种植脐橙366.67公顷，新植高产油茶400公顷，改造低产油茶566.67公顷，新增大棚蔬菜20公顷，年生猪存栏突破1.5万头，山黄鸡、野山鸡出栏15万羽。建成大柏地战斗陈列馆、红色讲堂，红色旅游升温提速，越来越多的游客认识大柏地、走进大柏地。

【巩固拓展脱贫成果】 着力巩固拓展脱贫攻坚成果，年内，投入9000余万元资金，大力实施“十大帮扶工程”，切实把脱贫政策落到实处，加强脱贫后续巩固提升。深入开展“扶志、扶智、扶德、扶勤”教育，激发贫困户脱贫致富的内在活力。

【人居环境整治】 大力推进新农村建设，打造危旧土坯房改造示范点16个，院溪河背新村示范点被列为全市4个精品示范点之一。全乡年内全面完成通组路建设，外墙粉刷65万平方米，拆除“空心房”8万余平方米。大力开展村庄环境综合整治，建立“乡负责、村为主、组到位、户落实，全民参与，整体联动”的工作格局，依托“赣南新妇女”运动和“推动清洁家庭、助力乡风文明”行动，深入开展“三沿六区”环境整治，农村环境卫生“脏、乱、差”现象得到根本改善。

【社会治理】 深入推进社会综合治理，加强网格化、信息化等综治平台建设，构建乡、村、组三级响应信访信息网络，以综治“三项建设”为抓手，积极开展矛盾纠纷排查、化解、调处等。深入开展扫黑除恶专项斗争，加大防控力度，打击违法犯罪，全乡社会环境和谐稳定，人民群众安居乐业。

（大柏地乡党政办）

瑞林镇

【概况】 瑞林镇地处瑞金市西北部，距市区65千米。东邻宁都县对坊乡、黄石乡，南邻冈面乡，西邻于都县葛坳乡，北毗丁陂乡。全镇辖19个行政村，1个居委会，269个村民小组，总人口42817人。全镇区划国土面积202平方千米，其中，山林面积19563.67公顷、耕地面积1773.33公顷。2021年，全镇完成高标准农田建设418.7公顷，种植粮食607.32公顷、白莲200公顷、脐橙145.13公顷，建设大棚蔬菜基地5个32公顷，油茶种植面积达667公顷。引进鑫鼎生态农业综合体、正大全产业链生猪养殖等重大农业产业项目。瑞林镇被列为省级卫生乡镇创建示范点。

【基础设施建设】 加快完善基础公共服务设施，5个“四好农村路”项目建设分别完成用地征收、土地清表、水稳层铺设等工作。投资750万元实施圩镇整治建设，5个整治项目基本完工。元田村美丽乡村示范点初显成效。完成梅江河引调水及供水工程项目涉及瑞林段项目征迁实物调查，完成取水口项目用地征收。

【人居环境整治】 深入开展农村人居环境整治，持续加大违法违建打击力度，严格农村建房管理，年内，拆除违章建筑392平方米。扎实推进“空心房”整治，拆除农村危旧土坯房和“空心房”2.51万平方米。推进垃圾治理常态化，各村（居）坚持每月开展2次以上村庄清洁集中行动，全面消除卫生死角和整治盲区。大力开展圩镇环境整治，清除铁皮棚19处800多平方米，清理破旧广告110余块，全面整治占道经营、出店经营、乱停乱放等，高质量通过省级卫生乡镇创建现场核验。

【生态环境保护】 严格落实“林长制”，签订天然林保护协议面积2130.67公顷；开展松材线虫病核查6000余公顷，清理病木4000余棵；加强山林巡护力度，组织护林员集中培训2期150余人次，查处非法砍伐树木3起3人；抓实森林防灭火工作，查处焚烧田坎、秸秆50余起，全年未发生森林火灾。积极落实“河长制”，加大对电鱼、炸鱼、毒鱼等违法捕捞行为巡查打击力度；落实“五清”行动，定期开展梅江河流域水葫芦等清理整治，筑牢绿色生态保护屏障。

【乡风文明建设】 以新时代文明实践站为平台，推动移风易俗、乡风文明行动，建成四星级新时代文明实践站（所）2个、三星级新时代文明实践站（所）7个，成立镇级和村级敬老孝老服务队20支，年内，开展敬老孝老服务370余次。广泛开展志愿服务典型、道德模范、身边好人、最美家庭等典型示范宣传推广，倡导文明、节约、绿色的消费方式和生活习惯。用好镇村各种宣传平台，广泛宣传人居环境整治、殡葬改革等方针政策，引领群众崇尚文明新风。

【巩固拓展脱贫成果】 聚焦返贫风险和饮水安全等，全覆盖排查8712户，形成问题交办台账，落实责任人限期整改措施。对1435户脱贫户收入状况、退出指标及政策落实等情况“回头看”，发现问题立行立改。摸排出“三类人员”74户，落实“一对一”结对帮扶。大力推动有业可扶和产业合作相结合，实现产业扶贫100%全覆盖。全镇培育肉兔养殖大户2户、肉牛养殖大户7户、养蜂大户20户、生猪养殖大户35户、养鸡大户21户。保持帮扶政策不变，对脱贫户、“三类人员”各项政策逐户列出清单，确保应享尽享。设置农村垃圾保洁员、护林员、扶贫专岗等公益性岗位，帮助382名脱贫户实现就业；为2519名脱贫户落实外出务工交通补贴121.5万元；发放教育资助3388人次，资金218.83万元；“雨露计划”补助541人次，资金87.9万元。落实健康扶贫政策，全年脱贫户看病就医2351人次，支付“四道医疗保障线”补偿547.2万元。

【民生事业】 完善养老服务体系，推进中心光荣敬老院改扩建，实现“三院合一”。统筹推进教育、医疗、文化等事业发展，用好“爱心教育协会”平台，年内，表彰优秀教师37名、优秀学子77名。织密织牢民生兜底保障网，全镇农村低保1008户2033人，集中特困供养人员56人，享受残疾人“两项补贴”609人。新增应保尽保低保户45户66人，应退尽退63户296人，全年发放低保金940余万元，发放临时救助36户6.9万元。全镇医保参保率、新农保参保率位居全市前列。

【社会治理】 广泛开展反电诈宣传，发放宣传单9300余份，签订承诺书2万余份。做好缅北窝点人员劝返工作，21名窝点人员销号20人。推行“一线四访”治安防控网络和矛盾纠纷排查调处机制，完善综治中心、综治信息化、网格化管理等综治三项建设。严格落实“党政同责、一岗双责、齐抓共管”安全生产责任体系，开展防汛、森林防火、校园周边环境整治、道路交通安全和地质灾害防治等。组建群测群防队伍，定期开展安全生产大排查和专项整治行动，加强事故隐患监督管理，保障社会安定有序。加强对宗教活动场所管理，全面推进“四进”活动，年内，开展专项督查2次。

（刘意　危万顺）

丁陂乡

【概况】 丁陂乡地处瑞金市西北部，东邻宁都县黄石镇，南接本市瑞林镇，西连于都县葛坳乡，北毗邻宁都赖村镇，梅江河自北向南穿境而过。乡政府离市区82千米。全乡共有6个行政村，81个村小组，总人口13923人。全乡区划国土面积50平方千米，其中，林地面积4382公顷、耕地面积626.07公顷、河流水库273.33公顷。主要产业为油茶、肉兔、肉牛等。2021年，丁陂乡被评为“江西省脱贫攻坚先进集体”。

【巩固拓展脱贫成果】 切实把巩固拓展脱贫攻坚成果工作摆在首要位置，严格按照“三落实、四不摘”要求。年内，发放脱贫人员外出务工一次性交通补贴791人37.43万元，发放‘雨露计划’补助182人次，资金27.3万元。全年争取上级资金392.43万元，完善境内水利、交通等基础设施。认真抓好村级卫生计生服务室管理，定期开展过期药品筛查，全年贫困户通过“四道保障线”报销295.16万余元。抓好脱贫学生稳学控辍，全年发放寄宿生、学前补助919人，资金56.85万元。

【农业产业发展】 大力发展大棚蔬菜、烟叶、油茶、脐橙、生猪养殖、三黄鸡养殖，通过产业发展带动农户增收。引进开拓者农业专业合作社，种植水稻106.67公顷，兴建粮食烘干加工厂，认证“富硒大米”“有机农产品”等绿色产品，带动周边143户脱贫户共同致富。向上争取资金150万元建设山溪村肉牛养殖厂，村级集体经济收入得到大幅度提高。

【农村环境整治】 年内，投入257.9万元，新修维护水渠、拓宽道路、安装路灯等。推进农村垃圾、污水、厕所“三大革命”，投资50余万元，投入600余人次20余台班，开展农村人居环境整治。通过村庄清洁行动“秋冬”战役，基本实现村庄无裸露垃圾、无乱流污水、无乱抛弃废物、无乱堆乱放、无乱搭乱建等现象。

丁陂乡山溪村　（市融媒体中心供图）

【社会治理】 全年开展扫黑除恶斗争、“反电诈”宣传40余次，发放宣传材料2000余份。做好领导干部开门接访工作，通过带案下访、重点约访等方式，着力强化矛盾、信访积案化解。深入排查治理安全生产隐患，安全生产实现“零事故”。全面加强新冠肺炎疫情防控、食品药品安全监管、非洲猪瘟防控、防火防汛等各项工作，并取得良好成效。

（钟艳红　朱万泽）

冈面乡

【概况】 冈面乡位于瑞金市西北隅，东接宁都县对坊乡，西连于都县沙心乡、宽田乡，南毗九堡镇、北邻瑞林镇，距瑞金城区42千米，S451、冈沙公路贯穿全境。全乡辖8个行政村，168个村小组，总人口22797人。乡党委下辖12个党支部，党员423人。全乡区划国土面积161平方千米，其中，林地面积13246.67公顷、耕地面积1160公顷。主要产业有油茶、白莲、烟叶、茶叶等，其中，种植传统油茶1330余公顷、高效油茶1340余公顷、白莲300余公顷、烟叶53余公顷、茶叶54公顷。

【产业发展】 按照进一步扩大粮食种植面积的要求，全年完成水稻种植433.33公顷，建成高标准农田339.64公顷。年内，新植油茶53.67公顷，改造低质低效油茶林41.13公顷。交售烤烟1600余担，创税40万元。白莲、脐橙、茶叶等种植规模保持总体稳定。全面落实产业帮扶，实施项目16个487.69余万元；建成产业扶贫基地3个，实施有业可扶项目12个。帮助有产业发展意愿的农户新增产业贴息贷款35人200余万元。

【社会事业】 扎实开展“我为群众办实事”实践活动，解决群众难题130余件。完成“衔接资金”项目建设5批次76个，总资金量955万元。投资170余万元建设店背至上田、燕子排至下垄“四好农村路”，主体路段全线贯通。落实圩镇整治“三年行动计划”，投入500万元建设冈面圩人行道、渡头圩挡土墙等，修复圩镇破损路面。常态化抓实新冠疫情防控，有序推进疫苗接种，守住“零疫情”成果。全年发放农村低保1.44万余人次520余万元，发放临时救助464人10.1万元。推动医保社保参保全覆盖，医保参保人数达18425人，占任务的104.87%，社保参保人数达5077人，缴纳社保金161.14万元，参保率和缴费进度均位居全市前列。向瑞金经开区企业输送本土务工人员134名。

【乡风文明建设】 积极推进新时代文明实践活动，全年开展系列志愿服务活动500余人次。成立冈面乡教育发展促进会，表彰49名冈面籍优秀学子和32名优秀教师，发放“奖教奖学”资金20.96万元。各村均成立红白理事会，狠刹薄养厚葬、天价彩礼、聚众赌博、封建迷信等不文明风气。上田村被列入全国第五批传统村落名录，上田村车灯表演节目在赣州电视台播出，乡民俗文化表演队参与省旅游产业发展大会和纪念中华苏维埃共和国成立提灯庆祝大会等大型活动演出。

（钟煊　刘威）

万田乡

【概况】 万田乡位于瑞金市西部，东接云石山乡，南邻会昌县小密乡和西江镇，西连于都县黄麟乡，北与于都县沙心乡相连，是瑞金、于都、会昌三县（市）交界之地，距城区43千米。全乡辖万田、井垅、青坝、木瓜、板仓、茶亭、麻地、东坑8个行政村，99个村民小组，总人口3380户16316人。乡党委下辖14个党支部、401名党员。全乡区划国土面积96.3平方千米，其中，耕地1006.67公顷（高标准农田220公顷）、林地8126.67公顷（宜果缓坡地5333.33公顷）。年内，种植粮食573.33公顷、橙柚406.67公顷、油茶100公顷、百香果13.33公顷、大棚蔬菜16.67公顷、烟叶46.67余公顷、白莲7公顷，养殖生猪14420头、肉牛170头。正大集团百万生猪项目成功落地。2021年，麻地村被省委、省政府评为“全省脱贫攻坚先进集体”。

【巩固拓展脱贫成果】 严格对照“三落实、四不摘”要求，完善乡村振兴工作站组织架构，成立村级乡村振兴工作室8个，统筹各级派驻单位及乡村干部121人，结对全乡529户脱贫户和“三类人员”，做到不漏一户不漏一人。全面落实监测预警“四项举措”，对25户“三类人员”建立一户一册监测台账，制定帮扶措施，排除返贫风险。全年发放义务教育助学资金137.8万元、“雨露计划”补助金27.6万元、社会救助资金26.33万元、城乡低保补助金约297万元、农村五保金44万元、优抚补助金810万元。利用人社、林业、交通运输等部门帮扶资金，开发保洁、护林、护路等公益性岗位128个，解决脱贫户劳动力就业问题。

【特色产业发展】 以“党支部+合作社+农户”模式，做优做强黄元米果特色产业。全乡大禾米种植达26.67公顷，建成麻地、万田等村级加工厂2个，连续举办四届万田黄元米果节，黄元米果年产值达240余万元。大力推进红色乡村旅游产业发展，着力推广麻地村“红军长征第一站”红色乡村旅游品牌，对接上级落实全乡长征步道项目设计，完善旅游基础设施，加快接待能力和服务水平提升。

【项目建设】 云万、万沙公路相继建成通车，万木公路全面动工，万田乡敬老院扩建项目建成并投入使用，新建万田初中项目抓紧施工。中心圩镇完成整体规划设计，主要道路“白改黑”项目、管线整治、雨污管线建设、农贸市场建设等重点项目顺利实施。

【人居环境整治】 着力推进人居环境整治，积极创建省级卫生乡镇。年内，投入资金100余万元，实施清垃圾、清塘沟、清废弃物、清乱堆乱放、清乱搭乱建、清残垣断壁，改美庭院、改好习惯，管护村庄环境等“六清二改一管护”行动。全面拆除农村土坯房、“空心房”，整治“老人住老房”现象，拆除“空心房”52幢5431.3平方米。充分发挥“三小组长”优势，大力开展“赣南新妇女”运动、爱国卫生运动，开展家庭卫生“红黑榜”评比，改变群众传统陋习，增强群众参与感和荣誉感。

【社会事业】 常态化开展新冠肺炎

万田乡麻地村　　（市融媒体中心供图）

疫情防控和疫苗接种工作，年内，开展疫情防控演练3次，摸排中高风险区域返乡人员103人，全部落实管控措施；全面推进疫苗接种工作，全乡户籍人口全程接种率达97.19%，第三针加强针接种率达97.85%。年内，新增应保尽保低保对象29户42人，清理应退尽退对象12户17人，新增特困分散供养户1户1人。新增持证残疾人26人，帮助6个残疾人申报“两项补贴”。全年发放优抚资金95.2万元，发放临时生活困难救助12户2.1万元。医保参保率、新农保参保率均位居全市前列。

【社会治理】 开展“反电诈”、禁毒及缅北涉诈窝点人员劝返工作，引导群众安装全国反诈软件4267人次，摸排并管控易制毒场所44处，缅北涉诈人员实现全部劝返。集中整顿土地违法行为和涉林违法行为，拆除圩镇乱搭钢棚6处，处理土地纠纷21宗，下发土地违法停建通知书10宗，涉地违法建筑5宗，处罚违规野外用火5起，查处森林违法图斑31个。排查调处各类矛盾纠纷85件，调处率100%，成功防止民转刑事件1起。全年未发生集体上访、越级上访事件和重大安全责任事故。

（万田乡党政办）

九堡镇

【概况】 九堡镇位于瑞金市西北部，北接冈面乡、大柏地乡，南邻云石山乡、沙洲坝镇，西靠万田乡，东毗黄柏乡。地扼于都、会昌两县，距市区22千米。九冈、云九、沙九三条公路穿境而过，与323国道相连。全镇辖密溪、富田、富村、官仓、石角、沿岗、清溪、丰塘、谢村、珠斗、慈坑、羊角、松燕、山塘、小陂、坝溪、堑下、桥头、下宋、黄渡、沙垅、山坑、杨梅、兴田24个行政村和1个九堡圩居委会，共有377个村小组，总人口16136户65363人。全镇区划国土面积206平方千米，其中，林地面积16606公顷、耕地面积2120公顷。九堡镇尤以烟叶、香芋、生姜而闻名，是全省烟叶种植先进乡镇。

【巩固拓展脱贫成果】 推进巩固拓展脱贫攻坚成果同乡村振兴有效衔接，年内，高标准实施衔接项目173个，总投资2425.14万元。严格落实各项帮扶政策，全年发放教育资助金336.1万元；落实“四道医疗保障线”政策，报销医疗费1105万元；开发公益性岗位500个，发展就业帮扶车间10家，吸纳劳动力405人；举办就业培训会80余场，培训农户2300余人次，推荐就业岗位信息4300条。提升环溪水库、板坑水库等水库水质，新建桥头村、兴田村、密溪村集中供水点，保障饮水管道畅通，确保农户饮水安全。

【项目建设】 S451公路建设项目在境内率先打通，九堡至兴田、谢村至铜钵山2条“四好农村路”路基全面成型，九堡中学校外“断头路”全线打通。年内，实施水利项目12个，其中，铜钵山水库和白竹坝水库建设项目完成地质勘探。铜钵山低电压改造基本完工。启动圩镇提升整治，实施九堡圩、官仓圩主干道路面拓宽项目，打通松燕至坝溪环圩公路，完成主干道两侧立面整治，圩镇“脏、乱、堵”顽疾得到有效解决。

【产业发展】 充分利用资源优势，着力发展旅游产业。全面打造铜钵山景区，聘请深圳专业设计公司对铜钵山旅游区进行整体规划，规划区内的铜钵山书院建设基本完工，毛主席旧居、游击队司令部旧址、赣闽省委旧址完成基建，游步道抓紧铺设。探索乡村振兴发展新模式，启动镇属国有企业运作，九堡特色工业小区标准厂房建设有序推进，鸿福鞋业等一批企业开工生产。九堡烟叶种植面积占全市的40%，年产值1528万元，创税330余万元。年内，完成杨梅村正大集团百万生猪基地项目租地32.47公顷。铜钵山旅游发展片区、工业小区发展片区、特色产业发展片区等3个发展片区顺势而成。

【人居环境整治】 开展“奋战一百天，开创新局面”环境卫生整治提升行动，着力推进清溪村、三堆村“空心房”拆除示范点建设，整治提升S451、九冈公路等主干道沿线环境，全年拆除“空心房”8.5万平方米，拆除面积位居全市首位。清理河道违章建筑6500余平方米，消除九堡圩河道泄洪安全隐患。完善村庄长效管护机制，深入开展爱国卫生运动，努力创建省级卫生乡镇。

【民生保障】 深入开展“我为群众办实事”活动，完成“微实事”项目61个。完善社会保障和救助体系，新建居家养老服务中心13个，完成九堡镇光荣敬老院迁并；为159户269人办理低保，确保应保尽保政策落到实处。着力改善办学条件，投入20余万元用于奖教奖学，全镇中小学教育质量稳居全市前列。发挥新时代文明实践站阵地作用，开展庆祝建党100周年系列活动，组织开展各类文化活动180余场，营造昂扬向上、和谐文明的社会氛围。

【社会治理】 着力巩固扫黑除恶专项斗争成果，积极开展“反电诈”工作，劝返缅北涉诈窝点人员52人。全面推进禁毒工作，建立镇、社区戒毒康复站。完善乡村治理机制，有效化解矛盾纠纷，年内，信访量比2020年下降10%。推进道路交通安全专项整治，开展交通文明劝导活动500余次。开展消防警示教育，推广使用智能烟管报警器，全力消除消防隐患。全镇集中宣传防溺水120余次，印发宣传资料3000份，重点走访学生1000余人次。定期开展食品药品、农副产品安全检查，全年未发生食品安全事件。

（九堡镇党政办）

云石山乡

【概况】 云石山乡地处瑞金市西部，东邻沙洲坝镇、南毗武阳镇、西连万田乡及会昌县西江镇、北接九堡镇，距瑞金市区12千米，323国道横贯东西，赣龙铁路、赣瑞高速公路穿境而过。云石山被誉为“红军长征第一山”，乡政府辖12个行政村，1个居委会，258个村民小组，总人口11176户45411人。全乡区划国土面积112平方千米，其中，耕地面积1466公顷、林地面积7333公顷。2021年，全乡种植水稻584公顷、脐橙440公顷、烟叶118公顷、香芋153公顷、白莲53公顷、油菜114公顷；建成大棚蔬菜基地11个，引进果璐公司和阳农公司，在丰垅村建立高标准大棚蔬菜基地34.67公顷，陂下村发展露天果蔬基地66.67公顷。

【民生实事】 城乡居民医疗保险参保39983人，城乡居民养老保险参保7901人，核定待遇领取5672人，参保覆盖面比2020年进一步扩大。开展低保对象清查核查，取消不符合低保政策对象24户44人，新增低保户115户163人。全年发放困难群众临时救助金15万元。完成乡光荣敬老院和中心卫生院迁建。

【社会治理】 深化平安法治建设，扎实开展反电信网络诈骗工作，逼投劝返非法滞留缅北人员30人。全年调解各类民事纠纷210起，办结受理信访问题61件，对全乡77名在册吸毒人员、11名社区矫正人员、57名刑满释放人员等进行管理和教育，确保无漏管、脱管、重新违法犯罪现象。开展安全生产大排查，发出隐患整改通知书62份，整改安全隐患58处，有力保障人民群众生命财产安全。

【巩固拓展脱贫成果】 常态化开展防止返贫动态监测，全年新增“三类人员”45户209人，消除风险9户54人。监测户及脱贫户住院2778人次，“四道保障线”医疗报销1510.95万元。年内，发放教育资助金163.24万元、“雨露计划”资金54.45万元，为109户监测户及脱贫户办理小额信贷贴息贷款409万元；开发公益性岗位356个，为1673名监测户及脱贫户办理一次性交通补贴。全乡分散供养五保户115户116人，享受农村低保人员1173户2296人，实现应保尽保。全年实施到村项目28个，项目资金1235.78万元；实施到组项目14个，项目资金871.48万元；实施到户项目6个，项目资金10.27万元，重点打造田村村杨梅山、下村村马荠塘等乡村振兴示范点。

【项目建设】 投入资金980万元，实施县道云万公路云石山乡路段改造项目；投入资金80万元，实施道路对口扶贫项目2个，修复“断头路”、危桥等4处；投入资金228.5万元，建设云石山乡石背村大禾坑饮水工程，解决石背村季节性缺水问题。全力做好重点项目服务保障工作，扎实开展重点项目征迁“百日攻坚”行动，完成S451道路改造项目征地拆迁69户，征拆面积12公顷。瑞金经开区项目田村范围完成房屋签约拆除、征迁拨款、果园征收；超田村范围内29户89.81公顷征地工作稳步推进。中央红军长征决策和出发展示园建设项目完成房屋征迁47户2.88公顷，确保项目的稳步推进。推进“红色名村”建设5个，打造以“长征第一村”丰垅村马道口到“长征第一山”云石山长征文化精品旅游线路，并举办第二届长征出发地文化节。

【人居环境整治】 深入推进农村垃圾整治，建立常态化清扫清运机制，农村生活垃圾基本实现“日产日清”。年内，拆除“空心房”111栋8808.93平方米。推进绿色矿山建设，关停拆除小石灰窑30座，实施矿山造林复绿和生态保护修复。成立圩管中队，对梅坑圩、高围圩、黄安圩等开展日常化管理，市场及街边乱摆乱卖、车辆乱停乱放等问题得到有效整治。以新时代文明实践站建设为抓手，积极开展政策宣讲、文化传播、志愿服务等活动，打造“党员志愿服务队”“巾帼志愿服务队”等志愿服务品牌。依托各村（居）红白理事会，狠刹婚丧嫁娶大操大办、搞封建迷信等不良风气，进一步推动农村殡改工作，大力倡导遗体火化。积极开展最美志愿者、最美家庭、清洁家庭、好媳妇、好婆婆等典型培树评选活动。

（朱娟　梁崇商）

云石山长征第一山　　（市融媒体中心供图）

泽覃乡

【概况】 泽覃乡位于瑞金市东南部，东与福建省长汀县古城镇、四都乡相接，南毗拔英乡，西邻沙洲坝镇，北连象湖镇，距市区2.5千米。全乡辖光辉、五龙、明星、石水、新丰、步权、泽覃、安治、希平、陶林、兰丛、永红12个行政村，191个村民小组，总人口5893户22615人，其中，安治、陶林两村分布畲族村民134户581人。乡党委下辖党总支3个，党支部28个（村一级支部9个），共有党员638名。全乡区划国土面积254平方千米，是全市面积最大的乡镇，其中，林地面积

22486.47 公顷（含绵江林场 8588.47 公顷），森林覆盖率达 83.3%。2021 年，全乡种植水稻 226.43 公顷、大棚蔬菜 30.67 公顷、莲子 23.33 余公顷、脐橙 515.93 公顷 394541 株。全年肉牛存栏 300 余头，生猪出栏 2 万余头，家禽存笼 2.8 万羽。泽覃乡司法所被司法部评为“全国模范司法所”，安治畲族村被评为“全国民主法治示范村”。

【巩固拓展脱贫成果】 坚持“四个不摘”，推行“1+N”帮扶机制，派驻 5 个驻村工作队、7 个驻村工作组、221 名干部结对帮扶 937 户脱贫户和 95 户“三类人员”。研判识别“三类人员”93 户，消除风险 60 户 222 人。持续抓好帮扶政策落实，年内，发放教育助学金 145.5 万元、“雨露计划”补助金 33.6 万元；利用人社、林业、交通运输等部门资金，开发保洁、护林、护路等公益性岗位 304 个，有效解决脱贫户后续就业问题。对“两不愁三保障”和安全饮水开展“回头看”，接通石水村的城市供水管网，解决石水村 3000 余户群众安全饮水问题；投入资金 900 余万元，实施衔接项目 47 个。

【产业发展】 建成全市唯一的脐橙脱毒苗基地，有效解决全市脐橙苗木供应问题；清除柑橘黄龙病树 1 万余棵。巩固毛竹、养蜂、脐橙、香芋、生猪、红菇等传统产业，大力推进草莓、猕猴桃、葡萄等采摘休闲游，打造 15 分钟假日休闲线路，提升农业产业附加值。围绕城市“后花园”基本思路，以安治村、希平村、南华水库为核心，对全乡旅游产业发展进行科学规划。

【人居环境整治】 全乡组成卫生环境整治党员先锋队 17 支，动员 2860 人次投入农村人居环境整治行动，全年清运垃圾 185 吨，清理卫生死角 28 处、水塘 1500 平方米、水沟 2000 米，疏浚河道 9400 米，拆除违建钢棚 1500 多平方米，拆除“空心房”3500 平方米。

【社会治理】 加强矛盾纠纷和信访积案调处，全年调处矛盾纠纷 21 起，办理信访事件 4 起，结案 3 起，全年未发生进京赴省信访和群体性上访事件。重拳打击电信网络诈骗犯罪行为，召开屋场会 177 场，发放宣传单 1.3 万余份，签订反诈承诺书 7267 份，国家反诈中心 App 安装推广近万人，完成比例全市第一，劝返或核减滞留缅北涉诈人员 20 名，核减率超 95%。开展防溺水、铁路护路、消防救援、森林防火、工矿企业和建筑领域安全生产等专项检查，全年未发生重大安全生产事故。坚决整改中央和省环保督察反馈问题，整治生猪养殖场 3 家。深入推进“林长制”，全年新划定天然林 1000 余公顷，申报消防通道拓宽项目涉及占用林地 5.87 公顷，清理松材线虫病枯死木 1124 株，查处非法乱砍滥伐行政处罚案件 3 起。

【安治畲族村被命名为“全国民主法治示范村（社区）”】 泽覃乡安治畲族村被司法部、民政部命名为第八批“全国民主法治示范村（社区）”。

泽覃乡安治畲族村扎实开展民主法治示范村（社区）创建活动，健全党组织领导的自治、法治、德治相结合的乡村治理体系，基层治理法治化水平不断提高。积极教育引导农村干部群众办事依法、遇事找法、解决问题用法、化解矛盾靠法，为全面实施乡村振兴战略提供良好法治环境。严格按照“三个到位”（即排查到位、责任落实到位、稳控到位）的要求，狠抓农村林土地、婚姻邻里等各类矛盾纠纷排查化解，及时把矛盾纠纷化解在萌芽状态，确保矛盾纠纷不出村、不出乡。定期走访肇事肇祸精神障碍患者、社区矫正人员等特殊人群，及时掌握特殊人群的思想状态、生活情况，加强特殊人群关怀，维护社会稳定。培养“法律明白人骨干”15 人，“法律明白人”112 人。

【司法所获评全国模范司法所】 司法部授予瑞金市司法局泽覃司法所“全国模范司法所”称号。

泽覃司法所紧紧扣住“以法治维护稳定，以法治护航发展”目标，发挥“小小司法所，法治促和谐”作用，强化普法宣传，狠抓人民调解，加强社区矫正，抓实安置帮教，为维护群众利益、保障社会稳定保驾护航。培养“法律明白人”3386 人，其中，“骨干法律明白人”339 人、“普通法律明白人”3047 人。调处各类矛盾纠纷 120 余件，化解成功率 98.1%以上。该所严管身教推进社区矫正规范化建设，准确掌握社区矫正对象的工作情况、生活

泽覃乡毛泽覃烈士陵园 （市融媒体中心供图）

情况，及时帮助社区矫正对象解决困难、树立信心，最大限度地化消极因素为积极因素以维护社会稳定。

【社会事业】 争取上级资金3000余万元，建设仰山至永红、永红至枫树坪2条“四好农村路”，并实现全线贯通。投入500余万元提升改造石水圩，补齐基础设施短板。发放社会救助资金615万元，其中，城乡低保补助金530万元、农村五保金70万元、临时救助金15万元、优抚补助金219万余元。医保和社保收缴比例分别达102.41%和90%，全乡居民医保报销1923.4万元。国家审计反馈社会救助疑似问题全部销号，新增减员调整民政对象51人。投入31.9万元支持教育事业发展，营造浓厚的尊师重教氛围；投入1200万元完成泽覃敬老院改建工程，新增养老床位50余张，完成10个村居家养老活动场所建设。投入48万元解决群众“微实事”32件。引导58名群众进行无偿献血，完成“两癌”筛查300人，落实计划生育特殊家庭奖扶90人27万余元。

（鲁国振　吴小红）

武阳镇

【概况】 武阳镇地处瑞金市西南部，东邻泽覃乡、南连拔英乡、西邻谢坊镇、北接云石山乡，距市区18千米。206国道、济广高速贯穿全境，瑞金南高速路口设于境内石阔村。全乡辖13个行政村和1个居委会，231个村民小组，总人口8228户36396人。镇党委下辖23个党支部，共有党员800名。全镇区划国土面积155.6平方千米，其中，耕地面积1680公顷、林地面积12500公顷。2021年，全镇有脐橙3333公顷，年产脐橙10万吨，产值超5亿元；种植大棚蔬菜18.33公顷、白莲37.47公顷、猕猴桃21.53公顷；实施高标准农田26.67公顷。

【基础设施建设】 提升打造武阳村、国兴村等“红色名村”，全年接待游客100余批次3000余人。“长征第一桥”复原项目、粟田白竹寨瀑布景区等红色文旅项目进展有序。206国道城区至瑞金南高速出口道路拓宽工程建成通车；武阳至珠坑、珠坑至粟田、中赖桥头至黄泥塘等3条“四好农村路”开工建设；石阔、瑞拔公路等2条“四好农村路”前期工作进展顺利。争取扶贫衔接资金430万元，建设集分拣、包装、物流等功能于一体的武阳村脐橙仓储物流中心。

【脱贫成果巩固提升】 按照“四个不摘”和五年过渡期要求，以产业为重点，以项目为抓手，高标准打造武阳村—国兴村乡村振兴示范区。落实“三问三议”工作法，开展防止返贫动态监测，按程序纳入84户343人“三类人员”，实现应纳尽纳、应帮尽帮。选派驻村工作队6个、结对干部390名，与全镇1200户脱贫稳定户进行结对帮扶。年内，统筹安排上级衔接项目120个，资金1556万元，实施因户施策项目92个，资金47万元，“两不愁三保障”水平得到进一步提高。

武阳镇武阳村　　（市融媒体中心供图）

【人居环境整治】 邀请省文物保护院、赣州规划设计院对镇村发展进行规划，形成“一心一带三区”总体空间规划布局，完成武阳村、石阔村村庄整体规划编制。扎实推进圩镇建设“三年行动”，争取上级专项资金1250万元，提升改造圩镇管线、道路、停车场、运动场等。开展村庄整治“秋冬战役”，推进乡村“厕所革命”，拆除农村危旧“空心房”12284平方米，违法违章建筑650平方米，完成206国道环境问题整改，并成功创建省级卫生乡镇。

【民生实事】 深入开展“我为群众办实事”活动，年内，完成“微实事”项目28个。积极开展捐资助学、奖教奖学活动，动员社会各界爱心人士捐资30余万元完善学校运动设施。武阳镇区域性中心养老院搬迁入住，中心卫生院完成主体工程建设。社会保障体系不断完善，城乡居民医保参保率达97%，养老保险参保率达89%。高质量、超额完成征兵任务，获评赣州市征兵工作先进单位。全镇14个村村集体经营性收入超过10万元，其中，8个村超过20万元。

【社会综合治理】 深入推进平安法治建设，组建“反电诈”三级微信群，逐户逐人动员村民签订“反电诈”协议、安装反诈App，劝返缅北滞留人员8人。加大矛盾纠纷调处力度，全年化解矛盾纠纷84起，全镇社会大局和谐稳定。

（武阳镇党政办）

谢坊镇

【概况】 谢坊镇位于瑞金市西南部，东接武阳镇、拔英乡，西、南邻会昌县城郊和珠兰乡，北与会昌县西江镇和本市云石山乡接壤，206 国道穿境而过，镇政府距瑞金市区 30 千米，距会昌城区 13 千米。全镇辖 13 个行政村，1 个居委会，249 个村小组，总人口 9918 户 44180 人。镇党委下辖 23 个党支部，781 名党员（其中，少数民族党员 1 名）。全镇区划国土面积 133 平方千米，其中，耕地面积 3273 公顷、林地面积 9120 公顷。2021 年，全镇有脐橙 882 公顷、白莲 273 公顷、油茶 333 公顷、大棚果蔬 107 公顷。

【巩固拓展脱贫成果】　常态化开展防返贫监测帮扶，对 83 户“三类人员”和脱贫户落实结对帮扶措施，守住防止发生规模性返贫底线。全年，发放义务教育阶段助学资金 84.64 万元，“雨露计划”补助资金 36.15 万元；发放社会救助资金 897.3 万元，城乡低保补助资金 786.6 万元、农村特困补助资金 110.7 万元、优抚补助资金 353.8 万元；利用人社、林业、交通运输等资金，开发保洁、护林、护路等公益性岗位 250 个。实施上级衔接项目 154 个，资金 995.96 万元，农田水利、道路交通、公共服务功能日趋完善。

【农业产业发展】　高标准打造果蔬产业园，建设蔬菜仓储库 1 个、恒温保鲜冷库 5 个，建立产业振兴“五个一”机制（即选准一个产业、引进一个龙头企业、打造一个示范基地、提升一村集体经济、带动一方群众致富），培育 26 名群众和返乡创业青年成为职业菜农，带动 92 户脱贫户增收致富，为 9 个村各增加村集体收入 3 万元。完成正大集团百万头生猪全产业链塘背村项目的土地流转，流转面积达 88.87 公顷。谢坊镇农丰源合作社被评为赣州市农业龙头企业，生产的哈密瓜、贝贝小南瓜申报认证为“富硒”产品。率先在全市建立“田长制”，安背村在全省先行先试全面实施耕地保护“田长制”经验被中央电视台专题报道。

【夯实发展基础】　年内，实施高标准农田建设 350.8 公顷，乐村、安背等村高标准农田建成全市示范点。全年硬化水渠 1.5 千米，新建机耕道 0.88 千米，平整土地 20 余公顷。推进农村产权制度改革，摸清集体资产底数，核准村集体经济成员，提高农村集体“三资”管理制度化、信息化、规范化水平。建立“龙头企业+基地+合作社+农户”发展模式，蔬菜基地与村集体、菜农建立返租、合营、务工等利益联结机制，实现企业盈利、村集体增收、群众致富目标。

谢坊镇云龙村览月亭　　（市融媒体中心供图）

【人居环境整治】　大力实施乡镇建设“三年行动”，投入 760 余万元提升改善圩镇面貌，完善排污排水、道路交通、农贸市场等设施。深入开展人居环境整治，整治农村“八乱”突出问题 400 余处，清理河道垃圾 6 次，14 个村（居）污水处理项目全部完工并投入使用。推进危旧土坯房、“空心房”整治，整治面积达 5.5 万余平方米。开展 206 国道沿线集中整治行动，整治乱搭乱建、乱堆乱放、乱披乱挂等突出问题，累计拆除违章建筑 1000 余平方米。

【民生实事】　严格低保申领和发放，做到公开透明、应保尽保。群众医保、社保覆盖面进一步扩大，医保参保率达 96%。开展老人公益体检，0～6 周岁儿童预防接种建证率 100%、接种率 98%。年内，推荐 1000 余名劳动力到瑞金经开区企业务工。成立谢坊镇教育发展促进会，为 89 名教师和 210 名学生发放“奖教奖学”资金 47 余万元。健全完善社会保障体系，扎实做好就业创业、城乡低保、防灾救灾工作。新民、新建 2 个敬老院合并运行，镇中心光荣敬老院服务功能更加完善。

【社会治理】　通过召开村民户主会、“村村通”广播、标语横幅等形式，宣传打击“黄赌毒”犯罪和“反电诈”专项整治工作，常态化开展扫黑除恶斗争。全面推行网格化服务管理，积极化解群众的矛盾纠纷，全年未发生越级上访和重大群体性事件。

（钟明全　朱鑫）

拔英乡

【概况】　拔英乡位于瑞金市东南部，东邻福建省长汀县、武平县，南毗会昌县，西靠谢坊镇，北连武阳镇、泽覃乡，距市区 48 千米。全乡辖大富、拔英、新迳、赤沙、荣新、邱坑、红门、高岭 8 个行政村，102 个村民小组，总人口 2907 户 12900 人。全乡区划国土面积 223 平方千米。

耕地面积 942.2 公顷，林地面积 15073 公顷（其中，毛竹林 3350 公顷、油茶林 210 公顷）。主要有毛竹、木材、烟叶、油茶、蜂蜜、梅花鹿等特色种养殖产业，毛竹产业产值突破 1000 万元。

【巩固拓展脱贫成果】 坚持把巩固拓展脱贫攻坚成果同乡村振兴有效衔接，守住不发生规模性返贫底线。排查识别“三类人员”24 户 92 人，全部落实干部结对帮扶。实施衔接资金项目 50 个 1046.07 万元，涵盖产业发展、基础设施建设、民生实事等。重点解决老人住老房、饮用水供水不稳定和义务教育厌学等难点问题，确保脱贫成效持续巩固。

【农业产业发展】 按照扩大水稻种植面积的要求，全乡种植水稻 1340 公顷，比 2020 年增加种植面积 8%。年内，完成高标准农田建设 102.24 公顷，硬化灌溉水渠 11063 米，新建机耕道 4461 米。壮大经济作物种植规模，种植烟叶 12.33 公顷、羊肚菌 5 公顷，毛竹林低改 153.33 公顷，油茶低改 6.8 余公顷，新植高产油茶 9.33 余公顷。新增肉牛存栏 2300 头、家禽 8 万羽、山羊 870 只。完成正大集团百万头生猪全产业链项目土地流转，流转面积 76.78 公顷。促成金龙集团花岗岩深加工项目签约，进一步盘活石头经济。

【基础设施建设】 新迳至拔英“四好农村路”全线贯通，荣新村至杨梅辽 9.7 千米通组公路基本完成施工。积极推进圩镇整治“三年行动”，投入 750 万元改造提升拔英圩基础设施，重建交易市场 600 余平方米，规划经营摊位 70 个、停车位 150 个，改造路面和污水收集排放设施，整治临路防盗网，有效解决圩镇停车不规范、占道经营等问题。

【人居环境整治】 重点治理农村“八乱”现象，推进农村“厕所革命”，整治土坯房、“空心房”。严格落实农村建房审批制度，加大“两违”整治力度，严控超高超大建设。投入 200 万元建设新迳村美丽乡村建设示范点。年内，获评省级卫生乡镇，并通过全国卫生乡镇创建前置评估，按程序向国家申报验收。

拔英乡路标　　（市融媒体中心供图）

【民生实事】 持续改善民生，完成养老保险生存认证 1420 人，办理养老保险退休人员 58 人，发放丧葬补贴 76 人 10.26 万元，给予困难群众、临时救助、优抚对象等补贴 86.16 万元，发放教育助学金 91.17 万元。开展“我为母校建球场”公益行动，获得捐款 9.72 万元。积极开展“我为群众办实事”主题实践活动，落实重点民生项目 18 项，办结群众身边“微实事”12 件。

【社会治理】 全面进行安全隐患大排查大整改工作，开展安全生产事故应急演练。深入开展扫黑除恶专项斗争、禁毒、“反电诈”宣传，劝返缅北滞留人员 9 名，缅北滞留对象率先在全市清零。发挥人民调解作用，开展矛盾纠纷大排查和群众来访大化解，梳理矛盾纠纷 51 件，调解率 100%，确保群众安全感和满意度“双提升”。

（拔英乡党政办）

人物·荣誉

人物简介

全国脱贫攻坚先进个人

刘小林 男，1976年12月出生，中共党员，在职研究生学历，江西瑞金人，1997年10月参加工作，先后任瑞金市九堡镇党委宣传委员，沙洲坝镇党委委员、常务副镇长，拔英乡党委副书记、乡长，拔英乡党委书记。现任瑞金市乡村振兴局党组书记、局长，一级主任科员。

刘小林在2011年至2020年担任拔英乡乡长、党委书记期间，勇当“领头雁”，精准谋划促脱贫，对照贫困户脱贫标准和贫困村退出指标体系，抓好责任、政策和工作三落实；勇当“创业人”，优化产业助民富，结合山区林地资源优势，利用各项产业扶贫政策，通过“公司（合作社）+基地+贫困户”等方式，实现贫困户产业全覆盖，先后成立专业合作社、家庭农场、扶贫车间等合作组织12个，带动贫困户160多户，安排就业岗位80余个；勇当“拓荒牛”，改善设施换新貌，为改善基础设施短板，他积极争资争项，先后争取各类资金1.9亿元，完成通组公路硬化和维修100余千米，仅2020年，拔英乡就投入资金近2000万元，实施精准到村、精准到户项目132个，有效地推动脱贫农户的巩固提升。

在刘小林的不懈努力下，拔英乡贫困户人均收入，从2017年的6949元增加到2020年的12968元。全乡饮水安全、道路建设、水利设施、通信信息、公共服务、村庄建设等全面改善，产业发展更加便利，群众的获得感和幸福感明显提升。2018年6月28—29日，新迳、邱坑、拔英3个村代表瑞金市接受国家第三方评估，实现高质量脱贫；截至2020年底，全乡534户贫困户实现脱贫，“十三五”时期贫困村邱坑村实现摘帽。

刘水林的工作获得组织和群众的认可，2017年11月，被瑞金市委、市政府记三等功；2018年10月，被赣州市精准扶贫攻坚战领导小组评为脱贫攻坚优秀党委书记；2020年10月，被瑞金市委、市政府批准记三等功。2021年2月25日，被党中央、国务院授予“全国脱贫攻坚先进个人”荣誉称号。

全国脱贫攻坚先进个人

廖秀英 女，汉族，瑞金市壬田镇凤岗村人，1932年9月生。廖秀英16岁开始腌制、售卖咸鸭蛋，改革开放初期经营小卖部，并动员本村妇女学习改良腌制咸鸭蛋技术，带动本村妇女共同致富。2013年，开始利用电子商务平台售卖咸鸭蛋。廖秀英腌制的咸鸭蛋口味独特，电商平台售卖供不应求。她致富不忘贫困户，主动寻求当地党委、政府及扶贫部门的帮助，动员周边贫困户组建廖奶奶咸鸭蛋合作社，发展贫困户社员32户。合作社采取“合作社+电商+贫困户”的产业化经营模式。至2016年，合作社累计卖出咸鸭蛋200万个，月纯收入18万元，贫困户社员户均增收2万余元，实现扩大生产规模、增加社员收入、帮助贫困户脱贫致富的目标。2016年10月16日，在全国脱贫攻坚表彰会上，廖秀英被国务院扶贫办、国务人力资源和社会保障部联合授予“全国脱贫攻坚奋进奖”。2020年，合作社吸纳92户贫困户养鸭或在合作社就业，当年售卖咸鸭蛋260万个，销售收入600万元，户均增收2万余元。实现增收脱贫。2021年2月25日，廖秀英被党中央、国务院授予“全国脱贫攻坚先进个人”荣誉称号。

江西好人

刘承汉 男，1940年8月出生，中共党员，农村户口，现住瑞金市大柏地乡大柏地村。刘承汉曾经担任生产队会计、队长，大队保管、主任、书记，后调任乡公社林场任护林员、场长等。1994年，患有轻微支气管炎的刘承汉退休在家。闲下来的刘承汉开始试着为游客讲解。27年来，刘承汉义务接待游客超3000批次，听过他讲解的游客达6万人次，每年为学生讲红色历史课50余场次。年过8旬的刘承汉表示，义务讲解让自己晚年生活很充实，很有意义，引导年轻一代把红军故事传播好，把红军精神传承好，自己累点、苦点也值得。2021年入选江西省文明办发布的“江西好人榜”。

江西省“五一劳动奖章”获得者

陈一文 男，汉族，1988 年 11 月出生，大专学历，江西瑞金人。2018 年入职赣州君拓网络科技有限公司，成为美团外卖骑手。他爱岗敬业，吃苦耐劳，任劳任怨。每天穿梭在城市的大街小巷，脚印遍布城市的每个角落，每个月送单 2100 多单，2021 年创造月送 2700 单的最高订单峰值。做到连续 5 年无差评，送单排行榜每月位居站点公里数第一。

2020 年初暴发新冠肺炎疫情，瑞金市交通和各大商铺实行管制，陈一文率先带领骑手守岗，每天坚持早上 8 点到晚上 12 点，及时为市民传送各种抗疫生活物资。他说：“大家有需要，我们就要有服务，要为抗击疫情作出一份努力。”“无论做什么事，要做就做最好”，陈一文以自身行动不断突破业绩，诠释普通的劳动者在平凡的岗位上为推进构建更加稳定和谐的社会发展作出贡献，在平凡的工作岗位上谱写出动人的青春之歌。2021 年陈一文被江西省总工会授予“江西省五一劳动奖章”。

全国“平安英雄”

邹庆华 男，1978 年 10 月生，1997 年 10 月参加工作，瑞金市流浪乞讨人员救助管理站站长。自参加工作以来一直从事救助工作，不嫌脏、不嫌累，与特殊群体建立深厚的感情。遇到流浪人员都主动上前嘘寒问暖、仔细询问、耐心劝导，用最短时间摸清他们的情况，把他们接到救助站，帮他们洗澡、梳头、喂饭、换衣。每逢患病受助人员到站，都和同事们为他们端饭、换药，真正做到随时接收、随时询问、随时送返，用真情换真心，细致入微地帮助他们。他以深厚的人民感情扎实开展救助工作，维护流浪乞讨人员的合法权益和社会稳定，用岗位担当诠释“民政为民，民政爱民”，用爱心展现“琐碎事情暖人心，社会救助为群众”的民政人风采，为瑞金救助管理事业的发展作出应有贡献，得到单位同事和被救助群众的一致好评。入选中国长安网、中央政法委长安剑主办的“平安之星网络宣传活动”2021 年 5 月“平安英雄”名单。

人物表

2021 年获市厅级以上表彰的先进集体

表 13

单位	荣誉	表彰部门
瑞金市	2021 中国最美县域	人民日报社
瑞金市	2021 全国城市传播热度百强榜单	人民日报社
瑞金市	全国基层中医药工作先进单位	国家中医药管理局
瑞金市	2021 中国县域旅游综合竞争力百强县市	竞争力智库、中国经济日报社、北京中新城市规划设计研究院等
瑞金市	2021 中国县域旅游发展潜力百强县市	竞争力智库
瑞金市	党委(党组)理论学习中心组现场教学基地	中共赣州市委宣传部
瑞金市	赣州市优秀社科普及示范基地	赣州市社会科学界联合会
瑞金市	建党百年红色旅游百条精品线路	文化和旅游部、中央宣传部、中央党史和文献研究院、国家发改委
瑞金市叶坪镇党委	全国先进基层党组织	党中央
瑞金市叶坪乡	全国脱贫攻坚楷模	党中央、国务院
瑞金市人民检察院	杨涛收监执行监督案件获评全国刑事执行检察精品案例	最高人民检察院
瑞金市人民政府办公室	节约型机关	国家机关事务管理局、中共中央直属机关事务管理局、国家发改委、财政部
国家税务总局瑞金市税务局	全国文明单位	中央文明委
国家税务总局瑞金市税务局	节约型机关	国家机关事务管理局等 4 单位

续表 13

单位	荣誉	表彰部门
瑞金市税务局象湖税务分局	一星级全国青年文明号	共青团中央等 22 家单位
瑞金市应急管理局	2020—2021 年度全国“安康杯”活动竞赛优秀组织单位	中华全国总工会、应急管理部、国家卫生健康委员会
瑞金市解放小学	第三批全国中小学中华优秀传统文化传承学校	教育部
瑞金市怡安希望小学	第三批全国中小学中华优秀传统文化传承学校	教育部
瑞金市叶坪镇黄沙村	全国乡村旅游重点村	文化和旅游部
瑞金市劳动监察局	2021 年全国清理整顿人力资源市场秩序专项行动取得突出成绩单位	人社部、公安部、市场监管总局
瑞金市人民检察院	《快板说检察》获评第五届检察新媒体创意大赛“最佳短视频奖”	检察日报社
瑞金市人民检察院	国家级节约型机关	国家机关事务管理局等四部委
瑞金市城市管理局	节约型机关	国家机关事务管理局、中共中央直属机关事务管理局、国家发改委、财政部
瑞金市泽覃乡安治畲族村	第八批“全国民主法治示范村（社区）”	司法部、民政部
瑞金市司法局泽覃司法所	全国模范司法所	司法部
瑞金市妇幼保健院	2020 年《百强县市百强妇幼医院》	医学大数据中心
瑞金市体育局	全国群众体育先进单位	国家体育局
瑞金市时利和橙柚专业合作社	2021 中国农民合作社 500 强	农民日报社
瑞金市丁陂乡	江西省脱贫攻坚先进集体	中共江西省委、江西省人民政府
瑞金市民政局	全省脱贫攻坚“先进集体”	中共江西省委、江西省人民政府
中共瑞金市绵水社区党委	全省先进基层党组织	中共江西省委
瑞金市沙洲坝镇群峰村	江西省文明村镇	中共江西省委、江西省人民政府
瑞金市黄柏乡柏村村	江西省文明村镇	中共江西省委、江西省人民政府
国家税务总局瑞金市税务局	江西省文明单位	中共江西省委、江西省人民政府
瑞金市叶坪镇党委	全省先进基层党组织	中共江西省委
瑞金市人民法院	江西省文明单位	中共江西省委、江西省人民政府
瑞金市扶贫办公室	江西省脱贫攻坚先进集体	中共江西省委、江西省人民政府
瑞金市政协	江西省文明单位	中共江西省委、江西省人民政府
瑞金市总工会	全省脱贫攻坚先进集体	中共江西省委、江西省人民政府
瑞金市沙洲坝镇沙洲坝村党总支部	2021 年乡村振兴模范党组织	中共江西省委组织部
瑞金市沙洲坝镇官山村党支部	2021 年乡村振兴模范党组织	中共江西省委组织部
瑞金市叶坪镇合龙村党支部	全省 2021 年度乡村振兴模范党组织	中共江西省委组织部
瑞金一中	江西省普通高中新课程新教材实施省级示范校	江西省教育厅
中国人民银行瑞金市支行	文明单位	中国人民银行南昌中心支行
中国工商银行赣州瑞金市支行	先进基层党组织	中共中国工商银行委员会
瑞金市交通运输局	2021 年度全省交通运输系统政务信息工作先进单位	江西省交通运输厅
瑞金市交通运输综合执法大队	2021 年度全省交通运输执法工作目标管理先进单位	江西省交通运输综合行政执法管理局

续表 13

单位	荣誉	表彰部门
瑞金市林业局	2021 年度全省林草综合监测先进集体	江西省林业局
瑞金市(商务局)	外贸进出口先进单位	江西省扩大开放领导小组
国家税务总局瑞金市税务局第一税务分局	2019—2020 年度江西省青年文明号	共青团江西省委等 24 家单位
瑞金市教育体育局	2021 年江西省科普讲解大赛优秀组织奖	江西省科技厅、江西省科学技术协会、江西省教育厅
瑞金市红井幼儿园	江西省示范幼儿园	江西省教育厅
瑞金市金穗学校	2021 年江西省第七届百县青少年足球运动会男子组二等奖	江西省体育局、江西省教育厅
瑞金三中	江西省第二届文明校园	江西省教育厅
瑞金四中	江西省文明校园先进学校	江西省文明办、中共江西省委教育工委、江西省教育厅
瑞金四中	2020 年度江西省平安校园	中共江西省委教育工委、江西省教育厅
瑞金中等专业学校	江西省文明校园先进学校	江西省文明办、中共江西省委教育工委、江西省教育厅
瑞金中等专业学校	江西省教育系统先进基层党组织	中共江西省委教育工委
瑞金市沙洲坝镇八一希望学校	第二届江西省文明校园	江西省精神文明建设指导委员会
瑞金市叶坪新华希望小学	第二届江西省文明校园	江西省精神文明建设指导委员会
瑞金市怡安希望小学	第二届江西省文明校园	江西省精神文明建设指导委员会
瑞金市直属机关幼儿园	第二批全省学前教育质量提升实验园	江西省教育厅
瑞金市农业农村局	全省重大动物疫病防控绩效考核先进单位	江西省农业农村厅
瑞金市农业农村局	全省高标准农田建设激励评价先进单位	江西省高标准农田建设小组
瑞金市叶坪法庭	2020—2021 年度全省优秀法庭	江西省高级人民法院
瑞金市公安局交管大队	2020 年度全省公安交通管理工作成绩突出集体	江西省公安厅
瑞金市公安局交管大队	2020 年度全省道路交通秩序管理工作成绩突出集体	江西省公安厅
瑞金市公安局交管大队	2020 年度全省公安交警“放管服”改革成绩突出集体	江西省公安厅
瑞金市公安局交管大队	2020 年度全省公安交通管理工作成绩突出集体	江西省公安厅
瑞金市人民法院	意识形态与宣传舆论工作先进单位	江西省高级人民法院
瑞金市人民法院	“争创一流”工作先进法院	江西省高级人民法院
瑞金市人民法院刑庭	全省法院扫黑除恶先进集体	江西省高级人民法院
瑞金市人民政府办公室	全省政务信息工作优秀单位	江西省人民政府办公厅
瑞金市供销合作社联合社	全省直管县(市)供销合作社 2021 年度综合业绩考核二等奖	江西省供销合作社联合社
瑞金市人民检察院	全省普法工作先进单位	江西省普法教育工作领导小组
瑞金市人民检察院	江西省文明单位	江西省文明办
瑞金市人民检察院	宁德某农业公司与瑞金市某局行政争议化解案获评全省检察精品案件	江西省人民检察院
瑞金市总工会“三师一室”	全省第一批百家金牌调解组织	江西省总工会
瑞金市博物馆“散工驿站”	最美工会户外劳动者服务站点	江西省总工会

续表 13

单位	荣誉	表彰部门
瑞金市总工会	第九届全省百万职工用法知识答题暨“百万网民学法律”《工会法》专场优秀单位	江西省总工会
瑞金市消防大队象湖大道消防救助站	江西省工人先锋号	江西省总工会
瑞金市总工会	先进单位	江西工人报社
瑞金市象湖镇金星村	全国村级议事协商创新实验试点单位	民政部办公厅
瑞金市城市管理局	2021 年度全省城管执法系统党史学习教育先进单位	江西省城市建设管理协会
瑞金市市政公用事业服务中心	2021 年度先进集体	江西省城市建设管理协会环卫行业分会
瑞金市科技局	2021 年全国科技活动周优秀单位	江西省科技厅
瑞金市科技局	2021 年江西省科普讲解大赛优秀组织奖	江西省科技厅、科协、教育厅
瑞金市壬田镇中潭村	全省优秀人民调解组织	江西省司法厅
中共瑞金市妇幼保健院总支部委员会	赣州市先进基层党组织	中共赣州市委
瑞金市解放小学	赣州市先进基层党组织	中共赣州市委
瑞金市沙洲坝镇党委	全市先进基层党组织	中共赣州市委
瑞金市叶坪镇人民政府	赣州市征兵先进单位	赣州市人民政府
瑞金市教育体育局	2020 年度赣州市清洁卫生机关	赣州市爱国卫生运动委员会
瑞金市壬田中学	红旗党支部	中共赣州市委教育工作委员会
瑞金二中	2020 年度全市教育系统党建示范校	中共赣州市委教育工作委员会
瑞金市叶坪镇人民政府	2016—2020 年赣州市普法工作先进乡镇	赣州市普法宣传领导小组
瑞金市人民法院立案庭	集体三等功	江西省赣州市中级人民法院
瑞金市纪委监委	全市扫黑除恶专项斗争先进集体	赣州市扫黑除恶专项斗争领导小组
中共瑞金市委宣传部	赣州市党史学习教育“我为群众办实事”重点民生项目二十佳先进单位	中共赣州市委党史学习教育领导小组
瑞金市象湖镇金星村	铁路护路联防工作先进集体	赣州市平安建设铁路护路联防工作小组
瑞金市大柏地乡新时代文明实践所	赣州市新时代文明实践星级阵地五星级示范所	赣州市推动党的基层资源整合和新时代文明实践中心建设领导小组
瑞金市大柏地乡大柏地村新时代文明实践站	赣州市新时代文明实践星级阵地五星级示范站	赣州市推动党的基层资源整合和新时代文明实践中心建设领导小组
瑞金市大柏地乡礤头村新时代文明实践站	赣州市新时代文明实践星级阵地四星级示范站	赣州市推动党的基层资源整合和新时代文明实践中心建设领导小组

2021 年获市厅级以上表彰的先进个人

表 14

姓名	单位	荣誉	表彰部门
刘小林	瑞金市乡村振兴局	全国脱贫攻坚先进个人	中共中央委员会、中华人民共和国国务院
廖秀英	瑞金市壬田镇凤岗村	全国脱贫攻坚先进个人	中共中央委员会、中华人民共和国国务院
朱生发	瑞金市祥和苑老年公寓	全国“敬老爱老助老模范人物”	国家卫健委、全国老龄办

续表 14

姓名	单位	荣誉	表彰部门
朱晓文	瑞金市交通运输局	全国交通运输系统脱贫攻坚先进个人	交通运输部
唐绍禄	瑞金市交通运输局	第十二届全国交通运输书法绘画摄影展书法类一等奖	交通运输部直属机关工会、中共交通运输部党校、中国交通书画摄影协会
杨俊平	瑞金市政协	征文活动二等奖	国家保密局
熊莉媛	人民银行瑞金支行	优秀党务工作者	中国人民银行武汉分行
熊莉媛	人民银行瑞金支行	江西省人民银行系统法律消保业务竞赛二等奖	中国人民银行南昌中心支行
吴晓青	人民银行瑞金支行	江西省人民银行系统法律消保业务竞赛三等奖	中国人民银行南昌中心支行
何林广	人民银行瑞金支行	金惠工程优秀组织者	中国金融教育发展基金会
邹海洋	瑞金市交通运输局	2021 年度全省交通运输安全生产工作先进个人	江西省交通运输厅
钟婧靓	瑞金市黄柏乡	全省优秀人民调解员	江西省司法厅
邓主平	瑞金市黄柏乡	江西省脱贫攻坚先进个人	中共江西省委、江西省人民政府
刘华龙	瑞金市老干部活动中心	全省关心下一代工作先进个人	省关工委、省文明办
周邦明	国家税务总局瑞金分局	江西省税务系统优秀共产党员	江西省税务局
周启龙	瑞金市应急管理局	森林防灭火工作先进个人	江西省人民政府
姚海波	瑞金市教育局	江西省初中英语骨干教师	江西省教育厅
赖秀生	瑞金市交管大队	江西省第三届职工网上艺术节微视频类优秀奖	江西省总工会
吴敏	瑞金市交管大队	江西省科普讲解大赛优胜奖、江西省优秀科普使者	江西省科学技术厅
方际雄	瑞金市人民法院	全省法院先进个人	江西省高级人民法院
胡九平	瑞金市人民法院	全省法院扫黑除恶先进个人	江西省高级人民法院
钟冬庆	瑞金市人民法院	全省法院“传承红色基因感悟真理力量”专题研讨活动三等奖	江西省高级人民法院
刘福生	瑞金市政府办	全省政府系统“五型”政府建设先进个人	江西省“五型”政府建设领导小组
刘慧芳	瑞金市政府办	全省政务信息工作优秀个人	江西省人民政府办公厅
钟宝卿	瑞金市退役军人事务局	“老兵永远跟党走・党旗飘扬在心中”知识竞赛三等奖	退役军人事务部
王冠文	瑞金市乡村振兴局	全省事业单位脱贫攻坚专项奖励个人记大功奖励	中共江西省委组织部、江西省人力资源和社会保障厅、江西省扶贫办公室
张仲群	瑞金市政协	江西省脱贫攻坚先进个人	中共江西省委、江西省人民政府
廖巧云	瑞金市政协	2020 年度查处重大侵权案件有功个人	江西省版权局
钟应京	人民银行瑞金支行	金惠工程优秀志愿者	中国金融教育发展基金会
朱福平	瑞金市纪委监委	江西省脱贫攻坚先进个人	中共江西省委、江西省人民政府
谢理平	瑞金市委宣传部	江西省脱贫攻坚先进个人	中共江西省委、江西省人民政府
葛振瑞	瑞金市人民检察院	嘉奖全省扫黑除恶专项斗争表现突出县处级干部	江西省扫黑除恶专项斗争领导小组、中共江西省委组织部
温朝晖	瑞金市人民检察院	论文《基层检察视角下的寻乌调查精神内涵及启示》获二等奖	江西省法学会中央苏区法制研究会

续表 14

姓名	单位	荣誉	表彰部门
曾照卿	瑞金市人民检察院	《弘扬苏区检察建议权的成功做法加强新形势下法律监督能力建设》被评为第十七届全省检察理论研究年会优秀调研成果“三等奖”	江西省人民检察院
杨丽	瑞金市文广新旅局	2021 年“百姓大舞台，大家一起来”活动中荣获先进个人	江西省文化馆
刘燕玲	瑞金市文广新旅局	2021 年全国第五次文化馆评估定级工作中荣获先进个人	江西省文化馆
谢雁芳	瑞金市得邦照明公司	全省优秀职工代表提案	江西省总工会
危　娜	瑞金市思源实验学校	全省优秀职工代表提案	江西省总工会
钟茂泉	瑞金市供电公司	全省优秀职工代表提案	江西省总工会
欧阳兴	瑞金市水利局	全省水利系统扫黑除恶专项斗争先进个人	省水利厅
毛水金	瑞金市退役军人事务局	江西退役军人事务系统“尊崇之星”	江西省退役军人事务厅
肖万红	瑞金市工商联	参政议政课题成果三等奖	江西省工商联 2020 年度参政议政课题成果三等奖
刘芬	瑞金市教体局	江西省幼儿园学科带头人	江西省教育厅
朱绿柳	瑞金市统计局	2020 年度第三届最美江西统计人	江西省统计局
陈运娇	瑞金市妇联	江西省三八红旗手	江西省妇女联合会
朱萍	瑞金市妇联	江西省最美家庭	江西省妇女联合会
宋素清	瑞金市妇联	江西省最美家庭	江西省妇女联合会
李小华	瑞金市妇联	江西省最美家庭	江西省妇女联合会
曾瑞亮	瑞金市人民医院	江西省脱贫攻坚先进个人	中共江西省委、江西省人民政府
曾春兰	瑞金市妇幼保健院	江西省五一巾帼标兵	江西省总工会
黄桂芳	瑞金市卫健委	江西省生命英雄、免疫英雄	江西省疾病预防控制中心
黄　刚	瑞金市卫健委	全省脱贫攻坚先进个人	中共江西省委、江西省人民政府
丁林泉	瑞金市交通运输局	2021 年度全省交通运输系统政务信息工作先进个人	江西省交通运输厅
陈维	瑞金市司法局	全省优秀人民调解员	江西省司法厅
陈忠明	瑞金市司法局	优秀法律援助律师	江西省司法厅
钟海平	瑞金市司法局	刑罚执行一体化建设中表现突出个人	江西省司法厅
曾康华	瑞金市九堡镇	江西省脱贫攻坚先进个人	中共江西省委、江西省人民政府
胡爱民	瑞金市委政法委	平安江西建设先进个人	江西省平安江西建设领导小组办公室、江西省人力资源社会保障厅
温庆文	瑞金一中	江西省“新时代学生心中的好老师”	中共江西省委教育工委、江西省教育厅、江西省教育工会
钟燕平	瑞金市九堡镇九堡圩居委会	2020 年度赣州市优秀网格员	赣州市平安赣州建设领导小组
谢　政	瑞金市沙洲坝镇	赣州市 2021 年度优秀共青团干部	共青团赣州市委
刘丽琴	瑞金市沙洲坝镇	赣州市 2021 年度全市优秀网格管理员	中共赣州市委政法委
刘春林	瑞金市委政法委	2021 年度平安赣州建设先进县（市、区）平安建设责任人	赣州市平安赣州建设领导小组
涂佐明	瑞金市委政法委	2021 年度平安赣州建设先进县（市、区）平安建设责任人	赣州市平安赣州建设领导小组

续表 14

姓名	单位	荣誉	表彰部门
陈浦鸿	瑞金市委政法委	2021 年度平安赣州建设先进县(市、区)平安建设责任人	赣州市平安赣州建设领导小组
曾云浩	瑞金市委政法委	2021 年度平安赣州建设先进县(市、区)平安建设责任人	赣州市平安赣州建设领导小组
刘森林	瑞金市九堡镇山坑村	2021 年度赣州市优秀网格员	赣州市平安赣州建设领导小组
张瑛美	瑞金一中	赣州市“优秀教师”	中共赣州市委教育工委、赣州市教育局
杨富军	瑞金一中	赣州市“优秀教师”	中共赣州市委教育工委、赣州市教育局
敖小红	瑞金一中	赣州市“优秀班主任”	中共赣州市委教育工委、赣州市教育局
丁晓林	瑞金一中	赣州市“优秀教育工作者”	中共赣州市委教育工委、赣州市教育局
钟敏	瑞金市信访局	2021 年度全市信访工作先进个人	赣州市信访工作联席会议
刘俊	瑞金市信访局	2021 年度全市信访工作先进个人	赣州市信访工作联席会议
邹勇	瑞金市信访局	2021 年度全市信访工作先进个人	赣州市信访工作联席会议
许献琦	瑞金市商务局	全市优秀党务工作者	中共赣州市委
陈涛	瑞金市教体局	优秀班主任	中共赣州市委教育工委、赣州市教育局
杨文华	瑞金市教体局	2021 年赣州市优秀班主任	中共赣州市委教育工委、赣州市教育局
朱云	瑞金市教体局	2021 年赣州市优秀教师	中共赣州市委教育工委、赣州市教育局
朱婷	瑞金市教体局	2021 年赣州市优秀教师	中共赣州市委教育工委、赣州市教育局
邹萍	瑞金市教体局	2021 年赣州市优秀教师	中共赣州市委教育工委、赣州市教育局
李伶	瑞金市教体局	2021 年赣州市优秀教师	中共赣州市委教育工委、赣州市教育局
李伶	瑞金市教体局	赣州市优秀少先队辅导员	中共赣州市委教育工委、赣州市教育局
赖泽英	瑞金市教体局	2021 年赣州市优秀教师	中共赣州市委教育工委、赣州市教育局
钟美昌	瑞金市教体局	2021 年赣州市优秀教师	中共赣州市委教育工委、赣州市教育局
张晓敏	瑞金市教体局	2021 年赣州市优秀班主任	中共赣州市委教育工委、赣州市教育局
黄丽平	瑞金市教体局	2021 年赣州市优秀班主任	中共赣州市委教育工委、赣州市教育局
王良波	瑞金市教体局	2021 年赣州市优秀教师	中共赣州市委教育工委、赣州市教育局
刘海香	瑞金市教体局	2021 年赣州市优秀教师	中共赣州市委教育工委、赣州市教育局
李和梅	瑞金市教体局	2021 年赣州市优秀班主任	中共赣州市委教育工委、赣州市教育局
杨　亮	瑞金市教体局	2021 年赣州市优秀班主任	中共赣州市委教育工委、赣州市教育局
杨丽娜	瑞金市教体局	师德标兵	中共赣州市委教育工作委员会
朱小兰	瑞金市教体局	2021 年赣州市优秀教师	中共赣州市委教育工委、赣州市教育局
郭雪莲	瑞金市教体局	2021 年赣州市优秀教师	中共赣州市委教育工委、赣州市教育局
刘美清	瑞金市教体局	2021 年赣州市优秀教师	中共赣州市委教育工委、赣州市教育局
张志明	瑞金市教体局	赣州市先进教育工作者	赣州市委教育工委
古瑞明	瑞金市教体局	2021 年赣州市优秀班主任	中共赣州市委教育工委、赣州市教育局
钟丽群	瑞金市教体局	2021 年赣州市优秀教师	中共赣州市委教育工委、赣州市教育局
肖春雨	瑞金市教体局	2021 年赣州市优秀教师	中共赣州市委教育工委、赣州市教育局
杨华	瑞金市教体局	2021 年赣州市优秀班主任	中共赣州市委教育工委、赣州市教育局
黄娴	瑞金市教体局	2021 年赣州市优秀教师	中共赣州市委教育工委、赣州市教育局
黄旭萍	瑞金市教体局	2021 年赣州市优秀教师	赣州市委教育工委、赣州市教育局

续表 14

姓名	单位	荣誉	表彰部门
王林	瑞金市叶坪镇	2021 年度征兵工作先进个人	赣州市人民政府
杨树成	瑞金市叶坪镇	2021 年度全市铁路护路联防工作先进个人	赣州市平安建设铁路护路联防工作小组
谢带金	瑞金市叶坪镇	全市优秀共产党员称号	中共赣州市委
李鹏	瑞金市人社局	劳动人事争议优秀仲裁员	赣州市人社局、赣州市中级人民法院、赣州市总工会
钟伟平	瑞金市人民法院	赣州市政法系统“十大办案能手”	赣州市中级人民法院
毛远聪	瑞金市人民法院	赣州市扫黑除恶先进个人	赣州市扫黑除恶专项斗争领导小组
刘德泉	瑞金市人民法院	个人三等功	赣州市中级人民法院
宋英	瑞金市人民法院	个人三等功	赣州市中级人民法院
严由超	瑞金市人民法院	全市法院嘉奖	赣州市中级人民法院
毛远聪	瑞金市人民法院	全市法院嘉奖	赣州市中级人民法院
钟伟平	瑞金市人民法院	全市法院嘉奖	赣州市中级人民法院
卢颖婷	瑞金市人民法院	全市法院嘉奖	赣州市中级人民法院
罗荣莲	瑞金市人民法院	全市法院嘉奖	赣州市中级人民法院
张根莲	瑞金市人民法院	全市法院嘉奖	赣州市中级人民法院
赖志勇	瑞金市退役军人事务局	征兵工作先进个人	赣州市人民政府
邹文芳	瑞金市政协	赣州市党史学习教育巡回指导工作先进个人	中共赣州市委党史教育领导小组
廖林卿	瑞金市人民检察院	“2021 年度全市基层检察院青年干警写作比赛”宣传稿成绩优秀奖	赣州市人民检察院
刘丽	瑞金市人民检察院	“2021 年度全市基层检察院青年干警写作比赛”宣传稿成绩优秀奖	赣州市人民检察院
邱祺	瑞金市人民检察院	全市扫黑除恶专项斗争先进工作者	赣州市扫黑除恶专项斗争领导小组
刘小金	瑞金市交通运输局	铁路护路联防工作先进个人	赣州市平安建设铁路护路联防工作小组
杨和茂	瑞金市统计局	赣州市第四次全国经济普查先进个人	赣州市第四次全国经济普查领导小组
张敏	瑞金市统计局	赣州市第四次全国经济普查先进个人	赣州市第四次全国经济普查领导小组
谢永晟	瑞金市司法局	优秀司法所长	赣州市司法行政系统队伍教育整顿小组
陈小芳	瑞金市司法局	优秀公证员	赣州市司法行政系统队伍教育整顿小组

附　　录

组织机构及负责人

市级领导机构成员名录

中共瑞金市委

书记:许　锐(任至2月)
　吴建平(2月任)
市委副书记:吴建平(任至2月)
　蓝贤林(任至7月)
　刘春林(7月任)
　李志坚(8月任)
市委常委:吴建平(任至2月)
　蓝贤林(任至7月)
　刘春林(7月任)
　李志坚(8月任)
　罗沪京(任至8月)
　杨北林(任至8月)
　刘晓龙(任至8月)
　郭德帅(任至8月)
　陈大林(任至8月)
　罗俊腾(任至8月)
　谢正文(任至12月)
　宋平荣(任至8月)
　罗林生(8月任)
　李伟明(8月任)
　陈建伟(8月任)
　蒋小英(女,8月任)
　李　鑫(8月任)
　刘新远(8月任)
　涂佐明(8月任)
　汪兴福(12月任)
　杨　科(女,挂职)
　汤晓斌(挂职)

瑞金市人大常委会

主任:李学通(任至9月)
　谢志斌(9月任)
副主任:章芸(女,任至9月)
　李　光(任至9月)
　赖　林　刘剑平
　温家振(9月任)
　刘志斌(9月任)
　赖毅宇(9月任)
　黄　艳(女,9月任)

瑞金市人民政府

市长:吴建平(任至2月)
　蓝贤林(2—7月)
　刘春林(9月任)
常务副市长:刘晓龙(任至8月)
　李　鑫(9月任)
副市长:钟铮(任至8月)
　许晓龙(任至8月)
　谢江溪(女)
　刘新远(任至8月)
　杨　科(女,挂职)
　汤晓斌(挂职)
　罗林生(9月任)
　陈浦鸿(9月任)
　许建平(9月任)
　黄发亮(9月任)
　刘方淼(9月任)
党组成员:邓文英(女,2021.3—2021.8)

政协瑞金市委员会

主席:陈晓斌(任至9月)
　刘红敏(女,9月任)
副主席:钟天雨(任至9月)
　陈家祥(任至9月)
　温家振(任至9月)
　章　芸(女,9月任)
　陈殷鸿　刘瑞林
　刘瑞平(9月任)
　俞春荣(9月任)
秘书长:陈泽贵(任至9月)
　张仲群(9月任)

市委工作机关

市委办公室
主任:刘瑞平(任至9月)
钟 明(9月任)
副主任:王艳辉 刘 凌
杨 欢(9月任)
保密和机要局局长:刘 凌(9月任)

市委组织部
部长:郭德帅(任至8月)
刘新远(8月任)
常务副部长:袁 勇(任至9月)
分管日常工作的副部长:
钟 亮(9月任)
副部长:王志春(女,兼,9月任)
毛建平(9月任) 石恒良
廖少杰(任至9月)
党群服务中心主任:刘 强(任至5月)
党建和人才服务中心负责人:
刘 强(5月任)

市委宣传部
部长:罗沪京(任至8月)
陈建伟(8月任)
常务副部长:戴橘子(女,任至9月)
分管日常工作的副部长:谢理平(9月任)
市社联主席:谢丽春(女,任至9月)
王文华(10月任)
原市委报道组:杨荣强

市委统战部
部长:罗俊腾(任至8月)
蒋小英(女,11月任)
民族宗教事务局局长:
罗俊腾(任至8月)
蒋小英(女,8月任)
常务副部长:胡水林
副部长:谭光明(9月任)
卢春明(12月) 王 牧(任至9月)

市委政法委
书记:宋平荣(任至8月)
涂佐明(8月任)
副书记:钟铮(任至8月)
陈浦鸿(8月任) 刘海福(常务)
曾云浩 杨文锋

市委编办
主任:王志春(女)

市委信访局
局长:杨忠(任至6月) 邹仙海(9月任)
正科信访督查专员:刘北方(11月任)

市人大机关
办公室主任:杨 敏
农业农村工作委员会主任:
钟昌发(9月任)
选举任免联络工作委员会主任:
胡剑平(9月任)
外事华侨民族宗教工作委员会主任:
曾 进(9月任)
财政经济委员会主任委员:汤春生(9月任)
法制委员会主任委员:
刘瑞金(9月任)
社会建设委员会主任委员:陈文生
教育科学文化卫生委员会主任委员:
钟 瑜(女,9月任)
城乡建设环境与资源保护委员会主任委员:张瑞玲(9月任)

市政协机关
办公室主任:陈泽贵(任至10月)
钟俊红(女,10月任)
提案委员会主任:肖称荣(任至10月)
陈忠明(10月任)
经济委员会主任:
邹文芳(女,任至10月)
廖巧云(女,10月任)
农业和农村委员会主任:钟俊红(女,任至10月) 杨俊平(10月任)
人口资源环境委员会主任:谢 澍(任至10月) 毛纪元(10月任)
教科卫体和文化文史学习委员会主任:杨翠英(女)
社会和法制委员会主任:黄宗钧(任至10月) 赖丽华(女,10月任)
港澳台侨委员会主任:罗海发

市纪委监委机关
纪委书记:陈大林(任至8月)
李伟明(8月任、9月任监委主任)
市纪委副书记、监委副主任:
李莉娜(女,任至8月)
曾建军 张继文(任至8月)
朱晓宇(女,8月任,12月任监委副主任) 钟胜平(8月任)
纪委常委:陈都发(任至8月)
杨旭升 朱晓宇(女,12月任监委副主任) 钟胜平(8月任)
朱福平 陈金山(8月任)
曾 睿(8月任) 杨文强(8月任)
监委委员:陈都发(任至12月)
杨旭升 朱福平 陈金山(12月任) 曾 睿 朱文伟(12月任)

市委巡察机构
市委巡察办主任:朱福平
市委第一巡察组组长:
朱云生(任至9月)
刘 辉(9月任)
市委第二巡察组组长:
钟北京(任至9月) 杨和平(9月任)
市委第三巡察组组长:陈功跃
市委第四巡察组组长:聂茂平
巡察专员:李 明 闻绥衢(女)
王瑞生 谢俊华

市人民法院
党组书记、院长:温金来(任至8月)
温雪岩(9月任)
副院长:童溪水(任至9月)
钟同锋
党组成员、副院长:朱皓平
党组成员、谢坊法庭庭长:刘德泉
党组成员、政治部主任:方际娃
审判委员会专职委员:黄 嵘
钟跃春

市人民检察院
党组书记、检察长:
葛振瑞(任至8月)
温朝晖(9月任)
党组成员、副检察长:李德智
周 文 吴 会
党组成员、政治部主任:邹 成
检委会专职委员:梁跃滨 刘 慧

市政府工作部门

市政府办公室
主任：钟粮山（任至9月）
刘福生（10月任）

市发改委
党组书记、主任：谢立文（任至9月）
李　斌（10月任）

市教体局
市委教体工委书记、市教体局局长：
黄　娜（女，任至8月）
钟粮山（10月任）

市科技局
党组书记、局长：刘东华（10月任）

市工信局
党组书记、局长：朱泽林

市公安局
党委书记、局长：钟　铮（任至8月）
陈浦鸿（9月任）
政治委员：刘堂正

市公安局交管大队
大队长：郭景山（任至8月）
谢志刚（12月任）
教导员：陈泽华

市民政局
党组书记、局长：曾传祺（任至9月）
刘中南（10月任）

市司法局
党组书记：陈忠明（任至9月）
阮　玉（9月任）
局长：黄　艳（女，任至9月）
阮　玉（女，10月任）

市财政局
党组书记、局长：钟　亮（任至9月）
曾传祺（10月任）

市人社局
党组书记、局长：梁远征（任至9月）
张继文（10月任）

市自然资源局
党组书记、局长：汤春生（任至9月）
刘应金（10月任）

市住建局
党委书记：钟隆发
局长：黄贵珍（女，10月任）

市交通运输局
党组书记、局长：杨庆锋

市水利局
党组书记、局长：张声平（10月任）

市农村农业局
党组书记、局长：刘　辉（任至9月）
邹建敏（10月任）

市商务局
党组书记、局长：许献琦

市文广新旅局
党组书记、局长：廖巧云（女，任至9月）
戴橘子（女，10月任）

市卫健委
市委卫健工委书记、卫健委主任：
朱智逵

市退役军人事务局
局长：钟瑞锋（任至9月）
赖志勇（10月任）

市应急管理局
党委书记、局长：周启龙

市审计局
党组书记、局长：邹　洁（任至9月）
李火生（10月任）

市林业局
党组书记、局长：杨艳文（任至9月）
王　牧（10月任）

市市场监管局
党组书记、局长：刘志捷（任至9月）
梁远征（10月任）

市统计局
党组书记、局长：曾练军（任至9月）
谢　华（10月任）

市乡村振兴局
党组书记、局长：刘小林（10月任）
曾能贵（任至9月）

市城管局
党组书记、局长：钟起平（10月任）

市行政审批局
党组书记、局长：李　斌（任至9月）
朱假茂（10月任）

市属事业单位

瑞金中央革命根据地纪念馆
党支部书记:周景春(9月任)
馆长:周景春(任至11月)
　杨丽珊(女,11月任)
副馆长:杨艳华(女)　杨长勇
党组成员:苏春生

党史办
副主任:罗春花(女,主持工作)

地方志办
党组书记、主任:钟义春

市机关事务管理局
局长:王文华(任至10月)

市委党校
校长:蓝贤林(任至3月)
　李志坚(9月任)
行政学校校长:刘晓龙(任至8月)
　李　鑫(9月任)
常务副校长:钟马福

市体育局
局长:曾书平

市档案馆
馆长:朱　嫔(女)

瑞金报社
社长:王先文
总编辑:曾睿智

瑞金广电新闻中心
主任:刘春华

市供销社联合社
理事会主任:杨志云

区域性食品药品检验检测中心
副主任:杨　玲(女,主持工作)

市果茶发展服务中心
　陈　荣　胡剑平(原果业局局长,
　任至9月)

市住保安置中心
主任:谢兴晖(11月任)

赣江源自然保护区管理局
局长:钟海平

市人民医院
党委书记:王传明
院长:杨利勇(任至11月)

市中医院
党支部书记:毛吉明
院长:杨利勇(11月任)

市妇保院
党总支部书记:张素芳(女,任至10月)
院长:曾春兰(女,任至11月)

群众团体

市总工会
主席:刘剑平(赣州市总工会兼职副
　主席)
常务副主席:刘中南(任至9月)
　谢立文(9月任)

团市委
书记:阮　玉(女,任至9月)

市妇联
党组书记、主席:黄　燕(女)

市工商联
主席:黄　艳(女)
党组书记:王　牧(任至9月)
　谭光明(9月任)

市科协
主席:刘智辉(任至9月)
　曾练军(9月任)

市社联
主席:谢丽春(女,任至9月)
　王文华(11月任)

市文联
主席:周春柳

市残联
党组书记、理事长:
　梁寿华(任至9月)
　谢丽春(女,9月任)

市侨联
主席:杨敬东(任至6月)
　汤　涛(9月任)

市计生协
会长:(市分管领导)第一副会长(卫
　健委主任)
党组书记、常务副会长:
　钟春元(任至9月)
　钟淮林(10月任)

市红十字会
会长:谢江溪(女)
常务副会长:姜建明

市属企业

市城投集团
董事长:邱海山
总经理:朱坤华
监事会主席:杨阒境

市文旅公司
董事长:陆　巍(任至 8 月)
总经理:朱　洁(任至 10 月)
　许世海(11 月任)
监委会主席:钟　珊

市工投公司
董事长:刘　凯(10 月任)
总经理:刘　凯

市乡村振兴公司
董事长:邹永红
总经理:谢爱东

市机场建设公司
董事长、总经理:杨福生

驻市单位

瑞金干部学院
院长:吴忠琼(女)
第一副院长:王成兵(任至 9 月)
　田　辉(9 月任)
常务副院长:潘少平(任至 8 月不再担任)　朱荣兰(10 月任)
副院长:朱荣兰(任至 10 月)
　潘九根(任至 12 月)
　刘前华　袁　勇(9 月任)
　袁　芳(女,12 月任)

赣州市瑞金生态环境局
党组书记、局长:刘　峰(12 月任)

瑞金经济技术开发区
瑞金经济技术开发区党工委、管委会领导班子
党工委书记:吴建平(2 月任)
　许　锐(任至 2 月)
党工委副书记、管委会主任:
　刘春林(8 月任)
　吴建平(任至 2 月)
　蓝贤林(2 月任,任至 8 月)
党工委副书记:罗林生(8 月任)
　杨北林(任至 8 月)
党工委委员、纪工委书记、监察组组长:李莉娜(女)
党工委委员、管委会副主任:
　罗林生(任至 8 月)　谢　飞(9 月任)　林　浩(10 月任)　邓文英(女,任至 9 月)　郑洪立(挂职,任至 7 月)
瑞金经济技术开发区内设机构、直属事业单位负责人
党政办公室主任:郭经伟
商务局局长:刘俊良
经济发展和财政局局长:赖志坚
建设局局长:邱水林
社会事务局副局长、三级主任科员:
　黄道东
党群工作部部长:丁桂平
机关党委专职副书记:古盛林
纪工委副书记、监察组副组长:
　曾　泰
工会专职副主席:刘小明
企业综合服务中心副主任:邓　腊
综合执法大队副大队长:刘　浩

中储粮瑞金直属库
党支部书记、执行董事、总经理:
　刘国平

人民银行瑞金支行
党组书记、行长:肖季祥

赣州银保监分局瑞金监管组

市税务局
党委书记、局长:
　吕学昌(任至 10 月)
　顾云萍(10 月任)

赣州市公路发展中心瑞金分中心
主任:杨幸平
党支部书记:黄　强

国家统计局瑞金调查队
队长:曾晓明

市气象局
局长:李洪珍

赣州市医疗保障局瑞金分局
党组书记、局长:何　俊

市供电公司
经理:梅贱生
党委书记:崔志铭

市烟草专卖局(公司)
局长(经理):张东升

赣州市住房公积金瑞金分中心
主任:许小平

市石油公司
经理:邹文军

市广电网络公司
总经理:钟绍江

新华书店
经理:李建明

中国邮政瑞金市分公司
总经理:李伟平

中国电信瑞金分公司
总经理:杨彩文

中国移动瑞金支公司
总经理:刘　飞

中国联通瑞金支公司
总经理:钟　明

中国铁塔瑞金市办事处
主任:

乡　镇

象湖镇
党委书记：梁　敏（任至2月）
钟淑萍（女，6月任）
党委副书记、镇长：钟起平（任至6月）　黄胜军（9月任）
人大主席：汤　涛（任至9月）
梁慧明（9月任）

沙洲坝镇
党委书记：赖毅宇（任至6月）
杨华中（6月任）
党委副书记、镇长：杨华中（任至6月）　杨和芳（9月任）
人大主席：钟起平（任至9月）
邹士英（9月任）

壬田镇
党委书记：刘志斌（任至6月）
陈佛保（6月任）
党委副书记、镇长：
胡佰林（任至6月）
杨　全（9月任）
人大主席：朱假茂（任至9月）
冷　凯（9月任）

瑞林镇
党委书记：钟　明（任至6月）
杨　勇（6月任）
党委副书记、镇长：杨　勇（任至6月）　余宽辉（9月任）
人大主席：谢　鹏（任至9月）
杨　朋（9月任）

九堡镇
党委书记：梁宝英（女，任至6月）
曾康华（6月任）
党委副书记、镇长：赖志勇（任至6月）　袁　魁（9月任）
人大主席：袁北方（任至9月）
梁晓云（9月任）

武阳镇
党委书记：曾康华（任至6月）
杨　明（6月任）
党委副书记、镇长：卢春明（任至6月）　吴运频（9月任）
人大主席：谢学树（任至9月）
温　钰（9月任）

谢坊镇
党委书记：张仲群（任至6月）
杨　忠（6月任）
党委副书记、镇长：钟淑萍（女，任至6月）　陈小雄（9月任）
人大主席：钟福州（任至9月）
陈相霖（9月任）

叶坪镇
党委书记：王　林（6月任）
党委副书记、乡长：
朱胜江（任至6月）
党委副书记、镇长：杨树成（9月任）
人大主席：邹建敏（任至9月）
谢带金（9月任）

黄柏乡
党委书记：陈佛保（任至6月）
杨敬东（6月任）
党委副书记、乡长：
张声平（任至6月）
钟宗贵（9月任）
人大主席：丁荣辉（任至9月）
郭海明（9月任）

泽覃乡
党委书记：谢　旺（任至6月）
胡佰林（6月任）
党委副书记、乡长：陈　荣（任至6月）　陈龙群（9月任）
人大主席：刘北方（任至9月）
胡振云（9月任）

大柏地乡
党委书记：陈泽贤（任至6月）
刘小荣（6月任）
党委副书记、乡长：
刘小荣（任至6月）
刘素华（女，9月任）
人大主席：张伟青（任至9月）
陈国锋（9月任）

丁陂乡
党委书记：王　林（任至6月）
刘　勇（6月任）
乡党委副书记、乡长：
刘勇（任至6月）
邱登峰（9月任）
人大主席：罗水生（任至9月）
杨长涛（9月任）

云石山乡
党委书记：刘应金（任至6月）
邵　麒（6月任）
党委副书记、乡长：邵　麒（任至6月）　陈有军（9月任）
人大主席：钟小平（任至9月）
郭晓强（9月任）

日东乡
党委书记：谢理平（任至6月）
黄华满（6月任）
党委副书记、乡长：石向金（任至6月）　薛华建（9月任）
人大主席：赖立富（任至9月）
刘　艳（女，9月任）

拔英乡
党委书记：刘小林（任至6月）
胡雪兵（6月任）
党委副书记、乡长：欧阳桂女（女，任至6月）　郭宝杰（9月任）
人大主席：胡雪兵（任至9月）
陈　超（9月任）

万田乡
党委书记：杨　明（任至6月）
欧阳桂女（女，6月任）
党委副书记、乡长：温久长（9月任）
李　萍（女，任至6月）
人大主席：钟春生（任至9月）
罗林法（9月任）

冈面乡
党委书记：曾　进（任至6月）
石向金（6月任）
党委副书记、乡长：毛纪元（任至6月）　刘铭辉（9月任）
人大主席：陈秀铭（任至9月）
张海山（9月任）

重要文件目录

表 15

2021 年中共瑞金市委重要文件目录

发文时间	文号	文件标题
5 月 23 日	瑞发〔2021〕1 号	中共瑞金市委、瑞金市人民政府《关于实现巩固拓展脱贫攻坚成果同乡村振兴有效衔接的实施意见》
1 月 28 日	瑞发〔2021〕2 号	中共瑞金市委《关于制定全市国民经济和社会发展第十四个五年规划和二〇三五年远景目标的建议》
2 月 2 日	瑞发〔2021〕3 号	中共瑞金市委、瑞金市人民政府《关于瑞金市 2021 年招商引资工作的意见》
3 月 16 日	瑞发〔2021〕4 号	中共瑞金市委、瑞金市人民政府关于印发《新时代瑞金苏区振兴发展 2021 年工作要点》的通知
5 月 24 日	瑞发〔2021〕5 号	中共瑞金市委、瑞金市人民政府贯彻落实《国务院关于新时代支持革命老区振兴发展的意见》的实施意见
6 月 1 日	瑞发〔2021〕6 号	中共瑞金市委《关于认真开好乡镇党员代表大会的意见》
6 月 30 日	瑞发〔2021〕7 号	中共瑞金市委、瑞金市人民政府《关于全面推进乡村振兴加快农业农村现代化的实施意见》
7 月 15 日	瑞发〔2021〕8 号	中共瑞金市委关于印发《瑞金市在"六大主攻方向"一线"识马育马赛马选马"若干措施》的通知
10 月 27 日	瑞发〔2021〕9 号	中共瑞金市委、瑞金市人民政府、瑞金市人民武装部关于印发《瑞金市廉洁征兵军地联动监管实施办法》的通知
11 月 10 日	瑞发〔2021〕10 号	中共瑞金市委、瑞金市人民政府关于印发《瑞金市推进江西内陆开放型经济试验区建设行动方案》的通知
12 月 2 日	瑞发〔2021〕11 号	中共瑞金市委《关于认真学习宣传贯彻党的十九届六中全会精神的通知》
12 月 8 日	瑞发〔2021〕12 号	中共瑞金市委《关于认真学习宣传贯彻省第十五次党代会精神的通知》

表 16

2021 年瑞金市人大常委会重要文件目录

发文时间	文号	文件标题
1 月 14 日	瑞常发〔2021〕1 号	关于转发《瑞金市人大常委会关于〈瑞金市残疾人工作情况调研报告〉》的通知
1 月 20 日	瑞常发〔2021〕2 号	关于接受明经科辞去赣州市第五届人大代表职务的决定
1 月 20 日	瑞常字〔2021〕1 号	关于接受明经科辞去赣州市第五届人大代表职务的报告
1 月 20 日	瑞常字〔2021〕2 号	关于补选李文信为赣州市第五届人大代表的结果报告
3 月 8 日	瑞常发〔2021〕3 号	关于接受吴建平辞去职务的通知
3 月 8 日	瑞常字〔2021〕4 号	关于接受蓝贤林辞去职务的通知
3 月 8 日	瑞常发〔2021〕5 号	关于免去邓大明职务的通知
3 月 8 日	瑞常发〔2021〕6 号	瑞金市第六届人民代表大会常务委员会公告
4 月 13 日	瑞常发〔2021〕7 号	关于表彰 2020 年度全市人大代表联络工作站暨乡镇人大综合工作先进单位和先进个人的通报
4 月 15 日	瑞常发〔2021〕8 号	关于办理市六届人大六次会议期间代表建议的通知
4 月 16 日	瑞常发〔2021〕9 号	关于许可对市人大代表谢跃平采取强制措施的决定
5 月 12 日	瑞常发〔2021〕10 号	关于免去董良云职务的通知
5 月 12 日	瑞常发〔2021〕11 号	关于免去杨光职务的通知

续表 16

发文时间	文号	文件标题
5 月 12 日	瑞常发〔2021〕12 号	关于确认许可对市人大代表谢跃平采取强制措施并暂停其执行职务的决定
5 月 12 日	瑞常发〔2021〕13 号	关于重新确定乡镇人民代表大会代表名额的决定
6 月 17 日	瑞常发〔2021〕14 号	关于对提升全市公共卫生服务保障能力工作及专题询问的审议意见
6 月 22 日	瑞常发〔2021〕15 号	关于提升建设人大代表联络工作站的意见
7 月 21 日	瑞常发〔2021〕16 号	瑞金市 2021 年市、乡两级人民代表大会换届选举工作方案
7 月 21 日	瑞常发〔2021〕17 号	关于分配瑞金市第七届人大代表名额的决定
7 月 21 日	瑞常发〔2021〕18 号	关于设立市、乡两级选举委员会的决定
8 月 3 日	瑞常发〔2021〕19 号	关于市检察院红色文化保护公益诉讼工作情况的审议意见
8 月 13 日	瑞常发〔2021〕20 号	瑞金市人大常委会 2021 年工作要点
8 月 17 日	瑞常发〔2021〕21 号	关于接受蓝贤林辞去职务的通知
8 月 17 日	瑞常发〔2021〕22 号	关于任命刘春林职务的通知
8 月 31 日	瑞常发〔2021〕23 号	瑞金市推选出席赣州市第六届人民代表大会代表工作方案
9 月 2 日	瑞常发〔2021〕24 号	关于调整任命市、乡两级选举委员会成员的决定
9 月 3 日	瑞常字〔2021〕3 号	赣州市第六届人大代表候选人提名情况报告
9 月 8 日	瑞常字〔2021〕4 号	关于《中华人民共和国消防法》执法检查报告
9 月 14 日	瑞常发〔2021〕25 号	关于批准 2020 年市本级决算的决议
9 月 16 日	瑞常发〔2021〕26	关于接受温金来辞职请求的决定
9 月 16 日	瑞常发〔2021〕27 号	关于接受葛振瑞辞职请求的决定
9 月 16 日	瑞常发〔2021〕28 号	关于任命温雪岩职务的通知
9 月 16 日	瑞常发〔2021〕29 号	关于任命温朝晖职务的通知
9 月 19 日	瑞常发〔2021〕30 号	瑞金市人大常委会公告
10 月 13 日	瑞常发〔2021〕31 号	关于召开瑞金市第七届人大一次会议的决定
10 月 13 日	瑞常发〔2021〕32 号	关于市七届人大常委会主任、副主任分工的通知
10 月 13 日	瑞常发〔2021〕33 号	关于提升我市退役军人事务工作的审议意见
10 月 26 日	瑞常发〔2021〕34 号	关于批准瑞金市 2021 年财政预算调整方案的决议
11 月 1 日	瑞常发〔2021〕35 号	关于设立瑞金市第七届人大常委会代表资格审查委员会的决定
11 月 2 日	瑞常发〔2021〕36 号	关于钟昌发等职务任免的通知
11 月 2 日	瑞常发〔2021〕37 号	关于陈浦鸿等职务任免的通知
11 月 22 日	瑞常发〔2021〕38 号	关于印发相关工作规则的通知
12 月 10 日	瑞常发〔2021〕39 号	关于印发《关于我市农村人居环境卫生整治工作情况的调研报告》的通知
12 月 27 日	瑞常发〔2021〕40 号	关于印发《关于我市体教融合工作的调研报告》的通知
12 月 27 日	瑞常字〔2021〕5 号	关于呈送《关于我市体教融合工作的调研报告》的报告
12 月 27 日	瑞常字〔2021〕6 号	关于呈送《关于职业教育工作的调研报告》的报告
12 月 28 日	瑞常字〔2021〕7 号	关于市人大常委会对市政府工作部门 2021 年工作情况测评结果的报告
12 月 30 日	瑞常发〔2021〕41 号	关于印发《关于我市畜牧业发展及粪污处理情况的调研报告》的通知
12 月 30 日	瑞常发〔2021〕42 号	关于对我市职业教育工作的审议意见
12 月 30 日	瑞常发〔2021〕43 号	关于批准 2021 年市一般公共预算和政府性基金预算调整方案的决议
12 月 30 日	瑞常发〔2021〕44 号	关于对我市城市巷道建设情况工作的审议意见
12 月 31 日	瑞常发〔2021〕45 号	关于对市公安交管执法规范化建设工作的审议意见

表 17　　2021 年瑞金市人民政府重要文件目录

发文时间	文号	文件标题
1月6日	瑞府办发〔2021〕1号	关于印发《瑞金市农村房屋安全隐患排查整治实施方案》的通知
1月31日	瑞府办发〔2021〕2号	关于印发《瑞金市全面推行证明事项告知承诺制实施方案》的通知
2月7日	瑞府办字〔2021〕8号	关于印发《瑞金市低产油茶林改造提升三年行动方案》的通知
3月23日	瑞府办字〔2021〕40号	关于印发《瑞金经济技术开发区批而未用及闲置土地清理处置专项整治工作方案》的通知
3月24日	瑞府办字〔2021〕41号	关于印发《瑞金市防止耕地“非粮化”稳定粮食生产工作方案》的通知
3月25日	瑞府字〔2021〕17号	关于印发《瑞金市自然资源统一确权登记工作方案》的通知
3月25日	瑞府办字〔2021〕42号	关于印发《瑞金市自然灾害救助应急预案(修订稿)》的通知
4月2日	瑞府办字〔2021〕48号	关于印发《瑞金市水利建设三年行动计划(2020—2022年)》的通知
4月29日	瑞府办字〔2021〕53号	关于建立瑞金市确权登记争议调处机制和不动产统一登记工作联席会议制度的通知
5月1日	瑞府发〔2021〕2号	关于印发《瑞金市国民经济和社会发展第十四个五年规划和二〇三五年远景目标纲要》的通知
5月7日	瑞府办字〔2021〕60号	关于印发《瑞金市“四好农村路”建设实施方案》的通知
5月21日	瑞府办字〔2021〕63号	关于切实加强市专业森林消防大队规范化建设的通知
5月21日	瑞府办字〔2021〕64号	关于印发《瑞金市普惠金融服务中心建设工作实施方案》的通知
5月27日	瑞府办字〔2021〕65号	关于印发《瑞金市深化农村公路管理养护体制改革“路长制”实施方案》的通知
6月3日	瑞府办字〔2021〕80号	关于印发《关于进一步完善我市财园信贷通工作的意见》的通知
6月7日	瑞府办字〔2021〕74号	关于调整工程建设领域农民工工资保证金缴存标准的通知
6月12日	瑞府发〔2021〕3号	关于印发《推进健康瑞金建设实施方案》的通知
6月23日	瑞府办字〔2021〕78号	关于印发《瑞金市“节地增效”三年行动工作方案(2021—2023年)》的通知
7月2日	瑞府办字〔2021〕82号	瑞金市人民政府办公室关于印发瑞金市深化农村公路管理养护体制改革实施方案的通知
7月25日	瑞府办发〔2021〕8号	瑞金市人民政府办公室关于在工程项目建设过程中加强原生树木保护管理的通知
8月2日	瑞府办发〔2021〕9号	瑞金市人民政府办公室关于印发瑞金市促进民宿健康发展的实施意见的通知
8月31日	瑞府办发〔2021〕10号	瑞金市人民政府办公室关于印发瑞金市政企圆桌会议制度(试行)的通知
10月3日	瑞府办发〔2021〕11号	瑞金市人民政府办公室关于印发瑞金市火灾事故调查处理规定的通知
10月26日	瑞府发〔2021〕4号	瑞金市人民政府关于推进高质量气象现代化助力瑞金经济社会高质量发展的实施意见
11月1日	瑞府办字〔2021〕108号	瑞金市人民政府办公室关于印发瑞金市美丽乡镇建设五年行动方案(2021—2025年)的通知
11月21日	瑞府办发〔2021〕12号	瑞金市人民政府办公室关于印发瑞金市财政衔接推进乡村振兴补助资金管理办法(暂行)的通知
11月21日	瑞府办字〔2021〕111号	瑞金市人民政府办公室关于进一步加强和规范统筹整合财政涉农资金使用管理有关事项的通知
11月22日	瑞府办字〔2021〕113号	瑞金市人民政府办公室关于印发瑞金市企业破产处置府院联动机制工作方案的通知
12月3日	瑞府办字〔2021〕121号	瑞金市人民政府办公室关于印发瑞金市人工影响天气工作高质量发展实施方案的通知
12月21日	瑞府办字〔2021〕124号	瑞金市人民政府办公室关于印发瑞金市地震应急预案的通知

表 18

2021 年瑞金市政协重要文件目录

发文时间	文号	文件标题
1 月 18 日	瑞协党字〔2021〕1 号	关于呈报《2020 年度市政协党组工作汇报》的报告
1 月 29 日	瑞协党字〔2021〕3 号	关于送呈《政协瑞金市第六届委员会常务委员会工作报告》的报告
1 月 30 日	瑞协干字〔2021〕1 号	关于撤销杨和禄政协瑞金市第六届委员会委员资格的决定
1 月 30 日	瑞协干字〔2021〕2 号	关于同意胡凌妍、陈德桢、廖北明等三位同志辞去政协瑞金市第六届委员会委员职务的决定
1 月 30 日	瑞协干字〔2021〕3 号	关于同意胡凌妍同志辞去政协瑞金市第六届委员会常务委员职务的决定
2 月 9 日	瑞协办字〔2021〕4 号	关于市政协六届六次会议与会人员落实疫情防控措施的通知
3 月 1 日	瑞协发〔2021〕1 号	关于表彰 2020 年优秀政协委员、优秀政协提案和政协提案办理工作先进单位的决定
3 月 2 日	瑞协发〔2021〕2 号	关于召开政协瑞金市第六届委员会第六次会议的决定
4 月 2 日	瑞协党字〔2021〕7 号	关于印发《关于在市政协开展党史学习教育的实施方案》的通知
4 月 2 日	瑞协党字〔2021〕8 号	关于成立市政协党史学习教育领导小组的通知
4 月 21 日	瑞协办字〔2021〕12 号	关于印发《关于开展“书香政协”读书活动实施方案》的通知
6 月 23 日	瑞协发〔2021〕3 号	关于印发《政协瑞金市第六届委员会常务委员会 2021 年工作要点》
8 月 20 日	瑞协党字〔2021〕12 号	关于拟留任政协委员的建议
9 月 13 日	瑞协党字〔2021〕15 号	关于送呈《政协瑞金市第六届委员会常务委员会工作报告》的报告
9 月 16 日	瑞协字〔2021〕1 号	关于呈报《关于中华苏维埃纪念园长征火炬构筑物处置的调研报告》的报告
9 月 18 日	瑞协发〔2021〕4 号	关于召开政协瑞金市第七届委员会第一次会议的决定
9 月 18 日	瑞协干字〔2021〕4 号	公告（七届市政协委员名单）
9 月 27 日	瑞协干字〔2021〕5 号	公告（七届市政主席、副主席、秘书长名单）
10 月 9 日	瑞协办字〔2021〕23 号	关于《瑞金人物志》编纂工作补充事项的通知
10 月 14 日	瑞协办字〔2021〕29 号	关于市政协领导工作分工的通知
10 月 14 日	瑞协办字〔2021〕30 号	关于市政协机关领导干部工作分工的通知
10 月 15 日	瑞协干字〔2021〕6 号	关于王利霞等同志职务任免的通知
10 月 15 日	瑞协发〔2021〕5 号	政协瑞金市第七届委员会关于设置专门委员会的决定
10 月 29 日	瑞协字〔2021〕2 号	关于呈送《关于推进瑞金市历史文化名城保护和利用的调研报告》的报告
11 月 10 日	瑞协党字〔2021〕19 号	关于印发《中共政协瑞金市委员会党组工作规则》等的通知
11 月 10 日	瑞协发〔2021〕6 号	关于印发《政协瑞金市委员会全体会议工作规则》等的通知
12 月 2 日	瑞协发〔2021〕7 号	关于印发《政协瑞金市七届委员会界别召集人及专门委员会名单》的通知
12 月 7 日	瑞协办字〔2021〕42 号	关于明确七届市政协专门委员会对口联系单位的通知
12 月 7 日	瑞协办字〔2021〕43 号	关于印发《瑞金市政协机关内部管理制度》的通知
12 月 7 日	瑞协党字〔2021〕21 号	关于印发《瑞金市政协党组成员联系政协功能型党支部、中共党员委员联系党外委员实施办法》的通知
12 月 7 日	瑞协发〔2021〕8 号	关于印发《瑞金市政协委员履职情况考核办法》的通知
12 月 7 日	瑞协字〔2021〕3 号	关于呈送《关于瑞金市物流产业发展的调研报告》的报告
12 月 9 日	瑞协字〔2021〕4 号	关于呈送《关于瑞金市康养产业发展的调研报告》的报告
12 月 10 日	瑞协字〔2021〕5 号	关于呈送《关于防止耕地“非农化、非粮化”的调研报告》的报告
12 月 10 日	瑞协字〔2021〕6 号	关于呈送《关于大力培育新型职业农民助力乡村振兴调研报告》的报告
12 月 15 日	瑞协字〔2021〕7 号	关于呈送《关于瑞金市对接融入粤港澳大湾区的调研报告》的报告

统计资料

表 19

2021 年瑞金市主要经济指标一览表

指标	单位	2019 年	2020 年	2021 年
年末常住人口	万人	61.40	61.39	61.39
生产总值(GDP)	亿元	165.92	174.69	195.23
第一产业	亿元	24.87	27.43	28.25
第二产业	亿元	62.06	62.86	74.25
#工业	亿元	52.33	52.87	63.10
第三产业	亿元	78.99	84.40	92.70
人均生产总值	元	26986	28450	31800
一般公共预算收入	亿元	14.01	14.54	15.83
固定资产投资增速	%	9.0	9.2	11.4
农业总产值	亿元	40.24	44.67	46.10
规模以上工业增加值增速	%	8.1	4.6	11.3
社会消费品零售总额	亿元	63.53	90.20	101.1
出口值	亿元	30.07	33.02	45.52
实际使用外商直接投资	万美元	8770	9444	10243
金融机构人民币年末存款余额	亿元	298.16	335.58	346.40
金融机构人民币年末贷款余额	亿元	270.24	310.27	347.30
城镇非私营单位在岗职工平均工资	元	59625	62913	
城镇居民人均可支配收入	元	32659	34792	37388
农村居民人均可支配收入	元	12510	13655	15360

表 20

2021 年瑞金市主要经济指标人均水平一览表

指标名称	单位	2021 年	2020 年	同比增长(%)
人均生产总值	元	31800	28456	11.8
人均农业总产值	元	7506	7276	3.2
人均一般公共预算收入	元	2578	2368	8.9
在岗职工平均工资	元	69036	62913	9.7
农村居民人均可支配收入	元	15360	13655	12.5
农村居民人均消费性支出	元	12914	11277	14.5
城镇居民人均可支配收入	元	37388	34792	7.5
城镇居民人均消费性支出	元	22023	20321	8.2
人均社会消费品零售额	元	16461	14699	12.0
人均住户存款	元	42702	38427	11.1

续表 20

指标名称	单位	2021 年	2020 年	同比增长(%)
人均占有粮食	公斤	309	302	2.4
人均油料产量	公斤	19	17	9.6
人均水果产量	公斤	209	192.5	8.6
人均肉类产量	公斤	91	70	29.3

说明：表中人均是按 2021 年期初和期末常住平均人口（613947）计算，其中，城乡居民收入指标通过城乡住户抽样调查所得

表 21

2021 年瑞金市各乡镇行政区域面积和人口一览表

单位名称	面积（平方千米）	户数(户)	人口(人)	单位名称	面积（平方千米）	户数(户)	人口(人)
瑞金市	2441.40	172258	707188	丁陂乡	52.43	2920	13854
象湖镇	36.82	37982	148715	大柏地乡	158.83	3673	15171
瑞林镇	196.24	8889	43227	冈面乡	151.01	4598	22794
壬田镇	161.09	14224	55931	日东乡	181.77	5716	23253
九堡镇	212.08	15993	64755	万田乡	96.33	3393	15974
沙洲坝镇	79.98	7225	28408	黄柏乡	106.82	10754	42513
谢坊镇	133.07	10020	44178	云石山乡	114.29	11185	45430
武阳镇	155.61	8228	36396	泽覃乡	243.78	6395	22877
叶坪镇	150.77	18158	71818	拔英乡	210.48	2905	12889

表 22

2021 年瑞金市工业园区主要经济指标

项目	计量单位	2021 年	项目	计量单位	2021 年
汇总单位数	个	623	资产总计	千元	48591710
营业收入	千元	82022240	从业人员年平均人数	人	76427
利润总额	千元	6667270	完成基础设施投入	千元	8934010
出口交货值	千元	9945190			

说明：2018 年起，经开区反馈数为一区五园（瑞金经济技术开发区、宁都工业园区、于都工业园区、兴国经济开发区、石城产业园）合并数

表 23

2021 年瑞金市主要工业产品产量一览表

序号	产品名称	单位	2021 年	2020 年	序号	产品名称	单位	2021 年	2020 年
1	玩具	万个	2605	3191	7	水泥熟料	万吨	365	401
2	发制品	万条(套)	13	13.4	8	水力发电量	万千瓦时	9212	10549
3	服装	万件	228	194	9	机制纸	万吨	5.88	3.25
4	啤酒	千升	1053.8	11653	10	电力电缆	千米	8.25	70273
5	烤鳗	吨	1751	2101	11	皮革鞋靴	万双	399	261
6	水泥	万吨	410	407					

表 24

2021 年瑞金市主要农产品产量一览表

序号	产品名称	单位	产量	同比增长(%)	序号	产品名称	单位	产量	同比增长(%)
1	粮食	吨	190000	0.2	4	蔬菜及食用菌	吨	240090	15.6
2	油料	吨	11495	8	5	水果	吨	131492	11.2
3	烤烟	吨	1486	-12.4	6	脐橙	吨	124658	13.6

表 25

2021 年瑞金市主要畜牧、水产品产量一览表

序号	产品名称	单位	产量	比 2020 年增长(%)	序号	产品名称	单位	产量	比 2020 年增长(%)
1	肉类总产量	吨	55724	29.1	5	猪存栏	万头	22.9	28.8
2	猪肉	吨	40500	41.9	6	牛出栏	万头	3.2	-12.4
3	禽蛋	吨	7754	7.7	7	家禽出笼	百羽	79500	11
4	猪出栏	万头	48.9	31.2	8	水产品产量	吨	24650	6

（资料来源：瑞金市统计局）

表 26

2021 年瑞金市房地产投资和销售一览表

名称	单位	2021 年	同比±(%)	名称	单位	2021 年	同比±(%)
施工面积	万平方米	103.58	1.34	非住宅销售间数	间	630	-51.72
#新开工面积	万平方米	55.61	-15.46	销售总金额	亿元	41.38	26.12
房地产开发投资	亿元	20.42	2.82	#住宅销售金额	亿元	38.23	40.5
竣工面积	万平方米	90.54	31.6	#非住宅销售金额	亿元	3.11	-44.46
销售总面积	万平方米	60.67	18.38	批准预售面积	万平方米	51.24	-19.7
#住宅销售面积	万平方米	56.84	39.55	二手房交易	万平方米	20.37	-12.05
#非住宅销售面积	万平方米	3.83	-63.59	存量房	套	1470	-13.48
住宅销售套数	套	4531	42.48	商品住房均价	元平方米	6726	0.67

（数据来源：瑞金市住建局）

表 27

2021 年瑞金市一般公共预算收入一览表

单位：万元

收入科目	收入	同比±(%)
一、税收收入	126398	0.1
增值税(含改征增值税)	55037	-6.4
企业所得税	11125	-3.9
企业所得税退税		
个人所得税	1157	-10.7
资源税	2090	15.2
城市维护建设税	13657	35.4
房产税	1273	-0.2
印花税	2752	39.8
城镇土地使用税	1264	-23.8
土地增值税	9827	75.9
车船税	817	27.7

续表 27

收入科目	收入	同比±(%)
耕地占用税	2899	-73.5
契税	23246	14.4
烟叶税	950	-8.5
环境保护税	304	-18.3
其他税收收入		
二、非税收入	31881	66.5
专项收入	6707	35.8
行政事业性收费收入	5571	31.7
罚没收入	9852	14.1
国有资源(资产)有偿使用收入	7985	1536.3
捐赠收入		
政府住房基金收入	1766	126.7
其他收入		
一般公共预算收入	158279	8.9

表 28

2021 年瑞金市财政支出一览表

单位：万元

支出科目	支出	同比±(%)
1. 一般公共服务支出	37826	-0.6
2. 外交支出		
3. 国防支出		
4. 公共安全支出	18315	-7.5
其中:公检法司支出	17796	-7.4
5. 教育支出	150451	1.0
其中:普通教育	95160	2.6
6. 科学技术支出	39086	1.0
7. 文化旅游体育与传媒支出	13806	-2.6
8. 社会保障和就业支出	78023	5.1
其中:行政事业单位养老支出	20473	10.9
就业补助	1818	-37.9
抚恤	10034	-12.1
社会福利	3937	5.3
城市最低生活保障金支出	2485	45.2
农村最低生活保障金支出	12556	5.3
9. 卫生健康支出	30364	-54.6
其中:公共卫生	4906	-43.3
10. 节能环保支出	36799	6.0
其中:污染防治	1951	131.4
11. 城乡社区支出	24437	1.5

续表 28

支出科目	支出	同比±(%)
12. 农林水支出	89723	0. 8
其中:农业农村支出	10956	-30. 7
水利支出	8407	-27. 7
扶贫支出	31104	-6. 4
13. 交通运输支出	46439	55. 3
14. 资源勘探工业信息等支出	42747	232. 7
15. 商业服务业等支出	766	-48. 7
16. 金融支出		
17. 援助其他地区支出		
18. 自然资源海洋气象等支出	6520	-30. 4
19. 住房保障支出	13739	-33. 5
20. 粮油物资储备支出	493	-53. 8
21. 灾害防治及应急管理支出	3258	-64. 1
22. 其他支出		
23. 债务付息支出	6845	9. 7
24. 债务发行费用支出	38	-25. 5
一般公共预算支出	639675	0. 03
#民生类支出	530646	-4. 1

表 29

2021 年瑞金市金融机构人民币信贷收支一览表

栏目 / 项目	本月余额	比上月增减额		比年初增减额	
		2021 年	2020 年	2021 年	2020 年
一、各项存款	3463783	4322	34706	108021	374138
(一)境内存款	3459393	4145	34805	107594	373929
1. 住户存款	2621699	57294	43587	262703	270311
(1)活期存款	940286	53791	34542	28653	68463
(2)定期及其他存款	1681413	3503	9045	234050	201848
2. 非金融企业存款	600642	4101	31031	-74524	144281
(1)活期存款	424402	6096	15046	-72140	83197
(2)定期及其他存款	176240	-1996	15986	-2384	61084
3. 广义政府存款	234021	-56247	-39706	-79505	-44760
(1)财政性存款	22855	-46663	11020	-13669	21140
(2)机关团体存款	211165	-9584	-50726	-65836	-65901
4. 非银行业金融机构存款	3033	-1002	-107	-1080	4098
(二)境外存款	4390	177	-99	427	208
二、各项贷款	3472592	12005	26716	369845	400371
(一)境内贷款	3472557	12005	26716	369846	400372
1. 住户贷款	1974519	17022	-4925	197529	144788

续表 29

项目 \ 栏目	本月余额	比上月增减额		比年初增减额	
		2021 年	2020 年	2021 年	2020 年
(1)短期贷款	693990	14363	-927	102437	84449
消费贷款	132101	3096	-973	24676	28533
经营贷款	561889	11267	46	77761	55917
(2)中长期贷款	1280528	2659	-3998	95092	60339
消费贷款	1155606	3751	1866	102915	94944
经营贷款	124923	-1092	-5864	-7823	-34606
2. 非金融企业及机关团体贷款	1498038	-5017	31641	172317	255584
(1)短期贷款	312720	-1365	5943	37951	39860
(2)中长期贷款	1103249	-7345	22818	107379	195445
(3)票据融资	82070	3694	2880	26986	20278
(4)融资租赁	0	0	0	0	0
(5)各项垫款	0	0	0	0	0
3. 非银行业金融机构贷款	0	0	0	0	0
(二)境外贷款	35	0	0	-1	-1

说明：本表机构包括中国人民银行、银行业存款类金融机构、银行业非存款类金融机构

表 30

2021 年瑞金市城镇居民收支一览表

指标名称	单位	2021 年	2020 年	同比±(%)
居民人均可支配收入	元	37388	34792	7.5
一、工资性收入	元	13111	13826	-5.2
二、经营净收入	元	5790	4324	33.9
三、财产净收入(成本法)	元	7096	8778	-19.2
四、转移净收入	元	11391	7864	44.8
居民人均消费支出	元	22023	20321	8.4
一、食品烟酒	元	7256	5987	21.2
二、衣着	元	1043	1051	-0.7
三、居住	元	4416	5606	-21.2
四、生活用品及服务	元	1052	1742	-39.6
五、交通通信	元	3285	1902	72.7
六、教育文化娱乐	元	1836	2079	-11.7
七、医疗保健	元	2734	1548	76.6
八、其他用品和服务	元	401	406	-1.3

表 31

2021 年瑞金市主要经济指标在赣州排名一览表

指标名称	单位	绝对值	排名	增速(%)	排名
生产总值(GDP)	亿元	195	10	8.2	19
规模以上工业增加值	亿元	—	7	11.3	13
固定资产投资	亿元	—	11	11.4	12
#工业投资	亿元	—	-	0.2	19
社会消费品零售总额	亿元	101.1	7	11.6	20
一般公共预算收入	亿元	15.8	6	8.9	3
实际利用外资	万美元	10243	11	8.5	6
出口总额	亿元	45.52	-	37.8	4
城镇居民人均可支配收入	元	37388	5	7.5	14
农村居民人均可支配收入	元	15360	5	12.5	9

表 32

2010 年以来瑞金市户籍人口、城镇人口、乡村人口统计表

年份	户籍人口(人)	城镇人口(人)	乡村人口(人)	年份	户籍人口(人)	城镇人口(人)	乡村人口(人)
2010	662994	132404	530590	2016	703778	152690	551088
2011	674616	133318	541298	2017	704202	168869	535333
2012	682951	134374	548577	2018	710096	177399	532697
2013	677715	133946	543769	2019	709737	187328	522409
2014	693738	135373	558365	2020	707387	193411	513976
2015	697578	224902	472676	2021	707188	198725	508463

说明：以上资料由瑞金市统计局提供

表 33

瑞金市非物质文化遗产名录

序号	保护级别	项目名称	主要流传区域	传承人(或类别)
1	江西省和赣州市非物质文化遗产保护项目	传统竹编技艺	象湖镇	杨荣仿
2	江西省和赣州市非物质文化遗产保护项目	手工钢模雕刻技艺	象湖镇	严恩荣
3	江西省和赣州市非物质文化遗产保护项目	瑞金民歌	全市各乡镇	钟小芳
4	江西省和赣州市非物质文化遗产保护项目	冈面车灯制作技艺	冈面乡	蔡秀柱
5	江西省和赣州市非物质文化遗产保护项目	鱼圆制作技艺	全市各乡镇	胡艳春
6	赣州市非物质文化遗产保护项目	苏区舞蹈	全市各乡镇	丁辉
7	瑞金市非物质文化遗产保护项目	罗汉岩的传说	壬田镇	民间文学
8	瑞金市非物质文化遗产保护项目	陈炽的传说	瑞林镇	民间文学
9	瑞金市非物质文化遗产保护项目	罗台山的传说	冈面乡、九堡镇	民间文学
10	瑞金市非物质文化遗产保护项目	瑞金客家童谣	全市各乡镇	民间文学
11	瑞金市非物质文化遗产保护项目	瑞金客家山歌	象湖镇、九堡镇等	民间音乐
12	瑞金市非物质文化遗产保护项目	扇子歌《三杯酒》	冈面乡、象湖镇	民间音乐
13	瑞金市非物质文化遗产保护项目	十样锦器乐	武阳镇	民间音乐
14	瑞金市非物质文化遗产保护项目	泥湖锣鼓	全市各乡镇	民间音乐

续表 33

序号	保护级别	项目名称	主要流传区域	传承人(或类别)
15	瑞金市非物质文化遗产保护项目	苏区歌谣	冈面乡、瑞林镇	民间音乐
16	瑞金市非物质文化遗产保护项目	茶灯歌子	剧团、象湖镇	民间音乐
17	瑞金市非物质文化遗产保护项目	苏区舞蹈	象湖镇、壬田镇	民间舞蹈
18	瑞金市非物质文化遗产保护项目	跳傩《跳神》	冈面乡	民间舞蹈
19	瑞金市非物质文化遗产保护项目	打花鼓	冈面乡、云石山乡	民间舞蹈
20	瑞金市非物质文化遗产保护项目	联枪舞	剧团、象镇镇	民间舞蹈
21	瑞金市非物质文化遗产保护项目	《茶灯舞》	九堡镇	传统戏剧
22	瑞金市非物质文化遗产保护项目	九堡木偶戏	云石山、泽覃乡	曲艺
23	瑞金市非物质文化遗产保护项目	瑞金古文说唱	象湖镇	传统手工技艺
24	瑞金市非物质文化遗产保护项目	手工三维(钢模)雕刻技艺	象湖镇	传统手工技艺
25	瑞金市非物质文化遗产保护项目	草竹编技艺	象湖镇	传统手工技艺
26	瑞金市非物质文化遗产保护项目	根雕技艺	象湖镇	传统手工技艺
27	瑞金市非物质文化遗产保护项目	茶灯制作技艺	象湖镇	传统手工技艺
28	瑞金市非物质文化遗产保护项目	车灯制作技艺	冈面乡	传统手工技艺
29	瑞金市非物质文化遗产保护项目	石雕技艺	全市各乡镇	传统手工技艺
30	瑞金市非物质文化遗产保护项目	盔头制作技艺	域象湖镇	传统手工技艺
31	瑞金市非物质文化遗产保护项目	纸扎手工技艺	全市各乡镇	传统手工技艺
32	瑞金市非物质文化遗产保护项目	龙灯制作技艺	沙洲坝镇	传统手工技艺
33	瑞金市非物质文化遗产保护项目	马灯制作技艺	叶坪镇、石山乡	传统手工技艺
34	瑞金市非物质文化遗产保护项目	蚌壳灯制作技艺	武阳镇	传统手工技艺
35	瑞金市非物质文化遗产保护项目	八仙灯制作技艺	冈面乡	传统手工技艺
36	瑞金市非物质文化遗产保护项目	竹篙灯制作技艺	叶坪镇	传统手工技艺
37	瑞金市非物质文化遗产保护项目	板凳灯制作技艺	谢坊镇	传统手工技艺
38	瑞金市非物质文化遗产保护项目	船灯制作技艺	壬田镇	传统手工技艺
39	瑞金市非物质文化遗产保护项目	花轿灯制作技艺	日东乡	传统手工技艺
40	瑞金市非物质文化遗产保护项目	甑笊灯制作技艺	黄柏乡	传统手工技艺
41	瑞金市非物质文化遗产保护项目	鲤鱼灯制作技艺	大柏地乡	传统手工技艺
42	瑞金市非物质文化遗产保护项目	幅灯制作技艺	瑞林镇	传统手工技艺
43	瑞金市非物质文化遗产保护项目	箕笼灯制作技艺	丁陂乡	传统手工技艺
44	瑞金市非物质文化遗产保护项目	荷花灯制作技艺	九堡镇	传统手工技艺
45	瑞金市非物质文化遗产保护项目	狮子灯制作技艺	瑞林镇	传统手工技艺
46	瑞金市非物质文化遗产保护项目	扇子灯制作技艺	万田乡	传统手工技艺
47	瑞金市非物质文化遗产保护项目	八宝伞灯制作技艺	拔英乡	传统手工技艺
48	瑞金市非物质文化遗产保护项目	宫灯制作技艺	九堡镇	传统手工技艺
49	瑞金市非物质文化遗产保护项目	香粉制作技艺	大柏地乡	传统手工技艺
50	瑞金市非物质文化遗产保护项目	鱼圆制作技艺	全市各乡镇	传统手工技艺

续表 33

序号	保护级别	项目名称	主要流传区域	传承人（或类别）
51	瑞金市非物质文化遗产保护项目	红鱼制作技艺	象湖镇	传统手工技艺
52	瑞金市非物质文化遗产保护项目	擂茶制作技艺	瑞林镇、日东乡	传统手工技艺
53	瑞金市非物质文化遗产保护项目	年糕（皇年米粿）制作技艺	九堡、大柏、万田等	传统手工技艺
54	瑞金市非物质文化遗产保护项目	瑞金水酒酿制技艺	全市城乡	传统手工技艺
55	瑞金市非物质文化遗产保护项目	艾子米粿制作技艺	九堡镇	传统手工技艺
56	瑞金市非物质文化遗产保护项目	仙米冻制作技艺	全市各乡镇	传统手工技艺
57	瑞金市非物质文化遗产保护项目	牛肉锅子制作技艺	全市各乡镇	传统手工技艺
58	瑞金市非物质文化遗产保护项目	烘炉豆干制作技艺	壬田镇、九堡镇	传统手工技艺
59	瑞金市非物质文化遗产保护项目	彩蛋绘画	象湖镇	民间美术
60	瑞金市非物质文化遗产保护项目	捉痧	象湖镇	传统医药
61	瑞金市非物质文化遗产保护项目	捉癣	象湖镇	传统医药
62	瑞金市非物质文化遗产保护项目	壬田福祖庙会	壬田镇	民俗
63	瑞金市非物质文化遗产保护项目	密溪东平王庙会	部分乡镇	民俗
64	瑞金市非物质文化遗产保护项目	拜寿民俗	部分乡镇	民俗
65	瑞金市非物质文化遗产保护项目	兰崇婚俗	泽覃乡	民俗
66	瑞金市非物质文化遗产保护项目	中秋烧塔子	象湖镇	民俗
67	瑞金市非物质文化遗产保护项目	闹高社	冈面乡	民俗
68	瑞金市非物质文化遗产保护项目	放夜游子	象湖镇	民俗
69	瑞金市非物质文化遗产保护项目	红井的传说	全市各乡镇	民间文学
70	瑞金市非物质文化遗产保护项目	铜钵山传说	九堡镇、冈面乡	民间文学
71	瑞金市非物质文化遗产保护项目	鄂（傻）郎婿的故事	全市各乡镇	民间文学
72	瑞金市非物质文化遗产保护项目	癞痢婆的故事	叶坪镇	民间文学
73	瑞金市非物质文化遗产保护项目	仙女湖（绿草湖）的故事	黄柏乡	民间文学
74	瑞金市非物质文化遗产保护项目	白溪鲤鱼潭的传说	丁陂乡	民间文学
75	瑞金市非物质文化遗产保护项目	中央苏区歌曲	全市各乡镇	民间音乐
76	瑞金市非物质文化遗产保护项目	民间吹打乐	全市各乡镇	民间音乐
77	瑞金市非物质文化遗产保护项目	送郎调	全市各乡镇	民间音乐
78	瑞金市非物质文化遗产保护项目	祝赞歌	全市各乡镇	民间音乐
79	瑞金市非物质文化遗产保护项目	上田半班	冈面乡	曲艺
80	瑞金市非物质文化遗产保护项目	卤锅猪肉	象湖镇	传统手工技艺
81	瑞金市非物质文化遗产保护项目	横发号面	象湖镇	传统手工技艺
82	瑞金市非物质文化遗产保护项目	邹福昌皮枕	象湖镇	传统手工技艺
83	瑞金市非物质文化遗产保护项目	刘海源油纸伞	象湖镇	传统手工技艺
84	瑞金市非物质文化遗产保护项目	传统手工苎麻技艺	全市各乡镇	传统手工技艺

续表 33

序号	保护级别	项目名称	主要流传区域	传承人（或类别）
85	瑞金市非物质文化遗产保护项目	传统织罩技艺	全市各乡镇	传统手工技艺
86	瑞金市非物质文化遗产保护项目	传统木屐制作技艺	全市各乡镇	传统手工技艺
87	瑞金市非物质文化遗产保护项目	玉扣纸制作技艺	泽覃乡	传统手工技艺
88	瑞金市非物质文化遗产保护项目	羹子肉丸制作技艺	全市各乡镇	传统手工技艺
89	瑞金市非物质文化遗产保护项目	饭包肉圆制作技艺	全市各乡镇	传统手工技艺
90	瑞金市非物质文化遗产保护项目	半园子制作技艺	全市各乡镇	传统手工技艺
91	瑞金市非物质文化遗产保护项目	蛋皮制作技艺	全市各乡镇	传统手工技艺
92	瑞金市非物质文化遗产保护项目	烧鱼子制作技艺	全市各乡镇	传统手工技艺
93	瑞金市非物质文化遗产保护项目	瑞墨制作技艺	象湖镇	传统手工技艺
94	瑞金市非物质文化遗产保护项目	蛋包子制作技艺	冈面乡	传统手工技艺
95	瑞金市非物质文化遗产保护项目	画虎	象湖镇	民间美术
96	瑞金市非物质文化遗产保护项目	菩萨雕刻技艺	叶坪镇	民间美术
97	瑞金市非物质文化遗产保护项目	鬼马祥跌打损伤	象湖镇	传统医药
98	瑞金市非物质文化遗产保护项目	刘远同中医接骨术	象湖镇	传统医药
99	瑞金市非物质文化遗产保护项目	庆女膏药	象湖镇	传统医药
100	瑞金市非物质文化遗产保护项目	土法治疗痔疮	象湖镇	传统医药
101	瑞金市非物质文化遗产保护项目	民间狂犬病秘方	象湖镇	传统医药
102	瑞金市非物质文化遗产保护项目	捉蛾子（治疗扁桃体发炎）	全市各乡镇	传统医药
103	瑞金市非物质文化遗产保护项目	观音庙会	冈面乡	民俗
104	瑞金市非物质文化遗产保护项目	端午节习俗	全市各乡镇	民俗

瑞金革命旧址一览

表 34　　瑞金革命旧址（全国重点文物保护单位）一览表

序号	革命旧址名称	地点
1	叶坪中华苏维埃共和国临时中央政府旧址（含第一次全国苏维埃代表大会会址）	叶坪镇叶坪村老村
2	叶坪中国共产党苏维埃区域中央局旧址	叶坪镇叶坪村老村
3	叶坪红军烈士纪念塔	叶坪镇叶坪村老村
4	叶坪红军烈士纪念亭	叶坪镇叶坪村老村
5	叶坪博生堡	叶坪镇叶坪村老村
6	叶坪公略亭	叶坪镇叶坪村老村
7	叶坪红军检阅台	叶坪镇叶坪村老村

续表 34

序号	革命旧址名称	地点
8	叶坪中华苏维埃共和国邮政局旧址	叶坪镇叶坪村老村
9	叶坪中华苏维埃共和国中央警卫营旧址	叶坪镇叶坪村老村
10	叶坪中华苏维埃共和国出版局旧址	叶坪镇叶坪村老村
11	叶坪红色中华通讯社旧址	叶坪镇叶坪村老村
12	叶坪红军无线电总队旧址	叶坪镇叶坪村老村
13	叶坪中华苏维埃共和国临时中央政府电话总机室旧址	叶坪镇叶坪村老村
14	叶坪中华苏维埃共和国中央传令排旧址	叶坪镇叶坪村老村
15	叶坪中华苏维埃共和国国家银行旧址	叶坪镇叶坪村老村
16	叶坪中华苏维埃共和国总金库旧址	叶坪镇叶坪村老村
17	叶坪中华苏维埃共和国中央革命军事委员会旧址	叶坪镇洋溪村
18	叶坪马克思共产主义学校旧址	叶坪镇洋溪村
19	沙洲坝中华苏维埃共和国中央执行委员会旧址	沙洲坝镇沙洲坝村
20	沙洲坝中华苏维埃共和国中央人民委员会旧址	沙洲坝乡沙洲坝村元太屋
21	红井	沙洲坝镇沙洲坝村元太屋
22	沙洲坝中华苏维埃共和国国民经济人民委员部旧址	沙洲坝镇沙洲坝村茅屋家
23	沙洲坝中华苏维埃共和国财政人民委员部旧址	沙洲坝镇沙洲坝村新屋家
24	沙洲坝中华苏维埃共和国中央审计委员会旧址	沙洲坝镇沙洲坝村
25	沙洲坝中华苏维埃共和国中央土地人民委员部旧址	沙洲坝镇沙洲坝村新屋家
26	沙洲坝中华苏维埃共和国中央粮食人民委员部旧址	沙洲坝镇沙洲坝村
27	沙洲坝中华苏维埃共和国临时中央政府大礼堂	沙洲坝镇老茶亭
28	沙洲坝中华苏维埃共和国中央革命博物馆旧址	沙洲坝镇沙洲坝村老茶亭
29	沙洲坝乌石垅中华苏维埃共和国中央革命军事委员会旧址	沙洲坝镇金龙村乌石垅
30	沙洲坝中共中央政治局(含中共苏区中央局)旧址	沙洲坝镇官山村下肖
31	沙洲坝中国共产主义青年团中央局(含少共苏区中央局)旧址	沙洲坝镇官山村下肖
32	沙洲坝中国工农红军总政治部旧址	沙洲坝镇官山村白屋子
33	沙洲坝中华全国总工会苏区中央执行局(含全总苏区执行局)旧址	沙洲坝镇金龙村枣子排
34	云石山中华苏维埃共和国中央政府旧址	云石山乡云石山村云山古寺
35	象湖中国工农红军学校旧址	象湖镇上阳路居委会上阳巷
36	红四军大柏地战斗旧址(含红四军部署大柏地战斗干部会议旧址和红四军大柏地战斗战场遗址)	大柏地乡大柏地村王家祠、大柏地乡大柏地村前村

表 35　**瑞金革命旧址（江西省文物保护单位）一览表**

序号	革命旧址名称	地点
1	中华苏维埃共和国临时中央政府春耕生产运动赠旗大会会址	瑞金市武阳镇武阳村围下
2	武阳毛泽东召开春耕生产区级负责人座谈会会址	武阳镇武阳围村下角
3	中央革命军事委员会总参谋部(总司令部)旧址	沙洲坝镇金龙村乌石垅
4	沙洲坝中共六届五中全会会址	沙洲坝镇官山村
5	沙洲坝中央工农剧社旧址	沙洲坝镇官山村赖屋
6	《健康报》报社旧址	叶坪镇朱坊村

续表 35

序号	革命旧址名称	地点
7	闽、赣两省工人代表大会会址	叶坪镇叶坪村黄家山
8	中国工农红军通讯学校旧址	叶坪镇洋溪村
9	中国工农红军卫生学校旧址	叶坪镇朱坊村
10	中央列宁师范旧址	叶坪镇洋溪村
11	中华苏维埃共和国中央教育人民委员部旧址	叶坪镇洋溪村
12	中华苏维埃共和国中央造币厂旧址	叶坪镇洋溪村
13	中央红色医院旧址	叶坪镇朱坊村洋江下
14	云石山中央印刷厂旧址	云石山乡沿坝村下新屋
15	云石山马克思共产主义学校旧址	云石山乡田心村杉树背
16	中华苏维埃共和国中央土地人民委员部旧址	云石山乡云石山村湖陂头
17	中共中央政治局旧址	云石山乡丰垅村马道口
18	青年团中央局旧址	云石山乡田心村老屋场
19	中华苏维埃共和国第一劳动感化院旧址	壬田镇凤岗村腊梨屋下
20	彭杨步兵学校旧址	九堡镇坝溪村花门斗
21	中国工农红军瑞金补充师师部旧址	黄柏乡合溪村
22	瑞金中央红军兵工厂分厂旧址	冈面乡上田村蔡屋

表 36　**瑞金革命旧址（赣州市文物保护单位）一览表**

序号	革命旧址名称	地点
1	中华苏维埃共和国国家政治保卫局（含少共苏区中央局）旧址	瑞金市叶坪镇叶坪村后背
2	中革军委卫生材料厂旧址	叶坪镇新院村
3	东华山毛泽东同志休养处旧址	叶坪镇岗背村东华山古寺
4	军事顾问李德办公处旧址	沙洲坝镇官山村围下庙

索　引

A

B

C

D

R

S

T

W

X

Y

Z